Meinem lieben Schatz
Stephan

NORDHORN · Beiträge zur 600jährigen Stadtgeschichte

NORDHORN

Beiträge zur 600jährigen
Stadtgeschichte

Im Auftrag der
Stadt Nordhorn

hrsg. von
Clemens v. Looz-Corswarem und Michael Schmitt

NORDHORN 1979

© Stadt Nordhorn · 1979· Printed in Germany
Alle Rechte vorbehalten
Herausgeber: Clemens von Looz-Corswarem und Michael Schmitt
Herstellung: Druckerei A. Hellendoorn, Bad Bentheim
Vierfarbkarte: Druckerei Aschendorff, Münster
Umschlagentwurf: Michael Schmitt
ISBN 3-922303-00-5

Geleitwort

Die Stadt Nordhorn feiert in diesem Jahr die 600 jährige Wiederkehr ihrer Privilegierung als Stadt. Dieses Datum ist Anlaß genug, sich mit der Vergangenheit unserer Stadt zu beschäftigen.

Wenn wir hier eine Geschichte der Stadt Nordhorn der Öffentlichkeit vorlegen, so in der Gewißheit, einem breiten Interesse nicht nur in der Bürgerschaft der Stadt und des Kreises Grafschaft Bentheim, sondern auch darüber hinaus entgegenzukommen. Der Band über das Werden und Wachsen der Stadt, die äußere Gestaltung und die inneren Verhältnisse, religiöse und soziale Probleme, wirtschaftliche Krisen und ihre Überwindung und die politischen Verhältnisse der jüngsten Vergangenheit sollen das Wissen um unsere Stadt verbreiten, vermehren und vertiefen. Er soll den Bürgern, den Alteingesessenen wie den Hinzugezogenen eine Hilfe in der Orientierung in der Vergangenheit wie in der Gegenwart unserer Stadt geben.

Die Beschäftigung mit der wechselvollen Geschichte unserer Stadt hält uns keine Lösungen und Antworten auf heutige Probleme und Fragen bereit, sie mag uns jedoch helfen, Schwierigkeiten besser zu überwinden und zum besseren Verständnis der Gegenwart zu gelangen.

In diesem Sinne soll die vorliegende Stadtgeschichte über das Jubiläumsjahr hinaus eine bleibende Gabe an den Bürger sein.

Gemmeker
Bürgermeister

Brandt
Stadtdirektor

Vorwort

Wer sich mit Städten und Bürgertum beschäftigt, wird immer wieder angerührt von der erstaunlichen Frische, mit der sich ganz eigenständige Züge der Entwicklung selbst bei kleineren und kleinsten städtisch verfaßten Gemeinden innerhalb des großen Rahmens abzeichnen. Die Stadt – ein Kosmos im Brennglas, dessen gewachsene Gegenwärtigkeit unverwechselbar auf allen Gebieten öffentlichen und privaten Lebens von Gegebenheiten mitbestimmt wird, die rückwärts in die Vergangenheit weisen, oft bis über den Zeitraum der Stadtbildung selbst noch hinaus. Die Stadt aber zugleich – ein Glied im weiten Kreise Tausender von Bürgergemeinden, wie sie allein unser europäischer Kulturkreis aufzuweisen hat. Auch daraus ergeben sich überraschende Bezüge, verknüpfen sich Sachzusammenhänge, erklären sich Gewordenheiten.

Nicht minder berührt es aber, mit welcher Selbstverständlichkeit sich heute wie eh und je die Bewohner unserer Städte im Regelfalle mit ihrer Heimatgemeinde identifizieren. Ein ungebrochenes, lebhaftes Zugehörigkeitsbewußtsein tritt da hervor, ob es sich nun um die bauliche Substanz mit Rathaus, Kirche und Vaterhaus, mit Schule und Betrieben, Sportstadien und Grünanlagen handelt, oder um die darin Lebenden als Rechts- und Verfassungskörper, als wirtschaftliche und soziale Einheit. In Zu- und Abneigung, in Stolz und Ärger bestätigt sich, zumeist ganz unreflektiert, ein gesundes bürgerliches Selbstverständnis, und gerade in Zeiten der Gefährdung, des zerstörenden Eingriffs durch Naturgewalt oder Kriegsnot, steht diese Zugewandtheit ebenso schmerzlich wie unverzagt auf.

Wenn sich daher eine Stadt entschließt, aus welchen Anlässen auch immer, ihr eigenes, gegenwärtiges Dasein mit den Wurzeln, von denen sie herkommt und mit dem, was sie in gewesenen Wirklichkeiten darstellte, durch ein Buch, eine Stadtgeschichte in Beziehung zu setzen, so liegt darin ein echtes Zeugnis für ihre innere Lebendigkeit. Das gilt selbst dann noch, wenn sich die verlorene Stadt etwa einer ostdeutschen Heimat in einem Erinnerungsbuche der überlebenden Bürgerschaft und ihrer Nachkommen abbildet.

Nordhorn ist eine seinen Bürgern bewahrte Heimat; seine kräftige Entfaltung besonders in den letzten anderthalb Jahrhunderten spiegelt sich rein statistisch im Wachstum von 980 Einwohnern im Jahre 1815 auf bereits 33 584 im Jahre 1950! Und während andernorts inzwischen rückläufige Tendenzen hervortreten, geht diese Entfaltung bei der Stadt an der Vechte noch ungebrochen voran. So lag es nahe, daß Bürgermeister und Stadtverwaltung, angeregt vielleicht auch durch nachbarliche Beispiele, sich mit dem Institut für vergleichende Städtegeschichte in Münster in Verbindung setzten, um eine wissenschaftlich fundierte, neue Stadtgeschichte schreiben zu lassen. Feste Grundlagen soll ein derartiges Vorhaben doch erhalten, damit es der Bürgerschaft nicht nur Freude, sondern zugleich Nutzen zu bringen vermag, Nutzen in vielseitiger Hinsicht. Meine Mitarbeiter haben, wie bereits 1975 unter der Federführung von Wilfried Ehbrecht für Lingen, auch in diesem Falle gern zugegriffen, obwohl sie

ihrer laufenden Arbeit im Institut und in dem damit verbundenen Sonderforschungsbereich »Vergleichende geschichtliche Städteforschung« unverändert nachzukommen
hatten. Es ist den hier betrauten Herausgebern Clemens Graf Looz-Corswarem und
Michael Schmitt gelungen, dazu nicht weniger als ein Dutzend Mitarbeiter des Hauses
zu vereinigen, vom studentischen Adepten bis zum akademischen Oberrat der Universität Münster, Mitarbeiter aus den Feldern der Landes- und der Kirchengeschichte,
der Geographie und Wirtschaftsforschung, der Sozial- und der Zeitgeschichte, der
Architektur und der Kunstwissenschaft.

Damit wurde es möglich, anstelle der monographischen Bearbeitung, deren eigene
Vorzüge hier keineswegs geleugnet werden sollen, eine aufeinander abgestimmte, aus
längerer gemeinsamer Arbeit am Institut und im Sonderforschungsbereich auch in den
Ansätzen konzentrische Vielfalt der Blickpunkte und Fragestellungen in das Prisma
dieses Buches einzufangen. Auch der Beitrag von T. Pierenkemper hat sich, ähnlich
wie das entsprechend in Lingen erreicht worden war, dieser Abstimmung ohne
Schwierigkeiten eingefügt, und er belegt damit, daß ein Institut wie das Münsteraner
eigene Arbeiten anregend auf den Zielraum auszuweiten vermag.

Nun soll das Buch seinen Weg machen; hoffentlich gelangt es in viele Hände und
wirkt im Sinne seiner Urheber. Das Urteil der Leser und Benutzer wie der Fachfor-
schung wird es achten müssen, und man darf den Herausgebern sowie seinen Mitarbeitern wünschen, daß ihnen dadurch lange Mühe mit noch längerer Freude vergolten
werden möge. Ebenso darf man den Stadtvätern danken für die tätige Unterstützung;
das nun vorliegende Ergebnis wird sie, so hoffe ich, dafür von sich aus belohnen.

Münster, am 25. 4. 1979   *Heinz Stoob*

INHALT

Einleitung

Die wissenschaftliche Darstellung der Geschichte einer Stadt von den Anfängen bis in die neueste Zeit kann heute kaum von einem Einzelnen bewältigt werden. Zu sehr hat sich die Geschichtswissenschaft in den letzten Jahrzehnten spezialisiert, zu sehr ist sie heute in viel stärkerem Maße als früher auf die Unterstützung von Nachbarwissenschaften angewiesen.

Dieses Prinzip der interdisziplinären Zusammenarbeit verschiedener historischer Fachrichtungen, das am Institut für vergleichende Städtegeschichte in Münster praktiziert wird, liegt auch dem vorliegenden Band zur Stadtgeschichte Nordhorns zugrunde. Außer den Fachhistorikern kommen Geographen, Kirchengeschichtler, Sozialwissenschaftler und Kunsthistoriker zu Wort.

Der vorliegende Band versucht alle Epochen der Stadtgeschichte von der Privilegierung 1379 bis in die neueste Zeit in Einzelbeiträgen vorzustellen, wobei entsprechend der Stadtentwicklung ein Schwerpunkt auf der neueren Geschichte liegt. Es kann nicht Aufgabe dieses Sammelbandes sein, das gesamte Wissen über die Stadt zusammenzutragen; dies würde weitere Detailforschungen voraussetzen, zu denen dieser Band zahlreiche Hinweise bietet. Er will vielmehr die einzelnen Epochen der Stadtgeschichte von verschiedenen Ansätzen her beleuchten, Probleme der städtischen Entwicklung aufzeigen und Modelle zur Lösung anbieten.

Eine Geschichte der Stadt Nordhorn zu schreiben, stößt auf vielfältige Schwierigkeiten, die vor allem in der Quellenlage zu suchen sind. Für das Mittelalter und die frühe Neuzeit ist nur eine geringe Anzahl von Archivalien und sonstigen Quellen zur Stadtgeschichte erhalten, erst für das 18. Jahrhundert nimmt die Überlieferung einen größeren Umfang an. Nachforschungen erstreckten sich in erster Linie auf das Stadtarchiv Nordhorn, das Staatsarchiv Osnabrück, das Fürstlich-Bentheim'sche Archiv in Burgsteinfurt sowie mehrere spezielle Archive.

Bedauerlich ist das Fehlen einer neueren Geschichte der Grafschaft Bentheim. Abgesehen von der 1970 erschienen Dissertation von P. Veddeler über die Grafschaft Bentheim im Mittelalter mußten die Bearbeiter auf die Arbeiten von Raet von Bögelscamp (1805), Visch (1820) und Möller (1897) zurückgreifen. Für das 19. und 20. Jahrhundert fehlt eine zusammenfassende Darstellung. Wesentliche Einzelaspekte sind jedoch in der lokalen Literatur aufgegriffen. Bedeutend besser stellt sich die Situation für die Stadt Nordhorn selbst dar. Hier besitzen wir in dem nach zahlreichen Vorarbeiten 1941 erschienenen Buch von H. Specht eine ausführliche Stadt- und Wirtschaftsgeschichte, die ihren Wert für die Geschichte Nordhorns nicht verlieren wird. Die Bearbeiter dieses Bandes mußten in vielen Fällen auf die Vorarbeiten von Specht verweisen; sie konnten Themenbereiche, die Specht ausführlich aus den Quellen referiert, kürzer fassen. Jüngere Beiträge zur Stadtgeschichte von Nordhorn liegen in den Aufsätzen von Kühle und Voort in den Jahrbüchern des Heimatvereins der Grafschaft Bentheim vor.

Eine Geschichte der Stadt Nordhorn ist gleichzeitig weitgehend eine Geschichte der Grafschaft Bentheim. War die Stadt im Mittelalter und in der frühen Neuzeit in die Grafschaft eingebettet und teilte ihr Schicksal, so wurde sie in der neueren Zeit immer mehr zum wirtschaftlichen und verwaltungsmäßigen Mittelpunkt, so daß sie selbst die Geschichte des Kreises prägte. Mehrere Beiträge greifen daher über die Stadt Nordhorn hinaus und beziehen die Geschichte der Region Grafschaft Bentheim mit ein, ein Vorgehen, das durch die historische Verbundenheit und die enge Verflechtung von Stadt und Umland gerechtfertigt erscheint.

Der innere Zusammenhang der einzelnen Aufsätze ist auch im Hinblick auf das Gesamtkonzept abgestimmt. Die Beiträge sind aufeinander bezogen und decken den gesamten Zeitraum von der Gründung der Stadt bis in unsere Zeit ab. Die Art der Darstellung ist der jeweils bearbeiteten Zeitepoche wie der von dem Bearbeiter verwendeten Methode angepaßt. Hier Einheitlichkeit zu erwarten hieße, die einzelnen Bearbeiter auch innerhalb der Beiträge auf ein bestimmtes Schema festzulegen. Dies war schon aufgrund der differierenden Quellenlage nicht möglich; darüber hinaus bedingten die verschiedenen Themen ein unterschiedliches methodisches Vorgehen. So ist auch jeder Bearbeiter für den Inhalt des von ihm verfaßten Teils selbst verantwortlich.

Zur Veranschaulichung historischer Entwicklungen – und gleichzeitig als Belege – sind im Anhang einiger Beiträge Quellen, vor allem zur Bevölkerungszusammensetzung, veröffentlicht. Hier sind Ansatzpunkte für weitere Forschungen vorhanden. Dem Band ist zur schnellen Orientierung eine Zeittafel zur Geschichte Nordhorns beigegeben, in die die wichtigsten Daten der städtischen Entwicklung aufgenommen wurden. Diese Daten und Fakten zur Geschichte der Stadt verbinden auch die thematisch orientierten Beiträge und erleichtern den Überblick. Im Quellen- und Literaturverzeichnis sind alle in den Aufsätzen verwendeten gedruckten Quellen und Literaturtitel aufgenommen, um in den Fußnoten Kurztitel zitieren zu können. Die Literaturhinweise führen über die historische Entwicklung der Stadt Nordhorn hinaus in die Geschichte der Grafschaft Bentheim und in die allgemeine Stadtgeschichte ein. Auch das Orts- und Personenregister, in das die zahlreichen Quellenanhänge mit ihren Personenlisten eingearbeitet sind, soll die künftige Forschung für den lokalen wie überregionalen Bereich erleichtern.

Wir möchten die Einleitung nicht beschließen, ohne all denen zu danken, die zum Entstehen dieses Bandes beigetragen haben.

Unser Dank gilt zunächst der Stadtverwaltung Nordhorn, in der vor allem Stadtrat Schoo, Herr Funk, Herr Leusmann, Frau Herbst und Herr Staaks für unsere Anliegen ein offenes Ohr hatten. Ebenso danken möchten wir den Damen und Herren der von uns und den Mitarbeitern benutzten Archive und des Katasteramts Nordhorn.

Ohne die vielfältige Hilfe, die uns von den Mitarbeitern im Institut für vergleichende Städtegeschichte, im Sonderforschungsbereich für vergleichende geschichtliche Städteforschung und in der Abteilung Westfälische Landesgeschichte des Historischen Seminars der Universität Münster zuteil wurde, hätten wir diesen Band nicht erstellen können. Hier möchten wir vor allem Frau Ammermann, Frau Müller-Gehring und Frau Ziepel sowie die studentischen Mitarbeiter K. Damke, K. H. Dölling, G. Hoffmann, H. Schüpp, A. Pliefke, G. Schulte, W. Siemen und J. H. Sonntag nennen. Unser Dank gilt auch der Zeichnerei und der Fotostelle des Instituts für die Erstellung der zahlreichen Karten und Abbildungen.

Daß das Buch rechtzeitig zum Jubiläum der Stadt vorliegen kann, verdanken wir nicht zuletzt dem Entgegenkommen der Druckerei Hellendoorn in Bentheim, vor allem Herrn Hellendoorn und seinen Mitarbeitern, die die fristgerechte Fertigstellung des Bandes ermöglichten.

Besonders danken wir Herrn Prof. Stoob, der als Direktor des Instituts für vergleichende Städtgeschichte die Anregung, eine Geschichte der Stadt Nordhorn zu schreiben, an seine Mitarbeiter weitergab und sich bereitgefunden hat, das Vorwort zu verfassen.

Clemens von Looz-Corswarem   *Michael Schmitt*

Die Nordhorner Sandebene – Entstehung und Inwertsetzung eines Naturraumes

JÜRGEN LAFRENZ

1. Einführung

Die Stadt Nordhorn, anfänglich auf ein eng bemessenes Areal in der Talaue der Vechte beschränkt, ist durch die Gebietsreform im Jahre 1974 so erweitert worden, daß sie kommunal nicht nur eine *verstädterte Kernzone* enthält, sondern auch eine *agrarstrukturell bestimmte Außenzone*. Mit dieser großen Gemarkung nimmt die Stadt den zentralen Teil der Nordhorner Sandebene ein, die sich von den umliegenden Naturräumen durch einen individuellen Bauplan abhebt.

Die naturlandschaftlichen Voraussetzungen sind Grundlage für eine Ausnutzung durch den Menschen. Wenngleich die Freiheitsgrade der Adaptation aufgrund technischer Möglichkeiten inzwischen erheblich zugenommen haben, ist in Rechnung zu setzen, daß die Überwindung naturgegebener Hemmnisse durchweg Kosten verursacht.

Seit der Landnahme verbindet sich die Sicherung der Tragfähigkeit in der Nordhorner Sandebene mit weitgehenden Eingriffen in den Naturhaushalt. Für das urbane Nordhorn, das vielfältigere Aufgaben als die ländlichen Ortschaften wahrzunehmen hat, läßt sich von Beginn an eine deutliche Berücksichtigung natürlicher Lagevorteile feststellen, auch wirkt deren ursprüngliche Bewertung zum Teil noch gegenwärtig nach. Der rapide Aufschwung der Stadt durch die Textilindustrie im vergangenen Jahrhundert jedoch ist primär auf Unternehmerinitiative und Arbeitskräftereservoir zurückzuführen; von der Natur vorgegebene Eignungsfaktoren waren für die Betriebe dieser Branche so gut wie nicht attraktiv.

Im folgenden wird zunächst die Entstehung der Nordhorner Sandebene dargestellt; anschließend wird erst aufgezeigt, wie die agrarische Bevölkerung sich den Naturhaushalt zunutze gemacht hat und danach, wie der Werdegang der Stadt Nordhorn durch naturgegebene Standortfaktoren begünstigt worden ist.

2. Die Entstehung der Nordhorner Sandebene

2.1. Die geomorphologische Begrenzung der Nordhorner Sandebene

Die Nordhorner Sandebene hat ein nur mäßig bewegtes Relief, das durchschnittlich etwa von 30 m NN im Süden auf 20 m NN im Norden abfällt und von der leicht eingetieften Talaue der Vechte mit noch etwas geringerem Gefälle durchzogen wird.

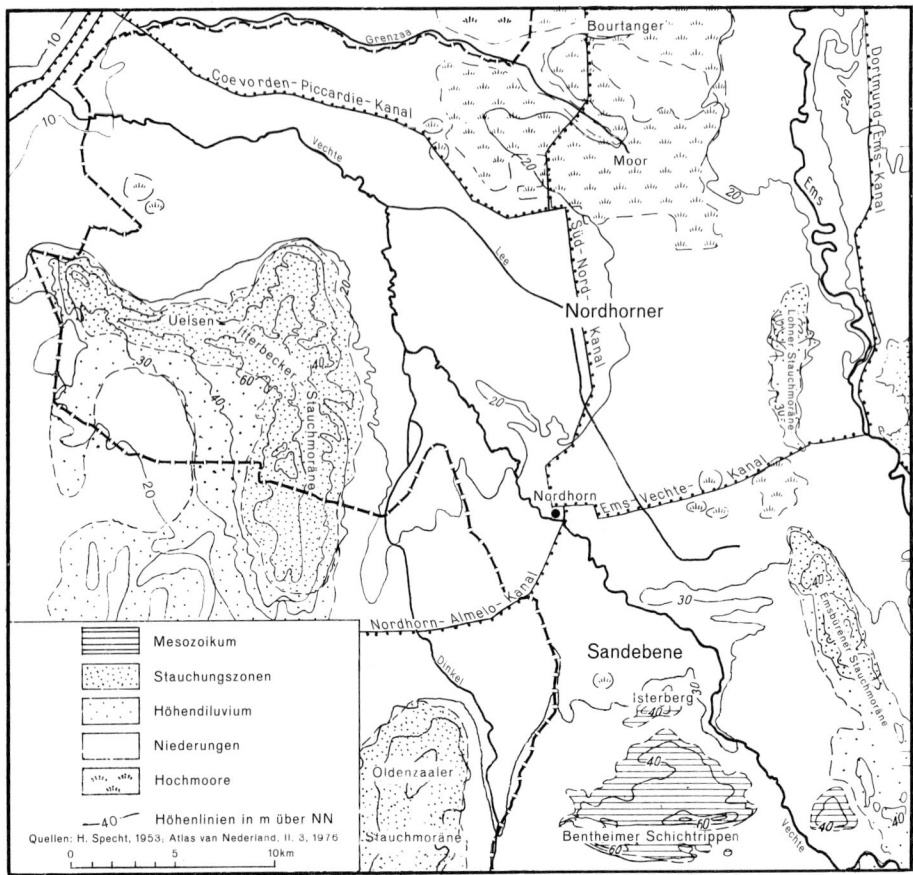

Abb. 1   Die Nordhorner Sandebene und ihre Randhöhen

Diese naturräumliche Einheit[1] wird außer nach Norden, wo sie sich gegen das lang-
gestreckte *Bourtanger Moor* absetzt, zu den übrigen Richtungen hin durch randliche
Höhen markiert, deren Entstehung im engen Zusammenhang mit der Genese der
Nordhorner Sandebene zu sehen ist (Abb. 1).

Im Süden ragen die *Schichtrippen des Bentheimer Sattels* auf, deren Stufenbildner
durch die morphologische Wertigkeit einzelner Fazies der Kreide bestimmt wer-

---

[1] Zu Begriff und Abgrenzung der Nordhorner Sandebene vgl. W. MÜLLER-WILLE, Bodenplastik und Naturräume Westfalens, Spieker 14, 1966, Textband, S. 222 ff. und Karte im Anhang. Die von der Bundes-
anstalt für Landeskunde (und Raumforschung) durchgeführte naturräumliche Gliederung Deutschlands
kommt nicht unmittelbar zu dieser Einheit, doch bestimmt sich jene (im großen deutschen Anteil) aus den
dortigen Untereinheiten
580.03 Wietmarscher Talsandplatte   580.06 Nordhorn-Engdener Moor- und Sandland
580.04 Hardinger Talsandplatte   580.11 Veldhauser Niederung
580.05 Frensdorfer Talsandplatte   580.12 Nordhorner Niederung,
vgl. S. MEISEL, Die naturräumlichen Einheiten auf Blatt 70/71 Cloppenburg/Lingen . . ., 1959, S. 6 f., S.
MEISEL, Die naturräumlichen Einheiten auf Blatt 83/84 Osnabrück-Bentheim . . ., 1961, S. 50 ff. In den
folgenden Ausführungen wird innerhalb der Nordhorner Sandebene besonders das große Stadtgebiet von
Nordhorn berücksichtigt.

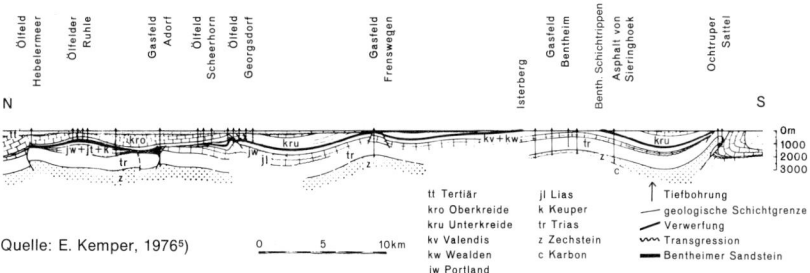

Quelle: E. Kemper, 1976⁵)

tt Tertiär	jl Lias
kro Oberkreide	k Keuper
kru Unterkreide	tr Trias
kv Valendis	z Zechstein
kw Wealden	c Karbon
jw Portland	

↑ Tiefbohrung
— geologische Schichtgrenze
⌐ Verwerfung
〰 Transgression
▬ Bentheimer Sandstein

Abb. 2   Geologisches Profil durch das westliche Emsland

den. Sie fallen nach Süden in den Gildehäuser und Bentheimer Höhen (110 m NN) mit etwa 20°, nach Norden im Isterberg (67 m) mit etwa 5° ein. Da die Antiklinale in ihrem zentralen Teil ausgeräumt ist, vergegenwärtigen die bestehenden Schichtrippen eine Reliefumkehr (Abb. 2)².

Im Osten begleiten die *Endmoränen von Lohne* (46 m) *und Emsbüren* (68 m), im Westen die *Endmoränen von Uelsen* (89 m) und *Oldenzaal* (85 m) die Nordhorner Sandebene. Sie sind während Drenthe-Stadials entstanden, als mächtiger Dauerfrostboden aus tertiären und diluvialen Sedimenten durch den Vorstoß des Eises in Schollen gespalten, zerschert und schräggestellt wurde. Diese Stauchmoränen wurden durch den *Nordhorner Eislobus* geformt. Sie zählen zu den Endmoränen des *Rehburger Stadiums*, das auch in den Niederlanden seine Fortsetzung finden dürfte (Abb. 3)³.

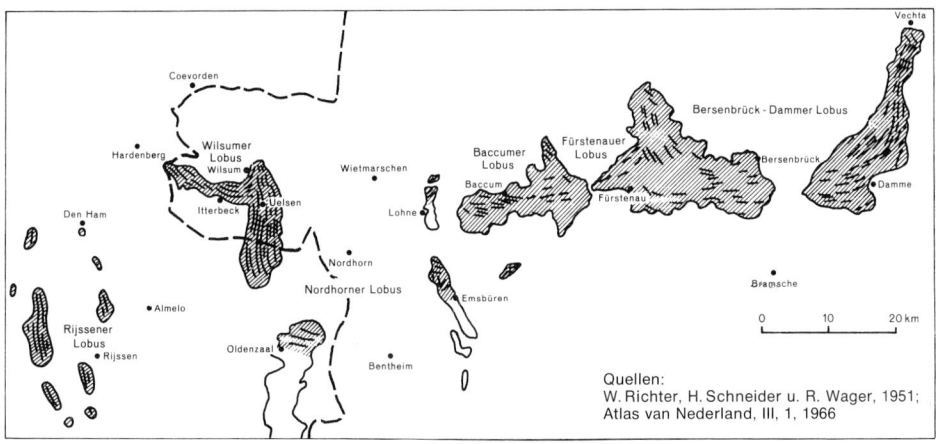

Quellen:
W. Richter, H. Schneider u. R. Wager, 1951;
Atlas van Nederland, III, 1, 1966

Abb. 3   Endmoränen des Rehburger Stadium in Overijssel und Südwest-Niedersachsen

---

² H. BOIGK, C. DIETZ u. a., Zur Geologie des Emslandes, Beihefte Geol. Jb., H. 37, 1960, W. MÜLLER-WILLE, a.a.O., S. 241 f.

³ C. DIETZ u. H.-O. GRAHLE in: H. BOIGK, C. DIETZ u. a., a.a.O., S. 164 ff.; A. BENTZ, Tertiär und Diluvium im westfälisch-holländischen Grenzgebiet, in: Zschr. dt. geol. Ges., 82, 1930, S. 291 ff.; H. WEHRLI u. H. SCHNEIDER, Geologie des Emsbürener Höhenrückens nördlich Rheine, in: Neues Jb. Mineral., Abh., Abt. B, 88, 1943, S. 263 ff.; W. RICHTER, H. SCHNEIDER u. R. WAGER, Die saaleeiszeitliche Stauchmoräne von Itterbeck-Uelsen (Grafschaft Bentheim), in: Zschr. dt. geol. Ges., 102, 1951, S. 60 ff.; M. T. TER WEE, The Saalian Glaciation in the Netherlands, in: Mededelingen van de Geologische Stichting, N. S. 15, 1962, S. 57 ff.

Tabelle 1: Stratigraphische Übersicht
Nordhorner Sandebene und ihre Randhöhen

Alluvium		Jungdünen Talauensand und -lehm Moorbildungen	
Diluvium	Spätglazial	Flugsande Altdünen Uferwälle	Talsande
	Weichsel-Glazial	periglaziale Schuttfächer im Bereich der Stauchmoränen	
	Eem-Interglazial	Sande, Tone, Faulschlamm, Torfe	
	Saale-Glazial (Drenthe-Stadial)	Nachschüttsande	
		Grundmoräne	
		Randmoränen des Nordhorner Lobus	
		Vorschüttsande	
	Holstein-Interglazial	fluviatile Sande und Kiese mit überwiegend einheimischem und wenig skandinavischem Material	
	Präglazial Pliozän	Kiese und Sande	
Tertiär		überwiegend Tone, z. T. auch glaukonitisch-sandige Sedimente	
Kreide	Oberkreide	Kalke	
	Unterkreide	tonige Gesteine, im tieferen Teil Bentheimer Sandstein (mit Erdgas und Erdöl)	
	Wealden	Tonsteine mit Cyrenenkalkbänken	
Jura	Malm	tonige Schichten mit salinarer Folge	
	Dogger	tonig-kalkige Schichten	
		Schichtlücke	
	Lias	sandig-tonige Serie	
Trias	Keuper	Schichtlücke	
	Muschelkalk	Salzfolge	
		dolomitische Tonsteine und Kalke	
	Buntsandstein	oben mit einer Salzfolge überwiegend rote quarzitische Sandsteine und Letten	
Perm	Zechstein	salinare Folge mit Haupt- und Plattendolomit (mit Erdgas)	
	Rotliegendes	konglomeratische, sandig-tonige Folge	
Karbon	Westfal C+D	Sandsteine und Tonsteine	

Quelle: u. a. W. RICHTER, R. WAGER, in: H. SPECHT: Der Landkreis Grafschaft Bentheim, 1953, S. 22.

2.2. Der prätertiäre Untergrund der Nordhorner Sandebene

Die wenig bewegte Oberfläche der Nordhorner Sandebene verdeckt einen tektonisch stärker beanspruchten Unterbau[4] (vgl. stratigraphische Übersicht, Tab. 1). Älteste Ablagerungen sind in über 2000 m Tiefe aus dem Karbon bekannt, denen Zechstein auflagert, von salinaren und dolomitischen Fazies durchsetzt. Das Mesozoikum ist bis auf wenige Schichtlücken durchgehend mit kalkigen, tonigen und sandigen Sedimenten vertreten.

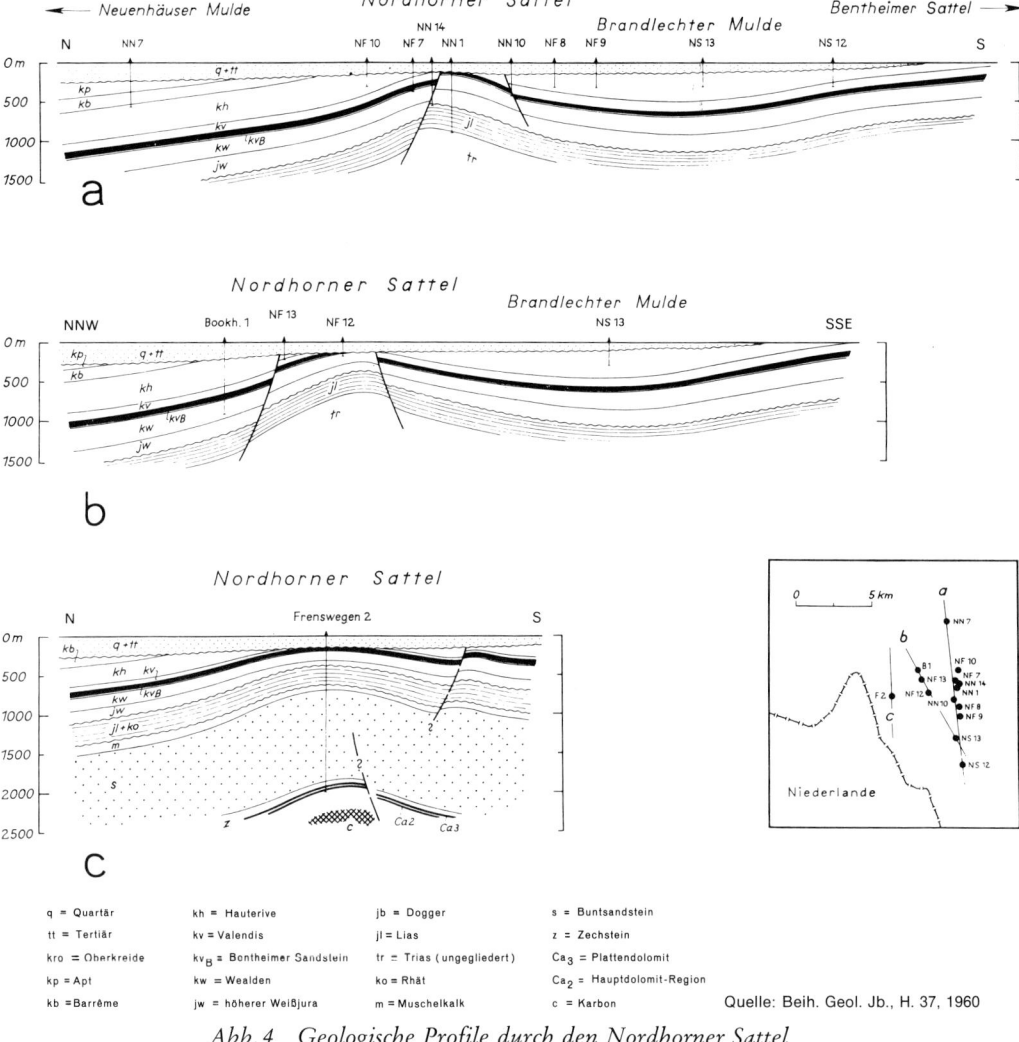

q = Quartär	kh = Hauterive	jb = Dogger	s = Buntsandstein
tt = Tertiär	kv = Valendis	jl = Lias	z = Zechstein
kro = Oberkreide	kv$_B$ = Bontheimer Sandstein	tr = Trias (ungegliedert)	Ca$_3$ = Plattendolomit
kp = Apt	kw = Wealden	ko = Rhät	Ca$_2$ = Hauptdolomit-Region
kb = Barrême	jw = höherer Weißjura	m = Muschelkalk	c = Karbon

Quelle: Beih. Geol. Jb., H. 37, 1960

Abb. 4   Geologische Profile durch den Nordhorner Sattel

[4] H. BOIGK, K. HOFFMANN u. W. VON MÜHLEN, in: H. BOIGK, C. DIETZ u. a., a.a.O., S. 9 ff., S. 241 ff.; T. WEGNER, Geologie Westfalens und angrenzender Gebiete, 1962²; E. KEMPER, Geologischer Führer durch die Grafschaft Bentheim mit einem Abriß der emsländischen Unterkreide, Das Bentheimer Land 64, 1976 (5). W. F. ANDERSON, H. KRUL u. J. H. RÖMER, Geologie van Twente, Nederlandse Geologische Vereiniging, 1961.

Das mächtige Schichtpaket rechnet zur niedersächsisch-westfälischen Großscholle, die durch Bruchfalten strukturiert wird. Der Bau des Mittelgebirges östlich der Ems wird westlich des Flusses in größerer Tiefe durch eine Abfolge von Osten nach Westen streichender Sättel fortgesetzt. Sie treten im Bentheimer Sattel noch zutage, sinken aber von dort in ihrer Gesamtheit zunehmend nach Norden ab. Gleichfalls weisen sie ein schwach axiales Gefälle nach Westen auf, das in den südlichen Strukturen besonders ausgeprägt ist. Die Faltung vollzog sich an der Wende von der Kreide zum Tertiär, einzelne Störungen sind noch später anzusetzen.

Die Nordhorner Gemarkung wird von einem Sattel und den begleitenden Mulden unterlagert. Vom Bentheimer Sattel fallen die prätertiären Gesteine nach Norden in die *Brandlechter Mulde* verhältnismäßig flach ab. Im anschließenden *Nordhorner Sattel* tauchen die mesozoischen Schichten bis zu etwa 90 m unter Tage auf, bevor sie in der *Neuenhauser Mulde* erneut absinken, die wiederum die Verbindung zu dem tieferen und steileren Georgsdorfer Sattel herstellt.

In dem etwa 20 km langen Nordhorner Sattel haben die Schichten nach Westen umlaufendes Streichen; für die östliche Fortsetzung ist kaum etwas bekannt, jedoch nach den Ergebnissen der Reflexionsseismik ist anzunehmen, daß die Antiklinale nach Südosten umbiegt. Der nicht einheitlich gebaute Sattel zerlegt sich östlich des nach Norden vorgestreckten Zipfels der Staatsgrenze in zwei Teile, die durch eine Querstörung entstanden sind. Zudem wurden im westlichen Teil des östlichen Abschnitts Längsstörungen nachgewiesen, so daß der Scheitelbruch als Hochscholle herausgehoben wird. In jener Struktur ist bei Frenswegen Zechstein erbohrt worden. Einen guten Einblick in den Aufbau vermitteln die Profile Abb. 4.

Geologische Sattelstrukturen sind eine günstige Voraussetzung für die Lagerung petrochemischer Rohstoffe. Diese Bodenschätze werden in einem Muttergestein gebildet und steigen über durchlässige Sedimente auf in ein poröses Speichergestein, das durch eine Deckschicht abgedichtet wird.

Da im Nordhorner Sattel die prätertiäre Deckschicht des erdölhöffigen Bentheimer Sandsteins teilweise beseitigt worden ist, weist die Antiklinalstruktur nur Reste von *Erdöl* auf. Es wird geschätzt, daß noch eine Reserve von 5 Mio. Tonnen Rohöl vorhanden ist, die allerdings mit den üblichen Fördermethoden nicht zu gewinnen ist[5]. Die Bohrungen brachten mit der Spülung nur kleine Fladen zutage, die mit asphaltischen Restölen imprägniert waren. Erst nachdem der mächtige Buntsandstein bis zum Plattendolomit im Zechstein durchstoßen war, wurde im Scheitel des Nordhorner Sattels bei Frenswegen *Erdgas* entdeckt. Dieses wirtschaftlich genutzte Gasfeld gehört zu den kleineren Vorkommen im westlichen Emsland (Abb. 5). Die Produktion der 1951 entdeckten Lagerstätte ist inzwischen rückläufig[6].

---

[5] H. J. FABIAN, Ergebnisse der bisherigen Aufschlußtätigkeit im Gebiete Nordhorn (Emsland), in: Erdöl und Kohle, 6, 1953, S. 527 ff.; F. FROMMEYER u. H. LÖTGERS, Erdöl und Erdgas im Emsland, in: Jb. Heimatv. Gft. Benth., 1960, S. 1 ff.; H. BOIGK, in: H. BOIGK, C. DIETZ, u. a., a.a.O., S. 350; K. MEYER, Zur Paläographie der Stufen Rhät bis Alb im Emsland, in: Erdöl-Zschr., 85, 1969, S. 484 ff.
[6] Förderung des Gasfeldes Frenswegen:
1967: 8 734 000 Ncbm
1977: 1 631 000 Ncbm
(Quelle: Emsland GmbH., Emslandstatistik 28035/038).

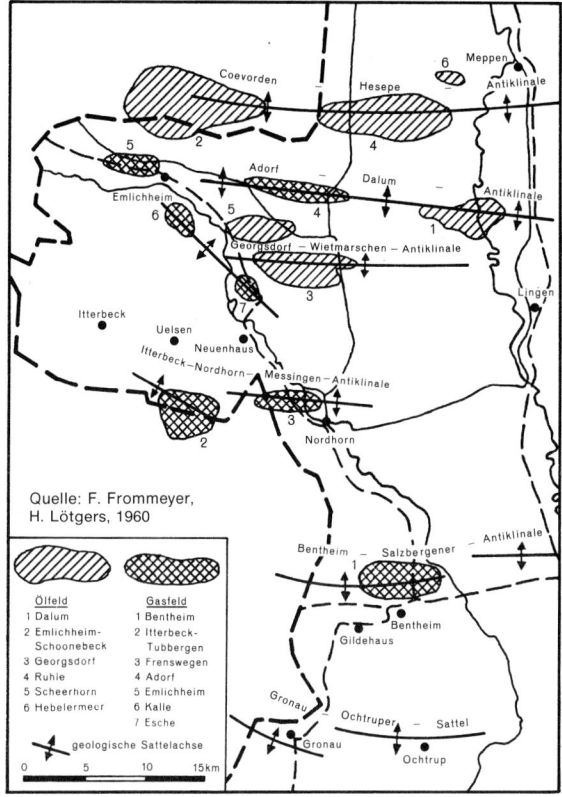

Abb. 5   Die Erdöllagerstätten im westlichen Emsland

2.3. Die tertiäre und quartäre Reliefgestaltung der Nordhorner Sandebene

Das Tertiär unterhalb der Nordhorner Sandebene ist nur sehr lückenhaft entwickelt, nimmt aber im allgemeinen in seiner Mächtigkeit von Süden nach Norden zu, wenngleich durch vorausgehende tektonische Bewegungen variiert. An der Basis zum Diluvium ist ein Relief wahrscheinlich, das die gegenwärtige Oberflächengestalt in wesentlichen Zügen erkennen läßt (Abb. 6). Zwischen Hochzonen der schon vorgezeichneten Randhöhen ist im Nordwesten der späteren Nordhorner Sandebene bereits eine Tiefenzone ausgeformt, die in ihrer Absenkung mit der Fließrichtung der Vechte in etwa übereinstimmt. Eine andere, wenngleich nicht so deutlich eingesenkte Tiefenzone erstreckt sich westlich der heutigen Emsbürener und Lohner Höhen[7].

Die weitere morphologische Entwicklung wird vorrangig durch die Ablagerung von Sanden und Kiesen bestimmt. Über die Sedimente vor dem Saale-Glazial bestehen im einzelnen noch Unklarheiten, insbesondere ist fraglich, inwieweit eine Grundmoräne des Elster-Glazials aufgetragen ist[8]. Der Vorstoß des Nordhorner Eislobus im Drenthe-Stadial wurde durch Verschüttsande eingeleitet, lagerte eine Grundmoräne ab und klang mit Nachschüttsanden aus. Im Eem-Interglazial entstanden Torfe in ein-

[7] H.-O. GRAHLE, in: H. BOIGK, C. DIETZ, u. a., a.a.O., S. 171 f.
[8] H.-O. GRAHLE, a.a.O., S. 172 ff.

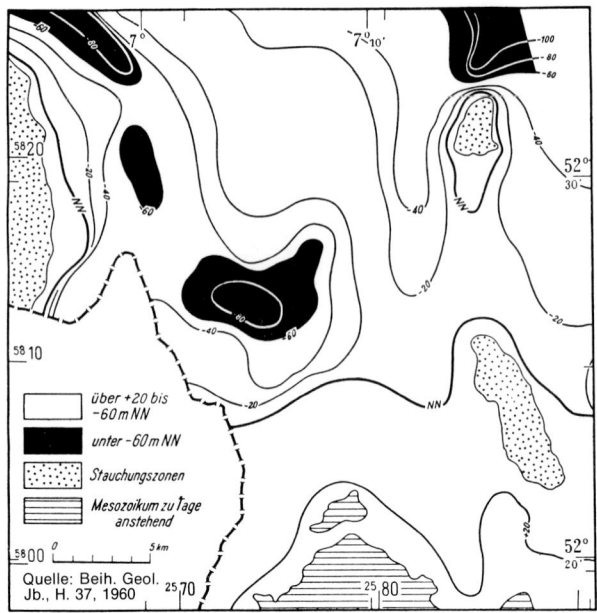

Abb. 6   Die Auftragungsfläche des Pleistozän
im westlichen Emsland

zelnen Mulden. Sodann begannen sich die *Talsande* abzulagern, die das nahezu ausgeglichene Relief der Nordhorner Sandebene weithin verursachen (Abb. 7)[9]. Als im
Weichsel-Glazial das Inlandeis die Elbe nicht mehr überschritt, herrschte im Vorland
ein arktisches Klima, das von wärmeren Perioden mehrfach unterbrochen wurde. Im
vegetationslosen Raum vollzog sich auf den Höhen Abtragung, in den Niederungen
Aufschüttung. An den Hängen bildeten sich Fließerden, auch wurden zum Hangfuß
hin Sande abgespült. Die Hangsedimente verzahnten sich in den Tiefenzonen mit Ablagerungen, die infolge von Dauerfrost vor allem durch Flächenspülung herbeitrans-
portiert wurden. Während des Auftauens des Permafrostbodens war die vegetations-
freie Oberfläche verstärkt dem Zugriff von Winden ausgesetzt. Das Transportmedium
für die Bildung der Talsande änderte sich in seinem Ausmaß. Die äolische Sedimentation setzte sich vom Spätglazial zum Frühholozän fort, ohne daß ein Formationswech-
sel deutlich wird.

In der späten Phase der Talsandbildung kam es zur Aufwehung der *Altdünen*, die
sich von den Jungdünen dadurch unterscheiden, daß letztere erst mit der Freilegung
der Vegetation durch menschliche Eingriffe entstehen (s. u.)[10]. Sofern Bodenhori-
zonte voll entwickelt worden sind, handelt es sich mit Sicherheit um Altdünen. Ihr
Erhaltungszustand ist allerdings recht unterschiedlich. Abgesehen von einer Umlage-

---

[9] Über abweichende Meinungen zu Alter und Entstehung der Talsande vgl. A. THIERMANN, Erl. zur Geol.
Karte von Nordrhein-Westfalen, Bl. 3707–09, 1968, S. 91 ff.; H.-O. GRAHLE, a.a.O., S. 197 ff.

[10] E. PYRITZ, Binnendünen und Flugsandebenen im Niedersächsischen Tiefland, Göttinger Geogr.
Abh. 61, 1972, bes. S. 16 ff.; K.-D. MEYER, Erl. zu der Geol. Karte von Niedersachsen, Bl. 3610, Salz-
bergen, 1977. S. 71; A. THIERMANN, a.a.O., S. 94; H.-O. GRAHLE, a.a.O., S. 201 ff.; W. HOLLSTEIN, in:
H. BOIGK, C. DIETZ, a.a.O., S. 281 ff.; E. KÜHLE, Die Dünenlandschaften der Heimat, in: Jb. Heimatv.
Gft. Benth. 1955, S. 7 ff.

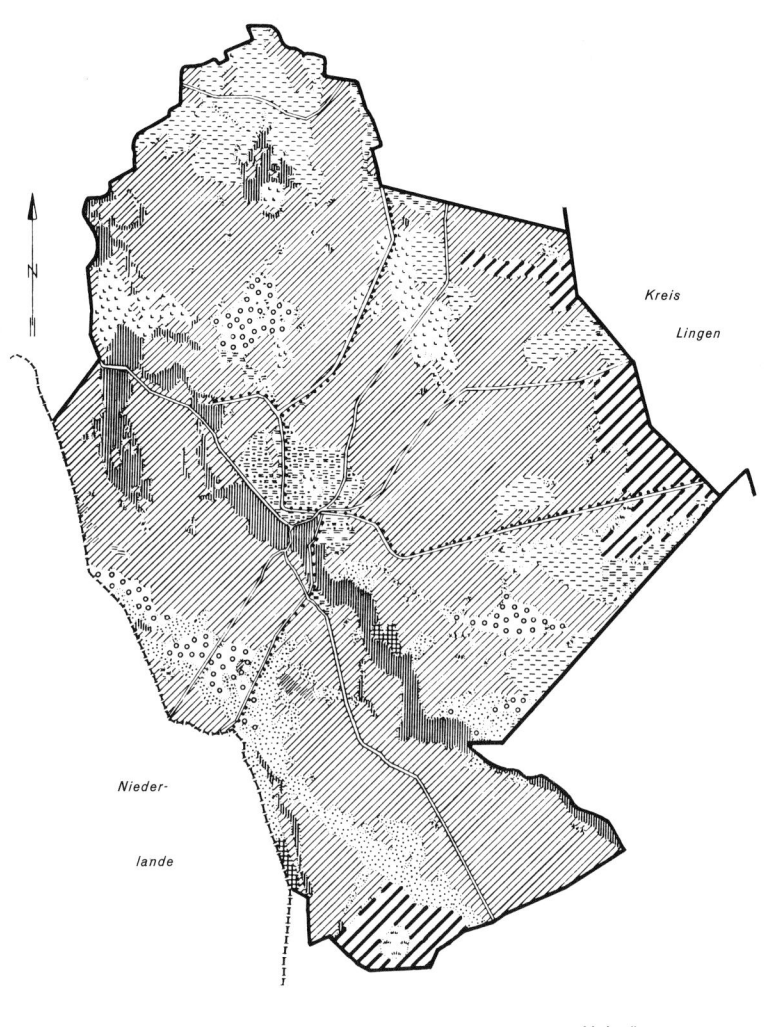

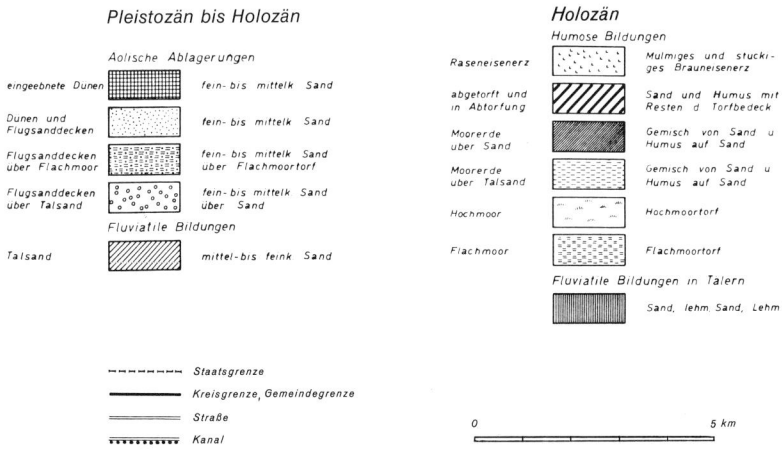

Pleistozän bis Holozän

Aolische Ablagerungen

eingeebnete Dünen — fein- bis mittelk Sand

Dünen und Flugsanddecken — fein- bis mittelk Sand

Flugsanddecken über Flachmoor — fein- bis mittelk Sand über Flachmoortorf

Flugsanddecken über Talsand — fein- bis mittelk Sand über Sand

Fluviatile Bildungen

Talsand — mittel- bis fein Sand

Holozän

Humose Bildungen

Raseneisenerz — Mulmiges und stuckiges Brauneisenerz

abgetorft und in Abtorfung — Sand und Humus mit Resten d Torfbedeck

Moorerde über Sand — Gemisch von Sand u Humus auf Sand

Moorerde über Talsand — Gemisch von Sand u Humus auf Sand

Hochmoor — Hochmoortorf

Flachmoor — Flachmoortorf

Fluviatile Bildungen in Talern

Sand, lehm Sand, Lehm

-------- Staatsgrenze

———— Kreisgrenze, Gemeindegrenze

═══════ Straße

▪▪▪▪▪▪▪▪ Kanal

0   5 km

Quelle: Landwirtschaftskammer Weser-Ems, 1969

Abb. 7   Oberflächengeologie von Nordhorn

rung während der jüngeren Phase der Dünenbildung dürfte in vielen Fällen eine Ein-ebnung durch den wirtschaftenden Menschen erfolgt sein.

Während die nahe Talaue der Ems meist beiderseits von einem breiten Dünengürtel begleitet wird, ist ein solcher bei der Vechte nicht offenbar. Lediglich in den Tillenber-gen ist ein ufernaher Dünenkomplex auszumachen[11]. Die Vechteaue wird allerdings von einer Folge sog. *Esche* umgeben, die meist eine leicht gewölbte Form haben und die angrenzenden Flächen der Talsandebene etwa 2–3 m übersteigen. Sie sind im Zuge der Bodenverbesserung zwar über Jahrhunderte hinweg durch Heideplaggen weiter aufgehöht worden (s.u.), jedoch ist davon auszugehen, daß sie bereits zuvor eine leicht angehobene Oberfläche hatten. Während bisher fast uneingeschränkt galt, daß es sich bei den Eschen an der Talaue der Vechte um eingebuckelte Flußranddünen handelt, ist neuerdings, wenngleich bisher nur für die Esche an der Talaue der Ems, die Hypothese aufgestellt worden, daß die flußparallelen Esche aus *Uferwällen* hervorge-gangen seien[12]. Diese Erklärung kann nur dann zutreffen, wenn ein Fluß noch nicht sehr eingeschnitten ist, da die Hochwasser sonst nicht ausreichen würden, um die ent-sprechenden Höhen zu erreichen. In der Tat läßt sich für die nur schwach eingetiefte Vechte so einsehen, daß die Esche auf beiden Seiten des Flusses vorkommen. Da sie im Norden der Flur von Nordhorn jedoch wesentlich breiter östlich als westlich der Vechte entwickelt sind, so ist dafür möglicherweise ein früheres Ausschwenken des Flußlaufes nach Nordosten als Ursache heranzuziehen. Wenn auch Uferwälle das Ini-tialstadium für Esche verständlich machen können, ist doch zu bedenken, daß die als-bald etwas aufgehöhten Flächen auch zu Ansatzpunkten äolischer Ablagerung wer-den.

Wenngleich sich schon Ende Tertiär im Bereich der späteren Nordhorner Sand-ebene ein Gefälle in Richtung der heutigen Vechte abzeichnete, so ist die Ausbildung eines Gewässernetzes im Diluvium noch wenig geklärt. Insbesondere ist für das Drenthe-Stadial fraglich, ob bei dem Abschmelzen der Eisfront nach Norden der dorthin verhinderte Abfluß nach Westen über ein *(Ems-)Vechte-Urstromtal* geleitet wurde, das sich zwischen den Endmoränen des Rehburger Stadiums eingeschnitten hatte[13].

Da sich die äolische Sedimentation im Übergang vom Diluvium zu Alluvium auf der Talsandebene ohne Zäsur fortsetzte, ist jene nicht als Niederterrasse der Vechte anzu-sprechen. Der Fluß hat seine *Talaue* im Alluvium etwa 1–3 m in die Talsandebene eingeschnitten und einen Talboden von durchschnittlich etwa 500 m Breite geschaf-fen. Dabei kam es zu zahlreichen Flußverlegungen; die ehemaligen Rinnen sind teil-weise wieder aufgefüllt worden durch Alluvionen, teilweise aber auch als Altwasser-arme liegengeblieben. Im Querprofil des Talbodens ist zu den Rändern hin strecken-weise ein Sietland ausgebildet, das bisweilen als Hochflutrinne durch die Vechte ge-nutzt wurde. Südöstlich der Altstadt von Nordhorn wird sie vom Riethegraben durchflossen.

[11] C. Dietz, in: H. Boigk, C. Dietz, a.a.O., S. 387; E. Kühle, Engdener Wüste und Heseper Feld, in: Jb. Heimatv. Gft. Benth. 1960, S. 15 ff.

[12] Zur Bedeutung der Uferwälle vgl. A. Thiermann, a.a.O., S. 92 f., mit Schrifttum.

[13] Zum (Ems-) Vechte-Urstromtal vgl. W. Müller-Wille, a.a.O., S. 248 f.; N. Wein, Akkumations- und Erosionsformen im Tal der mittleren Ems, 1969; M. T. ter Wee, a.a.O., S. 57 ff.

3. Das Gewässernetz der Nordhorner Sandebene

Die *Vechte* und ihr wichtigster Nebenfluß, die *Dinkel*, entspringen beide im westlichen Münsterland. Die Bentheimer Schichtrippen trennen die Flüsse vor ihrem Eintritt in die nordwärts einsetzende Talsandebene. Nach der Einmündung der Dinkel in die Vechte biegt der Hauptfluß nach Westen um und erreicht nördlich von Zwolle die Zuidersee. Entsprechend der mäßigen Abdachung der Talsandebene verlaufen auch die Nebenbäche den Flüssen fast parallel, bevor sie ihren Vorfluter finden. Die Dinkel selbst erstreckt sich fast nur am Rande der Nordhorner Sandebene, dehnt aber ihre Wasserscheide über die *Rammelbeeke* bis nahe an die Vechte aus. Jener fließt in der Nordhorner Gemarkung linksseitig als bedeutender Nebenbach nur der *Frensdorfer Bruchgraben* zu. Die Vechte hat gegenüber der Ems wiederum eine nach Osten ausgreifende Wasserscheide, die über die Lohner und Emsbürener Höhen verläuft. Zentraler Flutgraben ihres östlichen Einzugsbereiches ist die stark umgeformte *Lee*. Überhaupt sind die meisten Wasserläufe in ihrer Fließrichtung und Uferung in den letzten Jahrzehnten durch den Eingriff des Menschen verändert worden. Hochwasser treten während der Wintermonate weit häufiger auf als in den Sommermonaten, wenn sie durch starke Gewitterregen nur gelegentlich aufkommen[14].

Tabelle 2:   Nordhorn, Klimadaten

J	F	M	A	M	J	J	A	S	O	N	D	
Niederschläge in mm/m^2												
55	44	52	47	56	66	81	77	60	69	54	68	$\Sigma = 729$
Mittlere Lufttemperatur in °C												
1,1	1,9	4,9	7,4	12,5	15,5	16,9	16,1	16,3	8,7	4,7	1,9	$\varnothing = 8,7$
Mittlere Zahl der Frosttage (Temperatur sinkt unter 0° C)												
18,6	17,3	13,9	5,9	0,8	–	–	–	–	2,4	9,7	15,4	$\Sigma = 84,8$
Mittlere Zahl der Eistage (Temperatur bleibt unter 0° C)												
7,9	3,5	1,0	–	–	–	–	–	–	–	0,8	5,0	$\Sigma = 18,2$

Frostbeginn: 10. Oktober	Frostende: 30. April
Mittlere Temperatur der kleinen Vegetationsperiode: 14–15° C	
Beginn der Apfelblüte: 10.–15. Mai	Beginn der Winterroggenernte: 24.–29. Juli
Sturmtage (über 15 m/sec.): 5–20	
Nebeltage: 50	nebelreichster Monat: Oktober
Maximum der Bevölkerung: November–Februar	Minimum der Bevölkerung: Mai–September

Quelle: Landwirtschaftskammer Weser-Ems. Agrarstrukturelle Vorplanung Nordhorn und Umland, Tabellenband, 1969.

---

[14] Zur Wasserführung der Vechte und ihrer Nebengewässer vgl. K. NÖTHLICH, in: H. SPECHT (Bearb.), Der Landkreis Grafschaft Bentheim, Veröff. Wirtschaftswiss. Ges. Stud. Nieders., R. 9 D, 1953, S. 35 ff.

4. Das Klima der Nordhorner Sandebene

Im Nahbereich Nordhorn herrscht ein *atlantisches Klima* mit geringen Temperatur-
schwankungen und hohen Niederschlägen. Bei warmen Wintern und kühlen Som-
mern beträgt die durchschnittliche Jahrestemperatur etwa 8,7°C. Westliche Richtungen des Windes überwiegen, östliche sind nur im Winter häufiger. Infolge der Nähe
des Meeres ist die Luftfeuchtigkeit sehr hoch. Die mittleren Niederschläge belaufen
sich an der Meßstation Nordhorn im Jahr auf 729 mm/m². Ihr Kulminationspunkt
liegt an der Wende Juli/August, ein bedeutendes Nebenmaximum an der Wende Sep-
tember/Oktober. Die größeren Niederschläge während des Sommerhalbjahres werden überwiegend durch die Verdunstung in der Wachstumszeit aufgebraucht, so daß
nur verhältnismäßig wenig Wasser oberflächlich abfließt. Im Winterhalbjahr ist die
Verdunstung bei vorherrschend gemäßigten Lufttemperaturen gering.

Ergänzende Klimafaktoren sind Tab. 2 zu entnehmen.

5. Die agrarwirtschaftliche Inwertsetzung der Nordhorner Sandebene

Die Landnutzung der Nordhorner Sandebene ist von jeher entscheidend durch die
Lage zu den Wasserläufen und in Verbindung damit durch Geländehöhe und Grundwasserstand bestimmt worden. Diese Faktoren erklären die verschiedenen agrarräum-
lichen Einheiten weitgehend aus ihrer Anordnung zur Vechte als der zentralen Leitlinie. Die Gliederung behielt auch in der jüngeren Entwicklung ihre Gültigkeit, wenngleich verstärkte Eingriffe seit den Markenteilungen im Zuge einer intensiven Landeskultivierung die Teilräume stark umformten.

5.1 Die Agrarräume vor der Markenteilung

Mit dem Vordringen der Nordsee hatten sich infolge eines maritimen Klima Erle,
Eiche, Ulme und Linde eingestellt, während die Kiefer als landschaftsprägender Baum
zurücktrat. Es ist davon auszugehen, daß in der Talaue seitdem zunächst ein Erlen-
bruchwald vorgeherrscht hat, während die Talsandflächen mit einem Eichen-Birken-
wald besetzt waren, in dem die Stieleiche dominierte. Erst allmählich wurden die
Waldbestände durch den Eingriff des Menschen reduziert, zuerst wohl durch Rodung
auf den Eschen, danach auch in den angrenzenden Arealen.

Spätestens seit dem Subboreal wählte der Ackerbau und Viehzucht betreibende
Mensch Siedlungslagen am Rande der Talaue der Vechte. Ihre eigentlichen Kristallisa-
tionskerne wurden die *Esche*, die formbildend für die Ortsgrundrisse sein konnten. Die Höfe ordneten sich zumeist als *Drubbel*, im lockeren Verband ringför-
mig um den Esch, bisweilen waren sie unregelmäßig zusammengedrängt. Sie sparten die begehrte Ackerflur aus und waren gegenüber dem Kamm des Esch gleichsam in die Tiefe geduckt, mieden allerdings wegen der Überschwemmungen wiederum die Talaue. Auch bei den kleinen Eschen abseits der Vechte in Hohenkörben
sowie in Frensdorfer und Brandlechter Haar wurden die mittleren Höhenlagen für die
Höfe ausersehen.

Um die Bodenfruchtbarkeit der Esche zu erhöhen, legte der Mensch über Jahrhunderte Plaggenkompost darauf. Zu seiner Herstellung wurden vor allem Heidesoden gestochen, dem Vieh untergestreut und nach einer gewissen Rottezeit auf das Ackerland getragen. Die *Plaggendüngung* wird wahrscheinlich nicht zugleich mit dem ständigen Feldbau eingesetzt worden sein, sondern vielleicht sogar erst zwischen 800–1200 n. Chr. aufgekommen sein [15]. Die mit Plaggen bearbeiteten Flächen sind vor allem mit Humus, aber auch mit Nährstoffen angereichert.

Ein typisches Bodenprofil zeigt folgenden Aufbau [16]:

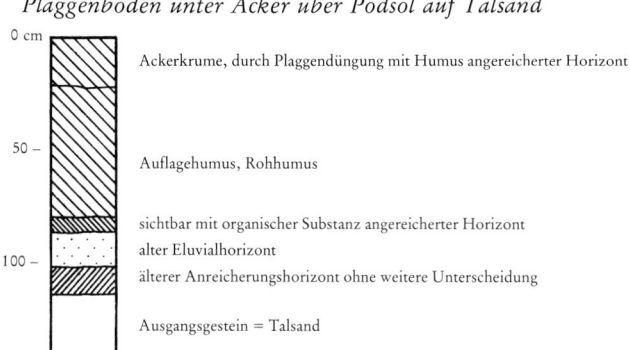

Plaggenboden unter Acker über Podsol auf Talsand

Es steht außer Zweifel, daß die Plaggendüngung infolge Humusanreicherung eine wesentliche Verbesserung des Bodens darstellt. Da die Esche schon die an sich höheren Standorte waren, mußte der zusätzliche Bodenauftrag nicht nur vorteilhaft sein, da er den Wurzelraum weiter vom Grundwasserspiegel entfernte. Dieses machte sich allerdings solange nicht bemerkbar, wie der unempfindliche Emslandroggen in monotoner Fruchtfolge Jahr um Jahr angebaut wurde.

Die Wirtschaftsweise mit Plaggendüngung war auf eine Landnutzung abgestellt, bei der für das regelmäßig beackerte Land ein Vielfaches seiner Fläche zur Verfügung stehen mußte, von der Plaggen zu gewinnen waren. Als Mittelwert ist anzunehmen, daß die Plaggengewinnung alle 5–10 Jahre auf derselben Fläche wiederkehrte, da die humuserzeugende Heidedecke einer gewissen Anzahl von Ruhejahren bedurfte.

Waren schon auf den *Talsandflächen* die Eichen-Birken-Mischwälder bald nach der Landnahme insbesondere durch *Waldstreu* und *Raubbau* reduziert worden, so wurde eine *Entwaldung* und *Verheidung* erst recht durch *Plaggenhieb* und *Schafhude* weiter vorangetrieben. Durch die Entnahme von Plaggen entstanden vegetationslose Flächen, die Schafhude verhinderte die Wiederbewaldung. Im Zusammenhang damit kam es zu ausgedehnten *Wehsandflächen*. Sie hatten allmählich ein solches Ausmaß angenommen, wie es heute kaum noch vorstellbar ist. Der Höhepunkt dürfte im 18. Jahrhundert gelegen haben, als sogar Hudeverbote ausgesprochen wurden. Die Tatsache, daß der Hauptzweck einer Aufforstung in jener Zeit die Dämpfung des Flugsandes war, unterstreicht das Ausmaß der Entwaldung [17].

---

[15] Zur Plaggendüngung vgl. E. PYRITZ, a.a.O., S. 32 (Datierung, mit Schrifttum), S. 81 ff.
[16] W. HOLLSTEIN, a.a.O., S. 305 ff., S. 274 f. (Profil).
[17] E. PYRITZ, a.a.O., bes. S. 80 ff., W. HOLLSTEIN, a.a.O., S. 270 ff.

Die Verheidung hat für die Bodenbildung unmittelbare Folgen gehabt. Lag der sandige Boden erst einmal frei, so lösten die reichen Niederschläge die Humusstoffe langsam auf und führten sie in die Tiefe. Es kam zu *Podsolböden*, die sich zwar auch unter Wald bilden können, aber unter Heide eine viel stärkere Auslaugung aufzeigen. Dabei entstanden in der Tiefe oft dicke Bänke von *Ortstein*, deren Dichte vom Verhältnis der verwitterten Bestandteile abhängt. Besonders ausgeprägte Podsole mit Ortstein sind auf Altdünen entwickelt.

Ein typisches Bodenprofil zeigt folgenden Aufbau [18]:

Eisenhumuspodsol auf Dünensand unter Wald

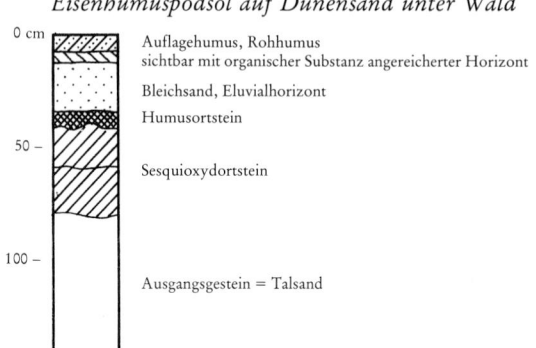

Die tiefer gelegene *Vechteaue*, die vor dem Eingriff des Menschen weithin mit Erlen-Bruchwald bestanden war, ist seit dem 12. Jahrhundert durch Rodung in Wiesen umgewandelt worden. Es haben sich *vergleite Böden* herausgebildet, die unter einem humosen Oberboden einen durch rostbraune, gelbliche oder rötliche Flecken bestimmten Horizont aufweisen, der stark eisenhaltig ist. Das bei hohem Grundwasserstand in die Nähe der Oberfläche gebrachte Eisen fällt während der trockenen Jahreszeit aus.

Ein typisches Bodenprofil zeigt folgenden Aufbau [19]:

Gley auf fluviatilem Sand unter Grünland

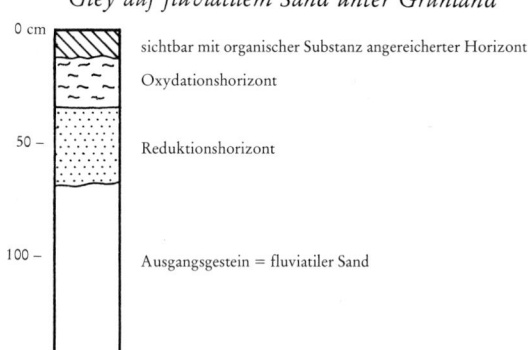

In der Nordhorner Sandebene haben sich an unterschiedlichen Standorten *Moore* ausgebildet. So sind Flachmoore in Altwasserarmen, aber auch in dem vernäßten Siet-

---

[18] W. Hollstein, a.a.O., S. 275 ff., S. 274 f. (Profil).
[19] W. Hollstein, a.a.O., S. 290 ff., S. 274 f. (Profil).

land in der Talaue der Vechte entstanden, auch sind sie im Norden um den Frensdorfer Bruchgraben und um die Lee stärker verbreitet.

Zu den Hochmooren auf den Talsandflächen zählte östlich der Altstadt von Nordhorn das *Nordhorner Moor*, das zwischen zwei Bodenwällen entstanden war, inzwischen aber durch einen Brand dezimiert und durch Abbau weiter reduziert worden ist. All vollausgebildetes Hochmoor ist im Südwesten der Gemarkung von Nordhorn das *Syen Venn* in seinem zentralen Teil erhalten. Es geht auf eine Ausblasungshohlform zurück, der wahrscheinlich ein begleitender Dünenzug entspricht. Es ist ein typisches Versumpfungsmoor, das nach einer eingeleiteten Bruchwaldphase in Hochmoor überging.

5.2. Die Agrarräume nach der Markenteilung

Die Agrarwirtschaft erfuhr in dem von Natur aus armen Gebiet der Nordhorner Sandebene seit Mitte des letzten Jahrhunderts einen umfassenden Ausbau. Die Veränderungen wurden von der *Markenteilung* begleitet, die sich zwar nicht als auslösender, aber doch stützender Prozeß der Ödlandkultivierung einstellte[20]. Entscheidend war, daß die bisher übliche Plaggendungwirtschaft mit intensiver Schafhaltung überflüssig wurde. Mit Handelsdünger war eine *Fruchtwechselwirtschaft* möglich, für eine leistungsfähige *Rinderzucht* wurden Futtermöglichkeiten erschlossen.

Die wichtigste Aufgabe intensiverer Landeskultivierung bestand darin, den *Wasserhaushalt* komplex zu regeln. Nach der Markenteilung versuchten einzelne Landwirte die Entwässerung ihrer Anwesen dadurch zu verbessern, daß sie ausgewiesene Flurstücke mit Gräben umzogen und jene an das übergeordnete Wassernetz anschlossen. Dank vieler neuer Gräben erhöhte sich allerdings die Wasserführung in den Vorflutern, insbesondere in der Vechte. Infolgedessen kam es in verstärktem Maße zu unliebsamen Überschwemmungen und Wasserstauungen. Die sommerlichen Hochwasser beeinträchtigten speziell die Grünlandnutzung. Die wasserwirtschaftlichen Mißstände führten zu ersten Regulierungen der Vechte (oberhalb Nordhorn) und der Lee in den Jahren 1927–35. Aber diese Maßnahmen sollten bei fortgesetzter Melioration der peripheren Talsandflächen selbst im Sommer nicht mehr ausreichen. So galt es seit den letzten beiden Jahrzehnten, in einem zweiten Anlauf den Wasserhaushalt durch weiterreichende technische Eingriffe zu beherrschen, was insbesondere einen adäquaten Ausbau der Vechte bedeutete[21].

Im Anschluß an einen regulierten Wasserhaushalt ist es erforderlich, die in der Tiefe durch Ortstein verhärteten Böden aufzulockern. So ist inzwischen ein größerer Teil der regenerierten Böden, vor allem im Norden der Gemarkung von Nordhorn, durch *Tiefpflügen* umgebrochen worden, und zwar von 40 bis 120 cm unter der Oberfläche.

---

[20] E. KÜHLE, Zum Flurbild in Hesepe, in: Jb. Heimatv. Gft. Benth. 1970, S.92 ff.; H. SPECHT, a.a.O., S.95 f., S. MILATZ, in: H. SPECHT, a.a.O., S.115 f.

[21] L. OPPERMANN, Uebersicht über die Abwässerungs-Verhältnisse in dem Herzogthume Arenberg = Meppen und den Graffschaften Bentheim und Lingen im Jahre 1868, /o. J./; WINKELMANN, Die Notwendigkeit der Regulierung der Vechte im Kreise Grafschaft Bentheim, Denkschrift, 1925; E. KÜHLE, Die Lee, in: Jb. Heimatv. Gft. Benth. 1965, S. 41 ff.; H. RUSCHULTE, Die Melioration der Vechte im 20. Jahrhundert in der Grafschaft Bentheim und ihre Auswirkungen auf die Kulturlandschaft, 1975.

Auf diese Weise konnte die vertikale Wasserführung bereinigt werden. Die Entwässe-
rungstiefe für Grünland liegt bei 50 bis 80 cm, für Ackerland bei 80 bis 120 cm. Die
umgebrochenen Böden waren durch Düngung und Kalkung nährstoffmäßig aufzu-
bessern.

Gegliedert nach Bodenarten differenzieren sich die agrarwirtschaftlich genutzten
Flächen gemäß Abb. 8 im Jahre 1968 wie folgt:

Tabelle 3:
Nordhorn, Bodenart und agrarwirtschaftliche Bodennutzung, Stand 1968

Bodenart	Ackerland mit Wechselland (ha)	Grünland (ha)
1. lehmiger Sand (Aueboden) ohne Verdichtungen	195	360
2. Plaggenboden	1323	–
3. Sandboden ohne Verdichtungen	989	350
4. Sande mit Auelehm, vergleit	–	1100
5. Sandboden, podsoliert oder vergleit	1105	4389
6. Moor und Anmoor	–	320

Quelle: Landwirtschaftskammer Weser-Ems, Agrarstrukturelle Vorplanung Nordhorn und Umland,
Textband, 1969.

Nur die ersten drei Bodenarten besitzen durchweg eine gesunde Struktur, können
allerdings auch bezüglich Ent- oder Bewässerung erhebliche Risiken in sich bergen.
Sie bedecken 35 % der landwirtschaftlichen Nutzfläche und 25 % der Gesamtfläche der
Nordhorner Gemarkung. Durch die agrarwirtschaftlichen Eingriffe ist insbesondere
das Grünland, aber auch das Ackerland ausgeweitet worden.

Ein Ergebnis der Inkulturnahme der Heideflächen ist auch die Ausdehnung der
Waldbestände. Sie werden vor allem durch die nicht mehr standorttypische Kiefer bestimmt. Die *Aufforstungen* liegen vorrangig peripher in der Nordhorner Gemarkung[22].

Die Moore sind in die intensive Ödlanderschließung einbezogen; vor allem das Syen
Venn ist in seinen randlichen Bereichen durch Tiefpflügen und Sandmischkultur für
die Grünlandnutzung aufgearbeitet worden.

Mit der fortschreitenden Landeskultivierung ging ein ständiger Wandel des Sied-
lungsbildes einher, dem nicht mehr so enge Möglichkeiten durch die Naturlandschaft
gesetzt sind. Infolge eines geregelten Wasserhaushaltes waren Siedlungsplätze in der
ehemaligen Mark nicht länger benachteiligt, und die *jüngere Streusiedlung* trat in Kon-
trast zu den älteren Drubbeln. Die Felder wurden in der Mark rautenförmig oder recht-
eckig angelegt, beeinflußt durch eine *rationale Wege- und Gewässerführung*[23].

[22] H. SPECHT, a.a.O., S. 135; Landwirtschaftskammer Weser-Ems (Landbauaußenstelle Meppen), Agrar-
      strukturelle Vorplanung Nordhorn und Umland, Textband, 1969, S. 78 ff., S. 111 ff., W. HOLLSTEIN,
      a.a.O., S. 321.
[23] E. KÜHLE, zahlreiche Aufsätze zum agrarstrukturellen Wandel einzelner Ortschaften und Ortsteile von
      Nordhorn, vgl. Lit.-Verz.

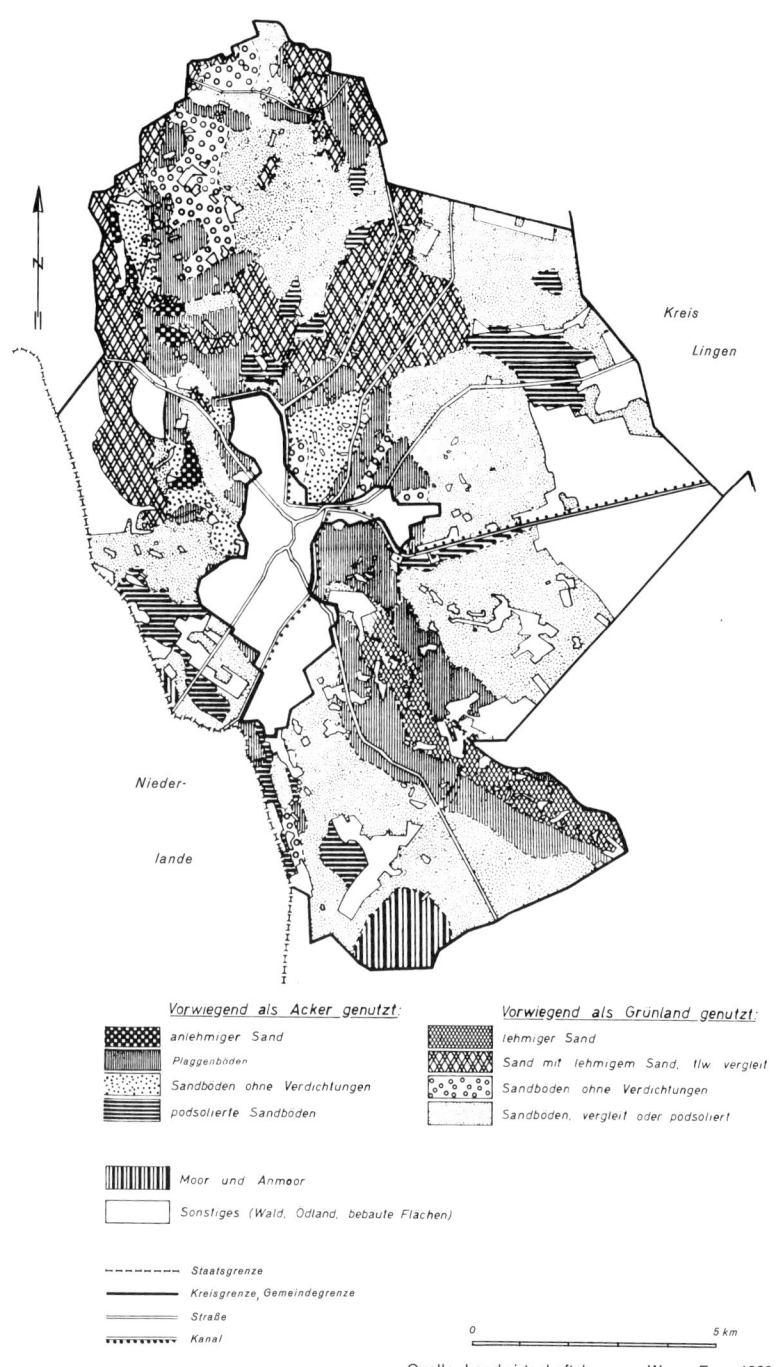

Kreis

Lingen

Nieder-

lande

Vorwiegend als Acker genutzt:
▓ anlehmiger Sand
▓ Plaggenböden
░ Sandböden ohne Verdichtungen
▓ podsolierte Sandböden

Vorwiegend als Grünland genutzt:
▓ lehmiger Sand
▓ Sand mit lehmigem Sand, tlw vergleit
○ Sandböden ohne Verdichtungen
☐ Sandböden, vergleit oder podsoliert

▓ Moor und Anmoor
☐ Sonstiges (Wald, Ödland, bebaute Flächen)

------- Staatsgrenze
——— Kreisgrenze, Gemeindegrenze
═══ Straße
·•·•· Kanal

0   5 km

Quelle: Landwirtschaftskammer Weser-Ems, 1969

Abb. 8   Bodenarten der agrarwirtschaftlichen Nutzflächen in Nordhorn

6. Naturgebende Lagequalitäten für die Entwicklung der Stadt Nordhorn

Im Werdegang einer städtischen Stellung können physische Lagewerte eine durchschlagende Bedeutung haben. Sie beziehen sich nicht nur kleinräumig, sondern auch großräumig auf die Ortslage. Die überregionalen Lagequalitäten werden insbesondere in der verkehrsräumlichen Einflechtung wirksam. Es ist allerdings vom Initialstadium her im einzelnen meist schwierig festzustellen, wie Siedlung und Verkehr einander förderten.

6.1. Die topographische Lage

Für die vorstädtische Entwicklung von Nordhorn ist die topographische Situation in vielen Punkten fraglich, da nicht bekannt ist, inwieweit jene durch anthropogene Eingriffe verändert worden ist. Auch fehlt es weitgehend an historischen Quellen, mit denen sich anfängliche Wachstumsphasen erhellen lassen. So gilt es im folgenden, die Lagewerte in ihrer möglichen Relevanz komplex aufzudecken, sich aber nicht wenig abgesicherten Hypothesen einseitig anzuschließen.

Einen ersten topographischen Hinweis vermittelt der Name Nordhorn. Er bezieht sich auf einen Sporn, mit dem die Talsandebene in die Vechteniederung vorspringt. Dabei versteht sich die Benennung aus südlicher Blickrichtung vom gegenüberliegenden Rand der Talaue, die an jener Stelle ungefähr eine Breite von 500 m durchmißt. Dieses »Horn« ist beiderseitig infolge Unterschneidung durch die in ihrem Flußbett mehrfach veränderte Vechte entstanden. Unterhalb dieses Spornes gabelt sie sich gegenwärtig in zwei langgestreckte Arme auf, die auch durch einen Verbindungsarm auf kurzer Strecke miteinander zusammenhängen. Die dadurch nach Osten abgetrennte Flußinsel bestimmt die Ortslage der Altstadt von Nordhorn. Ein ältester topographischer Plan[24] zeigt, daß dieses Areal 1780 noch durch weitere, meist schmale Wasserläufe in sechs Inseln untergliedert wurde. Diese Binnenvechten sind erst Mitte des vergangenen Jahrhunderts zugeschüttet worden. Besonders auffällig läßt sich stark mäandrierend ein zusammenhängender Wasserlauf nachvollziehen, der von der Mündung des Riethegrabens zunächst nach Süden führte und dann die nördliche Außenvechte weitgehend begleitete. Ob es sich dabei um ein älteres Flußbett der Vechte handelt oder es lediglich Überlaufrillen des jüngeren Flusses sind, ist nicht abschließend zu klären. Möglicherweise führte zu der größten Vechteinsel während der mittelalterlichen Aufsiedlung von Süden noch eine Landbrücke und sie war damit eine Halbinsel.

Als die ländlichen Kernsiedlungen entlang und abseits der Vechte bereits sämtlich bestanden, wurden die nördlichsten Ortschaften im Bistum Münster um 800 dem Kirchspiel Nordhorn zugeordnet. Als Standort für eine Kirche wurde der vorspringende Sporn an der Vechteaue gewählt. In dieser Ortslage besteht kein Esch, für einen zentralen Standort der umliegenden Agrarsiedlungen aber war der Platz geeignet. Bei der Ortswahl dürfte auch attraktiv gewesen sein, daß in der angrenzenden Talebene die sich aufspaltende Vechte leichter passieren ließ. Ein Übergang war den Ortschaften am Gegenufer gerade für den Kirchgang von Bedeutung.

---

[24] Vgl. Abb. des Originals im Beitrag von M. SCHMITT in diesem Band.

Die Grafen von Bentheim erwarben um 1180 das Gogericht Nordhorn. Sie werden die Wasserburg auf einer kleinen Insel inmitten der Talaue angelegt haben, deren zeitliche Errichtung allerdings nicht bekannt ist. Ebenso fehlen Angaben, wann eine bürgerliche Siedlung im Bereich der Flußspaltung entstanden ist, die nach dem topographischen Befund auf der größten Insel ihren Ausgang genommen haben dürfte. Erst 1379 werden beide zum ersten Mal dokumentiert, als der Niederlassung in der Talaue das Stadtrecht zuerkannt wurde. Bei dieser Gelegenheit war auch auf jenes Gemeinwesen der Name Nordhorn beschränkt worden, während die Ortslage oberhalb der Talaue, der die kirchliche Funktion verblieb, den Namen *Altendorf* erhielt[25]. Daß die bürgerliche Siedlung nicht in Anlehnung an diesen hochwasserfreien Ort anschloß, könnte mit kirchlichem Grundbesitz zusammenhängen. Der Nachteil einer überschwemmungsgefährdeten Lage in der Talebene wurde allerdings durch den Vorteil kompensiert, daß die Ansiedlung in einfacher Weise zwischen den Wasserläufen zu schützen war.

Die Hauptstraße dürfte von vornherein zentral über die größte Vechteinsel geführt haben, wofür auch die Zuwegungen am Nord- und Südrand der Talaue sprechen. Ob ihr ein aufgeschütteter Damm zugrundeliegt, ist nicht festgestellt. Sicherlich aber dürfte nicht der Mühlendamm, der westlich des Verbindungsarmes zwischen den Außenvechten aufgeworfen worden war, den ältesten Verkehrsweg getragen haben. Im einzelnen ist der Mühlendamm im nördlichen Teil gerade ausgebildet, paßt sich hingegen im Süden einem krummen Wasserlauf an.

Waren schon im Mittelalter infolge der Binnenvechten viele Brücken in der Innenstadt erforderlich, die erst im vergangenen Jahrhundert nach der Beseitigung der Wasserläufe überflüssig wurden, so ergab die Anlage von Kanälen im 19. Jahrhundert (s. u.) eine Zerschneidung der weiteren Stadtfläche, die abermals zahlreiche Brücken nach sich zog. Die Überschwemmungen, die noch bis in die 60er Jahre dieses Jahrhunderts in der Altstadt verheerende Wirkung hatten, sind erst durch jüngste Wasserbaumaßnahmen im Verlauf der Vechte beseitigt worden.

6.2. Die geographische Lage

Für das vorindustrielle Wachstum von Nordhorn waren überregionale Verkehrsaufgaben von großer Bedeutung. Schon früh spielte die Lage an einer Fernstraße eine Rolle, hinzu kam die Schiffahrt auf der Vechte unterhalb der Stadt.

Das langgestreckte Bourtanger Moor stellt für den Verkehr ein Hindernis da, das entweder nördlich oder südlich umgangen wurde. Im Süden zielte in gerader Richtung eine Handelsstraße von Jütland über Hamburg und Bremen auf Lingen zu und gabelte sich dort in einen nördlichen Ast, der zu den Häfen am Ijsselmeer und in einem südlichen Ast, der zu den städtischen Zentren Flanderns leitete[26]. Diese »*Flämische Straße*« verlief von Lingen zwischen Lohner und Emsbürener Höhen hindurch, trat in die

---

[25] Vgl. Beitrag von W. EHRBRECHT in diesem Band. H. SPECHT, Nordhorn, Geschichte einer Grenzstadt, 1941, S. 45 ff.; G. KLOPMEYER, Die Nordhorner Binnenvechten, in: Der Grafschafter 1954, S. 145.

[26] W. EHRBRECHT, Von Altenlingen nach Lingen 975–1150, in: Lingen 975–1975, Zur Genese eines Stadtprofils, 1975, S. 20.

Niederung des Lohnerbaches, umging das Nordhorner Moor, überschritt die Lee und erreichte die Vechte bei Nordhorn, um von dort durch die Frensdorfer Flur weiter in Richtung Denekamp zu führen.

Die Nordhorner Sandebene eignete sich nicht nur für den Landverkehr von Nordost nach Südwest, sondern eröffnete auch über die schiffbare Vechte einen *Wasserweg zum Ijsselmeer*. Die Schiffe konnten den Fluß stromabwärts ungehindert nach Overijssel fahren, da Wehre unterhalb der Mühlen von Nordhorn nicht mehr vorhanden waren. Durch Aufziehen der Schotten am Mühlendamm war der Verkehr flußabwärts vorübergehend zu beschleunigen. Die Schiffahrt wurde besonders in der regenreichen Zeit von Oktober bis April durchgeführt. Die Strecke bis Zwolle war in sechs Tagen zurückzulegen.

Das Verkehrsbedürfnis auf der Vechte wurde vor allem durch die Beförderung von Massengütern aus dem niedersächsisch-westfälischen Raum nach den Niederlanden ausgelöst, wozu insbesondere der begehrte Bentheimer Sandstein zählte. Die Verkehrsspanne, die zur schiffbaren Vechte bestand, wird besonders deutlich durch ein Kanalprojekt aus der ersten Hälfte des 18. Jahrhunderts. Durch den *Max-Clemens-Kanal* sollte das westfälische Hinterland von Münster her der Vechte angeschlossen werden. Aufgrund territorialer Rivalitäten wurde der Kanal nur bis zur Südgrenze der Grafschaft Bentheim gebaut. Da dieses Territorium nach dem Wiener Kongreß dem Königreich Hannover einverleibt wurde, jener Staat sein Interesse vorrangig aber auf die Ems konzentrierte, ging die Vechte-Schiffahrt in Nordhorn erheblich zurück, zum Erliegen kam sie um die Mitte des 19. Jahrhunderts.

In den folgenden Jahrzehnten wurde die Vechte für den Schiffsverkehr nicht zeitgemäß ausgebaut, wohl aber die Stadt Nordhorn in ein Netz künstlicher Wasserstraßen einbezogen [27]. Für die Nordhorner Textilbetriebe war im Grunde genommen nur der Anschluß zur Ems hin vorübergehend ein wichtiger Standortfaktor, da auf diesem Wege Ruhrkohle herbeigeschafft werden konnte. Über den *Ems-Vechte-Kanal*, der als einziger nach Nordhorn Schiffe mit 150 t Traglast zuließ, war der Dortmund-Ems-Kanal zu erreichen. Auch kam es durch den *Nordhorn-Almelo-Kanal* zu einem Anschluß an das niederländische Wasserstraßennetz. Der *Süd-Nord-Kanal*, der ebenfalls auf Nordhorn zuführt, diente mit seinen Seitenkanälen primär der Melioration im Bourtanger Moor. Seit einigen Jahren sind sämtliche Kanäle um Nordhorn ihrer Bedeutung für die Schiffahrt entwidmet.

---

[27] R. SCHREIBER, Die linksemsischen Kanäle, in: Jb. Heimatv. Gft. Benth., 1956, S. 102 ff.; K. MITTEL-HÄUSSER, H. SPECHT, in: H. SPECHT, 1953, a.a.O., S. 172 ff.

Das Privileg von 1379. Ein Beitrag zum Verhältnis von Territorium und Stadt im spätmittelalterlichen Emsland

Wilfried Ehbrecht

Vom Ausgang des Mittelalters bis zum Ende des alten Reiches in der napoleonischen Zeit prägen die großflächigen geistlichen Fürstentümer von Münster, Osnabrück, Paderborn und das Kölnische Herzogtum Westfalen die politische Landkarte Westfalens[1]. Dies war keineswegs immer so, sondern die Folge eines Jahrhunderte währenden Ringens zwischen dem geistlichen und dem weltlichen Adel, der bis zum 13. Jahrhundert noch völlig gleichrangig an Machtmitteln, seit dem 14. Jahrhundert aber im Kampf um die Herrschaft unterlag. Allein die Grafen von der Mark vermochten auf Grund ihrer wirtschaftlichen Möglichkeiten im südlichen Westfalen zu bestehen, während etwa Ravensberger, Tecklenburger und Bentheimer hinter die Hochstifte Münster und Osnabrück zurückfielen, die wie sie nach flächenhafter Herrschaft strebten, d. h. nach einer Verdichtung der zahlreichen über das gesamte Land verstreuten, in Maß und Bedeutung ganz unterschiedlich gewichteten Herrschaftsrechte[2]. In den umgebenden Räumen, im ostfriesischen Norden, in den Weserlanden oder im niederrheinisch-niederländischen Gebiet nahm die Entwicklung schon frühzeitig einen anderen Verlauf.

Für den heutigen westfälisch-niedersächsischen Grenzbereich zwischen Ems und Weser waren dabei zwei Zeitmarken entscheidend, zwischen denen sich die beiden Hochstifte, vor allem aber Münster gegen den Territorialadel durchsetzten: 1252 erwarb der Münsteraner Bischof Teile des Ravensberger Erbes mit den wichtigen Stützpunkten in Vechta, Haselünne und Emden, 1400 beendete eine gemeinsam von Osnabrück und Münster in drei Phasen vorgetragene Aktion gegen Tecklenburg den Kampf, der auch die häufig mit den Tecklenburgern verbündeten Bentheimer von der Ems abdrängte. Bis dahin bestand oft genug die Gefahr, daß die Adelsfamilien vom niederländischen Hondsrug über den Teutoburger Wald bis an die Weser eine Sperre zwischen den viehreichen Küstengebieten und den Getreidebörden des westfälischen Kernlandes aufrichteten. Der Erwerb von Cloppenburg und Friesoythe führte jetzt zu einer Landbrücke, die den Vechtaer Raum mit den Emsgebieten zum sogenannten

---

[1] Geschichtlicher Handatlas von Westfalen, 1. Lief., Münster 1975, Karte 1: Die Gaue 800–1100, bearb. v. A. K. Hömberg/K.-H. Kirchhoff, Karte 2: Politische und administrative Gliederung um 1590, bearb. v. W. Leesch; G. Wrede (Bearb.): Die Westfälischen Länder 1801, VHKommWestf XXVI, 1.

[2] Allgemein H. Aubin u. a. (Hg.): Der Raum Westfalen II, 1, Münster 1955; H. Rothert: Westfälische Geschichte I, 2. Aufl. Neudruck 1962; G. Engel: Politische Geschichte Westfalens, 3. Aufl. Köln/Berlin 1968; demnächst H. Patze (Hg.): Geschichte Niedersachsens, Hildesheim 1977ff. Vgl. auch zum folgenden grundsätzlich F. Petri: Territorienbildung und Territorialstaat des 14. Jhs. im Nordwestraum, VuF 13, 1, 1970, S. 383–483, bes. S. 396ff. und 442ff.

Niederstift Münster zusammenband, das durch einen ungefähr 10 km schmalen und 30 km langen Streifen an der Ems mit dem Oberstift verknüpft blieb[3].

Zweck dieser territorialen Erwerbungen aber waren nicht nur die Einkünfte aus den Erträgen des Landes selbst, sondern vor allem eine Kontrolle des Handels, der über die Vechte von Westfalen zu den wirtschaftlich bedeutenden Ijsselstädten Kampen und Zwolle oder über den Hondsrug nach Groningen lief, über die Ems und die Friesische Straße den Norden und den Süden verband, schließlich über die Flämische Straße den Warenaustausch auf dem Landweg zwischen den wendischen Städten und Bremen einerseits, den flandrischen und Maasstädten andererseits ermöglichte[4]. Besonders an dieser Straße, die als Querachse den Raum vor den Endmoränenzügen durchzog und bei Lingen die Ems überschritt, waren die Münsteraner Bischöfe ebenso interessiert wie die Städte ihres Territoriums, wie überhaupt alle westfälischen Städte, die über diese Straße Anschluß an das hansische Verkehrsnetz gewannen. So ist denn der Sieg über die Grafen von Tecklenburg auch nur durch eine Interessensgleichheit der Städte Münster und Osnabrück mit ihren Bischöfen zu erklären, die keineswegs auf einer dauernden Koalition beruhte. Der beliebte Begriff »Städtepolitik« hat in diesem Zusammenhang zwei Seiten: Einmal versuchten die Landesherren, »ihre« Städte für die Herrschaftsbildung einzusetzen, – eine Absicht, die nur so lange zu verwirklichen war, wie sie nicht den weiträumigen Handelsinteressen der Städte zuwiderlief. Diese eigene, selbstbewußte städtische Politik fand ihre Begründung in eben diesen wirtschaftlichen Möglichkeiten und in der Unterstützung durch die anderen städtischen Handelspartner. In diesem gar nicht immer partnerschaftlich ausgetragenen Abstecken der Interessen und Notwendigkeiten zwischen »Territorium und Stadt« waren zwar die älteren und größeren Städte in Vorhand, doch auch die spätmittelalterlichen Territorialstädte konnten noch oft Einfluß auf die Politik ihrer Herren nehmen, da ohne die städtischen Kräfte die Verwaltung des Territoriums nur schwer möglich war. Dies hatte zur Folge, daß dem Abschluß der territorialen Herrschaftsbildung häufig die Entwicklung landständischer Frühformen parallel ging[5].

War es 1400 auch der münstersch-osnabrückischen Koalition zwischen Landesherren und Bischofsstädten gelungen, wenn schon nicht Lingen selbst, so doch weitgehend das Lingener Verkehrskreuz von Ems- und Flandernhandel auf Dauer in den Griff zu bekommen[6], so verblieb das nicht minder wichtige, westlich sich anschließende Kreuz der Flämischen Straße mit dem Vechtehandel in Neuenhaus bzw. Nordhorn in der Hand der Grafen von Bentheim. Über den Handel mit Baustein, Holz und anderen Waren sind wir relativ gut informiert, denn die Bentheimer Grafen hatten damals längst die Bedeutung ihres Herrschaftsraumes als Durchgangsland erkannt und

---

[3] Cl. A. Behnes: Beiträge zur Geschichte und Verfassung des ehemaligen Niederstifts Münster . . ., Emden 1830; C. H. Nieberding: Geschichte des ehemaligen Niederstifts Münster . . ., Vechta 1840 ff.; J. B. Diepenbrock: Geschichte des vormaligen münsterschen Amtes Meppen . . ., Neudruck der 2. Aufl. v. 1885, Münster 1962.

[4] F. Bruns / H. Weczerka: Hansische Handelsstraßen, Köln-Weimar 1962 ff.

[5] Einen guten Überblick bietet W. Rausch (Hg): Stadt und Stadtherr im 14. Jahrhundert, Linz 1972; Ders. (Hg.): Die Stadt am Ausgang des Mittelalters, Linz 1974.

[6] W. Ehbrecht: Zur politischen, sozialen und wirtschaftlichen Entwicklung des tecklenburgischen Amtssitzes, in: Ders. (Hg.): Lingen 975–1975. Zur Genese eines Stadtprofils, Lingen 1975, S. 42 ff.

die Vechte als Verkehrsachse schrittweise mit Stützpunkten besetzt[7]. Ausgehend von ihrer 1295 privilegierten Stadt Schüttorf[8], die von der Stadtburg Altena geschützt wurde, erbauten sie noch im 13. Jahrhundert vechteabwärts die Burg Brandlecht[9], eine Linie, die die Burgen und Städte Nordhorn und Neuenhaus[10] ebenso fortsetzten wie das 1394 gegründete Hauskloster der Grafen Marienwolde in Frenswegen[11]. Burgenbau, Kirchen- und Klosterstiftungen sowie die Förderung der Städtebildung waren gleichermaßen Kennzeichen bentheimischer Territorialpolitik, die in einer Interessenskoalition von »Land und Herrschaft« die Voraussetzungen schuf, sich aus dem letzten entscheidenden Ringen zwischen Münster und Tecklenburg herauszuhalten und so Landesherrschaft und Handel weit besser zu sichern als die östlichen Nachbarn und Verwandten. Nicht zufällig korrespondieren deshalb die Daten 1369 für Neuenhaus, 1379 für Nordhorn und 1394 für Frenswegen mit den Phasen des Münsteraner Vorstoßes nach Norden. Wie es dem Grafen von Bentheim gelang, sich aus den Kämpfen zurückzuziehen, ist die erste hier zu verfolgende Frage. Nur vor diesem Hintergrund kann in einem zweiten Schritt das Stadtrechtsprivileg selbst gewürdigt werden. Abschließend soll versucht werden, ein Bild Nordhorns am Ausgang des Mittelalters zu zeichnen.

1. Bernhard I. von Bentheim im Kampf um die Herrschaftsbildung an der mittleren Ems

Als Münster und Osnabrück den Stoß gegen die sie im Norden bedrängenden Territorialherren eröffneten, stand das Bentheimer Grafenhaus selbst in einer tiefen Krise[12]. Seit fast 50 Jahren war der alte Graf Johann tot († 1332), der seit 1365 regierende Bernd I. (1365–1421) war nach seinen beiden Brüdern Simon (1332–1346) und Otto (1364/65, † 1383) bereits der dritte Sohn des Grafen, der die Dynastie weiterführen sollte. Aber auch seine Ehe mit Panotte von Steinfurt blieb ohne direkten Erben, so daß die Grafschaft schließlich mit seinem Tode an seinen Großneffen Everwin von Götterswick (Krs. Dinslaken) fiel. Eine bisher noch nicht aufgestellte Verwandtschaftstafel würde darüber hinaus deutlich machen, wie eng die Adelsfamilien mit den westfälischen Domkapiteln verbunden waren und somit auch auf die Bistümer selbst einwirken konnten. Gleichzeitig wurden diese Pfründen benutzt, um das Territorium vor Erbteilungen zu bewahren, andererseits bei drohendem Aussterben der Dynastie eine »Reserve« von Erben zu besitzen[13].

---

[7] Grundsätzlich P. VEDDELER: Die territoriale Entwicklung der Grafschaft Bentheim bis zum Ende des Mittelalters, Göttingen 1970; vgl. auch PETRI / ALBERTS (wie Anm. 33) S. 56 ff.

[8] OsnUB IV Nr. 444 S. 280 ff.

[9] G. DEHIO: Handbuch der Deutschen Kunstdenkmäler, Neubearb. Bremen Niedersachsen, Darmstadt 1977, S. 694 f.

[10] A. BRUNS: Beiträge zur Geschichte der Stadt Neuenhaus, in: Festschrift zum 600 jährigen Stadtjubiläum der Stadt Neuenhaus am 29. September 1969, Neuenhaus 1969, S. 15 ff.

[11] W. KOHL: Die Klöster der Augustiner-Chorherren, Germania Sacra NF 5 BtMünster 2, Berlin 1971; R. SAUERMOST: Das Augustiner Chorherrenstift Marienwolde in Frenswegen, Nordhorn 1971; B. U. HERGEMÖLLER in diesem Band.

[12] J. C. MÖLLER: Geschichte der vormaligen Grafschaft Bentheim, 1879.

[13] Vgl. N. REIMANN: Die Grafen von der Mark und die geistlichen Territorien der Kölner Kirchenprovinz (1313–1368), Dortmund 1973.

Wie groß die Schwierigkeiten der bentheimischen Herrschaftsbildung waren, hatte sich schon 1328 gezeigt, als es nicht gelang, die Tecklenburger zu beerben, die doch eine Seitenlinie des eigenen Grafenhauses waren. Aber auch mit den nachfolgenden Schweriner Grafen blieb man naturgemäß gegen den gefährlichen Nachbarn im Süden, den münsterschen Bischof Ludwig von Hessen (1310–1357) verbunden. Solange diesen die Auseinandersetzungen mit den Grafen von der Mark um die sich bildende Lippegrenze und die Kämpfe mit dem niederen Adel im engeren Münsterland (Lüdinghausen, Harkotten) banden, war die Gefahr noch überschaubar. Von den Ahausern hatte der Bischof die Herrschaft Lohn mit den Burgen in Stadtlohn und Bredevoort erworben und damit bereits die Richtung der Interessen auch nach Westen gewiesen, doch verhinderte Geldern-Zutphen 1326 hier ein endgültiges Festsetzen, so daß die Herrschaften der Edelherren von Gemen, von Ahaus und der Grafen von Solms, die im Vorjahr in Ottenstein gefolgt waren, bestehen blieben[14].

Gegen Bentheim, Tecklenburg und Ottenstein erbaute Bischof Ludwig um 1336 die Burg »tor Slypse« südlich von Lingen, um den Emshandel schützen zu können[15]. Dabei war die Entwicklung in diesem Raum noch völlig offen; denn die Einsetzung des Bentheimers 1346 zum Burgmann[16] in dieser in den folgenden Jahrzehnten umkämpften Burg konnte sich auch gegen die Interessen des Hochstifts richten. In der Teilung der Rechte zwischen Münster und Bentheim im Raum Emsbüren und im Ringen um Rheine aber zeigte sich, daß der Bischof nicht bereit war, seinen Interessensraum zurückzunehmen: 1343 ging die Stadt den Steinfurtern endgültig verloren, wobei bereits Graf Adolf von der Mark auf seiten des Bischofs stand[17]. War dieses Bündnis auch noch nicht von Dauer, so deutete es doch an, in welchem Maße die Bedrohung steigen würde, wenn der Gegensatz zwischen den Bischöfen und den märkischen Nachbarn neutralisiert oder sogar aufgehoben wurde.

Dies trat ein, als es dem tatkräftigen Nachfolger dieses Märkers, dem Grafen Engelbert III. gelang, nach dem Tode Bischof Ludwigs seinen Bruder Adolf von der Mark zum Bischof wählen zu lassen. Dieser behielt das Hochstift zwar nur von 1358–1363, doch sein Aufstieg zum Erzbischof von Köln (1363–1364) und die sich dann anschließende Herrschaftsübernahme in Kleve (+ 1394) sind Marksteine für das Durchsetzungsvermögen dieser Familie[18].

Adolf von der Mark eröffnete die erste von drei Phasen, in denen der Bischof von Münster schrittweise seine Rechte an der Ems gegenüber Bentheim und Tecklenburg ausweitete und sicherte, als er 1360 die Vechteburg Brandlecht, 5 km südlich des Nordhorner Altendorfes gelegen, zerstörte, die sich spätestens seit 1326 in gräflicher Abhängigkeit befand[19]. Im selben Jahr 1360 befestigte er Meppen, während der Teck-

---

[14] H. Friemann: Die Territorialpolitik des münsterschen Bischofs Ludwig von Hessen, phil. Diss. Münster 1937; Rothert (wie Anm. 2) S. 316 ff.

[15] GQBtMünster I S. 45 u. 48.

[16] G. Pfeiffer: Die Bündnis- und Landfriedenspolitik der Territorien zwischen Weser und Rhein im späten Mittelalter, in: Aubin (wie Anm. 2) S. 77–137, hier S. 102 f. mit Anm. 300 und 303; Niesert Urkundenslg. V S. 198 ff. das Bündnis zwischen Bentheim und Steinfurt zu 1354. Bei Auseinandersetzungen zwischen Münster und Tecklenburg trat der Bentheimer als Vermittler auf, OlUB V Nr. 426 S. 155 f. zu 1355.

[17] Rothert (wie Anm. 2) S. 319, Friemann (wie Anm. 14) S. 16 f. u. S. 63 f.

[18] Reimann (wie Anm. 13) S. 66 ff. und S. 96 ff.

[19] Rothert (wie Anm. 2) S. 324; Veddeler (wie Anm. 7) S. 55 f., S. 74 ff.

lenburger 1366 mit der Privilegierung Bevergerns, der Bentheimer mit der von Neuenhaus 1369 antwortete. Dabei war nicht unwichtig, daß Johann von Virneburg, der
1363 als Gegenkandidat der Märker in Köln aufgetreten war, nach einem kurzen Zwi-
schenspiel in Münster 1364 Bischof von Utrecht wurde und so den Rücken der Grafschaft im Westen entlastete. Er selbst unterstützte die Maßnahmen Bernhards I. in der
Weise, daß er 1370 die Pfarrechte von Veldhausen nach Neuenhaus verlegte[20].

Die Entspannung war nur vorübergehend; denn der märkische Parteigänger in
Münster, Florenz von Wevelinghofen (1364–1378), setzte die begonnene Politik kon-
sequent fort. Seinem Druck gelang es schon jetzt zeitweilig, den Bentheimer Grafen
zum Bündnis zu zwingen[21], doch vorläufig nur solange, bis der Vorteil wieder im
Kampf gegen Münster lag. Dies war zu erwarten, als in Osnabrück, auf dem anderen
Flügel der Territorialkämpfe, die märkische Position in Bedrängnis geriet. Schon 1360
hatten die Märker auch dorthin gegriffen und Dietrich, einen dritten Bruder, dem er-
folglosen Bischof Johann Hoet als Administrator beigegeben. Hatte dessen Tätigkeit
auch nicht auf Anhieb den erwünschten Fortschritt gebracht, so erhielt er doch dieses
Amt 1373 ein zweites Mal. Das Stift selbst lag völlig in der Hand Ottos von Tecklenburg, auf den sich der Kampf jetzt konzentrierte. Ein weiteres Privileg für Meppen
1374 signalisierte neuerlich das Ziel des Münsteraners, der auf einen Angriff Bernhards I. im selben Jahr mit einer, wenn auch glücklosen Belagerung der Bentheimer
Burg reagierte. Trotzdem muß diese abermalige Bedrohung seines Territoriums Bernhard I. zum Einlenken veranlaßt haben; denn von jetzt ab neigte er immer mehr der
Partei der Bischöfe von Osnabrück und Münster zu, die 1379 gegen Tecklenburg einen
großen Landfriedensbund errichteten: Bischof Florenz von Münster, Heinrich Spiegel von Paderborn (1361–1380) und der neue Osnabrücker Bischof Dietrich von
Horne (1376–1402), die Städte Münster und Osnabrück waren unter Führung Graf
Engelberts von der Mark fest entschlossen, den umstrittenen nordwestfälischen Raum
zu ordnen[22].

Zwei weitere Ereignisse engten auch die Bewegungsmöglichkeiten des Bentheimers
genau in dem Jahre weiter ein, in dem er Nordhorn privilegierte: anstelle des von den
Tecklenburgern kontrollierten Emsüberganges bei Lingen führte der Münsteraner Bischof den Verkehr von Haselünne auf die Furt bei Dalum zu, errichtete bei Geeste die
Burg Vredevort und beeinflußte damit die Wirtschaft des an dieser Straße liegenden
Neuenhaus[23]. Als dann noch Florenz von Wevelinghofen von Münster nach Utrecht
wechselte, konnte Bernhard von Bentheim seinen Vorteil nur noch in Verbindung mit
den geistlichen Fürsten suchen.

Es sah wie ein Wechsel auf die Zukunft aus, als er im selben, für die territoriale
Neuordnung Nordwestfalens so ereignisreichen Jahr 1379 auch den Ausbau der Stadt
Nordhorn förderte, zu deren Planung wohl von Anfang an die Burg gehörte. Man
möchte glauben, daß er einen neuerlichen Kampf gegen Tecklenburg erwartete, dem

---

[20] EHBRECHT (wie Anm. 6) S. 45 f.; VEDDELER (wie Anm. 7) S. 58 f., Neuenhaus behielt nur bis 1410 die
    Pfarrechte.
[21] PFEIFFER (wie Anm. 16) S. 103 Anm. 306; HansUB IV Nr. 422 S. 174 ff. mit Anm. 3 zu 1370/72.
[22] MÖLLER (wie Anm. 12) S. 203; ROTHERT (wie Anm. 2) S. 334; REIMANN (wie Anm. 6) S. 79 ff.
[23] EHBRECHT (wie Anm. 6) S. 46; L. EDEL: Die Stadtrechte der Grafschaft Bentheim, jur. Diss. Leipzig
    1909, S. 22 f.

auch die Emssperre Lingen zum Opfer fallen konnte. Auf eine so veränderte politische
Lage galt es vorbereitet zu sein, sollte nicht die Grafschaft durch die Auseinandersetzungen Schaden erleiden, sondern vielmehr vom Vechteverkehr wie vom Landhandel
über die Flämische Straße profitieren. Tatsächlich griff der neue Münsteraner Bischof
Heidenreich Wulf von Lüdinghausen (1381–1392) Lingen an, das zum ersten Mal in
seine Hände fiel. Die früher von den Bentheimern und Tecklenburgern zerstörte
Slipse bei Herzford wurde als Pendant zur Vredevort neuerlich errichtet[24]. Wenn
auch die zeitliche Abfolge nicht ganz eindeutig zu klären ist, so gehören in diesen Zusammenhang der zweiten Phase der Kämpfe um die Ems auch der Landfrieden von
1385 und die weitere Förderung Meppens im selben Jahr. Sie endete mit der Sühne des
Tecklenburgers 1388[25]. Die Entscheidung aber war wieder ausgeblieben, da die
gleichzeitig ausbrechende Dortmunder Fehde die Kräfte bis 1390 band[26].

Dann aber erneuerte der seit 1392 in Münster amtierende Bischof Otto von Hoya
das Bündnis mit dem Osnabrücker Bischof, das zur Eroberung der tecklenburgischen
Stützpunkte Cloppenburg und Friesoythe führte[27]. Bernhard von Bentheim, der
noch einmal 1386 ein Bündnis mit Tecklenburgern und Märkern eingegangen war, das
sich gegen die dem märkischen Einfluß entglittenen Bistümer richtete[28], beteiligte sich
an diesen Kämpfen nicht mehr: Die Gründung des Augustiner-Chorherrenstifts
Frenswegen 1394 setzte in dieser dritten Phase der Auseinandersetzung ein Zeichen:
nach der Verteidigung der Herrschaftsrechte trat offensichtlich die Sorge um die Me-
morie und die Erbfolge in den Vordergrund. Der dritte Sohn des Grafen Johann
mußte zu dieser Zeit längst gewußt haben, daß mit ihm die bentheimische Dynastie
aussterben würde. Warum er sich letztlich den Bindungen an den Tecklenburger entzog, wird durch die wenigen Quellen nicht deutlich. Vielleicht spielte bei der Entscheidung der Streit im Hause der Tecklenburger selbst eine Rolle; denn erst 1388
hatte sich Nikolaus II. (1395–1422) gegen seinen Vater Otto V. (1368–1395) aufge-
lehnt[29]. Jedenfalls versuchte Bernhard, seine Grafschaft in enger Verbindung mit Ludolf von Steinfurt (1394–1421) vor einer künftigen Erbfehde zu schützen und die
Nachfolge zu regeln. Dabei verstand er es, gleichzeitig einen Erfolg des Steinfurters
auch für seine Herrschaftspolitik zu nutzen. Dieser hatte nämlich Bischof Otto bei
dessen Angriff 1395 gefangengenommen[30] und dabei einen Ausgleich erreicht, über
den in Einzelheiten nur Vermutungen möglich sind. Es scheint aber in der Konse-

---

[24] GQBtMünster I S. 73 und S. 141 f.; EHBRECHT (wie Anm. 6) S. 46, die Stadt fällt 1400 ein zweitesmal.
[25] EHBRECHT (wie Anm. 6) S. 46, dort jedoch andere Zählung der einzelnen Abschnitte der Auseinandersetzung.
[26] L. v. WINTERFELD: Geschichte der freien Reichs- und Hansestadt Dortmund, 5. Aufl. Dortmund 1968,
S. 87 ff.
[27] OsnGQ II, S. 116 f. Wieder begann die Offensive gegen Tecklenburg mit einer Bestätigung der Meppener Privilegien 1393 Jan. 21, MeppUB Nr. 141, S. 99 f.
[28] Zum Bündnis von 1386 ROTHERT (wie Anm. 2) S. 338, vgl. dazu auch das auf sechs Jahre geschlossene
Bündnis von 1387 zwischen Bentheim, Steinfurt, Götterswick, Solms, das sich ausdrücklich nicht gegen
Tecklenburg richten durfte, NIEBERDING (wie Anm. 3) S. 257. Umstritten ist vor allem die Wirksamkeit
des großen westfälischen Landfriedens von 1385, an dem sich auch Tecklenburg, Bentheim und Steinfurt
beteiligten, PFEIFFER (wie Anm. 16) S. 114 ff.
[29] A. LUDORFF: BuKdenkm Westf. Kreis Tecklenburg, Münster 1907, S. 14 f.; B. GERTZEN: Die alte Grafschaft Tecklenburg bis zum Jahre 1400, phil. Diss. Münster 1939, S. 14 f.
[30] ROTHERT (wie Anm. 2) S. 348, vgl. aber auch NIESERT (wie Anm. 16) S. 287–296, ebd. S. 323 ff.

quenz dieses Ausgleichs zu liegen, daß sich Bernhard von Bentheim 1398 in einem auf acht Jahre geschlossenen Bündnis verpflichtete, binnen eines Monats gegen den Tecklenburger zu Felde zu ziehen[31]. Sollte dabei eine Burg von Münster besetzt werden, so durfte der Grafschaft daraus kein Schaden entstehen. Diese deutliche Erinnerung an die Slipse war in gewisser Weise auch eine territoriale Garantie für die Grafschaft, die mit Steinfurt allein den entscheidenden Kampf um die Verbindung zwischen Ober- und Niederstift Münster einigermaßen unbeschadet überstand. Ob im Falle des sicheren Sieges auch die Erhaltung der Grafschaft Tecklenburg in ihrem schon jetzt reduzierten Umfange vereinbart wurde, ist dabei nicht auszuschließen.

Im dritten Zugriff Münsters auf die Landbrücke längs der Ems hatte Bernhard von Bentheim vollends auf die Karte des Bischofs gesetzt und durch sein Eingreifen die Stellung des Grafen Nikolaus unterlaufen. Die Doppelkette von Bentheimer, Steinfurter und Tecklenburger Städten und Burgen – Neuenhaus, Nordhorn, Schüttorf und Steinfurt links der Ems, Lingen, Bevergern und Tecklenburg rechts – war aufgebrochen, die münsterschen Burgen Vredevort und Slipse, zu denen bis zur Mitte des 15. Jahrhunderts noch Venhaus bei Rheine kam, sicherten künftig mit Bevergern gemeinsam die Interessen des Bischofs. Endgültig hatte der Friedensschluß 1400 die Macht der Tecklenburger auf das Gebiet um ihre Stammburg und Lingen eingeschränkt, während Bischof Otto Bevergern zu seiner Lieblingsresidenz erwählte. Der Ausbau der dortigen Burg aber war gleichzeitig ein Programm, dem noch im selben Jahr der Erwerb von Ahaus entsprach. 1408 folgte nach zweijährigem Kampf auch Ottenstein[32].

Der Bündnisvertrag Bentheims mit Münster rückte auch die größte Sorge des Grafen wieder in den Blick: Er nahm nämlich den Steinfurter, seinen Schwager, ebenso aus dem Bündnis heraus wie seinen Neffen Arnold von Götterswick, der also schon damals offensichtlich als Erbe vorgesehen war. Welche Absichten hinter der Verbindung mit dem niederrheinischen Geschlecht standen – die Ehe seines Vaters mit der Schwester Bernhards muß spätestens in den 60er Jahren geschlossen sein – sind hier nicht zu verfolgen, sie waren aber eingebunden in weiträumige Adelskoalitionen, die von den die Klever beerbenden Märkern, den Virneburgern und bald auch den Grafen von Moers und Hoya bestimmt wurden. Vor dem Hintergrund der aufsteigenden Burgunderherzöge spielte dabei die Besetzung der Bischofsstühle im Nordwesten eine zentrale Rolle[33]. Dazu paßt auch, daß Bernhard I. den Sohn Arnolds, Everwin, bereits bald nach 1400 mit der Burg Neuenhaus betraute, die dieser jedoch mit dem nörd-

---

[31] OlUB V Nr. 539 S. 207.

[32] OlUB V Nr. 544 S. 211 f. zu 1399 u. Nr. 547 f. S. 215 ff. zu 1400 Okt. 25. Unter den Empfängern der Urfehde ist auch der Bentheimer; Arnold von Götterswick tritt als Zeuge auf; vgl. EHBRECHT (wie Anm. 6) S. 46 f.; ROTHERT (wie Anm. 2) S. 348.

[33] Grundsätzlich F. PETRI / W. J. ALBERTS: Gemeinsame Probleme deutsch-niederländischer Landes- und Volksforschung, Groningen 1962, S. 92 ff. Eine den dort aufgezeigten Linien folgende Spezialuntersuchung steht aus. Sie müßte neben den Dynasten vor allem die Zusammensetzung der Dom- und Stiftskapitel beachten. So ist etwa Jutta von Götterswick 1361 bereits Pröpstin in Vreden, Nikolaus II. von Tecklenburg war mit einer Mörserin verheiratet, Everwin von Bentheim-Steinfurt vermittelt 1450 in der Münsterschen Stiftsfehde zugunsten der Hoyaer. Vgl. auch einzelne Hinweise bei W. EHBRECHT: Verhaltensformen der Hanse bei spätmittelalterlichen Bürgerkämpfen in Westfalen, WestF 26, 1974, S. 55 ff.; DERS.: Territorialwirtschaft und städtische Freiheit in der Grafschaft Arnsberg, in: E. MEYNEN: Zentralität als Problem der mittelalterlichen Stadtgeschichtsforschung, Köln/Wien 1979.

lichen Teil der Grafschaft in den nächsten zwei Jahrzehnten nur unter großen Opfern
gegen das Stift Utrecht verteidigen konnte. Er verstärkte 1419 das Bündnis mit Steinfurt, indem er die Erbtochter Ludolfs, Mechtild, ehelichte. Als dann 1421 im gleichen
Jahre Ludolf von Steinfurt und Bernhard von Bentheim starben, folgte Everwin von
Götterswick unbestritten. Nach dessen Tod 1454 teilten seine Söhne den Besitz: der
ältere, Bernhard II., folgte in Bentheim, während Steinfurt von Arnold übernommen
wurde[34].

2. Absichten und Wirkungen der Nordhorner Stadtrechtsurkunde

Es gehört zu den wichtigsten Ergebnissen der Stadtgeschichtsforschung unserer
Zeit, erkannt zu haben, daß mit unserem Begriff Stadt zu verschiedenen Zeiten unterschiedliche Siedlungskörper abgedeckt werden müssen[35]. Dabei geht man davon aus,
daß eine oft unter ganz anderen lateinischen und volkssprachlichen Benennungen sich
verbergende städtische Siedlung durch ein Bündel von Kriterien beschrieben werden
kann, das seinerseits eine Reihe von Variationen zuläßt. In jedem Fall aber ist mehr als
ein Kriterium zu erfüllen. Grundlage solcher beschreibenden Definitionen sind neben
der Benennung vor allem eine aus dem Umland herausgelöste Verfassung, Topographie, wirtschaftliche und religiös-kulturelle Zentralitätsfunktionen sowie eine Bevölkerung, die nicht nur von der Urproduktion, sondern auch von der Herstellung, dem
Verbrauch und Vertrieb gewerblicher Produkte, von Dienstleistungen für sich und
andere, vom Markt im weitesten Sinne lebt.

So genügt das Stadtrechtspriveg von 1379 für Nordhorn allein noch nicht, um die
Siedlung als Stadt zu bestimmen. Privileg bedeutet dabei, daß der Privilegiengeber
mehr oder minder genau umschriebene Rechte der Bürgergemeinde zusicherte. Oft
geht aus den Texten nicht hervor, welche und wessen Interessen jeweils den Ausschlag
gaben. Auch wenn etwa ein Landesherr die Gewährung oder Bestätigung von Privilegien nicht wollte, vielleicht sogar von der Stadt dazu gezwungen wurde, so verlangte
doch die Form eine weitgehend einseitige Ausfertigung. Dies galt ebenso für die zahlreichen Texte, die eine städtische Kanzlei als sogenannte Empfängerausstellungen
selbst verfaßte und zur Besiegelung vorlegte. In vielen Fällen ging dem Privileg deshalb
eine mündliche Vertragsregelung voraus, in der die Interessen häufig anders gewichtet
waren. Viele, vor allem alte Städte haben ein solches Erstpriveg gar nicht oder sehr
viel später erhalten, so daß die Stadtbildung in einem umfangreichen Beweisverfahren
dann erheblich früher datiert werden muß[36]. Andererseits gibt es gerade im 14. Jahrhundert zahlreiche Privilegien, die eine Stadtbildung initiieren sollten, zu der es dann
aus ganz unterschiedlichen Gründen nicht mehr gekommen ist: die Privilegien blieben
»taub«. In Neuwied am Rhein greift man noch 1653 auf ein solches taubes Privileg für

[34] Dazu noch immer Möller (wie Anm. 12) S. 225 ff.; Veddeler (wie Anm. 7) S. 78 ff.
[35] Zur ersten Orientierung C. Haase (Hg.): Die Stadt des Mittelalters, 3 Bde., Darmstadt 1969 ff.; E. En-
    nen: Die europäische Stadt des Mittelalters, Göttingen 1972; H. Stoob (Hg.): Altständisches Bürger-
    tum, 2 Bde., Darmstadt 1978.
[36] L. v. Winterfeld: Die stadtrechtlichen Verflechtungen in Westfalen, in: Aubin (wie Anm. 2)
    S. 171–254; K. Kroeschell: Deutsche Rechtsgeschichte I, Hamburg 1972, S. 253 ff., II, 1973, S. 59 ff.
    u. ö.

das Dorf Nordhofen von 1357 zurück, als dort eine der im Verhältnis zur hoch- und
spätmittelalterlichen Stadtbildungswelle wenigen frühneuzeitlichen Städte neu entstehen sollte[37].

Unter diesen Voraussetzungen haben wir also das Nordhorner Privileg von 1379
nach drei Seiten hin zu prüfen:
1. Wieweit schließt es einen seit längerem andauernden Stadtbildungsprozeß ab?
2. Welche Wirkungen hatte dieses Privileg für die folgende Entwicklung?
3. Erfüllt die Siedlung über das Privileg hinaus Kriterien, um von uns mit Recht auch
   für die Gründungszeit als Stadt bezeichnet zu werden?

1379 Juni 2: Graf Bernhard I. von Bentheim verleiht Bürgern, Gemeinde und
Weichbild zu Nordhorn Recht und Gewohnheit von Schüttorf

Sta Nordhorn, B 4, Abschrift von 1648, mehrere weitere Abschriften des 18. Jahrhunderts, Abdruck in: Vaterl. Archiv . . . des Königreichs Hannover . . . I, 1819,
S. 127 f.; Th. HAGEMANN / E. SPANGENBERG: Practische Erörterungen aus allen Theilen der Rechtsgelehrsamkeit . . . IX, 1831, S. 140 f.; L. EDEL: Die Stadtrechte der
Grafschaft Bentheim, jur. Diss. Leipzig 1909, S. 22 f.; H. SPECHT: Stadt- und Wirtschaftsgeschichte von Nordhorn, Oldenburg 1941, S. 14; Egalisierung der Rechtschreibung und Zeichensetzung, Gliederung und Numerierung sowie Übersetzung
durch den Verfasser:

*Wy Herr Berendt, Grave to Bentheim, betüget unde bekennet openbaer myd dessen
upenen breve,*
(1) *dat wy hebbet gegeven und gevet den borgheren und der menhet und dem wick-*
    bolde tho Nordhorne allzodane recht unde wonhet, alze de van Schutorpe hebbet,
(2) *ock so hebbe wy en gegeven tho genaden to eyre meren vryheit, we to em inkummt*
    in de stadt to Nordhorne von dodslagene weghens, offte de zinen herscap were ent-
    floen, de mach der vryheit brücken binnen den wygbolde to Nordhorne, velich vor
    uns und vor all de darumme unsen willen doen wilt unde laeten utgesprocen scult
    unde des ze sick binnen den gerichte verbreken,
(3) *ok zo sall men der vrey. onnetale van eghene lüden alze to Schuttorpe wonhet is*
    und recht.
(4) *Vortmer so mach de menhet tho Nordhorne brüken to der Kerchporten uyt waters,*
    heide, weyde unde holtes in den Osterwalde, uthgesproken eiken unde böken.
(5) *Ok sollen se volghen unser herlickheit klockenschlage, wapenscreye, dar uns deß to*
    done is na wonheit unde rechte unses gerichts zunder argelist.
*In orkund, tuch unde vestenisse deser vorgenannt dingh so hebbe wy Herr Berent
Greve to Benthem vorgen. unse grote ingezeghell ahn desen breff gehangen.
Datum anno Dni. M.CCC.L.XX nono feria quinta post festum pentecostes.*

Wir Herr Bernhard, Graf zu Bentheim, bezeugen und bekennen öffentlich mit dieser Urkunde,
(1) daß wir den Bürgern, der Gemeinde und dem Weichbild zu Nordhorn genau jene
    Rechte und Gewohnheiten verliehen haben und verleihen, die die von Schüttorf
    besitzen.

---

[37] H. STOOB: Neuwied, in: DERS.: Deutscher Städteatlas I, 6, Dortmund 1973.

Copia Privilegij de anno 1379

2.

Wij Heer Berndt Schrewe to Bentsem betuiget ...

... Actum Anno Dni MCCC LXX nono feria quinta post festum penthecostes.

(2) *Auch haben wir ihnen gewährt, um ihre Freiheit zu erweitern: wer zu ihnen in die Stadt Nordhorn kommt, weil er einen Totschlag begangen hat oder weil er seiner Herrschaft entflohen ist, der darf das Recht der Freiheit in Anspruch nehmen innerhalb des Weichbildes zu Nordhorn, gestützt auf uns und alle, die dort unseren Willen erfüllen und durchsetzen, ausgenommen bei Vergehen, die innerhalb des (bentheimischen) Gerichtes begangen sind.*

(3) *Auch soll man von den Freiheitsrechten ausnehmen die Eigenleute, wie es zu Schüttorf Gewohnheit und Recht ist.*

(4) *Außerdem darf die Gemeinde zu Nordhorn von der Kirchpforte aus Wasser, Heide, Weide und Holz im Osterwald gebrauchen, ausgenommen sind Eichen und Buchen.*

(5) *Auch müssen sie Glockenschlag und Waffengeschrei unserer Herrschaft folgen, wie uns das zu leisten ist nach Gewohnheit und Recht unseres Gerichts ohne Einschränkung.*

Zu Beglaubigung, Zeugnis und Sicherheit dieser vorgenannten Punkte haben wir Herr Bernhard, Graf zu Bentheim, unser großes Siegel an diese Urkunde gehängt.

Ausgestellt im Jahre des Herrn 1379, am Donnerstag nach dem Pfingstfest.

Die erste Frage muß wohl mit Nein beantwortet werden. Zwar gab es im Nordosten das gleichnamige alte Dorf mit einer vielleicht in die Missionierungszeit des 9. Jahrhunderts zurückreichenden Pfarrkirche und einem 1319 von den Bentheimern erworbenen Gogericht, doch bedeutete das Privileg von 1379 trotzdem einen vor allem aus den politischen Verhältnissen dieses Jahres zu erklärenden Neuanfang. Anders als in Schüttorf und Neuenhaus bezog die erst in Zusammenhang mit dem Privileg begonnene Stadt- und Burganlage, für die es keinen älteren Nachweis gibt, die Vorsiedlung nicht mit ein. Sogar Verhandlungen über die Verlegung der Pfarrechte, wie sie in Neuenhaus stattfanden, sind für Nordhorn nicht erwähnt[38].

Die Wirkungen des Privilegs aber blieben nicht aus[39]: Kernsatz war dabei die Gewährung jener Rechte und Gewohnheiten, die Schüttorf bereits besaß. Diese erste auf ältere Wurzeln zurückgehende bentheimische Stadt hatte 1295 vom Grafen Egbert (1270–1304, † um 1319) die Freiheit erhalten, daß alle Einwohner von landesherrlichen Abgaben exemt sein sollten[40]. Die Einkünfte des Niedergerichts standen zu zwei Dritteln der Gemeinde zu. Das Vermögen der Bürger sollte nach Weichbildrecht vererbt werden[41], fehlte ein Erbe, so fiel das Gut an den Stadtherrn zurück. Zuzügler konnten die Bürgerfreiheit nach einer Frist von einem Jahr und sechs Wochen ohne weiteren Anspruch fremder Herrschaft erwerben. Wenn Bürger, »wicbeldeslude«,

[38] Dazu der Beitrag von P. VEDDELER in diesem Band. Zum Alter der Nordhorner Burg auch M. SCHMITT.

[39] Vgl. vor allem zur Stadtgeschichte H. SPECHT: Stadt- und Wirtschaftsgeschichte von Nordhorn, Oldenburg 1941; H. SCHRÖTER / H. SPECHT: Nordhorn, in: E. KEYSER (Hg.): Deutsches Städtebuch III, 1, Stuttgart 1952, S. 256 f.; H. HILLEBRAND / A. BRUNS: Nordhorn, in: K. BRÜNING u. a. (Hg.): Niedersachsen und Bremen (= Handbuch der hist. Stätten II), 4. Aufl. Stuttgart 1976, S. 351 f.; VEDDELER (wie Anm. 7) S. 59 f.

[40] OsnUB IV Nr. 444 S. 280 ff.; vgl. ebd. Nr. 578 S. 371 f. zu 1300 zur Regelung des Kirchenwesens. Im übrigen P. VEDDELER (wie Anm. 7) S. 56–58.

[41] Dazu K. KROESCHELL: Weichbild. Untersuchungen zur Struktur und Entstehung der mittelalterlichen Stadtgemeinde in Westfalen, Köln/Graz 1960.

sich über diese Frist hinaus außerhalb der Stadt bewegten, ohne in eine andere Stadt aufgenommen zu sein, dann unterlagen sie der jeweiligen Herrschaft. Das Erbe der Bürger zu Weichbildrecht konnte nur vor dem Gericht der Stadt eingeklagt werden, die Todfallabgabe war beschränkt auf Heergewäte und Gerade[42]. Wer Bau- und Brennholz sowie den für die Grutbierherstellung notwendigen Gagelstrauch im Moor holte[43], besaß innerhalb der bereits bestehenden Feldmarkgrenzen ebenfalls den Schutz der Stadtfreiheit. Diese besonderen Rechte der Schüttorfer ergänzten allgemein die Rechte und Freiheiten der Bürger Münsters, das damit zum Oberhof der Stadt und der beiden anderen bentheimischen Städte Neuenhaus und Nordhorn wurde, denen später Recht und Gewohnheiten Schüttorfs zustanden[44]. Die Formulierung des Nordhorner Privilegs aber umfaßte nicht nur den durch das Schüttorfer Privileg 1295 geschaffenen Rechtsstand, sondern auch jene in der Verfassungspraxis ausgebildeten oder erworbenen Rechte, wie sie bis 1379 dort geläufig geworden waren. Dieselbe Formel galt auch für die künftige Entwicklung.

Auf die inzwischen gemachten politischen Erfahrungen und die besonderen Gegebenheiten in Nordhorn hoben die weiteren Bestimmungen ab: Vor allem sollte die neue Stadt auf Personen außerhalb des bentheimischen Herrschaftsbereichs anziehend wirken, wobei die Aufnahme gerichtlich Verfolgter[45] nicht aus den heutigen, sondern nur aus mittelalterlichen Rechtsvorstellungen erklärt werden darf, die weit mehr vom Bewußtsein des eigenen oder gemeindlichen Rechtsvollzuges und der Schadensbesserung als einer überregionalen allgemeinen Sühne für »kriminelle« Handlungen geleitet waren. Von diesen Vergünstigungen wurden natürlich die Eigenleute des Grafen ausgenommen, wie schon das Schüttorfer Privileg von 1295 festgelegt hatte[46], hier aber wegen der zusätzlichen Ausnahmebestimmungen wiederholt wurde. Bei jeder städtischen Freiung mußten auch die Grenzen der Feldmark gegenüber älteren bäuerlichen Rechts- und Wirtschaftszusammenhängen festgelegt werden, was im Altsiedelland besondere Schwierigkeiten bereitete. Die Nordhorner Bürger wurden deshalb nach Norden zur Kirchpforte heraus in den noch nicht aufgesiedelten Osterwald verwiesen. Damit setzte der Bentheimer die Bürgergemeinde auch für den Landesausbau ein, über den der vielleicht entscheidende Weg zu flächenhafter Herrschaftsbildung führte[47]. Daß der Graf auch die militärischen Möglichkeiten der Stadt zu nutzen gedachte, legte die Verpflichtung zur Stellung eines Aufgebotes fest.

Überblickt man das Nordhorner Privileg von 1379, so fällt auf, daß gegenüber der Gewährung von Freiheiten nach Schüttorfer Muster vor allem die Erwartungen des Landesherrn klarer formuliert sind. Der Verleihung städtischer Rechte wie Schaffung eines eigenen Rechtsbezirkes, eigener, wenn auch begrenzter Verwaltung und Siche-

---

[42] Handwörterb. z. Dt. Rechtsgesch. Bd. I Sp. u. Bd. II Sp. 29 f. Eine allgemeine Befreiung von der Todfallabgabe erfolgte nach einiger Rechtsunsicherheit 1519 (wie Anm. 57).

[43] PETRI / ALBERTS (wie Anm. 31) S. 59 f.

[44] G. ENGEL: Die Stadtgründung im Bielefelde und das münstersche Stadtrecht, Bielefeld 1952; auch v. WINTERFELD (wie Anm. 36).

[45] EDEL (wie Anm. 23) S. 13 f.

[46] Wie Anm. 40: »dummodo nobis et nostris successoribus, castellanis ac ministerialibus nostris occasione juris cujuscunque non fuerint obligati.« Hier wie auch im folgenden Punkt liegen offensichtlich Verständnisfehler des Kopisten vor.

[47] Vgl. EHBRECHT zu Arnsberg (wie Anm. 31).

rung des Erbes im Todesfall, steht nicht mehr der allgemeine Wunsch gegenüber, auf diesem Wege den Handel zu beleben, um dann davon zu profitieren, sondern eher eine genauere Bestimmung von Aufgaben im Rahmen eines territorialen Herrschaftskonzepts: die Stadt war in Verbindung mit ihrer Burg als dem landesherrlichen Stützpunkt Ausgangspunkt der militärischen Verteidigung, gleichzeitig war sie Mittelpunkt der entstehenden territorialen Verwaltung. Ihre Einbindung in den Landesausbau vergrößerte den Herrschaftsbereich, schuf zum Teil erst ein Territorium und versprach außerdem auch konkreten wirtschaftlichen Nutzen in der Entwicklung des Nahmarktes, ohne daß deswegen auf den Gewinn aus dem Fernhandel verzichtet werden mußte.

Daß dabei Konflikte nicht ausblieben, zeigt sich gerade an den beiden Punkten Feldmark und Aufgebot: Im selben Jahr, in dem Bernhard I. die Stadt an den Einkünften aus dem Handel beteiligte, regelte er auch die Befugnisse der Bürger in der Frensdorfer Mark, also im Westen der Stadt[48]. Über das Graben von Plaggen und die Viehweide in der östlich gelegenen Bakeler Mark kam es erst 1540 unter Vermittlung des Grafen Arnold I. zu einer Einigung[49]. Wie sich die Stadt durchaus im landesherrlichen Einverständnis mit den bäuerlichen Nachbarn auseinandersetzte, so versuchte sie auch die territorialen Verpflichtungen einzuschränken, da hierdurch ihre Entwicklung gehemmt wurde. Was die Heerfolge bei Glockenschlag und »Wapenscreye« anging, beschränkte sich die Pflicht in der zweiten Hälfte des 15. Jahrhunderts bereits auf das Umland bis zu den nächsten Landwehren, 1519 wurden die Städte allgemein von der Stellung eines Aufgebots befreit[50].

3. Zu Verfassung, Topographie und Wirtschaft einer spätmittelalterlichen Territorialstadt

Gegenüber den territorialen Aspekten der spätmittelalterlichen Stadtbildung tritt die Kenntnis von der gemeindlichen Organisation erstaunlich zurück, d.h. von dem Bereich, der die mitteleuropäische Stadt seit der salischen Zeit weitgehend typisierte. Sagt schon das Privileg von 1379 außer der ebenso vieldeutigen wie umstrittenen Formel von den Bürgern und der Gemeinde[51] nichts zur genossenschaftlichen Struktur aus, so bleiben auch die weiteren Informationen blaß und unklar. Vor allem die Anlage

---

[48] EDEL (wie Anm. 23) S. 23, vgl. auch unten bei Anm. 85; SPECHT (wie Anm. 39) S. 78 ff.

[49] SPECHT (wie Anm. 39) S. 394 f.

[50] SPECHT (wie Anm. 39) S. 106; vgl. auch unten bei Anm. 65. Der Ruf zu den Waffen konnte natürlich auch innerhalb der Stadt notwendig werden. Hier erließ die Bürgergemeinde bereits 1487 selbständig Regeln gegen den Mißbrauch: »dat nymant bynnen Nothornen der vryheit sal maken wopen geschrey maken by dage noch by nachte sunder kentlike noitsake. Wer Jemant, De dat dede, we de ok wer, vrouw offt man, . . . de sal der stadt gebroken hebben . . . eyne Dortmundesche marck . . .«, SPECHT (wie Anm. 52) S. 30 f. Nr. 6. Zu leicht konnte daraus Unruhe in der Stadt entstehen, vgl. unten bei Anm. 56.

[51] Das Privileg wurde erteilt »den Borgheren und der Menhet und dem Wickbolde«. Unklar ist in diesem Fall, wieweit eine Identität von »Bürgern« und »Gemeinde« vorliegt (dazu auch § 4). Üblich wären als Empfänger der Urkunde etwa Rat, Gemeinde und Stadt. Eine Interpretation von »Menhet« als Einwohner im Sinne nichtbürgerlicher Gruppen ist m. E. hier 1379 ebensowenig denkbar wie die Festlegung auf bürgerliche, aber nicht berufsständisch in Kaufmanns- oder Handwerkerkorporationen organisierte Sozialgruppen, vgl. dagegen aber SPECHT (wie Anm. 39) S. 64.

eines eigenen Stadtbuches aber beweist, daß das gemeindliche Leben nach 1379 tatsächlich in Gang gekommen ist[52].

Dieses 1909 durch einen glücklichen Zufall wieder aufgetauchte älteste Stadtbuch von 1396 wollte alle Mitglieder der Bürgergemeinde verzeichnen, so daß wir in den zuerst genannten 65 Eintragungen gleichsam die Gründergeneration der in dieser Zeit zu einem ersten Abschluß gekommenen Stadt erkennen können[53]. Die Liste eröffnete »Eckberte, Hern boldwines zone van benthem«, wohl ein Angehöriger des Grafenhauses, der von der Burg aus die Interessen des Landesherren wahrnahm[54]. Wie bei Stadtbüchern dieser Art üblich, beschränkten sich die weiteren Eintragungen jedoch nicht nur auf die jeweils am 22. Februar neuaufgenommenen Bürger, sondern es wurden auch Beschlüsse der Bürgerversammlungen protokolliert. Von weittragender Bedeutung war die erste dieser sogenannten Willküren vom 27. Mai 1408, als bei Strafe untersagt wurde, über die Schöffen »met scheltworden« zu sprechen[55]. Bestätigt diese Notiz die Existenz einer städtischen Verwaltung, belegt, daß »schepen vn de menen borgher« sich zur Festlegung von Rechtssatzungen versammelten, so deutet sie auch auf die von der Organisation des Handels getragene Kommunikation zwischen den Städten, zu der Nordhorn damals bereits Zugang gehabt haben muß. Der Beschluß wurde nämlich genau in dem Jahr gefaßt, als eine Welle von Auseinandersetzungen besonders in den hansischen Städten des Verhältnis von städtischen Führungsorganen und Gemeinde belastete[56]. Wenn auch solche Unruhen für Nordhorn in dieser Zeit noch nicht angenommen werden können, so muß man doch in der Stadt von den Gefahren gewußt haben, die dem städtischen Frieden daraus erwachsen konnten; denn immer waren Beschlüsse dieser Art Reaktionen auf selbst gemachte oder vermittelte Erfahrungen.

Wollen wir den im 15. Jahrhundert erreichten Umfang städtischer Rechte erfassen, so müssen wir wieder auf Schüttorf schauen, dessen Rechte und Gewohnheiten ja für Nordhorn Vorbild waren. Daß dieser Rechtszusammenhang über 1379 wirksam geblieben war, bestätigte 1519 Everwin I. (1473–1530) den Städten Neuenhaus und Nordhorn ausdrücklich[57]. So sind dann auch die Statuten, die Schüttorf 1465 aufzeichnen und besiegeln ließ[58], im großen und ganzen auf Nordhorn übertragbar.

[52] H. Specht: Bürgerbücher der Stadt Nordhorn von 1396–1913, Nordhorn 1939, vgl. auch B. Krusch: Das älteste Stadtbuch von Nordhorn, in: OsnMitt 1909.

[53] Specht (wie Anm. 52) S. 43 ff., vgl. auch die Abbildungen im dortigen Anhang. Endet mit Nr. 65 die Hand des ersten Schreibers, so taucht schon Nr. 63 die bald regelmäßige Formel auf »de wi ontfangen hebben vor 1 vrie Borgher en Borgesche«. Danach ist vielleicht mit Nr. 62 der Personenbestand von 1396 abgeschlossen, während die nächsten Eintragungen bereits Neuaufnahmen betreffen. Gehen wir von ungefähr 60 Haushalten in der Gründungszeit aus, so ergibt sich bei Verwendung des Faktors 5 eine Gesamtzahl von ungefähr 300 Einwohnern. Vgl. auch unten Anm. 82.

[54] Specht (wie Anm. 39) S. 63. Ekbert von Bentheim ist bereits 1365 als Nordhorner Richter bei der Förderung der Kapelle in Neuenhaus belegt; Möller (wie Anm. 12) S. 196. Balduin hieß ein Bruder des Grafen Johann II., der als Domherr in Osnabrück bezeugt ist.

[55] H. Specht (wie Anm. 52) S. 30.

[56] W. Ehbrecht: Hanse und spätmittelalterliche Bürgerkämpfe in Niedersachsen und Westfalen, NiedersJB 48, 1976, S. 77 ff.

[57] Vaterl. Archiv . . . des Königreichs Hannover . . . I, 1819, S. 122 ff.; Specht (wie Anm. 39) S. 15. Bestätigungen des Nordhorner Stadtrechtes erfolgten wohl regelmäßig durch jeden neuen Landesherrn. Belegt sind sie über die genannten Daten hinaus für Bernd II. 1417, Everwin II. 1478, Arnold I, 1531, Arnold II. 1585, Arnold Jobst und Wilhelm Henrich 1606.

[58] Edel (wie Anm. 23) S. 23 ff.

Noch 1788, als die Stadt beim Reichskammergericht in Wetzlar einen Prozeß darüber
anstrengte, ob der Stadtschreiber – von Haus aus Lehrer und Organist – den Titel eines
Stadtsekretärs führen dürfe, berief man sich auf die Schüttorfer Statuten von 1465[59],
die ja schließlich auch in das Ratsprotokoll von 1648 eingetragen waren[60]. Daß dabei
diese Traditionsbildung in der erstarrten, kleinstädtischen Formelhaftigkeit des
18. Jahrhunderts eigenartige Blüten trieb, steht außerhalb unserer Überlegungen[61].
    Gemeinsam mit seinem Sohn bestätigte Graf Bernhard II. (1454–1473) den Bür-
gern von Schüttorf 1465 ihre Rechte »binnen der Stadt, und so ferne, als oere poelen
staen buten umme der Stadt, da die freyheit mit geteykent is«[62]. Diese wohl schon
1365 auch für Neuenhaus[63] belegten »Friedepfähle« grenzten wie in anderen Weich-
bildern Stadt und Feldmark aus dem übrigen Land aus und markierten die Geltung des
Weichbildrechtes in einem regelrechten Weichbildbezirk[64]. Die Statuten, die keineswegs aus einem Guß waren, sondern ältere Vorlagen berücksichtigten, erneuerten allgemein das münstersche Stadtrecht; wichtig aber war vor allem die Erlaubnis zur Wahl
eines achtköpfigen Rates durch die Gemeinde, während der Graf den Stadtrichter einsetzte. Die Exemtion aus dem Gogericht wurde erneuert, das Stadtgericht, das jetzt
auch über schwere Verbrechen befinden durfte, gehörte mit seinen Einkünften zur
Hälfte der Stadt. Der Platz vor der Burg und die Mühle sind als besondere Freiheitsbe-
zirke aus der städtischen Verfügung herausgenommen. Markt ist in Schüttorf wöchentlich von Mittwochmittag bis Freitagmittag, außerdem gibt es vier Jahrmärkte mit
den jeweils notwendigen Friedezeiten. Die Gilden der Schuhmacher, Schmiede und
Schneider richten sich nach den Bestimmungen in Münster. Die Aufgebotspflicht wird
auf die nächste Landwehr begrenzt[65].
    Für die bisher nur unzureichend untersuchte Frage nach den politischen Führungs-
organen der spätmittelalterlichen Territorialstädte[66], deuten die Schüttorfer Statuten
den Übergang zur Ratsverfassung an, während die Schöffen allein bei der Mitwirkung
im Stadtgericht genannt sind[67]. Allgemein muß jedoch für die bentheimischen Städte
wie auch in den meisten münsterländischen Städten ein Schöffenkolleg als Führungs-
organ angenommen werden. Selbstverständlich war dies in seinem Ursprung eine Ge-
richtsinstitution, die aber auf Grund der allgemeinen Bedeutung des Rechtes für die
mittelalterliche Stadtgemeinde häufig die politische Leitung erlangt hatte[68]. Zwar

---

[59] SPECHT (wie Anm. 39) S. 40 ff.

[60] SPECHT ebd. S. 15 und 63.

[61] Trotz der jedermann offensichtlichen Unterschiede zwischen der fürstbischöflichen Residenz Münster
und der bentheimischen Landstadt leitete man aus dem Münsteraner Stadtrecht ab, auch in der Verfas-
sungswirklichkeit des 18. Jahrhunderts verwandte Institutionen haben zu müssen.

[62] EDEL (wie Anm. 23) S. 24, bezeichnend auch die Benennung »wichpäul«, ebd. Anm. 1.

[63] BRUNS (wie Anm. 10 S. 20 u. 22, die dort im Hinblick auf die Mühlen gegebene Interpretation ist zu prüfen.

[64] Vgl. etwa das Lingener Privileg von 1401, dessen Recht »binnen der veer palen« galt, EHBRECHT (wie
Anm. 6), S. 47, grundsätzlich KROESCHELL (wie Anm. 41) S. 90.

[65] Vgl. auch P. VEDDELER (wie Anm. 7) S. 57.

[66] EDEL (wie Anm. 23) geht darauf nicht ein, die Bemerkungen bei SPECHT (wie Anm. 39) S. 17 ff. führen
kaum weiter, vgl. auch v. WINTERFELD (wie Anm. 36); hilfreich dagegen C. HAASE: Gegenwärtiger
Stand und neue Probleme der Stadtrechtsforschung, in: WestF 6, 1943/52, S. 129–144.

[67] EDEL (wie Anm. 23) S. 25 f.

[68] KROESCHELL (wie Anm. 41) S. 104 ff.

nennt auch das Nordhorner Stadtbuch bis ins 18. Jahrhundert immer wieder Schöffen, unterschieden nach alten und jungen, d. h. den nur noch zu besonderen Fragen heranzuziehenden ausgeschiedenen und den amtierenden Mitgliedern des Kollegs, neben denen seit Beginn des 16. Jahrhunderts auch Bürgermeister aufgeführt werden[69]; so macht doch schon ein Eintrag von 1430 deutlich, daß die Schöffen auch die Funktionen des Rates wahrnehmen. Wenn dabei »schepen vnde raet vnde ghemeenheit onser stat to northorne« einen Beschluß fassen[70], dann entspricht dies dem genossenschaftlichen Prinzip der mittelalterlichen Stadtverfassung, das Rat und Bürgergemeinde gleichermaßen in die Pflicht nahm. Vielleicht ist es möglich, den 8er Rat von 1465 mit den für die frühneuzeitliche Verfassungsentwicklung bezeugten vier Bürgermeistern und den vier »Gemeinsleuten« in Nordhorn gleichzusetzen, von denen letztere besonders bei Fragen des Marktes und des Feuerschutzes herangezogen wurden[71]. Wahltag war wie in vielen anderen Städten der 22. Februar, an dem auch die Neubürger in die Bürgergemeinde aufgenommen wurden[72].

Waren 1379 mit Rücksicht auf die Anfangsschwierigkeiten der neuen Stadt die Bedingungen für die Aufnahme in die Bürgergemeinde noch sehr großzügig gefaßt, so tauchten doch auch in Nordhorn bald die allgemein bekannten Voraussetzungen zum Erwerb des Bürgerrechtes auf. Schon die Bürgerliste von 1396 verzeichnet eigentlich Haushalte, indem sie den jeweiligen Bürger mit seiner Ehefrau nennt. Natürlich werden auch alleinstehende Personen aufgeführt, doch auch in diesen Fällen ist häufig eine Beziehung auf das Haus als den Wohn- und Arbeitsplatz festzustellen, da von dieser materiellen Basis her die Teilnahme am Leben der Bürgergemeinde am ehesten garantiert werden konnte. So zählt eine wahrscheinlich verwitwete »Metke« als Frau eines Jakob unter die Bürger, für »Ghebbe« wird nur der Beiname »to wolters hues« verwandt. Eine bezeichnende Ausnahme bildet »Fryghe, Egbertes maget«, in der wir wohl eine Magd des erwähnten Egbert von Bentheim sehen müssen[73]. Daß tatsächlich das eigene Haus Voraussetzung für den Erwerb des Bürgerrechtes war, macht eine Notiz des Stadtbuches zu 1572 deutlich[74]. Darüber hinaus mußte der Neubürger auch schon bald nach 1379 nachweisen, daß er zusätzlich rechtliche Voraussetzungen zur Aufnahme erfüllte, die im übrigen an die Zahlung eines Bürgergeldes gebunden und damit in gewissem Grade lenkbar wurde[75]. Schon die Schüttorfer Statuten von 1465 beschränkten die Bürgeraufnahme auf Personen, »die freygeboren ofte gelaten seyn«[76], was sich im Nordhorner Stadtbuch in einer Willkür 1502 so niederschlug: »Item dey Hyr begert borger ofte borghesche to vorden, de sal frye vesen vnde itlyc persone sal geven eyne Halve marck«[77]. Betroffen waren davon vor allem Eigenleute,

[69] SPECHT (wie Anm. 39) S. 18f.
[70] SPECHT (wie Anm. 52) S. 30.
[71] SPECHT (wie Anm. 39) S. 19f.
[72] Ebd. S. 18 und 24.
[73] SPECHT (wie Anm. 52) S. 43f. Nr. 3, 39, 36. Eine eben solche Ausnahme stellt auch wohl Nr. 33 dar: »Des Prouestes grete«.
[74] Ebd. S. 34: »34. Item noch en sal geeinne vthheymsche de borgeerschop kopenn, ten sy den saecke, Dat He hyr eygenn behueysinge binnen hebbe.«
[75] Ebd. S. 11, die für 1430 herangezogene Willkür bezieht sich wohl auf Mißbräuche beim Brauen.
[76] EDEL (wie Anm. 23) S. 25.
[77] SPECHT (wie Anm. 52) S. 32 Nr. 17.

die man 1379 noch gern genommen hatte, wenn sie nicht gerade der eigenen bentheimischen Herrschaft entstammten. Jetzt wurde ähnlich wie in Schüttorf[78] ausdrücklich verboten, daß Eigenleute Haus und Hof innerhalb der Stadtfreiheit erwerben konnten[79].

Neben dem selbstverständlich guten Leumund waren Grundbesitz und persönliche Freiheit die Voraussetzungen für die Aufnahme in die Bürgergemeinde geworden, als diese selbst sich seit der Wende zum 15. Jahrhundert gefestigt hatte. Dazu paßt auch, daß die Stadt bald ein eigenes Siegel führte, das in seiner ältesten überlieferten Form aus dem Jahre 1487 stammt[80]. Seine Umschrift SIGILLUM OPIDI NORTHORNE (Siegel der Stadt Nordhorn) umschließt ein Horn als volksethymologische Herleitung des Ortsnamens und die sogenannten Bentheimer Pfennige, die die Verbindung zum Landesherren manifestieren.

Parallel zur Ausbildung der gemeindlichen Organisation und der Entwicklung eigener Rechtsgewohnheiten – sichtbar in der Bildung des Schöffenkollegs und der Anlage des Bürgerbuches – muß damals auch der topographische Ausbau der Stadt zu einem ersten Abschluß gekommen sein. Geht man dabei von den Grund- und Aufriß prägenden Merkmalen aus, so gab schon die Erwähnung der Kirchpforte, dem späteren Lingener Tor, im Privileg von 1379 den Hinweis, daß die Stadt in diesem Zusammenhang auch befestigt wurde, wobei ein Wall- und Grabensystem die durch den Lauf der Vechtearme gegebenen natürlichen Voraussetzungen nutzte[81]. Daß diese Lage bei Hochwasser gleichzeitig andere Gefahren heraufbeschwor, hat die Stadt bis in das vergangene Jahrhundert immer wieder erfahren. Sind die Wachstumsphasen Nordhorns bisher auch nicht genügend verfolgt worden, so muß doch als sicher gelten, daß die Kirchpforte ursprünglich ein Stück weiter südlich an einer der Binnenvechten lag, denn Ochsen-, Hafen- und Hagenstraße sind erst Erweiterungen des Altstadtkernes seit dem Übergang zur Neuzeit. Wie diesen Parzellenring im Norden und Osten müssen wir auch im Südwesten den Schuhmacher Hagen ablösen, um den mittelalterlichen Kernbereich zu fassen, der in Fortsetzung der genannten Binnenvechte von einem Gewässerring umgeben war, dessen Verlauf noch die Parzellengrenzen der ältesten Katasteraufnahme erkennen läßt.

Fraglich ist dabei vor allem, ob der Graf diesen gesamten Bereich 1379 zur Bebauung aufgelassen hat. Wahrscheinlich geschah auch dies in zwei Abschnitten, die durch eine weitere Binnenvechte in Höhe der Burg getrennt waren. Die somit umschriebenen zwei Inseln des Nordhorner Altstadtkernes band die von Norden nach Süden, von der Kirchpforte zur Mühlenpforte verlaufende Hauptstraße zusammen, zu der sich jeweils eine Hintergasse in der Parallele (Hinter- bzw. Achterstraße) gesellte. Um in dieser Frage zu einer Entscheidung zu kommen, müßten die Wortzinsregister genauer geprüft werden, als das bisher geschehen ist. Schon jetzt aber beweisen diese Grundabgaben eindeutig, daß tatsächlich der Graf selbst hinter der Stadtgründung stand: Noch 1833 bezahlen 59 Haushalte das Wortgeld, das erst 1849 endgültig abgelöst

---

[78] EDEL (wie Anm. 23) S. 32.
[79] SPECHT (wie Anm. 52) S. 32 Nr. 16.
[80] SPECHT (wie Anm. 39) S. 32 ff.
[81] SPECHT (wie Anm. 39) S. 45 ff. Vgl. den Beitrag von M. SCHMITT und den Abdruck des Urkatasters im Anhang.

wurde[82]. Ob es mehr als ein Zufall ist, daß diese Anzahl nur wenig unter den ersten 65 Eintragungen im Stadtbuch von 1396 und den ungefähr 80 bis 90 Parzellen auf beiden Vechteinseln liegt, kann nur in weiteren Untersuchungen geklärt werden. Die Zahlung des Wortgeldes an den Landesherren bestätigt die Vermutung, daß die Burg, für die urkundliche Belege vor dem 16. Jahrhundert fehlen[83], gemeinsam mit der Stadtgründung errichtet wurde. Scheint es doch logisch, daß Graf Bernhard I. Ländereien eines bentheimischen Hofes zur Bebauung gegen die Entrichtung eines jährlichen Wortgeldes freigab, gleichzeitig aber die Hauptgebäude selbst zur Errichtung eines festen Hauses nutzte, auf dem sein Vertreter am Ort, Egbert von Bentheim, seinen Platz erhielt.

In der Topographie der Stadt mag auffallen, daß weder Pfarrkirche noch – anders als in Schüttorf und Neuenhaus – ein Marktplatz vorhanden waren. Dies ist aber nicht außergewöhnlich: die Pfarrechte blieben bei der älteren Ludgeruskirche vor der Stadt[84], der Marktbetrieb dürfte auf der Hauptstraße stattgefunden haben. Daß es einen solchen auch schon vor den eigentlichen Hinweisen aus der zweiten Hälfte des 15. Jahrhunderts gab, wird durch ein gräfliches Privileg von 1416 deutlich, das den Nordhornern erlaubte, ein Weggeld »to nüttigkeit en to beteringe des Stedekens« zu erheben[85]. Der aus dem Handelsverkehr eingenommene Zoll sollte offensichtlich für die baulichen Maßnahmen der Stadt verwandt werden.

Eine ausdrückliche Marktrechtsverleihung liegt jedoch weder für Nordhorn noch für Schüttorf und Neuenhaus aus spätmittelalterlicher Zeit vor. In einem vielleicht älteren Teil der Schüttorfer Statuten von 1465 werden Wochen- und Jahrmärkte selbstverständlich vorausgesetzt, obwohl nachweislich erst Kaiser Friedrich III. 1488 dem Grafen Everwin II. das Recht zur Einrichtung von Jahrmärkten einräumte[86], zu einer Zeit also, als etwa der Neubau der vorstädtischen Pfarrkirche längst vom wirtschaftlichen Wachstum kündete. Daß auch noch damals territoriale Gründungsstädte zu Finanzpartnern ihrer Herren werden konnten, hatte sich 1481 gezeigt. Gegen ein jährliches Darlehen von 30 rheinischen Gulden hatte Everwin II. der Stadt die Einkünfte aus der Akzise, das heißt einer Steuer vor allem auf Nahrungsmittel, aus dem Zoll und aus der Mühle verpfändet[87]. Vor allem der Nahmarkt muß also entsprechenden Gewinn abgeworfen haben. Für ihn produzierten dann wohl auch überwiegend die Nordhorner Handwerker, deren Berufe zum Teil aus ihren Namen im Bürgerbuch abzulesen sind[88].

Überschauen wir zusammenfassend die rechtliche Sonderung Nordhorns aus dem Umland, die gemeindliche Verfassung, die topographische und demographische Ent-

---

[82] SPECHT (wie Anm. 39) S. 58.

[83] G. DEHIO (wie Anm. 9); SPECHT (wie Anm. 39) S. 50 ff. Die Burg wurde 1578 den Augustinern von Frenswegen überlassen. Hier entstand das katholische Zentrum der Stadt, nachdem die Pfarrkirche von den Reformierten übernommen worden war.

[84] Die jetzige Kirche wurde 1445 geweiht, sie war also im Zuge der Stadtgründung erneuert worden. Eine vermutlich dreischiffige Vorgängerkirche stammte aus dem 13. Jahrhundert, DEHIO (wie Anm. 9).

[85] SPECHT (wie Anm. 39) S. 15.

[86] EDEL (wie Anm. 23) S. 8 f., S. 29 f. In Nordhorn gab es später je einen Jahrmarkt im Frühjahr und im Herbst, SPECHT (wie Anm. 39) S. 91.

[87] SPECHT (wie Anm. 39) S. 15.

[88] Die ersten Gildebriefe stammen aus dem 16. Jahrhundert, SPECHT (wie Anm. 39) S. 87.

wicklung und seine militärischen, wirtschaftlichen und siedlungstechnischen Aufgaben im bentheimischen Territorium, dann war die 1379 gefreite Siedlung tatsächlich in zwei bis drei Generationen in den sozialen Rahmen hineingewachsen, der damals wie heute am besten mit dem Begriff Stadt umschrieben wird[89]. Nordhorn gehörte damit in eine Gruppe von Städten, deren Entstehung zwischen 1350 und dem Ausgang des Mittelalters zwar nachdrückliches Interesse in der Forschung gefunden hat[90], über deren soziale Wirklichkeit wir aber bis in die Frühe Neuzeit hinein nur in einzelnen Fällen etwas wissen.

---

[89] Zu prüfen ist in diesem Zusammenhang auch das Urteil VEDDELERs (wie Anm. 7) S. 60, der fragt, »ob nicht die Stadterhebungen, zumindest im Falle von Neuenhaus und Nordhorn, zu einem nicht geringen Teil aus einem Prestigebedürfnis des Landesherrn heraus erfolgten. Eine nennenswerte Bedeutung kommt den Städten bei der Entstehung und dem Ausbau der Landesherrschaft in der Grafschaft Bentheim jedenfalls nicht zu.«

[90] C. HAASE: Die Entstehung der westfälischen Städte, 2. Aufl. Münster 1965, S. 142 ff.; H. STOOB: Forschungen zum Städtewesen in Europa I, Köln/Wien 1970, S. 25 ff., S. 225 ff. S. 305 ff.

Frenswegen und Nordhorn – Kloster und Stadt

BERND-ULRICH HERGEMÖLLER

Wenige Jahre nach der Verleihung des Stadtrechtes an Nordhorn, am 17. Januar 1394, verkaufte Graf Bernhard I. von Bentheim »der Berühmte« mit Zustimmung seines Bruders Christian und seines Neffen Arnold von Güterswyk (Götterswick)[1] dem Arzt und Pfarrer Everhard (Eberhardus) von Eze aus Almelo[2], dem damaligen Pfarrer von Schüttorf, Heinrich von Marklo, gen. Krull[3], sowie dem Schüttorfer Bürger Johann Monike (Monick) und dem Zwoller Bürger Rembert von Goer (Goor)[4] das Bauernerbe Eynolding (Einolding) in dem Kirchspiel Nordhorn und in der Bauerschaft Frenstorpe an dem Frendeswege, unmittelbar nordwestlich der Stadt Nordhorn an der Vechte[5]. Dies war der Beginn jenes *monasterii Canonicorum Regularium Ordinis S. Augustini in Frenswegen, quod olim vocabatur Vrendeswede, Vrendesweel, Vrendeswegen, Item Monasterium Nordhornense nec non nemus beatae Mariae Virginis, vernaculi Marienwolde*[6], jenes Klosters der Regulierten Chorherren nach der Augustinusregel zu Frenswegen, das auch Vrendeswede und ähnlich, aber auch »Nordhorner Kloster« sowie »Hain der heiligen Jungfrau Maria« und auf deutsch »Marienwolde« genannt wurde.

Nicht soll es nun im folgenden in erster Linie darum gehen, die bewegte und gut überlieferte Geschichte des Konventes im einzelnen nachzuzeichnen – dies ist schon wiederholt geschehen –[7], sondern darüber hinaus zu versuchen, die jeweils verschiedenen Wechselwirkungen von Frenswegen und Nordhorn, von fast parallel zueinander mit konstituierenden Privilegien begabten klösterlichen und bürgerlichen Gemeinschaften, darzustellen, das heißt, auf das historische Nebeneinander, Miteinander und auch Gegeneinander beider genannten Größen einzugehen. Um aber dennoch zuvor einen Überblick über die Geschehnisse zu gewinnen, wollen wir die Geschichte des Klosters noch einmal in wenigen Sätzen Revue passieren lassen:

---

[1] Zur Genealogie vgl. P. VEDDELER, Bentheim, Anhang.

[2] Eze starb am 1.4.1404, vgl. A. J. BEMOLT . . ., Frenswegen, S. 15 ff.; W. KOHL, Marienwolde, S. 19.

[3] Vgl. W. J. ALBERTS / A. L. HULSHOFF, Het Frensweger Handschrift, S. 154 ff.

[4] Vgl. W. KOHL, Schwesternhäuser, S. 69 f.

[5] J. H. JUNGIUS, Historia, S. 377 ff.

[6] Bistumsarchiv Münster (BAM) GV Btm Osnabrück, Frenswegen A 3 b (undatierte Hs über »Variorum Relationes de origine et incrementis monasterii . . .«), wohl 17. / 18. Jh. – Die älteste Bezeichnung ist wohl St. Marienwolde; sie findet sich schon 1396 und 1400 (»sunte Marienwolde belegen in den Vrendeswede in den Kerspele van Northorne« bzw. »domus nemoris b. Marie virginis iuxte Northorne . . .«), vgl. W. KOHL, Marienwolde, S. 19. – Der obige Beleg ist vor allem wegen der Bezeichnung »Nordhorner Kloster« in diesem Zusammenhang von Interesse.

[7] Quellen: ALBERTS / HULSHOFF, Het Frensweger Handschrift; K. LÖFFLER (Hg.), Quellen zur Geschichte; Sekundär: C. N. WYBRANDS 1902, 1912, 1957; J. H. RICHTER, 1913; Th. WINDUS 1922; A. HULSHOFF 1944; B. SAUERMOST, Sankt Marienwolde 1971; W. KOHL, Marienwolde 1971.

Gleichzeitig mit der Gründung befreite Graf Bernhard, meist einfach Graf Bernd genannt, Marienwolde von jeglicher Landschatzung, allen Diensten und vom Kuhschlag (schattinge, denst und koslag) und bestätigte der Gemeinschaft das Recht, frei und ungehindert den Prior zu wählen. Dazu überließ er dem Kloster das Recht einer Ziegentrift (Weide) im Vrendeswede[8], sowie am 10. Februar den Großen Schottenkamp vom Erbe Hinricking[9]. Nach anfänglichem Zögern stimmte auch der münstersche Bischof Otto von Hoya (1392–1424) der Gründung zu (1. Mai 1394), so daß ein erster Kirchbau errichtet wurde[10]. Schon am 21. Dezember desselben Jahres konnte der münstersche Weihbischof Wennemar von Staden aus dem Franziskanerorden einen Altar zu Ehren der Kirchenpatronin, der hl. Maria, weihen und das Kirchweihfest (Dedikation) auf den 1. Mai festlegen[11]. Heinrich Kindeshoff, der vorher in Deventer und Zwolle, den Zentren der Devotio moderna, gewirkt hatte, wurde zum ersten Rektor des Konvents bestellt[12]. Auch weiterhin erwies sich Graf Bernd als Förderer des Klosters: Nachdem er 1395 die Befreiung des Hauses von allen Landeslasten feierlich wiederholt hatte[13], gewährte er im Jahre 1402 die Erlaubnis zum Bau einer Wassermühle[14] und 1410 zur Mast von vierzig Schweinen im anliegenden Waldgebiet[15]. Inzwischen aber war das Kloster durch verschiedene Auseinandersetzungen in Mitleidenschaft gezogen worden: Die erste betraf das Verhältnis zur Nordhorner Stadtseelsorge; sie wurde zwischen den Gründern Eze und Krull sowie dem Stadtpfarrer Alf von Brandlecht ausgetragen[16] und erst in einem Vertrag vom 22. Juli 1420 geschlichtet[17]. Der zweite Streit war seit 1399 im Kloster selbst anhängig; vordergründig ging es um Meinungsverschiedenheiten wegen des Baues einer neuen Kirche, tatsächlich aber wohl in erster Linie um die beabsichtigte Angliederung an die Windesheimer Kongregation. Schließlich wanderte eine Gruppe um Hermann Selhelm nach Goch aus, während Kindeshoff resignierte und sein Amt Hermann Plettenberg überließ[18]. Am 29. Februar 1400 schließlich verfügte Bonifatius IX., einer der römischen Päpste im Großen Abendländischen Schisma, die Exemtion (Herausnahme) des Konventes aus der bischöflichen Diözesangewalt und den Anschluß an die inzwischen schon in den Niederen Landen konsolidierte Windesheimer Kongregation Regulierter Chorherren[19]. Papst Martin V. gestattete dem Kloster im Jahre 1422 die Annahme von Reliquien, die zur Verehrung ausgesetzt wurden, sowie die Erteilung von Ablässen[20].

---

[8] KOHL, Marienwolde, S. 20; vgl. INA Westf. 1, 4, Nr. 24, S. 284.
[9] INA Westf. 1, 4 Nr. 25, S. 285.
[10] INA Westf. 1,4 Nr. 27, S. 285; LÖFFLER, Quellen, S. 166.
[11] KOHL, Marienwolde, S. 22; A. TIBUS, Weihbischöfe, S. 32–35.
[12] KOHL, Marienwolde, S. 22.
[13] INA Westf. 1,4 Nr. 31, S. 286.
[14] J. C. MÖLLER, Geschichte der Grafschaft, S. 123.
[15] J. C. MÖLLER, Geschichte der Grafschaft, S. 123.
[16] KOHL, Marienwolde, S. 50 f.
[17] KOHL, Marienwolde, S. 51.
[18] A. C. BEMOLT . . ., Frenswegen, S. 28; KOHL, Marienwolde, S. 22 f.
[19] Vgl. allgemein W. KOHL, Marienwolde, S. 23 f.; B. SAUERMOST, St. Marienwolde, S. 24 ff., ebd. S. 80 f. die Wiedergabe der Bulle Bonifatii IX. – Über den Anschluß an Windesheim und über die Befreiung von der bfl. Jurisdiktion am 29. 2. 1400 vgl. ebd. S. 80 f. (dort nach J. G. R. ACQUOY, Het Klooster te Windesheim, Bd. 3, S. 303–305).
[20] KOHL, Marienwolde, S. 71.

Inzwischen war St. Marienwolde schon zu einer gewissen Blüte gelangt: Es ver-
mochte im Jahre 1429, während des Utrechter Interdikts, für längere Zeit die gesamte
Kongregation zu beherbergen[21], und es erhielt Schutzbriefe durch das Konzil von Basel[22], den päpstlichen Legaten Antonius Kardinal von Bologna[23], und konnte überdies am 6. Juli 1445 die Weihe eines ersten Kirchneubaus feiern[24]. Die bedeutende
Rolle, die der Frensweger Prior im kirchlichen Leben seiner Zeit spielte, zeigte sich
z.B. darin, daß der münstersche Bischof Johann von Bayern (Johann von der Pfalz,
1457–64) im Jahre 1463 für die in seinem Sprengel bestehenden Häuser der Schwestern vom gemeinsamen Leben neue Vorschriften erließ, deren Durchführung er den
zu Visitatoren bestellten Vorstehern der Chorherren von Frenswegen und der Fraterherren zu Münster anbefahl[25]. Nach Billigung durch Papst Paul »den Anderen« (II.)
wurden diese Regeln durch den Prior Hubert Oudecoep (Hubertus Oldecop) und den
Pater des Niesingklosters zu Münster verkündet[26]. Unter dem eben genannten Oudecoep visitierte der bekannte Theologe und Philosoph Nicolaus Kardinal von Cues auf
einer größeren Deutschlandreise auch das Kloster Frenswegen (1451) und fand dort
insgesamt 24 Chorherren, 3 Konversen (Laienbrüder), 4 Kleriker, 10 Donaten, 57
handwerklich und landwirtschaftlich beschäftigte Laienbrüder sowie 6 Schwestern des
angegliederten Schwesternkonventes vor, zu denen noch 6 auswärtig tätige ehemalige
Frensweger Herren (Expositi) und 33 im weiteren Umfeld tätige Landarbeiter gezählt
wurden[27]. Diese Liste dokumentiert einen recht beachtlichen Personalbestand, dem
der Besitz an Bauerngütern nicht nachstand: Bis zum Jahre 1477 hatte der Konvent
etwa 34 Bauernerben gewonnen und damit den Ausbau seines Grundbesitzes im wesentlichen abgeschlossen[28]. Die Bedeutung von Marienwolde für die gesamte Grafschaft und die Stadt Nordhorn zeigte sich im folgenden unter anderem darin, daß im
Jahre 1493 das Schüttorfer Schwesternhaus St. Mariengarten dem Frensweger Konvent zugeordnet (affiliiert) wurde und daß im Jahre 1498 die Herren von Frenswegen
der Nordhorner Stadtgemeinde Barmittel zum Bau eines neuen Kirchturmes auf Ren-
tenbasis überließen[29].

Das 16. Jahrhundert brachte nun entscheidende Veränderungen. Noch 1508, kurz
vor Ausbruch der Reformation, war die Mitgliederzahl recht beachtlich: Die Visitatoren Seyno von Bethlehem und Gerhard von Agnetenberg zählten 25 Chorherren,
zwei Novizen und wiederum zahlreiche Laienbrüder und landwirtschaftlich tätige
Personen[30]. Die verschiedenen Untersuchungen, Debatten und Abwehrmaßnahmen,

---

[21] KOHL, Marienwolde, S. 24.

[22] KOHL, Marienwolde, S. 26.

[23] ebd.

[24] ebd.

[25] W. E. SCHWARZ, Studien . . ., S. 47–151, hier: Anh. Nr. 5, S. 102 f., Nr. 7, S. 110 ff.

[26] ebd., vgl. auch BAM GV Btm Osnabrück, Frenswegen A 3 b (eine Abschrift von ca. 1710–1720, die
zwar nicht inhaltlich, aber sprachlich abweicht und unter diesem Aspekt noch einer Untersuchung bedarf).

[27] B. SAUERMOST, Cusanus' Visitation; A. SCHRÖER, Die Legation . . ., S. 304–338; J. HANSEN, Westfalen
und Rheinland 2, S. 56 ff.

[28] KOHL, Marienwolde, S. 75.

[29] KOHL, Schwesternhäuser, S. 74; StA N., A II Nr. 6 v. 27. 9. 1498 und ebd. Nr. 7 v. 25. 10. 1498.

[30] LÖFFLER, Quellen, S. 213 f.

die im Windesheimer Generalkapitel beschlossen wurden[31], änderten jedoch nichts
daran, daß das gräflich-bentheimische Haus im Jahre 1544 zur lutherischen Konfession
überwechselte und dem Haus Marienwolde, das katholisch geblieben war, in der
Zukunft große Schwierigkeiten bereitete[32]. Mit dem 1560 erlassenen Verbot, neue
Mitglieder (Novizen) aufzunehmen, versuchte der Bentheimer Graf schließlich, den
Konvent zu vernichten – trotz der Intervention Margarethas von Parma, der Statthalterin
der Niederlande, und anderer[33]. Graf Arnold schließlich, der im Jahre 1588 die
reformierte Kirchenordnung erließ, und damit die zweite Reformation in der Grafschaft
Bentheim, nämlich die Hinwendung zum Calvinismus, durchführen ließ, war
trotz allem bereit, der ohnehin zusammengeschrumpften Klostergemeinschaft die
sog. Nordhorner Burg auf der Vechte-Insel, die in den letzten Jahrzehnten für ihn und
sein Haus allenfalls noch als Jagdschlößchen eine gewisse Bedeutung gehabt haben
mochte, kaufweise zu überlassen, wobei sicher nicht nur der Gedanke eine Rolle spielte,
den durch die Kriegszüge der Spanier und Niederländer gefährdeten Konventualen
ein sicheres Haus zu bieten, sondern wohl eher der Wunsch, auf diese Weise um so
schneller die Hand auf das Frensweger Hauptgebäude und dessen Grundbesitz legen
zu können[34]. Im Jahre 1578 zogen die Chorherren nun in die Stadt Nordhorn ein und
wurden somit zum integralen Bestandteil des städtischen Soziallebens. Sie bauten auf
ihrem Inselgelände auch eine kleine Ludgeruskapelle aus (nach 1634), die ihnen als
Stützpunkt für die pastorale Tätigkeit bei den wenigen noch beim Katholizismus verbliebenen
Einwohnern der Stadt diente und die im frühen 20. Jahrhundert in der neo-
renaissanceartigen Augustinuskirche einen pompösen Nachfolger erhielt. Das gräflicherseits
verfügte Novizenverbot erzielt nun rasch seine Wirkung, so daß die Zahl der
Herren und Brüder fast den Nullstand erreichte: Im Jahre 1611 starb der Prior Johann
Fabritius, der letzte wirklich katholisch ausgerichtete Konventuale und hinterließ zunächst
nur den wechselhaften und zum Protestantismus neigenden Prokurator Franciscus
Deitermann[35]. Das Frensweger Gebäude verfiel, während Graf Arnold Jobst
(1606–43) gleichzeitig versuchte, dem Konvent herkömmliche Zehntrechte streitig zu
machen[36]. Verschiedene Versuche des Windesheimer Generalkapitels, der Frensweger
Filiale Hilfe zuzuwenden, zeigten noch nicht den gewünschten Erfolg. Erst dem
Prior Quirinus Steghman gelang die Reorganisation der Gemeinschaft in gewissem
Grade (1626–36); seine Bemühungen führten ihn bis in die Wiener Kaiserresidenz[37].
Schließlich wurde auch er durch die Pest getötet, vor der die restlichen Brüder im Jahre
1635/36 wieder vor die Stadt, ins ehemalige Hauptgebäude, geflohen waren[38]. Nach
dem Westfälischen Frieden von Münster und Osnabrück unternahm der Bentheimer
Graf nun den energischen Versuch, endgültig das Kloster seiner Oberhoheit zu unterstellen.
Er bestritt, daß das Haus im sog. »Normaljahr« 1624 noch katholisch gewesen

---

[31] KOHL, Marienwolde, S. 27.
[32] J. C. MÖLLER, Geschichte der Grafschaft, S. 238–372.
[33] KOHL, Marienwolde, S. 28.
[34] KOHL, Marienwolde, S. 29 mit Lit.; B. SAUERMOST, St. Marienwolde, S. 42 Anm. 1.
[35] KOHL, Marienwolde, S. 30 f.
[36] BAM A 2 v. 2.5.1611.
[37] KOHL, Marienwolde, S. 35; DERS., Die abenteuerliche Reise . . . 1969.
[38] KOHL, Marienwolde, S. 36.

sei und forderte, daß es daher an ihn als Landesherren überzugehen habe. Dadurch, daß Graf Ernst Wilhelm von Bentheim diesen langwierigen Prozeß schließlich eindeutig verlor, war der Bestand der Gemeinschaft gesichert. Die kaiserlichen Kommissare, Graf Anton Günther von Oldenburg und der Osnabrücker Bischof Franz Wilhelm von Wartenberg, stellten sich auf den Standpunkt, daß das Kloster im Normaljahr noch katholisch gewesen sei und konnten immerhin nachweisen, daß noch 1623 ein Konventuale namens Johann Wasser verwaltend tätig gewesen war[39].

In Gestalt des absolutistisch gesinnten kriegslustigen münsterschen Fürstbischofs Christoph Bernhard von Galen trat dem Kloster in der Folgezeit nun ein ganz anderer Widerpart entgegen. Nach dem erzwungenen Übertritt des Bentheimer Grafen zur katholischen Religion, nach der Abwehr von dessen wiederholten Versuchen zur Vereinnahmung des Klosters, gelang es nun dem Bischof, die faktische Aufhebung der päpstlichen Exemtion zu erreichen und das Haus unter seine eigene Oberaufsicht zu stellen. Somit hatte »Bommen-Berend«, wie er vielfach genannt wurde, die völlige geistliche und weltliche Herrschaft in der Niedergrafschaft erlangt. In der Coesfelder Punktation von 1671 legte er den Konventualen neue Vorschriften vor, deren wichtigster Inhalt darin bestand, daß die Professen in Zukunft in erster Linie zur Seelsorge und zur Mission in den calvinistischen Gebieten abgestellt werden sollten[40]. Inzwischen waren die Chorherren auf Betreiben von Galens seit 1654 wieder im angestammten Kloster untergebracht, mit dessen Wiedererrichtung und Renovierung schon seit 1641 begonnen worden war, so daß die schließlich 1742 endgültig wiederhergestellten Klostergebäude die außerordentlich wenigen Herren wie ein viel zu weit geschneiderter Mantel beherbergten[41]. Den geringen Personalbestand zeigte z. B. eine Visitation vom Jahre 1700, die sieben Priester, zwei Konversen und zehn auswärts Tätige (Expositi) namhaft machen konnte[42]. Besonders unter dem Prior Hermann Wilhelm Lagemann (1688–1704) schritten die Bauarbeiten zügig voran, und sein Nachfolger Jodokus Hermann Dam (1706–1720) konnte 1711/12 das neuerrichtete, in den heutigen Tagen wieder renovierte Residenzhaus einweihen[43]. Während des gesamten 18. Jahrhunderts wurde die für nord- und niederdeutsche Verhältnisse sehr sorgfältige und wertvolle spätbarocke Ausstattung des Kircheninneren und des Klostervorhofes weitergeführt, so daß man den Eindruck gewinnt, daß dieser prunkvolle Rahmen, der in keinem Verhältnis zur tatsächlichen seelsorgerischen Bedeutung des Klosters mehr stand, als Repräsentation und Demonstration des katholisch-gegenreformatorischen Selbstverständnisses konzipiert wurde. Die großen finanziellen Mittel wurden dabei sowohl durch die Einkünfte des Klosters selbst als auch durch Zuwendungen des münsterschen Bistums, als auch wiederum durch hohe Beteiligung der gräflich-bentheimischen Landstände aufgebracht[44]. Bis zur Aufhebung war nun die Seelsorge die Hauptaufgabe der Marienwolder Konventualen; seit 1705 hatten sie zusätzlich die pa-

---

[39] KOHL, Marienwolde, S. 37 f.
[40] KOHL, Der Übertritt des Grafen . . . 1955; DERS., Christoph Bernhard von Galen; DERS., Marienwolde, S. 41; Text der Punktation leicht zugänglich bei B. SAUERMOST, St. Marienwolde, S. 53.
[41] LÖFFLER, Quellen, S. 248 ff.; KOHL, Marienwolde, S. 39.
[42] KOHL, Marienwolde, S. 42.
[43] B. SAUERMOST, St. Marienwolde, S. 57 f.; vgl. auch den Beitrag von Ulrich Reinke in diesem Band.
[44] B. SAUERMOST, S. 58.

storale Tätigkeit für die Stadt Neuenhaus und für Emlichheim übernommen; darüber
hinaus wirkten sie weiterhin im Kirchspiel Nordhorn und in den benachbarten Niederlanden[45].

Mit dem Ende des Ancien Régime war auch das Ende der Windesheimer Kongregation gekommen; im Jahre 1786 tagte das letzte Generalkapitel in Aachen[46]. Schlag auf
Schlag folgten nun die Ereignisse, die durch die Auseinandersetzungen mit dem bona-
partistischen Frankreich und den Regensburger Reichsdeputationshauptschluß her-
beigeführt wurden: Im Jahre 1795 wurde das Haus durch hannoversche und französische Truppen besetzt[47]; 1803 schließlich hatte sich die Windesheimer Kongregation
vollständig aufgelöst, so daß Frenswegen nicht nur das erste Haus dieser Bewegung
auf deutschem Boden darstellt, sondern auch das letzte Mitglied dieser Gemeinschaft
überhaupt war[48]. Marienwolde ging nun aufgrund der Säkularisierung in den Besitz
des Grafen von Bentheim über; die Jahre 1803, 1806 und 1809 sind wichtige Etappen
aus diesem Weg[49]. Da das Gebäude keiner neuen Funktion zugeführt wurde, begann
es zu verfallen. 1855 vernichtete ein Brand unersetzliche Teile der wertvollen Klosterbibliothek[50]. Während des deutsch-französischen Krieges diente das Haus als Gefan-
genenlager; nach dem Sieg 1871 schenkte Fürst Ludwig Wilhelm II. dann die noch erhaltenen Bestände der Bibliothek an die neugegründete Universität Straßburg[51]. Ein
weiterer Brand von 1881 führte zur völligen Vernichtung der Klosterkirche[52]; das
Klostergebäude blieb weiterhin ohne Funktion, bis es nach Ende des Zweiten Weltkrieges vorübergehend als Flüchtlings- und Vertriebenenlager hergerichtet wurde[53].
Erst in den letzten Jahren ist das Haus mit großem Aufwand renoviert worden, so daß
es heute, rund 600 Jahre nach seiner Entstehung, unter dem Kuratorium des Fürsten
Christian von Bentheim-Steinfurt und des Kreises Grafschaft Bentheim den sechs Re-
ligionsgemeinschaften der Grafschaft, Lutheranern und Katholiken, Reformierten,
Altreformierten, Freikirchlichen und Herrnhutern als Ökumenische Begegnungs-
stätte zur Verfügung steht.

Wollen wir nun die Aussagen zum Verhältnis von Stadt Nordhorn und Kloster
Frenswegen zusammenfassen, die sich aus dieser wechselvollen Geschichte ergeben,
scheint es ratsam, zu drei systematischen Oberpunkten zu greifen, die die Problematik
umrißhaft bezeichnen: Zum ersten kann die Darstellung der theologisch-religiösen
Bedeutung, zum zweiten die der Funktion im Rahmen der gräflich-bentheimischen
Landesherrschaft, dann aber auch drittens die der wirtschaftlichen Bedeutung die
Wechselbeziehungen zwischen Kloster und Stadt illustrieren[54].

---

[45] KOHL, Marienwolde, S. 42.
[46] KOHL, Marienwolde, S. 43.
[47] KOHL, Marienwolde, S. 43 f.
[48] J. C. R. ACQUOY, Het Klooster te Windesheim, Bd. 2, S. 175 ff.
[49] KOHL, Marienwolde, S. 44.
[50] B. SAUERMOST, St. Marienwolde, S. 61.
[51] ebd.
[52] ebd.
[53] ebd. S. 63.
[54] Es werden hier die systematischen Überlegungen mit herangezogen, die der Verf. im Rahmen seiner Tä-
     tigkeit im Sonderforschungsbereich 164 der Univ. Münster, Projekt C I (Grundfragen im Verhältnis von
     Klerus und Stadt . . .) ansatzweise entwickelt hat.

1. Im späten 14. Jahrhundert, als Kloster Frenswegen gegründet wurde, waren weite Teile des damaligen Abendlandes von neuen, in sich völlig unterschiedlichen religiösen Erneuerungsbewegungen ergriffen, vom palamitischen Hesychasmus im byzantinischen Reich[55] über die italienischen Reformkongregationen bis zur Devotio moderna in den östlichen Niederlanden[56]. Die an der Entstehung des Konventes St. Marienwolde beteiligten Geistlichen zählten zu dieser letzteren Gruppe, zur »neuen Frömmigkeit«. Das Ziel dieser von Geert Groote[57] und Florens Radewijns begründeten Bewegung war die Rückführung des Menschen zu einer inneren Herzensfrömmigkeit, deren Anhänger sich, enttäuscht durch die schockierenden Ereignisse in der Kirchenleitung und im gesamten christlichen Lebensbereich, sowohl von der spätscholastischen und postnominalistischen Hochschultheologie als auch vom als entartet angesehenen Weltklerus sowie vom Bettelmönchtum (Franziskaner, Dominikaner) distanzierten. Im Gegensatz dazu versuchten die Devoten, eine einfache, bibelorientierte Form des religiösen Lebens zu verwirklichen und sich durch eigener Hände Arbeit wirtschaftlich zu tragen. Die Bewegung gliederte sich bald in drei Zweige auf, die in lockerer, noch nicht völlig geklärter Form aus den Anstößen durch Groote und Radewijns hervorgingen: Die Brüder vom gemeinsamen Leben (Fraterherren[58]), die Schwestern vom gemeinsamen Leben und die Windesheimer Kongregation der reformierten Regularkanoniker nach der sog. Augustinusregel[59]. Letztere waren aus dem im Jahre 1387 zu Windesheim bei Zwolle gegründeten Haus hervorgegangen, in das sich diejenigen Devoten zurückgezogen hatten, die zwar keine strenge Klausur, aber auch keinen völligen Verzicht auf jede Regel anstrebten und sich daher der weitgefaßten sog. Regel des hl. Augustinus unterstellten[60]. Diese Windesheimer Kongregation breitete sich nun so rasch aus, daß ihr im Jahre 1407 schon zwölf, 1500 gar 87 Häuser zugehörig waren[61].

Als Frenswegen im Jahre 1400 in die 1395 durch Rom approbierte Gemeinschaft aufgenommen wurde, war es der erste Konvent dieser Art auf deutschem Boden. Von Anfang an war Marienwolde eines der bedeutendsten Klöster der Devotio und ein Zentrum der geistig-religiösen Erneuerung. Die Visitationsrechte, die die Prioren von Frenswegen sowohl für die Schwesternhäuser nach der Augustinusregel als auch über das Fraterhaus Springborn zu Münster erhielten, zeigten die Rolle, die die Windesheimer Kongregation ihrer Frensweger Filiation zugedacht hatte[62]. Die Besetzung der Langenhorster Rektorenstelle wurde zudem ebenfalls regelmäßig durch Marienwolder Konventuale vorgenommen[63]. Ohne Übertreibung kann gesagt werden, daß Frenswegen zu einer Pflanzstätte für Prioren wurde: Allein sechzehn Prioren und Rektoren für die verschiedensten Devotenniederlassungen sind aus diesem Kloster

---

[55] A. M. AMMANN, Die Gottesschau im p. H.; G. PALAMAS, Défense des saints hésychastes 1959.
[56] J. M. DOLS, Bibliographie, zuletzt Nijmwegen 1941; R. R. POST, The Modern Devotion 1968; E. ISERLOH = Herders Hdb. zur Kirchengesch., III/2, S. 516 ff. (mit Lit.).
[57] zu Groote zuletzt: van ZIJL 1963.
[58] Vgl. die Studien von E. BARNIKOL 1917; I. CRUSIUS 1961; H. NOTTARP 1943; H. HÖING 1977.
[59] J. G. R. ACQUOY, Het Klooster te Windesheim; Ph. HOFMEISTER 1941.
[60] E. GINDELE, Bibliographie 1977.
[61] E. ISERLOH (wie Anm. 56), S. 527.
[62] KOHL, Schwesternhäuser, S. 388; DERS., Marienwolde, S. 25.
[63] KOHL, Marienwolde, S. 52.

hervorgegangen[64]. Bedeutendstes Zeugnis für die hohe religiöse und kulturelle Bedeutung des Hauses war die Bibliothek, die für norddeutsche Verhältnisse ungewöhnlich reich ausgestattet war und, wie gesagt, nach den Bismarckschen Kriegen mit zur Grundausstattung der Universität Straßburg verwandt wurde[65].

Die Stifter der Windesheimer Kongregation waren exemt, d. h. nicht dem Bischof oder einer anderen regionalen geistlichen Gewalt, sondern direkt dem Papst unterstellt. Daraus resultierten, wie schon etwa bei den Franziskanern oder Dominikanern im 13. Jahrhundert, vielfältige Reibereien mit der zeitgenössischen Pfarrseelsorge. Die Tatsache nämlich, daß viele Gemeindemitglieder nun ihre Sakramente bei den Orden empfangen konnten, d. h. also die entsprechenden Gebühren (Oblationen) der ordentlichen Gemeindeseelsorge entzogen, daß die Devoten aber ihrerseits nicht auf dem üblichen kirchenrechtlichen Weg belangt werden konnten, da sie ja direkt dem Papst unterstanden, führte schon früh zu Auseinandersetzungen zwischen Stadtpastoral und Ordensseelsorge. Bereits unmittelbar nach dem Auftreten der Frensweger Herren im Nordhorner Kirchspiel muß der Stadtpfarrer Alf von Brandlecht Einwände gegen die Beeinträchtigung seiner Tätigkeit erhoben haben, denn schon vor 1397 bemühte sich Graf Bernd I. persönlich um die Beilegung des Streites. Die Gegensätze wurden erbittert über zwanzig Jahre lang weiter ausgetragen; drei Doktoren der Rechte wurden z. B. in Anspruch genommen, um festzustellen, daß ein ohne Mitwirkung des Grafen zustandegekommener Vertrag wegen Simonie, d. h. wegen käuflicher Erwerbung geistlicher Ämter, ungültig sei. Vom 22. August 1420 ist dann der endgültige, ausführliche Vertrag zwischen der Nordhorner Pfarre und Frenswegen datiert, der bis zur Reformationszeit die beiderseitigen Kompetenzen regelte, und in dem u. a. festgelegt wurde, daß das Kloster auf die Einrichtung eines Baptisteriums (Taufkapelle) verzichtet, d. h. alle Taufgebühren dem Stadtpfarrer überläßt, daß es Sakramente nur an diejenigen Pfarrmitglieder austeilen dürfe, die mit dem Kloster in enger Beziehung stehen, daß Laien nur in Ausnahmefällen in St. Marienwolde beerdigt werden dürfen[66], daß öffentliche Predigt der Chorherren mitsamt dem Glaubensbekenntnis auf das Kirchweih- und Patronatsfest beschränkt werden, daß die Pfarrei einen steten Anteil aller Gebühren für seelsorgliche Handlungen (Messen, Trauungen etc.) bekommen solle – wohingegen Frenswegen aber letztwillige Verfügungen annehmen dürfe (und sich somit der Vergrößerung seines Grundbesitzes durch Erbschaften sicher sein konnte)[56]. Es wird ersichtlich, daß neue Orden und Konvente durchaus nicht auf einhelligen Zuspruch stießen und gerade aus den eigenen kirchlichen Reihen vielfach angefeindet wurden, weil sie eine empfindliche Störung der eingespielten Gebühren- und Gemeindeordnung hervorrufen konnten. Darüber hinaus werden sie vom Weltklerus mitunter auch deswegen als lästige Konkurrenz empfunden worden sein, weil sie in ihrer Lebensweise eine deutliche Alternative zur alltäglichen Geistlichkeit darstellten. Trotzdem gelang es den Konventualen auch weiterhin,

[64] KOHL, Marienwolde, S. 56.

[65] KOHL, Marienwolde, S. 12 ff.; Kleinere Restbestände der ehemal. Klosterbibliothek befanden sich bis zur Neueröffnung der Frensweger Gebäude im Nordhorner Pfarrhaus St. Augustinus.

[66] Beispiele für Beerdigungen von vornehmen Laien s. KOHL, Schwesternhäuser, S. 66 und DERS., Marienwolde, S. 29.

[67] zit. nach KOHL, Marienwolde, S. 51.

nicht nur der Bevölkerung auf dem Lande, sondern auch den städtischen Einwohnern
des benachbarten Nordhorn mit neuen religiösen Darbietungen aufzuwarten: Sie ver-
schafften sich die päpstliche Erlaubnis, Reliquien zu zeigen[68], an bestimmten Tagen
Ablässe zu versprechen[69] sowie durch Prozessionen und Beichthören[70] die Gläubigen
anzuziehen. Auch die Mildtätigkeit des Frensweger Klosterpförtners war bekannt[71].
Daß man zunächst in der Windesheimer Kongregation auf instrumentale Kirchenmu-
sik verzichtete, wurde durch eine intensive Pflege des Gesangs aufgewogen[72].

Es wäre aber verfehlt anzunehmen, daß zwischen Kloster und Stadtpastoral stän-
dige Spannungen geherrscht hätten; im Gegenteil besitzen wir auch Zeugnisse für gegenseitige Hilfe und Zusammenarbeit. Hier ist z. B. auf den Rentenbrief vom 27. September 1498 zu verweisen, in dem es heißt, daß Johannes Veyrdehalleff, Kirchherr,
Otto Kremer und Hinrick Schomaker, Ratleute der Kirche »to Northoerne«, mit Zustimmung des gemeinen Kirchspiels Nordhorn für den Bau eines neuen Kirchturms
dem Gerde Dullick, Prioren des Klosters »ten Vrendeswegene« und dem ganzen Konvent eine erbliche Jahresrente von zwei guten oberländischen rheinischen Goldgulden
oder deren Wert in anderer Goldmünze verkaufen, zahlbar jährlich am 29. September
aus zwei Stücken Kirchenland auf Egbers Kamp, die z. Z. Gert Ghesinck, auch »de
boele« genannt, und Detert Schomaker in Besitz hatten, sowie weiter auf die anderen
Kirchenkämpe, Renten und Einkünfte. Das heißt: Die Nordhorner Stadtgemeinde
benötigte Barmittel für den Bau eines neuen Kirchturms. Kloster Frenswegen lieh die
Summe von 40 Gulden, die jährlich mit 5% verzinst werden mußte. Somit erhielt das
Kloster aus dieser Rente jährlich zwei Gulden; d. h. nach zwanzig Jahren wäre ein rea-
ler Gewinn zu erwarten gewesen. Daher bedeutet es ein Entgegenkommen seitens des
Konventes, daß diese »ewige Rente« einen Monat später in eine solche umgewandelt
wurde, die die Gemeinde bei Beachtung bestimmter Fristen jederzeit zum Kaufpreis
zurückkaufen konnte[73].

Die Reformation beschränkte die pastorale Tätigkeit der Chorherren zunächst auf
den verschwindend geringen Teil der Nordhorner Bürger- und Bauernschaft, der katholisch geblieben war. Durch den Erwerb der »Burg« mitten im Inselnordhorn und
die Errichtung der kleinen Ludgeruskapelle nach 1634 schufen sie eine günstige Basis
für die seelsorgerische Praxis in der Stadt[74]. Da aber fast alle Bewohner mehr oder weniger freiwillig der Religion ihres Landesherrn gefolgt waren, handelte es sich bei Katholiken innerhalb Nordhorns nur um Einzelpersonen. Nachdem die Brüder daher in
ihr altes Domizil vor der Gemarkung der Stadt zurückgekehrt waren, richtete sich ihr
Augenmerk vor allem auf die Seelsorge in den Kirchspielen Nordhorn, Neuenhaus,
Emlichheim und anderen Gebieten, die der Bischof von Münster bestimmte[75]. Auch
die inzwischen reformierten Landstriche sollten von den Konventualen missioniert
werden; – ein größerer Erfolg ist ihnen aber nicht nachzuweisen. Größtenteils wird die

---

[68] im Jahre 1422, Kohl, Marienwolde, S. 71.
[69] ebd. S. 73.
[70] ebd. S. 65, 70.
[71] ebd. S. 59 f.
[72] ebd. S. 69 f.
[73] StA. N., A II Nr. 6 v. 27.9.1498 und ebd. Nr. 7 v. 25.10.1498.
[74] Kohl, Marienwolde, S. 36; vgl. B. Sauermost, S. 42 Anm. 1.
[75] Kohl, Marienwolde, S. 49 f., 40 f.; B. Sauermost, S. 53 f.

Sorge der Professen den katholisch gebliebenen Gebieten um Oldenzaal und im Emsland gegolten haben, wo sie bis zu ihrer Auflösung den größten Teil der sakramentalen Versorgung übernahmen[76]. Es ist demnach unverkennbar, daß die reformatorischen Ereignisse die seelsorglich-pastoralen Beziehungen zwischen Nordhorn und Frenswegen auf ein geringes Maß zurückgedrängt hatten. Erst die gegenwärtige Zweckbestimmung der Klostergebäude knüpft in freilich völlig neuen Formen an die mittelalterliche Tradition an.

2. Die Betrachtung des Konventes unter theologisch-pastoralen Aspekten erfaßt nur einen Teil der Bedeutung dieser Institution. Da schon in den ersten Urkunden die herausragende Rolle des gräflichen Landesherrn auffällt, da Frenswegen sicherlich nicht zu seiner Stellung gekommen wäre, wenn Bernd I. die Sache des Klosters nicht zu seiner eigenen gemacht hätte, soll zum zweiten nach der Bedeutung des Gotteshauses Marienwolde im Rahmen der gräflich-bentheimischen Landesherrschaft gefragt werden.

Vor allem, um sein von den geistlichen Territorien Utrecht, Münster und Osnabrück vollständig eingeschlossenes Gebiet zu stärken, bemühte sich Bernd I. um eine Vergrößerung seiner herrschaftlichen Befugnisse, eine Stabilisierung der ökonomischen Verhältnisse und um einen systematischen Landesausbau[77]. In diesem Zusammenhang konnte er sich zunächst auf die Burgen stützen, vor allem auf seine Stammburg Bentheim, dann auch auf Dinkelrode (Neuenhaus)[78], während die beiden »Burgen« von Grasdorf und Nordhorn nie über ein Kümmerdasein hinausgelangt sind[79]. Vor allem aber fällt – abgesehen vom Erwerb weiterer Holzgerichte –[80] die Sorge des Grafen um Städte und Klöster ins Auge. Während zu Beginn seiner Herrschaft nur Schüttorf Stadtrechte besaß, erhielten nun auch Neuenhaus (1369) und Nordhorn (1379) Schüttorfer Stadtrecht. Damit hatte Bernd zwei strategisch und wirtschaftlich bedeutsame Orte gefördert: Neuenhaus an der Dinkel als Sicherung der Dinkelmündung und Kontraposition gegen die münsterisch-bischöfliche Burg Lage[81] und Nordhorn als Umschlagplatz des Bentheimer Sandsteines[82]. Im Rahmen dieser Maßnahmen änderte sich auch die Stellung des Landesherrn zu den Klöstern: Graf Bernd trennte sich und sein Haus von dem alten, schon 1152 gegründeten Benediktinerinnenkloster Wietmarschen, das bislang die Funktion des Haus- und Familienklosters innegehabt hatte[83], wandte seine Aufmerksamkeit ganz der neuen Reformbewegung

---

[76] KOHL, Marienwolde, S. 65.

[77] Man kann m. E. betonen, daß dem Landesausbau doch ein geschlosseneres Konzept zugrundegelegen haben könnte, als VEDDELER, Bentheim, angenommen hat (vgl. etwa ebd. S. 67, 70).

[78] Nach P. VEDDELER, Bentheim, ist der terminus ante quem für die Errichtung von Dinkelrode das Jahr 1328, S. 54 f.

[79] Die Burg Grasdorf verlor durch die Burg Dinkelrode ihre Bedeutung, vgl. P. VEDDELER, Bentheim, S. 54 f.; – Über die sog. Nordhorner Burg sind viele Legenden und Gerüchte entstanden, die vom historischen Standpunkt unzutreffend sind; vgl. A. TIBUS, Gründungsgeschichte, S. 995; H. SPECHT, Nordhorn, S. 51; insgesamt vgl. P. VEDDELER, Bentheim, S. 54 ff.

[80] P. VEDDELER, Bentheim, S. 66 f.

[81] Vgl. A. BRUNS, Beiträge z. Gesch. d. Stadt Neuenhaus, S. 15 f.

[82] H. SPECHT, Nordhorn, S. 13 f., schreibt, daß hier der Bentheimer Sandstein von Karren auf Schiffe geladen worden sei. Urkundlich läßt sich dies nicht belegen. Der heutige Straßenname »Steinmaate« ist jedoch auch auf diese Tradition zurückzuführen.

[83] J. C. MÖLLER, Bentheim, S. 109–111; W. KOHL (Hg.), Regesten Wietmarschen, passim; allgemein P. VEDDELER, Bentheim, S. 67.

zu und wies schließlich Frenswegen jene Funktion zu, die bislang Wietmarschen aus-
geübt hatte. Seit der Gründung von Marienwolde bestand daher eine starke Rivalität
zwischen Wietmarschen und Frenswegen, und Wietmarschen hatte die Konventualen
der Devotio sicher immer ebenso angesehen wie dessen Bauern und Hirten, die als
»Newlinge in der Graefschaft Bentheimb« angefeindet wurden[84]. Die besondere
Hinwendung des Grafen zu Frenswegen wird vor allem dadurch verdeutlicht, daß
Bernd I. die letzten 27 Jahre seines Lebens hauptsächlich ebendort verbracht hat[85].
Zusätzlich gründete der Bentheimer Graf in Schüttorf ein weibliches Kloster nach der
Regel der Reformierten Augustinerinnen (Hortus Beatae Mariae Virginis, Mariengar-
den), das er aber schon 1418 bezeichnenderweise der Oberaufsicht des Priors von St.
Marienwolde unterstellte[86]. Dem Bemühen um die Hebung von Frenswegen diente
offensichtlich auch die 1416 vorgenommene Gründung eines weiblichen Schwestern-
hauses bei dem männlichen Kloster ebendort, das aber nie zu irgendeiner Bedeutung
gelangt ist[87]. Somit hatte Bernd erreicht, daß drei Orte, Schüttorf, Nordhorn und
Neuenhaus, als Städte im Mittelpunkt seiner Bemühungen um Festigung und Vertiefung seiner Herrschaft standen. Keiner aber dieser Orte war mit einer solchen Fülle
verschiedener zentralitätssichernder Einrichtungen und Aufgaben bedacht wie Nordhorn: Denken wir an den schon frühen Bau eines festen gräflichen Hauses (das allerdings nie zu einer wirklichen Burg geworden ist), an die Verleihung des Stadtrechts, an
die Befestigungen, Dammbauten und den mutmaßlich recht frühen Sandsteinstapel[88],
schließlich an die Errichtung eines »modernen«, reformfreudigen Männerklosters als
neues Hauskloster in unmittelbarer Nachbarschaft der Stadt sowie an die zusätzliche
Gründung eines dazugehörigen Frauenklosters und an die starke wirtschaftliche Förderung des Marienwolder Hauses, so gewinnen wir den Eindruck, daß die feste Absicht bestand, ziemlich exakt in der topographischen Mitte der Grafschaft einen auf
Kloster und Stadt gemeinsam fußenden Komplex wirtschaftlicher und herrschaftssi-
chernder Institutionen zu begründen oder mindestens stark zu fördern. Somit hat die
fast gleichzeitig erfolgte Privilegierung von Kloster und Stadt möglicherweise einem
größeren zusammenhängenderen Konzept entsprochen, als bislang angenommen
wurde, nämlich dem Wunsche, eine zugleich landesherrliche, wirtschaftliche und religiöse Mitte auszubauen und zu stützen. Wenn wir zudem von den häufigen Aufent-
halten des Grafen im Kloster hören, so können wir annehmen, daß sie nicht nur, wie
die Legende wollte, die Buße darstellten für den recht lockeren Lebenswandel, sondern daß sie auch dem allgemeinen Wunsche entsprachen, diesen so skizzierten Plan
zu verfolgen und im Auge zu behalten. Sollte dies in etwa stimmen, wäre damit zugleich gesagt, daß von Anfang an ein größerer allgemeiner Zusammenhang zwischen
Kloster und Stadt bestand: der zwischen religiösem und ökonomischem, geistlichem
und weltlichem Zentrum als ideale und im Sinne des mittelalterlichen Denkens notwendige Ergänzung, und somit auch gewissermaßen als Spiegelbild des dualistischen

---

[84] StA Rheine, VI Nr. 40 fol. 9 (spätes 17. Jh.). Der Verf. dankt der Stadtarchivarin Frau Böckelmann für
   ihre Hilfe.
[85] J. C. MÖLLER, Bentheim, S. 214.
[86] KOHL, Schwesternhäuser, S. 388; DERS., Marienwolde, S. 25; J. C. MÖLLER, Bentheim, S. 132.
[87] KOHL, Schwesternhäuser, S. 61–66.
[88] H. SPECHT, Nordhorn, S. 45.

Schemas von geistlichem und weltlichem Bereich, Jenseits und Diesseits, das das ganze Mittelalter beherrschte.

Das außerordentlich große Interesse des gräflichen Hauses an St. Marienwolde spiegelt sich in zwei ganz unterschiedlichen Phasen wider: Die erste reicht bis zur Reformation und ist durch die starke Begünstigung des Klosters und seines weltlichen Besitzstandes gekennzeichnet, während die zweite, reformatorische und neuzeitliche, vor allem das gräfliche Interesse deutlich werden läßt, das katholisch gebliebene Kloster wieder vollständig zu vereinnahmen. Trotz dieser unterschiedlichen Haltungen der jeweiligen Grafen, trotz des Wechsels zwischen Freundschaft und Feindseligkeit, besteht die Kontinuität der Beziehungen darin, den Konvent als eine Art Haus- und Eigenkloster anzusehen, auf den man auch dann noch Ansprüche erheben zu können glaubte, als er nicht mehr derselben Religion unterlag wie der Landesherr. Dieses Interesse wird um so mehr verständlich, als der Graf maßgeblich zum Wohlstand und zum Erwerb der verschiedenen Bauerngüter beigetragen hatte, deren Verlust er nun nicht ohne weiteres hinnehmen wollte.

Die erste, einvernehmliche Phase wird vor allem durch die Funktion des Klosters als Grablege und Seelgerät gekennzeichnet. Das heißt, der Bentheimer wurde fortan nicht mehr in Wietmarschen, sondern in Frenswegen beigesetzt, wo auch die verschiedenen Seelmessen und liturgischen Stiftungen zum ewigen Seelenheil (Seelgerät) ihren Platz hatten. Der erste Angehörige des gräflichen Hauses, der in Marienwolde bestattet wurde, war nicht Bernd I. selbst, sondern sein vor ihm verstorbener Neffe Arnold von Güterswyk (1403); ihm folgte Bernd im Jahre 1421 nach 91jährigem Leben; dann Everwin I. von Bentheim (1454), Mette von Steinfurt, dessen erste Frau, und schließlich Everwin II. von Güterswyk-Bentheim (1530). Eine Ausnahme bildet Bernhard II., der 1473 in Zutphen starb[89].

Die seit dem 16. Jahrhundert einsetzenden Bemühungen des gräflichen Hauses, das Kloster unter die landesherrliche Obödienz zu zwingen und gemäß dem Leitsatz »cuius regio, eius religio« (der Landesherr bestimmt die Religion) wieder die Oberaufsicht über Frenswegen zu erhalten, waren trotz jahrzehntelanger Anstrengungen und Prozesse erfolglos. Gegen Christoph Bernhard von Galen schließlich erwiesen sich beide, der zum Katholizismus zurückgezwungene Graf und das exemte Kloster, als ohnmächtig. Auch die Stadt Nordhorn wurde durch die Kriegszüge des genannten Bischofs noch einmal in enge Beziehung zum Kloster gebracht: Beide standen dem Zugriff von Galens gegenüber und konnten sich diesem nicht entziehen, so daß der Bischof die volle geistliche wie auch zeitweise die volle weltliche Gewalt über Frenswegen, Nordhorn und den Bentheimer Grafen ausüben konnte[90].

Erst nach der Säkularisierung im frühen 19. Jahrhundert ging schließlich der seit dem 16. Jahrhundert erhobene Wunsch nach Übereignung der Frensweger Gebäude

[89] Genauer: Arnold von Götterswick, der Sohn Hadwigs von Bentheim und Everwins von Götterswick, gest. 1403 (zum Todesjahr vgl. MÖLLER, S. 214 und VEDDELER, Stammtafel III, wo 1408 angegeben wird); Gf. Bernhard I., gest. 1421, 91 jährig (vgl. B. SAUERMOST, S. 30); Everwin I. von Bentheim, der Sohn Arnolds von Götterswick und Mechtilds (Metza) von Bedbar, gest. 1454 (MÖLLER, S. 232); Metza von Steinfurt, seine erste Frau (SAUERMOST, S. 31) und Everwin II., gest. 1530. Bernhard II. starb dagegen 1473 in Zutphen.

[90] KOHL, Marienwolde, S. 37f.; F. F. VON RAET VON BOEGELSKAMP, Bentheim-Steinfurtische . . . Beyträge, 2. T., S. 56ff.

und Güter in die gräfliche Hand in Erfüllung; doch jetzt hatten sich die politischen und religiösen Verhältnisse derartig geändert, daß der Bentheimer Graf und Fürst keine geeignete Nutzung für die Gebäude mehr zu finden wußte.

3. Drittens erweist der wirtschaftliche Aspekt die engen Beziehungen zwischen Frenswegen und Nordhorn. Sie beruhten hier zunächst auf der benachbarten und vielfach ineinander verzahnten Lage der klösterlichen und städtischen Wirtschaftsgüter auf dem Lande, ferner auf verwandtschaftlichen Beziehungen zwischen klösterlichen Eigenhörigen und städtischen Bürgern sowie auf der schon oben angedeuteten Kapitalkraft des Klosters und seiner allgemeinen Rolle als Produzent und Konsument.

Wie gesagt, hatte die landesherrliche Befreiung von allen Steuern, Hand- und Spanndiensten sowie von allen sonstigen Landeslasten die besten Voraussetzungen für einen großzügigen Ausbau des Frensweger Grundbesitzes geschaffen. Durch Schenkungen von seiten des Landesherrn, begüterter Privatpersonen oder des Bischofs von Münster, durch Tausch, Kauf und sonstigen Erwerb konnten bis 1477 etwa 32 verschiedene dem Kloster hörige Bauerngüter zugewonnen werden, deren Zahl sich bis zur Säkularisierung geringfügig um sechs bis acht vergrößerte[91]. Dieser Grundbesitz war zwar zu verschiedenen Kirchspielen wie Uelsen, Ootmarsum, Nordhorn, Denekamp, Emlichheim, Veldhausen und Oldenzaal sowie auch zu verschiedenen Gerichten wie Schüttorf, Uelsen, Veldhausen, Emlichheim, Oldenzaal, Ootmarsum, Bocholt und Meppen zugehörig, ließ sich aber dennoch so rationell und wirtschaftlich verwalten, daß er dem Konvent eine sichere und solide wirtschaftliche Basis bis ins frühe 19. Jahrhundert bot[92]. Obgleich das Kloster in Notzeiten einige der Bauernerben verkaufen und andere verpfänden mußte[93], konnte es diesen Grundbesitz im großen ganzen halten und hat auch streng darauf geachtet, daß die Eigenhörigen direkt dem Kloster unterstellt blieben und nicht von dritter Seite belastet wurden[94]. Ferner besaß der Konvent noch weitere Einzelländereien, die vielfach auf niederländischem Gebiet, um Zwolle und Groningen, lagen, und die insgesamt am 17. April 1690 kapitalisiert wurden[95]. Schließlich gehörten die sog. Heuerlinge der Hovesaat in unmittelbarer Nähe der Klostergebäude zur landwirtschaftlichen Ausstattung, Mietbauern, die keine Hörigen waren, aber wirtschaftlich und persönlich eng an das Kloster gebunden waren[96].

Sonstige Einnahmen ergaben sich aus dem Verkauf von Kapitalrenten, aus Pachtgebühren, aus Erträgnissen aus Jagdrecht, Fischerei, Schweinemast, Ziegentrift und aus Zehnt-[97] und Markenrechten[98]. Auch die privaten größeren und kleineren Schenkun-

---

[91] KOHL, Marienwolde, S. 73–76.

[92] KOHL, Marienwolde, S. 76; vgl. das Verzeichnis im Anhang dieses Aufsatzes.

[93] Z. B. INA Westf. NF 6 Burgsteinfurt, Frenswegen Urk. 57, S. 357 (10. Nov. 1574, Kloster verkauft der verwitweten Gräfin zu Bentheim-Tecklenburg-Steinfurt ihre eigene und unbelastete Länderei an Heu-, Weide- und Ackerland, die zum Hof Varwick vor der Stadt Schüttorf gehört . . .).

[94] z. B. INA Westf. 1,4 S. 276 ff., X. Rep. IV a 8 (16. Jh.), IV b 30 (17./18. Jh.) und X 1 (1404–1575) sowie X 2 (1395–1720).

[95] KOHL, Marienwolde, S. 77.

[96] Vgl. B. SAUERMOST, Abb. S. 20/22.

[97] Zum Zehnten allgemein: INA Westf. 1, 4 X. Rep. IV b, X 5, sowie B. KRABBE, Der Gildehauser Zehnt 1962; vgl. ferner BAM A 2 v. 2.5.1611 (Beschwerde des Superiors der Kongregation, Wernerus Titianus, über die Behinderung des Zehntrechtes).

[98] KOHL, Marienwolde, S. 77 f.; zur Ziegentrift vgl. oben Anm. 7, zum Rentenkauf Anm. 73.

gen spielten eine gewisse Rolle; hier ist z. B. an die sog. Donaten zu denken, Personen jeglichen Standes, die sich aus religiösen Beweggründen mit ihrem gesamten Vermögen dem Kloster übergaben[99], aber auch an die sonstigen allgemeinen testamentarischen Vermächtnisse zugunsten der Frensweger Herren[100].

Die »Recepta et exposita prioris« bieten eine Übersicht über die Einkünfte des Klosters an Bargeld von 1447–1574, ohne allerdings die wichtigen Naturaleinkünfte zu berücksichtigen. Die Angaben, die in Gulden erfolgen, sind so schwankend und unübersichtlich, daß es sehr schwierig ist, sich aus diesen absoluten Zahlen ein exaktes Bild über die Wirtschaftslage des Hauses zu verschaffen[101].

Die wichtigste ökonomische Grundlage des Klosters bildeten die Erträgnisse aus den Bauernhöfen der Eigenhörigen, oder, wie man sagte, den »Erben« der »Wehrfester«. Einen recht interessanten Einblick in die sozialen und wirtschaftlichen Verhältnisse dieser Hörigen ermöglicht ein Verzeichnis aus dem 18. Jahrhundert, das erst um 1807 abgeschlossen wurde, und das wir wegen seines großen Quellenwertes für die Sozial- und Wirtschaftsgeschichte im Anhang dieses Aufsatzes veröffentlichen wollen[102]. Zur Erläuterung sei folgendes gesagt: Es war üblich, daß ein Bauernerbe, dem ein Kotten zugehörig war, stets nur mit Ehepaaren besetzt wurde. War der betreffende Erbwinner noch ledig, so hatte er unmittelbar vor oder nach der Inbesitznahme des Erbes zu heiraten. Die Vererbung verlief in der Regel über die männlichen Nachkommen eines Besitzers, »Wehrfesters«, nach dem Primogenitur- und Einerbenrecht (d. h. es erbte im Prinzip jeweils nur der älteste Sohn). Hatte der Wehrfester keine Söhne, oder verstarb er vor seiner Frau, so trat weibliche Erbfolge ein: Es erbte die Witwe, bzw. die Tochter, die sich jeweils erneut verheiraten mußten. Nur in Ausnahmefällen konnten entferntere Verwandte oder, bei Aussterben der betreffenden Familie, auch Fremde das Erbe gewinnen. Recht bezeichnend für den personenrechtlichen Status der Bauern war die Tatsache, daß derjenige der Eheleute, der beim Vollzug der Ehe noch nicht hörig war, in die Leibeigenschaft des Klosters eintreten mußte; also wurde auch hier das »Prinzip der ärgeren Hand« angewandt, d. h. die Herabsetzung der persönlichen Freiheit bei Heirat mit einer Person niederen rechtlichen Standes. Dennoch gewinnt man den Eindruck, daß solche Einheiraten auf die Bauernerben nicht unbeliebt waren; nicht selten finden wir Schulzentöchter oder sonstige einzige Kinder ihrer Eltern unter denjenigen, die in die klösterliche Leibeigenschaft eintraten. Möglicherweise hatte dies auch damit zu tun, daß die direkten, persönlichen Dienstleistungen offenbar recht erträglich waren. Obwohl der Schreiber des Verzeichnisses hierfür eine eigene Spalte angelegt hat, sind die Eintragungen über Dienste nicht häufig und betreffen vielfach auch nur einen relativ kurzen Zeitraum, etwa von Ostern bis Michaelis,

---

[99] KOHL, Marienwolde, S. 61.

[100] Ein Einzelfall mag als Beispiel dienen: Die Witwe Lyse des Lubbert von Wyschele zu Rheine vermacht 200 Gulden von Todes wegen: 100 Gulden sollen verschiedenen Klöstern und Stiftern der Umgebung zukommen, wobei keines ausgelassen ist und Frenswegen 10 Gulden zugedacht werden; 50 sollen zur Ausbildung eines Verwandten dienen, sofern er Priester werden will, über die restlichen 50 Gulden kann der geistliche Nachlaßverwalter verfügen (BAM Pfarrarch. St. Dionys Rheine, Dep. 1962, Nr. 52 v. 15. 3. 1474).

[101] KOHL, Marienwolde, S. 77 f.

[102] StA N. II Bücher 61: Verzeichnis der Dienstpflichtigen und Eigenhörigen des Klosters Frenswegen (»Renswegen«) 1706–1807.

oder bestenfalls ein ganzes Jahr. In erster Linie lagen demnach die Natural- und Geld-
lasten auf den Wehrfestern. Allerdings war den Eigenhörigen auch der Sprung in die
Freiheit möglich. Zum einen war es schon vielfach üblich, der Ehefrau bei Eheschlie-
ßung ein freies Kind zu »accordiren« (vertraglich zu versprechen), das innerhalb einer
bestimmten Frist (z. B. sechs Jahre) geboren und benannt werden mußte, – daraufhin
war es frei und konnte später ohne Probleme nach auswärts heiraten. Zum anderen bestand die Möglichkeit, sich freizukaufen, und wir erfahren hier die konkreten Summen, die meist von den Eltern für ihre Kinder zu diesem Zweck aufgebracht wurden:
sie schwanken zwischen 8 und 50 Gulden bzw. Reichsthalern, was in vielen Fällen eine
solch große finanzielle Belastung darstellte, daß man Ratenzahlungen vereinbarte. Allerdings waren nicht alle Bauerngüter in gleicher Weise hörig. Einige hatten lediglich
das »eine beste« zu entrichten, d. h. das sog. Besthaupt, also das beste Stück Vieh, im
Sterbefall des Mannes meist ein Pferd, beim Tod der Frau meist eine Kuh. Andere hatten wiederum den sog. Weinkauf zu zahlen, – eine Abgabe, die ursprünglich beim
Umtrunk zum Vertragsabschluß entrichtet wurde, jetzt aber zu einem festen Zins geworden war. Einige wenige der Bauern waren auch persönlich frei und besaßen das
Erbe als Pächter oder Mietlinge. So verfügte das Kloster bis zur Aufhebung über eine
recht stattliche Zahl von etwa 40 Bauernerben, die ihm zum größten Teil hörig waren
und recht guten Ertrag brachten. Setzt man die außerordentlich geringe Zahl der Klosterinsassen für diese Zeit dazu in Relation – sie schwankte zwischen 10 und 20 –, so
wird recht deutlich, über welchen Einfluß das Haus trotz aller Einbußen noch verfügte. Bei der Betrachtung der Namenlisten der Eigenhörigen und ihrer Ehefrauen wird
ebenfalls ersichtlich, daß sich einige der häufig wiederkehrenden Namen wie Rerink,
Räkers, Brockmann, Wolterinck, Kuiper, Evers, Lambers u. a. auch in den frühesten
Brandkatastern Nordhorns finden, so daß wir also sicherlich, – trotz Berücksichtigung der Tatsache, daß geläufige Nachnamen auch in nicht verwandten und verschwä-
gerten Familien durchaus nichts Seltenes sind und waren, – mit einem großen Prozentsatz von verwandtschaftlichen Bindungen zwischen klosterhörigen Wehrfestern und
Nordhorner Bürgern zu rechnen haben [103].

Diese gesamten Erträgnisse führten dazu, daß das Kloster bis zur Reformation recht
wohlhabend war. Darüber, daß man etwa noch, wie bei den Fraterherren, durch Bü-
cherschreiben und -verkauf Gewinn erzielt hätte, fehlen Nachrichten; vermutlich war
man aber, zumindest für den Eigenbedarf, auch mit diesem Handwerk gut vertraut.
Indizien für den Wohlstand des Hauses sind auch die Tatsachen, daß man in der Lage
war, für die Zeit von 1429–32 während des Utrechter Interdiktes den gesamten nach
dort geflohenen Konvent zu beherbergen [104], und daß im Jahre 1445 anläßlich einer
Altarweihe und einer gleichzeitigen Weihe in der Nordhorner Ludgerikirche in
Frenswegen an die 4000 Gäste beköstigt worden sein sollen [105]. Daß man aber auch
zumindest wieder seit der Mitte des 17. Jahrhunderts über erhebliche Einkünfte und
Barmittel verfügte, wird, wie schon gesagt, aus der aufwendigen und teuren äußeren
Gestalt der Kloster- und Kirchengebäude deutlich.

Diese ökonomische Position des Hauses führte fast notwendigerweise auch zu Kon-

---

[103] Brandkataster von 1773: StA Osnabr. Rep. 125 IV Nr. 6; von 1814: ebd. Rep. 325, Nr. 285.
[104] B. SAUERMOST, S. 29.
[105] ebd. S. 31.

flikten mit anderen Grundbesitzern und dem Landesherren. Die Auseinandersetzungen mit letzterem datieren aus der nachreformatorischen Zeit und resultierten aus den oben skizzierten landesherrlichen Bemühungen um Übernahme des gesamten Klosterbesitzes[106]. Daneben sind auch Akten erhalten über Streitigkeiten des Gotteshauses Frenswegen mit der Stadt Nordhorn und mit Bakelde wegen des Torfstichs (1644–1700)[107] sowie mit dem Rottmeister zu Nordhorn und den Bauern zu Frensdorf wegen eines Zuschlags (Einzäunung) und einer Schüttung (Aufschüttung) (1691–1721)[108]. Indes sind die Nachrichten über Friktionen zwischen Konvent und Stadt relativ gering, so daß wir annehmen können, daß es nicht, wie in vergleichbaren Fällen, zu ernsten oder gar blutigen Kämpfen gekommen ist. Eine Zeitlang wurden beide sogar durch einen gemeinsamen Gegner, nämlich das Benediktinerinnenkloster Wietmarschen, eng zusammengeführt:

Schon 1472 war ein Streit zwischen Wietmarschen auf der einen und den Stiftern Borghorst, der Komturei Steinfurt und dem Konvent Frenswegen auf der anderen Seite ausgebrochen wegen der Mark und den Rechten der Bauern von Bakel und Bockholt im Kirchspiel Nordhorn. Dieser Konflikt wurde schließlich durch Bernd II. auf einem Schiedstag zu Nordhorn durch den Kompromiß beendet, daß die Bauern von Bakel und Bokel ihr Vieh nur am Nachmittag, nicht aber vormittags auf die Wietmarscher Mersch treiben sollten[109]. Damit waren die Auseinandersetzungen natürlich nicht beendet und verschärften sich noch, als die Stadt Nordhorn seit etwa 1540 ebenfalls Eigentumsrechte an den umstrittenen Marken geltend machte[110]. Im Jahre 1687 schließlich bedrohten die Bauern von Hohenkörben und Wietmarschen den Viehtrieb von Bauern aus dem Kirchspiel Nordhorn mit vorgehaltenen Forken, so daß eiligst Bauern und Bürger von Nordhorn mit Morgensternen und anderen Waffen zu Hilfe eilten und sich an den gegnerischen Bauern rächten. Erst gegen Ende des 18. Jahrhunderts wurde dieser langwierige und immer neu aufflammende Streit beigelegt[111]. Diesen Auseinandersetzungen zwischen Bürgern und Bauern von Nordhorn und Wietmarschen waren nun ganz ähnliche Streitigkeiten zwischen Wietmarschen und Frenswegen vorausgegangen, so daß beide, Stadt und Kloster, einen gemeinsamen Gegner bekämpften. Zum Jahre 1676 findet sich eine Zusammenstellung der »Gravamina zwischen die Herren Conventualen in Frenßwegen« und Wietmarschen wegen des »Münche bults« (d. i. der Monekenbölt in dem Osterwalde)[112]. Es wird besonders moniert, daß die Frensweger Bauern die »limiten« (Grenzen) von Wietmarschen nach »Picharddien« (Piccardie) durch die Errichtung eines großen Zuschlags (Einzäunung) überschritten hätten, ohne die Erlaubnis des Fürsten und der Äbtissin eingeholt zu haben und auf diese Weise dem Kloster allerlei großen Schaden an der Wasser- und Weidewirtschaft beigebracht hätten. Wieder steht die Gegend um Hohenkörben im Mittelpunkt des Konfliktes, wo man aus einfachen Spiekern Holzhäuser errichtet habe und von wo aus man des nachts das Vieh auf den von Wietmarschen beanspruchten

---

[106] Vgl. INA I, 4, X. Rep. VII, X 13, 14 u. passim S. 278 f.
[107] ebd. 10, 3.
[108] ebd. 10, 4.
[109] W. KOHL (Hg.) Regesten Wietmarschen Nr. 119, 121, v. 2. Apr. bzw. 20. Okt. 1472, S. 47 f.
[110] H. SPECHT, Nordhorn, S. 178.
[111] ebd.
[112] StA Rheine Akten VI Nr. 40.

Weidegrund des »Münche bults« getrieben habe[113]. Auch dieser Streit schlug hohe
Wellen; er gelangte zum Prior der Windesheimer Kongregation[114], zum Fürstbischof
von Galen, seinem Berater, dem Licentiaten Bödeke und seinem Emsländer Drosten
Matthießen, bis er schließlich nach Jahrzehnten geschlichtet wurde oder im Sande verlaufen ist[115].

Mit der Säkularisierung zu Beginn des 19. Jahrhunderts hatten diese und ähnliche
Streitigkeiten spätestens ihr Ende. Die Aufstellung des Besitzes aus dem Jahre 1808
umfaßt 47 eigenhörige Bauernerben, daneben die »Burg« in Nordhorn, die Frensweger Hovesaat mit 17 Heuerwohnungen sowie Gesamteinnahmen von 5720 holländischen Gulden[116]. Mit diesem Saldo verschwand das Chorherrenstift der Reformierten
Augustiner in St. Marienwolde zu Frenswegen aus der Geschichte und wurde erst in
heutiger Zeit mit neuen Funktionen ausgestattet.

Anhang

Verzeichnis der Dienstpflichtigen und Eigenhörigen des
Klosters Frenswegen im 18. Jahrhundert

Vorbemerkung:

Das genannte Verzeichnis entstand im Gotteshaus Frenswegen und befindet sich heute im
Nordhorner Stadtarchiv (II 61). Es verzeichnet die dem Kloster eigenen Bauernerben von 1706
bis 1807 und ist in vier Spalten gegliedert, die unterschiedlich dicht beschriftet sind: Die erste
gibt die Namen der eigenhörigen Inhaber der Bauerngüter (die »Wehrfester«) an sowie deren
Frau und Familie, die zweite die gestorbenen, freigekauften oder dienstpflichtigen Kinder, die
dritte, wer sich außerhalb des Erbes verheiratet hat, und die vierte schließlich, wer aus diesen
Familien gestorben oder freigekauft ist. Für vorliegende Abschrift schien es sinnvoll, alle vier
Spalten zusammenzuziehen, d. h. die Angaben der Spalten 2–4 in Klammern hinter die Angaben zu den Eigennamen der Spalte 1 zu setzen. Auch sonst handelt es sich nicht um eine wörtli-
che Abschrift, da aus Gründen der Übersichtlichkeit und Platzersparnis systematisiert, zusammengefaßt und abgekürzt wurde. Der Name des jeweiligen »Erbwinners« wurde an den Anfang
gezogen, während er im Original dem Datum der Erbwinnung folgt. Die Orthographie ist der
heutigen angeglichen, wenngleich die antiquierte Ausdrucksweise zur Veranschaulichung vielfach beibehalten wurde. Die Schreibweise der Eigennamen ist jedoch wörtlich übernommen,
um die lautliche und sprachliche Entwicklung vom 18. bis zum jetzigen Jahrhundert zu verdeutlichen. Sonstige editorische Bemerkungen stehen in eckigen Klammern.

Verzeichnis deren dienst-pflichtigen und mit Eijgenthumb befangenen
Baurn Behueft des Gotteshaußes Renswegen

Baerlhaus zu boekholt

solvit jura annotationis[117].

Joan Baerlhaus: 5. Mai 1759 Erbwinnung und Eintritt in die Leibeigenschaft zus. mit seiner
   Frau Lücke B.
   Kinder: Berend, Heinrich, Johann Herm, Johann
   1781 (nach Tod der 1. Frau) 2. Ehe mit Grete Brink aus Baekolt, die sich eigen gegeben
   Kinder: Gerd (ist gestorben)

---

[113] ebd. Nr. 7 f.
[114] ebd. fol. 1 mit Anmerkungen des Priors.
[115] Ein abschließender Bescheid war im Quellenmaterial nicht zu finden.
[116] KOHL, Marienwolde, S. 76/78.
[117] Vermerk über die Entrichtung von Gebühren bei Erbwinnung, der nur selten auftritt.

Bernd Baerlhaus: Aug. 1793 Erbwinnung und Heirat mit Aele Veles aus Bimolt, die sich eigen gegeben. Keine Kinder.

Baerlhoff zu bijmolten

Warse Barelschultze: 27. Jun. 1787 Eintritt in die Leibeigenschaft mit seiner Frau Geese
Kinder: Gert (Erbling), Geese (hat einen Freibrief erhalten und ist 1796 verh. mit Döppen in Bakelt), Swenne (verh. ins Wold und soll frei gekauft sein), Harm, Jan, (Tochter) Gertjen

Geese B. / Jan Völkers: 1795 (nach Tod ihres 1. Mannes) 2. Ehe der Witwe mit Jan Völkers aus Frensdorf, der ins Leibeigentum getreten
Kinder: Wilhelmine

Berning zu Lattorf

der alte Joan Berning: 14. Apr. 1706 Erbwinnung mit s. Frau Gese Berning
1726 2. Ehe mit Stinen Horsthuis zu Lattorft, die sich eigen gegeben

Herman Berning: 22. Jul. 1736 Erbwinnung des obigen Sohnes mit s. Frau Hermina Lüpinck, die sich eigen gegeben und der ein freies Kind accordiert ist.
Kinder: 1738 Johann (Erbling), Herm Hendrich (1766 d. 27. 4. angefangen zu dienen, bis Michaelis; verh. m. Schulten Lübberinks Tochter Walburgis zu Baecklenkamp), Bernd (Heirat an Koops Tochter Hermina zu Denekamp), Garrit (Heirat ans Amtshaus zu Frenswegen), Janna (ist tot)

Johan Berninck: 19. Jun. 1766 Erbwinnung mit Johanna Leferinck, die sich eigen gegeben
Kinder: Johann (Erbling), Gese, Janna
April 1780 (nach Versterben der 1. Frau) 2. Ehe mit Anna Rerinck, die sich eigen gegeben

Jan Berninck: 12. März 1794 Erbwinnung und Heirat mit Geese Hofstede aus Lattring, die sich eigen gegeben
Kinder: Johanna, Maria, eine Tochter

Blömer zu bathorn

der alte Blömer: 2. Mai 1732 Erbwinnung mit Gesen aus Helwegshaus, die sich eigen gegeben und der ein freies Kind accordiert ist.
Kinder: . . . der Erbling, Jan (vermög' Accord freigegeben), Johann (verh. u. freigekauft für 20 fl.), Gerhard (verh. zu Bathorn, freigekauft f. 26 fl. 6 st.)[118]

Blömer des obigen Sohn: 12. Sept. 1761 Erbwinnung mit seiner Frau vom Swins-Erbe, sonst Waldjan gen. im Osterwalde, die sich eigen gegeben und der ein freies Kind accordiert ist.
Kinder: Gese
1767 (nach Absterben der 1. Frau) 2. Ehe mit Schwenne Klüte
Kinder: Schwenne (verh. mit Jan Schumacher in Batthorn, freigekauft am 10. März 1790 für 20 fl.), Schwenne, Hinrike, Lambert (gest. m. eineinhalb Jahren)

Gese B./Lambert Ridder: 25. März 1781 (nach Absterben des Vaters) Erbwinnung der Tochter Gese und Heirat mit Lambert Ridder
Kinder: Schwenne

Mutter Schwenne Klüte: 11. Nov. 1783 (nach frühzeitigem Absterben der beiden jungen Leute) Wiederannahme des Erbes durch die Mutter und 2. Ehe derselben mit Wilm Brüning, der sich eigen gegeben.
[Beilage, loser Zettel]: Schwenne Blömer verh. m. Jan Herm, Erbling auf Große Wühming, eine Tochter Geese. Mutter Klüte starb 1802 oder 1807

Broekman zu Breckelkamp

der alte Jan Broekman, gen. Sohn des Schultzen von Grastrup: 22. Apr. 1724 das Erbe angeklebet nach Eigentumsrecht mit der Tochter von Brockman, Geesjen
Kinder: Hermann (gest. 1752), Henrich, Geesjen (freigekauft für 52 fl. 10 st.), (Sohn) Tewis

---

[118] Hier und im folgenden werden Gulden und Stüber erwähnt, fl. und st. abgekürzt; daneben treten auch Reichsthaler (Rthlr) auf.

Henrich Broekman: 4. Febr. 1754 Erbwinnung mit Fenne, Tochter d. Schultzen zu Breckelkamp, die sich eigen gegeben und der ein freies Kind accordiert ist (das binnen 6 Jahren zu benennen ist)
Kinder: Gese (verh. m. Gerd Rallinck zu Bockholt, freigekauft für 22 Rthlr.), Johann (Erbling), Fenne (mißwachsen), Lambert, (Tochter) Hermken (28. 12. 1775 freibenannt und verh.
m. J. Lankhorst in Grastrup), Fenne (mißwachsen), Fruike (freigekauft u. verh. m. Rolink zu
Bimolt)

Johann Brockmann: 13. Jun. 1791 Erbwinnung und daraufhin Heirat mit Gese Schulten aus
Grasdorf, die sich eigen gegeben
Kinder: Heinrich

Brockmersch zu Breckelkamp

Gese Brockmersch / Gerd Stroewen: 8. Nov. 1789 G. Stroewen auf Hefegeden gewinnt den
Kotten zu Brockmersch und verheiratet sich darauf mit der einzigen Tochter Gese Br.
Kinder: Gerd, Bernd, Stine, Jann

Bültman im Osterwalde

»ist dermahlen nit in Eijgenthumb«

Düvelshoff in der Lütte

der alte Jan Düvelshoff: 1. Mai 1721 Erbwinnung mit Gesen vant Hoveh, die sich eigen gegeben
und sich verpflichtet, die Kinder vor dem 12. Jahr freizukaufen
Nota: zu erfragen, welche Kinder nebst dem Erbling, auch welche Geschwister bei ihm leben

Jan Düvelshoff Sohn: 7. Mai 1758 Erbwinnung mit Jänne Hengelmann, die sich wie oben eigen
gegeben
Kinder: Johann Heinrich (Erbling), Jänne, Gertrud, Schwenne
[Beilage, loser abgerissener Zettel:]
Tochter Jänne ist verh. an Finte-rinck in Berghuesen auf einem Bauernerbe; Gertrud verh. in
Lohser mit Kaufmann Gerd Schmit

Johann Henrich Düvelshoff: 24. Jun. 1794 Erbwinnung mit Helena Leuerinck aus Losser zu
denselben Conditionen wie oben
Kinder: Johann

Eicholt zu Bokholt

Swenne Eicholt / J. Herm. v. Deegfeld: 20. März 1731 Erbwinnung, nachdem der Ehemann
sich eigen gegeben
Kinder: Joan (Erbling, ist frei), Grete (freigekauft für 8 Rthlr.), Többe (freigekauft f. 20
Rthlr.), Garrit (hat für sich und seinen Bruder gedient von 1765–66 bis Ostern und sich freigekauft f. 25 fl. 3 Rthlr. Schreibgeld [119], Heinrich (freigekauft f. 25 fl. 3 Rthlr)

Jan Eicholt: 1. Febr. 1763 Erbwinnung mit Ahle Drust, die sich eigen gegeben
Kinder: Swenne (verh. mit Wehrfester Weber zu Baekelt, freigekauft für 28 fl.), Fenne (freigekauft f. 25 fl.), Johanna, Johann Herm (Erbling)

Essing zu Baekelt

Henr. v. Möllershaus: 6. Mai 1711 Erbwinnung mit Gese v. Menckenhaus, die sich eigen gegeben
1721 Henr. Essing (nach Tod der 1. Frau) 2. Ehe mit Locke Börning alte Haus, die sich eigen
gegeben und der ein freies Kind gestattet ist. Kinder aus der 2. Ehe: Ähle (frei benannt vermög' Accord), Heinrich (freigekauft bei Erbwinnung seines Bruders)
Nota: Es sind obigen beiden Ehen in summa ff. Kinder: 3 aus der ersten, 8 aus der zweiten
Ehe, von der noch zu nennen: Tochter Mette (freigekauft für 20 fl.)

---

[119] Die Summen für Schreibgeld werden in dieser Abschrift nicht extra ausgeworfen. Der Durchschnitts-
preis für Schreibgebühren dieser Art betrug etwa 3 Rthlr.

Gerd Essing: 28. Dez. 1746 Erbwinnung mit Geese aus Joosthaus, die sich eigen gegeben und der ein freies Kind accordiert ist.

3. Aug. 1760 2. Ehe mit Ahle Hersping, die sich eigen gegeben

Kinder aus erster Ehe: Henrich (Erbling), Ähle (frei benannt vermög' Accord) und verh. mit Hollebuer zu Bockholt)

Ähle Hersping: 1. Jul. 1774 (nach Absterben des Mannes) 2. Ehe der Ahle Hersping mit einem Mann, der auch Gerd Essing genannt wurde. Ein freies Kind accordiert.

Kinder: Johannes (frei, verh. mit Knüwers Tochter zu Luechthoek im Gerichte Veldhausen), (Tochter) Gerdchen (tot)

Heinrich Essing: Nov. 1789 Erbwinnung des Heinrich Essing mit Hermken Rademacher aus Hohenkörben, die sich eigen gegeben

Kinder: Geese, Ähle, Gertjen, Swenne, Geert

Gerling zu Haftenkamp

nicht im Eigentum, muß aber das Besthaupt (»das eine beste«) zahlen

Hoothaus auff dengfeldt

Stine Hoet / Gerd von Kuhlhaus: Anf. Dez. 1743 hat G. v. Kuhlhaus aus'm Wald mit Stinen Hoet »das Erbe angeklebet«; er hat sich zu eigen gegeben; ihr ist ein freies Kind accordiert.

Kinder: Jan Herman (Erbling, 1766 gedient), Henrich (1774 von Ostern bis Michaelis gedient), Herm (gest. 1780), (Tochter) Hille, (Tochter) Gerdchen, Gese (gest. 1768)

Hoothaus im ohrt

die Kinder sind freigelassen, der Bauer gibt aber jährlich 25 Stüber

(1807): die jetzigen Inhaber sind: Hinrike (nach Erhalt eines Freibriefs verh. m. Bernd Hinrichsen in Bakelt 1807), Gerd (Erbling), Trine, Herm

[Beilage: die Hälfte eines zerrissenen Zettels, Inhalt nicht mehr deutlich zu machen]

Horstkamp major zu baekelt

»z. Z. nit in eigenthum, zahlt alle 6 Jahre 6 Gulden weinkauft . . .

1782: zahlt füerhin alle 6 Jahre den weinkauf mit fl. 15«

Horstkamp minor zu baekelt

Herman Horstkamp: 29. Apr. 1729: Erbwinnung mit Ahle Mensinck, die sich eigen gegeben, aber ohne Erben geblieben

Joan Ahaus: 5. Mai 1762 Erbwinnung des J. Ahaus aus Hesepe, der sich eigen gegeben und verh. mit Geese Horstkamp, des obigen Herm. Horstkamp Bruder-Tochter [Nichte]

Kinder: Janna, Johann, Henrich, Ähle

Joanning zu frenstorft

Bernd Joanning d. Alte: 12. Dez. 1711 Erbwinnung mit Geese Hillering, die sich eigen gegeben

Kinder: Geese (freigekauft für 29 fl. 10 st.), Gerd (Erbling), Fenne (verh. an Gesen Jan in frenstorft), Bernd (verh. in Friesland), (Tochter) Gerdjen (tot)

Gerd Joanning: 26. Mai 1748 Erbwinnung mit Geese Hemken aus Scherhorn, die sich eigen gegeben

Kinder: Geese (hat von Michaelis 1774 bis Ostern 1775 gedient, verh. in Frensdorf an Johann Holthaus, ist frei), (Tochter) Enne (verh. an Johann Kluckers Haussmann daselbst, auch Sohn [ist] frei), Fenne, Telle (gest. 1780), Bernd (Erbling), (Sohn) Hermen

Bernd Joanning: 6. Apr. 1778 Erbwinnung und daraufhin Heirat mit Ähle Richtering aus Frenstorf, die sich hier eigen gegeben

Kinder: Gese, Jänne (verh. in Sherhorn), (Tochter) Gertjen, Gert

Karnemaethe zu Bijmolten

Herman Karnemath: 6. Sept. 1730 Erbwinnung mit Fenne, d. Schultzen Bimolt Tochter, die
   sich eigen gegeben
   Kinder: Joan (Erbling), Gerd Karnemaete (von Michaelis 1764 bis Ostern gedient, 1777 freigekauft), Warse (1769 freigek.), Hindrick (um Ostern 1774 gedient, verh. in das alte Dorf bei
   Nordhorn, 1783 für 6 Rthlr. freigekauft)

Jan Karnemathe: 1754 Erbwinnung mit Ahle Menken aus Baekelt, die sich eigen gegeben
   Apr. 1759 (nach Tod der 1. Frau Ahle) 2. Ehe mit Hille Bange aus bijmolten, die sich eigen
   gegeben. Aus beiden Ehen nur eine Tochter Fenne

Fenne K. / Herm Henrich Große Schibing: 10. Mai 1791 Erbwinnung der einzigen Tochter
   und Heirat mit Herm Henrich aus Große Schibing zu Bockholt, der sich eigen gegeben
   Keine Kinder

Klumparnd zu tinholt

Nicht im Eigentum, doch hat die Kammer sich das eine Beste vor geraumer Zeit schon ange-
mahnt.

Knoop

Hermann Knoop: Sept. 1764 Erbwinnung d. Herman Knoop, des einzigen Sohnes des alten
   Hen. Herm. Knoop, mit Frau Gerdjen Lubbering, die sich eigen gegeben
   Kinder: Henrich (Erbling), Herm, Gerd, Gese

Heinrich Knoop: 6. März 1793 Erbwinnung mit Fenne Lübbering aus Geke, die sich hier eigen
   gegeben.
   Keine Kinder.

Lefert zu bijmolten

Jenneken Lefert / Lambert Lodden: 1754 Erbwinnung des L. Lodden und Eintritt in die Leibeigenschaft, dann Heirat mit Leferts einziger Tochter Jenneken
   1759 (nach Absterben ihres 1. Mannes) 2. Ehe d. Jenneken Lefert mit Gerd Korff, der sich eigen gegeben.
   Kinder aus 1. Ehe: Heinrich (Erbling), Lambert (soll tot sein)
   aus 2. Ehe: Claes, Gerd

Heinrich Lefert: 2. Mai 1784 Erbwinnung und daraufhin Heirat mit Gese Lukas aus Bimolt, die
   sich hier eigen gegeben
   2 Töchter: Janna (mißwachsen), Geese

Loemöller im orth

[1. Hand:] ist nicht im Eigentum, zahlt aber statt dessen alle 6 Jahre 20 fl. Weinkauff
[2. Hand:] Der Weinkauff cehsirt [cessiert, hört auf], weil L. sich leibeigen gegeben
[3. Hand:] von 1800 d. 6. Jan. an hat Gert Loomöller das Erbe wieder heuerweise angenommen und zahlt bis 1805 incl. den Weinkauf mit 22 fl. 10 St.

Lübben auf dengfeld

von alters her vom Eigentum befreit, zahlt aber bei Versterb des Mannes oder der Frau 5 Rthlr

Lüttighaus in der Lütten

Herm. Lüttighaus: 18. Jun. 1732 Erbwinnung mit Gerdjen von Hönigloe, nach Eigentumsrecht. Keine Kinder.
   Geschwister des Herman: Ähle, Fenneken, Jenneken, Mätger, Lübert ein Sohn (Erbling)

Lübbert Lüttighaus: 19. März 1780 Erbwinnung mit Helena Althaus aus der Lütte, die sich eigen gegeben

Lütkefeld zu breckelkamp

Jan Henrich Lütkefeld: 10. Dez. 1739 Erbwinnung mit Swenne Volmers, die sich eigen gegeben und der ein freies Kind accordiert ist.

Swenne Volmers / Arnd Warsing: 2. März 1747 (nach Versterb des Jan Henrich) Erbwinnung und Eintritt in die Leibeigenschaft des Arnd Warsing, nach Heirat mit der Witwe Swenne. Kinder aus dieser Ehe: Bernhard (Erbling, hat gedient), Johann

Bernd Lütkefeld: Jun. 1778 Erbwinnung und Heirat mit Geese Rerink aus Lattorf, die sich eigen gegeben.
Kinder: Jan, Jan Heinrick, Albert, Adolf
[Beilage, loser Zettel:] Bernd hat das Erbe gewonnen am 8. Jun. 1778.
[Rückseite]: 2. Ehe mit Bernardine Damhuijs, 2 Töchter

Cuiper oder Musgert zu Lattorf

Bernd Cuipers: 1. Sept. 1758 Annahme des Kottens mit Fenne Catman aus Mandern
Apr. 1768 (nach Tod seiner Frau Fenne) 2. Ehe mit Fenne Cuipers, die sich eigen gegeben
[Beilage, loser Zettel, wohl hierhin gehörig:]
Kinder: Gese, Engel, Friderich, aus der zweiten Ehe: Fenne, Gesine, Johanna, Gerd, Johann

Friderich Cuipers: 7. Apr. 1799 Erbwinnung und Heirat mit Bernardine Räkers aus Tilgte

Ostergeteloe zu getelo

Jan Ostergetloe: 20. Mai 1738 Erbwinnung mit Ählen Gerling aus Haffenkamp. Keine Kinder.

Garrit Ostergetloe: 1753 Erbwinnung als jüngster Bruder von Jan O., zus. mit seiner Frau Henriken van Hilten als Rörickshaus
Kinder: Ähle (verh. mit Große Höllink zu Geteloh), Johann (Erbling), Gese, Gerd

Henrike O. / Johann Möllerink: Jul. 1775 (nach Versterb. des Garrit O.)
2. Ehe der Witwe Henrike mit Johann M. aus Hardinghausen und Erbwinnung
Kinder: Garrit

Johann Ostergeteloh: 25. Aug. 1783 (nach Tod des Johann Möllerinck im Juni) Erbwinnung des Ältesten aus der 1. Ehe und Heirat desselben mit Gerdjen Schreben aus Wilsum, die sich eigen gegeben
Kinder: eine Tochter, ein Sohn Garrit

Roseman zu wingen

Joan Roseman: 18. Okt. 1746 Erbwinnung mit Swenne Vages, die sich eigen gegeben
Kinder: Jan (um Michaelis 1774 gedient), Fenne, Gosen, Bernd Jan

Jan Roseman: 24. Okt. 1780 Erbwinnung und daraufhin Heirat mit Evertjen Odinck aus Collendorn, die sich eigen gegeben
Kinder: Jan, Hindrick, Jan Hindrick

E. Odinck / Garrit Laar: Mai 1803 (nach Versterb des Jan Roseman) 2. Ehe mit Garrit Laar aus Haftenkamp, der sich hier eigen gegeben

Schultze zu Nieling

Garrit Nieling: 8. Apr. 1744 Erbwinnung mit Swenne Busman, die sich eigen gegeben
Kinder: Gese, Fenne, Janna gen. geboren im Voraus [folglich sind diese Kinder frei, nachdem nicht im Eigentum geboren]

Bernhard Schultze Nieling: 9. Nov. 1772 Erbwinnung des obigen Sohnes mit Fenne Everinck [Elrerinck?], die sich eigen gegeben
Kinder: Schwenne (verh. mit Garrit Dehteresch in Halle, freigekauft für 10 fl.), Gese (freigekauft für 10 fl. u. verh. m. Garrit Buhsing, Garrit (Erbling), Gert, 1 Tochter

Segelforth zu Lattorf

Walter Berning: 12. Dez. 1739 Erbwinnung nach Heirat mit Segelforths Tochter; beiden gaben sich chormäßig eigen; bei Absterben des Mannes oder der Frau das »jus ad medietatem Bonorum« eingeräumt. Die Kinder sind alle frei geboren [120].

Jana Segelforth: 11. Dez. 1773 Erbwinnung mit Fenne Leefert; Einkünfte bleiben eigen, Kinder werden freigelassen

Janna Segelforth / Albert Reering: 15. Mai 1799 Erbwinnung der einzigen Tochter Janna mit ihrem Bräutigam Albert Reering aus Lattrup (zum gleichen Recht wie die Eltern)

Spickerhoff oder Racker zu Hohen-Körben

Ist chormäßig eigen, die Kinder frei; der Wehrfester muß bei Versterb des Manns das beste Pferd, bei Tod der Frau die beste Kuh als das eine Beste geben.

Steggeman zu Gollicheimb

Albert Steggeman: 1761 Erbwinnung, er war schon verh. mit Swenne, seiner Stiefmutters Tochter, die schon eigen war.
  Kinder: 1. Jan. 1761 Johan (gest. 1773)
  Nota:
  Hat ein Halbbruder Johann, der uns eigen.
  Nota: dieser Jan Stegman hat eine Schwester Wöbbe Brüggerinck, gen. Ähle Stegman, die sich 1764 für 20 fl. freigekauft hat.
  26. Febr. 1765 2. Ehe des Albert St. mit Trine Elsman, die sich eigen gegeben
  Kinder: Albert, Henrich (freigekauft u. verh. in Ulsen), Schwenne (freigekauft u. verh. in Ulsen), Johann (tot), Henrich

Albert Stegemann: Jul. 1787 Erbwinnung mit Hermken Böker aus Wilsum, die sich eigen gegeben
  Kinder: Tochter Hendricken

Steggeman am Ringe

solvit jura annotationis ad fl. 5

Goehsen Steggemann: 3. Mai 1728 Erbwinnung mit Grete Glöhlhaus, die sich eigen gegeben
  Kinder: Jan Herm

Jan Herm Steggemann: 1. Jul. 1768 Erbwinnung mit Gese Wiggering.
  Keine Kinder
  11. Jan. 1772 (nach Tod der 1. Frau) 2. Ehe mit Gerdjen Frijen aus Bakelt, die sich eigen gegeben
  Kinder: Sohn Gosen (tot), Jan (Erbling), Gert

Varwicks-Hoff bei Schüttorf

Der Bauer ist chormäßig eigen mit der Frau, doch die Kinder frei. Er muß das eine Beste zahlen bei Versterb und alle 6 Jahre Rthlr. Weinkauf.

Verschemuth zu frenstorft

Berndtjen Verschemuth / Bernd Grave: 23. Apr. 1727 Erbwinnung und Eintritt beider in die Leibeigenschaft
  Kinder: Warse (Erbling), Gerd (1764 ein halbes Jahr gedient), Herman (verh. in Meppelt), Geese (verh. zu Breckelkamp), Ähle, Telle, Grete; – am 13. Nov. 1775 alle sechs Kinder für 60 fl. 12 St. freigekauft.

---

[120] Chormäßig, hier offenbar: dem Kollegiat unterstellt, aber nicht im gleichen Hörigkeitsverhältnis wie die anderen Wehrfester, sondern im Mietverhältnis. Anstelle des Besthauptes hatte der Konvent sich Ansprüche auf Liegenschaften (ius ad medietatem Bonorum) gesichert.

Warsen Verschemuth: 16. Febr. 1758 Erbwinnung mit Gerdjen Janning, die sich eigen gegeben
  1761 (nach Absterben Gerdjens) 2. Ehe mit Ähle Ramelenkamp, die sich eigen gegeben
  Kinder aus 1. Ehe: Tochter Berndjen (tot) – aus 2. Ehe: Gert (freigekauft für 15 fl.), Johann,
  Telle (verh. mit Herm. Völkers Westerhoffshaue), Ähle (verh. mit Jann Vrencker, Ebbings
  Grundmann in Frensdorft)

Ähle Ramelenkamp / Kobben Nollert: 1780 (nach Tod des Warse Verschemuth) 2. Ehe der
  Witwe Ähle mit Kobben Nollert, der sich eigen gegeben
  Kinder: ein Sohn Evert

Gese Verschemuth / B. Nollert: Nov. 1787 Erbwinnung beider. Keine Kinder.

Werning zu Vaelte

Gerhard Werning: 14. Mai 1738 Erbwinnung mit Jenne Ahling, die sich eigen gegeben
  Kinder: ein Sohn (Erbling), Tochter Jänchen (freigelassen für 30 fl.), Johanna
  ferner ein Bruder des Wehrfesters Jan Gerhard, in Tilgte wohnhaft
  [lose Beilage, Zettel]:
  Johann Werning zu Volte hat mit seiner Frau Anna Mölling aus Wolte, womit er 14 ins 15.
  Jahr verheiratet gewesen, zwei Kinder: Gerd Johann und Johanna. Johanna ist verheiratet in
  Ressum und hat 1804 drei Kinder ohne Freibrief. Gert Jann ist verh. aufs Erbe mit Janna Son-
  dering. Kinder: Janna, Meida, Swenne

Weber zu frenstorff

Jan Harsing / Swenne Wewers: Aug. 1743 Erbwinnung des Kotten durch Jan Harsing und Eintritt in die Leibeigenschaft nach Heirat mit Swenne Wewers
  1747 (nach Tod Jan Harsings) 2. Ehe Swennes mit Gerd Vorwald, der sich eigen gegeben
  1752 (nach Tod Gerd Vorwalds) 3. Ehe Swennes mit Gerd Schulte, der sich eigen gegeben
  Kinder: 1. Ehe: Hermtjen, Bernd (Erbling, ist nach Holland), 2. Ehe: Johann (verh.), 3.
  Ehe: Gerd (tot), Bernd (verh. mit Tochter von Gesen zu Frenstorf und freigekauft für 14 fl.)

Hermtjen Wewers / Johann Albers: 23. Okt. 1764 Erbwinnung der ältesten Tochter mit Johann Albers von der Haar, der sich eigen gegeben
  Kinder: Johann, Gerd, Bernhard, Schwenne, Lambert, Janna
  [lose Beilage, Rückseite]:
  1 Sohn Herm aus der 2. Ehe, ein Sohn Johann aus der 3. Ehe

Wichming maj. zu bathorn

Jan Herm Wichming: 1740 Erbwinnung mit Hille Kleine Lammers
  Kinder: Jan Hermann (Erbling, 1766 um Ostern gedient, 1768 verh. u. freigek.), Lucas (1766
  um Michaelis zum Dienst aufgeboten; anstelle des Dienstes werden 30 fl. gezahlt, die noch
  nicht beglichen sind), Heinrich, Hermann (zahlt auf obige 30 fl. 15 fl.; 1775 verh. und freigek. für 20 fl.), Gerd (zahlt die anderen 15 fl.), Hille (von Ostern bis Michaelis 1775 gedient,
  am 11. Apr. 1776 freigek. für 23 fl.), Johanna. – Gerd, der jüngste Sohn, ist verh. im März
  1786 mit Gerdchen Hanbrock auf der Hochstetten.

Lucas Wichming 2. Sept. 1777 Erbwinnung und daraufhin Heirat mit Swenne Hanbrock von
  der Hochstetten, die sich eigen gegeben
  Kinder: Jan Herm (Erbling, ist verh. auf Blömers Erbe), (Sohn) Warse, Tochter Hille
  1795 (nach Tod des Lucas W.) 2. Ehe der Swenne Hanbrock mit Henrick Ewers, der sich eigen gegeben. Keine Kinder.

Wichming minor zu bathorn

Henrich Wichming: 8. Okt. 1749 Erbwinnung mit Geese Keute, der ein freies Kind accordiert
  ist. Er hat einen Bruder Jan, der für 10 fl. freigekauft ist.
  Kinder: Hindrik (Erbling), Jenne (frei benannt vermög' Accord u. verh. mit Lucas Fringe in
  Tinholt), Geese (freigek. für 14 fl. und verh. mit Garrit Bus im Laar), Hinriken (freigek. für
  14 fl. u. verh. mit Jan Pust im Laarwold)

Nota: Obiger Wehrfester hat noch einen vollen Bruder, dem auf Verlangen ein Freibrief aus-
zuhändigen ist, da seiner Mutter ein Freikind accordiert war, das noch nicht gegeben ist
ein Sohn Johann Herm [wessen?]
1771 (nach Absterben des Henrich) 2. Ehe der Witwe mit Johann aus Schonebeck, der sich eigen gegeben
Kinder: Gerd

Gerd Wichming: 6. März 1784 Erbwinnung und Heirat mit Gese von Kleine Lambers, die sich
eigen gegeben. Keine Kinder.

Wieffermann zu Dörningen

Hermann Wieffering: 17. Febr. 1747 Erbwinnung des H.W., Sohn von Herm Dobben, mit
Engelen Roling aus dievorts, die sich eigen gegeben
Kinder: Geese (1786 für 8 Rthlr freigekauft und verh. mit Gosemeijer auf der Haar), Herm
(Erbling)

Herm Wiefermann: 6. Apr. 1781 Erbwinnung mit Johanna Westerhoh, die sich eigen gegeben
Kinder: Herm (Erbling), Heinrick, Joannes, Gertrud, Fine, Anna, Joanna, Maricken

Woltering zu Hohen Hensingen

Henrich Wolterman: 8. Apr. 1741 Erbwinnung mit Stinen Könering, die eigen ist und der ein
freies Kind accordiert ist, eine Tochter Hindriken

Herman Bau: 10. Apr. 1763 Erbwinnung und Eintritt in die Leibeigenschaft nach Heirat mit der
ältesten Tochter Henrich Woltermans
Kinder: Hindrick (gest. Mai 1787), Bernard, Stine (gest. 1787), Hille (verh. zu Ulsen), Garrit
(tot), Johanna (1807 verh. in Ulsen, nachdem sie ihren Freibrief erhalten)

Bernd Woltering: Jun. 1788 Heirat auf das Erbe mit Hermken Masselink aus Geteloh, die sich
eigen gegeben
Kinder: Henricken, Mina, Henrick

Nordhorn und die Grafschaft Bentheim zwischen Luthertum und Calvinismus

Elisabeth Bütfering

Das 16. und 17. Jahrhundert brachte für die Grafschaft Bentheim wie für fast alle Territorien im Reich religiöse Veränderungen und Umbrüche mit sich, die meist weit über den engeren kirchlich-theologischen Bereich hinausgingen und häufig mit politisch-sozialen Unruhen durchsetzt waren, zumindest aber zu konfessionellen Gegensätzen führten, deren Entschärfung oder Beseitigung oft nur mit Gewalt zu erreichen war.

Um so erstaunlicher erscheint es, daß in den Territorien der Grafen von Bentheim der zweimalige Konfessionswechsel des gräflichen Hauses und mit ihm des größten Teils der Bevölkerung ohne erkennbare größere Friktionen verlaufen ist, ja, daß die Auswirkungen des spanisch-niederländischen Krieges, in den die Grafschaft durch ihre Grenzlage zwischen den Provinzen der Generalstaaten und der wechselweise in spanischem und oranischem Besitz befindlichen Grafschaft Lingen hineingezogen wurde, sowohl von seiten der katholischen Spanier als auch der calvinistischen Generalstaaten von den Bewohnern als unerträglich empfunden wurden.

Auseinandersetzungen über Religionszugehörigkeit und religiöse Praxis fanden nur in begrenztem Maße statt, vor allem in dem Streit der Grafen von Bentheim mit dem Nordhorn benachbarten Kloster Frenswegen und dessen Besitzung in der Stadt, während die Wirren des spanisch-niederländischen Krieges nicht unter konfessionellen Aspekten gesehen wurden.

Erst der erneute Konfessionswechsel des Grafen Ernst Wilhelm im Jahre 1668 und der damit verbundene Einfluß des Fürstbischofs von Münster, Christoph Bernhard von Galen, führte zu Protesten und Abwehrreaktionen der inzwischen auch organisatorisch gefestigten reformierten Kirche. Mit dem Vertrag von 1701, der die Freiheit des reformierten Bekenntnisses in der Grafschaft Bentheim wiederherstellte, und unter der Garantie der calvinistischen Signatarmächte Brandenburg und Oranien war dann die reformierte Kirche als weitaus bedeutendste der in der Grafschaft vertretenen Konfessionen erneut in ihrer überragenden Stellung bestätigt.

Dieser kurze Überblick läßt bereits erkennen, daß eine Auseinandersetzung zwischen dem Landesherrn und der Bevölkerung beziehungsweise den Städten und Gemeinden beim jeweiligen Konfessionswechsel, wenn überhaupt, dann nur marginal und als Konflikt mit der teilweise noch der alten Lehre anhängenden Geistlichkeit stattfand und weitgehend ohne Zwangsmaßnahmen gelöst wurde. Von daher erklärt sich auch, daß wir zwar über die allgemeine Entwicklung in der Grafschaft und die kirchenpolitischen Maßnahmen der gräflichen Regierung recht gut unterrichtet sind, die Nachrichten über die Vorgänge in der Stadt Nordhorn und in ihrer Beziehung zum Landesherrn jedoch außerordentlich spärlich ausfallen.

Die Quellenlage[1] ist, soweit es die Kirchengeschichte betrifft, durch die teilweise lückenhafte oder erst spät einsetzende Überlieferung der Kirchenordnungen und der Tagungsprotokolle kirchlicher Gremien gekennzeichnet; für Nordhorn etwa datieren die Kirchenratsprotokolle seit 1603 und erschöpfen sich während des 17. Jahrhunderts überwiegend in summarischen Jahresberichten und Abrechnungen. Auch in der Literatur wird die Reformationsgeschichte Nordhorns entweder nur als Teil der Gesamtentwicklung gestreift[2] oder in der Untersuchung von Einzelfragen behandelt[3]. Eine erschöpfende Darstellung dieser Periode der Nordhorner Stadtgeschichte kann auch im Rahmen des vorliegenden Aufsatzes nicht gegeben werden und bleibt weiteren Forschungen vorbehalten.

Es wird daher an dieser Stelle, soweit es die Quellen ermöglichen, der Versuch unternommen, einen Eindruck von der religionspolitisch-konfessionellen Situation der Stadt Nordhorn vor dem Hintergrund der Entwicklungen innerhalb der Grafschaft und der Entscheidungen der Grafen von Bentheim zu vermitteln, denn es ist davon auszugehen, daß, sofern nicht abweichende Erkenntnisse vorliegen, die Stadt sich den konfessionellen Veränderungen ihrer Umgebung angeschlossen hat.

So soll zunächst – nach einer kurzen Übersicht über die früheste reformatorische Erscheinungsform in der Grafschaft, die Wiedertäuferbewegung – die Einführung des lutherischen Bekenntnisses durch Graf Arnold I. im Jahre 1544 behandelt werden, während in den nächsten Abschnitten der Übergang zum reformierten Bekenntnis und die Auseinandersetzung mit Frenswegen geschildert werden wird.

Es folgen einige Kapitel über den organisatorischen Ausbau der Kirchenverfassung und die Ergänzungen und Änderungen der Kirchenordnung zu Anfang des 17. Jahrhunderts. Ein Ausblick auf die weitere Entwicklung im Laufe dieses Jahrhunderts mit dem Übertritt des Grafen Ernst Wilhelm zur katholischen Konfession und den Auswirkungen der fürstbischöflichen Politik sowie der endgültigen Vereinbarung über Bekenntnisstand, Kirchenorganisation und Religionsausübung im Vertrag von Den Haag beschließt die Darstellung. Im Anhang befindet sich eine nach den Recherchen für diesen Aufsatz zusammengestellte Liste Nordhorner Pastoren und Prediger im 16. und 17. Jahrhundert.

Als Arnold I. von Bentheim im Jahre 1544 das lutherische Bekenntnis offiziell, jedoch mit großer Toleranz gegenüber dem Katholizismus, zur Staatskonfession machte, waren dieser Entscheidung erst seit wenigen Jahren Bestrebungen des Hofpredigers Johann van Loen und einiger anderer Geistlicher vorausgegangen, die protestantische Lehre in der Grafschaft zu verbreiten. Die Zurückhaltung sowohl von seiten des

---

[1] Benutzt wurden v. a. die im Nordhorner Kirchenarchiv vorhandenen Kirchenrats- und Classisprotokolle sowie die einschlägigen Akten des Staatsarchivs Osnabrück, ferner aus dem Fürstlich Bentheim-Steinfurtischen Archiv Ratsprotokolle und sonstige Akten zu Reformation und Kirchenordnung. Die Vita Arnoldi und die Kirchenordnungen von 1619 und 1709 liegen gedruckt vor. Wichtig ist außerdem das Manuskript von RUMP, Beschreibung der Grafschaft Bentheim, in der Staatsbibliothek Hannover.

[2] SPECHT, Nordhorn. Allgemein für die Grafschaft Bentheim: F. F. VON RAET VON BÖGELSCAMP, W. F. VISCH, J. C. MÖLLER.

[3] Zu nennen sind v. a. KIP, Wiedertäufer, VOORT, Burg; KOHL, Graf Ernst Wilhelm, SMEND, Kirchenverfassung. Die Schrift von P. G. BARTELS, Züge aus der Geschichte der reformierten Kirche zu Bentheim, Aurich 1889, war mir leider nicht zugänglich.

Grafen als auch in der Bevölkerung mag zum Teil eine Folge der Wiedertäuferbewegung und ihrer Begleiterscheinungen gewesen sein.

Dieser Bewegung[4] hatte sich zunächst der Gildehauser Pastor Bernd Krechting angeschlossen und einen Kreis von Anhängern um sich gesammelt. Seines Priesteramtes
schon seit 1532 enthoben[5], ging er im Februar 1534 mit einigen Getreuen nach Münster[6], wo er nach der Niederschlagung der Wiedertäuferherrschaft zusammen mit
Bockelsohn und Knipperdolling am 22. Januar 1536 hingerichtet wurde[7].

Damit waren jedoch die Wiedertäuferunruhen auch und gerade in bezug auf die
Grafschaft Bentheim keineswegs beendet. Offenbar gab es dort zwei Zentren, Gildehaus und später vor allem Emlichheim, in denen die Täuferbewegung festen Fuß gefaßt hatte. Ferner war die Vechte als Verbindungsweg zwischen Münster und Holland
noch während der Belagerung Münsters von großer Bedeutung; dadurch kam auch
Nordhorn als Umsteigeplatz für den Wasserweg mit den Wiedertäufern in Berührung.
Nach Kip war »sozusagen das ganze Volk der Schiffer wiedertäuferisch gesinnt«[8],
aber obwohl man davon ausgehen kann, daß die umherreisenden Boten und Verbin-
dungsleute keine Gelegenheit ungenutzt ließen, ihre Lehre auch unterwegs zu propa-
gieren, gibt es keine Hinweise auf die Bildung einer Wiedertäufergemeinde in Nordhorn selbst[9].

In der Obergrafschaft dagegen bildete sich mit dem Zentrum in Emlichheim[10] eine
Gruppe von Anabaptisten, deren Mitglieder sich nach dem Fall Münsters zunächst Jan
Batenburg, nach dessen Tod 1538 David Joris oder Heinrich Krechting anschlossen
und nach Overijssel und ins Oldenburgische auswichen, um der einsetzenden Verfol-
gung durch die gräfliche Regierung zu entgehen.

Arnold I. hatte schon 1535 den Bischof bei der Belagerung von Münster unterstützt[11] und suchte nun verstärkt auch seine Grafschaft von Wiedertäufern zu befrei-
en[12]. Die sich neu bildenden Gruppen der Anabaptisten traten durch Überfälle auf
Klöster und Kirchen hervor, und nach der Hinrichtung zweier Gesinnungsgenossen,
der Brüder Morveldinck aus Emlichheim im Jahre 1542 in Deventer, verbreiteten einige Wiedertäufer unter dem Namen »Kinder von Emlichheim« durch Drohbriefe
und Rachezüge Unruhe in der Grafschaft Bentheim und in Overijssel[13].

Aus dieser Sachlage erklärt sich zum Teil das zögernde Verhalten Arnolds I. bei der
Einführung der Reformation[14]. Der Einfluß seiner lutherisch gesinnten Frau Walbur-

---

[4] Dazu ausführlich KIP, Wiedertäufer, dort auch weitere Literatur; ferner MÖLLER, Bentheim, S. 266 ff.
[5] KIP, Wiedertäufer, Jb. Gft. Bentheim, 1963, S. 9.
[6] MÖLLER, Bentheim, S. 269.
[7] MÖLLER, Bentheim, S. 277.
[8] KIP, Wiedertäufer, Jb. Gft. Bentheim, 1963, S. 12.
[9] KIP, Wiedertäufer, Jb. Gft. Bentheim, 1963, S. 12 f., stützt sich hier v. a. auf die Forschungen von MEL-
LINK und DE VRIES.
[10] KIP, Wiedertäufer, Jb. Gft. Bentheim, S. 21 ff.
[11] MÖLLER, Bentheim, S. 273.
[12] KIP, Wiedertäufer, Jb. Gft. Bentheim, 1963, S. 9.
[13] KIP, Wiedertäufer, Jb. Gft. Bentheim, 1963, S. 27 ff. und S. 32 ff. Die Unruhestiftung durch die Emlich-
heimer hielt mit Unterbrechungen bis 1559 an.
[14] Zum Konfessionswechsel 1544 vgl. v. a. RUMP, Beschreibung der Grafschaft Bentheim, S. 227 ff., der
auch von VISCH, Bentheim, S. 146–150, zitiert wird; ferner MÖLLER, Bentheim, S. 278 ff., und Kurtzer
Bericht von der Reformation . . . (A Burgsteinfurt, A 1060).

ga, einer Gräfin von Brederode, und des Bentheimer Hofpredigers Johann van Loen bewirkten jedoch zunächst die Tolerierung lutherischer Predigten in der Grafschaft und später den endgültigen Bekenntniswechsel, zu dem auch das Beispiel von Arnolds Vetter Konrad von Tecklenburg beigetragen haben wird, der schon 1535 die Reformation in seinem Gebiet durchgeführt hatte[15].

Johann van Loen hatte seit 1542 damit begonnen, die protestantische Lehre unter den Mitgliedern der Hofhaltung und in Bentheim selbst zu verbreiten[16] und mit Unterstützung der Gräfin Arnold die Schriften Luthers und Melanchthons nahegebracht. Der Graf versicherte sich der Überzeugung des von ihm sehr geschätzten Pastors zu Uelsen, Johann Hasenhart, der ebenfalls der lutherischen Lehre zugeneigt war[17]. Nach der Schilderung von Rump[18] machte Hasenhart Graf Arnold mit dem Lutherischen Katechismus, dem Augsburgischen Bekenntnis und den Schmalkaldischen Artikeln vertraut. Arnold I. entschloß sich nun, teils auf Drängen seiner Umgebung, teils aus eigener Überzeugung, der zumindest unter den Gemeindepfarrern bereits weit verbreiteten protestantischen Gesinnung[19] zu folgen und offiziell die Reformation gemäß der Confessio Augustana einzuführen[20].

Zu diesem Zweck berief er 1544 eine Versammlung der Geistlichen aus den Grafschaften Bentheim und Steinfurt ein – beide Grafschaften wurden seit 1530 in Personalunion regiert[21] – und ließ durch seine Räte und die beiden Prediger van Loen und Hasenhart die reformatorische Lehre nach Maßgabe des Augsburgischen Bekenntnisses als die in Zukunft allgemein verbindliche Konfession verkünden. Insbesondere sollte für die »abschaffung der vielen bißherigen Mißbräuche, vornemlich der Messen, Vigilien, anruffung der Heiligen, Processionen, Weyhwasser« und dergleichen Sorge getragen und die Verordnung der Sakramente und andere kirchliche Kulthandlungen nach den Vorschriften des Augsburgischen Bekenntnisses vorgenommen werden[22]. Arnold selbst beschloß die Zusammenkunft mit einem persönlichen Glaubensbekenntnis und Ermahnungen an die Anwesenden, sich um den rechten Glauben zu bemühen[23].

Nordhorner Geistliche werden unter den Teilnehmern nicht genannt, jedoch ist diese Liste nicht vollständig[24], und wir können ihre Anwesenheit als wahrscheinlich annehmen, da von einer deutlich abweichenden Haltung der Nordhorner Gemeinde

---

[15] GOETERS, Kirchenordnungen, S. 138; SMEND, Kirchenverfassung, S. 2.
[16] Kurtzer Bericht von der Reformation, S. 1; RUMP, Beschreibung der Grafschaft Bentheim, S. 228; MÖLLER, Bentheim, S. 279.
[17] RUMP, Beschreibung der Grafschaft Bentheim, S. 229 f.; VISCH, Bentheim, S. 148; MÖLLER, Bentheim, S. 280.
[18] RUMP, Beschreibung der Grafschaft Bentheim, S. 229 ff.
[19] MÖLLER, Bentheim, S. 282 ff.
[20] In allen Berichten wird Arnolds zögernde Haltung betont, vgl. auch Kurtzer Bericht von der Reformation, S. 1 f.
[21] LÜBBERMANN, Die Grafen von Bentheim, S. 17.
[22] RUMP, Beschreibung der Grafschaft Bentheim, S. 230.
[23] RUMP, Beschreibung der Grafschaft Bentheim, S. 230; VISCH, Bentheim, S. 149 f., MÖLLER, Bentheim, S. 284 f.
[24] RUMP, Beschreibung der Grafschaft Bentheim, S. 231; MÖLLER, Bentheim, S. 234. Ein Protokoll der Sitzung ist nicht überliefert.

zu diesem Zeitpunkt wohl nicht gesprochen werden kann[25]. Vermutlich hat auch Johann van Loen schon 1544 in Nordhorn gepredigt[26].

Der Bekenntniswechsel setzte sich langsam in fast allen Gemeinden der Grafschaft Bentheim durch, nur die Bauerschaften Engden und Drievorden[27] sowie die Klöster Frenswegen, Schüttorf und Wietmarschen und einige adelige Familien blieben katholisch. Eine Kirchenordnung im engeren Sinne wurde nicht erlassen, und auch über die Abhaltung weiterer Pfarrerversammlungen ist nichts bekannt[28]. In Nordhorn hatte schon seit vorreformatorischer Zeit ein Kollegium von »Ratluiden« bestanden, das als Kirchengemeinderat in Zusammenarbeit mit den Geistlichen teilweise Funktionen wahrnahm, die denen des späteren Presbyteriums vergleichbar waren[29].

Im übrigen wurden – abgesehen vom Wegfall der Prozessionen und der Meßfeier im eigentlichen Sinne – die gewohnten Formen kirchlichen Lebens und die Ausgestaltung des Gottesdienstes nach katholischer Tradition zunächst weitgehend beibehalten, so daß in der Bevölkerung, die sich weniger an dogmatischen Lehrinhalten als an formalen Änderungen orientieren konnte, der Übergang zur lutherischen Lehre nicht als krasser Bruch empfunden wurde[30]. »Der gemeine Mann (bemerkte) nicht den Uebergang zur neuen Lehre und ehe den Leuten vollständig die Augen aufgingen, war die ganze Grafschaft Bentheim zum weitaus größten Theile im kirchlichen Gottesdienste lutherisch«, urteilt Möller aus katholischer Sicht[31].

In dem von Arnold I. gesetzten Rahmen verblieb das kirchliche Leben im Verlauf der folgenden dreißig Jahre[32]; Arnolds Sohn Eberwin, der nur neun Jahre regierte (1553–1562), nahm in dieser Zeit keinen nennenswerten Einfluß auf Kirchenorganisation und Lehre, obwohl es heißt, daß er der katholischen Kirche zuneigte[33].

Seine Frau Anna, die nach dem Tode ihres Vaters 1556 Tecklenburg[34] und Rheda erbte, tendierte zur reformierten Lehre[35] und veranlaßte während ihrer Regentschaft die Ausbildung des Erben, des späteren Grafen Arnold II., in calvinistischem Geist[36]. Er studierte nach der wohl noch von seinem Vater initiierten[37] Erziehung in der Fürstenschule des Herzogs Wilhelm von Jülich, die katholisch geprägt war, auf Betreiben der Gräfinwitwe seit 1571 an der reformierten Straßburger Universität und hörte dort u. a. Vorlesungen des calvinistischen Rektors Johannes Sturm. Arnold besuchte auch die Predigten in der französischen Fremdengemeinde[38] und plante 1572 eine Reise

[25] Anders, jedoch ohne Quellenangabe HINRICHS, Das katholische Emsland, S. 155, und MÖLLER, Bentheim, S. 280 und S. 286.

[26] KÜHLE, Bakelde, S. 165. Möglicherweise war er selbst zeitweise Pfarrer in Nordhorn; vgl. SPECHT, Nordhorn, S. 125, und Anhang zu diesem Beitrag.

[27] aufgrund ihrer Zugehörigkeit zum münsterischen Kirchspiel Emsbüren, vgl. MÖLLER, Bentheim, S. 286.

[28] Nach GOETERS, Kirchenordnungen, S. 140, galt bis zur Neuordnung durch Arnold II. die hessische Kirchenordnung. Vgl. Vita Arnoldi, S. 23.

[29] SPECHT, Nordhorn, S. 124; s. u. S. 92 f.; vgl. auch SAGER, Bentheim, S. 29.

[30] Vgl. VON RAET VON BÖGELSCAMP, Bentheim, Bd. 2, S. 11.

[31] MÖLLER, Bentheim, S. 284.

[32] RUMP, Beschreibung der Grafschaft Bentheim, S. 231.

[33] MÖLLER, Bentheim, S. 288 f.

[34] Zu den Erbstreitigkeiten um Tecklenburg mit den Grafen von Solms vgl. MÖLLER, Bentheim, S. 290.

[35] MÖLLER, Bentheim, S. 289; s. u. Anm. 45.

[36] Zur Ausbildung Arnolds vgl. Vita Arnoldi, S. 7 ff.

[37] SMEND, Kirchenverfassung, S. 4; anders Kurtzer Bericht von der Reformation, S. 4.

[38] Vita Arnoldi, S. 10; GOETERS, Kirchenordnungen, S. 154.

nach Paris, die aber durch die dortigen Ereignisse anläßlich der Bartholomäusnacht vereitelt wurde[39].

Nach seiner unmittelbar darauf erfolgten Heimreise übernahm Arnold II. die Herrschaft in Bentheim, Steinfurt, Tecklenburg und Rheda. Durch seine Heirat mit der Gräfin Magdalena von Neuenahr und Limburg im Jahre 1573 erwarb er die Herrschaften Bodenburg, Alpen und Helfenstein, später außerdem noch die Grafschaft Limburg, die Herrschaft Lennep und die Erbvogtei über Stadt und Erzstift Köln[40]. Damit erreichte das von Bentheim aus beherrschte Gebiet seine größte Ausdehnung, allerdings nur für die Dauer einer Generation, da Arnold II. in seinem Testament 1591 den zusammengewürfelten Besitz unter seine fünf Söhne verteilte, wobei Arnold Jobst Bentheim zugesprochen bekam[41].

Arnold II.[42] widmete konfessionspolitischen und kirchenorganisatorischen Fragen einen großen Teil seiner Arbeitskraft; neben der Abwehr und der Beseitigung der Folgen zahlreicher spanischer und holländischer Einquartierungen und Plünderungen in den Jahren 1580 bis 1605[43] scheint die allmähliche, aber konsequente Einführung und Verankerung des reformierten Gottesdienstes in seinen Ländern das wichtigste Anliegen seiner Regierungszeit gewesen zu sein[44].

Die Argumente über Beginn und Intensität seiner kirchen- und konfessionspolitischen Maßnahmen gehen auseinander; einerseits soll seine Mutter, die Gräfin Anna, treibende Kraft gewesen sein[45] – sie stellte vermutlich schon 1574 reformierte Prediger in Tecklenburg an[46] –, andererseits wird gesagt, daß Arnold gerade mit Rücksicht auf seine Mutter die entscheidenden Schritte erst nach ihrem 1582 erfolgten Tod unternahm[47].

Soviel steht fest, daß die gräfliche Familie sich seit Ende 1575 öffentlich zum reformierten Glauben bekannte. Der von Haus Merfeld bei Coesfeld kommende reformierte Prediger Johann Kemmener wurde, nachdem er zunächst am 4. Dezember 1575[48] mit dem Grafen und seiner Familie das Abendmahl nach reformiertem Ritus

---

[39] Vita Arnoldi, S. 10; MÖLLER, Bentheim, S. 291.

[40] MÖLLER, Bentheim, S. 291. Nach VEDDELER, Testament, S. 71, ging die Grafschaft Limburg schon bei der Heirat in Arnolds Herrschaft über. Haus Gronau und die Herrschaft Wevelinghoven sowie die Ämter Uchte und Freudenberg als Lehen des Landgrafen von Hessen gehörten ebenfalls zu diesem Konglomerat von Territorien. Über den Einfluß seiner Gattin und deren Familie auf Arnold vgl. GOETERS, Kirchenordnungen, S. 154.

[41] A Burgsteinfurt, A 1294; Abschrift des Testaments aus dem StA Detmold ediert bei VEDDELER, Testament, S. 71–88.

[42] Zur Biographie Arnolds vgl. v. a. Vita Arnoldi, zusammengefaßt jetzt von FANGMEYER im Jb. Gft. Bentheim, 1979, S. 21–32. Zur Frage des Autors der Vita Arnoldi vgl. DÖHMANN in seiner Einleitung zur Vita Arnoldi, S. 4; EDEL, Johann Pickardt, S. 190f.; FANGMEYER, Graf Arnold II. von Bentheim, S. 21.

[43] Ausführlich bei VISCH, Bentheim, S. 158ff.; Vita Arnoldi, S. 35ff., passim.

[44] Zur Reformation unter Arnold II. vgl. v.a. RUMP, Beschreibung der Grafschaft Bentheim, S. 376ff.; VISCH, Bentheim, S. 151–157.

[45] SAUERMOST, Frenswegen, S. 38, hält das reformierte Bekenntnis der Gräfin schon 1560 für gegeben.

[46] MÖLLER, Bentheim, S. 315: ». . . die . . . wenig ausrichteten und in dem äußerlichen Gottesdienste fand noch keine Änderung statt«. Ebenso VISCH, Bentheim, S. 152.

[47] GOETERS, Kirchenordnungen, S. 154; SPECHT, Heimatkunde, S. 67f.; CUNO, Gedächtnisbuch, S. 37; SMEND, Kirchenverfassung, S. 4f.

[48] Vita Arnoldi, S. 12; RUMP, Beschreibung der Grafschaft Bentheim, S. 377; Kurtzer Bericht von der Reformation, S. 4.

gefeiert hatte, anläßlich einer Taufe Ende Januar 1576 als Hofprediger in Bentheim angestellt[49]. In der Schloßkirche wurden daraufhin Altäre und Bilder entfernt, während in den übrigen Kirchen in Bentheim selbst und in der Grafschaft vorerst alles beim alten blieb[50]. Kemmener unterwies in der Folgezeit die Angehörigen des Hofes nach dem Heidelberger Katechismus, verbreitete in seinen Predigten das calvinistische Gedankengut und unterrichtete auch die Kinder der Grafenfamilie[51].

Für den hier des weiteren zu beschreibenden allgemeinen Übergang zur reformierten Kirchenverfassung und die Bestrebungen Arnolds II. scheint in besonderem Maße zutreffend, was Goeters wie folgt charakterisiert: »Kirchlich bedeuten dabei die Ausgestaltung und Verschärfung des lutherischen Bekenntnisbegriffs, die Ächtung des melanchthonisch-unionistischen Luthertums durch das Gnesioluthertum die theologische Voraussetzung, im positiven Sinne die Entfernung der überkommenen katholischen Elemente des Gottesdienstes und ein strengerer Begriff von kirchlicher Disziplin das kirchliche Ziel«[52].

Im Gegensatz zu anderen Landesherren, aber durchaus in der Tradition seines Großvaters, erleichterte Arnold durch sein stufenweises Vorgehen die Akzeptierung des Konfessionswechsels für breite Bevölkerungskreise und trug mit seiner toleranten Gesinnung in einer von religiösen Kämpfen erschütterten Zeit dazu bei, daß kirchliche Neuerungen nicht zu aggressiven Auseinandersetzungen führten[53].

Den für die Bewohner der Grafschaft entscheidenden Schritt zur Einführung des reformierten Bekenntnisses tat Arnold mit der Einberufung einer Versammlung von Räten und Geistlichkeit nach Tecklenburg im Jahre 1587. An dieser Zusammenkunft nahmen neben Vertretern des Adels auch die Prediger von Nordhorn teil[54], ferner der Hofmeister Friedrich von Gent und Johann Münster zur Vortlage[55], der wichtigste Berater des Grafen, der diesen in seinem Bestreben um den reformierten Gottesdienst eifrig unterstützte.

Den Versammelten wurde nach allgemeiner Aussprache über das Reformationsvorhaben die Kirchenordnung vorgelegt, die der Schwager Arnolds, Graf Adolf von Moers, formulieren und durch den Heidelberger Kirchenrat hatte bestätigen lassen[56]. Den vorliegenden Berichten zufolge[57] erhob keiner der Anwesenden Einspruch oder verlangte eine Änderung; die Kirchenordnung wurde daraufhin als verbindliche Grundlage für Lehre und Kultus angenommen. Die Prediger wurden verpflichtet, »*dieselbe Kirchenordnungh mit lehren und predigen einzuführen und auß Gottes wortt,*

[49] Vita Arnoldi, S. 12–14; nach Visch, Bentheim, S. 151, war schon sein Vorgänger reformiert gewesen.

[50] Möller, Bentheim, S. 315. Vgl. Kurtzer Bericht von der Reformation, S. 4: ». . . daß noch Vieles von dem alten Sauerteig übrig war . . .«.

[51] Vita Arnoldi, S. 24.

[52] Goeters, Kirchenordnungen, S. 150.

[53] Dies konzediert sogar Möller, Bentheim, S. 319 und S. 373.

[54] Vita Arnoldi, S. 24; Rump, Beschreibung der Grafschaft Bentheim, S. 378; Möller, Bentheim, S. 315.

[55] Vita Arnoldi, S. 17 und S. 24; Goeters, Kirchenordnungen, S. 154.

[56] Vita Arnoldi, S. 24. Zur Moerser Kirchenordnung vgl. Goeters, Kirchenordnungen, S. 154. Amelia, die Schwester Adolfs von Moers, war die zweite Gemahlin des Kurfürsten Friedrich III. von der Pfalz; s. u. S. 90 ff. über den Einfluß der pfälzischen Kirchenverfassung auf die Bentheimer Verhältnisse.

[57] A Burgsteinfurt, A 1541, fol. 20; Vita Arnoldi, S. 24; Rump, Beschreibung der Grafschaft Bentheim, S. 379.

*was darein verfasset, zu beweisen, im gleichen auch mit Gottes wordt zu widerlegen
die irre meinung von den götzen in der Kirchen, Altaren, abergleubigen Fasten, den
verstorbenen heiligen, item von der noth- oder gehetauf der Weiber, von beschweren
bei der tauf, von den runden küchlein im nachtmahl deß Herrn, so nit Speißbrodt ist
und nit gebrochen kan werden, im gleichen von der leiblich und mündtlicher niessungh
deß leibß Christi und von der ubiquitet deßelben und was dieses menschenerdichteten
wercks mehr magh gefunden werden«* [58].

Die Umgestaltung des kirchlichen Lebens nach calvinistisch-reformierter Lehre
setzte sich zuerst nur in der Grafschaft Tecklenburg durch; in den anderen Landesteilen geschah dies mit erheblicher Verzögerung. Es mag nicht zuletzt mit der vorläufigen
Form der Kirchenordnung zusammenhängen – sie kursierte zunächst als Manuskript
und wurde erst 1619 auf Veranlassung des Grafen Adolph von Tecklenburg, des Sohnes von Arnold II., mit einigen Zusätzen gedruckt [59] –, daß die Durchführung ihrer
Bestimmungen teilweise sehr schleppend und von Ort zu Ort in unterschiedlichem
Maße erfolgt ist.

Graf Arnold ergriff keine Zwangsmaßnahmen in dieser Richtung, sondern überließ
– abgesehen von gelegentlichen Ermahnungen und der Verordnung von Bet- und Fast-
tagen – die Handhabung der Vorschriften vorerst den örtlichen Predigern [60]. Nur sehr
zögernd wurde daher mit der Entfernung von Kruzifixen, Bildern und Altären aus den
Kirchen begonnen. Während zum Beispiel in Bentheim erst 1592 der Altar in der
Pfarrkirche entfernt wurde [61], war das 1445 eingeweihte Nordhorner Gotteshaus [62] –
wegen der Zugehörigkeit der umliegenden Bauerschaften und des sog. »alten Dorfes«
zur Nordhorner Gemeinde außerhalb der Vechteinsel gelegen [63] – schon 1588 nach
calvinistischer Vorstellung »gesäubert« worden [64]. Die meisten anderen Gemeinden
der Grafschaft gingen erst 1597, wohl im Zusammenhang mit der von den Predigern
erarbeiteten Kirchenordnung [65], zur Praktizierung des reformierten Gottesdienstes
über [66].

Zu offenen Protesten ist es aufgrund der toleranten Haltung des Landesherrn nicht
gekommen, obwohl die sogenannte »zweite Reformation« nicht den Beifall aller fand,
denn es wird berichtet, daß *»deßhalb von den Unverstendigen und einfeltigen viell
klagens, von den freunden der warheit aber groß frolocken gehoret wardt, wie hie-
durch der Gottselige Christliche Graff Arnoldt auf sich, seine Underthanen und gant-*

---

[58] Vita Arnoldi, S. 24.
[59] Die Kirchenordnung wurde 1588 in der im Fürstl. A Rheda, Litt. K Nr. 11, vorliegenden Fassung *»zu
Papyr gesetzt«;* s. u. S. 89 f. Druckausgabe von 1619 und Fotokopie des Rhedaer Exemplars von 1588 im
A Burgsteinfurt, Bibl. C 7.
[60] Dem widerspricht nicht, daß in der Vita Arnoldi immer wieder die führende Rolle Arnold selbst zugeschrieben wird.
[61] Vita Arnoldi, S. 34.
[62] Die Schwierigkeiten der Geldbeschaffung bei Baumaßnahmen und Reparaturen sind aus den Nordhorner Kirchenratsprotokollen ersichtlich, KA Nordhorn, A 131 Bd. 1, vgl. auch SPECHT, Nordhorn,
S. 121 f.
[63] Dazu SPECHT, Nordhorn, S. 14 und S. 121.
[64] RUMP, Beschreibung der Grafschaft Bentheim, S. 382; VISCH, Bentheim, S. 154; MÖLLER, Bentheim,
S. 316.
[65] Vgl. u. S. 89 f.
[66] Vita Arnoldi, S. 48; VISCH, Bentheim, S. 155.

KERKENORDRE

DER

GRAAFSCHAP

BENTHEM.

Tot U T R E C H T,

By THOMAS APPELS, Boek-
verkoper op het Oude-Kerkhof, 1709.

Abb.1

zen lande ein ewiges verderben, verheerungh und undergangh anrichten würde[67].
Diese Befürchtung war in Anbetracht der zeitweiligen spanischen Übermacht in den
östlichen Niederlanden durchaus berechtigt, hat sich aber, wie eingangs erwähnt,
nicht in Form religiös motivierter Pressionen bewahrheitet. Von einer Einflußnahme
von niederländisch-reformierter Seite auf die Reformation in der Grafschaft, die laut
Fockema Andreae »niet zonder enige penetratie uit Nederland« erfolgte, ist m. E. in
dieser Phase noch wenig zu spüren[68].

Ein anderer Konflikt im Zusammenhang mit dem Konfessionswechsel war allerdings schon abzusehen, wenn er auch unter Arnold II. zunächst nicht gravierend in
Erscheinung trat. Arnold hatte 1578 die nicht mehr benutzte und strategisch unbedeu-
tende Burg auf einer kleinen Nordhorner Vechteinsel[69] schatzungsfrei und mitsamt
den Fischereirechten an das Kloster Frenswegen verkauft[70].

Die Meinungen über die Beweggründe des Grafen für den Verkauf sind geteilt[71]; einerseits hatte sein Vater Eberwin im Zeichen der lutherischen Reformation 1560 dem
Kloster die Aufnahme von Novizen untersagt und die Verwaltung der Klostergüter
einem gräflichen Beamten unterstellt, und Arnold selbst hatte zum Zeitpunkt des Ver-
kaufs bereits den Schritt zur calvinistischen Konfession vollzogen, andererseits scheint
er angesichts der zwangsläufig zu erwartenden Auflösung der Klostergemeinschaft
wegen fehlenden Nachwuchses die Überlassung der Burg auch als ein Mittel zur Kontrolle der noch verbliebenen Konventualen betrachtet zu haben. Nach ihrem Tod
würde die Burg automatisch in den gräflichen Besitz zurückfallen. Die Klosterinsassen
haben sich wohl vor allem eine Zufluchtsstätte für Kriegs- und Notzeiten erhofft.

Seit 1580 lebten die Chorherren überwiegend in der Stadt und feierten dort unter
Duldung der landesherrlichen Obrigkeit den katholischen Gottesdienst, an dem auch
die wenigen der alten Religion anhängenden Nordhorner Bürger teilnehmen konnten[72].

Da die Zahl der Konventualen im Laufe der folgenden Jahre stetig zurückging –
Versuche des Klosters, das Novizenaufnahmeverbot aufheben zu lassen, blieben er-
gebnislos – und nach dem Tode des letzten Priors Johannes Fabritius 1611 nur noch
der vom Grafen bestätigte Administrator Franz Deitermann[73] zurückblieb, sah die
gräfliche Regierung zunächst keine Veranlassung, Entscheidendes gegen die weitere
Praktizierung des katholischen Gottesdienstes in der Burg zu unternehmen[74]. Erst
nach Versuchen der Windesheimer Kongregation, die Klostergemeinschaft durch die
Ernennung eines Priors und die Abordnung von Mönchen neu zu beleben, und nach

---

[67] Vita Arnoldi, S. 25. Vgl. RUMP, Beschreibung der Grafschaft Bentheim, S. 379; VISCH, Bentheim, S. 153;
    MÖLLER, Bentheim, S. 317f.
[68] FOCKEMA ANDREAE, Gereformeerde Kerken, S. 157.
[69] VOORT, Burg, S. 57.
[70] Verkaufsurkunde abgedruckt bei VOORT, Burg, S. 58 f., und bei MÖLLER, Bentheim, S. 500 f. Vgl. auch
    StA OS, Rep. 125 I Nr. 789, 7.
[71] Vgl. VOORT, Burg, S. 59 f.
[72] VOORT, Burg, S. 60.
[73] Zu Deitermann und seinen reformatorischen Neigungen vgl. KOHL, Quirinus Steghmann, S. 85, und
    SAUERMOST, Frenswegen, S. 42.
[74] 1641 protestierte Arnold Jobst gegen die Einrichtung einer katholischen Kirche in der Burg; StA OS
    Rep. 125 I Nr. 789, 21.

dem Tode Deitermanns 1628 versuchte Graf Arnold Jobst, den Besitz einschließlich der Klostergüter an sich zu ziehen[75].

In den nun folgenden Auseinandersetzungen, die sich unter Einschaltung kaiserlicher Schutzbriefe und reichsständischer Gerichtsbarkeit bis 1655 hinzogen[76], gelang es weder Arnold Jobst noch seinem Nachfolger Ernst Wilhelm, die Klosterbrüder aus der Burg zu vertreiben oder auch nur den katholischen Gottesdienst zu unterbinden. Sowohl die Berufung auf den Augsburger Religionsfrieden als auch auf die Bestimmungen des Westfälischen Friedens mit der Festlegung des Normaljahrstands von 1624 verfehlten ihre Wirkung, so daß nicht nur während der wechselnden Truppenbesatzungen in Nordhorn im Verlauf des Dreißigjährigen Krieges, sondern auch für die Zukunft der katholische Kultus in der Stadt toleriert werden mußte[77].

Nach dem Umzug der Chorherren in das Frenswegener Kloster im Jahre 1655 blieb die Burg mit der dort eingerichteten Kapelle und einem später hinzukommenden Kirchenbau ein Zentrum katholischen Lebens inmitten der ganz überwiegend reformiert gesonnenen Nordhorner Bevölkerung. Auch die wiederholt vorgebrachten Beschwerden des reformierten Predigers Johannes Nortbeck bewirkten keine Änderung.[78]

Abgesehen von diesen Auseinandersetzungen verlief die Umgestaltung des kirchlichen Lebens seit dem Ende des 16. Jahrhunderts relativ reibungslos[79]. Es ist schwer auszumachen, ob und inwieweit die Umsetzung der reformatorischen Landeskirchenpolitik vom Kirchenvolk aktiv mitgetragen wurde. Über die individuelle Glaubenspraxis dieser Zeit können nur Vermutungen angestellt werden. Die vergleichsweise konfliktlose Entwicklung hat zumindest keine negativen Reaktionen überliefert; auch in Nordhorn kam es bei gleichzeitiger Praktizierung von öffentlichem Calvinismus und privatem Katholizismus nicht zur Konfrontation innerhalb der Stadtgemeinde.

Nachdem in den Pfarreien der Grafschaft Bentheim die meisten Stellen mit reformierten Predigern besetzt waren[80], formulierten diese in gemeinschaftlicher Arbeit eine Kirchenordnung[81], die 1597 von Graf Arnold bestätigt wurde. Es handelte sich dabei offensichtlich um eine Anpassung der 1587 erlassenen Kirchenordnung an die örtlichen Verhältnisse; da der Text nicht erhalten ist und auch sonst Hinweise fehlen[82], kann über den Inhalt nichts ausgesagt werden. Die Veränderungen können jedenfalls nicht entscheidend gewesen sein, da Adolph von Tecklenburg 1619 bei der Drucklegung der Tecklenburger Kirchenordnung von der 1588 vorliegenden Fassung

[75] StA OS, Rep. 125 I Nr. 789, 19. Zu den folgenden Ausführungen vgl. die detaillierte Schilderung bei VOORT, Burg, S. 61 ff.; ferner MÖLLER, Bentheim, S. 322 f.; SAUERMOST, Frenswegen, S. 47 ff.; KOHL, Quirinus Steghmann, S. 85 ff.

[76] StA OS, Rep. 125 I Nr. 789, v. a. 22 ff.

[77] MÖLLER, Bentheim, S. 377.

[78] KA Nordhorn, A 144 Bd. 1, passim.

[79] Vgl. VON RAET VON BÖGELSCAMP, Bentheim, Bd. 2, S. 11.

[80] MÖLLER, Bentheim, S. 318.

[81] Vita Arnoldi, S. 45: »formulam eines ordentlichen Kirchenregiments«.

[82] Nach Kurtzer Bericht von der Reformation, S. 6, beruhte sie auf holländischem Vorbild; vgl. Vita Arnoldi, S. 45; CUNO, Gedächtnisbuch, S. 38.

ausging[83] und Arnold II. zeit seines Lebens die Gleichartigkeit der kirchlichen Verhältnisse in den verschiedenen Landesteilen angestrebt hatte.

Dafür zeugt auch die Generalsynode, die er im Dezember 1604 für die Grafschaften Bentheim, Steinfurt und Tecklenburg gemeinschaftlich in Schüttorf abhielt. Dabei wurden Einzelheiten der Kirchenverfassung festgelegt[84], die im folgenden näher besprochen werden. – Bei dieser Gelegenheit leisteten die Söhne Arnolds, die Amtsleute und die Prediger einen Treueid auf das reformierte Bekenntnis[85].

Wie bereits erwähnt, geht die reformierte Kirchenverfassung der Grafschaft Bentheim zurück auf die 1587 von Arnold II. der Versammlung in Tecklenburg vorgelegte Kirchenordnung seines Schwagers Graf Adolf von Moers-Neuenahr[86]. Diese wiederum basiert in wesentlichen Teilen auf der kurpfälzischen Kirchenordnung von 1563, insbesondere was die äußere Gliederung und die Kirchengebetsformeln betrifft[87]. Bemerkenswert ist ferner der Verzicht auf dogmatische Erörterungen[88] auch bei den sich im wesentlichen auf Formalia beschränkenden Vorschriften zur Tauf- und Abendmahlsgestaltung[89]. Als Glaubensgrundlage wurde neben dem Alten und Neuen Testament auf den Heidelberger Katechismus, die Zehn Gebote, das Vaterunser und die Sakramente verwiesen[90].

Für das Gemeindeleben stärker von Belang waren die Bestimmungen über die Organisation des kirchlichen Lebens. Dabei wurde das Amt des Ältesten in besonderer Weise hervorgehoben[91]; die Presbyter standen gleichberechtigt neben den Predigern der Gemeinde, und es wurden ihnen jeweils bestimmte Aufgaben wie Armenpflege, Verwaltung der Kirchengüter usw. zugewiesen[92].

Auch bei den Synoden oder Klassenkonventen[93] war das Laienelement in Form eines Ältesten aus jeder Gemeinde vertreten, jedoch scheint diese Mitwirkung nicht über ein Anwesenheits- und Informationsrecht hinausgegangen zu sein[94]. Die Synoden selbst hatten als Predigerversammlungen vor allem den Zweck, die Geistlichen für ihre Predigttätigkeit zu schulen und weiterzubilden, »*daß sie sich mit Predigen uben und daß die Lehr Christi desto weniger mit irrthumb vermischet und die Diener selbst sampt der gantzen Gemein in guter ordnung zucht und disciplin gehalten werde*«[95].

Die Klassenkonvente bildeten das Kontrollinstrument in Fragen der Amtsführung und des Lebenswandels; die Mitglieder übten gegenseitige Zensur und sollten über Gemeindeleben und Kirchenzucht, über die Abhaltung der Konsistorien und die Verwaltung der Schul- und Armensachen Bericht erstatten.

---

[83] Das erhaltene Manuskript ist 1588 datiert. Vgl. o. Anm. 59.
[84] Bericht in: Vita Arnoldi, S. 61 f.; RUMP, Beschreibung der Grafschaft Bentheim, S. 383 ff.; Kurtzer Bericht von der Reformation, S. 6; VISCH, Bentheim, S. 154 f.; MÖLLER, Bentheim, S. 320 f.
[85] Vita Arnoldi, S. 62.
[86] Vgl. o. S. 85 f.
[87] SMEND, Kirchenverfassung, S. 6 f. Die Kirchenordnung der Kurpfalz von 1563 einschließlich des Heidelberger Katechismus ist abgedruckt bei NIESEL, Bekenntnisschriften, S. 136–218.
[88] KO 1619, S. 2 ff.: Von der Christlichen Lehr und Predigt; S. 129 ff.: Vom Catechismo.
[89] KO 1619, S. 52 ff. und S. 81 ff.
[90] KO 1619, S. 4 f.
[91] KO 1619, S. 126 ff.
[92] KO 1619, S. 115–118.
[93] Dazu jetzt auch SCHMIDT, Classis, S. 33 ff.
[94] SMEND, Kirchenverfassung, S. 8.
[95] KO 1619, S. 162.

Diese viermal jährlich abzuhaltenden Synoden sollten für jede Grafschaft getrennt, nach Informierung des Landesherrn und unter Beteiligung seiner Abgesandten mit vorgeschriebener Tagesordnung stattfinden[96]. Eine gemeinsame Kirchenorganisation aller Landesteile war nicht vorgesehen. Im übrigen hatten die Synoden kein ausdrückliches Mitbestimmungsrecht, wenn auch sicherlich einen gewissen Einfluß bei der Ausübung des landesherrlichen Kirchenregiments. Smend spricht ihnen daher den eigentlich synodalen Charakter ab und sieht die Funktion wesentlich auf Weiterbildung und gegenseitige Kontrolle der Prediger beschränkt[97]. Als Vorbild gilt auch hier die kurpfälzische Kirchenordnung[98], wobei das Element der Superintendentur in Bentheim nicht eingeführt wurde[99].

Insgesamt muß die Kirchenordnung von 1588 in ihrer Wirkung auf die weitere Kirchenverfassungsentwicklung zurückhaltend beurteilt werden; vor allem hat sich die Beteiligung der Laien in Form der presbyterialen Kirchenverfassung nicht in maßgeblicher Weise durchsetzen können[100]. Zunächst war wohl auch die calvinistische Lehre nicht stark genug in der Bevölkerung verankert und die Geistlichkeit noch nicht hinreichend geschult, als daß eine Reform wesentlich über die Änderung äußerer Gestaltungsformen hinausgehen konnte.

Einen wichtigen Einschnitt für die Entwicklung des Kirchenverfassungsrechts bedeutet dagegen die schon erwähnte erste und wahrscheinlich einzige[101] Generalsynode der Grafschaften Bentheim, Tecklenburg und Steinfurt, die im Dezember 1604 in Schüttorf stattfand[102]. Schon am 19.3.1604 war der Einberufung eine Verordnung[103] über die regelmäßige und örtlich alternative Abhaltung von Generalsynoden vorausgegangen, in der Zweck und Charakter der Versammlungen definiert wurden. Das Vorhaben geht offenbar zurück auf die Feststellung gravierender Mißstände sowohl in der Einheitlichkeit und Reinheit der Lehre als auch in der religiösen Praxis einzelner Gemeinden[104].

Da die Protokolle der Generalsynode nicht überliefert sind[105], bleibt eine differenzierte Analyse der gefaßten Beschlüsse Spekulation. Aus den in der Folgezeit praktizierten Regelungen, dokumentiert in den teilweise erhaltenen Presbyterial- und Synodalprotokollen, und anhand der Ergänzungen in der Kirchenordnung von 1619[106] lassen sich jedoch einige Rückschlüsse ziehen.

Wichtigstes Ergebnis war die schon nach der Kirchenordnung von 1587 vorgesehene, jedoch nicht zur Ausführung gelangte Praktizierung der Presbyterialverfassung, die hier auch eine detaillierte rechtliche Grundlage erhielt[107]. Das Presbyterium bzw.

---

[96] KO 1619, S. 162–167: Von den Synodis. Vgl. KA Nordhorn, A 131 Bd. 1, S. 22.

[97] SMEND, Kirchenverfassung, S. 10; ebenso SCHMIDT, Classis, S. 33.

[98] SCHMIDT, Classis, S. 33, verweist auf die Emdener Beschlüsse von 1571.

[99] SMEND, Kirchenverfassung, S. 10.

[100] SMEND, Kirchenverfassung, S. 11.

[101] SMEND, Kirchenverfassung, S. 25.

[102] Vita Arnoldi, S. 61 f.; Kurtzer Bericht von der Reformation, S. 6.

[103] StA OS, Rep. 125 I Nr. 716, 1.

[104] SMEND, Kirchenverfassung, S. 13; RUMP, Beschreibung der Grafschaft Bentheim, S. 383 f.; vgl. StA OS, Rep. 125 I, Nr. 716, 1, und KA Nordhorn, A 131 Bd. 1, S. 22.

[105] SMEND, Kirchenverfassung, S. 14.

[106] GOETERS, Kirchenordnungen, S. 154; vgl. SMEND, Kirchenverfassung, S. 16.

[107] Vita Arnoldi, S. 61; RUMP, Beschreibung der Grafschaft Bentheim, S. 384.

der Kirchenrat als konstituierender Bestandteil jeder kirchlichen Gemeinde konnte selbst als verfassunggebendes Organ im Rahmen der landesherrlich erlassenen Gesetze und Vorschriften das kirchliche Leben innerhalb der Gemeinde regeln. Dies wirkte sich vor allem in der Gottesdienstgestaltung und bei der Verteilung der Geschäftsbereiche unter die Ältesten, Diakone und Kirchmeister aus. Ferner hatte der Kirchenrat die Disziplinargewalt über die Gemeindemitglieder und das eigene Gremium, nicht jedoch über die Geistlichen inne[108]. Diese unterstanden der Strafgewalt des Landesherrn direkt. Die Zuständigkeit des Kirchenrats beschränkte sich dabei auf kirchliche Verstöße im engeren Sinne; Eheverfehlungen etwa wurden von der weltlichen Gerichtsbarkeit verhandelt[109].

Die Gemeinde selbst hatte zumindest theoretisch nur über die Ältesten eine Mitwirkungsmöglichkeit am gemeindlichen Kirchenregiment, und auch dies war faktisch bedeutungslos, da sich der Kirchenrat durch Kooptation jeweils selbst ergänzte[110], wobei die ersten Presbyter vom Landesherrn ernannt, die neuen Mitglieder jeweils von ihm bestätigt wurden. Die Amtsdauer war sehr unterschiedlich, häufig mehrjährig oder lebenslänglich. Unabhängig vom Kirchenrat oder von der Gemeinde ernannte der Landesherr den Pfarrer[111].

Smend sieht in den Bestimmungen der Generalsynode von 1604 und in den folgenden Einzelvorschriften bereits den Einfluß der niederländischen Verhältnisse, deren Kirchenverfassungsrecht sich u. a. in der Generalsynode 1586 in Den Haag, der Provinzialsynode 1591 in Middelburg und der Groninger Kirchenordnung von 1595 konstituiert hatte[112].

Ebenso wie die Einrichtung der Generalsynoden wurde auch das 1605 begründete Amt des geistlichen Inspektors – das wiederum auf pfälzisches Vorbild zurückgeht[113] – als Aufsichtsperson über das gesamte Kirchen- und Schulwesen sowie als Koordinator zwischen unteren Verwaltungsbehörden und Landesherrn[114] nach dem Tode Arnolds II. nicht in dieser Form weitergeführt. Die Aufteilung der einzelnen Grafschaften unter verschiedene Linien des Grafenhauses führte zu einer teilweise divergierenden Entwicklung im Kirchenwesen und zunächst vor allem in der Grafschaft Bentheim zum Verfall der von Arnold mit so viel Tatkraft und Energie ins Leben gerufenen Einrichtungen.

Entgegen der Annahme Smends[115] war es beispielsweise in Nordhorn überhaupt noch nicht zur Bildung eines Presbyteriums im eigentlichen Sinne gekommen; das aus vorreformatorischer Zeit übernommene kirchenratsähnliche Gremium der »Ratluide« behielt zunächst Funktion und Zusammensetzung in der bisherigen Form bei und

---

[108] Vgl. KO 1619, S. 119 ff.

[109] SMEND, Kirchenverfassung, S. 18 ff., verweist hier auf das Beispiel der Bentheimer Kirchenratsverfassung. Für Nordhorn wurde die Presbyterialverfassung erst 1655 eingeführt; vgl. KA Nordhorn, A 131 Bd. 1 a, S. 369–371,

[110] In Nordhorn wurden die Gewählten der Gemeinde zur Bestätigung präsentiert und sollten jährlich wechseln. Vgl. KA Nordhorn, A 131 Bd. 1 a, S. 369 ff.

[111] SMEND, Kirchenverfassung, S. 22 f.

[112] SMEND, Kirchenverfassung, S. 24. Über die Kontroverse zwischen Arminianern und Gomarinanern in den Niederlanden mit Bezug auf die Grafschaft Bentheim vgl. SMEND, Kirchenverfassung, S. 37 ff.

[113] MÜNCH, Zucht und Ordnung, S. 108.

[114] SMEND, Kirchenverfassung, S. 24 f.

[115] SMEND, Kirchenverfassung, S. 26.

wurde nach 1613 auch Konsistorium genannt[116]. Es bestand aus zehn Stadtvertretern, nämlich den vier Bürgermeistern, zwei Ältesten, zwei Diakonen und den beiden Predigern, sowie zehn Kirchspielskirchenräten aus den Bauerschaften Hesepe, Bakelde, Bimolten, Frensdorf und Bookholt. Erst nach Ende des Dreißigjährigen Krieges und nachdem der langjährige tatkräftige Pfarrer Menco Sutoris aus dem Amt geschieden war, entschloß man sich 1655, die Presbyterialverfassung nach Maßgabe der obrigkeitlichen Anweisungen auch in Nordhorn einzuführen. Der Kirchenrat setzte sich nun aus den Mitgliedern der Geistlichkeit und zwölf Ältesten zusammen, unter ihnen der gräfliche Richter und zwei Bürgermeister neben je zwei Kirchspielsvertretern. Seine Aufgaben entsprachen der seit 1604 geltenden Regelung und wurden in einer eigenen Konsistorialordnung im Detail festgelegt[117].

Mit der Schaffung einer neuen geistlichen Aufsichtsbehörde, dem Oberkirchenrat, versuchte Graf Arnold Jobst seit 1613 den inzwischen eingerissenen Mißständen zu steuern, denn das Amt des Inspektors hatte sich als völlig unzureichend erwiesen. Smend bezeichnet die *»Commission und Bestallung zum Oberkirchenrat«* vom 13. 10. 1613[118] als »das wichtigste Kirchengesetz der Bentheimer Landeskirche. Mit ihr erfährt die bisher in presbyterial-klassikalem Sinne gehaltene Kirchenverfassung eine Bereicherung durch ein konsistoriales Element, das der Bentheimer Kirche erst ihr charakteristisches Gepräge verleiht«[119]. Der Gründung war im März 1613 eine Kirchenvisitation vorausgegangen, die gravierende Mängel in der kirchlichen Praxis deutlich gemacht hatte. Bei dieser Gelegenheit wurde den Predigern der Grafschaft auch ein Glaubensbekenntnis vorgelegt, dessen 12 Artikel in der Synode von 1617 bestätigt und angenommen wurden[120].

In erster Linie wurde dem Oberkirchenrat die Aufsicht über die Verwaltung des Kirchenguts überlassen; auch der seit 1595 vom Landesherrn ernannte und beaufsichtigte Rentmeister der geistlichen Güter unterstand nun dem neuen Gremium. Außerdem erhielt der Oberkirchenrat die ausschließliche Zuständigkeit in Ehesachen, die oberste Disziplinargewalt in den Gemeinden und eine begrenzte gegenüber kirchlichen Beamten sowie das Vorschlagsrecht für die Besetzung der Pfarrämter. In allen Bereichen war eine enge Zusammenarbeit mit den Landesbehörden vorgesehen; als Beratungs- und Ausführungsorgan des Landesherrn in kirchlichen Fragen besaß er maßgeblichen Einfluß auf Kirchenorganisation und Gemeindeleben. Der Oberkirchenrat war bis zur Suspendierung durch Graf Ernst Wilhelm nach seiner Konversion 1668 mit drei weltlichen und einem geistlichen Mitglied besetzt, letzteres führte den Vorsitz. Sie wurden jeweils auf Lebenszeit vom Landesherrn ernannt[121].

---

[116] SPECHT, Nordhorn, S. 154. Wie nachlässig die Vorschriften gehandhabt wurden, zeigen die Quellen; vgl. etwa KA Nordhorn, A 131 Bd. 1, S. 33 ff. (Kirchenrechnungen 1606–1608); zur Funktion der »Ratluide« vgl. z. B. KA Nordhorn, A 131 Bd. 1, S. 42 (1614).

[117] KA Nordhorn, A 131 Bd. 1 a, S. 369–371; SPECHT, Nordhorn, S. 126 f.

[118] StA OS, Rep. 125 I Nr. 716, 2; abgedruckt im Anhang zur Kerkenordre, S. 79–82.

[119] SMEND, Kirchenverfassung, S. 27.

[120] Das Glaubens-Bekenntnis der reformierten Kirche; lat. auch im Anhang zur Kerkenordre, S. 83–85, vgl. SMEND, Kirchenverfassung, S. 38.

[121] StA OS, Rep. 125 I Nr. 716, 2; SMEND, Kirchenverfassung, S. 28 ff. Die Artikel von 1617, 1619 und 1624 sind abgedruckt im Anhang zur Kerkenordre, S. 86–92.

Zusammenfassend läßt sich die für die Grafschaft Bentheim seit der calvinistischen Reformation bzw. seit den Ergänzungen zu Beginn des 17. Jahrhunderts geltende Kirchenverfassung mit ihren konstituierenden Elementen Presbyterium, Klassenkonvent und Oberkirchenrat als Mischtyp zwischen landesherrlich-konsistorial bestimmten lutherischen Territorialkirchen und westeuropäischen Presbyterial- und Synodalverfassungen chrakterisieren[122]. Dabei ist das kurpfälzische Vorbild sowohl bei der ersten Kirchenordnung von 1587 als auch in der folgenden Entwicklung nicht zu verkennen, wenn auch schon früh die räumliche Nähe der Niederlande ihre Wirkung zeigte. Der für das 16. und frühe 17. Jahrhundert bestimmende Einfluß der pfälzischen Reformation läßt sich sowohl durch verwandtschaftliche[123] als auch durch bildungsorientierte Beziehungen erklären – die Söhne Arnolds II. besuchten vor ihrer Universitätsausbildung in Heidelberg das Herborner Gymnasium[124], das Arnold selbst zum Vorbild für die Steinfurter Hohe Schule nahm[125] –, während sich später im Gefolge der Ereignisse um den Übertritt Graf Ernst Wilhelms zum katholischen Glauben eine stärkere Tendenz zum niederländisch-calvinistischen Kirchenleben bemerkbar machte[126].

Die öffentliche Entscheidung Ernst Wilhelms für das katholische Bekenntnis[127] im Jahre 1668 gab dem münsterischen Fürstbischof Christoph Bernhard von Galen vielfältige Möglichkeiten für die Einwirkung der Gegenreformation auf die Grafschaft Bentheim. Zwar wurde zunächst versichert, daß man die religiösen Verhältnisse auf der Grundlage des Friedensschlusses von 1648 in jeder Hinsicht respektieren wolle[128]. Es zeigte sich jedoch bald, daß die münsterische Seite gezielte Maßnahmen ergriff, um den calvinistischen Charakter der Grafschaft in gegenreformatorischer Richtung zu verändern.

Die Ersetzung reformierter Beamter durch Katholiken, die Begünstigung des katholischen Kultus, der katholisch gebliebenen Familien des Landadels und des Klosters Frenswegen[129], die Berufung von Katholiken in den Oberkirchenrat, die Reduzierung der Predigerbesoldung und vielfältige Behinderungen bei der reformierten Religionsausübung waren deutliche Anzeichen dieser Entwicklung[130]. Es lag daher für die reformierten Prediger nahe, sich um Unterstützung an auswärtige Mächte wie Brandenburg und Sachsen zu wenden[131]. Die niederländischen Generalstaaten und

---

[122] MÜNCH, Zucht und Ordnung, S. 14, übernimmt dafür von HEPPE den Terminus »deutsch-reformiert«. Vgl. auch FOCKEMA ANDREAE, Gereformeerde Kerken, S. 157 f.

[123] Vgl. o. Anm. 40 und S. 85; SMEND, Kirchenverfassung, S. 35.

[124] Vita Arnoldi, S. 20 f., S. 26, S. 31 f.

[125] SMEND, Kirchenverfassung, S. 55.

[126] FOCKEMA ANDREAE, Gereformeerde Kerken, S. 158 f.

[127] Wie fragwürdig es ist, hier von einer eigenverantwortlich und freiwillig gefällten Entscheidung zu sprechen, hat zuletzt KOHL in seinem erschöpfenden Beitrag zu diesem Thema gezeigt.

[128] KOHL, Graf Ernst Wilhelm, S. 72; VISCH, Bentheim, S. 193 ff.

[129] KOHL, Graf Ernst Wilhelm, S. 68 ff., SAUERMOST, Frenswegen, S. 51 ff. Vgl. auch die häufigen Gravamina in den Classisprotokollen, KA Nordhorn, A 144 Bd. 1, passim.

[130] KOHL, Graf Ernst Wilhelm, S. 80 ff.; VISCH, Bentheim, S. 200; SMEND, Kirchenverfassung, S. 41 f.

[131] SMEND, Kirchenverfassung, S. 42 f.; vgl. StA OS, Rep. 125 I Nr. 716, 5: »Gravamina der bedrängten evangelischen Kirche und Kirchendiener in der Grafschaft Bentheim . . .«; MÖLLER, Bentheim, S. 369 f. Die Classis Bentheim ließ 1668 ein neues Siegel stechen mit der Aufschrift DOMINE SERVA NOS PERIMUS; vgl. KA Nordhorn, A 144 Bd. 1, S. 158; CUNO, Gedächtnisbuch, S. 46; SCHMIDT, Classis, S. 35.

das Haus Oranien waren – abgesehen von dem schwelenden Konflikt mit dem Fürstbischof von Münster selbst [132] – auch durch die Flucht der Gattin Ernst Wilhelms, Gertrud von Zelst, zu ihren Kindern nach Holland [133] und durch die strittigen Ansprüche des unter niederländischem Schutz stehenden gräflichen Erben Ernst [134] in die Auseinandersetzungen einbezogen.

Aufgrund zahlreicher Eingaben und Beschwerden der Bentheimer Classis [135] konnte mit Unterstützung des Kurfürsten von Brandenburg zwar die Auszahlung der rückständigen Predigergehälter und die Aufhebung anderer Behinderungen erreicht werden, die wichtigsten Beschwerdepunkte, darunter die Suspendierung des Oberkirchenrats und die Verwaltung der Kirchengüter durch katholische Beamte, blieben jedoch unberücksichtigt [136] und wurden erst zusammen mit der Nachfolgeregelung in der Grafschaft Bentheim im » Vergelyk en Compromissariale uitspraak van Syne Brittanische Majesteit« oder »Laudum regium« von 1701 geregelt [137].

Grundlage der Neuordnung bildete der Bekenntnisstand im Normaljahr 1624; der Oberkirchenrat wurde mit fünf reformierten Mitgliedern wieder eingesetzt und erfuhr eine Erweiterung seiner Befugnisse und seiner Selbständigkeit gegenüber dem nun katholischen Landesherrn [138]. Ihm, dem Oberkirchenrat, wurde die »waernemmige van het Geestelijk of Kerkelijk regiment« [139] übertragen, d. h. er übernahm praktisch das landesherrliche Kirchenregiment [140].

Auch die Presbyterien bekamen durch neue Wahlbefugnisse bei der Besetzung erledigter Kirchenämter größeren Einfluß [141]. Im übrigen wurde die Kirchenverfassung wieder auf die unter Arnold II. und Arnold Jobst erlassenen Regelungen zurückgeführt. Katholischer Gottesdienst wurde auf die im Friedensschluß von 1648 vereinbarten Bedingungen reduziert [142]; die katholische Erneuerungsbewegung hatte sich in der Grafschaft nicht durchsetzen können.

Den Schlußstein dieser Wiederherstellung des reformierten Kirchenwesens bildete die Kirchenordnung von 1709, die für die nächsten beiden Jahrhunderte das kirchliche Leben in der Grafschaft regelte. Sie entstand nach dem Vorbild der Lingener Kirchenordnung von 1678 [143], deren Hauptverfasser Henricus Pontanus, seit 1700 Theologieprofessor in Utrecht, in Zusammenarbeit mit dem Oberkirchenrat an ihrer Formulierung beteiligt war [144]. In ihr wird der spätestens seit dem Umbruch unter Ernst Wilhelm wirksame Einfluß des niederländischen Calvinismus sichtbar, der zumal in dogmatischen Fragen die kurpfälzischen Anklänge verdrängte. In Kirchensprache, Liedgut und Gebetstexten setzte sich das Holländische durch, wie auch die meisten

[132] KOHL, Graf Ernst Wilhelm, S. 56; MÖLLER, Bentheim, S. 358 ff.
[133] VISCH, Bentheim, S. 206 ff.; auch MÖLLER, Bentheim, S. 346 ff.
[134] VISCH, Bentheim, S. 209 ff.
[135] Vgl. KA Nordhorn, A 144 Bd. 1, passim.
[136] SMEND, Kirchenverfassung, S. 44.
[137] Text abgedruckt im Anhang zur Kerkenordre, S. 93–108.
[138] SMEND, Kirchenverfassung, S. 46 ff.
[139] »Vergelyk« Art. 2, vgl. Anhang zur Kerkenordre, S. 94.
[140] SMEND, Kirchenverfassung, S. 52: »der alleinige Träger des Kirchenregiments«.
[141] »Vergelyk« Art. 5, vgl. Anhang zur Kerkenordre, S. 95; SMEND, Kirchenverfassung, S. 49 f.
[142] Vgl. VON RAET VON BÖGELSCAMP, Bentheim, Bd. 2, S. 139; MÖLLER, Bentheim, S. 385.
[143] FOCKEMA ANDREAE, Gereformeerde Kerken, S. 156.
[144] Zur Verfasserschaft vgl. EDEL, Die Kirchenordnung von 1709, S. 244 f.

Prediger ihre Ausbildung im Nachbarland erhielten. Die Verfassungsbestimmungen der Bentheimer Kirchenordnung von 1709[145] entsprechen denen des *Laudum regium* und gehen in ihren wesentlichen Teilen auf die 1604 und 1613 getroffenen Regelungen zurück.

KIRCHE VON NORDHORN

Druck & Verlag v. G.G Lange in Darmstadt

Abb. 2

Die vorliegende Skizzierung der kirchengeschichtlichen Entwicklungslinien in der Grafschaft Bentheim im Zeitalter von Reformation und Gegenreformation konnte nur in einigen Punkten konkret auf die Nordhorner Verhältnisse eingehen. Es ist deutlich geworden, wie stark die Nordhorner Kirchengeschichte in dem durch landesherrliche Entscheidungen und auswärtige Beeinflussungen gesetzten Rahmen gesehen werden muß und daß beispielsweise die Kirchenverfassungsentwicklung schon aufgrund der unbefriedigenden Quellenlage nicht in erster Linie unter stadtgeschichtlichen Aspekten betrachtet werden kann. Eine eigenständige kirchliche Politik war unter den gegebenen Umständen für eine Stadt wie Nordhorn nur in sehr begrenztem Umfang möglich, und die feste Einbindung in ein landesherrliches Kirchenregiment beschränkte den Wirkungskreis auf eine genau umrissene kirchengemeindliche Selbstverwaltung.

---

[145] Vgl. SCHMIDT, Classis, S. 36; SMEND, Kirchenverfassung, S. 53.

Anhang
Nordhorner Pastoren und Prediger im 16. und 17. Jahrhundert

Name	geb.	Amtszeit	gest.
Johann von Loen sen.			
Hermann Badiker		1619	
Bernhard Luiningh			1581
Johann Wischmann (Wißmann)		1570	1594
Hieronimus Heroldt			
Johannes [W]estenberg			
Hermann Bachhus (Berchhauß)		1598	
Henrich Duicker		1544 – 1606	1606
Menco Sutoris		1603 – 1653	
Hermann Gerlichs			
Albertus Hoet (Hodt) sen.		1614 – 1623	1623
Hermannus Hod		1623 – nach 1632	
Albertus Hodt [jun.]		1624 – 1636	
Johan von Olen		1627 –	
Gerhard Sutoris		1636 – 1638	
Johannes Nortbeck (Nortbekke)		1638 – nach 1687	1690
Adolf Conrad Rump		1639 –	
Heinrich Cramerus		(1651) 1655–1673	1673
Conradus Sprüngli		1687–1704	1704
Johannes Heinrich Nordbeck (Noordbeek)	1659	1705 – 1732	1738
Arnold Wilhelm Frantzen	1674	1705 – nach 1744	1747

Nordhorn hatte zwei Pastoren, daneben zeitweise auch Hilfsprediger.

Quellen: StA Osnabrück Rep. 125 I Nr. 716, Rep. 125 I Nr. 733, Rep. 2 Ms. 288; KA Nordhorn A 131, A 144, R 202; Vita Arnoldi; MEYER, Pastoren; SPECHT, Nordhorn.

Die politische und verfassungsmäßige Entwicklung der Stadt Nordhorn vom Spätmittelalter bis zur hannoverschen Städteordnung

Clemens von Looz-Corswarem

Der folgende Beitrag versucht, die politischen Zusammenhänge aufzuzeigen, in die die Stadt Nordhorn von den Jahren der Privilegierung bis zur Unterordnung unter die hannoversche Amtsverfassung eingebunden war. Dabei dient die wechselvolle Geschichte der Grafschaft Bentheim als Hintergrund. Solange sich die Stadt einer wirtschaftlichen Prosperität erfreute, war auch ihr Streben nach Selbständigkeit und Selbstverwaltung erfolgreich, in Zeiten wirtschaftlicher Stagnation jedoch, in der die Stadt überdies größeren Staatsverbänden zugeordnet wurde, ließ sich eine solche Politik nicht mehr durchsetzen.

1. Stadt und Landesherrschaft

Von der Zeit der Städtegründungen des späten Mittelalters bis zur Neuordnung des Städtewesens im 19. Jahrhundert hat sich das Verhältnis der Stadt zum Landesherren in allen Territorien grundlegend gewandelt. Waren die Städte bei ihrer Gründung und auch bis in den Beginn der Neuzeit durch zahlreiche Privilegien aus der Menge der Landgemeinden herausgehoben worden, hatten sie auch gegenüber den Landesherren eine gewisse Selbständigkeit erworben, so waren sie zu Beginn der frühen Neuzeit, verstärkt dann im 17. und 18. Jahrhundert, wieder Objekte landesherrlicher Regierungsmaßnahmen, die bis zur völligen Wiedereingliederung in den in der Zwischenzeit ausgebildeten Staat führen konnten[1].

Diese Entwicklung von der weitgehenden Selbständigkeit und Selbstverwaltung der mittelalterlichen Stadt bis zur völligen Unterordnung hat sich in kleinen Territorien im allgemeinen langsamer vollzogen als in großen, dabei spielte natürlich auch die Größe und die Wirtschaftskraft der jeweiligen Stadt eine entscheidende Rolle. Die Veränderung im Verhältnis von der Stadt zum Landesherren war auch bedingt durch die veränderte Bedeutung, die die Städte in den Territorien einnahmen.

Die Gründung einer Stadt, bzw. die Privilegierung eines Ortes, d. h. Heraushebung aus dem Rechtsbereich des Landes, sollte dem Landesherren Vorteile bringen. Gerade

---

[1] Vgl. E. Ennen, Die Stadt zwischen Mittelalter und Gegenwart, RhVjbll 30, 1965, S. 118–131; wieder abgedruckt in: Dies., Gesammelte Abhandlungen zum europäischen Städtewesen und zur rheinischen Geschichte, Bonn 1977, S. 198–209, hier 104; G. Oestreich, Verfassungsgeschichte vom Ende des Mittelalters bis zum Ende des alten Reiches, in: Handbuch der dt. Geschichte, Bd. 2, Stuttgart⁹ 1970, S. 361–436, hier S. 426 ff.

in der Zeit des Ausbaus der Territorien und der aufkommenden Geldwirtschaft waren die Landesherren daran interessiert, Städte zu gründen. In den meisten Fällen wurden die Städte von den Bürgern selbst befestigt und – auch in deren eigenem Interesse – verteidigt. Eine Befestigung war nicht nur ein Recht einer Stadt, sondern auch eine kostspielige Pflicht. Eine Stadt war für den Landesherren sozusagen eine sich selbst verteidigende Burg. Zum anderen konnten aber Städte in ganz anderer Weise als die Landgemeinden zu Dienstleistungen, Heeresfolge und vor allem Finanzhilfe herangezogen werden. Deshalb war der Landesherr auch an einem wirtschaftlichen Aufschwung seiner Stadt interessiert und bereit, der Stadt Vorrechte auch auf diesem Gebiet zuzugestehen (Markt, Zoll etc.)[2].

Durch die Verleihung von Stadtrecht waren die Personen, die unter das Stadtrecht fielen, und der Bereich, in dem sie lebten, aus dem Bereich des Landes herausgehoben. Die Stadt bildete einen eigenen Rechtskreis, in dem die Bürger persönlich frei waren und einen großen Teil der sie betreffenden Angelegenheiten in Selbstverwaltung regeln konnten. Indem der Landesherr einem Gemeinwesen und seiner Bevölkerung gewisse Rechte der Selbstverwaltung zugestand, verzichtete er selbst auf deren unmittelbare Ausübung. Die Privilegien waren aber – jedenfalls bei den meisten Städtegründungen des späteren Mittelalters – zugestandene Rechte, die der Landesherr jederzeit oder unter bestimmten Voraussetzungen (Ungehorsam der Stadt) widerrufen konnte[3].

Die Stadt mußte daran interessiert sein, die ihr einmal zugestandenen Rechte zu behaupten und gegen alle Einschränkungen durch den Landesherren oder andere zu verteidigen. Dazu gehörte, daß sie sich bemühte, ihre Rechte von jedem neuen Landesherren bestätigen zu lassen. Diese Bestätigungen waren notwendig, da ein neuer Landesherr nicht unbedingt an die von seinen Vorgängern gemachten Zusagen gebunden war.

Die Macht des Landesherren war in den Territorien im allgemeinen beschränkt durch die Landstände, die vor allem in Steuerfragen ein Mitspracherecht besaßen. Die Zusammensetzung, der Einfluß und die politische Bedeutung der Landstände, deren politisches Organ der Landtag war, hing von zahlreichen Faktoren ab, so der Größe des Territoriums, der Zahl und der Eigenbedeutung der einzelnen Stände sowie der Stärke des Herrscherhauses[4].

a) Die Privilegienbestätigungen im 15. und 16. Jahrhundert

Was hier allgemein über das Verhältnis von Stadt und Landesherr im späten Mittelalter und in der frühen Neuzeit skizziert wurde, galt in eingeschränkter Weise auch für das kleine Territorium Bentheim und die in ihm privilegierten Städte Schüttorf, Neuenhaus und Nordhorn.

In ihrer Beziehung zum Landesherren unterschieden sich die drei Städte kaum. Alle

[2] Vgl. W. JANSSEN, Stadt und Stadtherr am Niederrhein im späteren Mittelalter, in: RhVjbll 42, 1978, S. 185–208, hier bes. S. 187; vgl. den Beitrag W. Ehbrecht in diesem Band.

[3] Vgl. OESTREICH, Verfassungsgeschichte, S. 429 und die im Beitrag Ehbrecht in diesem Bande in Anm. 35 angegebene Literatur.

[4] Vgl. HANS SAUER, Hansestädte und Landesfürsten (Quellen und Darstellungen zur Hansischen Geschichte NF XVI), Köln/Wien 1971.

drei waren Ende des 13. und im 14. Jahrhundert vom Landesherren privilegiert worden, sie waren die einzigen Städte des Territoriums, in ihrer Größe nicht sehr verschieden voneinander – sie müssen zu den »Kleinstädten« gezählt werden[5] –, und keiner von ihnen gelang es, zur Zeit des alten Reiches zu überregionaler Bedeutung zu gelangen. Ebenso wurde keine von ihnen als »Residenzstadt« des Landesherren herausgehoben. »Residenz« war eine Burg mit einem nicht zur Stadt erhobenen Flecken.

So verwundert es nicht, wenn die drei Städte Schüttorf, Neuenhaus und Nordhorn
gegenüber ihrem Landesherren meistens gemeinsam auftraten. Das wurde noch dadurch unterstützt, daß sie eine gemeinsame Stimme im Landtag führten, also gemeinsam einen Landstand bildeten. Die Wortführung der Städte in Landessachen lag meistens bei Schüttorf, wohl weil diese Stadt die älteste, größte, mit den meisten Privilegien versehene und vielleicht auch die der Bentheimer Burg am nahegelegensten war[6].

Die große Bedeutung, die die landesherrlichen Privilegien für die Städte besaßen,
zeigt sich in deren Bemühungen, diese von jedem neuen Herrscher bestätigt zu erhalten und sie wenn möglich zu erweitern. Auch die Stadt Nordhorn bemühte sich, soweit wir das nachweisen können, bei jedem Herrscherwechsel um die Anerkennung
ihrer Rechte durch den neuen Landesherren. Wenn wir nicht für jeden regierenden
Grafen eine Bestätigung vorfinden, so kann das in einer Überlieferungslücke liegen,
kann aber auch auf andere Umstände zurückzuführen sein, die wir genau zu prüfen
haben. Die erste Bestätigung der Nordhorner Privilegien erfolgte im Jahre 1417 noch
durch Bernhard I., denselben Landesherren, der Nordhorn als Stadt privilegiert hatte[7]. Allerdings war Graf Bernhard I. im Jahre 1417 schon etwa 87 Jahre alt – er soll bei
seinem Tode 1421 91 Jahre alt gewesen sein[8] – und hatte, da er kinderlos war, schon
seinen Nachfolger bestimmt. Da sein von ihm zunächst als Nachfolger vorgesehener
Neffe, der Sohn seiner Schwester Hadewig, Arnold von Götterswijk, schon 1408[9]
starb, bestimmte er seinen Großneffen, den Sohn des Arnold, Everwin, zum Nachfolger. Dieser Everwin, der 1397 geboren, im Jahre 1417 gerade 20 Jahre alt war, unterstützte etwa von diesem Jahr an seinen Großonkel in der Regierung der Grafschaft,
betrieb aber auch schon selbständige, etwas eigenwillige Politik[10].

Die Bestätigung der Nordhorner Privilegien von 1417 ist sicherlich dem Umstand
zuzuschreiben, daß in diesem Jahr Everwin als Mitregent tätig wurde, so daß einerseits
die Stadt Nordhorn durch die Bestätigung ihrer Rechte eine gewisse Sicherheit erfuhr,
andererseits der designierte Nachfolger ein günstiges Verhältnis zu den Städten schuf.
Wenn wir für die Regierungszeit Graf Everwins aus dem Haus Götterswijk, die offiziell erst nach dem Tode des Großonkels 1421 begann, keine Privilegienbestätigung
für die Städte besitzen, dann erklärt sich das nur so, daß die Bestätigungen der Jahre
1416/17 – 1416 wurden die Privilegien von Neuenhaus bestätigt und der Stadt Nord-

[5] H. STOOB, Minderstädte. Formen der Städteentstehung im Spätmittelalter, in, DERS: Forschungen zum
    Städtewesen in Europa I, S. 225–245, S. 239 f.; vgl. den Beitrag Ehbrecht in diesem Band und die in
    Anm. 36 genannte Literatur.
[6] FINKEMEYER, Verfassung, S. 30.
[7] SPECHT, Nordhorn, S. 15 nennt Graf Bernd II; EDEL, Stadtrechte, S. 23.
[8] MÖLLER, Bentheim, S. 223.
[9] Nach VEDDELER, Bentheim, Stammtafel III; nach ISENBURG, Bd. IV, Stammtafel 43, 1403.
[10] MÖLLER, Bentheim, S. 225.

horn das Recht, Wegegeld zu erheben, verliehen[11] – schon zu Lebzeiten Bernhards für seinen designierten Nachfolger Graf Everwin Geltung besaßen[12].

Im Jahre 1454 folgte in der Regierung der Grafschaft der älteste Sohn Everwins aus seiner zweiten Ehe mit Gisberta von Bronkhorst, Bernhard, während sein Bruder Arnold die Regierung in Steinfurt übernahm[13]. In seine Regierungszeit, 1454–1473, fällt das neue große Privileg für die Stadt Schüttorf im Jahre 1465[14]. Da er die Privilegien der Stadt Neuenhaus schon wenige Jahre nach seinem Regierungsantritt 1457 bestätigt hatte[15], ist es unwahrscheinlich, daß ausgerechnet die Privilegien von Nordhorn nicht bestätigt worden sind. Möglicherweise ist hier die von Specht mitgeteilte, aber ins Jahr 1477 datierte Confirmation durch Bernhard einzuordnen[16], die dann etwa in die Zeit von 1454 bis 1460 fallen würde.

Das Privileg für Schüttorf von 1465 sollte möglicherweise auch schon zu diesem Zeitpunkt für Nordhorn und Neuenhaus gelten[17], wovon sich aber weder im Privileg selbst noch bei den Begleitumständen der Verleihung ein Hinweis findet[18]. Erst 1519 wurde das erweiterte Schüttorfer Recht auch ausdrücklich auf Neuenhaus und Nordhorn ausgedehnt, so daß in späteren Jahrhunderten im Selbstverständnis der Stadt angenommen wurde, daß dieses Privileg schon 1465 für Nordhorn gegolten habe.

Der Sohn Bernhards II., Everwin II., ist in der Literatur besser zu fassen als sein Vorgänger. Da er beim Tode seines Vaters 1473 erst 12 Jahre alt war, verwaltete der Ritter Gerhard von Kappel die Grafschaften Bentheim und Steinfurt bis zu seiner Volljährigkeit[19]. Seltsamerweise berichtet über seine Privilegienbestätigung für die Stadt Nordhorn im Jahre 1474 nur von Raet zu Bögelscamp[20], dem wir aber in diesem Fall Glauben schenken dürfen, da auch Neuenhaus schon 1473 eine Bestätigung seiner Privilegien erfuhr, in der Gerhard von Keppel ausdrücklich als Vormund Graf Everwins auftritt[21]. Eine erneute Bestätigung unter der Regierung Everwins für Nordhorn ist für das Jahr 1478 überliefert[22], was sicherlich mit der Übernahme der Alleinregierung durch den Grafen zusammenhängt.

In Everwins langer Regierungszeit (1473–1530), in der die Verhältnisse in der Grafschaft geordnet und die Schulden abgebaut wurden[23], fällt der Erbvertrag mit seinem gleichnamigen Vetter zweiten Grades von Steinfurt von 1487, der sich bis über das Ende des alten Reiches hinaus bewähren sollte. Die Grafschaft Bentheim war als Terri-

[11] SPECHT, Nordhorn, S. 15; Inventar Neuenhaus, S. 13.
[12] Die weitgehenden Privilegien der Burgmänner von Bentheim wurden von Graf Bernhard 1414, also vor der Mitregierung Everwins, und von Everwin 1422, d. h. nach dem Tode Bernhards, bestätigt. MÖLLER, Bentheim, S. 218.
[13] MÖLLER, Bentheim, S. 232.
[14] VEDDELER, Bentheim, S. 57.
[15] Inventar Neuenhaus, S. 13, Nr. 2.
[16] SPECHT, Nordhorn, S. 394.
[17] SPECHT, Nordhorn, S. 15; EDEL, Stadtrechte, S. 23.
[18] Text bei EDEL, Stadtrechte, S. 24–39; StA OS, Rep. 1251, Nr. 288, f. 37r–47r.
[19] MÖLLER, Bentheim, S. 233.
[20] V. Raet zu Bögelscamp, Bentheim I, S. 135.
[21] Inventar Neuenhaus, S. 14 (1473 April 6).
[22] StA OS, Rep. 1251, Nr. 288, f. 22 f. (1478 Februar 22); SPECHT, Nordhorn, S. 394; Im gleichen Jahr wurden auch die Neuenburger Privilegien bestätigt. Inventar Neuenhaus, S. 14 Urk. 3 (1478 Februar 24).
[23] MÖLLER, Bentheim, S. 234.

torium konsolidiert. Um die Grafschaft auch reichsrechtlich abzusichern, unterwarf
sich Graf Everwin dem Kaiser und trug ihm 1486 die Grafschaft Bentheim als Reichs-
lehen an. Kaiser Friedrich III. belehnte daraufhin Graf Everwin am 7. Februar 1486 in
aller Form mit der Grafschaft[24]. Damit war die Obergrafschaft Bentheim vollgültiger
Reichsstand. Auch die Ansprüche auf die Niedergrafschaft bzw. die »Herrlichkeit
Neuenhaus«, die der Graf vom Bischof von Utrecht zu Lehen besaß, hatten sich weitgehend zu seinen Gunsten geklärt[25].

Am 12. März 1519 verlieh Graf Everwin von Bentheim und Steinfurt – er hatte nach
dem Tode seines Vetters zweiten Grades 1498 die Regentschaft für seinen minderjäh-
rigen Großneffen übernommen, der auch sein Schwiegersohn werden sollte –, auch im
Namen seines Sohnes Bernhard, den Städten Nordhorn und Neuenhaus die gleichen
Privilegien, die die Stadt Schüttorf besaß, allen drei Städten zusammen die Rechte der
Stadt Münster, besonders was das »heergewade« und »gerade« betraf[26]. Die von Graf
Everwin auch für seinen Sohn und seine Erben verbindlich ausgestellte Urkunde
scheint aus akutem Anlaß ausgestellt worden zu sein: »*want wy gemercket, dat man-
nigerhande unwille unser stede und wygbolde Schüttorp, Northorn und Nyenhueszen
inwoneren tot eren merckligen schaden und verderve angefallen der hergewade und
geraade halven, als de doetlichs affgangs by einem verfallen unde verledigen; . . .*«[27].

»Gerade« war ursprünglich der Besitz der Frau, der bei Vererbung an die Töchter
weitergegeben wurde, während »Hergewede« der Besitz des Mannes war. Im späten
Mittelalter und in der frühen Neuzeit verstand man darunter die von diesem Besitz
beim Erbgang zu zahlende Abgabe. Der Streit ging nun darum, ob die Bewohner der
Städte Nordhorn und Neuenhaus von den Sterbefallabgaben, die die Landbewohner
beim Tode eines Hofbesitzers zu entrichten hatten, befreit waren oder nicht. Nach
dem Münsterschen Stadtrecht entfiel diese Abgabe, und auch die Bewohner der Stadt
Schüttorf waren 1465 von ihr befreit worden[28].

Im Jahre 1519 wurden auch Nordhorn und Neuenhaus von dieser Abgabe befreit
und ihnen somit ausdrücklich das Schüttorfer Recht und damit das Recht der Stadt
Münster, die als Vorort in Stadtrechtsfragen galt[29], verliehen. Darüber hinaus wurde
die Regelung mit dem Hergewede und Gerade in das Bentheimsche Landrecht übernommen[30].

Die Prosperität der Grafschaft unter Graf Everwin II., der den Beinamen »de wijze
en de rijke«[31] erhalten hat, zeigt sich unter anderen auch darin, daß unter seiner Herrschaft die Burg in Bentheim ausgebaut und die Kirchen in Schüttorf und Nordhorn
neu errichtet wurden[32]. Wenn der Graf die Stadt Nordhorn 1481 bat, die Garantie für
die Zinszahlung für 30 Goldgulden, die er aufgenommen hatte, zu übernehmen[33], so

---

[24] VEDDELER, Bentheim, S. 85 und S. 96 f.
[25] VEDDELER, Bentheim, S. 81.
[26] StA OS, Rep. 1251, Nr. 288, f. 26 f.; Inventar Neuenhaus, S. 15; SPECHT, Nordhorn, S. 15.
[27] StA OS; Rep. 1251, Nr. 288, f. 26; StA N: Urk. Nr. 6.
[28] StA OS; Rep. 1251, Nr. 288, f. 42; v. WINTERFELD, Die stadtrechtlichen Verflechtungen in Westfalen,
     in: Der Raum Westfalen, Bd. II, 1, Münster 1955, S. 188 f.
[29] V. WINTERFELD, Verflechtungen, S. 220.
[30] StA OS, Rep. 1251, Nr. 288 f. 27.
[31] VISCH, Bentheim, S. 70.
[32] MÖLLER, Bentheim, S. 235; VISCH, Bentheim, S. 70 f.
[33] SPECHT, Nordhorn, S. 15.

mag das auf eine augenblickliche Geldverlegenheit des Grafen hindeuten, zeigt aber auch, wie sehr Herrschaftsrechte in Geldwert ausgedrückt wurden. Die Stadt, der zur Sicherung der Bürgschaft landesherrliche Einkünfte in Nordhorn, wie Akzise, Zoll und Mühlenabgaben, zugesagt waren, konnte mit einem solchen Ansinnen nicht unzufrieden sein. Zahlreiche Städte hatten schon auf diese Weise landesherrliche Rechte an sich gebracht und dadurch ihre Position gestärkt.

Der in der Urkunde von 1519 genannte Sohn des Grafen Everwin, Bernhard, sollte nicht dessen Nachfolger werden, da er schon 1528, also vor dem Vater, starb. Die Herrschaft ging nach dem Tode Everwins – gemäß dem Erbvertrag von 1487 – an seinen Schwiegersohn, Arnold I. von Steinfurt über[34]. Graf Arnold I. (1530–1553) bestätigte die Privilegien der Städte Nordhorn und Neuenhaus am 12. und 13. Oktober 1531[35]. Diese Bestätigung ist, wie zahlreiche Bestätigungen der Privilegien vorher, pauschal gehalten, d. h. es ist von *privilegien, rechtigkeit und ghude gewonthe* die Rede, die der Graf zu halten versprach[36].

Die offizielle Einführung der Reformation unter Arnold I. 1544 bedeutete zwar einen großen Wandel, auch für die Grafschaft Bentheim[37], berührte aber das rechtliche Verhältnis der Städte zum Landesherren vorerst nicht. Rechtliche Zustände, soweit sie nicht speziell religiöse oder kirchliche Aspekte betrafen, erfuhren mit der Wende vom Mittelalter zur Neuzeit keinen Bruch. Die Rechtskontinuität des Mittelalters blieb bis ins 19. Jahrhundert bestehen, denn erst mit dem Ende des alten Reiches 1806 fiel die politische Grundlage fort, auf die sie gegründet war[38].

Als Nachfolger Arnolds I. trat Everwin III. mit 17 Jahren 1553 die Regierung an, die er bis zu seinem Tode 1562 innehatte. Everwin war mit Anna, der Erbtochter des Grafen Konrad von Tecklenburg verheiratet, wodurch er auch die Grafschaften Tecklenburg und Rheda in seiner Hand vereinigen konnte[39]. Von ihm besitzen wir keine Privilegienbestätigung für die Stadt Nordhorn. Da aber von 1560 eine Bestätigung der Rechte der Stadt Neuenhaus vorhanden ist[40], ist zu vermuten, daß auch für Nordhorn eine Bestätigung existiert hat.

Eine Bestätigung der Nordhorner Stadtprivilegien finden wir erst wieder unter dem Nachfolger des Grafen Everwin, Graf Arnold II. (1562–1606). Da dieser beim Tode seines Vaters erst acht Jahre alt war, übernahm zunächst seine Mutter, Anna von Tecklenburg, die Regentschaft. Die Privilegienbestätigung für Neuenhaus ist auf den 16. Mai 1582[41], die für Nordhorn auf den 15. Februar 1585 datiert[42]. Warum die Bestätigungen so spät erfolgten – der Graf war immerhin schon 28 bzw. 31 Jahre alt – ist nicht geklärt, vielleicht wurden die Städte nicht vorher mit ihrer Bitte um Bestätigung

---

[34] MÖLLER, Bentheim, S. 253.
[35] StA OS, Rep. 125 I, Nr. 288 f. 28; Inventar StA Neuenhaus, S. 17; V. RAET ZU BÖGELSCAMP, Bentheim I, S. 135; SPECHT, Nordhorn, S. 15.
[36] StA OS, Rep. 125 I, Nr. 288 f. 28.
[37] Vgl. E. BÜTFERING in diesem Band.
[38] Das zeigt sich u. a. darin, daß die Urkunden des Spätmittelalters bis zum Beginn des 19. Jahrhunderts wieder abgeschrieben wurden und als Rechtstitel in Prozessen Verwendung fanden.
[39] MÖLLER, Bentheim, S. 288.
[40] Inventar Neuenhaus, Urk. 6 S. 17 (1560 März 8).
[41] Inventar Neuenhaus, S. 17.
[42] StA OS, Rep. 125 I, Nr. 288 f. 29; SPECHT, Nordhorn, S. 15; V. RAET 6ZU BÖGELSCAMP, Bentheim I, S. 125, nennt 1580.

vorstellig, vielleicht aber widmete Arnold sein Augenmerk zunächst der für ihn wich-
tigeren Grafschaft Tecklenburg, so daß die Verzögerung äußeren Gründen zuzuschreiben ist. Außerdem tobte in dieser Zeit der spanisch-niederländische Krieg, in
den die Grafschaft mit hereingezogen wurde, und in dem besonders die Städte stark
geschädigt wurden[43]. Graf Arnold führte 1588 in Bentheim die reformierte Kirchenordnung ein[44] und gründete 1591 die nach ihm benannte hohe Schule in Burgsteinfurt[45].

b) Die Privilegien der Stadt im 17. Jahrhundert bis 1723

Nach dem Tode des Grafen Arnold II. 1606 verwalteten seine vier Söhne die Grafschaften Bentheim, Steinfurt, Tecklenburg, Rheda und Lingen zunächst gemeinsam,
teilten sie dann aber 1610 unter sich auf, wobei Bentheim an Arnold Jobst fiel. Schon
unter der gemeinsamen Herrschaft, etwa drei Monate nach dem Tode Arnolds II., am
17. April 1606, bestätigten die Grafen Adolf, Arnold Jobst und Wilhelm Heinrich die
Privilegien der Stadt Nordhorn[46]. Allerdings unterscheidet sich diese Urkunde sehr
von den bisherigen formelhaften Bestätigungen, sie geht ausführlicher auf die Umstände der Bestätigung ein und versucht den Inhalt des Privilegs genauer zu umschreiben.

Die Urkunde ist ausgestellt, *nachdem uns die ehrenhaffte und erbaren unsere unter-
thane und liebe getreue bürgermeister, scheffen, rath und sämtliche gemeine bürger-
schafft unser stadt Northorn gewöhnliche pflicht, aydt und huldigung, gestalt uns
sämtlich getreu, holt gehorsamb und gewärtig zu seyn würklich geleistet haben* . . . [47].
Das heißt, Bürgermeister und Rat, vielleicht die gesamte Bürgerschaft haben den jungen Grafen ihren Treueid geleistet. Erst nach der Huldigung wurden auf . . . *unser
unterthan, bürgermeister, scheffen, rath und gemeiner bürgerschaft unterthänig pittes
und ansuchen ihnen allsolche privilegia und gerechtigkeiten* . . . *confirmirt, bestätigt
und bekräftigt*. Die Bürgermeister von Nordhorn hatten allerdings diese ihnen verliehenen Privilegien, vor allem die Bestätigungen des Grafen Arnold, im Original vorlegen müssen.

Dafür versprachen die Grafen, die Bürger und deren Nachkommen *ohne einge ein-
dracht, beschwerung oder verhinderung dabeij*, (bei den alten Rechten und Gewohnheiten) *allermaßen, wie bis dahero beschehen, jederzeit zu schützen, zu schirmen und
hand zu haben ohne einige gefehrde und arglist* . . . [48].

Bei dieser Privilegienbestätigung von 1606 – so sehr sie in der Tradition anderer Bestätigungen steht – sind einige Unterschiede zu den bisherigen Urkunden festzustellen. Zunächst fällt der Begriff *unterthan* auf. Ein neues Selbstverständnis des Landes-

---

[43] Vgl. DÖHMANN, Das Leben des Grafen Arnold von Bentheim, S. 15–20; SPECHT, Nordhorn, S. 136 f.;
    VISCH, Bentheim, S. 73; MÖLLER, Bentheim, S. 291 ff.
[44] Vgl. E. BÜTFERING in diesem Band.
[45] R. RÜBEL, Das Burgsteinfurter Gymnasium Arnoldinum im Wandel der Zeiten, Burgsteinfurt 1953.
[46] StA OS, Rep. 1251, Nr. 288 f. 30; SPECHT, Nordhorn, S. 15; V. RAET ZU BÖGELSCAMP, Bentheim I,
    S. 135.
[47] StA OS, Rep. 1251, Nr. 288 f. 30.
[48] StA OS, Rep. 1251, Nr. 288 f. 31.

herren kündigt sich hier an. Damit geht einher, daß die Untertanen zunächst ihren Treueeid leisten und dann *auf Bitten* ihre alten Rechte *aus gnaden* bestätigt erhalten. Obwohl auch vorher die Stadt den Grafen einen Treueeid geleistet haben wird, scheint die Privilegienbestätigung nicht daran gebunden gewesen zu sein. Im 17. Jahrhundert dagegen besitzen die Bürger kein Anrecht auf Bestätigung ihrer Privilegien mehr. Nicht der Sonderstatus der Bürger ist für den Landesherren wichtig, sondern ihre Funktion als *getreue unterthanen*.

Dieses veränderte Verhältnis Landesherr – Bürger geht nicht auf die jungen Söhne des Grafen Arnold II. zurück, diese übernahmen nur Vorbilder, die in dieser Zeit allgemein üblich geworden waren[49]. So verwundert es auch nicht, daß die erste ernsthafte Auseinandersetzung zwischen Landesherr und Städten, von der wir wissen, in die Regierungszeit des Grafen Arnold Jobst (1606/1610–1643) fällt. Ursache waren wohl die außergewöhnlichen Belastungen, die gerade während seiner Herrschaft und der seines Nachfolgers Ernst Wilhelm der Dreißigjährige Krieg für die Grafschaft brachte[50]. Fast vom Ausbruch des Krieges an wurde die Grafschaft Bentheim durch einquartierte Truppen und verschiedene Kampfhandlungen stark in Mitleidenschaft gezogen, worunter vor allem die Städte zu leiden hatten, da sie besonders für Kontributionen und Einquartierungen herangezogen wurden[51].

Leider wissen wir nicht, warum Graf Arnold Jobst die Stadt Nordhorn im Jahre 1628 aller Privilegien und Einkünfte verlustig erklärte und mit einer Geldbuße belegte, dann aber auf Bitten der Bürgermeister ihre Privilegien wieder bestätigt hat. In der Urkunde vom 20. Dezember 1628 wird als Grund angegeben: *wegen eines schreibens*. Um was für ein Schreiben, das so sehr den Unmut des Grafen erregt hat, es sich gehandelt hat, können wir nur vermuten, da die Stadt im folgenden versichern muß, sich auf den Landtagen als *getruwe uns gehorsame Underthanen* zu verhalten und nicht gerichtlich – wohl gegen den Landesherren – vorzugehen. Wahrscheinlich handelte es sich um den Versuch der Stadt, sich unter Hinweis auf ihre Privilegien zusätzlicher Steuern oder Kontributionen zu entziehen.

Obwohl es sich bei der Urkunde des Grafen Arnold Jobst letztlich um eine Bestätigung der Nordhorner Privilegien handelt, muß die Stadt doch eine ernste Einschränkung ihrer Selbständigkeit hinnehmen: Um bei der Ratswahl die gute Ordnung zu erhalten, *wirt es bei ihrer freien Wahl verpleiben, nur das der Richter jedeßmall, wie vor dießen geschehen, ufm Rathhuise gegenwurtig sin solle*. Es hat den Anschein, als sei die Anwesenheit des Richters bei der Ratswahl im 16. Jahrhundert – vielleicht schon früher – außer Gebrauch gekommen. In der Person des Richters ist der Landesherr bei der Ratswahl anwesend und dokumentiert dadurch die wirklichen Rechts- und Machtverhältnisse. Der Landesherr sorgte dafür, daß das Freiheits- und Selbständigkeitsbestreben der Stadt nicht den Interessen der Landesherrschaft zuwiderlief[52].

Unter dem Nachfolger des Grafen Arnold Jobst, dem 1623 geborenen Sohn Ernst

[49] Vgl. OESTREICH, Verfassungsgeschichte, S. 429.
[50] MÖLLER, Bentheim, S. 323 ff.
[51] MÖLLER, Bentheim, S. 327; SPECHT, Nordhorn, S. 137 f.; VISCH, Bentheim, S. 174 ff.; VOORT, Steuern in der Grafschaft, S. 34 ff.
[52] Das Privileg vom 20. Dezember 1628 in einer Abschrift von ca. 1648 in: StA N, B 4 (Protocollum civitatis Nordhornense I), f. 19r/v; vgl. SPECHT, Nordhorn, S. 15.

Wilhelm, sollte sich die Auseinandersetzung zwischen Städten und Landesherren weiter zuspitzen und auf eine andere Ebene verlagern.

Noch im Jahr seines Regierungsantritts in Bentheim und Steinfurt bestätigte Ernst Wilhelm die Privilegien der Stadt Nordhorn am 15./25. September 1643[53]. Diese Bestätigung hält sich eng an das Vorbild von 1606 und geht mit keinem Wort auf die Ereignisse von 1628 ein, die der Rat bei der Bitte um Bestätigung wohl auch nicht erwähnt haben wird[54].

Anlaß zu Streitigkeiten der Städte mit Graf Ernst Wilhelm waren zusätzliche Steuern, die den Städten auferlegt wurden und zwar zu einer Zeit, in der die finanzielle Lage durch die Ausgaben während des Dreißigjährigen Krieges aufs äußerste ange-

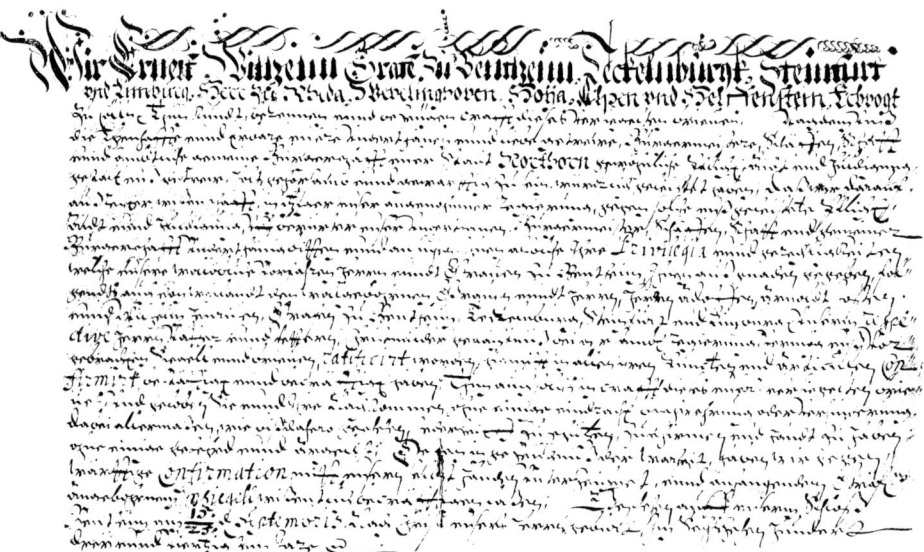

Abb. 1   Die Privilegienbestätigung für die Stadt Nordhorn vom 15./25. September 1643

spannt war. Hatten die drei Städte schon 1654 gegen die vom Landtag bewilligte Fräuleinsteuer, die zur Ausstattung einer der zwei Töchter des Grafen Arnold Jobst bestimmt war, protestiert[55], so weigerten sie sich jetzt, die auf dem Landtag 1655 bewilligten Gelder für allgemeine Verwaltungsausgaben der Bentheimer Regierung mit zu bezahlen[56]. Die Weigerung bestand zunächst darin, daß sie die Übernahme der Summe, im ganzen etwa 7250 Rthlr, durch die Landstände nicht bewilligten und den Landtagsrezeß nicht mitunterschrieben. Da sie aber zusammen nur eine Stimme führten, wird diesem Protest kein großes Gewicht zuzumessen sein. Als darauf der Graf

---

[53] StA OS, Rep. 1251, Nr. 288, S. 32f.

[54] Die Privilegien der Stadt Neuenhaus wurden am gleichen Tag bestätigt; Inventar Neuenhaus, S. 19; Die doppelte Tagesangabe zeigt die Zählung nach altem und neuem Stil an.

[55] StA OS, Rep. 1251, Nr. 271 f. 48 ff.

[56] StA OS, Rep. 1251, Nr. 271 f. 51 ff.

am 29. November 1655 drohte, die Gelder mit Gewalt einzuziehen, protestierten die Städte scharf, ebenso, als ein landesherrlicher Befehl zur Pfändung an den Richter zu Nordhorn ging[57].

Die Argumente der Städte gingen dahin, daß sie nach ihren Privilegien nicht verpflichtet seien, solche zusätzlichen Kosten zu übernehmen. Im Jahre 1651 hätten sie sich ausnahmsweise bereitgefunden, freiwillig eine gewisse Summe zu zahlen, aber nur unter der Bedingung, daß sie in Zukunft zu solchen Geldzahlungen nicht mehr herangezogen werden sollten. Im übrigen hätten sie den Landtagsabschied nicht unterschrieben, seien also auch an dessen Beschlüsse nicht gebunden[58].

Ob eine Beschwerde der Städte am 9. Oktober 1656 beim Reichskammergericht in Speyer einen Erfolg zeitigte und sie von der Zahlung der Gelder befreit wurden, ist ungeklärt[59]. Es zeigt sich hier der Wert, bzw. die Nutzlosigkeit von Privilegien, die Städte und Landesherr nach den jeweils notwendigen Gegebenheiten auslegten.

Da die Quellenlage für das 17. Jahrhundert besser wird, sind wir auch über weitere Auseinandersetzungen zwischen den Städten und dem Landesherren unterrichtet. So kam es fast ständig zu Streitigkeiten um Abgaben, Umverteilung von Schatzungen, Mühlenzwang, Reparatur von Mühlen, Benutzung von Grünland und anderem, wobei der Landesherr meistens versuchte, den Städten größere Lasten aufzubürden. In Nordhorn waren die landesherrlichen Einkünfte und die Mühlen das häufigste Streitobjekt[60].

Nach dem Übertritt des Grafen Ernst Wilhelm zum Katholizismus im Jahre 1668 und unter dem starken Einfluß der Regierung des Stifts Münster unter Bischof Christoph Bernhard von Galen gewann die Auseinandersetzung zwischen Städten und Landesherren eine neue Dimension. Die Grafschaft wurde Aufmarschgebiet des Bischofs von Münster gegen die Niederlande und wurde somit in dessen Auseinandersetzungen mit den Generalstaaten hineingezogen. Sowohl der Friede von Kleve im Frühjahr wie die Vereinbarungen von Nordhorn im Juli 1666 brachten nur eine kurzfristige Entspannung, denn von 1672–1674 wurde die Grafschaft Bentheim und besonders die Stadt Nordhorn abermals durch kriegerische Ereignisse in Mitleidenschaft gezogen[61]. Auf der Burg Bentheim lag zeitweise eine münstersche Besatzung[62], und möglicherweise strebte Christoph Bernhard sogar eine Einverleibung Bentheims in das Stift Münster an[63].

Standen bisher auf den Landtagen die Städte den Klöstern und Rittergütern gegenüber, da die letzteren bei Steuerausgaben geringer veranschlagt waren, so taten sich nun die protestantischen Stände zusammen, um sich gegen den Einfluß des katholischen Fürsten und vor allem des münsterschen Bischofs zur Wehr zu setzen[64].

Nach dem Tode des Bischofs Christoph Bernhard 1678 scheint der Druck, den dieser auf Graf Ernst Wilhelm ausgeübt hatte, nachgelassen zu haben. Er blieb zwar ka-

[57] StA OS, Rep. 125 I, Nr. 271 f. 62 ff., (1656 November 16).
[58] StA OS, Rep. 125 I, Nr. 271 f. 64 f.
[59] StA OS, Rep. 125 I, Nr. 271 f. 85 ff.
[60] StA OS, Rep. 125 I, Nr. 271 f. 811.
[61] KOHL, Christoph Bernhard von Galen, S. 244 ff., 423 Anm. 43; SPECHT, Nordhorn, S. 139–141.
[62] KOHL, Übertritt, S. 66 f., 80 f.
[63] KOHL, Übertritt, S. 93; FINKEMEYER, Verfassung, S. 13 f.
[64] FINKEMEYER, Verfassung, S. 16.

tholisch, setzte aber gemäß einem Vertrag von 1653 und 1663 seinen dem reformierten Glauben angehörenden Neffen Arnold Moritz von Steinfurt, zum Universalerben ein[65]. Warum es auch nach diesem Übergang, im Jahre 1683, zu Auseinandersetzungen mit den Städten kam, ist unklar. Der Graf hatte versucht, die drei Städte von dem Besuch des Landtages abzuhalten, worauf diese beim Reichskammergericht protestierten. Obwohl das Kammergericht sich zu Gunsten der Städte aussprach, kam es zu Zwangsmaßnahmen des Grafen gegen die Städte, die sich bis 1685 hinzogen[66].

Durch die Auflösung der ersten Ehe des Grafen Ernst Wilhelm mit Gertrud von Zelst und seiner zweiten Heirat mit Anna Isabella Gräfin von Limburg-Stirum 1678 waren die Erbverhältnisse sehr verkompliziert worden. Die Kinder aus erster Ehe, die in den mächtigen Generalstaaten einen Rückhalt besaßen, mußten abgefunden werden, worüber man sich in dem sogenannten Bielefelder Vergleich vom Jahre 1691 weitgehend einigte. So sollten die Kinder der Gertrud von Zelst die Nachfolge in Steinfurt, antreten, während der Neffe Wilhelms, Arnold Moritz Wilhelm von Steinfurt die Herrschaft in Bentheim erhalten sollte, da Ernst Wilhelm aus seiner zweiten Ehe keine männlichen Nachkommen hatte. Diese Regelung trat mit dem Tode Ernst Wilhelms 1693 in Kraft[67]. Mit der Übernahme der Grafschaft Bentheim durch den Grafen Arnold Moritz von Steinfurt und den Amtsantritt des Grafen Ernst von Bentheim in Steinfurt 1693 hatten die beiden Linien die Herrschaften getauscht. Die Steinfurter Linie regierte in Bentheim weiter, und die Bentheimer in Steinfurt.

Auch Arnold Moritz Wilhelm von Steinfurt trat 1688 zum katholischen Glauben über, wahrscheinlich, um sich mit Hilfe des Kaisers und des Bischofs von Münster besser in der Grafschaft behaupten zu können, denn die Söhne Ernst Wilhelms aus erster Ehe erkannten den Bielefelder Vergleich nur teilweise an und versuchten mit Hilfe der Generalstaaten und der protestantischen Stände im Reich, ihre Ansprüche auf Bentheim durchzusetzen[68].

Es ist nur zu verständlich, daß durch die Auseinandersetzungen innerhalb des Grafenhauses, die durch die gegensätzlichen Interessen der Großmächte und den konfessionellen Zwiespalt gefördert wurden, nicht gerade Rechtssicherheit und wirtschaftlicher Wohlstand in der Grafschaft hervorgebracht wurden. Am verhängnisvollsten wirkte sich wohl die finanzielle Belastung des Landes durch die Gelder aus, die für die Abfindungen von Herrschaftsansprüchen der Nebenlinien bestimmt waren.

Ernst Wilhelm versuchte noch im hohen Alter die Rechtspflege zu vereinheitlichen und die Rechtssicherheit zu verbessern, indem er eine schon vom Graf Arnold (1562–1606) erstellte »Bentheimische Hoff- und Landtgerichts- auch gemeine Ordnungen« verbesserte und 1691 drucken ließ. Diese Ordnung verband die Rechtsvorstellungen des 16. Jahrhunderts mit den aus landesväterlich absolutistischen Gedanken entspringende Regelung des öffentlichen Lebens[69]. Die durch den Religionswechsel Ernst Wilhelms und den münsterschen Einfluß verschärfte Situation in Erb-

[65] KOHL, Übertritt, S. 95.
[66] StA OS, Rep. 125 I, Nr. 271 f. 102 f.
[67] MÖLLER, Bentheim, S. 382; KOHL, Christoph Bernhard von Galen, S. 303; VISCH, Bentheim, S. 209.
[68] MÖLLER, Bentheim, S. 382–384.
[69] Vgl. LUDWIG SAGER, Bentheimsche Hoff- undt Landgerichts- auch gemeine Ordnungen, in: Jb. Gft. Bentheim, 1962, S. 32–39.

und Religionsangelegenheiten sollte unter Arnold Moritz von Steinfurt, dem Nachfolger Ernst Wilhelms in Bentheim, durch das sogenannte »Laudum regium« vom 1. November 1701 endgültig geklärt werden. Garantiemächte dieses Vergleichs waren der König von England und der König von Preußen[70].

Eine Bestätigung der Privilegien der Stadt Nordhorn durch Graf Arnold Moritz Wilhelm ist für 1696 genannt[71]. Allerdings ist von dieser in der Literatur genannten Bestätigung kein Text aufzufinden, und auch die Stadt selbst erwähnt in der Aufstellung ihrer Privilegienbestätigungen diese Urkunde von 1696 nicht.

Als Graf Arnold Moritz Wilhelm die Landstände der Grafschaft Bentheim auf den 5. Juli 1696 zur Huldigung auf dem Schloß Bentheim einlud, protestierte der Statthalter von Overijssel als Lehnsherr der umstrittenen Niedergrafschaft, die er am 23. Mai 1696 an Graf Ernst, den ältesten Sohn des Grafen Ernst Wilhelms, verlehnt hatte. Die reformierten Stände der Grafschaft Bentheim, es waren dies die Herren von Etzbach zu Langen und von Laer zu Laerwolde und die drei Städte, versuchten der Huldigung fernzubleiben. Von den Herren wohnte einer in der Niedergrafschaft, der andere reiste ins Ausland und die Bürgermeister der drei Städte Schüttorf, Nordhorn und Neuenhaus entschuldigten sich schriftlich: *daß die huldigungen bisher in den Städten selbst geschehen wären, da sie auch die letzteren der Stände wären, so bäten Sie Seine Hochgräfliche Excellenz mögten erst einen allgemeinen Landtag ausschreiben, daß die Huldigung nach alter Form geschehen sollte*[72].

Man kann davon ausgehen, daß die Huldigung in Nordhorn selbst stattfand, da der Graf auch in Neuenhaus, in der umstrittenen Niedergrafschaft, eine Huldigung zu erzwingen versuchte[74]. Nähere Angaben allerdings fehlen.

Eine allgemeine Ankündigung der Bestätigung aller Rechte und Privilegien, auch der Städte, findet sich in dem sog. Laudum regium von 1701. Diese vom englischen König, den Generalstaaten und dem König von Preußen bestätigte Vergleichsurkunde sollte vor allem sicherstellen, daß in der Grafschaft keinerlei Veränderungen auf religiösem Gebiet durchgeführt würden. Graf Arnold versprach überdies, *alle Immuniteyten, Privilegien, Voorrechten, door sijne Heeren Voorsaten aen de Stenden, Steden, Dorpen en Vlecken, Boerschappen en particuliere Ingezetenen verleent, ofte van haer van oudts beseten, te confirmeren, en de selve niet te verminderen, nemaer na verdiensten te vermeerderen, . . .*[74].

Zwei Wochen nach der Unterzeichnung des »Laudum Regium« in ten Haag starb Arnold Moritz Wilhelm plötzlich am 15. November 1701 und hinterließ drei unmündige Söhne, von denen der älteste Hermann Friedrich (geb. 1693) erst acht Jahre alt war. Die Regentschaft führte bis zu ihrem Tode 1704 die Mutter Hermann Friedrichs, Gräfin Johanette Franziska von Manderscheid-Blankenheim, dann sein Onkel Franz-Georg von Manderscheid-Blankenheim[75].

---

[70] Kerkenordre der Graafschap Benthem, Utrecht 1709, S. 83–104; MÖLLER, Bentheim, S. 385; vgl. Beitrag von E. BÜTFERING in diesem Band.

[71] VISCH, Bentheim, S. 105; V. RAET ZU BÖGELSCAMP, Bentheim I, S. 135.

[72] V. RAET ZU BÖGELSCAMP, Bentheim II, S. 123.

[73] V. RAET ZU BÖGELSCAMP, Bentheim II, S. 126; MÖLLER, Bentheim. S. 15; VISCH, Bentheim, S. 214; Inventar Neuenhaus, S. 21, Akten-Nr. 6.

[74] Kerkenordre, S. 91; StA OS, Rep. 1251, Nr. 288, f. 34–35; MÖLLER, Bentheim, S. 385.

[75] MÖLLER, Bentheim, S. 386; V. RAET ZU BÖGELSCAMP, Bentheim I, S. 182 f.

Ungeklärt waren immer noch die Entschädigungen für die Söhne Ernst Wilhelms aus der Ehe mit Gertrud von Zelst, Ernst in Steinfurt und Statius Philipp, die sich zusammen auf ca. 80 000 Rthlr beliefen und für deren Bezahlung die Generalstaaten die Niedergrafschaft als Pfand hielten. Franz-Georg von Manderscheid-Blankenheim mußte zur Befriedigung der Gläubiger in ten Haag ein Kapital von 325 000 Gl. aufnehmen und dafür die gräflichen Domänen verpfänden. Obwohl er sich sehr für die wirtschaftliche Förderung des Landes eingesetzt haben soll, konnte er die finanzielle Situation der Landeskasse nicht verbessern.

Als Graf Hermann Friedrich 1716, vom Kaiser für großjährig erklärt, mit 18 Jahren die Herrschaft übernahm, sah er sich einem riesigen Schuldenberg, Grenzstreitigkeiten mit den niederländischen Provinzen Overijssel und Drenthe und dem Hochstift Münster sowie Auseinandersetzungen mit den Landständen gegenüber. Eine Gemütskrankheit machte ihn unfähig zur Regierung[76].

Offenbar hatten die Städte nach der Regierungsübernahme des jungen Grafen um Bestätigung ihrer Privilegien ersucht, was aber aufgeschoben worden war. In einer Resolution vom 22. Juni 1719 heißt es: *Das gesuch der städten Schüttorf, Northorn und Nienhaus wegen begehrter confirmation ihrer privilegien wird so lange ausgestellet, bis dahin die Reichs- und andere behörige belehnung empfangen seyn, inzwischen beij jener übung ohne präjudiz belaßen*[77].

Der Grund für die Nichtbestätigung der Privilegien wird weniger in der Nichtbelehnung des Grafen mit der Grafschaft durch den Kaiser und die Generalstaaten, als vielmehr in der Regierungsunfähigkeit des Grafen zu suchen sein. Möglicherweise spielten auch Auseinandersetzungen der Stände mit dem Grafenhaus eine Rolle. Letztlich wird schwer nachzuweisen sein, ob mehr verwaltungstechnische Gründe die Privilegienbestätigung verhinderten oder ob den Verantwortlichen in der Regierung in Bentheim klar geworden war, daß die Privilegien der Städte, wie sie im Spätmittelalter verliehen worden waren, zu Beginn des 18. Jahrhunderts nicht mehr den politischen Gegebenheiten selbst in so kleinen Territorien wie Bentheim entsprachen.

Damit bleibt die für 1696 genannte[78] Privilegienbestätigung der Stadt Nordhorn die letzte Bestätigung überhaupt. Im 18. und 19. Jahrhundert sollte sich die Landesherrschaft, die sich zum Staat formierte, inhaltlich mit den Privilegien der Städte auseinandersetzen und deren Anachronismus aufdecken.

c) Die Stadt unter der kurkölnischen Administration (1723–1747)

Die selbständige Regierungstätigkeit des Grafen Hermann Friedrich, der sich 1716 mit Eleonore Bernardine von Hessen-Rheinfels-Wanfried verheiratet hatte, dauerte nur bis 1723. Die Zustände in der Landesregierung waren durch seine Krankheit unhaltbar geworden, so daß die Landstände den Kaiser bzw. den Reichshofrat in Wien baten, für den unfähigen Grafen eine Regentschaft einzusetzen. Der Kaiser übertrug die Verwaltung der Grafschaft dem Kurfürsten Clemens August von Köln, Bischof von Münster, Osnabrück und Hildesheim und Mitdirektor des Niederrheinisch-

---

[76] VISCH, Bentheim, S. 76; MÖLLER, Bentheim, S. 395.
[77] StA OS, Rep. 1251, Nr. 288 f. 36.
[78] Vgl. VISCH, Bentheim, S. 105; V. RAET ZU BÖGELSCAMP, Bentheim I, S. 135.

Westfälischen Reichskreises. Dieser setzte in Bentheim die sog. Bentheimsche Subdelegation ein, die aus zwei Hofräten bestand, und die die Grafschaft bis 1747, der Großjährigkeit des Sohnes Hermann Friedrichs, Friedrich Carl Philipp, verwaltete[79].

Die Jahre der Bentheimischen Subdelegation werden in der Literatur unterschiedlich beurteilt, je nachdem, welchen konfessionellen Standpunkt der Autor einnahm[80]. Sicher ist, daß die von zwei Beamten des Kurfürsten geführte Subdelegation, die eng mit der Regierung des Hochstifts Münster und dem kurfürstlichen Hof in Bonn zusammenarbeitete, für Bentheim eine entscheidende Änderung in der Verwaltung mit sich brachte. Auch auf religiösem Gebiet wird sich manches geändert haben, denn Clemens August hat die Gelegenheit nicht ungenutzt gelassen, den Katholizismus in der Grafschaft zu fördern[81].

Wie die Privilegien der Städte Schüttorf, Nordhorn und Neuenhaus nicht mehr offiziell erneuert, sondern ihr Gebrauch nur weiter beibehalten wurde, so sahen sich die Städte und besonders Nordhorn in der Zeit der Subdelegation ständigen Auseinandersetzungen um ihre Privilegien mit dem Vertreter der Landesregierung gegenüber. Diese Streitigkeiten sind eng mit dem Namen des Nordhorner Stadt- und Gorichters Dr. Johann Franz Albrecht Cötting verbunden[82]. Schon wenige Jahre nach seinem Amtsantritt 1730 kam es zu den ersten Auseinandersetzungen, und zwar ging es immer um Kompetenzabgrenzungen der beiden Behörden, der Stadtregierung und Verwaltung auf der einen Seite und dem Richter als Vertreter des Landesherren auf der anderen Seite. Cötting behauptete, die Stadt hätte in die Rechte des Richters eingegriffen, wenn sie z. B. auf dem Rathaus Schlichtungsversuche zwischen streitenden Bürgern abhalte. In den Beschwerden des Richters bei der Bentheimer Subdelegation wurden noch zahlreiche andere vorgebliche Kompetenzüberschreitungen des Rates genannt und um Einschreiten gegen den selbstherrlichen Magistrat von Nordhorn gebeten[83].

1739 ist der nächste Streitfall aktenkundig geworden. Richter Cötting hatte Gelder beschlagnahmt, die beim Verkauf von Immobilien der Stadt zuzufallen pflegten und der Stadt ihre Vermittlung bei Immobilienverkäufen untersagt[84].

Dieses sind nur zwei von einer Vielzahl von Fällen, die zeigen, daß die Stadt Mühe hatte, ihre Privilegien zu erhalten, während die Landesregierung, vertreten durch Richter Cötting, alles versuchte, diese Rechte – seien sie in den Privilegien verbrieft oder durch Gewohnheit erworben – zu Gunsten der Landesregierung einzuschränken.

Bis zum Ende der kurkölnischen Administration 1746 waren nicht weniger als 44 Streitpunkte zur Entscheidung bis an den kurfürstlichen Hof in Bonn gelangt, bei

---

[79] GREIWING, Pfandschaft S. 21; FINKEMEYER, Verfassung S. 14.

[80] FINKEMEYER, Verfassung S. 14; VISCH, Bentheim, überschlägt diesen Zeitabschnitt, dementsprechend kurz stellt ihn MÖLLER, Bentheim, dar; V. RAET ZU BÖGELSCAMP, Bentheim II, S. 186; Verwaltungsgeschichte, S. 115.

[81] Eine Monographie über die Zeit der Bentheimer Subdelegation fehlt, vgl. V. RAET ZU BÖGELSCAMP, Bentheim II, S. 186; BÄR, Verwaltungsgeschichte, S. 155.

[82] H. VOORT, Das Stadt- und Gogericht in Nordhorn und seine Richter, in: Jb. Gft. Bentheim 1974, S. 28–34, hier S. 34.

[83] StA OS, Rep. 1251, Nr. 289 (1735 Oktober 3, November 21).

[84] StA OS, Rep. 1251, Nr. 287 (17398 Mai 25); Die Stadt beruft sich auf das Privileg von 1519, das ihr die gleichen Rechte wie der Stadt Münster verbriefte.

denen die Stadt Nordhorn, wohl infolge des streitbaren Richters, am häufigsten vertreten war. In den meisten Fällen, so bei der Aufsicht über die Straßen und Gassen, die Wasserläufe, das kranke Vieh, die Organisation des Handels, das freie Herumlaufen von Hunden, Weiderechte, Zollauflagen, Verbot der Branntweinbrennerei, Gebot der Schornsteinfegerei etc., wurden die Kompetenzen des Richters gegenüber dem Magistrat der Stadt gestärkt und ihr somit wichtige Selbstverwaltungsrechte genommen[85].

Es kann hier nicht entschieden werden, ob die Subdelegation in Bentheim nach einem bestimmten Plan vorging, als sie die Stadtrechte einschränkte, oder ob die Territorien einfach zu neuen Prinzipien der Verwaltung übergegangen waren und somit einer Entwicklung folgten, die in größeren Territorien schon früher eingesetzt hatte[86].

Im Jahre 1739 bat der Kölner Kurfürst Clemens August den Reichshofrat um Entlassung aus der Verwaltung der Grafschaft Bentheim, die ihm aber erst 1746 gewährt zu sein scheint. Da der erst am 17. März 1725 geborene Erbe des letzten, 1731 gestorbenen Grafen Hermann Friedrich, Friedrich Karl Philipp, noch minderjährig war, übernahmen die Mutter Eleonore Bernhardine und der Graf von Kaunitz-Ritberg die persönliche Vormundschaft bis zur Volljährigkeit des Grafen im Jahre 1746[87].

Der Zustand der Grafschaft, so wie sie Friedrich Karl Philipp übernahm, war alles andere als erfreulich[88]. Zunächst mußte sich der junge Graf mit dem jüngeren Bruder seines Vaters, seinem Onkel Leopold Ludwig, in einer Erbstreitigkeit auseinandersetzen, in der im Jahre 1748 ein Vergleich zustande kam, der von den bentheimischen Landständen garantiert und 1751 von Kaiser bestätigt wurde[89]. Diese, wie andere Auseinandersetzungen um Rechte und Besitzungen hatten die vorhandenen Schulden derart erhöht, daß Friedrich Karl Philipp sich gezwungen sah, die Grafschaft mit allen Einkünften und Herrschaftsrechten zu verpfänden.

Es soll hier nicht auf die Hintergründe und Umstände der Verpfändung der Grafschaft eingegangen werden[90], in diesem Zusammenhang ist jedoch wichtig, daß die Grafschaft Bentheim durch den Pfandschaftskontrakt vom 22. Mai 1752, mit allen Herrschaftsrechten und Einkünften, vom 1. Januar 1753 an, zunächst für 30 Jahre, an das Kurfürstentum Braunschweig-Lüneburg (Hannover) fiel. Die Übernahme erfolgte am 24. Mai 1753 durch eine Proklamation des Kurfürsten Georg Ludwig von Braunschweig-Lüneburg, der in Personalunion König von England war[91].

Mit der pfandweisen Übernahme der Grafschaft durch Hannover änderte sich in der äußeren Verwaltung zunächst wenig. Die Regierung wurde weiterhin in Bentheim von

[85] StA OS, Rep. 125 I, Nr. 239 a; vgl. SPECHT, Nordhorn, S. 100.

[86] L. WIESE-SCHORN, Von der autonomen zur beauftragten Selbstverwaltung in: Osnabr. Mitt. 82, S. 1977, S. 29–59.

[87] V. RAET ZU BÖGELSCAMP, Bentheim II, S. 186, läßt die kurkölnische Regierung 1739 enden; nach FINKEMEYER, Verfassung, S. 14, hat die Bentheimer Subdelegation bis 1746 gedauert; vgl. MÖLLER, Bentheim, S. 396; BÄR, Verfassungsgeschichte, S. 155.

[88] Über den Zustand vor der Verpfändung vgl. den Bericht des jungen JUSTUS MÖSER, in: Mitt. d. h. V. v. Osnabrück 9, 1870, S. 356–368.

[89] V. RAET ZU BÖGELSCAMP, Bentheim II, S. 186 f.; MÖLLER, Bentheim, S. 397.

[90] Vgl. die ausführlichen Darstellungen bei GREIWING, Übergang, und FINKEMEYER, Verfassung; vgl. auch VEDDELER, Die Auswirkungen des Siebenjährigen Krieges auf die Pfandschaft, in: Jb. Gft. Bentheim 1968, S. 70–79.

[91] GREIWING, Übergang S. 34; Verordnungen, S. 40, Nr. 293.

einem Landdrosten, drei Regierungsräten und einem Sekretär geführt, wovon nur die Stelle des Landdrosten von der königlichen Regierung mit Christian Heinrich von Ompteda neu besetzt wurde[92]. Wurden schon unter der Administration des Kölner Kurfürsten viele Entscheidungen nicht mehr in Bentheim von den Mitgliedern der Subdelegation, sondern in Münster oder in Bonn getroffen, so änderte sich nun die Richtung, und zahlreiche Regierungsangelegenheiten für die Grafschaft Bentheim wurden in Hannover, in Ausnahmefällen sogar von der deutschen Kanzlei in London, entschieden.

Gut drei Monate nach der Übernahme der Grafschaft durch Hannover, am 7. September 1753, wandten sich Bürgermeister und Rat der Stadt Nordhorn auf dem Dienstwege, d. h. über die Pfandschaftsregierung in Bentheim, an den Kurfürsten von Hannover mit der Bitte um Bestätigung ihrer alten Privilegien. Als darauf keine Antwort erfolgte, wiederholten sie ihre Bitte im Dezember des gleichen Jahres. Am 12. Dezember schickte der Kammersekretär Denicke die Bittschreiben nach Hannover weiter und fügte die Frage an, wie man sich in diesem Falle verhalten solle[93].

Die Regierung in Hannover beauftragte in einem kurzen Schreiben vom 28. Dezember den Landdrosten von Ompteda festzustellen: *aus was Uhrsachen und Umständen die Confirmation sothaner Privilegien bey der vorigen Regirungsveränderung der Grafschaft nicht erfolget, zu welcher Zeit die letzte ertheilet worden sey, und worin die Privilegia bestehen*[94]. Am 16. Februar hatte der Landdroste ein umfangreiches Gutachten mit zahlreichen Anlagen fertiggestellt, in dem er ausführlich auf die Frage nach den Privilegien der Stadt Nordhorn eingeht. Wir erfahren, daß Bürgermeister und Rat der Stadt Nordhorn schon dem Grafen Friedrich Karl bei seinem Regierungsantritt 1746 eine Bittschrift um Privilegienerneuerung vorgelegt hatten, worauf dieser nicht reagiert zu haben scheint, vor allem wohl deswegen, weil in diesen Jahren mehrere Prozesse zwischen der Stadt Nordhorn und dem Richter Cötting bzw. der Fiskalverwaltung in Bentheim schwebten[95].

Das Hauptanliegen der Stadt – nach dem Bericht von Omptedas – sei die genaue Scheidung der Rechte von Bürgermeister und Rat und dem landesherrlichen Richter von Nordhorn (»das officium judicis et consulum zu separieren«). Von der Stadt würden wieder all die Streitpunkte aufgegriffen, die schon unter der Bentheimer Subdelegation negativ für sie entschieden worden wären, wobei sich die Stadt auf die Rechte der Stadt Schüttorf und der Stadt Münster berufe. Schwierigkeiten seien überdies dadurch entstanden, daß manche Gewohnheiten der Stadt Nordhorn der »Bentheimischen Hof- und Landgerichts- auch gemeinen Ordnung« von 1690 widersprächen, worauf die Nordhorner argumentierten, daß die Nordhorner Gewohnheiten älter als die genannte Ordnung seien, und da diese expressis verbis alte bestehende Rechte nicht verletze, auch für Nordhorn in den entsprechenden Punkten keine Geltung besäße.

Von Ompteda kommt zu dem Schluß, daß man der Stadt grundsätzlich ihre Privilegien bestätigen könne, aber dafür sorgen müsse, daß klare Kompetenzen für den Stadt-

[92] FINKEMEYER, Verfassung, S. 48 f.
[93] SPECHT, Nordhorn, S. 43.
[94] StA OS, Rep. 1251, Nr. 288 f. 9 f.
[95] StA OS, Rep. 1251, Nr. 288 (1739–53).

rat und den Richter geschaffen würden, alleine schon, um die kostspieligen Prozesse zu vermeiden. Am besten wäre allerdings, die Rechte, die die Stadt wirklich in Gebrauch habe, festzustellen und dann der Stadt ein neues Stadtrecht zuzuweisen[96].

Die Regierung in Hannover stimmte mit von Ompteda weitgehend überein, bestätigte die Privilegien aber nicht, sondern forderte, daß die Stadt durch den Richter Cötting nicht weiter *chicaniert* werde, im übrigen aber eine Art Verfassungsstatut ausgearbeitet werden solle, womit es aber keine Eile habe[97].

Sehr klarsichtig hatte die Regierung in Hannover erkannt, warum es in den letzten Jahrhunderten immer wieder zu Streitigkeiten um die aus den Privilegien der Stadt fließenden Rechte gekommen war. Es sei erlaubt, diesen Passus hier zu zitieren: *Nun scheinen Uhrsachen, warum seit anno 1606 keine Confirmation solcher Privilegien erfolgt ist, darin zu suchen zu seyn, daß die alten freiheitsbriefe nicht nur sehr general und ohne benennung der beygelegten Gerechtsahme gefaßet sind, sondern auch auf die briefe der Stadt Schüttorf, und diese wiederum auf Rechte und Freyheiten der Stadt Münster, hingewiesen, mithin mit der Zeit ungewiß und strittig worden ist, was für Freyheiten und Gerechtsame vorbesagter Stadt, nach dem Sinne ihrer ersten Freiheitsbriefe zukommen oder nicht*[98].

Die städtischen Privilegien des Spätmittelalters waren vielfach global und unpräzise gefaßt, sie konnten auf keinen Fall den ausgefeilten juristischen Ansprüchen einer modernen Staatsverwaltung genügen, so daß die Rechte, die eine Stadt für sich in Anspruch nahm, meistens Gewohnheitsrechte waren, die sie verwandten Rechten ableitete. Das wird im Fall Nordhorn ganz deutlich, wenn sich die Stadt noch 1752 auf die zur Zeit in Münster geltenden Rechte beruft, die sich in einer Stadt wie Münster ganz anders ausgeprägt hatten und auch nicht mehr den Rechten der Stadt aus dem 15. Jahrhundert entsprachen.

Was sich seit etwa einem Jahrhundert angebahnt hatte, daß die Privilegien der Stadt mit den Forderungen des modernen Territorialstaates nicht mehr zur Deckung gebracht werden konnten, wird beim Übergang Bentheims an Hannover deutlich.

Trotz verschiedener Versuche, das Pfandschaftsverhältnis von Bentheim zu Hannover rückgängig zu machen, blieb das Land bei dem Kurfürstentum und wurde auf dem Wiener Friedenskongreß endgültig dem Königreich zugesprochen. Der Vollständigkeit halber sei erwähnt, daß Friedrich Karl Philipp während des Siebenjährigen Krieges mit französischer Hilfe für die Jahre 1757 bis 1759 wieder in den Besitz der Grafschaft gelangte, diese aber nach der Niederlage Frankreichs wieder an Hannover abtreten mußte[99]. In dieser Zeit war auch der wohl 1754 abgesetzte Richter Cötting wieder Vertreter des Landesherrn im Gericht Nordhorn[100]. 1759 kehrte der geflohene Landdroste Ompteda nach Bentheim zurück, während alle übrigen Beamten, die den zurückgekehrten Grafen Friedrich Karl Philipp unterstützt hatten, die Regierung verlassen mußten[101].

---

[96] StA OS, Rep. 125 I, Nr. 288 f. 11 ff.
[97] StA OS, Rep. 125 I, Nr. 288 f. 51 r (1754 März 4).
[98] StA OS, Rep. 125 I, Nr. 288 f. 51 r.
[99] VEDDELER, Die Auswirkungen, S. 70 ff., GREIWING, Übergang, S. 35 ff.
[100] VOORT, Stadt- und Gogericht, S. 34.
[101] FINKEMEYER, Verfassung, S. 49.

Nach Ablauf der 30 Pfandjahre 1783 gelang es Friedrich Karl Philipp nicht, die nötigen Mittel zur Einlösung der Pfandschaft aufzubringen, so daß sich der Pfandschaftsvertrag automatisch auf weitere 30 Jahre, bis 1813, verlängerte[102].

Das Verhältnis zwischen den Städten und dem neuen Landesherrn war während der zweiten Hälfte des 18. Jahrhunderts starken Spannungen unterworfen. Da die Privilegien nicht erneuert wurden, aber auch keine neue Regelung gefunden wurde, existierte zwischen den Parteien ein quasi-rechtloser Zustand, der bei allem guten Willen zu Auseinandersetzungen führen mußte. Besonders unter dem Bentheimer Hofrichter und Regierungsrat H. N. Funck, der nach dem Tode von Regierungsrat Buch als einziger Rat die Verwaltung in Bentheim bewältigte, soll die regionale Eigenständigkeit der Grafschaft sehr eingeschränkt und den Richtern Wedekind und Weber in Nordhorn im Streit mit der Stadt der Rücken gestärkt worden sein[103].

Außer über die schon bekannten Punkte kam es über das Recht der Bürgeraufnahme und die Gebühren beim Abzug wohlhabender Bürger, über die Gewerbegerichtsbarkeit, die Bestellung eines Stadtsekretärs und über den Unterhalt öffentlicher Einrichtungen zu Streitigkeiten[104]. Alle diese Angelegenheiten beschäftigten nicht nur die Regierung in Bentheim, sondern auch die Ministerien in Hannover und gingen bis zur deutschen Kanzlei in London. Der alte Gegensatz spielte sich, wie vorher, zwischen Bürgermeister und Rat der Stadt einerseits und dem Richter in Nordhorn als Beamten der braunschweig-lüneburgischen Pfandschaftsregierung andererseits ab, wobei die Richter immer stärker Aufsichts- und Regierungsfunktionen wahrnahmen. Der Mißstimmung zwischen den Städten und dem Richter entsprach eine allgemeine Spannung zwischen den Ständen von Bentheim und der hannoverschen Verwaltung[105].

Der Streit um den Titel des Stadtsekretärs – da die Stadt Münster einen Stadtsekretär beschäftigte, beanspruchte auch die Stadt Nordhorn für ihren Stadtschreiber Schove den gleichen Titel, wogegen Richter Wedekind Einspruch erhob –, der sich über elf Jahre hinzog und sogar am Reichskammergericht in Wetzlar geführt wurde, zeigt, wie anachronistisch einerseits die Argumentationsweise der Stadt war, andererseits, wie sehr der Richter den Magistrat kontrollierte[106]. Grundsätze »moderner« Verwaltung, wie sie in vielen Territorien am Ende des 18. Jahrhunderts zum Durchbruch gelangt waren und wie sie wenig später im Zuge der französischen Besetzung von den neuen Machthabern oktroyiert wurden, waren in der Stadt Nordhorn am Ende des 18. Jahrhunderts noch unbekannt.

e) Die Verfassungsstatuten der Stadt im 19. Jahrhundert

Eine Zeit der Unsicherheit und der wirtschaftlichen Bedrückung bildete die sog. Übergangszeit, in der unter französischer Oberhoheit die Verwaltungsstrukturen in wenigen Jahren mehrmals umgestoßen und verändert wurden.

---

[102] BÄR, Verfassung, S. 156.
[103] E. KÜHLE, H. N. Funck, in: Jb. Gft. Bentheim 1967, S. 64 f.; vgl. auch die Klagen der Bürgerschaft 1791 bei SPECHT, Nordhorn, S. 39 f.
[104] INA, NF 6, S. 63 f.; vgl. SPECHT, Nordhorn, S. 41–43.
[105] GREIWING, Übergang, S. 59 f.
[106] StA OS, Rep. 125 I, Nr. 300; vgl. SPECHT, Nordhorn, S. 41–43.

Die Grafschaft Bentheim war seit Frühjahr 1795 von französischen Truppen besetzt. Der von einer hannoverschen Pension lebende kinderlose Graf Friedrich Karl Philipp, der sich meistens in Paris aufhielt, trat seine Ansprüche auf die Grafschaft Bentheim im Jahre 1797 an seinen Vetter Graf Ludwig Wilhelm I. von Steinfurt ab. Dieser arrangierte sich nach dem Tode Friedrich Karl Philipps († 18. Februar 1803) mit den Franzosen, zahlte ihnen einen Teil der Pfandsumme und trat am 16. Juli 1804 die Regierung in Bentheim an. Wieder wurden die hohen Beamten ausgewechselt. Allerdings war seine Alleinherrschaft nicht von langer Dauer. Schon am 1. August 1806 wurde die Grafschaft dem Großherzogtum Berg einverleibt, das für den Schwager Napoleons, Joachim Murat, geschaffen worden war.

Zwei Jahre später, am 15. Juli 1808, übernahm Napoleon selbst die Regierung des Großherzogtums Berg, das am 15. November des gleichen Jahres nach französischem Vorbild in Departements eingeteilt wurde. Die Grafschaft Bentheim wurde zunächst dem Emsdepartement zugeschlagen, ein Teil mit dem Kanton Bentheim gehörte zum Arrondissement Coesfeld, ein anderer Teil mit den Kantonen Nordhorn und Emlingkamp zum Arrondissement Lingen. Auch bei dieser Regelung blieb es nicht lange. Mit der Eingliederung in das französische Kaiserreich ging eine Neuverteilung einher, nach der die Grafschaft Bentheim mit dem Kanton Bentheim zum Departement Ijsselmündung und mit den im Arrondissement Neuenhaus zusammengefaßten Kantonen Neuenhaus, Nordhorn, Emblichheim und einigen Meppenschen Gemeinden zum West-Ems-Departement gehörte. Da sich gegen diese Regelung aus verwaltungstechnischen und wirtschaftlichen Gründen besonders die Stadt Münster wendete, wurde im Zuge einer abermaligen großräumigen Umverteilung die gesamte Grafschaft, eingeteilt in fünf Kantone, am 28. April 1811 im Arrondissement Neuenhaus vereinigt und dem neugeschaffenen Lippe-Departement zugeordnet[107].

In dieser Zeit hatten sich auch – wenigstens äußerlich – gewisse französische Verwaltungsprinzipien in den bentheimischen Städten und auch in Nordhorn durchgesetzt. Am 20. Mai 1809 wurde im Arrondissement Lingen die bisherige Stadtverfassung aufgehoben und das französische Munizipalsystem eingeführt, nach dem alle Gemeinden staatliche Verwaltungsbezirke wurden und jede Form von gemeindlicher Selbstverwaltung ausgeschlossen wurde. Die Stadt Nordhorn wurde mit sieben ländlichen Gemeinden zur Mairie (Bürgermeisterei) Nordhorn zusammengeschlossen, die von einem Maire, zwei Adjoints und 16 Munizipalräten verwaltet wurden. Das französische Verwaltungssystem forderte einen rationalen Aufbau der Verwaltung, einen genauen Gemeindeetat, Zivilstandesregister, Statistiken für die Planung, Sauberkeit und Ordnung auf den Straßen, ein ausgebautes Schulwesen, Gewerbefreiheit und sonstige Reformen nach französischem Muster[108].

Die französische Munizipalverfassung blieb über die Übernahme der Grafschaft durch das Kurfürstentum Hannover am 24. November 1813 hinaus in Kraft. Am 17. Dezember 1813 erließ die braunschweig-lüneburgische Regierung zwar eine Verordnung, in der alle französischen Gesetze aufgehoben und die davor gehandhabten,

[107] BÄR, Verwaltung, S. 167 f.; GREIWING, Übergang, S. 60 f.; MÖLLER, Bentheim, S. 415; SPECHT, Nordhorn, S. 148; SPECHT, Heimatkunde, S. 85–88.
[108] SPECHT, Nordhorn, S. 148 f.

besonders die Bentheimische Gerichts- und Landesordnung von 1690 wieder in Kraft gesetzt wurden, davon wurde die französische Magistratsverfassung aber nicht berührt[109].

Da Graf Ludwig mit den Franzosen zusammengearbeitet und deren Regierungsmaßnahmen unterstützt hatte, empfand die Bevölkerung der Grafschaft Bentheim die Rückkehr der Hannoverschen Regierung in Person des Regierungsrates von Pestel als Befreiung. Hannover wollte das Land behalten, ohne die durch den Pfandschaftskontrakt verbundenen Auflagen (Pension an den Grafen) zu erfüllen, wohingegen sich natürlich Graf Ludwig Wilhelm und seine beiden Söhne Alexis und der in österreichischen Diensten stehende Wilhelm für eine Entschädigung einsetzten. Wenn die Ablösung der Pfandschaft durch die an die Franzosen gezahlte Summe anerkannt würde, erhielten sie die Landesherrschaft und die Domäneneinkünfte zurück, wurde dagegen das Bestehen der Pfandschaft bestätigt, hatten sie Anrecht auf die im Pfandvertrag festgelegten Gelder. Der Wiener Kongreß entschied 1815, daß die Pfandschaft nach dem Vertrag von 1752 wiederhergestellt werde und erst nach dem Erlöschen der Pfandschaft – d. h. wenn die Schuldsumme aus den Einkünften abbezahlt sei – die Bentheimer Grafen die Rechte mediatisierter Fürsten erhalten sollten. Dadurch, daß die Pfandschaft bestätigt worden war, war Hannover in der Ausübung seiner Landeshoheit in Bentheim stark beeinträchtigt[110].

Hannover, das die Pension an den Grafen wieder zahlen mußte, bemühte sich nun in den folgenden Jahren um eine Auflösung des Pfandschaftskontrakts. Nach längeren intensiven Verhandlungen und der einseitigen Aufkündigung der Pfandschaft durch Hannover am 23. August 1821 einigte man sich am 16. März 1823 auf einen Vergleich, wonach das Gräfliche Haus die Domänen und ihre Einkünfte sowie einige Herrschafts- und Gerichtsrechte zurück erhielt, dagegen aber die Landeshoheit Hannovers anerkennen mußte[111].

Damit hatte die Grafschaft Bentheim als eigenes Territorium auch rechtlich zu bestehen aufgehört, sie war in dem am 12. Oktober 1814 zum Königreich erhobenen Hannover aufgegangen. Die Familie des regierenden Grafen von Bentheim, die am 17. Januar 1817 in den Fürstenstand erhoben worden war, zählte nun zu den mediatisierten Standesherren, sie besaßen in Bentheim allerdings noch außer der Verwaltung der Domänen die sog. »Mediatverwaltung«, d. h. Gerechtsame in der Verwaltung und im Gerichtswesen unter königlich hannoverscher Aufsicht.

Die gesamte Grafschaft wurde zur besseren Verwaltung in zwei Ämter, Bentheim und Neuenhaus, eingeteilt. Zwischen dem Fürsten und dem hannoverschen Hoheitsdepartement war strittig, ob als Mittelinstanz zwischen dem Magistrat der Städte und der Landdrostei in Osnabrück, die seit 1823 die Verwaltung in Bentheim überwachte[112], das standesherrliche Amt oder der standesherrliche Regierungsrat fungieren sollte. Außerdem war strittig, ob der Fürst auf Grund der Verordnung vom 18. April 1823 das Recht habe, die Bürgermeister und Ratsmitglieder in den Städten zu ernen-

[109] Bär, Verfassung, S. 168; Greiwing, Übergang, S. 68.
[110] Greiwing, Übergang, S. 75 f.
[111] Greiwing, Übergang, S. 122 f. und 134.
[112] Penners, Osnabrück, S. 149.

nen. Hannover bestand darauf, daß zwei Kandidaten für diese Stelle durch die Bürgerschaft gewählt, die beiden Gewählten dem fürstlichen Regierungsrat zur Auswahl präsentiert und der Ausgewählte von der Landdrostei bestätigt werden müsse.

Die fürstliche Mediatverwaltung dauerte bis zum 1. September 1848. Die finanziellen Zustände der Mediatverwaltung wie des Fürstenhauses hatten sich seit 1823 ständig verschlechtert, denn es war noch ein Teil der Restschulden aus dem 18. Jahrhundert zu tilgen. Außerdem sollen die Einnahmen der Domänen durch die hannoversche Ablösungsordnung der abhängigen Kolonen (Bauern) von 1833 stark gesunken sein, so daß die meisten Einkünfte der Domänen gerichtlich gepfändet waren. Im Vertrag vom 10. Juli 1848 verzichtet der Fürst von Bentheim auf seine standesherrlichen Regierungsrechte, auf die Gerichtsbarkeit, die Polizeiverwaltung, die Aufsichtsrechte über Kirchen und Schulen (mit Ausnahme des Patronatsrechts), über die Städte und Landgemeinden und alle aus diesen Rechten gezogenen Einkünfte, mit Ausnahme des Jagd-, Fischerei- und Steinbruchrechtes. Er unterwarf außerdem seine Domänen der allgemeinen Gerichtsbarkeit und verzichtete auf die zahlreichen rechtlichen und wirtschaftlichen Vorteile für sein Haus. Die durch den Vertrag entstandenen Änderungen wurden durch eine königliche Verordnung vom 21. Juli 1848 festgelegt und traten mit der Vereidigung der standesherrlichen Beamten auf den König von Hannover am 1. September 1848 endgültig in Kraft. Damit waren alle Herrschaftsrechte des Fürsten von Bentheim an Hannover übergegangen[113].

In der Franzosenzeit war in den Städten die Magistratsverfassung nach französischem Vorbild eingeführt worden, nach der ein von der Regierung bestellter und ihr verantwortlicher Bürgermeister der Verwaltung der Stadt vorstand[114]. Während alle französischen Einrichtungen und Gesetze 1814 wieder abgeschafft worden waren, hatte Hannover die Magistratsverfassung in den Bentheimer Städten mit gewissen Modifikationen beibehalten[115]. Eine Eingabe der Altbürgermeister Boer, Avares, Sluyter und Meulemann vom 8. Februar 1814 auf Wiedereinführung der alten Verfassung blieb ohne Erfolg[116].

Die Wirkung der Magistratsverfassung in Nordhorn kann nicht deutlicher dokumentiert werden, als durch die Tatsache, daß von der Franzosenzeit bis 1821 der ehemalige landesherrliche Richter gleichzeitig Bürgermeister der Stadt Nordhorn war, also das Landesinteresse unmittelbar in der Stadtverwaltung zu Tage trat. Von einer städtischen Selbstverwaltung konnte kaum mehr die Rede sein[117].

Natürlich bemühte sich der ehemalige Stadtrat, die alte im 18. Jahrhundert gebräuchliche Stadtverfassung wieder herzustellen. Auf einen solchen Antrag wird die Anfrage des Landdrosten in Osnabrück an den Richter und Bürgermeister Friedrich Anton Weber in Nordhorn über die vormalige Verfassung der Stadt, die Möglichkeiten der Wiedereinführung derselben und den augenblicklichen Zustand der Stadtverwaltung zurückgehen. Webers Gutachten vom 2. Dezember 1818 steht ganz in der

---

[113] GREIWING, Übergang, S. 177.
[114] Vgl. S. 116.
[115] SPECHT, Nordhorn, S. 164.
[116] StA N, C I e 18, unpag.
[117] VOORT, Stadt- und Gogericht, S 31 f.

Tradition der landesherrlichen Richter des 18. Jahrhunderts. Er hält die alte Verfassung für zu aufwendig, kostspielig und ineffektiv und rät dringend von einer Wiedereinführung ab. Die noch praktizierte französische Magistratsverfassung dagegen beurteilt er positiv und empfiehlt, eine Stadtverwaltung nach ähnlichem Muster einzuführen[118].

Zur Einführung einer neuen Stadtverfassung scheint es jedoch im Gefolge dieses Berichtes noch nicht gekommen zu sein, wahrscheinlich auch deshalb, weil die rechtlichen Verhältnisse zwischen Bentheim und Hannover noch nicht geklärt waren. So blieb ein provisorischer Magistrat nach französischer Magistratsverfassung im Amt[119].

Auch unter der standesherrlichen Mediatregierung war man auf Drängen der Landdrostei Osnabrück daran interessiert, für die Stadt Nordhorn eine neue Verfassung auszuarbeiten. Die gesamten Bemühungen um ein solches Verfassungsreglement müssen allerdings vor dem Hintergrund der Diskussion um eine neue allgemeine hannoversche Städteordnung gesehen werden[120].

Im Jahre 1825 scheinen die Vorarbeiten zu einer neuen Städteverfassung wieder in ein akutes Stadium getreten zu sein. Wie 1818 bat das standesherrliche Amt Neuenhaus den Magistrat von Nordhorn um Auskünfte über die ehemalige Verfassung der Stadt, die dieser auch ausführlich erteilte. Dieses Mal versucht der Bericht die ehemalige Stadtverfassung in gutem Licht erscheinen zu lassen[121]. Vor allem versucht Bürgermeister Vincke[122], die Landdrostei in Osnabrück dahin zu bestimmen, Nordhorn als »unmittelbare und schriftsässige« Stadt erscheinen zu lassen, um ihr gegenüber den »amtssässigen« Städten gewisse Selbstverwaltungsrechte zu retten[123].

Regierungsrat Dunker in Bentheim stellte im Gegensatz zu Vincke in einem Schreiben an die Landdrostei in Osnabrück vom 2. November 1828 die alte Stadtverfassung in den düstersten Farben da: »*Wenn ich an die Spitze dieses Berichtes den vielleicht paradox scheinenden Satz stellen darf, daß die Privilegien die Wiege des Wohlstandes der Städte waren und für viele auch das Grab derselben geworden sind, so liefern wenigstens die Städte Schüttorf, Nordhorn und Neuenhaus die Beweise dazu. Alle drey erhielten vom Grafen Bernhard solche eminenten Vorrechte, das ihm und seinen Nachfolgern kaum noch ein Schatten landesherrlicher Gewalt und Oberaufsicht übrig blieb, welcher sie sich bald ganz zu entziehen wußten. Ob nun gleich sehr viele dieser Privilegien mit der nach und nach, dem Zeitbedürfnis gemäß, veränderten Landesverfassung sich nicht vertrugen, so hielten doch die Städte daran fest, führten dieserhalb mit der Landesherrschaft und mit den Ständen kostbare, zum Teil lächerliche Prozesse . . . Wohl waren alle Mängel der städtischen Verfassungen schon unter der königlichen Pfandherrschaft längst erkannt. Ihr aber durch die Clausel des Contracts, in politicis et ecclesiasticis Nichts zu verändern und durch die damaligen Reichsgerichte zu jeder*

---

[118] StA OS, Rep. 325, Nr. 408 f. 43r–52v; Specht, Nordhorn, S. 164 f.
[119] E. Kühle, Die Stadt Nordhorn zur Zeit des Bürgermeisters Vincke, in: Jb. Gft. Bentheim, 1968, S. 106 f.
[120] Sieberts, Städteordnung, S. 38 ff.
[121] StA N, C I e 18, unpag.
[122] E. Kühle, Die Stadt Nordhorn zur Zeit des Bürgermeisters Vincke, 1821–32, in: Jb. Gft. Bentheim 1968, S. 107.
[123] Zu den Begriffen vgl. Sieberts, Städteordnung, S. 31.

Remedur die Hände gebunden. Obgleich auch ich sie für ebensoviel Mißbräuche anse-
he, deren Opfer die genannten Communen selbst geworden sich und deren Herstellung
diese in das Labyrinth erbärmlicher Administration zurückstürzen würde, so scheint es
mir doch, daß nur unter der landesherrlichen Aufsicht und durch eine zeitgemäße Ver-
fassung die Städte, Flecken und Dörfer von denen ihnen seit Jahrhunderten geschlage-
nen Wunden sich werden erholen können« [124].

Als die Landdrostei Osnabrück über das Amt Neuenhaus im März 1829 noch einmal anfragen ließ, welche Bewandtnis es in Norhorn mit den Rottmeistern habe und
welche Aufgabe sie bei der Magistratswahl hätten, scheint die Entscheidung schon gefallen gewesen zu sein, Nordhorn, wie alle Bentheimischen Städte den landsässigen
oder amtssässigen Städten zuzuordnen [125]. Am 22. April 1830 benachrichtigte der
Landdroste von Bar die Stadt Nordhorn, daß die Einführung des Städtereglements
unmittelbar bevorstände, bis dahin habe man sich nach der königlichen Verordnung
vom 20. Mai 1824 zu richten, wonach die Bentheimischen Städte als amtssässige Städte
anzusehen seien [126]. Zur Verabschiedung des Verfassungsreglements für die Stadt
Nordhorn und die übrigen Bentheimer Städte einschließlich des Fleckens Bentheim
durch die Königlich-Hannoversche Regierung kam es dann aber erst am 20. Januar
1832 [127]. Durch Verordnung des Landdrosten wurde der provisorische Bürgermeister
Vinke zum lebenslänglichen Bürgermeister ernannt und eine Magistratswahl nach einer in der neuen Verfassung vorgesehenen Wahlordnung vorgeschrieben. Der neue
Magistrat wurde am 30. August im Beisein von Vertretern des standesherrlichen Amtes Neuenhaus und der Regierung in Osnabrück vereidigt [128].

Die Stadt Nordhorn hatte auf diese Weise nach über einem Jahrhundert der unbe-
stätigten oder provisorischen Verfassungen wieder eine Stadtverfassung, in der die
Aufgaben der Stadtverwaltung genau festgelegt und gegenüber der Kompetenz der
nächsthöheren Behörde, dem standesherrlichen bzw. königlichen hannoverschen
Amt in Neuenhaus, abgegrenzt wurden. Nordhorn war – trotz aller Versuche des
ehemaligen Magistrats, dies zu verhindern – zu einer amtssässigen Stadt geworden, es
war jetzt *gänzlich heruntergesetzt und unter das Amt gestellt* worden [129].

In der 1832 verkündeten Form bestand die Städteordnung für Nordhorn nur etwa
zwei Jahrzehnte, denn nach dem Ende der Mediatregierung 1848 und der Einführung
einer allgemeinen hannoverschen Städteordnung 1851 – möglicherweise mitbedingt
durch die Unruhen der Jahre 1848/49 – wurde eine Revision der Städteordnung
durchgeführt. Die hannoversche allgemeine Städteordnung, die am 17. Mai 1851 publiziert worden war [130], stärkte die Selbstverwaltungsrechte der Städte, und sollte auch
für bisher amtssässige Städte gelten, wenn sie über 1500 Einwohner hätten und von ihren finanziellen Mitteln her in der Lage wären, die neue Städteordnung anzuneh-

---

[124] Zit. nach SPECHT, Nordhorn, S. 165
[125] StA N, C I e 18.
[126] StA N, C I e 18.
[127] V. MEIER, Verfassungsgeschichte II, S. 530.
[128] StA N, C I e 3; das neue Verfassungsregement wurde am 11. Februar 1832 in Nordhorn bekanntgegeben, StA N, C I e 19; SPECHT, Nordhorn, S. 166 f.; SIEBERTS, Städteordnung Tab. 1.
[129] Zit. nach SPECHT, Nordhorn, S. 167.
[130] SIEBERTS, Städteordnung, S. 185.

men[131]. Eine Vorauswahl der Städte, die die neue Ordnung annehmen konnten, wurde durch die Landdrosteien durchgeführt[132].

Aus »Versehen« hatte die Landdrostei Osnabrück auch die Städte Neuenhaus, Nordhorn und Schüttorf gefragt, ob sie die hannoversche Städteordnung annehmen wollten[133]. Auf dieses Schreiben der Landdrostei vom 15. Mai 1851 antwortete Bürgermeister Firnhaber für den Magistrat in Nordhorn am 21. Mai kurz und bündig, *daß unsere städtischen Verhältnisse keineswegs eine höhere Besoldung des Magistratspersonals zulassen, wessen wir die Annahme der Städte-Ordnung gehorsamst ablehnen müssen*[134]. So erübrigte sich die Richtigstellung des Landdrosten, in dem er den Bentheimischen Städten eröffnete, daß nur Gemeinden mit einer Einwohnerzahl von über 1500 die Städteordnung annehmen könnten. Nordhorn gehörte somit zu den Städten des Königreichs Hannover, die die Städteordnung von 1851 nicht erhielt, auch, da es zu diesem Zeitpunkt nur 1356 Einwohner zählte[135].

Allerdings wurde auch für Nordhorn ein neues Verfassungsstatut geschaffen, das nach Begutachtung durch den Magistrat und Genehmigung durch das königliche Ministerium Hannover durch den Landdrosten Luteken in Osnabrück der Stadt am 17. Mai 1853 zugestellt wurde[136]. Die Publizierung und Einführung des Statuts wurde dem Amt Neuenhaus übertragen. Es trat durch Verlesung vor den Mitgliedern des Magistrats und den zahlreich anwesenden Bürgern zu Nordhorn am 18. Juni 1853 in Kraft. Damit war das Verfassungsreglement vom 20. Januar 1832 und alle früheren Ordnungen aufgehoben worden[137].

Das Nordhorner Städtestatut wurde nach der revidierten hannoverschen Städteordnung vom 24. Juni 1858[138] und dem Landgemeindegesetz vom 28. April 1859 am 23. April 1861 einer erneuten Änderung unterworfen, wobei aber die wesentlichen Bestimmungen erhalten blieben[139]. Es entfiel die Teilnahme am hannoverschen Städtetag, dafür erhielt die Stadt einen Abgeordnetensitz in der hannoverschen Ständeversammlung. »Die Stadt Nordhorn wurde unter die Landgemeindeordnung gestellt, behielt aber die Bezeichnung Stadt«[140].

Diese Verfassung blieb auch nach dem Anfall Hannovers an Preußen 1866 bestehen und wurde erst 1919 den neuen städtischen Gegebenheiten angepaßt[141].

---

131 V. MEIER, Verfassungsgeschichte II, S. 556ff.
132 SIEBERTS, Städteordnung, S. 190.
133 SIEBERTS, Städteordnung, S. 235; Neuenhaus hatte zu diesem Zeitpunkt 1435, Nordhorn 1356 und Schüttorf 1480 Einwohner.
134 StA N, C I e 4, unpag.
135 SIEBERTS, Städteordnung, S. 235f.
136 GREIWING, Übergang, S. 148f., nennt ein am 20. Januar 1852 erlassenes Städtereglement, in StA N, C I e 6 wird der 1. Juni 1853 genannt.
137 StA N, C I e 5; Bei der Verlesung waren anwesend: Bürgermeister Firnhaber, Senator Sluyter, die Bürgerdeputierten Vinke, Buitkamp, Buma, Aldekamp, J. Aldekamp und Koning; SPECHT, Nordhorn, S. 167, spricht von einem Statut vom 9. August 1852, das ich nicht auffinden kann.
138 SIEBERTS, Städteordnung, S. 322ff.; MEIER, Verfassung II, S. 576ff.
139 StA N, C I e 6; Das Statut wurde der Stadt vom Amt Neuenhaus am 16. April 1861 in 26 Exemplaren zugestellt und am 23. April in Nordhorn öffentlich bekanntgegeben. Das Statut in C I e 7, es wurde am 4. Februar 1861 erlassen und trat mit Veröffentlichung in Kraft; vgl. SPECHT, Nordhorn, S. 262.
140 KÜHLE, Apotheker Firnhaber, in: Jb. Gft. Bentheim 1970, S. 98.
141 SPECHT, Nordhorn, S. 262.

2. Die Verfassungen der Stadt Nordhorn

a) *Die Verfassung zur Zeit des alten Reiches*

Die Verfassung der Stadt zur Zeit der Stadterhebung, also im späten 14. Jahrhundert, läßt sich nur bruchstückhaft rekonstruieren. Eine eigene schriftlich fixierte Verfassung scheint die Stadt im Mittelalter und in der frühen Neuzeit nicht besessen zu haben, sie bezog sich stets auf die Verfassungen der Städte Schüttorf und Münster. Da wir die Schüttorfer Verfassung von 1465 kennen, die 1519 ausdrücklich auf Nordhorn und Neuenhaus ausgedehnt wurde, können wir annehmen, daß die Verfassung von Nordhorn ähnlich gestaltet war[142].

Genauere Nachrichten über die Stadtverfassung, d.h. über Zusammensetzung und Wahl des Magistrats, die Bürgermeister, die Rechte und Pflichten der verschiedenen Gremien wie der Bürger, sowie die rechtlichen und wirtschaftlichen Grundlagen der Gemeindeverwaltung und deren Zuständigkeit, besitzen wir erst aus dem 18. Jahrhundert, also aus einer Zeit, in der die Rechte der Stadt Nordhorn schon stark in Frage gestellt waren.

Am Ende des alten Reiches berief sich der Magistrat gern auf die Privilegien des späten Mittelalters und alte Gewohnheiten, verkannte aber oft, daß sich in der Praxis der städtischen Verfassung – wie z.B. in der Zusammensetzung des Rates oder der Wahl der Bürgermeister – im Laufe von vier Jahrhunderten so manches verändert hatte. Das im Falle Nordhorn nachzuweisen, wird um so schwerer fallen, als wir die Gewohnheiten der Stadt nur indirekt erschließen können und sich diese in den Bezugsstädten auch oft parallel weiterentwickelt hatten.

So erscheint der Begriff »Bürgermeister« erst relativ spät in den Quellen. Im Stadtbuch ist von *schepen* und *menen borghern* (1408) oder von *schepen ende ghemeenheit* (1430) oder *de gemeynen scheppen, alde unde nyge unde vort de gantze gemeynen borger* (1487) die Rede[143]. Während im Stadtbuch erst 1609[144] zum ersten Mal Bürgermeister genannt werden, erscheinen sie schon früher in einer Urkunde von 1519: *Borgermeestere, Schepen unde Inwoner*[145].

Im Laufe der frühen Neuzeit traten die Schöffen zugunsten der Bürgermeister immer mehr in den Hintergrund. Im Vertrag zwischen Nordhorn und Amsterdam von 1713 stehen die beiden Begriffe noch gleichwertig nebeneinander: *Wy Borger-Meesteren, Schepenen en Raader der Stadt Nordhorn . . .*[146], und am Ende des 18. Jahrhunderts ist nur noch von Bürgermeistern und Rat bzw. Magistrat die Rede. Im Jahre 1787 nannte sich der älteste Bürgermeister sogar »Präsidentbürgermeister«, wie er versicherte, seit »undenklichen Zeiten«[147].

Allein dieser Begriffswandel zeigt an, daß nicht unbedingt von der Verfassung der Stadt im 18. Jahrhundert auf das späte Mittelalter geschlossen werden kann, selbst

---

[142] VEDDELER, Bentheim, S.59f.; und der Beitrag von W. EHBRECHT in diesem Band.

[143] SPECHT, Bürgerbücher, S.30.

[144] SPECHT, Bürgerbücher, S.35.

[145] StA OS, Rep. 1251, Nr.288f. 26r; SPECHT, Nordhorn, S.18; vgl. Beitrag EHBRECHT.

[146] SPECHT, Bürgerbücher, S.40.

[147] Zit. nach SPECHT, Nordhorn, S.18; nach SPECHT, Heimatkunde, S.43 wurde am Ende des 16. Jahrhunderts die Bezeichnung »Schöffen« durch »Bürgermeister« ersetzt; vgl. FINKEMEYER, Verfassung, S.75.

wenn die Stadt selbst sich immer wieder auf ihre alten Privilegien berief und diese auch in Abschriften immer wieder vorlegte[148].

Im 18. Jahrhundert stellte sich die Stadtverfassung von Nordhorn etwa folgendermaßen dar: Der Magistrat bestand aus vier Bürgermeistern, von denen der älteste am Ende des Jahrhunderts Präsidentbürgermeister hieß[149], vier oder mehr Ratsschöffen (Altbürgermeistern), zwei Lohnherren und vier Gemeinsleuten. Der Magistrat wurde jährlich am St. Petritage, dem 22. Februar, gewählt. Die Wahl ging so vor sich, daß die vier Bürgermeister und die Ratsschöffen je einen Bürger benannten; diese zwei Bürger wählten zusammen vier Wahlmänner, die ihrerseits die vier neuen Bürgermeister und die zwei Lohnherren wählten. Die Gemeinsleute hatten an der Wahl der Bürgermeister keinen Anteil.

Die vier Gemeinsleute wurden von den zwölf Rottmeistern der Stadt gewählt. Die Rottmeister hätten von der Bürgerschaft gewählt werden sollen, wurden es wahrscheinlich auch im 16. und 17. Jahrhundert, sind aber im 18. Jahrhundert als Angestellte des Magistrats anzusehen, denn sie wurden von den Bürgermeistern ernannt[150].

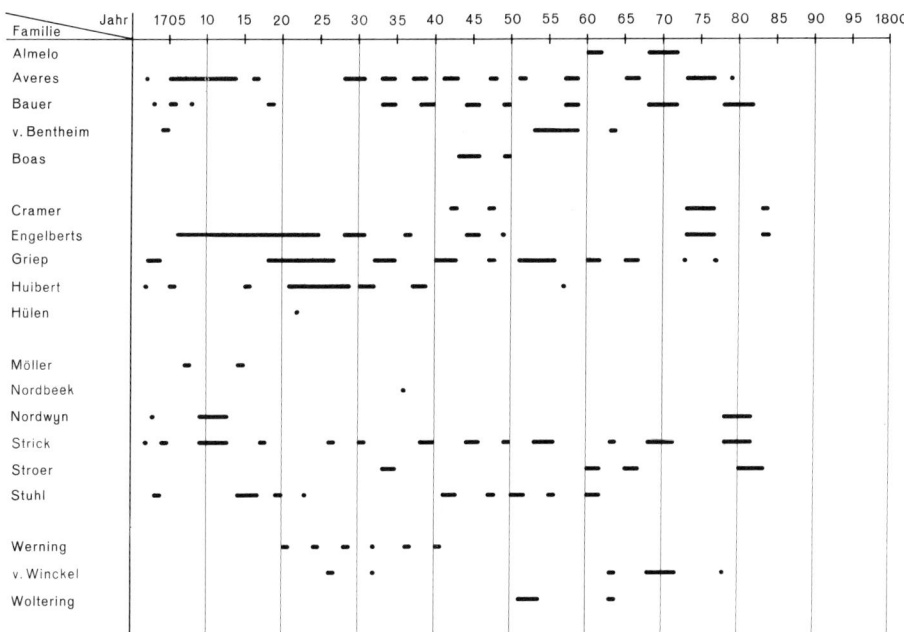

Abb. 2   Nordhorner Bürgermeisterfamilien und ihre Regierungszeiten im 18. Jahrhundert

Die abgegangenen Bürgermeister blieben als Ratsschöffen im Rat. Da die Zahl der für ein Bürgermeisteramt in Frage kommenden Personen in Nordhorn gering war, stellte fast jede der sog. Oberschicht zuzuzählende Familie einen amtierenden oder gewesenen Bürgermeister[151].

---

[148] Vgl. dazu EDEL, Stadtrechte, S. 1.
[149] SPECHT, Nordhorn, S. 40.
[150] StA N, C I 18, unpag. und StA OS, Rep. 325, Nr. 408 f. 45v.
[151] FINKEMEYER, Verfassung, S. 75 f.; StA OS, Rep. 325, Nr. 408 f., 43 ff.; vgl. Tabelle.

Die zwei von den Bürgermeistern und Ratsschöffen für die Wahl der vier Wahlmänner benannten Personen, die sog. Kurgenossen, waren oft ihrerseits gewesene Bürgermeister, konnten aber auch aus den Gemeinsleuten gewählt werden. Ebenso zählten die bei der zweiten Wahl von den zwei Kurgenossen bestimmten Wahlmänner zu der Schicht der Bürgermeister oder Gemeinsleute. Da Gemeinsleute in die Schicht der Kurgenossen, Wahlmänner und Bürgermeister aufstiegen, so kann man von einem Personenkreis von ca. 16–20 Bürgern sprechen, aus denen immer wieder die Bürgermeister gewählt wurden. Ein fester Tournus für die Bürgermeisterwahl läßt sich für das 18. Jahrhundert nur ansatzweise feststellen. Manche Bürgermeister amtierten mehrere Jahre hintereinander, andere kehrten nach jeweils etwa 4–5 Jahren auf den Bürgermeisterposten zurück. Zu Lohnherren konnten gewesene Bürgermeister oder auch Gemeinsleute gewählt werden, auch bei ihnen war mehrfache Wiederwahl möglich[152].

In Nordhorn mußten die vier Bürgermeister nach ihrer Wahl nicht vom Landesherren bestätigt werden, im Gegensatz zu Schüttorf, wo die Bürgermeister vom Landesherrn bestätigt wurden, und zu Neuenhaus, wo nur zwei der Bürgermeister von den Bürgern gewählt und die zwei anderen vom Landesherrn bestimmt wurden[153].

Die zwölf Rottmeister standen den zwölf Rotten vor, in die die Stadt eingeteilt war. Sie gehörten nicht zum Magistrat, stellten auch keine Repräsentanten der Bürgerschaft dar. Die Rottmeister wurden im 18. Jahrhundert vom Magistrat meist auf Lebenszeit angestellt, ihre Funktion bestand darin, daß sie mit der Rotte öffentliche Aufgaben, Wegebau, Vechtereinigung etc. erledigten. Sie verteilten in Kriegszeiten die Einquartierungen, verlasen Bekanntmachungen und sorgten für die Verteilung des Gemeinnutzens. Ihre Belohnung bestand darin, daß sie von städtischen Lasten befreit waren und das Recht der Unterverpachtung der städtischen Wiesen besaßen[154]. Da die Rottmeister vom Rat ernannt wurden, sind die von ihnen gewählten vier Gemeinsleute nicht als Vertreter der Bürgerschaft anzusehen. Um welchen Personenkreis es sich bei den Rottmeistern und den Gemeinsleuten handelte, ist noch ungeklärt. Rottmeister konnten auch zu Gemeinsleuten gewählt werden und auf diese Weise in das Gremium der Wahlmänner gelangen[155].

Die Stadtregierung führten ausschließlich Bürgermeister, Ratsschöffen und Lohnherren, die Gemeinsleute traten nur selten in Erscheinung. Sie waren, wie der Magistrat 1825 behauptete, für das Maß- und Gewichtswesen und die Kontrolle über Gewicht und Qualität des Brotes zuständig, wofür sie auch geringe Entlohnung erhielten[156].

Den Lohnherren war die Aufsicht über die Straßen, Wege und Brücken übertragen, und sie hatten die öffentlichen Arbeiten zu überwachen. Sie besaßen wohl auch eine gewisse Aufsicht über das Finanzwesen der Stadt[157].

Das angestellte Personal der Stadt bestand aus einem Stadtempfänger, der die Rech-

[152] StA N, B 5 (Protocollum civitatis Nordhornense II), passim, vgl. auch Tabelle S. 123.
[153] BÄR, Verwaltungsgeschichte, S. 165f.
[154] StA N, C I e 18, unpag., Bericht der Stadt vom 9. März 1829; SPECHT, Nordhorn, S. 20.
[155] StA N, B 5, passim; SPECHT, Nordhorn, S. 19f.
[156] StA N, C I e 18, unpag., Bericht vom 19. Mai 1825; B 5, passim.
[157] StA N, C I e 18.

nungsbücher führte, einem Stadtsyndikus, der wohl hauptsächlich bei rechtsrelevanten Fragen in Erscheinung trat und mehr als Vertragsjurist angesprochen werden muß, und einem Stadtschreiber, der am Ende des 18. Jahrhunderts den Titel Stadtsekretär beanspruchte[158]. Ein Stadtdiener besorgte Botengänge, verlas Bekanntmachungen und schloß und öffnete die Stadttore[159].

Zu Beginn des 18. Jahrhunderts war das Amt des Stadtempfängers ein Wahlamt, wie das der Lohnherren. Da aber meist dieselbe Person wiedergewählt wurde – das Amt war auch mit dem Bürgermeisteramt vereinbar –, wurde aus der Wahl eine Bestätigung, und der Stadtempfänger versah sein Amt lebenslänglich[160]. Die Rechnungslegung der Stadt – die Rechnungen wurden in schmale Hefte geschrieben[161] – fand jährlich am Tage vor den Neuwahlen des Rates vor dem ganzen Rat statt. Sie wurde vom Rat abgenommen und deren Richtigkeit vom ältesten Mitglied des Rates bescheinigt[162].

Die Einnahmen der Stadt bestanden im 18. Jahrhundert in dem 1416 verliehenen Zoll, dem Waagegeld, der Akzise auf Bier und Brot, dem Bürgergewinngeld, der Einnahme aus städtischem Besitz und dem Landgeld. Hausstätten-, Personen- und Viehschatzungen wurden meist für die landesherrliche Kasse durchgeführt. An Ausgaben hatte die Stadt zunächst die Löhne und Gehälter der Stadtangestellten, Magistratspersonen und die Zinsen für aufgenommenes Kapital, Ausgaben für das städtische Bauwesen, Abgaben an den Landesherren, allgemeinen Verwaltungskosten und sonstiges zu erbringen. Einen regelrechten Etat scheint es im 18. Jahrhundert nicht gegeben zu haben, ihn brachten erst die »Errungenschaften« der Franzosenzeit mit sich[163].

An Belohnung erhielten die Bürgermeister am Ende des 18. Jahrhunderts jährlich 82 Gulden 10 Stüber[164]. Neben diesem geringen Gehalt, das gerade die Ausgaben deckte, erhielten sie noch die Gebühren als Gerichtsassessoren, die Diäten bei Landtagen, die Gebühren aus ihrer Tätigkeit bei Vergleichsterminen, von Versteigerungen, vom Ausstellen von Bescheinigungen etc. Außerdem waren sie von den städtischen Lasten, Abgaben, Einquartierungen usw. befreit. Diese letztgenannten Vorzüge sowie die Einnahmen über Gebühren werden die Bürgermeistertätigkeit finanziell besonders attraktiv gemacht haben. Die Belastung der Bürgermeister durch ihr Amt war in einer so kleinen Stadt nicht so groß, als daß ihr Handwerk oder ihr Handelsgeschäft darunter gelitten hätte, zumal sich die Aufgaben auf vier Personen verteilten und die täglichen Geschäfte vom Stadtempfänger und Stadtschreiber erledigt wurden.

Die Lohnherren erhielten für ihre Tätigkeit 25 Gulden, wozu noch die Gebühren für das Eichen der Meßgeräte kam. Der Stadtsekretär bekam 60 Gulden und der Stadtempfänger 59 Gulden als Lohn. Außer dem festgelegten Lohn pflegten die Stadtange-

---

[158] Der Prozeß um die Bezeichnung »Stadtsekretär« ging bis zum Reichskammergericht: StA OS, Rep. 900 II, Nr. 229.

[159] Zu den Mitgliedern der Stadtverwaltung vgl. StA OS, Rep. 325, Nr. 408 f., 43 f.; SPECHT, Nordhorn, S. 17–23.

[160] StA N, B 5, passim.

[161] StA N, C XI h 45 und folgende.

[162] StA N, C I e 18.

[163] Vgl. StA OS, Rep. 325, Nr. 408 f., 51 ff.; SPECHT, Nordhorn, S. 98 ff., 171 ff.

[164] StA OS, Rep. 325, Nr. 408 f., 51r spricht von 300–400 Gulden, womit wohl die gesamten finanziellen Vorteile der Bürgermeister erfaßt sind.

stellten noch zusätzliche Vergütungen, z. B. freie Wohnung, Dienstkleidung usw. in Anspruch zu nehmen. Dazu kamen bei zahlreichen Gelegenheiten Sporteln und Spesen aller Art, auch darf man die häufigen Essen auf Kosten der Stadt nicht zu gering veranschlagen[165].

Der Aufgabenbereich des Rates war im 18. Jahrhundert – wie schon angedeutet – nicht unumstritten. Nach Aussage des Magistrats besagten die Privilegien und Gewohnheiten der Stadt, daß die Stadt Nordhorn unmittelbar der Regierung in Bentheim und nicht dem Richter in Nordhorn unterstellt sei. Selbst wenn der Wortlaut des Privilegs von 1379 bei enger Interpretation eher das Gegenteil vermuten läßt[166], so kann sicher davon ausgegangen werden, daß sich die Stadt im Laufe des 15. und 16. Jahrhunderts von der Aufsicht des Richters in Verwaltungsangelegenheiten weitgehend freigemacht hatte.

Die Stadt behauptete, auch auf rechtlichem Gebiet von dem Richter unabhängig zu sein. Sie bzw. ihre Bürger seien direkt dem Hofgericht in Bentheim unterworfen, und auch dann noch sei es der Stadtdiener, der dem an einem Prozeß beteiligten Bürger die Ladungen überbringen müsse. Ordnungsverfügungen, Pfändungen bei Nichtzahlung städtischer Steuern, Schlichtung von Streitigkeiten sowie die freiwillige Gerichtsbarkeit (Testamente, Schenkungen, Beglaubigungen) wären schon immer in den Bereich des Magistrats gefallen, der Nordhorner Richter hätte daran keinen Anteil gehabt. Die Kompetenz in Gerichtssachen sei sogar soweit gegangen, daß die zwei Bürgermeister als Assessoren oder Schöffen des Gerichts in Abwesenheit des Richters, nur mit dem Aktuar, Recht gesprochen hätten.

Die Verwaltung in der Stadt habe der Magistrat völlig selbständig ausgeführt. Wie die Bürgermeister nicht vom Landesherrn bestätigt zu werden brauchten, so werde auch die Rechnungslegung der Stadt nicht höheren Ortes kontrolliert. Der Rat erlasse die für die Verwaltung der Stadt nötigen Verordnungen und wache über ihre Einhaltung, habe die Aufsicht über Maß und Gewicht und setze den Brotpreis fest. Er habe das Recht, Bürger aufzunehmen, die Aufnahmegelder zu kassieren, aber auch beim Abzug der Bürger aus der Stadt ein Abzugsgeld zu fordern. Wie selbständig der Magistrat auf diesem Gebiet handelte und wie er dieses Recht verteidigte, zeigen der oft zitierte Vertrag der Stadt mit Amsterdam um Ermäßigung des Abzugsgeldes auf Gegenseitigkeit von 1713[167] und der Vertrag mit der Landesherrschaft von 1780[168]. Selbstverständlich gehörten die unumschränkte Verfügung über die städtischen Besitzungen, die daraus zu ziehenden Einkünfte sowie die Einkünfte der Stadt in den Kompetenzbereich des Nordhorner Rates[169].

So wie der Rat selbst seinen Zuständigkeitsbereich darstellte, wird er einem Wunschzustand entsprechen. Wir haben schon zu zeigen versucht, daß seit dem Beginn des 18. Jahrhunderts, wahrscheinlich früher, die Eigenständigkeit des Rates im-

---

[165] StA OS, Rep. 325, Nr. 408 f., 51 ff.; StA N, C I e 18; SPECHT Nordhorn, S. 19 ff.

[166] Vgl. VEDDELER, Bentheim, S. 59; vgl. den Beitrag von EHBRECHT in diesem Band.

[167] StA N, C I a Nr. 10 vom 18. Februar 1713; SPECHT, Bürgerbücher, S. 40–42.

[168] SPECHT, Nordhorn, S. 76–78.

[169] Zu dem ganzen Komplex aus der Sicht des Richters: StA OS, Rep. 325, Nr. 408 f., 48 ff.; aus der Sicht des Rates: StA N, C I e 18, unpag.; SPECHT, Nordhorn, S. 39, 43 f., 163 f.; FINKEMEYER, Verfassung, S. 75–85; BÄR, Verwaltungsgeschichte, S. 165 f.

mer mehr eingeschränkt wurde. Deshalb wird man annehmen können, daß die Position des Richters in der Realität wesentlich stärker war, als es uns die Berichte des Magistrats vom Beginn des 19. Jahrhunderts vorspiegeln.

War der Richter ursprünglich der Gorichter für das Gogericht Nordhorn, so wird er nach der Privilegierung der Stadt Stadt- und Gorichter, wofür sich aus dem 16. und 17. Jahrhundert zahlreiche Belege anführen lassen[170]. Seine Tätigkeit in der Rechtsprechung beschränkte sich auf die niedere Gerichtsbarkeit, die hohe Gerichtsbarkeit lag beim Hofgericht in Bentheim, während die Stadt eine Schiedgerichtsbarkeit für sich beanspruchte[171]. Als gräflichem Beamten stand dem Richter die Durchsetzung der landesherrlichen Verordnungen im Gogericht und in der Stadt Nordhorn zu. Seine Aufsichtsfunktion über den Magistrat der Stadt Nordhorn muß stärker gewesen sein als es die Stadt wahrhaben wollte. So scheint aus den städtischen Protokollen des 16. und 17. Jahrhunderts selbst hervorzugehen, daß nichts »ohne Thodoen des Herrn Richters« geschehen sei[172], auch ordnete im Jahr 1628 Graf Arnold Jobst an, daß die Richter bei der Wahl des Nordhorner Rates anwesend zu sein hätten[173].

b) Die Verfassung im 19. Jahrhundert

Über die Veränderung der Verfassung der Stadt, die die französische Magistratsverfassung mit sich brachte, die dann in den ersten Jahrzehnten unter Hannover beibehalten wurde, ist schon oben hingewiesen worden[174].

Nach der Aufhebung der Stadtverfassung des Mittelalters und der frühen Neuzeit durch den Großherzog von Berg im Jahre 1809 bildete Nordhorn mit anderen Gemeinden zusammen eine Mairie. Maire wurde Gilbert Peter Paul Boer, Adjoints Friedrich Anton Mähler und Johann Anton Brück. Dazu wurden 16 Munizipalräte vom Unterpräfekten Mauve in Lingen ernannt[175].

Das Verfassungsreglement von 1832 sah vor, daß der Magistrat aus einem Bürgermeister und zwei Senatoren bestehen solle, die auf Lebenszeit zu wählen waren. Dazu traten bei besonderen Entscheidungen sechs Bürgerdeputierte, die jeweils auf sechs Jahre zu wählen waren[176]. Die Wahl des Magistrats geschah indirekt durch die Bürgerschaft, indem alle stimmberechtigten Bürger nach Stimmenmehrheit sechs Wahlmänner zu wählen hatten, die zusammen mit den sechs Bürgerdeputierten ein »Wahl-Collegium« bildeten. Dieses zwölfköpfige Wahlkollegium wählte zu der jeweiligen Magistratsstelle zwei Kandidaten, die dann dem fürstlich standesherrlichen Amt in Neuenhaus zur Auswahl präsentiert wurden. Der dort Ausgewählte mußte noch von der königlichen Landdrostei bestätigt werden. Wurde ein Kandidat nicht bestätigt, so mußte das Wahlkollegium eine neue Wahl vornehmen[177]. Die sechs Bür-

---

[170] VOORT, Das Stadt- und Gogericht, S. 29.
[171] Vgl. Beitrag EHBRECHT in diesem Band.
[172] Zit. nach SPECHT, Nordhorn, S. 38; VOORT, Das Stadt- und Gogericht, S. 32.
[173] VOORT, Das Stadt- und Gogericht, S. 32.
[174] Vgl. S. 116.
[175] SPECHT, Nordhorn, S. 148.
[176] StA N, C I e Nr. 3, §§ 4 und 5.
[177] StA N, C I e Nr. 3, §§ 41–43.

gerdeputierten sowie zwei Stellvertreter wurden wie die sechs Wahlmänner unter Leitung des Magistrates von der gesamten stimmberechtigten Bürgerschaft gewählt[178]. Die Bürgerdeputierten mußten als Vertreter der Bürgerschaft bei Verkauf und Verpfändung von Stadtbesitz, Erhöhung von Abgaben, Kreditaufnahme, größeren städtischen Bauten, bei der Gemeinheitsteilung, Entscheidung für kostspielige Prozesse, Aufstellung des Etats und Abnahme der Kämmereirechnungen zugezogen werden. In diesem Falle mußten Beschlüsse des Magistrats und der Bürgerdeputierten mit Stimmenmehrheit gefaßt werden[179].

In dem Verfassungsstatut der Stadt Nordhorn vom 23. April 1861 bestand der Magistrat ebenfalls aus drei Personen, nur daß die zwei Senatoren einfach Ratsherren genannt und die Magistratspersonen nicht auf Lebenszeit gewählt wurden. Der Bürgermeister sollte auf 12 Jahre, die beiden Ratsherren auf sechs Jahre gewählt werden, dergestalt, daß nach drei Jahren je ein Ratsherr ausschied.

Auch die Wahl des Magistrates war etwas anders ausgefallen: Das Wahlkollegium bestand aus dem amtierenden Magistrat und soviel Vertretern der Bürgervorsteher, daß die Zahl sechs erreicht wurde. Sechs Bürgervorsteher wurden von allen stimmberechtigten Bürgern der Stadt gewählt. Die Wahl des Magistrates bedurfte der Bestätigung des königlichen Amtes Neuenhaus. Ebenfalls gewählt wurde ein Rechnungsführer, vom Magistrat angestellt wurde ein Stadt- und Polizeidiener sowie vier Nachtwächter. Die Rechte und Kompetenzen des Magistrates entsprachen in etwa den im Statut von 1832 und 1853 festgelegten[180].

Im Gegensatz zu der »Verfassung« der Stadt in der frühen Neuzeit brachten die Verfassungsstatute des 19. Jahrhunderts – mit Ausnahme der französischen Magistratsverfassung – einen verstärkten Anteil der Stadtgemeinde an der Wahl des Magistrates. Zwar wurde das System der Wahlmänner beibehalten, diese wurden aber nicht von vom Rat abhängigen Rottmeistern, sondern von den stimmberechtigten Bürgern direkt gewählt. Auch war jeder stimmberechtigte Bürger wählbar und durfte die Wahl nicht ablehnen.

Der Einfluß der Bürger auf die Ratspolitik war nach wie vor begrenzt. Nach dem Statut von 1832 mußte wenigstens noch bei gewissen Entscheidungen die Bürgervertretung zugezogen werden, was 1861 nicht mehr der Fall gewesen zu sein scheint. Die Kontrolle über den Magistrat war einerseits durch die Bürgerschaft, andererseits aber in viel stärkerem Ausmaße durch die übergeordnete Behörde, das Amt Neuenhaus, gegeben, an das sich die Bürger bei Streitigkeiten mit dem Magistrat wenden konnten.

c) Die Bürgerschaft

Über die genaue Zahl der Einwohner der Stadt Nordhorn im späten Mittelalter können wir nur Vermutungen anstellen. Sicherlich wird die Zahl jedoch unter 1000 gelegen haben, zumal noch im Jahre 1815 diese Grenze nicht erreicht wurde[181]. Die Zahl

[178] StA N, C I e Nr. 3, §§ 48–50.
[179] StA N, C I e Nr. 3, §§ 34, 35; C I e Nr. 19; KÜHLE, Die Stadt Nordhorn zur Zeit des Bürgermeisters Vincke, S. 107.
[180] StA N, C I e Nr. 7.
[181] SPECHT, Bürgerbücher, S. 19; vgl. Beitrag SCHWIPPE in diesem Band.

der Wohnhäuser innerhalb des Stadtberings wird nach dem Brandkataster von 1773 mit 192 und nach dem Brandkataster von 1814 mit 204 angegeben[182]. Zu diesem Zeitpunkt hatte schon ein Ausbau der Stadt innerhalb der Vechtearme stattgefunden, der am Ende des 16. Jahrhunderts mit der Bebauung des »Hagens« begonnen hatte[183].

Fluktuationen in der Bürgerschaft konnten außer durch Geburt und Absterben durch Zuzug und Abzug von Bürgern hervorgerufen werden. Besonders der Zuzug wurde stets streng kontrolliert, denn die Stadt achtete darauf, wen sie neu in die Bürgergemeinschaft aufnahm. Sie suchte Garantien dafür, daß der Neubürger auch die bürgerlichen Pflichten erfüllen konnte und der Stadt nicht zur Last fiel.

Da die Bürger bestimmte Rechte besaßen, die sie von den umwohnenden Landbewohnern abhoben, bemühten sich immer wieder Personen um das Bürgerrecht in der Stadt Nordhorn. Über die Voraussetzungen und Bedingungen des Zuzugs und die Pflichten und Rechte der Bürger sind wir durch mehrere Arbeiten relativ gut unterrichtet[184].

Die Voraussetzungen für den Gewinn des Bürgerrechtes bildeten persönliche Freiheit, Besitz von Stadtgut[185], die Stellung einer Kaution sowie die Zahlung eines Bürgergewinngeldes. Die Kaution wurde als Garantie dafür gefordert, daß der Neubürger der Allgemeinheit nicht durch Armut zur Last fiel. Außer dem Bürgergewinngeld konnten noch Sachleistungen gefordert werden, z.B. Waffen oder Feuerlöschgerätschaften.

Die Bürgeraufnahme fand nach der Erfüllung der genannten Bedingungen in Nordhorn meist am Tage der Ratswahl statt. Der Neubürger mußte einen Eid schwören, daß er sich in die Stadtgemeinschaft einfügen und die gemeinsamen Lasten übernehmen wolle[186].

Aus den erhaltenen Bürgerbüchern hat Specht die Zahl der jährlich vereidigten Neubürger festgestellt. Für die Zeit von 1396 bis ca. 1600 sind jährlich im Durchschnitt etwa vier Personen, von 1600 bis 1699 ca. 3,7, von 1700 bis 1799 ca. 4,6 und von 1800 bis 1899 ca. 7,5 Personen als Bürger aufgenommen worden. Aus diesen Durchschnittszahlen läßt sich allerdings nicht ablesen, daß das Instrument der Bürgeraufnahme von der Stadt je nach Bedarf unterschiedlich gehandhabt werden konnte, außerdem hing die Zahl der jährlichen Aufnahmen von der allgemeinen wirtschaftlichen Entwicklung und der Zahl der verfügbaren Hausplätze innerhalb des Stadtberings ab. Die Möglichkeit der Ansiedlung außerhalb des alten Stadtbereiches im 19. Jahrhundert sowie der wirtschaftliche Aufschwung im letzten Drittel des Jahrhunderts hat sehr zur Zunahme von Bürgeraufnahmen beigetragen. Die Bürgeraufnahme wurde bis 1913 beibehalten, der letzte von der Stadt Nordhorn aufgenommene Neubürger war 1913 der Fabrikarbeiter Hindrik Kronemeyer[187].

Das Bürgerrecht brachte für den Nordhorner Bürger außer rechtlichen Vorzügen

[182] StA OS, Rep. 125 IV, Nr. 6; Rep. 325, Nr. 285.
[183] SPECHT, Nordhorn, S. 56 f.
[184] SPECHT, Nordhorn, S. 67–78; SPECHT, Bürgerbücher, S. 8–15; SPECHT, Heimatkunde, S. 44 f.; SCHNEIDER, Bürgerrecht.
[185] Durch Erbe, Einheirat oder Kauf.
[186] SCHNEIDER, Bürgerrecht, S. 33–37; SPECHT, Bürgerbücher, S. 12 ff.
[187] SPECHT, Bürgerbücher, S. 8, 18 f.; SPECHT, Nordhorn, S. 174; SPECHT, Handwerk, S. 271 f.

vor allem wirtschaftliche Vorteile mit sich. Da waren zunächst die Privilegien, die den einzelnen städtischen Berufsgruppen zusätzlich vom Landesherrn verliehen wurden, dann vor allem die Möglichkeit, bürgerliche Nahrung zu treiben[188]. Darüber hinaus besaßen die Bürger das Recht, landwirtschaftliche Flächen zu nutzen, sei es, daß diese zur Stadt gehörten, sei es, daß die Bürger durch Vertrag gewisse Nutzungsrechte in den benachbarten Marken besaßen.

Wenn man den Rechten der Bürger die Pflichten gegenüberstellt, so muß man sich vergegenwärtigen, daß nicht allein die oben genannten rechtlichen und wirtschaftlichen Vorteile die Qualität des Bürgers ausmachten. In einer Stadt zu wohnen, Bürger zu sein, einer privilegierten Gemeinschaft anzugehören, bedeutete persönliche Freiheit, bedeutete – wenn auch beschränkte – Mitsprache in Gemeindeangelegenheiten, gab aber vor allem die Möglichkeit, »städtische Nahrung«, ein Handwerk oder Handel mit Gewinn auszüüben und in dieser Ausübung gesichert zu sein. Handwerk und Handel versprachen größeren und schnelleren Gewinn, konnten zu wirtschaftlichem Aufstieg führen und brachten erhöhtes Ansehen mit sich. Selbst wenn in Nordhorn im Laufe der frühen Neuzeit ein großer Teil der Bürger zusätzlich Landwirtschaft betrieb, besaß der Bürger als Bürger doch ein besonderes Ansehen[189].

Die persönlichen und finanziellen Verpflichtungen der Bürger, so zahlreich und unterschiedlich sie waren, belasteten diese im Verhältnis zu den Landbewohnern, die z. T. noch in persönlicher Unfreiheit lebten, in weit geringerem Maße. Die Bürger hatten ursprünglich die Pflicht, die Stadt im Notfall zu verteidigen und dem Landesherren bewaffnet zur Verfügung zu stehen, was aber in der Neuzeit nur selten von den Bürgern gefordert worden sein wird. Allerdings hatten die Bürger, selbst wenn sie nach dem Privileg von 1519 dem Landesherren nicht mehr außer Landes zu folgen brauchten, doch die Verteidigungsanlagen der Stadt in Stand zu halten und regelmäßig Wachdienst abzuleisten. Zur Aufgabe der Bürger gehörte es auch, die Straßen und Binnenvechten in Ordnung zu halten, die Brücken bei Eisgang zu schützen, bei Feuer Hilfe zu leisten und sonstige gemeinschaftliche Aufgaben zu übernehmen[190].

Bei den finanziellen Belastungen der Bürger muß man unterscheiden zwischen solchen, die die Stadt ihren Bürgern auferlegte und die in die Stadtkasse flossen, und solchen, die der Landesherr von allen Einwohnern, also auch von den Nordhorner Bürgern, verlangte. Da das frühneuzeitliche städtische und landesherrliche Finanzsystem äußerst kompliziert ist, sollen hier nur einige Hinweise gegeben werden.

Die Stadt scheint nur eine direkte Steuer von ihren Bürgern verlangt zu haben, das sog. Landgeld. Das Landgeld war von allen Ländereien zu zahlen, die die Bürger innerhalb wie außerhalb der Stadt nutzten. Es wurde ein Simplum festgelegt und je nach Bedarf ein mehrfaches davon jährlich erhoben[191]. Darüber hinaus bestanden die Einnahmen der Stadt aus dem der Stadt 1416 zugestandenen Wegezoll, dem Stadtwaagegeld und der 1653 eingeführten Akzise auf Bier und Mehl. Während der Wegezoll eine Abgabe war, die nur von den fremden, nicht im Gericht Nordhorn wohnenden Perso-

---

[188] SPECHT, Bürgerbücher, S. 16 ff.
[189] Vgl. SPECHT, Bürgerbücher, S. 15–18; SPECHT, Heimatkunde, S. 46–52.
[190] Vgl. SPECHT, Nordhorn, S. 106 ff.
[191] SCHRÄDER, Besteuerung, S. 9 f.

nen zu entrichten war, war die Akzise auf Bier und Mehl vornehmlich von den Nordhorner Bürgern zu zahlen, die diese Konsumgüter verzehrten. Das Stadtwaagegeld
mußte von Fremden und Einheimischen entrichtet werden, wenn sie mit Kaufmanns-
waren über ein bestimmtes Gewicht durch Nordhorn zogen. Es handelte sich hierbei
ursprünglich um eine Gebühr für das Wiegen der Güter, die dann fiskalischen Charakter angenommen hatte. Alle drei letztgenannten Einnahmearten wurden im 18. Jahrhundert vom Rat verpachtet. Pächter waren meist Altbürgermeister oder Gemeinsleute.

Die Einnahmen des Landesherren basierten vornehmlich auf direkten Steuern. Es
hat den Anschein, als seien die Städte bis zum Beginn des 17. Jahrhunderts nicht zu
häufig mit landesherrlichen Steuern belästigt worden. Erst 1633 scheint eine Feuerstät-
tenschatzung und 1691 eine Personenschatzung in der Stadt Nordhorn durchgeführt
worden zu sein.

Bei Erbschatzungen, die wie die übrigen Schatzungen von den Ständen bewilligt
werden mußten, pflegten die Städte Schüttorf, Nordhorn und Neuenhaus den 10. Teil
der bewilligten Summe zu zahlen [192]. Wie die Summe in der Stadt auf die Bürger umgelegt wurde, ist ungewiß, wahrscheinlich durch eine Erhöhung der Quote beim städtischen Landgeld [193]. Nach einem bestimmten Schlüssel auf die Bürger der Städte und
die Landbewohner umgelegt wurden auch die auf die Grafschaft zukommenden
Reichs- und Kreislasten sowie die Kriegskontributionen. Diese wurden oft durch zusätzliche, auch in der Stadt durchgeführte Personenschatzungen aufgebracht, die vom
Richter und Vogt in den Gerichtsbezirken eingezogen wurden [194].

Das hier grob und unvollständig skizzierte Steuersystem kann für die gesamte Zeit
des alten Reichs als gültig angesehen werden. Auffallend ist, daß mit dem 16. Jahrhundert die Zahl der direkten Schatzungen durch den Landesherrn zunahm, neue Steuer-
arten ausgebildet und immer größere Personenkreise erfaßt wurden. Auch auf dem
Gebiet des Finanzwesens wurde die spätmittelalterliche städtische Freiheit im Laufe
der frühen Neuzeit eingeschränkt [195].

Über die innere Struktur der Stadt im Spätmittelalter und in der frühen Neuzeit sind
wir kaum unterrichtet, da die Quellenlage zu den Fragen ausgesprochen schlecht ist.
Erst für das 18. Jahrhundert lassen sich die Aussagen über die Sozialstruktur der Bevölkerung machen [196]. Auch über das Verhältnis von Bürgerschaft zum Magistrat
bzw. über Spannungen zwischen städtischen Gruppen können wir nur Vermutungen
anstellen.

So muß es offen bleiben, ob es in den Jahren 1487 und 1488, Jahren, in denen in
zahlreichen Städten Unruhen ausbrachen [197], auch in Nordhorn zu einem Aufruhr gegen den Rat gekommen ist. Die Willküren, die verboten *wopengeschrey (to) maken by*

---

[192] 1646, als sie mehr übernehmen sollten, weigerten sie sich.
[193] SPECHT, Nordhorn, S. 98–106; SCHRÄDER, Besteuerung, S. 9 f.; VOORT, Steuern.
[194] Vgl. VOORT, Steuern, S. 23–31.
[195] Trotz einiger Vorarbeiten, z. B. SCHRÄDER, Besteuerung, und VOORT, Steuern, fehlt für Bentheim eine
     Geschichte des öffentlichen Finanzwesens der frühen Neuzeit.
[196] Vgl. Beitrag SCHWIPPE in diesem Band.
[197] Vgl. A. LAUBE, Die Volksbewegungen in Deutschland von 1470–1517, in: HZ, Beiheft 4, Revolte und
     Reformation in Europa, München 1975, S. 84–98, S. 88 ff.

dage noch by nachte sunder kentlike noitzake und *scheltworden* gegen die Schöffen zu gebrauchen, deuten auf eine Unruhe in der Stadtbevölkerung hin[198].

Unmut gegen den Magistrat der Stadt erhob sich im 18. Jahrhundert deshalb, weil die vom Rat angestellten Rottmeister von der Stadt die städtischen Wiesen pachteten und das Heu oder die Nutzung teuer an die Bürger verkauften[199].

Im 19. Jahrhundert kam es zu Beschwerden von Bürgern im Zusammenhang mit den wirtschaftlichen Schwierigkeiten der Stadt, auch zur Anteilnahme an den Ereignissen im Revolutionsjahr 1848, ohne daß es zu Ausschreitungen gekommen wäre, und schließlich zu Beschwerden gegen die Stadt über die Verwaltung und Nutzung der Marken in den Jahren 1857–1864[200].

3. Zusammenfassung und Ausblick

Die vorstehenden Bemerkungen zur Stellung der Stadt Nordhorn zum Grafen von Bentheim, zur kurkölnischen Subdelegation und zur Regierung in Hannover sowie zur Verfassung der Stadt sind vor dem Hintergrund einer tiefgreifenden Veränderung im Verhältnis vom Bürger zur Obrigkeit und einer Intensivierung von Verwaltung auf allen staatlichen Organisationsebenen zu sehen. Der Ausbau und die Konsolidierung der modernen Flächenstaaten, wie sie das 19. Jahrhundert vom Reichsdeputationshauptschluß 1803 über die Schlußakte des Wiener Kongresses 1815 bis zur Gründung des deutschen Reiches 1871 mit sich brachte, wirkte auch auf eine im Verhältnis kleine Stadt wie Nordhorn zurück. Die politische und wirtschaftliche Randlage, in die die Stadt seit dem Beginn des 19. Jahrhunderts geraten war, wirkt noch heute nach. Der Unterordnung unter verschieden gestaffelte Verwaltungseinheiten, die im 18. Jahrhundert einsetzte und im 19. Jahrhundert mit der Einstufung als Landstadt ihre schärfste Ausprägung erfuhr, konnte Nordhorn erst im Zuge der Industrialisierung aus eigener Kraft entgegenwirken[201].

Im Verhältnis der Stadt zum Landesherrn zeigte sich im Laufe des späten Mittelalters und zu Beginn der frühen Neuzeit ein zunehmendes Selbstbewußtsein der Stadt, die zwar die Bentheimer Oberhoheit anerkannte, aber auch gegenüber ihrer Obrigkeit vermeintliche oder wirkliche Rechte verteidigte. Die Stadt Nordhorn war ein Faktor in der Grafschaft Bentheim, der trotz der geringen rechtlichen Repräsentation auf den Landtagen ein gewisses Gewicht besaß.

Im Jahrhundert des 30 jährigen Krieges und des Absolutismus veränderte sich das

---

[198] SPECHT, Bürgerbücher, S. 30 f.; vgl. Beitrag EHBRECHT in diesem Bande.
[199] StA OS, Rep. 325, Nr. 408 f. 47v.; SPECHT, Nordhorn, S. 189 f.
[200] SPECHT, Nordhorn, S. 187, 258 ff.; vgl. auch Beitrag SCHÜTTE in diesem Band.
[201] Vgl. Beitrag von C. WISCHERMANN in diesem Band.
[201] Auf die Wirtschaftsgeschichte der Stadt Nordhorn vom Spätmittelalter bis ins 19. Jahrhundert kann hier nicht eingegangen werden. Ausführliche Nachrichten bei SPECHT, Nordhorn; SPECHT, Geschichte des Handwerks in der Grafschaft Bentheim, in: Beiträge zur Geschichte des Osnabrücker Handwerks, Osnabrück 1975, S. 241–299; zu Einzelaspekten vgl. H. VOORT, Handels- und Verkehrswege in der Geschichte der Grafschaft Bentheim, in: Osnabrücker Mitt. 84, 1978, S. 25–32; H. VOORT, Die Holländischen Steinhandelsgesellschaften in der Grafschaft Bentheim, in: Verslagen en Mededelingen Overijsselsche Geschiedenis 85, 1970, S. 164–185; H. VOORT, Die Steinmaate in Nordhorn, in Jb. Gft. Bentheim 1974, S. 35–43.

Bild. Der Landesherr, auch wenn er persönlich noch so schwach war, verlangte absolute Unterordnung unter eine zentral aufgebaute Verwaltung. Die Landbewohner und die Bürger der Städte wurden Untertanen, die Selbstbestimmungsrechte der Städte wurden ebenso eingeschränkt wie die Kompetenzen der Landstände.

Der konfessionelle Gegensatz in der Grafschaft, der durch die Gegenreformation verstärkt wurde, hatte zur Folge, daß unter dem Druck von Garantiemächten die verfassungsrechtlichen Verhältnisse des 16. und 17. Jahrhunderts auch für das 18. Jahrhundert festgeschrieben wurden. Dadurch erhielt auch die Stadt Nordhorn einen gewissen Freiraum, in dem sie trotz aller Anfeindungen durch landesherrliche Organe (Stadt- und Gorichter) noch eine gewisse Selbständigkeit retten konnte. Erst als nach 1806 keine Klagen an übergeordnete Gerichte (Reichskammergericht, Reichshofratsgericht) mehr möglich waren und die Oberhoheit Hannovers durch keine Pfandschaftsklauseln mehr eingeschränkt wurde, besaß die Stadt keine Möglichkeit mehr, ihre mittelalterlichen Rechte und Gewohnheiten zu verteidigen.

Das Selbstbewußtsein der Stadt in der frühen Neuzeit entsprang einer gewissen wirtschaftlichen Prosperität, die durch ihre Lage an der schiffbaren Vechte und die engen Handelsverbindungen zu den Ijsselstädten gegeben war[202]. Träger dieses Selbstbewußtseins war vornehmlich der Kaufmannsstand, der zwar im 18. Jahrhundert fast nur noch Kommissions- und Speditionsgeschäfte betrieb, aber in der Stadt doch noch sehr stark war und aus dem sich weitgehend die Stadtregierung rekrutierte. Daß sich die in fast allen Städten im 18. Jahrhundert zu beoabachtenden Abschlußtendenzen einer Oberschicht auch in Nordhorn nachweisen lassen, darf nicht verwundern[209]. Bei der geringen Bevölkerungszahl waren es nur ca. 15 Familien, aus denen immer wieder die vier Bürgermeister gewählt wurden[204]. Konservativismus im Wirtschaftsleben der Stadt im 17. und 18. Jahrhundert läßt sich auch in der verstärkten Abschließung des zünftigen Handwerks und der Abgrenzung gegenüber dem zunehmenden Landhandwerk feststellen[205].

Aus diesen inneren Gründen wie aus der Tatsache, daß die Städte im Territorium Hannover eine Randlage einnahmen und sich zu Beginn des 19. Jahrhunderts Zollgrenzen verhärteten, war die Stadt wirtschaftlich und politisch den großräumigen Veränderungen in Verkehr, Handel und Gewerbe in der ersten Hälfte des 19. Jahrhunderts nicht mehr gewachsen[206]. Erst in der Mitte des Jahrhunderts begannen sich in Nordhorn Kräfte zu regen, die den bedeutenden wirtschaftlichen Aufschwung der Jahrhundertwende vor allem auf dem Textilsektor einleiten sollten[207].

Das städtische Leben einer Stadt wie Nordhorn vom Spätmittelalter bis ins 19. Jahrhundert in allen Einzelheiten darzustellen, würde in diesem Zusammenhang zu weit führen. Zum Mikrokosmos einer Stadt, die im 18. Jahrhundert 1000 bis 1200 Einwohner zählte, gehören Handel, Gewerbe und Landwirtschaft, religiöses Leben,

---

[202] H. MAUERSBERG, Wirtschafts- und Sozialgeschichte zentraleuropäischer Städte in neuerer Zeit, Göttingen 1960, S. 104 ff.

[204] Vgl. Bürgermeisterliste im Anhang und Tabelle.

[205] Zum Gewerbe und Zunftwesen: W. EGGEMANN, Zünfte und Zunftsrechte in der Grafschaft Bentheim (1341–1810), Diss. Leipzig, Borna-Leipzig 1912; SPECHT, Handwerk.

[206] Zum Schiffsbauhandwerk: StA N, C IX a, Nr. 3, 4 ff.; SPECHT, Nordhorn, S. 223–226; SPECHT, Handwerk, S. 296–299.

[207] Vgl. Beitrag von C. WISCHERMANN.

Schule und Bildung, Hausbau und Wohnen, Alltag, Feste und Feiern, Vereinswesen und Volkskultur; alles das muß dargestellt werden, wenn Geschichte anschaulich werden soll.

Als Grundlage für weitere Untersuchungen in der angegebenen Richtung seien hier deshalb eine Liste der Bürgermeister des 18. Jahrhunderts sowie ein Abdruck des Brandkatasters von 1814 wiedergegeben.

Die Bürgermeisterliste für die Jahre 1702–1784 ist aus dem Protokollbuch des 18. Jahrhunderts zusammengestellt, in das jährlich die Namen der neugewählten Bürgermeister, jeweils am 22. Februar, eingetragen wurden [208].

Das sog. Brandkataster, das in Nordhorn zum erstenmal 1773 aufgenommen wurde, gibt den Besitzer, die Nutzungsart und den Wert aller Gebäude in der Stadt an [209]. Bei der Holzbauweise des 18. Jahrhunderts und dem ständigen Umgang mit offenem Feuer waren Brände von Häusern und ganzen Stadtvierteln häufig. Deshalb wurden in fast allen Territorien im Laufe des 18. Jahrhunderts staatliche Feuerversicherungen eingeführt, in die alle Hausbesitzer eintreten mußten. Die Höhe der Versicherungssumme allerdings lag im Ermessen des Hausbesitzers. Es wurden keine regelmäßigen Prämien bezahlt, sondern die durch Brandfälle entstandenen Kosten von der Landeskasse vorgeschossen und nachträglich auf die Hausbesitzer anteilmäßig nach dem Wert ihres Hauses umgelegt [210].

Anlage I
Regierungszeiten der Nordhorner Bürgermeister von 1702–1784

Zusammengestellt aus: StA N, B 5 (Protocollum civitatis Nordhornense II)

In jedem Jahr standen vier Bürgermeister an der Spitze der Stadt.

Almelo, Jan van	1760–62, 1768–72
Averes, Anton	1758–59
Caspar	1765–67, 1773–77, 1779
Derk	1757–59, 1765–67
Dietrich	1706–07
Gerhard	1707–08
Heinrich sen.	1709–14, 1716–17, 1730–31, 1738–39
Heinrich jun.	1733–35, 1741–43, 1747–48, 1751–52
Jan	1737
Johann	1702, 1728–29
Bauer, Hermann	1732–35, 1738–40, 1744–46, 1749–50, 1757–59
Jan H.	1768–72, 1778–82
Jürgen	1707–08
Jurius	1718–19
Wilhelm	1703, 1705–06

---

[208] StA N, B 5 (Protocollum civitatis Nordhornense II).
[209] Brandkataster von 1773 in: StA OS, Rep. 125 IV, Nr. 6; von 1814 in: StA OS, Rep. 325, Nr. 285.
[210] Zu Brandkatastern: HEINRICH SCHÄFER, Das Brandkataster. Ein Beitrag zur Methode stadtgeographischer Untersuchungen, in: Ber. z. dt. Landeskunde, Bd. 37, 1966, S. 98–104; vgl. auch, BEHR, Politisches Ständetum, S. 126 ff. u. W. KOHL, Die Verwaltung der östlichen Departements des Königreichs Westphalens 1807–1814, Berlin 1937 (Hist. Studien, H. 323), S. 139 ff.

van Bentheim, Heinrich sen.	1704–05
Heinrich jun.	1753–59, 1763–64
Boas, C. L.	1744–46, 1749–50
Cramer, Ernst Wilhelm	1773–77, 1783–84
Heinrich	1742–43
Hermann	1747–48
Wilhelm	1715–16
Engelberts, Gerhard sen.	1706–07, 1709–14, 1717–18, 1721–23, 1728–29, 1730
Gerhard jun.	1773–77, 1783–84
Johann	1707–08, 1719–20, 1724–25, 1730–31, 1737
Diederich	1744–46, 1749
Griep, Heinrich sen.	1703–04
Heinrich jun.	1720–21, 1723–25
Rudolf sen.	1702
Rudolf jun.	1718–19, 1722–23, 1726–27, 1732–35
Wilhelm	1740–43, 1747–48, 1751–56, 1760–62, 1765–67, 1773–77
Huibert (Hubert), Gerhard	1715–16, 1724–25, 1728–29, 1732, 1738–39
Hermann	1702, 1705–06
Johann E.	1721–23, 1726–27, 1730–31, 1736–37,
Peter	1757
Hülen, Gerhard Bernhard	1722
Möller, Bernd	1707–08, 1714–15
Nordbeek, Christian	1736
Nordwyn (Nordweis)	
Arnold Heinrich	*1778–82*
Cornelius	*1703, 1709–13*
Strick, Caspar	1704–05, 1709–13, 1717–18, 1726–27, 1730–31
Johann	1702
Johann-Hermann	1737–39, 1744–46, 1749–50, 1753–56, 1763–64, 1768–74, 1778–82
Stroer, Hermann sen.	1733–35
Hermann jun.	1760–62, 1765–67, 1780–82
Johann	1783–84
Stuhl, Anton	1703–04, 1716–17
Gerhard-Bernd sen.	1714–15
Gerhard-Bernd jun.	1719–20, 1723, 1783–84
Gerhard-Christian	1741–43, 1747–48, 1750–52, 1755–56, 1760–62
Werning, Lubbertam	1720–21, 1724–25, 1728–29, 1732, 1736–37, 1740–41
ten Winckel, Johann	1726–27, 1732
Lukas	1763–64, 1768–72, 1778
Wolterinck, Heinrich	1751–54, 1763–64

Anlage II
Das Brandkataster der Stadt Nordhorn von 1814

Die nachfolgende Liste von Namen gibt die Hausbesitzer in Nordhorn an. Da alle Bürger auch Hausbesitzer waren, ist fast die gesamte Bürgerschaft der Stadt von 1814 namentlich erfaßt. Der Versicherungswert der Gebäude der Bürger läßt Rückschlüsse auf den Wohlstand der Bürger zu. Die laufende Numerierung der Hausstellen geht auf eine Numerierung der gesamten Stadt zurück, die noch nicht an einzelnen Straßen orientiert war. Der Wert ist in Reichsthalern angegeben.

»Cadaster der Gebäude in der Stadt Nordhorn, wie selbige im Monat December 1814 in der neuen Brand-Assecurations-Societät eingeschrieben worden. Durch die dazu Verordneten: Weber, Mähler, Vincke.«

Nr.	Name	Wohnh.	Sch.	Ng.	Summe	Gesamt-Summe
1	Witwe Cosack	1			700	700
2	Johann Koehorst	1			700	
	das Brauhaus			1	200	975
	die Scheune		1		75	
3	Bernd Bras	1			300	300
4	Gerd Blodkamp	1			150	150
5	Johann Dirks	1			200	200
6	Johann Stroer	1			300	300
7	Hinrich Bras	1			75	75
8	Hannes van Gerde	1			100	100
9	Gerhard Kösters	1			125	125
10 11	sind abgebrochen					
12	Johann Schoo	1			100	100
13	Hinrich Geesen	1			100	100
14	Hinrich Hartgerding	1			300	300
15	Gerd Rakers	1			300	300
16	Hermannes Reynders	1			300	300
17	Johann Anton Bruck	1			3600	3800
	das Nebenhaus			1	200	
18	Petrus Dannenbargh	1			3600	
	das Hinterhaus			1	225	3925
	die Scheune		1		100	
19	Johannes Jäger	1			200	200
20	Johann Herm. Bras	1			150	150
21 22	Harm Kösters	1			300	300
23	Witwe Franken	1			200	200
24	Hinrich Huesmann	1			200	200
25	Bernd Koning	1			300	300
26	Witwe van Bentheim	1			800	
	das Brauhaus			1	200	1200
	der Stall		1		200	
27	Mauritz Beens	1			800	1200
	das Hinterhaus			1	400	
28	Hinrich Johann van Wyhe	1			300	300
29	Witwe Wiekel	1			600	650
	das Nebenhaus			1	50	
30	Georg Schröder	1			600	600
31	Wolterus Dull	1			2000	2050
	das Nebenhaus			1	50	
32	der Stadt Nachtwächterhaus	1			50	50
33	desgleichen	1			75	75
34	Johann Teylers	1			800	
35	das Nebenhaus	1		1	300	1150
	das Nebenhaus vor dem Bentheimer Tor			1	50	
36	Anna van Engelen	1			200	200
37	Johann Herm. Wolters	1			200	200
38	Hindrich Vowinkel	1			100	100

Nr.	Name	Wohnh.	Sch.	Ng.	Summe	Gesamt-Summe
39	Johann Hindrich Kosters	1			100	100
40	Witwe Timmer	1			100	100
41	Friedrich Christian Wilhelm Kock	1			1200 }	1300
	die Scheune vor dem Bentheimer Tor		1		100 }	
42	Witwe Witten	1			300	300
43	Theodor Sluyter	1			800 }	1000
	das Hinterhaus			1	200 }	
44	Gerhard Potgeeter	1			100	100
45	Witwe Hindrich Vowinkel	1			100	100
46	Berend Rengeling	1			100	100
47	Hinrich Uiterwijk	1			450	450
48	Hindrich Averes	1			600	600
49	Johann Berend Frentjen	1			300	300
50	Johann Herm van Engeln	1			400	400
51	Dirk Averes	1			400	400
52	Bernd Räkers	1			100	100
53	Witwe Geurdes	1			225	225
54	Gerhard Weyering	1			200	200
55	Harm Mulstege	1			100	100
56 } 57 }	sind abgebrochen					
58	Hindrich Uiterwijk	1			150	150
59	Gerhard Brockmann	1			100	100
60	Johann Huesmann	1			100	100
61	Friedrich Christ. Wilh. Kock	1			150	150
62	Johann Berend Aldekamp	1			125	125
63	Johann Aldekamp	1			125	125
64	Gerhard Tegeler	1			125	125
65	Berend Hindrich Vowinkel	1			150	150
66	Johann Herm. Schoo	1			150	150
67	Herm. Althuys	1			100	100
68	Gebrüder Averes	1			300 }	350
	das Hinterhaus			1	50 }	
69	Johann Herm. Hermers	1			200	200
70	Herm. Aldekamp	1			200	200
71	Johann Gösheling	1			200	200
72	Lucas Vincke	1			800 }	950
	das Nebenhaus			1	75 }	
	die Scheune		1		75 }	
73	Lambert Kloppenberg	1			150	150
74	Johann Anton Bruck	1			500	500
75 } 76 }	Matthias Christian Kistemaker	1			1600	1600
77	Wilm Nicolaus Woltering	1			400	400
78	Herm. Petrus Averes	1			600	600
79	das jüngste Pastorey haus	1			700	700
80	Witwe Schove	1			200	200
81	Herm. Hindrich Kösters	1			175 }	200
	das Hinterhaus			1	25 }	
82	J. Hindrich Bölt	1			125	125
83	Professor Kistemaker	1			1200 }	1400
	das Hinterhaus			1	200 }	

Nr.	Name	Wohnh.	Sch.	Ng.	Summe	Gesamt-Summe
84	Johann Heinrich Kösters	1			300 }	325
	das Hinterhaus			1	25 }	
85	Berend Holtkamp	1			200	200
86	Marcus Levy Blomberg	1			800	800
87	Johann Hindrich Holtboer	1			400	400
88	Berend Johann Budde	1			400	400
89	Franz Knipers	1			100	100
90	Hindrich Schomaker	1			250	250
91	Berend Kösters	1			200	200
92	Joh. Hindrich Jöhring	1			300	300
93	Erben Johannes Walberg	1			400	400
94	Hermannes Mulder	1			300	300
95	Johann Herm. Baumhues	1			300	300
96	Jungfer A. M. Engelberts	1			200	200
97	Wilm Stroink	1			1600	1600
98	Jan Tien	1			100	100
99	Wilm Stroink	1			300	300
100	Hermannes Barghues	1			150	150
101	Gerhard Buitkamp	1			125	125
102	Gerd van Wyhe	1			1600 }	1600
103	derselbe	1			600 }	
104	Erben Engelberts	1			1200	1200
105	Jungfer A. M. Engelberts	1			1400	1400
106	Johann Meulmann	1			1600	1600
107	Erben Strick	1			1000 }	1150
	die Scheune am Stevenskamp		1		100 }	
	dito daselbst		1		50 }	
108	Petronella Lohmann	1			500	500
109	Ernst Firnhaber	1			1600	1600
110	Witwe Herm. Hindr. Steer	1			125	125
111	Witwe Jan Lögten	1			200 }	225
	das Hinterhaus			1	25 }	
112	Hendricus Engelberts	1			1200 }	1325
	das Hinterhaus			1	100 }	
	die Scheune		1		25 }	
113	Friedrich Mahler	1			6000 }	6250
	die Scheune bei Stevenskamp		1		100 }	
	die Scheune bei der Mühle		1		150 }	
114	Everdina Eh. van Almelo	1			800 }	1600
115	dieselbe	1			800 }	
116	Prediger W. H. Bakker	1			800	800
117	Hermann Stroer	1			400	400
118	Nicolaus Dykmann	1			400	400
119	Dirk Bulliga	1			250 }	300
	das Färberhaus			1	50 }	
120	Otto Meulmann	1			800	
	das Nebenhaus			1	400 }	1900
	die Scheune vor dem Kirchtor		1		200 }	
	die Scheune bei Stevenskamp		1		100 }	
121	derselbe	1			400	

Nr.	Name	Wohnh.	Sch.	Ng.	Summe	Gesamt-Summe
122	Witwe L. C. van Almelo	1			500	
	das Brennhaus			1	100	
	die Scheune am Mullerskamp		1		100	900
	dito daselbst		1		100	
	dito auf Döppenhaar		1		100	
123	Hindrich Johan Kamps	1			250	250
124	Witwe Adolph Kösters	1			300	300
125	Erben Johann Hindr. Smitz	1			400	400
126	Jacobus Kriegsmann	1			150	150
127	Harm Vollink	1			150	150
128	Dirk u. Johan Hindr. Horsman	1			250	250
129	Johann van Sloten	1			400	400
130	Johann Niehoff	1			400	400
131	Witwe Franz Woltering	1			300	300
132	Hindrich Buitkamp	1			250	250
133	Erben Hindrich Schulten	1			100	100
134	Bernardus Schweghuys	1			125	125
135	Witwe Gerd Tien	1			175	175
136	Gerrit van Ryshen	1			100	100
137	Hindrich Westenborg	1			150	150
138	Johann Bexvoort	1			100	100
139	Erben Harm Washink	1			100	100
140	Hindrich Bökefeld	1			100	100
141	Bernd Tenfelde	1			125	125
142	Gerhard Westenborg	1			75	75
143	Bernd Bungeler	1			100	100
144	Hindrich Meyer	1			100	100
145	Gerd Bokefeld	1			100	100
146	Gerhard Strötker u. Gerh. Kösters	1			125	125
147	Gerd Smoes	1			100	100
148	Witwe Harm Bökefeld ($^1/_2$ Haus)	1			50	50
148	Gerrid Huesmann ($^1/_2$ Haus)	1			50	50
149	Wilm Klopmeyer	1			150	150
150	Witwe Derk Räkers	1			150	150
151	Gerrid Hindrich Horsman	1			125	125
152	Johann Westenborg	1			200	200
153	Gerh. Ev. Bras	1			75	75
153	Derk Potgeeter	1			200	200
154	Witwe Harm Bushemaker	1			125	125
155	Johann Westenberg	1			400	400
156	Johannes Splinters	1			100	100
157	Stadt Diener- und Pförtnerhaus	1			100	100
158	Das Armen-Haus	1			200	200
159	Witwe L. C. van Almelo			1	100	100
160	Witwe Harm Westenberg	1			125	125
161	Erben Koning	1			125	125
162	Andres von Wietmarsch	1			300	300
163	Friedrich Mähler	1			500	500
164	ist abgebrochen					
165	Johann Westenberg	1			150	150
166	Witwe Berend Steen	1			150	150
167	Christ. Schoo	1			100	100

Nr.	Name	Wohnh.	Sch.	Ng.	Summe	Gesamt-Summe
168	Berend Hindr. Vowinkel (½ Haus)	1			100	100
168	Berend Hindr. Möller (½ Haus)	1			100	100
169	Witwe Gerd Bushemaker	1			150	150
170	Die Juden Sinagoge			1	600	600
171	Johann Hindr. Metscher	1			800	800
172	Stadt Schulmeisterhaus	1			500	500
173	Johann Hindr. Mulstege	1			150	150
174	Witwe Michel de Bruyn	1			200	200
175	Meinert Westenberg	1			150 ⎫	225
176	derselbe	1			75 ⎭	
177	Fenne Gesine Kösters	1			100	100
178	Witwe Herm. Hindr. Huesmas	1			100	100
179	Hindrich Westenberg	1			100	100
180	Gerd Lambers	1			100	100
181	Johan Buitkamp	1			100	100
182	Hermanus Bonke	1			200	200
183	Lucas van der Vechte	1			100	100
184	Gerhard Möller	1			75	75
185	Witwe Jan Middendorp	1			200	200
186	Rolof Rerink	1			75	75
187	Bernardus Knoef	1			100	100
188	Hindr. Kuiper u. Witwe Vowinkel	1			150	150
189	Johannes Splinters	1			300	300
190	Berend Loo	1			200 ⎫	250
	das Hinterhaus			1	50 ⎭	
191	Bernd Wehrmeyer	1			200	200
192	Albert Buitkamp	1			100	100
193	Witwe Berend Steen	1			25	25
194	Christopher Heydolling	1			50	50
195	Gerhard Kösters	1			200	200
196	Carl Moritz Linde	1			1525 ⎫	1625
197	dessen Stallung		1		100 ⎭	
198	Berend Jan Kock	1			300	300
199	Witwe Joh. Hindr. Kösters	1			300	300
200	Hindr. Tegelaat	1			300 ⎫	400
	die Stallung		1		100 ⎭	
201	Johann van Sloten	1			400	400
203	Albert van Wietmarsch	1			300 ⎫	500
	dessen Nebenhaus			1	200 ⎭	
204	Joh. Hindr. Webel (Weber?)	1			100	100
205	Joh. Harm Aldekamp	1			300	300
206	Moritz Beins	1			400	400
207	das Rathaus der Stadt Nordhorn			1	800	800
208	die Burg	1			1550 ⎫	
	die Kirche			1	200 ⎪	
	das Bauhaus			1	200 ⎬	2000
	das Waschhaus (?)			1	25 ⎪	
	der Torfstall			1	25 ⎭	

Nr.	Name	Wohnh.	Sch.	Ng.	Summe	Gesamt-Summe
Außerhalb der Stadt:						
	die Kirche und Thurm			1	8000	
	das älteste Pastorey Haus	1			800	
	dessen Scheune		1		100	
	das Küsterey Haus	1			100	
Die Schmieden vor dem Bentheimer Tor:						
	Johann Hindr. Kösters			1	50	50
	Christian Bushemaker			1	50	50
Die Schmieden aus dem Kirchenthor:						
	Hindrik Jan Kamps			1	50 ⎫	150
	dessen bewohnte Schmiede	1			100 ⎭	
	Andreas van Wietmarsch			1	50	50
	Albertus van Wietmarsch (bewohnte Schmiede)	1			50	50
	Gerhard van Wietmarsch			1	50	50
	Hindrich Vowinkel			1	50	50
Summe:		204	19	36	96	900

Wohnh. = Wohnhaus; Sch. = Scheune; Ng. = Nebengebäude

Quelle: Staatsarchiv Osnabrück, Rep. 325, Nr. 285.

Die städtebauliche Entwicklung Nordhorns bis zum ausgehenden 19. Jahrhundert

M ICHAEL S CHMITT

Schwerpunkt dieses Beitrags ist die Untersuchung der städtebaulichen Grund- und Aufrißentwicklung des heutigen Kerngebietes der Stadt Nordhorn. Als Kernbereich oder Altstadt ist das bis um 1800 ausschließlich besiedelte Gebiet auf der von den Vechtearmen umflossenen Insel zu verstehen. Um einen Bezug zur gegenwärtigen Situation zu geben, wird die architektonische Entwicklung dieses altstädtischen Bereichs über den angegebenen Zeitraum hinaus am Ende des Beitrags kurz aufgezeigt. Trotz erheblicher baulicher Ausdehnung außerhalb des ehemaligen Stadtgebietes – sie bedürfte einer eigenen Untersuchung – bleibt dieser Kernbereich der städtische Bezugspunkt mit seiner für die Stadt typischen Individualität.

In seiner beachtlichen Entwicklung wird Nordhorn, auf den Talsandflächen der Bentheimer Sandniederungen gelegen (23 m über NN), durch die günstige Verkehrslage gekennzeichnet; der Handelsweg Unterweser – Amsterdam kreuzte hier die Vechte. Hinzu kam, daß der Fluß ab Nordhorn schiffbar war und so der in Bentheim und Gildehaus gewonnene Sandstein von hier auf dem Wasserwege nach den Niederlanden transportiert werden konnte.

Im 10. Jahrhundert wird der Ort erstmals in den Heberegistern von Werden erwähnt[1]. Mit der Verleihung der Stadtrechte durch Graf Bernhard I. von Bentheim 1379[2] ging der Name Nordhorn von dem alten Dorf auf dem rechten Vechteufer – heute Altendorf – auf die neue Siedlung über, die auf der von den Vechtearmen umflossenen Insel entstand.

Ob es sich um eine Neugründung in Form einer Verlegung[3] handelt, ist ebensowenig bekannt wie die Existenz der Nordhorner Burg zu dieser Zeit oder die Abhängigkeit der Entstehung der Siedlung von der Existenz der Nordhorner Burg. Über das Baudatum und den Erbauer der Burg ist nichts bekannt. Versuche einer Datierung seitens der älteren Forschung haben sich als nicht zureichend erwiesen[4].

---

[1] Werdener Urbare II, S. 86.

[2] StA N, B 4, Abschrift von 1648; hierzu in diesem Band W. EHBRECHT: Das Privileg von 1379. Ein Beitrag zum Verhältnis von Territorium und Stadt im spätmittelalterlichen Emsland.

[3] Bekannte Beispiele dieser Umformungen oder Neugründungen – in Niedersachsen nur in wenigen Fällen auftretend – sind Celle und Uelzen. Siehe u. a. Geschichte Niedersachsens, hrsg. v. H. PATZE, 1. Bd., 1977, S. 405.

[4] P. VEDDELER, Die territoriale Entwicklung der Grafschaft Bentheim bis zum Ende des Mittelalters, 1970, S. 55 f. Dort auch die ältere Forschung zitiert. – Vgl. auch H. VOORT, Zur jüngeren Geschichte der Burg in Nordhorn, in: Jb. Gft. Bentheim, 1969, S. 58. – Die Meinungen bei SPECHT, Nordhorn, 1941, sind widersprüchlich. S. 12 u. 13 schließt er sich der zitierten Ansicht von A. TIBUS, Gründungsgeschichte der Stifter, Pfarrkirchen, Klöster und Kapellen, Münster 1885, an, die Grafen von Bentheim seien die Erbauer der Burg. S. 50, ebd., schreibt er, »über den Ursprung der Burg und über ihren ersten Besitzer wissen wir letzten Endes nichts«.

Eine gesicherte Aussage läßt sich ebensowenig zur Vechteinsel, dem Kernbereich des heutigen Nordhorn, machen. Ob die Insel vor der Besiedlung bereits bestand oder durch die Gabelung der Vechte künstlich angelegt wurde, ist nicht bekannt[5]. Das von den Vechtearmen umschlossene Areal, auf dem sich die Stadt entwickelte und in dessen Grenzen der Baubestand bis zum Beginn des 19. Jahrhunderts blieb, beträgt ca. 8,6 ha. Der in etwa ovale Umriß dieses Gebietes mißt in der Nord-Süd-Richtung ca. 450 m, in der Ost-West-Richtung ca. 250 m an der breitesten Stelle. Anhand der Bürgerbücher zählt SPECHT 119 Vollbürger für das Jahr 1396[6]. Die tatsächliche Einwohnerzahl läßt sich hierdurch jedoch nicht ermitteln. Bereits das Privileg von 1379 unterscheidet zwischen »Borgheren« und »Menhet«. Zudem blieb der Rat auch bei der Erfüllung der mit dem Erwerb des Bürgerrechts verbundenen Voraussetzungen in seiner Entscheidung über die Aufnahme frei[7].

Die Vechte, die sich im Süden der Stadt gabelte, den Ort umfloß und im Öl- und Mahlmühlenkolk mündete, bot einen natürlichen Schutz und erübrigte, wie auch bei anderen Städten in Insellage, eine Ummauerung[8].

Eine Vermutung bleibt die Verstärkung der Befestigung der Stadt mittels Wällen zwischen 1370 und 1380[9]. Eine Steinummauerung besaß die Stadt zu keiner Zeit. Wie bei mancher kleineren, von Wasserläufen umgebenen Stadt des Mittelalters, befanden sich jedoch an der Hauptstraße, die gleichzeitig einzige Durchgangsstraße war, zwei steinerne Tore[10].

Zweitorstädte stellen baulich den einfachsten, in allen Teilen Deutschlands zu findenden Stadttyp dar, sie waren und blieben im Mittelalter meist Kleinstädte[11]. Die zwei Tore nach den Richtungen der beiden Ausfallstraßen, Lingener- und Bentheimer Tor benannt, wurden um die Mitte des 19. Jahrhunderts abgebrochen[12]. Sie bestanden nur ca. 100 Jahre und wurden an Stelle älterer Bauten errichtet, deren Entstehungszeit und Aussehen mangels schriftlicher und bildlicher Überlieferung nicht festzustellen ist. In dem Privileg von 1379 wird bereits die *Kerchporten* erwähnt; sehr wahrscheinlich ist sie mit dem Lingener Tor identisch, da diese Bezeichnung bis ins 19. Jahrhundert für das Tor gebräuchlich war[13]. In einem Pachtvertrag von 1648 wird es als *Steinen porte* erwähnt *mit einem hüseken, dar dieselbe klocke in hanget*[14]. Sehr wahrscheinlich handelte es sich um einen Torbau, auf dem ein Dachreiter mit der er-

[5] SPECHT vertritt die Ansicht, der Südarm sei künstlich an die Vechteschlinge angesetzt worden, Nordhorn, S. 45. – Ebd. S. 13 f., und Artikel »Nordhorn« in: Niedersächsisches Städtebuch, S. 256. So u. a. auch KÜHLE, Zur räumlichen Entwicklung Nordhorns, DG, Jg. 1961, F. 99, S. 797 f. – Vgl. dagegen KLOPMEYER, Die Nordhorner Binnenvechten, DG, Jg. 1954, F. 19, S. 45 f.; VEDDELER, Bentheim 1970, S. 59 Anm. 464.

[6] SPECHT, Bürgerbücher der Stadt Nordhorn von 1396–1913, 1939.

[7] u. a. SPECHT, Nordhorn, S. 64.

[8] Vgl. u. a. PATZE, Geschichte Niedersachsens, 1. Bd., 1977, S. 105 u. 412, Anm. 101.

[9] Vgl. SPECHT, Nordhorn, S. 45; hier auch die ältere Forschung zitiert. – VEDDELER, Bentheim, S. 59.

[10] Beispiele für Städte ohne Mauerring, jedoch mit steinernen Toren u. a.: Itzehoe, Waldfeucht, Schönau. – Vgl. H. PLANITZ, Die deutsche Stadt im Mittelalter, S. 229 f. – U. MAINZER, Stadttore im Rheinland, 1976, S. 12.

[11] z. B.: Friedberg, Lüdenscheid, Bitterfeld, Itzehoe. – Vgl. PLANITZ, Die deutsche Stadt, S. 243 f.

[12] s. S. 158.

[13] z. B. 1747: Kirchenpforte, 1827: Kirchenthor. – Vgl. SPECHT, Brücken und Tore der Stadt Nordhorn, 1938, S. 46 f.

[14] StA N, B 4, Protokollbuch Nr. 1, 1648–1784.

wähnten Glocke saß. Vermutlich hat das andere Tor an der Straße nach Bentheim, das Mühlen- oder Bentheimer Tor, ähnlich ausgesehen.

Aufgrund der spärlichen und erst späten Plan- und Bildüberlieferung entfallen diese Hilfsmitel für die Untersuchung der städtebaulichen Grund- und Aufrißentwicklung für die Zeit vor 1800 ganz. Die einzige bekannte Ansicht vor dieser Zeit ist für die Stadttopographie wenig aufschlußreich. Sie zeigt die Schlacht an der reformierten Kirche 1674. Die Kirche mit einem Steingebäude und einigen Nebenbauten scheint lediglich Dekoration für die das ganze Bild füllende Schlacht im Vordergrund[15] zu sein. Aus dem 19. Jahrhundert ist nur ein Stahlstich von J. M. Kolb nach Rohbock 1843[16] vorhanden, auf dem ebenfalls die reformierte Kirche dargestellt ist.

Vor dem Urkatasterplan von ca. 1875, der ersten exakten Vermessung, existiert nur ein Grundrißplan, der »Plan von der Vechte und den daran liegenden herrschaftlichen Mühlen und Deichen zu Nordhorn in der Grafschaft Bentheim«. (Abb. 1) Er ist, wie am unteren Rand vermerkt, eine Kopie des 1800 von Deichinspektor Niemeyer aufgenommenen Plans, angefertigt 1832 von dem fürstlich Bentheimschen Forstaufseher de la Porte[17]. Auf der Rückseite des Plans findet sich folgender Vermerk: *Diese Charte, namentlich der darauf als herrschaftlichen Grund bezeichnete Platz, wird als richtig von dem Magistrat der Stadt Nordhorn, nicht anerkannt.* Vermutlich bezieht sich diese Bemerkung bereits auf den Niemeyer-Plan, der in seinen »Erklärungen« die gelb angelegten Flächen als herrschaftlichen Grund ausweist.

In der Literatur zur Topographie der Stadt Nordhorn wird häufig ein Plan von 1780 zitiert und in verschiedenen Umzeichnungen wiedergegeben. Das Original dagegen ist nicht auffindbar und in der Literatur zur Topographie der Stadt Nordhorn auch nicht abgebildet [18]. Sämtliche topographischen Angaben stimmen jedoch mit denen des Planes von 1832 überein, so daß man diese kolorierte Zeichnung als älteste Planunterlage betrachten kann. Für den Stadtgrundriß ist sie jedoch wenig aufschlußreich, da sowohl das Straßennetz, die Parzellierung als auch die Bebauung nicht eingetragen sind. Lediglich die Hauptstraße ist angedeutet; an Gebäuden sind im Stadtbereich die Klosterburg, die beiden Tore, das Spritzenhaus und das Bürgermeisterhaus eingezeichnet. Der Bezeichnung des Plans entsprechend ist der Verlauf der Außen- wie auch der der Innenvechte Hauptbestandteil der Zeichnung.

Die bauliche Entwicklung hat sehr wahrscheinlich im mittleren Abschnitt der einzigen Durchgangs- und Hauptstraße der Stadt eingesetzt. Die Hauptstraße durchschneidet in leichter Krümmung die Vechte-Insel von Norden nach Süden und somit das ehemalige Stadtgebiet annähernd symmetrisch. Ihre Breite bestimmte vermutlich ihre gleichzeitige Nutzung als Straßenmarkt. Ein eigener Marktplatz war nicht vor-

---

[15] Abgebildet bei ZANDER, Überblick über die Geschichte der Grafschaft Bentheim, 1969. – Vgl. auch S. WIARDA, Die Grafschaft Bentheim, Aufmarschfeld und Kriegsschauplatz 1672–1674, in: Jb. Gft. Bentheim, 1974, S. 125 ff.

[16] StA OS, Plansammlung.

[17] StA N, CIf. Nr. 95.

[18] Über die Existenz bzw. den Verbleib des Planes von 1780 ist nach Auskunft des Stadtarchivs Nordhorn nichts bekannt.

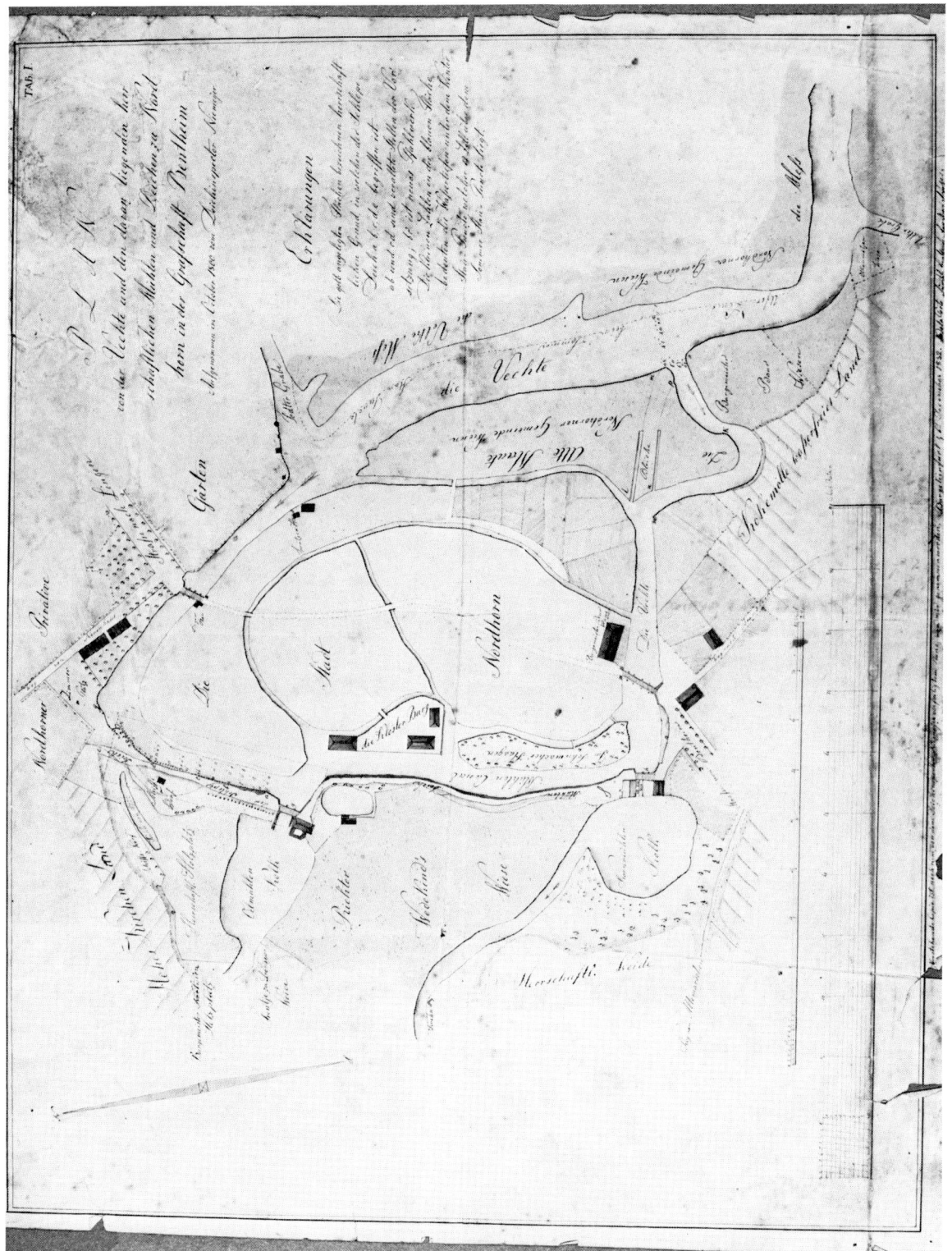

Abb. 1   Plan der Vechte von de la Porte 1832

handen. Über die zeitliche Abfolge der Entstehung des Straßennetzes sind bei der
Größe und dem Charakter der Stadt und dem dadurch weitgehend bedingten Fehlen
schriftlicher Überlieferungen, archäologischer Befunde und überkommener Bausubstanz kaum Aussagen zu machen.

Grundrißprägend waren sicher die Wasserläufe der Vechte (Abb. 2), die das Stadtgebiet durchzogen und dieses bis ins 19. Jahrhundert in sechs inselartige Bereiche teilten:

1. Die Burginsel mit den Burggebäuden, am westlichen Rand der Stadt gelegen und
   dort von der Außenvechte begrenzt, bildete die kleinste Insel.
2. Der Schumachershagen, ein unbewohntes nur kleines Gelände im Westen und Süden von der Außenvechte, im Norden vom Burggraben und im Osten von der Binnenvechte zwischen Burggraben und südlicher Außenvechte umflossen.
3. Die Alte Maate im Westen der Stadt, ein ebenfalls unbewohntes – im Plan von 1832
   als Nordhorner Gemeindewiesen bezeichnetes – Gebiet.
4./5. Zusammen mit den Wasserläufen am Schumachershagen und an der Burginsel umschloß ein Binnenvechtearm, der an den südlichen Grundstücksgrenzen
   der Ochsenstraße vorbei über die Hauptstraße und weiter im Zuge der Hagenstraße bis zur Mündung in die südliche Außenvechte führte, den Kernbereich der
   Stadt um die Hauptstraße. Etwa in der Mitte der Hauptstraße zwischen den Häusern Nr. 37 und Nr. 39 trennte ein weiterer Querarm von der Burginsel bis zur Hagenstraße diesen Bereich noch in einen südlichen Teil (heute: Hauptstraße, Alte
   Synagogenstraße, Burgstraße, Hinterstraße).
6. Außerhalb des langgezogenen Ovals der Binnenvechte, die das ebengenannte Gebiet umschloß, lagen die Grundstücke der Ochsen- und Hagenstraße, an den übrigen Seiten durch die Außenvechte und den Wasserlauf, der die Alte Maate abtrenn-
   te, begrenzt.

Über die Entstehung der Binnenvechte ist nichts überliefert. Erst im Zusammenhang mit den Bestimmungen, welche die Unterhaltung, die Reinigung sowie die In-
standhaltung der Ufer regeln, kann man den Verlauf topographisch fixieren. Diese
Verordnungen setzen jedoch relativ spät ein. 1707 wird erstmals auf die jährliche Reinigung hingewiesen, wobei diejenigen, *so sich dem Räumen widerspenstig oder nachlässig bezeugen, dafür angesehen und mit der höchsten Stadt-Brüchte beleget* wurden[19]. Die einzelnen Verfügungen, Bestimmungen und Streitigkeiten, die es hinsichtlich der Wasserläufe gab, sind zum größten Teil publiziert[20]. Die wechselseitigen Beziehungen zwischen Entwicklung des Straßensystems und Verlauf der Binnenvechten,
deren Wasserläufe vermutlich von den Einwohnern begradigt oder verändert wurden,
ist für die Zeit des Straßenausbaus im einzelnen nicht auszumachen. Nimmt man jedoch den Urkataster zur Hilfe, so kann man anhand der Parzellierung davon ausgehen, daß die Hauptstraße – und zwar im mittleren Bereich – sicher in der ersten
Wachstumsphase ausgebaut wurde. Die Grundstücke an der westlichen Straßenseite

---

[19] Protokoll gedruckt bei: KLOPMEYER, Binnenvechten, DG, Jg. 1954, F. 19, S. 145.
[20] Vgl. u. a. SPECHT, Nordhorn, S. 48 ff. u. S. 119; KLOPMEYER, Binnenvechten, DG, Jg. 1954, F. 19, S. 146
   und DG, Jg. 1954, F. 20, S. 154 f.

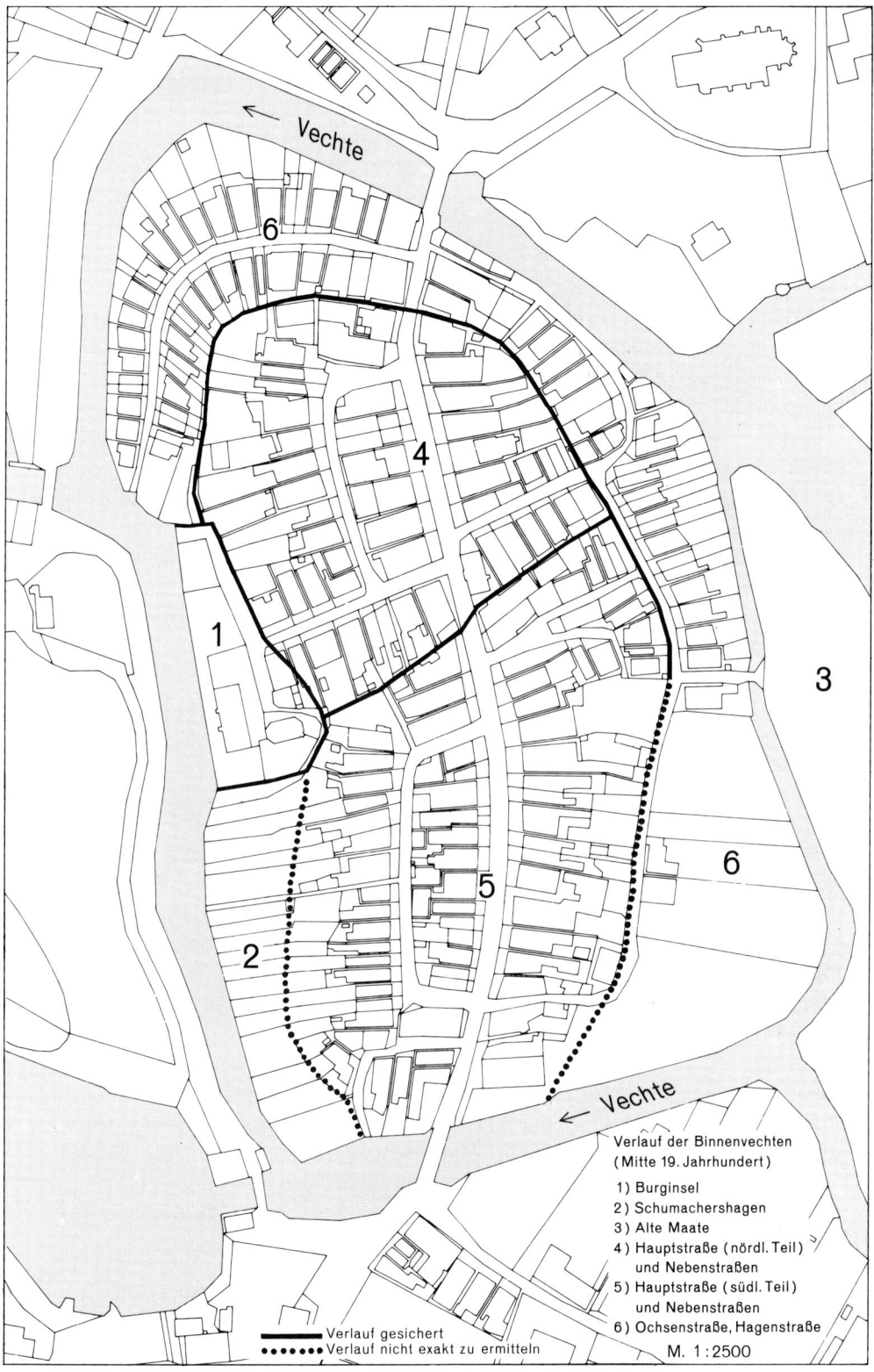

Abb. 2 Rekonstruktion des Verlaufs der Binnenvechten

gingen auf dem Abschnitt Alte Synagogenstraße/südliche Vechte bis zur Hagenstraße durch. Ebenso dürften an der östlichen Straßenseite der Hauptstraße die Parzellen ursprünglich tiefer gewesen sein; sie werden heute von zwei Hinterstraßen durchschnitten. Hinterstraßen hatten fast immer die Funktion von Wirtschafts- und rückwärtigen Zufahrtswegen für die davor liegenden Grundstücke bzw. Gebäude. Ihre Bebauung erfolgte in der Regel später, meist mit kleinteiligeren Bauten. Eine dieser Straßen führt noch heute diesen Namen, die andere ist in Schumachershagen umbenannt. Der Zugang von der Hauptstraße zur Burg dürfte ebenfalls schon früh entstanden sein. Von der Hauptstraße abgehende kleine Stichstraßen sind die Alte Synagogenstraße und die Bleiche. Beide wurden erst mit Ausbau der Hagenstraße Durchgangsstraßen. Ein geschlossenes Grundrißbild, das auf einen möglicherweise zeitgleichen Ausbau hinweist, bietet im nördlichen Teil der Stadt die Ochsenstraße mit ihren bis zur Binnen- bzw. Außenvechte durchlaufenden Grundstücken. Merkmal vieler mittelalterlicher Stadtgrundrisse, vor allem von kleinen Städten, ist die Lage der größeren Parzellen und auch Gebäude an der Hauptstraße oder am Markt. (Bei mittelalterlichen Großstädten dagegen finden sich an Marktplätzen und Hauptstraßen wegen der bevorzugten und teureren Lage, häufigeren Parzellenteilung etc. oft schmale Grundstücke). Zeitlich genauer bestimmbar ist der Ausbau der Hagenstraße; sie ist als letzte der Straßen des Kerngebiets bebaut worden. Noch im Urkataster von 1875 weist sie kaum Bebauung auf. Um 1590 veräußerte der Rat auf dem Hagen (nördlicher Teil der Hagenstraße) 11 Bauplätze[21]. Kurze Zeit darauf wird vermutlich auch die Steinmauer an der Hagenstraße in der Nähe des Lingener Tores errichtet worden sein, an die unmittelbar das Stadtdienerhaus, das Armenhaus und ein Privathaus gebaut wurden[22].

Der Grundriß des städtischen Kernbereichs hat sich bis um die Mitte des vorigen Jahrhunderts kaum verändert. Besiedelt waren die Hauptstraße, die Ochsenstraße, die Burgstraße, die Alte Synagogenstraße, der nördliche Teil der Hagenstraße, der Kotthook und die beiden Hinterstraßen. Unbesiedelt blieben der Schumachershagen, die Alte Maate und der südliche Teil der Hagenstraße.

Bei der einwohner- und flächenmäßigen Größe der Stadt bis ins 19. Jahrhundert ist es nicht verwunderlich, daß Straßennamen erst spät eingeführt werden. Der »Cadaster der Gebäude in der Stadt Nordhorn« von 1814[23] zählt 204 Wohngebäude, 18 Scheunen und 36 Nebenhäuser auf. 1815 betrug die Einwohnerzahl 980 Personen[24]. Im Urkatasterplan sind die Hauptstraße, die Ochsenstraße, die Achterstraße (heute Hinterstraße), die Burgstraße und die Hinterstraße (heute Schumachershagen) benannt[25]. Ohne Bezeichnung blieben die Alte Synagogenstraße, der Kotthook, die Hagenstraße und die heute platzförmige Straßenerweiterung »Zur Bleiche«, die zur Zeit des ersten Katasters von einem aus sechs Gebäuden bestehenden Baublock eingenommen wurde.

Frühere Benennungen finden sich für die Ochsenstraße – um 1830 als Mühlenstraße erwähnt[26], und für die Hauptstraße, in den Akten aus der ersten Hälfte des vorigen

[21] SPECHT, Nordhorn, S. 107.
[22] Vgl. KLOPMEYER, Das Vechte-Ufer an der Hagenstraße, DG, Jg. 1955, F. 30, S. 237f.
[23] StA OS, Rep. 325, Nr. 285; vgl. Anlage zum Beitrag von LOOZ-CORSWAREM.
[24] 1852: 1433; 1864: 1491; 1895: 2041; 1900: 2470 Einwohner. SPECHT, Bürgerbücher, S. 19f.
[25] Über die Straßennamen vgl. G. KIP, Die Nordhorner Straßennamen, Grafschafter Nachrichten, 1950, Nr. 48, 51, 52.
[26] E. KÜHLE, Über Nordhorner Straßennamen, DG, Jg. 1961, F. 106, S. 860 u. Jg. 1962, F. 107, S. 863.

Jahrhunderts »Große Straße« genannt[27]. Eine straßenweise Hausnumerierung erfolgte erst um 1910[28]. Bis dahin waren, angefangen bei der Numerierung im Lagerbuch von 1773[29], sämtliche Häuser der Stadt fortlaufend durchnumeriert.

Auffallend im Urkatasterplan ist, daß selbst in der einzigen Durchgangsstraße, der Hauptstraße, fast alle Häuser Vorplätze hatten, welche die Fahrbahnbreite einschränkten. Die Vorplätze werden als zu den Hausparzellen gehörig ausgewiesen, obwohl das Eigentumsrecht umstritten war. Verordnungen aus dem Jahre 1824 untersagen bereits das Einfrieden dieser Vorplätze mittels Pfählen, Geländern etc.[30]. Erst 1909 wurden sie endgültig im Zuge der Errichtung von Bürgersteigen beseitigt.

Entscheidende Veränderungen im Stadtgrundriß und vor allem im Stadtbild brachte die Zudämmung der Binnenvechten mit sich. Trotz vieler Anordnungen gelang es der Stadt nicht, gegen die eigenmächtigen Übergriffe der Bürger hinsichtlich der Binnenvechten anzukommen. Sie mußte gegen Verunreinigung und mangelnde Räumungsarbeiten vorgehen und versuchte Verengung, Begradigung und Durchstiche der Wasserläufe zu verhindern. 1834 ließ sie 14 Treppen, welche die Anlieger in die Binnenvechten gebaut hatten, entfernen. Fünf Jahre später untersagte sie abermals bei Androhung von 10 Reichstalern Strafe die Verengung der Wasserläufe[31]. Auch die Landdrostei ging 1848 – anscheinend ohne großen Erfolg – gegen Durchstiche und Begradigungen vor[32]. 1856 schließlich verfügte der Magistrat die Zudämmung der Binnenvechten[33]. In drei Abschnitten wurden die Wasserläufe zwischen 1856 und 1859 zugeschüttet[34].

Damit verschwanden auch die zahlreichen Brücken und Stege, deren Anzahl und Lage sich kaum ermitteln lassen. 1628 hatte die Stadt fünf und 1826 neun Brücken, von denen vier im Verlauf der Hauptstraße lagen[35], in ihrem Besitz. Zahlreich müssen die Übergänge zwischen den einzelnen Inseln gewesen sein, deren Errichtung und Unterhalt von den Anliegern übernommen wurden. Auf einer Handzeichnung des Schumachershagen[36] sind allein acht Übergänge zu erkennen. Der Verlauf der inneren Vechte läßt sich an den Grundstücksgrenzen auf weiten Strecken noch aus dem heutigen Katasterplan ablesen. Nicht mehr an den Grenzlinien ersichtlich ist er für die ehemaligen Bereiche um die Burg, am Schumachershagen und im südlichen Teil der Hagenstraße.

Bis um 1800 beschränkte sich die Bebauung der Stadt auf das Gebiet innerhalb der Vechte, dem heutigen Kernbereich. 1766 verkaufte die Stadt Grundstücke außerhalb dieses Bereichs *unter Condition, darauff keine Häuser oder Scheunen zu setzen*[37]. Um

[27] KLOPMEYER, Die Nordhorner Hauptstraße, DG, Jg. 1956, F. 42, S. 330 f.
[28] KÜHLE, Nordhorner Straßennamen, DG, Jg. 1961, F. 106, S. 860.
[29] StA OS, Rep. 125 IV, Nr. 6, Catastrum der Stadt Northorn.
[30] Vgl. KLOPMEYER, Hauptstraße, DG, Jg. 1956, F. 42, S. 337.
[31] StA N, CVIII h, Nr. 89–93, Unterhaltung der Wasserläufe. – KLOPMEYER, Binnenvechten, DG, Jg. 1954, F. 19, S. 145 f. u. F. 20, S. 154 f.
[32] StA N, CII f, Nr. 6.
[33] StA N, CVIII h, Nr. 94, Zudämmung der Binnenvechte.
[34] Vgl. SPECHT, Brücken und Tore, S. 17 f. – KLOPMEYER, Binnenvechten, DG, Jg. 1954, F. 20, S. 155.
[35] SPECHT, Brücken und Tore, S. 5.
[36] StA OS, Rep. 350, Nr. 729.
[37] Ratsprotokoll v. 23. 2. 1766, gedr. bei KLOPMEYER, Vor den Toren Alt-Nordhorns, DG, Jg. 1954, F. 22, S. 169.

1800 noch als die Stadt erstmals vier Bauplätze[38] vor dem Bentheimer Tor veräußerte, standen nur Scheunen und Schmieden außerhalb des Stadtgebietes. Das Lagerbuch von 1773[39] führt vor dem Bentheimer Tor drei Schmieden und drei Scheunen, vor dem Lingener Tor sieben Schmieden und elf Scheunen an. Im Brandkataster von 1814[40] werden außerhalb der Stadt folgende Gebäude aufgezählt: die Kirche und Thurm, das älteste Pastorey Haus, dessen Scheune, das Küsterey Haus, ferner zwei Schmieden vor dem Bentheimer Tor, die als Nebengebäude bezeichnet wurden und sechs Schmieden vor dem Lingener Tor, von denen vier Nebengebäude und zwei bewohnte Schmieden waren. Die ersten bewohnten Bauten außerhalb der Stadt standen also in dem Gebiet zwischen reformierter Kirche und Lingener Tor. Den Lagerbüchern bzw. Katastern des späten 18. und frühen 19. Jahrhunderts ist die Lage der meisten Gebäude aufgrund des Fehlens topographischer Angaben nicht zu entnehmen. Die erste umfangreiche Stadterweiterung setzte zwischen Kanal, Eisenbahn und Vechte ein; 1872 wurde das Gelände der Kokenmühlen zu beiden Seiten bebaut. Mit Errichtung des Bahnhofs 1896 entstand schließlich eine bis zum alten Stadtkern durchgehende Bebauung. Frühzeitig dürfte auch eine Besiedlung um die reformierte Kirche erfolgt sein. Während das Grundrißbild der Stadt als kontinuierliche Entwicklung größtenteils ohne gravierende Änderungen bis heute erhalten ist, hat der architektonische Stadtaufriß sowohl in seiner Gesamtheit als auch in seinen Einzelelementen größere Veränderungen erfahren.

Im heutigen Kernbereich ist eine im allgemeinen 1–3geschossige Bebauung auf kleinen Grundstücken – rund dreiviertel der Grundstücke sind nicht größer als 400 qm – festzustellen, wobei fast die Hälfte der Wohngebäude zwischen 1920 und 1945 und rund ein Drittel nach 1945 errichtet wurden, Bauten vor 1870 sind kaum vorhanden[41]. Die noch bestehenden Bauten sind zum größten Teil überformt. Geschlossene historische Bausubstanz läßt sich nur noch für Teilbereiche – wie unten noch auszuführen ist – feststellen, wobei haustypologisch das giebelständige, eingeschossige Fachwerkhaus mit hohem Sattel- oder Krüppelwalmdach bestimmend ist.

Bis ins 19. Jahrhundert war das eingeschossige Lehmfachwerkhaus auf Steinsockel zum geringen Teil noch mit Schilf- oder Stroheindeckung stadtbildbestimmend. Lediglich in der Hauptstraße gingen einige Anlieger bereits im 18. Jahrhundert dazu über, vollständige Massivbauten zu errichten, während man an anderer Stelle allmählich begann, die Vorder- und Rückfronten in Ziegelsteinfachwerk auszuführen, bzw. Neubauten meist nur noch in Steinfachwerk errichtete[42]. Auffallend ist die auf dem Urkataster noch gut ersichtliche nicht geschlossene Bauweise bis zum Beginn des 20. Jahrhunderts; selbst in der Hauptstraße trennten schmale Durchlässe die einzelnen Häuser. Diese Zwischenräume mit regional unterschiedlichen Bezeichnungen waren

[38] SPECHT, Nordhorn, S. 174.

[39] StA OS, Rep. 125, IV, Nr. 6.

[40] StA OS, Rep. 325, Nr. 285; vgl. Anlage zum Beitrag von LOOZ-CORSWAREM.

[41] Nach Untersuchung der Freien Planungsgruppe Berlin, Stadterneuerung, o. J., S. 21, sind 2,7 % der Bauten vor dieser Zeit entstanden. Da größtenteils die entsprechenden Bauunterlagen fehlen und aufgrund zahlreicher Überformungen und Umbauten der Häuser dürfte das tatsächliche Alter des Baubestandes nur schwer und sicherlich nicht in dieser genauen Prozentangabe zu ermitteln sein.

[42] Vgl. G. KLOPMEYER, Hauptstraße, DG, Jg. 1956, F. 43, S. 338; U. GÄRTNER, Das Gesicht des Bürgerhauses im alten Nordhorn, in: Jb. Gft. Bentheim, 1957, S. 73 ff.

Abb. 3   Ochsenstraße um 1925

ein häufig anzutreffendes Charakteristikum mittelalterlicher Stadtgrundrisse, das jedoch bei Bauvorhaben des 19. Jahrhunderts im allgemeinen nicht mehr vorkommt.
   Die erste umfassende Bauverordnung Nordhorns aus dem Jahre 1872[43] legt noch
genau die Breite dieser Durchlässe auf 0,9 m fest. Sie sollten *im gemeinsamen Interesse*

---

[43] StA OS, Rep. 335, Nr. 10485, Bau-Polizei-Verordnung von 1872; erlassen aufgrund der Verordnung
   vom 20. 9. 1867 mit Gültigkeit vom 15. 4. 1872. Abschriftlich im Anhang.

der Benachbarten mit Kieseln oder Klinkern gepflastert werden und *nur mit einer leicht zu öffnenden Thür* geschlossen werden[44]. Frühere Verordnungen, denen man Aufschlüsse über Bebauung und Bauweise entnehmen könnte, beschränken sich fast ausschließlich auf feuerpolizeiliche Vorschriften. Die erste Nordhorner Feuerordnung von 1647[45] enthielt noch keine baulichen Auflagen, sondern drohte denjenigen Strafen an, in deren Haus ein Brand ausbrach, ferner verbot sie heimliches Löschen von Bränden oder das Ausschütten von ungelöschter Asche. Sogenannte Feuerherren überwachten die Einhaltung der Anordnungen und kontrollierten Schornsteine, Backöfen etc.[46]. Diese Feuerordnung wurde 1742 aufgehoben, 1755 durch eine neue ersetzt und 1816 abermals erneuert[47]. Die neuen Ordnungen bestimmten in erster Linie die Anlage und Ausführung der Schornsteine, deren Reinigung sowie die Dacheindeckung der Häuser[48].

Aufschlußreich für den Hausbestand und Hauswert sind die mit Einrichtung der »Brand-Assecurations-Sozietät« ab 1773 angelegten Brandkataster[49]. Neben den Wohngebäuden sind auch die Nebengebäude und Scheunen eingetragen. So werden 1773 im »Catastrum der Stadt Northorn«[50] 192 Wohngebäude, 16 Scheunen und 31 Nebengebäude im Gesamtwert von 55.350 rthl. aufgeführt. Umfassende Verordnungen enthält erst die schon erwähnte Bauordnung von 1872[51]. Erstmals wird eine Genehmigungspflicht mit vollständigen Baurissen vorgeschrieben. Vorbaue zu Kellerfenstern sowie die Anlage von Freitreppen vor den Häusern werden untersagt. Vor der Baulinie darf lediglich ein Treppenstein von 0,44 m Breite angelegt werden; Türen dürfen nicht zur Straße hin aufschlagen. Vorschrift wird unter anderem die Eindeckung der Dächer mit Ziegeln, Schiefer oder Metall, das Ausmauern der Fachwerkwände zur Straßenfront mit Ziegeln sowie die Anlage gemauerter Schornsteine auf einer massiven Brandmauer.

Neben den Wohnbauten, von deren Aussehen und Zuordnung das fotographische Bildmaterial des ausgehenden 19. Jahrhunderts und später einen guten Eindruck vermittelt (Abb. 3, 4), sollen hier zuerst die nicht mehr existierenden öffentlichen Bauten in ihrer Baugeschichte aufgezeigt werden.

Über die Entstehungsgeschichte der Burg ist, wie bereits gesagt, wenig bekannt. Urkundlich erwähnt wird sie erstmals 1578, als Graf Arnold II. zu Bentheim die Burg an das Kloster Frenswegen verkauft[52]. In der Verkaufsurkunde wird die Burg bzw. der Besitz *unser Hauß und Stedde mit sambt der Vischerien* genannt. Die Frensweger Konventualen bezeichnen ihren erworbenen Besitz als *domus nostra refugii*[53]. Eine erste Vorstellung vom Aussehen des Besitzes ist den Unterlagen anläßlich des Streits

---

[44] Bau-Polizei-Verordnung von 1872, §§ 5 u. 10.
[45] StA N, C II g, Nr. 57.
[46] Vgl. SPECHT, Nordhorn, S. 117 f.
[47] StA N, C II g, Nr. 6.
[48] Vgl. das Kapitel Feuerlöschpflicht bei SPECHT, Nordhorn, 1941, S. 107 ff.
[49] StA N, C II g, Nr. 20, Einrichtung und Tätigkeit der Brand-Assecurations-Sozietät 1773–1800.
[50] StA OS, Rep. 125 IV, Nr. 6.
[51] Wie Anm. 43.
[52] Abschrift im FBA, X, Rep., X 16; VOORT, Zur jüngeren Geschichte der Burg zu Nordhorn, in: Jb. Gft. Bentheim, 1969, S. 58 f., dort auch gedruckt.
[53] J. H. RICHTER, Geschichte des Augustinerklosters Frenswegen in der Grafschaft Bentheim, 1913, S. 31.

Abb. 4   Hagenstraße um 1925

zwischen Graf und Chorherren 1641 zu entnehmen, als die Mönche die Burg zu erweitern und *mit starken Mauren beschloßenen Pforten undt Thüren zu befestigen undt waß noch mehr ist, aldahr ein Kirchlein oder Kapelle . . . uffzustellen* begannen[54]. 1655 beschlossen die Chorherren nach Frenswegen zurückzukehren, da ihnen die Burg zu klein geworden war. 1670 ist *das hoge Haus* vermietet[55]. In der *Capelle zu Northorn* versahen die Chorherren weiterhin den Pfarrdienst. Vermutlich um 1700 sind die ersten Zeichnungen eines unbekannten Baumeisters entstanden, die die Nordhorner Burg im Grund- und Aufriß wiedergeben[56].

Das sogenannte Residenzhaus ist in Längs- und Queransicht dargestellt (Abb. 5). Der zweigeschossige Bau mit hohem Walmdach, an dessen beiden Anfallspunkten kaminkopfartige quadratische Aufsätze angebracht sind, zeigt in der Seitenansicht drei Achsen, von denen die mittlere durch das Portal, dem darüberliegenden, bis zum Obergeschoßfenster reichenden Dachaufbau, sowie durch ein Zwerchhaus besonders hervorgehoben ist. Die neunachsige Langseite mit einfachen Kreuzstockfenstern ist in der Zeichnung zu einem Drittel durch eine gestrichelte Linie abgesetzt. In diesem vermutlich früheren Bauteil sind die horizontalen Fensterreihungen um eine halbe Fensterhöhe nach oben verschoben. Die Länge des Gebäudes betrug 25,50 m, die Breite 10,0 m, die Traufhöhe 8,55 m und die Firsthöhe 15,40 m[57].

Für den Gottesdienst, der ursprünglich in einem der großen Räume des Residenz-

---

[54] VOORT, in: Jb. Gft. Bentheim, 1969, S. 62 u. S. 59 Anm. 15.
[55] Erstmals 1664 – vgl. VOORT, in: Jb. Gft. Bentheim, 1969, S. 63.
[56] Vgl. VOORT, in: Jb. Gft. Bentheim, 1969, S. 64 f., FBA, Frenswegen, Akte betr. die Burg zu Nordhorn.
[57] Abgerundete Mittelmaße, s. VOORT, in: Jb. Gft. Bentheim, 1969, S. 66.

hauses abgehalten wurde, ist 1712 eine Kapelle errichtet worden[58]. Der kleine Back-
steinbau mit $^3/_8$ Schluß im Osten und Westen, einfacher Lisenengliederung und Rund-
bogenfenstern aus Sandstein, war mit einem abgewalmten Ziegeldach eingedeckt, das
in der Mitte einen einfachen als Glockenstuhl ausgebildeten Dachreiter trug (Abb. 6).

1811 verkaufte die französische Regierung die Kirche an den Nordhorner Bürger
Brück[59]. In einem Schätzungsprotokoll desselben Jahres[60] wird das Hauptgebäude
als *äußerlich baufällig* und fast unbewohnbar beschrieben. Ferner werden zwei Nebengebäude und das sogenannte Bauhaus erwähnt. Der gesamte Komplex einschließlich der Kirche war von einer 6 Fuß hohen Mauer umgeben und über eine Brücke zugänglich (Abb. 7).

1824 erwarb die katholische Kirchengemeinde die Nordhorner Burg für 6200 Gulden[61] und baute das Residenzhaus zu einer einfachen Kirche um. An der Nordseite

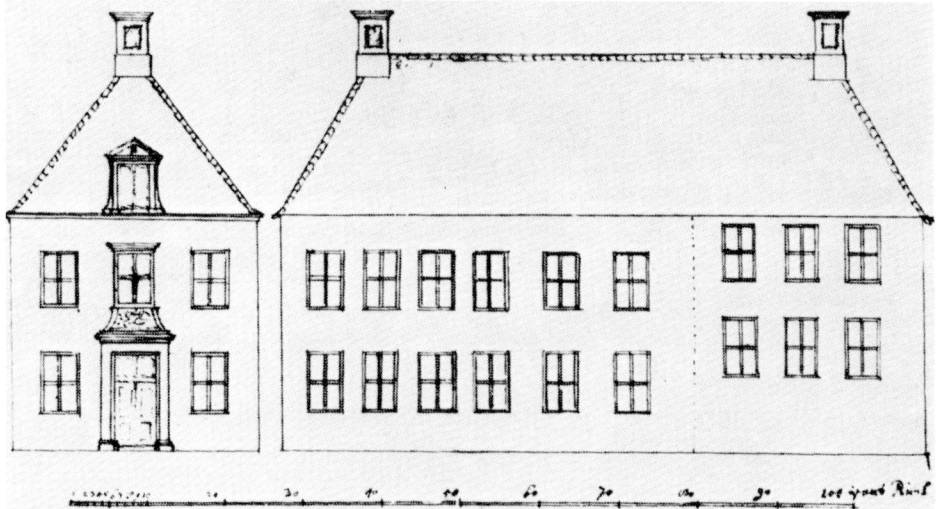

*Abb. 5   Nordhorner Burg, sogenanntes Residenzhaus. Längs- und Queransicht. Zeichnung
um 1700*

des Gebäudes wurden die Fenster links und rechts des Portals sowie das Mittelfenster
über dem Eingang zugemauert, die beiden äußeren Fenster zu schlanken Spitzbogen-
fenstern vergrößert, das Zwerchhaus in der Mittelachse entfernt. Die kleine alte Kirche baute man 1833 zu einer Schule um[62]. Der gesamte Baukomplex wurde 1911 nie-
dergelegt, da er den Anforderungen der inzwischen gewachsenen Gemeinde nicht
mehr genügte. Auf dem Gelände wurde 1911/1912 von dem Hamburger Architekten
Keith die heutige katholische Kirche St. Augustinus errichtet.

---

[58] Die Jahreszahl 1712 in der Inschrift des Portals, NÖLDEKE, Kunstdenkmäler, H. 14, 1919, S. 182.
[59] StA N, CI s, Nr. 97.
[60] Gedruckt bei VOORT, in: Jb. Gft. Bentheim, 1969, S. 70 f.
[61] SPECHT, Nordhorn, S. 52.
[62] SPECHT, Nordhorn, S. 291.

Abb. 6   Ehemalige Kapelle (Schule) und Residenzhaus (Kirche) der Nordhorner Burg.
Um 1905

Über die Vorgängerbauten der beiden Tore aus dem 18. Jahrhundert ist, wie bereits
erwähnt, nichts bekannt. 1747 schreibt der Nordhorner Richter Cötting[63], daß *dieses
alte Dohr* – gemeint ist das Lingener Tor – *gar keinen Dienst noch Vorteil mehr* habe.
Zudem mache es die ganze Stadt unansehnlich. Kurz darauf, am 6.2.1747[64], hat der
Bürgermeister *daß abbrechen der Alten steinern Pforten . . . in anschlag gebracht*[65].

Den Vorgängerbau des Bentheimer Tores schien man noch belassen zu haben, denn
1758 und 1763 werden im Zusammenhang über die Schließung *Beyde Stadts-Pforten*
bzw. *Stadts Thoren* erwähnt[66]. Erst 1779 wurde vom Rat *das abbrechen und wieder-
aufbauen von der sogenannten Bentheimer Pforte* angeordnet.

Das architektonische Aussehen der beiden Tore im Grund- und Aufriß gibt eine
Bleistiftzeichnung von G. Hagenberg aus dem Jahre 1853 wieder (Abb. 8)[67]. Die
Zeichnung scheint aber nicht ganz naturgetreu zu sein. Am Bentheimer Tor sind beispielsweise die beiden am Giebelanfang angebrachten Sandsteinlöwen ruhend wiedergegeben, während es sich um stehende Skulpturen handelte[68]. Der Giebel des Lingener Tores zeigt konkav geschwungene in Voluten auslaufende Schrägen mit profilier-

[63] SPECHT, Brücken und Tore, S. 48.
[64] StA N, B 6, Protokollbuch Nr. 3. – Vgl. SPECHT, Brücken und Tore, S. 42 ff., dort gedruckt.
[65] Als »Steinen porte« wird das Lingener Tor bereits 1648 bezeichnet, StA N, B 4, Protokollbuch Nr. 1;
gedruckt bei SPECHT, Brücken und Tore, S. 43 ff.
[66] SPECHT, Nordhorn, S. 46.
[67] StA OS, Plansammlung.
[68] Vgl. KLOPMEYER, Die Löwen vom Bentheimer Tor, DG, Jg. 1956, S. 344.

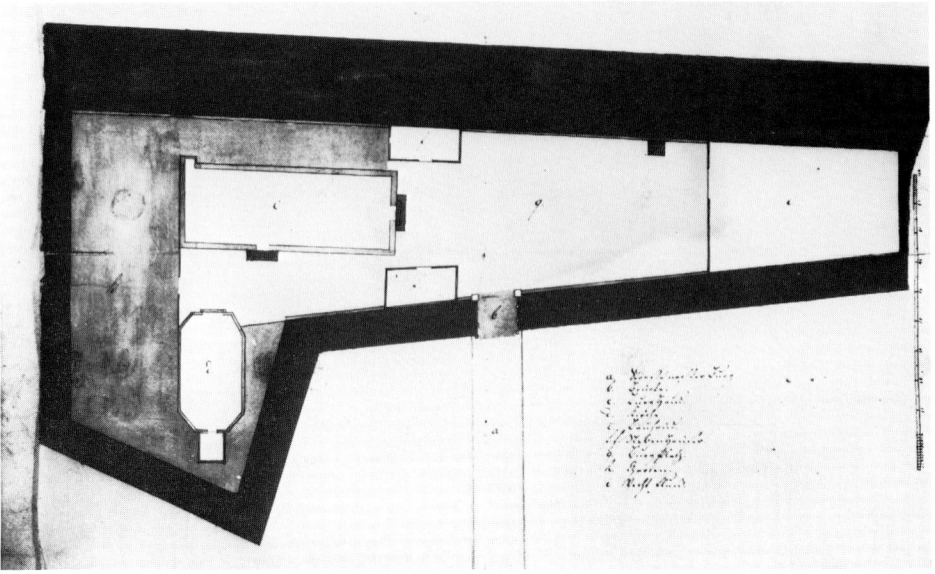

Abb. 7   Grundriß der Burganlage. Zeichnung von 1823

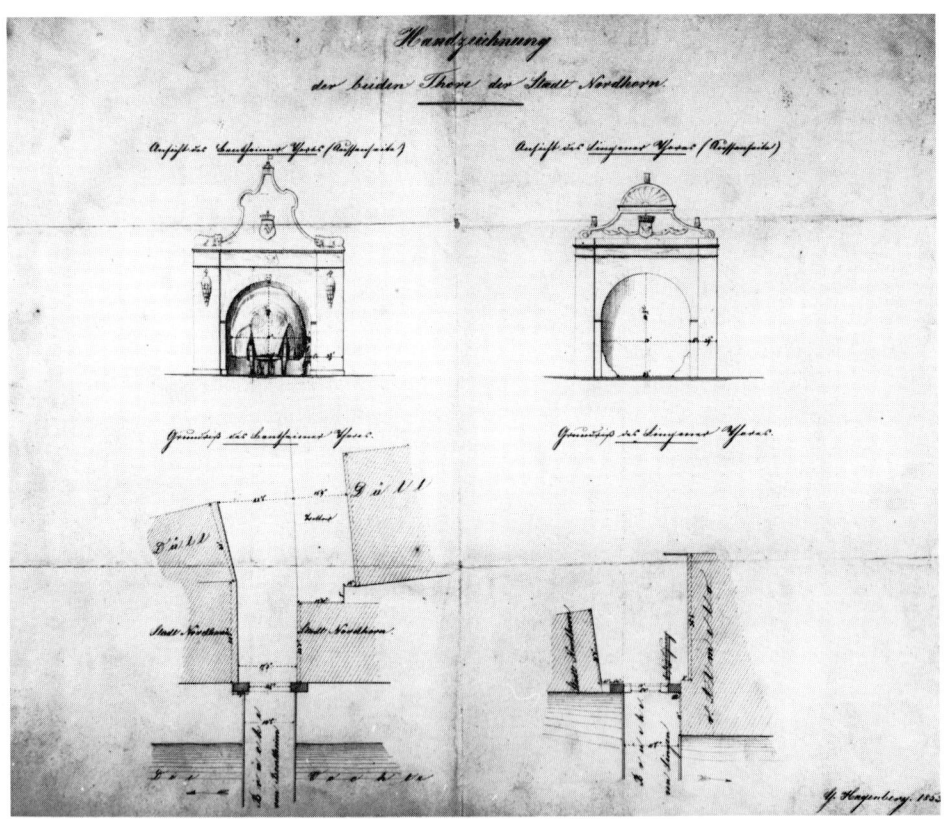

Abb. 8   Aufriß und Grundriß des Bentheimer und Lingener Tores.
Zeichnung von G. Hagenberg 1853

Abb. 9   Altes Rathaus. Erbaut 1752

tem Bandgesims und einem darüberliegendem segmentbogenförmigen Abschluß mit Fächerrosette. Der Segmentbogen wie auch die Volutenansätze trugen vasenförmige Bekrönungen. Im Giebelfeld befand sich das Nordhorner Stadtwappen innerhalb eines rocailleförmigen bis zu den Giebelschrägen durchgängigen Ornaments. Die rundbogige Durchfahrt ist mit einer lichten Weite von 12 $\frac{1}{2}$ (Bentheimer Tor) und 13 Fuß (Lingener Tor) bei einer Scheitelhöhe von 13 $\frac{1}{4}$ bzw. 14 $\frac{1}{2}$ Fuß angegeben.

Argumente für den Abbruch der Tore finden sich bereits in einem Bericht aus dem Jahre 1853. Unter anderem heißt es: *daß solche engen auf das Minimum beschränkten Eingänge einer Stadt den jetzigen Verkehrsverhältnissen nicht entsprechen . . . und nur als Hindernisse des Verkehrs dienen können*, zudem sei *der architektonische Wert dieser Bauwerke nicht eben hoch anzuschlagen*. Unter Hinweis auf die Errichtung einer neuen Vechtebrücke wurde schließlich – trotz zahlreicher Einwände seitens der Bürger – der Abbruch des Lingener Tores 1856 beschlossen[69]. Die Beseitigung des Bentheimer Tores genehmigte zwei Jahre später die Landdrostei[70].

An Stelle der heutigen Kreissparkasse stand an der Hauptstraße Nr. 38 bis 1912 das alte, 1752 erbaute Nordhorner Rathaus (Abb. 9)[71]. Der zweigeschossige fünfachsige Bau bestand aus Ziegelmauerwerk mit Sockel, Kranzgesims und verzahnter Eckquaderung aus Sandstein. Die Mittelachse, in der das Portal lag, war risalitartig vorgezo-

Abb. 10   Blick in die Hauptstraße von Norden. Um 1900

[69] StA N, CVIIIg, Nr. 40, Abbruch des Lingener Tores und der Stadtdienerwohnung 1856–1857.
[70] Über die näheren Umstände, die zum Abbruch des Bentheimer Tores führten s. SPECHT, Brücken und Tore, S. 51.
[71] SPECHT, Niedersächsisches Städtebuch, Nordhorn, S. 256.

Abb. 11   Gleicher Blick heute. An Stelle des ehemaligen Rathauses das Gebäude der Spar-
kasse.

gen und schloß über dem Kranzgesims in einem Volutengiebel mit Segmentbogen-
Aufsatz und vasenförmiger Bekrönung. Im Giebelfeld war das Bentheimer Wappen
angebracht. Das Portal mit auslandendem Gesims wurde durch ein Oberlicht und ein
sich anschließendes Wappenfeld (Nordhorner Stadtwappen) mit dem Obergeschoßfenster zusammengefaßt. Ein oktogonaler Dachreiter mit offener Laterne betonte die
Firstmitte des hohen Walmdaches.

Nach dem Stadtbrand von 1912, der auch das Rathaus beschädigte, beschloß der
Rat, das Gebäude nicht zuletzt wegen seiner Lage – es ragte weit in die Hauptstraße
und behinderte den Verkehr – abzubrechen. Der Rathausneubau wurde 1913/14 an
der Lingener Straße errichtet[72].

Sind die alten öffentlichen Bauten bereits im 19. Jahrhundert verschwunden, so hat
sich das Aussehen der stadtbildprägenden Wohnbebauung später geändert (Abb. 12,
13, 14). Besonders augenscheinlich ist diese Veränderung in der Hauptstraße, in der
das einheitliche, für den Ortscharakter typische historische Straßenbild durch Überformung alter Häuser, Einbau moderner Ladenlokale sowie Neubauten, deren Gestaltung zum Teil wenig mit der noch vorhandenen altstädtischen Bausubstanz har-
moniert, nur noch schwer vorstellbar ist.

Zu berücksichtigen ist allerdings, daß einerseits bereits Ende des 19. und in den ersten Jahrzehnten des 20. Jahrhunderts Gebäude im Stil des Zeitgeschmacks neben die

---

[72] StA N, CVIII g, Nr. 4, Rathaus Neubau 1913 / 1914. Seit 1929 anderweitig genutzt. 1950 Rathausneubau
an der Bahnhofstraße. – Vgl. KLOPMEYER, Die Nordhorner Rathäuser, G. Tp. 1951, Nr. 10.

Abb. 12   Blick von Süden in die Hauptstraße und auf das Rathaus. Vor 1912

Abb. 13   Gleicher Blick um 1920. An Stelle des Rathauses und der beiden Nachbarhäuser
der hohe 1912/13 erbaute Baublock

Abb. 14 Gleicher Blick heute

noch vorhanden alten bäuerlichen Hausformen gesetzt wurden, andererseits – zum großen Teil durch Kriegseinwirkungen bedingt – Neubauten notwendig wurden, die den Verhältnissen und Bedürfnissen der gewachsenen Stadt entsprachen. Abseits der Hauptstraße hat sich der Charakter der ehemaligen Bauweise trotz teilweiser Überformung, Umbauten und Neubauten wesentlich besser erhalten, da hier die Maßstäblichkeit bewahrt wurde, wie in Teilen der Ochsenstraße, des Schumachershagen und der Hagenstraße.

Eine umfassende Inventarisation der Gebäude in der Nordhorner Altstadt, die in das niedersächsische Denkmälerverzeichnis aufzunehmen sind, wird von der zuständigen Denkmalpflegestelle vorbereitet. Eine erste, rein vorläufige Aufstellung, die noch überarbeitet und ergänzt wird, erfaßt sowohl Einzeldenkmäler als auch Gesamtheiten baulicher Anlagen[73].

Einzeldenkmäler:
1. Katholische Pfarrkirche St. Augustinus (Abb. 15)
   Auf dem Gelände der ehemaligen Burg als Zentralbau 1911/12 von Keith, Hamburg, erbaut.
2. Hauptstraße 46, Adlerapotheke (Abb. 16)
   Genaues Baudatum unbekannt. Nach U. Gärtner wurde die Vorderfront 1782 umgebaut[74]. Klassizistische, zweigeschossige Fassade mit gequaderten Eckpila-

---

[73] Die Liste wurde vom Niedersächsischen Landesverwaltungsamt, Dezernat Denkmalpflege, erstellt im Rahmen der Stellungnahme Nordhorn.
[74] U. Gärtner, in: Jb. Gft. Bentheim, 1957, S. 79.

stern und profiliertem Dreiecksgiebel. Hinter dem Giebel hochaufragendes
Walmdach. Im Giebel – datiert 1803 – Rundbogenfenster. Der Fensterbogen von
einer Zopfgirlande eingefaßt, die sich bis in das linke und rechte Giebelfeld fort-
setzt. Obergeschoß vierachsig, hohe Sprossenfenster. Anfang des 20. Jahrhunderts
Veränderung der Erdgeschoßzone durch Einbau eines Schaufensters und Verset-
zen der Tür.

3. Hauptstraße 4, Ceka-Kaufhaus
   Zweigeschossiger Bau mit Gründerzeit- bzw. Jugendstilelementen, 7achsige Putz-
   fassade mit Pilastergliederung im Obergeschoß. Mittelachse durch Erker und
   Rundgiebel betont. Erdgeschoß durch Schaufenstereinbauten völlig verändert.

4. Hauptstraße 34 (Abb. 17)
   $3^1/_2$geschossiger Klinkerbau mit Werksteindekor, 1912/13, Doppelgeschossiger,
   dreiachsiger Erker mit Giebelabschluß an der Vorderfront.

5. Hauptstraße 21
   2geschossiges Geschäftshaus Ende des 19. Jahrhunderts. 4achsige verputzte Fassade mit einem Kranzgesims auf Konsolen abschließend. Walmdach. Erdgeschoß
   völlig verändert.

6. Hauptstraße 23
   2geschossiges Geschäftshaus, Ende 19. Jahrhundert. 3achsige Klinkerfassade.
   Rechte Achse durch Dacherker mit Volutengiebel betont. Erdgeschoß völlig verändert.

7. Hauptstraße 33
   3geschossiges Eckhaus um 1910. Erdgeschoß und erstes Obergeschoß stark verändert.

8. Hauptstraße 37
   3geschossiger Klinkerbau um 1930. Erdgeschoß und Dachzone verändert.
   Baudenkmäler im Sinne von Gesamtanlagen, an denen der historisch-räumliche Zu-
   sammenhang überschaubarer Bereiche erkennbar und erlebbar ist, ohne daß diese
   Straßenzüge Gebäude von baugeschichtlichem Wert aufweisen, lassen sich für fast alle
   Straßenzüge des alten Stadtkerns – die Hauptstraße ausgenommen – benennen. Als
   Ensemblebereich ist die westliche Seite des Schumachershagen (Nr. 3–11) in Verbindung mit den Häusern Kotthook (Nr. 1, 3, 2/4) ausgewiesen. Bestimmend in diesem
   Bereich sind die ein- bis zweigeschossigen, giebelständigen Wohnhäuser aus dem
   19./20. Jahrhundert, deren vielfältige architektonische Gestaltung trotz Überformungen zu beachten ist. Die Burgstraße unterlag zwar baulichen Veränderungen, jedoch ist der Maßstab der Wohnbebauung weitgehend bewahrt. Bemerkenswert ist die
   Fassadengestaltung der Häuser Nr. 1 und Nr. 6 sowie als Gesamtbauwerk das klassizi-
   stische, traufseitige Haus Nr. 10, das noch die Merkmale des niederländischen Bauty-
   pus aufweist.
   Den geschlossensten Straßenraum innerhalb des Kernbereichs bildet heute die Ochsenstraße. Die giebelseitig orientierten Häuser, deren Fassaden im 19./20. Jahrhundert überformt wurden, entsprechen typologisch den alten Bürgerhäusern und besitzen, soweit es sich um Neubauten handelt, in Grund- und Aufriß – mit Einschränkungen – den Maßstab der früheren Bebauung. Ein Vergleich der heutigen Katasterkarte
   mit dem Urkataster zeigt, daß sich die Parzellengrößen kaum verändert haben, ledig-

Abb. 15   Kath. Kirche St. Augustinus

Abb. 16   Hauptstraße 46   *Abb. 17   Hauptstraße 34*

lich die sehr kleinteilige und sicher auch sehr einfache Bebauung am südlichen Straßen-
ende ist verschwunden. Als letzter Ensemblebereich ist schließlich die Hagenstraße
mit ihren in der Substanz zum Teil aus dem 18. Jahrhundert stammenden Wohnhäusern zu nennen (Hagenstraße Nr. 14, 16, 20, 22/24, 26, 28/30, 32/34). Das Haus
Nr. 22/24 zeigt den ehemals häufig anzutreffenden Bautyp[75] des giebelständigen, ein-
geschossigen Hauses mit Giebelverbretterung. Hier liegen, wie auch bei dem Haus
Nr. 32/34, zwei Parzellen unter einem Dach.

Erstreckte sich diese Untersuchung der städtebaulichen Entwicklung Nordhorns
zeitlich bis zur Industrialisierung, so schien es doch nötig, die Veränderungen des
Stadtbildes im Kernbereich bis heute kurz aufzuzeigen. Zwar ist das Gründungsdatum
der Nordhorner Industrie schon um 1840[76] anzusetzen, der entscheidende industrielle Aufschwung erfolgte jedoch erst im letzten Jahrzehnt des vorigen Jahrhunderts mit dem Ausbau der Verkehrsverbindungen, speziell des Eisenbahnanschlusses.
Von den damit verbundenen Stadterweiterungen außerhalb des alten Stadtgebietes
ganz abgesehen, brachte dieser Wirtschaftsaufschwung auch im Kernbereich bauliche
Veränderungen. Die primäre Existenzgrundlage der Bevölkerung bildeten nicht mehr
die Agrarwirtschaft, sondern die Industriebetriebe. Das landwirtschaftlich ausgerichtete Bauernhaus verlor häufig seine Funktion und wurde zum reinen Wohnhaus; an
manchen Häusern augenfällig sichtbar durch das Vorblenden neuer Fassaden, wie in
der Burgstraße noch heute zu erkennen ist.

Gleichzeitig entstehen in der Hauptstraße Gründerzeitbauten, häufig Geschäfts-
häuser, die die Maßstäblichkeit und die überkommene stilistische Gestaltung nicht
mehr aufnehmen. Eine Entwicklung, die fast durchgängig bei Städten ähnlicher Struktur zu beobachten ist. In Nordhorn beschränkte sie sich im wesentlichen auf die
Hauptstraße. Die in ihrer Funktion für das Geschäftsleben wichtigste Straße weist
dann auch in der Folgezeit, den jeweiligen Zeitbedürfnissen entsprechend, die stärksten baulichen Veränderungen auf.

In den übrigen Straßen hat sich das überkommene Stadtbild hinsichtlich des Maßstabes der einzelnen Bauelemente untereinander, die Beziehung zwischen Straßen-
querschnitt und Haushöhe und die kleinteilige Blockgliederung mit der giebelständigen Bebauung weitgehend erhalten, trotz Neu- und Umbauten sowie Fassadenverän-
derungen. Der Veränderungsprozeß des äußeren Erscheinungsbildes setzte, wie bereits gesagt, schon mit der Industrialisierung ein, wurde durch die Schaffung neuer
und besserer Wohnverhältnisse fortgesetzt, durch die umfangreichen Wiederaufbau-
arbeiten nach dem Krieg entscheidend beeinflußt, und fand mit der Anpassung der
rasch gewachsenen Industriestadt an die notwendigen modernen Bedürfnisse seinen
Abschluß.

Ohne nennenswerte Veränderung blieb der charakteristische Stadtgrundriß im
Kernbereich des heutigen Nordhorn mit seinen stadträumlichen Zusammenhängen,
geprägt durch die unverwechselbare Insellage, bis heute erhalten, so daß zu hoffen

---

[75] Vgl. GÄRTNER, in: Jb. Gft. Bentheim, 1957, S. 75.
[76] s. hierzu in diesem Band: C. WISCHERMANN, Vom Heimgewerbe zur Fabrik.

Abb. 18   Lingener Torbrücke. Um 1900

bleibt, daß künftige städtebauliche Maßnahmen dieses historisch gewachsene Straßen-
gefüge sowie die noch vorhandene maßstabvolle Bausubstanz in ihre Planungen sinnvoll einbeziehen, um die charakteristischen Merkmale einer über Jahrhunderte gehenden städtebaulichen Entwicklung zu erhalten.

Anhang: Bau-Polizei-Verordnung von 1867/1872
(StA OS, Rep. 335, Nr. 10485)

Bau-Polizei-Verordnung für die Stadt Nordhorn

*Das unterzeichnete Königliche Amt verordnet hierdurch auf Grund des § 5 der Verordnung vom
20. September 1867, betreffend die Polizeiverwaltung in den neu erworbenen Landestheilen,
für den Communalbezirk der Stadt Nordhorn, was folgt:*

§ 1

Jeder Neubau und jede Hauptreparatur eines Gebäudes erfordet die Genehmigung des Magistrats zu Nordhorn. Wird ein solcher Bau ohne Genehmigung angefangen oder ausgeführt, so
hat auf eine diesfällige Anzeige des Magistrats, welche dieser in jedem solchen Falle zu machen
verpflichtet ist, das Amt Neuenhaus das Recht, den Bauherrn zur Wegschaffung des angefange-
nen resp. ausgeführten Baues innerhalb einer bestimmten Frist anzuhalten, beziehungsweise
die Wegschaffung auf Kosten des Säumigen bewerkstelligen zu lassen, wobei den Contravenien-
ten ausserdem noch die im § 23 angedrohte Strafe trifft.

§ 2

Bei Neubauten und Hauptreparaturen von Gebäuden oder sonstigen Bauanlagen an öffentlichen Strassen oder Plätzen müssen dem Antrage auf Genehmigung vollständige Baurisse beigefügt werden.

§ 3

Das Amt stellt nach vorgängiger Communication mit dem Magistrate für die einzelnen Strassen der Stadt und für die Fortsetzung derselben die Baulinien an beiden Seiten der Strasse fest, deren Richtung bei Neubauten und Hauptreparaturen in Hinsicht auf die den Strassen zugewandten Häuserfronten einzuhalten ist.

§ 4

Das Zurückziehen der Häuser an der Baulinie der Strassen ist von dem Amte in der Regel nur dann zu gestatten, wenn die Strassenlinie durch eine entsprechende anständige Einfriedigung, über deren Zulässigkeit das Amt nach Anhörung des Magistrats zu entscheiden hat, abgeschlossen wird.

§ 5

Bei jedem Neubau und jeder Hauptreparatur dürfen die Zwischenräume zwischen den Gebäuden nicht enger als 0,9 m. angelegt werden. Der Verschluss der Zwischenräume zwischen den Häusern darf nur mit einer leicht zu öffnenden Thür stattfinden.

§ 6

Die Anlage mehrerer Wohnhäuser unter einer gemeinschaftlichen Dachfläche ist nur dann gestattet, wenn zwischen den aneinander grenzenden Wohnungen und deren Dachräumen massive, über den Dachfirst und die Dachfläche hinaufgeführte Ziegelsteinmauern, welche bei Häusern von einem Stockwerk durchgängig die Dicke einer Ziegelsteinlänge, resp. 0,3 m. und bei Häusern von mehreren Stockwerken die Dicke von $1\frac{1}{2}$ Ziegelsteinlängen, resp. 0,44 m. haben sollen angelegt werden.

§ 7

Theilungen des Eigenthumes von Wohnhäusern in zwei oder mehrere Theile sind von der Genehmigung des Amtes abhängig.

§ 8

Neue Anlagen von Mist- und Aschegruben auf den Strassen und offenen Plätzen sind untersagt. Wo dieselben bis jetzt noch vorhanden sind, ist auf deren Beseitigung hinzuwirken. Wenn in Folge eines Brandes oder des Abbruchs von Gebäuden ein Neubau aufgeführt wird, so ist Niemandem gestattet, eine etwa vorhandene Mist- oder Aschegrube, sofern dieselbe an der Strasse oder an offenen Plätzen der Stadt liegt, wieder daselbst anzulegen.
Alle Mist- und Aschegruben sind mit einem dichten und festen Verschlusse bedeckt zu halten.

§ 9

Die Anlage von Abtritten und Abortsgruben ist von der Genehmigung des Amtes abhängig, welches dabei nach den in der Bekanntmachung des vorm. Königlich-Hannoverschen Ministeriums des Innern vom 19. Septbr. 1864 erlassenen Vorschriften verfährt.

§ 10

Die Zwischenräume zwischen den Häusern sollen im gemeinsamen Interesse der Benachbarten mit Kieseln oder Klinkern gepflastert werden.

§ 11

Vorbaue zu Kellerfenstern, sowie die Anlage von Freitreppen vor den Häusern, welche die Strasse verengen, sind untersagt. Es darf nur ein Treppenstein von 0,44 m. Breite vor der Baulinie der Strasse angebracht werden.

§ 12

Eine Ueberbauung der Stockwerke und Giebel an der Strasse und an den Zwischenräumen ist nicht gestattet, auch darf keine Thür nach der Seite der Strasse oder der offenen Plätze der Stadt aufschlagen.

§ 13

Nur in Ausnahmefällen, wenn keine erheblichen Bedenken entgegenstehen, ist die Abwässerung der Dachflächen nach den Strassen resp. öffentlichen Plätzen gestattet; die strassenwärts belegenen Dachflächen müssen mit Dachrinnen und Abfallröhren versehen werden, welche mindestens bis 0,3 m. von der Strasse hinabreichen. Hölzerne Dachrinnen sind in Zukunft unzulässig.

§ 14

Sämtliche Gebäude in der Stadt, beziehungsweise in deren Bezirke dürfen nur mit Dachziegeln, Schiefer oder Metall gedeckt werden. Das Unterdocken der Dachziegel ist beim Neubau der Gebäude verboten und die Dachziegeln sind überall mit Kalkmörtel oder Cement einzumauern und damit zu verstreichen. Beim Umlegen der alten Dächer dürfen Strohdecken nur dann genommen werden wenn Seitens des Antragstellers vorher das Gutachten eines Sachverständigen darüber beigebracht worden, dass der Dachstuhl, resp. das Mauerwerk des Hauses keine andere Bedachungsart zu tragen im Stande sei.
In diesen Fällen ist aber stets die Genehmigung des Amtes erforderlich.

§ 15

Fachwerkswände müssen an der Strasse, resp. öffentlichen Plätzen mit Ziegeln ausgemauert werden.

§ 16

Dach- und Boden-Lucken müssen mit Klappen oder Thüren versehen sein und bei Nachtzeit verschlossen gehalten werden.

§ 17

Jede neue Feuerungs-Anlage der Gebäude muss mit einer massiven Brand-Mauer, welche mindestens 0,44 m. oder $1\frac{1}{2}$ Ziegelstein-Längen Dicke haben soll, versehen werden.

§ 18

Die Schornsteinröhren müssen massiv von Ziegelsteinen, auf einer massiven Brandmauer ruhend, construirt werden. Die innere Weite derselben darf nicht weniger, als 0,44 m. im Gevierten betragen. Die Seitenmauern der Schornsteinröhren müssen eine Dicke von einer Ziegel-stein-Breite, d. i. 0,15 m. haben.

Die Schornsteinröhren müssen in der Regel 0,75 m. über das Dach des Gebäudes hervorragen. Dieselben dürfen mit den Holztheilen des Daches nicht in Berührung kommen. In Bezug auf die Anwendung der engen russischen Rauchröhren wird auf die Ministerialbekanntmachung vom 6. Juni 1854 verwiesen, nach welcher bei Anlegung enger Schornsteinröhren stets die Genehmigung des Amtes erforderlich ist.

§ 19

Schornsteinmäntel und alle mit den Schornsteinen zusammenhängende Bau-Constructionen müssen massiv sein. Die Feuerheerde sind mit einem von Ziegelsteinen zu construirenden Aschenloche zu versehen.

§ 20

Backöfen müssen auch in ihrem Fundament von Steinen sein und mit Schornsteinröhren und Schornsteinmänteln versehen sein.

§ 21

Das Hinausführen der Ofenröhren und Schornsteinröhren an den Seiten der Gebäude ist verboten. Derartige etwa bestehende Anlagen müssen bis Ende des Jahres 1872 beseitigt werden.

§ 22

Die Anlage von Brunnen auf den Strassen und öffentlichen Plätzen bedarf der Genehmigung des Amtes. Die neuangelegten müssen mit Pumpen versehen sein.

§ 23

Zuwiderhandlungen gegen die vorstehenden baupolizeilichen Vorschriften sind mit einer Geldbusse bis zu 10 Thlrn., beziehungsweise 14 Tagen Gefängnis bedroht.

§ 24

Die Strafandrohung im § 23 ist mit Genehmigung der Königlichen Landdrostei zu Osnabrück erfolgt.

§ 25

Die gegenwärtige Polizei-Verordnung tritt vom 15. April 1872 ab in Kraft.

Neuenhaus, den 8. März 1872

Der Amtshauptmann
Lindemann

Sozial-ökonomische und räumliche Strukturen in Nordhorn in der Mitte des 19. Jahrhunderts.

HEINRICH JOHANNES SCHWIPPE

1. Fragestellung

Eine Stadt ist weder eine undifferenzierte Masse noch eine zufällige Ansammlung von Gebäuden und Menschen. In der Anordnung des Baubestandes, in der Verteilung der Bevölkerung zeigt sich vielmehr, daß die konstitutiven Elemente sozialer Strukturen wie z. B. soziale Schichtungen oder gesellschaftliche Ordnungen räumlich strukturiert sind, daß sie eine spezifische räumliche Anordnung besitzen, eine raumgestaltende Wirkung ausüben.

In der folgenden Untersuchung soll der Versuch unternommen werden, auf der Grundlage räumlich auswertbarer Quellen für die Mitte des 19. Jahrhunderts unter besonderer Berücksichtigung der demographischen und sozial-ökonomischen Struktur der Bevölkerung der Frage nach der räumlichen Anordnung von Gewerbestandorten und Berufsgruppen innerhalb des engeren Stadtgebietes von Nordhorn nachzugehen.

2. Quellen

Das Quellenmaterial für die Untersuchung bilden die für die Jahre 1848, 1855, 1858, 1861, 1864 vollständig erhaltenen Volkszählungslisten[1]. Einer genaueren Analyse ist die Liste aus dem Jahre 1864 unterzogen worden, zu Vergleichszwecken wurde die Liste des Jahres 1848 herangezogen.

Die amtlichen Listen der Jahre 1855–1864 enthalten für jeden Einwohner der Stadt neben der Identifizierung durch eine Hausnummer Name, Alter, Geschlecht, Familienstand, ausgeübtes Gewerbe. Da die Listen haushaltsbezogen erstellt sind, ist für jede Person die Stellung im Haushalt eindeutig bestimmt. Die Liste des Jahres 1848 ist dagegen anders aufgebaut. Sie enthält lediglich den Namen der über Hausnummern zu identifizierenden Haushaltsvorstände sowie für jeden Haushalt die Gesamtzahl der zum Haushalt gehörenden Personen, nach Altersgruppen und nach Geschlecht geordnet; daneben noch Angaben zum Familienstand sowie den Religionsverhältnissen.

In Verbindung mit der aus den 70er Jahren des 19. Jahrhunderts stammenden Flurkarten und dem zugehörigen Flurbuch sowie den entsprechenden Stück-Vermessungshandrisse können die Informationen der Volkszählungslisten räumlich dargestellt werden[2].

---

[1] StA N, CIi 35, CKt 3, CIt 5, CIt 6.
[2] Katasteramt des Kreises Nordhorn, Archiv: Nordhorn Flur 15 u. 17.

Dieses Quellenmaterial gestattet eine Untersuchung der demographischen Struktur der Bevölkerung, der Haushaltsstruktur sowie der ökonomischen Verhältnisse in Verbindung mit einer Untersuchung der räumlichen Anordnung der Wohnstandorte.

3. a) Demographische Strukturen

Zahl und Zusammensetzung der Bevölkerung stellen wichtige Kriterien für die Beurteilung der Existenzgrundlagen und der Entwicklungsmöglichkeiten eines Raumes, einer Stadt, dar. Über sie werden einmal die in der Bevölkerung vorhandenen oder wirkenden Produktivkräfte fixiert, andererseits bestimmt sich auf diese Weise Art und Umfang des Bedarfes an Gütern und Dienstleistungen.

Zahl und Struktur einer Bevölkerung werden sowohl von der natürlichen wie auch von der räumlichen Bevölkerungsbewegung bestimmt[3]. Bewegungen in der Geborenen- und Sterbeziffer und in den Wanderungsvorgängen unmittelbar quantitativ zu ermitteln, gestatten die vorliegenden Quellen nicht. Es wird deshalb versucht, über eine Analyse der Altersgliederung der Nordhorner Bevölkerung für einen Zeitraum von 1848–1864 die Veränderungen in der Geburten- und Sterberate und der räumlichen Bevölkerungsbewegung indirekt zu erfassen. Dabei muß allerdings davon ausgegangen werden, daß die Bevölkerungsstruktur in Nordhorn noch primär von Bewegungen in der Geburten- und Sterberate geprägt wird, Wanderungsvorgänge sich dagegen nur sekundär strukturprägend auf das Bevölkerungsgefüge in der Stadt auswirken[4].

Informationen über die Sexualproportion und die Altersgliederung sind zur Kennzeichnung wesentlicher Struktureigenschaften einer Bevölkerung von großer Bedeutung. Legt man zugrunde, daß im allgemeinen auf 100 weibliche Geburten 105 männliche Geburten kommen, und sich infolge einer höheren männlichen Säuglingssterblichkeit diese Unterschiede allmählich ausgleichen, ist in einer von Wanderungen nicht einseitig beeinflußten Bevölkerung von einem ungefähren Gleichgewicht zwischen Männern und Frauen auszugehen.

Aufgrund einer in allen Altersklassen im allgemeinen geringfügig größeren Sterblichkeit der Männer ist bei normalem Altersaufbau ein altersmäßig ständig zunehmender Frauenüberschuß zu erwarten. Regionaler Bevölkerungsaustausch und eine spezifische regionale Wirtschaftsstruktur beeinflussen diese Gliederung der Bevölkerung einseitig.

Die altersklassenspezifische Sexualproportion der Nordhorner Bevölkerung im Jahre 1864 gibt die nachstehende Tabelle (Tab. 1) wieder.

---

[3] Vgl. hierzu allgemein MACKENROTH, G., Bevölkerungslehre. Theorie, Soziologie und Statistik der Bevölkerung. Berlin, Göttingen, Heidelberg 1953.

[4] Zur räumlichen Bevölkerungsbewegung und zur Bürgeraufnahme vgl. SPECHT, Nordhorn, S. 70–76. Geht man davon aus, daß, wenn auch mit Einschränkungen, die Neubürgerrate ein sinnvoller Indikator für die räumliche Bevölkerungsbewegung ist, dann kündigt sich im zeitlichen Verlauf dieser Neubürgerrate deutlich eine Wende im Bevölkerungsgeschehen an: die Zahl der Neubürgeraufnahmen nimmt von der Mitte des Jahrhunderts an deutlich zu.

Tabelle 1:   Anteil der Frauen an den Altersgruppen im Jahre 1864

Altersgruppe	0–5	6–10	11–15	16–20	21–25	26–30
Frauen je 100 Männer	91,4	77,8	101,2	110,9	137,8	83,6
	31–35	36–40	41–45	46–50	51–55	56–60
	123,8	83,1	84,9	97,4	110,7	109,5
	61–65	65–70	71–75	76–80	81–85	86–90
	119,2	79,2	250,0	200,0	250,0	200,0

Erwartungsgemäß zeigt sich für die hohen Altersgruppen ein großer Frauenüberschuß und für die niedrigen Altersgruppen ein deutlicher Männerüberschuß, der bei
den höheren Altersgruppen langsam in einen Frauenüberschuß übergeht. Überraschend ist jedoch der Männerüberschuß in der Altersgruppe zwischen 31 und 50 Jahre, insbesondere in der Altersgruppe 41 bis 50 Jahre[5].

Tabelle 2:   Sexualproportion im Jahre 1848

Altersgruppe	0–7	7–14	14–20	20–45	45–60	60–90
Frauen je 100 Männer	107,9	75,0	108,3	94,6	89,3	102,2

Die Sexualproportion des Jahres 1848 zeigt schwankende Werte für die einzelnen
Altersgruppen. Aufgrund der unterschiedlichen Größe der Altersgruppen wird eine
eindeutige Interpretation erschwert. Wohl läßt sich aber feststellen, daß auch 1848 die
tatsächliche Verteilung von Frauen- und Männerüberschuß auf die einzelnen Altersgruppen tendentiell der erwarteten, und 1864 deutlich ermittelten entspricht.

Für die Bevölkerungsstruktur sehr viel bedeutsamer als die Sexualproportion sind
die Unterschiede im Altersaufbau. Nach den zur Verfügung stehenden Quellen liegen
für 1864 Angaben nach den einzelnen Altersjahren vor. Für die vorliegende Untersuchung wurde nicht mit den einzelnen Altersjahren gearbeitet, sondern Altersgruppen
von 5 Jahren gebildet. Die graphische Darstellung der Altersgliederung der Nordhorner Bevölkerung entspricht der Form einer Pyramide[6] (vgl. Abb. 1). Diese Form der
Altersstruktur ist typisch für eine wachsende Bevölkerung, so liegt der Anteil der bis
15jährigen Einwohner bei 36,7 % (1864). Bei einem Anteil der bis 15jährigen von über
30% an der Bevölkerung nimmt man im allgemeinen eine starke Bevölkerungszunahme von über 10 je 1000 Einwohner jährlich an[7]. Vergleicht man die absoluten Be-

---

[5] Der nicht unbedingt erwartete Männerüberschuß für die Altersklasse 31–50 Jahre kann vielleicht auf eine
   ansteigende Tendenz räumlicher Bevölkerungsbewegung interpretiert werden, in dem davon ausgegangen wird, daß an der Zuwanderung zumindest in einer ersten Phase vorwiegend Männer beteiligt sind:
   vgl. Beitrag von H. KLEIN in diesem Band.
[6] Vgl. MACKENROTH, Bevölkerungslehre, S. 20.
[7] Vgl. SCHWARZ, K., Demographische Grundlagen der Raumforschung und Landesplanung. Hannover
   1972, S. 139 (= Veröffentlichungen der Akademie für Raumforschung und Landesplanung. Abhandlungen Bd. 64).

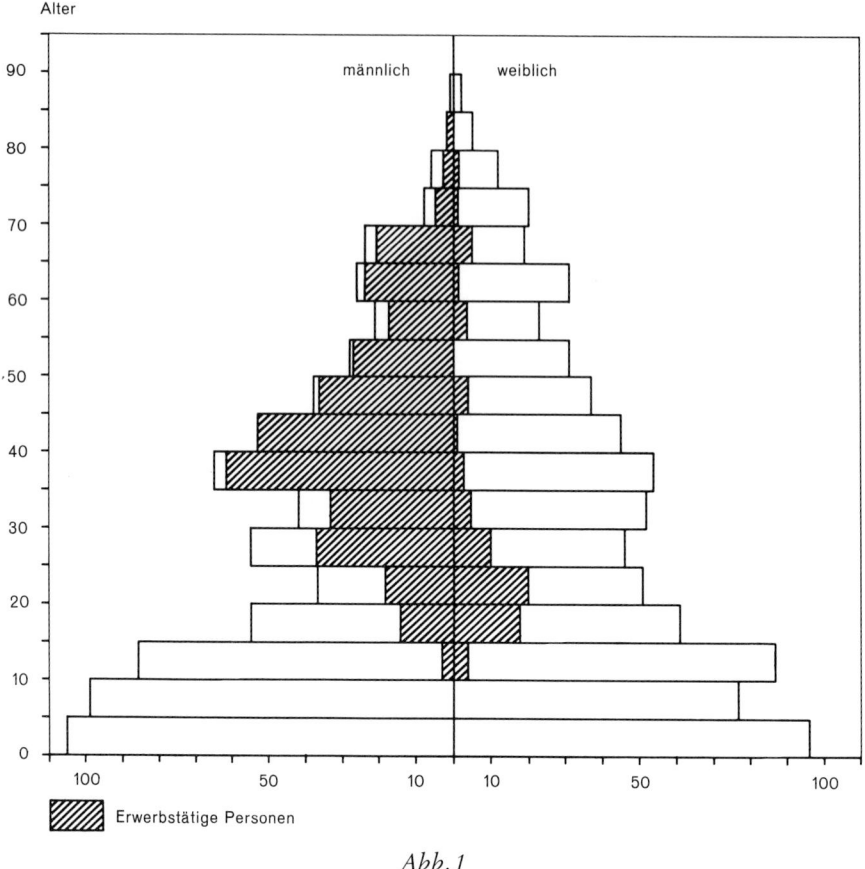

Abb. 1

völkerungszahlen der Stadt Nordhorn des Jahres 1848 (1374 Einwohner) und des Jahres 1864 (1500 Einwohner), so nimmt die Bevölkerung innerhalb von 16 Jahren um 126 Personen zu, das entspricht einer jährlichen Wachstumsrate von 7,9 je 1000 Einwohner, d. h. die tatsächliche Zunahme der Bevölkerung liegt unterhalb der allgemein erwarteten, was die Schlußfolgerung zuläßt, daß außer der natürlichen auch die räumliche Bevölkerungsbewegung eine gewisse Rolle im Bevölkerungsgeschehen spielt[8].

Die weitere Analyse der Altersgliederung ergibt, daß die Gruppe der über 60 jährigen Männer und Frauen, der Altenteil der Bevölkerung, einen Anteil von 10,4% an der Gesamtbevölkerung aufweist. Für die Bevölkerungsstruktur bleibt er damit ein Faktor von nur untergeordneter Bedeutung. Der Bestand der 15- bis 60 jährigen liegt bei 52,9%, dabei sind die Unterschiede zwischen den Anteilen für die weibliche und für die männliche Bevölkerung nicht signifikant (52,9%/53,4%.

Die Quelle für das Jahr 1848 enthält Angaben zu den folgenden Altersgruppen (Tab. 3).

---

[8] Da die Bevölkerungsentwicklung insgesamt unterhalb der Erwartungswerte bleibt, muß, neben hohen Zuwanderungswerten, die aufgrund der Neubürgerraten wahrscheinlich sind, auch mit einer recht hohen Abwanderungsrate gerechnet werden. Zu- wie Abwanderung können jedoch quellenmäßig nicht exakt quantitativ erfaßt werden.

Tabelle 3:   Altersgliederung der Nordhorner Bevölkerung 1848

Altersgruppe	männlich abs.	weiblich abs.	insgesamt abs.	%
0– 7	126	136	262	19,1
7–14	120	90	210	15,3
14–20	96	104	200	14,5
20–45	205	194	399	29,0
45–60	112	100	212	15,5
50–90	45	46	91	6,6
	4704	670	1374	

Der Vergleich der Jahre 1848 und 1864 zeigt, daß der prozentuale Anteil der Altersgruppe 15 bis 50 Jahre an der Gesamtbevölkerung leicht zurückgegangen ist (59,0%). Die Gruppe der 0 bis 14 jährigen Personen weist dagegen gegenüber 1848 (34,4%) eine Zunahme auf. Ebenfalls größer geworden ist die Gruppe der über 60 jährigen, deren Anteil 1848 bei 6,6% liegt.

Es ist an Hand der vorliegenden Daten nicht möglich, die Ursachen für diese Verschiebungen in der Altersstruktur der Wohnbevölkerung aufzudecken. Allerdings ist zu vermuten, daß dieser Prozeß sowohl durch einen Wandel in den Heiratsgewohnheiten – für den Untersuchungszeitraum ist noch von einem ursächlichen Zusammenhang zwischen der Zahl der Eheschließungen und der Geburten auszugehen – als auch durch Verschiebungen in der räumlichen Bevölkerungsstruktur bedingt ist.

3. b) Soziale und ökonomische Strukturen

Das wirtschaftliche Potential einer Stadt wird in entscheidendem Maße von Umfang und Art der wirtschaftlichen Betätigung der Bevölkerung bestimmt. Von grundlegender Bedeutung zur Beurteilung der Existenzgrundlagen der Einwohner einer Stadt sind Angaben über Erwerbstätigkeit und Unterhaltsquellen.

Über die Erwerbsquote, das Verhältnis der Erwerbstätigen zur Bevölkerung, wird die Intensität der Erwerbstätigkeit quantitativ erfaßt. Die Abhängigkeit der Bevölkerung einer Stadt von bestimmten wirtschaftlichen Strukturen läßt sich dagegen über die Wirtschaftszweige, in denen die Erwerbstätigkeit ausgeübt wird, erfassen.

Wegen der in der Mitte des 19. Jahrhunderts noch nicht sehr weit fortgeschrittenen Trennung vom Wohnplatz und Arbeitsort ergeben die Angaben über die berufliche Gliederung der Bevölkerung auch Aussagen über die Wirtschaftsstruktur der Stadt. Einen wesentlichen Produktionsfaktor gerade auch noch für den Untersuchungszeitraum stellt die menschliche Arbeitskraft dar, dabei gilt es insbesondere das Arbeitskräftepotential wie auch die Struktur der Erwerbstätigkeit zu ermitteln.

Bei der sog. Erwerbsbevölkerung handelt es sich um einen allein nach demographischen Merkmalen definierten Ausschnitt aus der Gesamtbevölkerung, nämlich um die im erwerbsfähigen Alter stehende Bevölkerung, die für den vorliegenden Zeitraum nicht, wie in der Gegenwart, die Altersgruppen zwischen 15 und 60 Jahren, sondern alle Personen älter als 15 Jahre umfaßt.

Für die Mitte des 19. Jahrhunderts liegt der Anteil der über 15 (bzw. über 14) jährigen Einwohner bei 89,6% (1864) bzw. 65,6% (1848). Die Kategorie Erwerbsbevölkerung ist für die Analyse von Wirtschaftsstruktur und wirtschaftlicher Leistungskraft einer Stadt wegen der doch recht globalen Abgrenzung nur sehr begrenzt aussagefähig, denn sie umfaßt alle der entsprechenden Altersgruppe zuzurechnenden Personen, unabhängig davon, ob und in welcher Weise sie am Erwerbsleben beteiligt sind.

Die tatsächliche Auslastung des durch die Erwerbsbevölkerung gegebenen Arbeitskräftepotentials läßt sich über die Erwerbsquote erfassen, die für das Jahr 1864 bei 28,7% der Wohnbevölkerung liegt. Diese außerordentlich niedrige Erwerbsquote weist sehr starke alters- und geschlechtsspezifische Schwankungen auf, wie der Tabelle 4 zu entnehmen ist.

Tabelle 4:
Alters- und geschlechtsspezifische Erwerbsquote 1864 in Prozent

Altersgruppe	11–15	16–20	21–25	26–30	31–35	36–40
Erwerbsquote männlich	3,5	25,5	48,6	67,3	78,6	93,8
Erwerbsquote weiblich	4,6	29,5	39,1	21,7	9,6	5,6
Erwerbsquote gesamt	2,1	27,5	43,9	44,5	44,1	49,7

Altersgruppe	41–45	46–50	51–55	56–60	61–65	66–70
Erwerbsquote männlich	100,0	94,7	96,4	81,0	92,3	87,5
Erwerbsquote weiblich	2,2	20,8	0,0	17,4	3,2	26,3
Erwerbsquote gesamt	51,1	52,8	48,2	49,2	47,8	56,9

Altersgruppe	71–75	76–80	81–85		Erwerbsquote	
Erwerbsquote männlich	62,5	50,0	100,0		(354)	47,1
Erwerbsquote weiblich	5,0	8,3	0,0		(77)	10,3
Erwerbsquote gesamt	33,8	29,2	50,0			28,7

Auffallend ist, daß die Erwerbstätigkeit sowohl bei der männlichen als auch der weiblichen Bevölkerung bereits mit einem Alter von 11 Jahren mit allerdings sehr geringen Werten einsetzt, dann in den nächsten Altersgruppen sehr steil ansteigt und für die Altersgruppen 36–50 Jahre ein erste Maximum erreicht. Ein zweites Maximum liegt dann erstaunlicherweise für die Altersgruppe 66–70 Jahre vor.

Die Schwankungen der Erwerbsquote werden vor allem von den starken altersspezifischen Veränderungen in der Erwerbsquote der weiblichen Bevölkerung hervorgerufen, die im übrigen, abgesehen von zwei Ausnahmen, erheblich unter der Erwerbsquote der Männer liegt. Die für die Altersgruppen 16–30 Jahre und 55–70 Jahre recht hohen Erwerbsquoten der Frauen zeigen sehr deutlich die Abhängigkeit der weiblichen Erwerbstätigkeit vom Familienstand. Bei der ersten Gruppe (16–30 Jahre) dürfte es sich vor allem um noch nicht verheiratete Frauen handeln, während die zweite Gruppe (55–70 Jahre) sich aus Frauen zusammensetzen dürfte, deren Ehe wegen des

Todes des Ehepartners nicht mehr besteht bzw. die stets unverheiratet gewesen sind. Der Grund für diese Verteilung der Erwerbstätigkeit der Frauen besteht etwa darin, daß im Untersuchungszeitraum für eine verheiratete Frau eine eigene Berufstätigkeit außerhalb des Haushaltes oder außerhalb des Gewerbe- oder Dienstleistungsbetriebes des Ehemannes nicht üblich ist. Wenn auch nur ein geringer Anteil der Frauen den überwiegenden Lebensunterhalt aus eigener, in der Regel abhängiger Erwerbstätigkeit bestreitet, wird doch ein großer Teil der Frauen besonders dann, wenn sie mit einem selbständig Gewerbetreibenden verheiratet sind, als mithelfende Familienangehörige am Erwerbsleben beteiligt sein (s. u.).

Die Gliederung der Bevölkerung nach der Art ihrer beruflichen Tätigkeit ist für die Mitte des 19. Jahrhunderts wegen der noch weitgehend vorhandenen Identität von Wohn- und Arbeitsort noch recht aussagefähig hinsichtlich der wirtschaftlichen Struktur einer Stadt und – allerdings nur in begrenztem Umfang – auch hinsichtlich der Einkommenslage ihrer Einwohner. Die übliche Gliederung der erwerbstätigen Bevölkerung nach den drei Wirtschaftssektoren ist allerdings für den anstehenden Untersuchungszeitraum nur begrenzt verwertbar, da die für die Gegenwart charakteristische starke Bestimmtheit der beruflichen und damit auch der sektoralen Zuordnung keine Gültigkeit besitzt; kennzeichnend für diese Zeit ist vielmehr die Verbindung verschiedener Tätigkeiten in einer Person: gewerblich-handwerkliche und auch landwirtschaftliche Tätigkeiten werden nebeneinander ausgeübt, ohne daß genau unterschieden werden kann, welcher Tätigkeitsbereich haupt- und welcher nebenberuflich betrieben wird. Diese Tätigkeitsverbindung wird auch in der vorliegenden Volkszählungsliste zumindest an einigen Stellen deutlich sichtbar, wenn bei allein 25 Haushaltsvorständen zwei oder drei verschiedene berufliche Tätigkeiten angegeben werden. Häufige Kombinationen sind Krämer und Schenkwirt und/oder Bäcker, Bäcker und Schenkwirt. Während diese Kombination von gewissen Ähnlichkeiten der Tätigkeitsmerkmale gekennzeichnet sind, kann bei anderen von einer solchen Verwandtschaft nicht unbedingt gesprochen werden: solche Kombinationen sind etwa Krämer und Zimmermann, Wirt und Drechsler.

Ein entscheidender Grund für das gleichzeitige Ausüben verschiedener Berufe dürfte in dem Streben nach wirtschaftlicher Sicherheit zu sehen sein. Aus diesem Grunde ist anzunehmen, daß auch noch in verschiedenen anderen Fällen neben der in der Quelle verzeichneten Tätigkeit eine andere ausgeübt wird. Es ist z.B. davon auszugehen, daß auch die Landwirtschaft in Form eines »Nebenerwerbsbetriebes« oder in Form einer intensiven Gartennutzung eine gewisse Bedeutung für die Existenzsicherung großer Teile der Bevölkerung besitzt. Diese Formen des Neben- bzw. Zusatzerwerbes und deren Umfang lassen sich allerdings mit Hilfe der vorhandenen Zählungslisten nicht erfassen[9].

Ordnet man trotz aller Bedenken die vorliegenden beruflichen Tätigkeitsbezeichnungen den verschiedenen Wirtschaftssektoren zu, so wird die große Bedeutung des sekundären Sektors, dem mehr als 50% aller erwerbstätigen Haushaltsvorstände zuge-

---

[9] Nach SPECHT, Nordhorn, S. 243–258 ist anzunehmen, daß sich in der seit der Mitte des Jahrhunderts entwickelten Textilindustrie vielfältige Möglichkeiten auch nebenberuflicher Erwerbsmöglichkeiten geboten haben.

rechnet werden, deutlich; mit fast 30% der erwerbstätigen Haushaltsvorstände hat der tertiäre Sektor ebenfalls noch eine gewisse Bedeutung. Der primäre Sektor spielt dagegen in der Wirtschaft Nordhorns überhaupt keine Rolle.

Aufgrund des großen Umfangs des sekundären Sektors erscheint eine genauere Analyse angeraten. Ein großer Teil der Gewerbetreibenden produziert mehr oder weniger für den täglichen Bedarf. Rechnet man nach Henning[10] Schneider und Schuhmacher zum Grundbedarf Kleidung; Müller, Bäcker, Fleischer zum Grundbedarf Nahrung; zum Komplex Gebäude: Zimmermann, Maurer, Tischler und Schmied; Rademacher, Drechsler zum Grundbedarf Betriebsmittel, dann arbeiten allein 63 erwerbstätige Haushaltsvorstände (= 32% der erwerbstätigen Haushaltsvorstände des sekundären Sektors) in diesem Bereich. Den größten Anteil in dieser Gruppe stellen Schneider und Schuhmacher. Auf 1000 Einwohner kommen allein 7,3 Schuhmacher und 8,6 Schneider. Bei diesen beiden in erster Linie nur für den lokalen Markt produzierenden Gewerbe dürfte bei dieser Dichte bereits eine starke Übersetzung vorliegen, d. h. es sind im Verhältnis zur Nachfrage zu viele Gewerbetreibende vorhanden, mit der Folge verbreiterter finanzieller und sozialer Existenzunsicherheit.

Überhaupt sind die Berufe aus dem Bereich des Bekleidungs-, Textil- und lederverarbeitenden Handwerks nach der Zahl der Gewerbetreibenden als typische Massenhandwerke (Weber 7,3 je 1000 Einwohner) anzusprechen. Bereits im frühen 19. Jahrhundert gelten sie als Gewerbezweige mit sehr geringen Zugangshindernissen: sie sind relativ leicht erlernbar, zünftige Zugangsbeschränkungen sind nicht vorhanden bzw. nur wenig ausgeprägt, für ihren Betrieb ist vergleichsweise nur wenig Kapital erforderlich[11]. Aus dieser Situation heraus ist es nicht verwunderlich, daß es gerade die leicht zugänglichen Massenhandwerke sind, die bei einer wachsenden Bevölkerung im allgemeinen zu Lasten des Wohlstandes und der wirtschaftlichen Sicherheit überproportional anwachsen, zumal die Aufnahmefähigkeit der Landwirtschaft für zusätzliche Arbeitskraft bereits seit dem ausgehenden 18. Jahrhundert nur noch sehr gering ist. Es ist darum davon auszugehen, daß zahlreiche Erwerbstätige in einer Reihe von Handwerkszweigen in relativ bescheidenen wirtschaftlichen Verhältnissen leben. Angesichts der relativ großen Zahl an Tagelöhnern (50,6 Tagelöhner je 1000 Einwohner), bei denen es sich im übrigen im Gegensatz zu den dargestellten Handwerkern nicht um selbständige Gewerbetreibende handelt, sondern um abhängige Erwerbstätige, deren Arbeitsverhältnis bereits von ihrer Berufsbezeichnung her nicht wie bei den anderen gewerblich-handwerklichen Arbeitnehmern auf längere Dauer ausgerichtet ist, ist der Schluß berechtigt, daß auch in dieser Berufsgruppe die wirtschaftliche Situation äußerst schwierig ist.

Wenn auch die beschriebenen Massenberufe die Situation im produzierenden Gewerbe quantitativ bestimmen, so sind doch die sehr vielen anderen Handwerkszweige

---

[10] HENNING, F. W., Die Wirtschaftsstruktur mitteleuropäischer Gebiete an der Wende zum 19. Jahrhundert unter besonderer Berücksichtigung des gewerblichen Bereiches, in: Beiträge zu Wirtschaftswachstum und Wirtschaftsstruktur im 16. und 19. Jahrhundert. Berlin 1971 (= Schriften des Vereins für Socialpolitik N. F. Bd. 63).

[11] KAUFHOLD, K. H., Umfang und Gliederung des deutschen Handwerks um 1800, in: ABES, W. und Mitarbeiter (Hrsg.): Handwerksgeschichte in neuerer Sicht. Göttingen 1970, S. 26–64, hier S. 48 ff. (= Göttinger handwerkswirtschaftlicher Studien. 16).

für die wirtschaftliche Struktur der Stadt wie auch für ihre zentralörtliche Bedeutung von ebenso großer Wichtigkeit (vgl. Tab. 5). Charakteristisch ist die außerordentlich weitgetriebene Spezialisierung; in jeder Sparte, sei es in der Holzverarbeitung, in der Metall- und Edelmetallverarbeitung oder im Nahrungsgewerbe, sind zahlreiche verschiedene Berufe allerdings in der Regel nur mit einem oder zwei Vertretern vorhanden. Diese hoch spezialisierten Handwerke produzieren im Gegensatz zu den genannten Massenhandwerken für einen regionalen Markt. Diese unterschiedliche Marktbezogenheit spiegelt sich auch in ihrem Standortverhalten wider, abgesehen vom Textilgewerbe, das in der Regel für einen überregionalen Markt produziert, mit dispersen Standorten, streuen die Gewerbe des Grundbedarfs, die für einen lokalen Markt arbeiten, über Orte geringerer zentralörtlicher Bedeutung, können aber auch in denen höherer Zentralitätsstufe liegen, während die spezialisierten Gewerbe mit regionalen Absatzmärkten ausschließlich in den Orten höherer Zentralitätsstufe konzentriert sind.

Läßt bereits die Struktur des sekundären Sektors eine gewisse zentralörtliche Bedeutung der Stadt Nordhorn vermuten, so wird diese Annahme noch verstärkt durch die Gliederung innerhalb des tertiären Sektors, der von den Sparten Handel und Verkehr und privaten Diensten bestimmt wird[12]. Die berufliche Differenzierung ist bei weitem nicht so groß wie im sekundären Sektor, Kaufleute, Krämer, Gastwirte, Verkehrsberufe sind die wichtigen Berufsgruppen.

Tabelle 5:

Berufliche Gliederung der Nordhorner Bevölkerung 1864

Gewerbezweig	Zahl der Haushalte	
	abs.	%
1. Urproduktion: Landwirtschaft	3	0,9
2. Produzierendes Gewerbe: Handwerk	118	34,6
3. Tagelöhner, Handarbeiter	76	22,3
4. Handel und Verkehr	45	13,2
5. Öffentl. Dienst	29	8,5
6. Privater Dienst	21	6,2
7. Rentenbezieher	9	2,6
8. Ohne Gewerbe, ohne Angaben	40	11,7
Gesamt	341	100,0

In den bisherigen Überlegungen stand insbesondere die Produktionskraft der Nordhorner Bevölkerung im Vordergrund. Nicht weniger bedeutend für die wirtschaftliche Entwicklung einer Stadt ist neben der Produktionsseite auch die Verbrauchsseite. Es ist darum wichtig, die Bevölkerung nicht nur nach der Art ihrer Beteiligung am Erwerbsleben zu differenzieren, sondern danach zu fragen, aus welchen Unterhaltungsquellen die verschiedenen Bevölkerungsgruppen ihren Lebensunterhalt

---

[12] Zur Zentralität vgl. Beitrag von H. KLEIN in diesem Band.

bestreiten. Ferner ist es von Interesse, die Zahl der Einkommensbezieher je Haushalt oder gar die Höhe des Einkommens zu kennen.

Das vorliegende Quellenmaterial erlaubt nur zu einem Teil dieser Fragenkomplexe eine fundierte Aussage: so muß die sehr interessante Frage nach der Einkommenshöhe unbeachtet bleiben, während die übrigen Probleme direkt bzw. indirekt analysiert werden können.

Insgesamt leben in Nordhorn 1864 nur 28,7% der Bevölkerung von eigener Erwerbstätigkeit, 0,6% von Renten, eigenem Vermögen, während 70,7% der Bevölkerung überwiegend durch Angehörige wirtschaftlich erhalten wird. Diese Zahlen ergeben sich aus der Auswertung der Volkszählungsliste nur unter Berücksichtigung der Tatsache, ob bei den entsprechenden Personen ein Gewerbe bzw. Beruf genannt wird oder nicht. Diese Angaben können noch stärker differenziert werden, wenn über die bloße Nennung einer Berufstätigkeit auch noch zusätzliche Kriterien herangezogen werden, mit deren Hilfe weitere Aussagen über die Unterhaltsquelle insbesondere über den Bereich »mithelfende Familienangehörige« gemacht werden können.

Obwohl die Untersuchungen über die altersspezifischen Erwerbsquoten gezeigt haben, daß in einigen Fällen bereits mit einem Alter von 10 Jahren einer Erwerbstätigkeit nachgegangen wird, sind diese Fälle doch nicht als ein Regelfall anzusehen, sondern ist vielmehr davon auszugehen, daß erst von einem Alter von 14/15 Jahren an eine regelmäßige Erwerbstätigkeit ausgeübt wird, wie dies auch der ansteigende Verlauf der Erwerbsquote nahelegt. Es ist nun auffallend, daß in sehr vielen Haushalten noch zahlreiche Kinder (Töchter wie Söhne) älter als 15 Jahre leben, die, folgt man den Angaben in der Quelle, keiner eigenen gewerblichen Tätigkeit nachgehen. Für dieses überraschende Phänomen bieten sich mehrere Erklärungsmöglichkeiten an: 1. es handelt sich bei dieser Bevölkerungsgruppe um Personen, die aus gesundheitlichen Gründen nicht erwerbstätig sind; 2. eine eigene Erwerbstätigkeit scheidet aus sozialen Gründen aus, dies gilt mit großer Wahrscheinlichkeit für einen Teil der weiblichen Personen; 3. eine eigene Erwerbstätigkeit ist aufgrund einer ungünstigen Arbeitsmarktsituation nicht möglich; 4. die Personen sind als mithelfende Familienangehörige im groß-/elterlichen Betrieb tätig. Die vorliegenden Quellen können für den Einzelfall keine Aussagen machen, allerdings werden über eine Betrachtung der quantitativen Verhältnisse einige Erklärungsmöglichkeiten deutlicher (vgl. Tab. 6).

Wie die Tabelle 6 zeigt, ist der Anteil der im Haushalt lebenden Kinder über 15 Jahre, aber auch der verwandter älterer Personen, auffallend hoch in den Haushalten, deren Vorstand selbständig ist. Dies gilt auch für die Zahl der Ehefrauen. In den übrigen Fällen liegen die jeweiligen Anteile entweder im Rahmen des nach der Erwerbstätigkeit des Haushaltsvorstandes zu erwartenden Anteils (nicht-selbständiger Haushaltsvorstände) oder aber deutlich unterhalb der Anteile (Haushaltsvorstand ohne Gewerbe/Sonstige).

Aus dieser Situation ergibt sich, daß zumindest ein großer Teil dieser Bevölkerungsgruppe von ihrer Unterhaltsquelle nicht eindeutig zu der überwiegend durch Angehörige wirtschaftlich erhaltenden Personengruppen zugerechnet werden kann. Es ist vielmehr wahrscheinlich, daß – dies gilt besonders für die Angehörigen selbständiger Haushaltsvorstände – es sich hier um eine Gruppe mithelfender Familienangehöriger handelt. Nicht ausgeschlossen werden kann aber, daß es sich bei einem anderen Teil

Tabelle 6:
Haushaltsmitglieder nach der Erwerbstätigkeit des Haushaltsvorstandes 1864

	Haushalts-vorstand selbständig	Haushaltsvor-stand nicht selbständig	Haushaltsvor-stand ohne Gewerbe	Sonstige
Anzahl der Haushalte	182 (53,4)	112 (32,8)	38 (11,1)	9 (2,6)
Ehefrauen	158 (72,2)	90 (37,7)	3 (1,2)	1 (0,4)
Kinder bis 15 Jahre	103 (66,0)	36 (23,1)	16 (10,3)	1 (0,6)
Verwandte (Großeltern, ...)	33 (66,0)	17 (33,0)	– –	– –

dieses Personenkreises um eine verdeckte Arbeitslosigkeit handelt. In diesem Zusammenhang sei noch einmal auf den oben bereits für einzelne Gewerbezweige nachgewiesenen außerordentlich hohen Besatz sowie die sehr große Tagelöhner-»Dichte« hingewiesen.

Die These von der vor- und frühindustriellen Großfamilie mit einer Größe von 10 und mehr Personen ist über lange Zeit in der Literatur verfolgt worden. Sozialgeschichte und historische Demographie haben diese Ansicht inzwischen widerlegt.

In Nordhorn ist in der Mitte des 19. Jahrhunderts die Zahl der in einer Hausgemeinschaft lebenden Personen relativ klein. Die mittlere Haushaltsgröße liegt 1864 bei 4,4 Personen, dabei umfaßt der größte Haushalt 13 Personen.

Tabelle 7: Haushalte im Jahre 1864 nach der Zahl der Personen

Insgesamt	Davon mit . . . . . Person(en)													Haushalts-mitglieder
	1	2	3	4	5	6	7	8	9	10	11	12	13	
341	36	32	69	51	58	36	27	12	12	2	3	2	1	1500

Abbildung 2 und Tabelle 7 zeigen eine deutliche Abweichung der Verteilung von Haushaltsgröße und Bevölkerung in Richtung auf die kleineren Größentypen. Auffallend ist zunächst die relativ große Zahl der Einpersonenhaushalte (10,5%), deren Haushaltsvorstände überwiegend verwitwete oder unverheiratete ältere weibliche Personen sind. Nur geringfügig kleiner ist die Zahl der Zweipersonenhaushalte (9,38% der Haushalte). Bei den Mehrpersonenhaushalten sind die Größentypen mit 3, 4 und 5 Personen sehr stark vertreten, 52,2% der Haushalte gehören zu dieser Gruppe (46,7% der Bevölkerung).

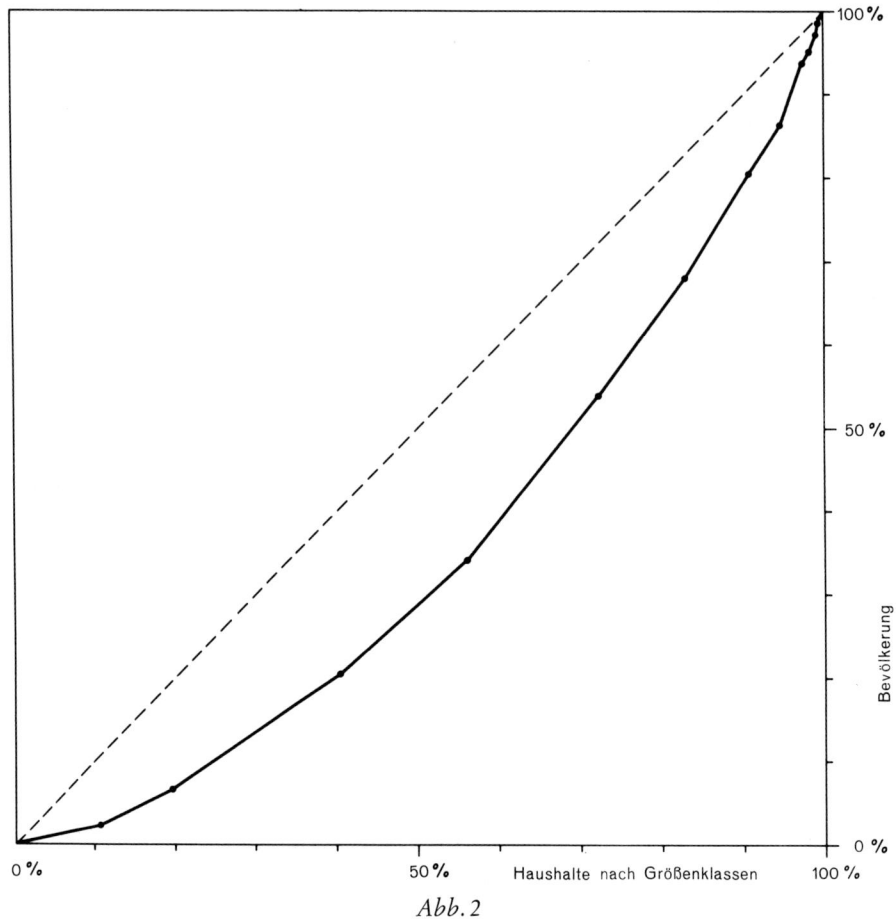

Abb. 2

Mit zunehmender Haushaltsgröße nimmt die Zahl ihrer Vertreter sehr schnell ab.
Während die 6-Personenhaushalte immerhin noch 10,5% aller Haushalte ausmachen
(14,4% der Bevölkerung) und der Anteil der 7-Personenhaushalte noch bei fast 8%
(12,6% der Bevölkerung) liegt, beträgt der Anteil der Haushalte mit 8 und mehr Personen insgesamt nur noch 9,3% (26,3% der Bevölkerung).

Die Haushaltsgrößengliederung allein ist wenig aussagefähig. Tiefere Einsichten
sind über Haushaltstypisierungen auf der Grundlage der (verwandtschaftlichen) Stellung der einzelnen Haushaltsmitglieder zum Haushaltsvorstand zu gewinnen[13]. Eine
solche Typisierung gestattet es, in gewissem Umfang Aussagen über die Position des
einzelnen Haushalts innerhalb des zeitlichen Veränderungsprozesses der Haushaltsstruktur, der durch die Grundtypen des »wachsenden«, »stagnierenden« und
»schrumpfenden« Haushalts grob beschrieben werden kann, zu machen. Entsprechend des Verwandtschaftsverhältnisses setzen sich die Haushalte aus Eltern und Kindern, die im allgemeinen als Kernfamilie bezeichnet werden, weiteren Familienmit-

---

[13] Grundlage und Ausgangspunkt der Haushaltstypisierung sind die anläßlich der Volkszählung 1961 entwickelten Typen, vgl. Statistisches Bundesamt. Fachserie A: Bevölkerung und Kultur. Mainz 1965.

gliedern und familienfremden Personen, die entweder als häusliches oder gewerbliches Hilfspersonal beschäftigt werden oder als Kostgänger in die gemeinsame Wirtschaftsführung integriert sind, zusammen.

Für die Mitte des 19. Jahrhunderts ist die »Kernfamilie« der für Nordhorn bestimmende Haushaltstyp (vgl. Tab. 8). Fast 57% aller Haushalte können zu dieser Gruppe gerechnet werden, innerhalb der der aus Elterngeneration und ledigen Kindern bestehende Haushalt (53,4%) die dominierende Position einnimmt.

Tabelle 8:   Haushaltstypen in Nordhorn 1864

	Haushaltstypen	Anzahl der Haushalte abs.	%
E	Einpersonenhaushalte	36	10,6
	Mehrpersonenhaushalte	305	89,4
A1	Ehepaare ohne Kinder	13	3,8
A2	Elterngeneration mit ledigen Kindern	182	53,4
A3	Elterngeneration mit verheirateten Kindern, aber ohne Enkelkinder	1	0,3
A4	Großeltern-, Eltern- und Kinder- bzw. Enkelgeneration	26	7,6
B1	Typen A1 bis A4 und zusätzlich andere verwandte oder verschwägerte Personen	10	2,9
B2	Haushalte, in denen nur nicht in gerader Linie miteinander verwandte oder verschwägerte Personen leben...	–	–
C1	Typen A1 bis A4, in denen noch familienfremde Personen leben	65	19,8
C2	Typen B, in denen zusätzlich noch familienfremde Personen leben ...	6	1,8
D	Haushalte, die nur aus nicht miteinander verwandten und/oder verschwägerten Personen bestehen	2	0,6
		341	100,0

Die Quote der sog. erweiterten Haushalte, also solche, die auch noch weitere Verwandte einschließen, ist dagegen sehr gering (10,5%); den größten Anteil stellen dabei die Dreigenerationenhaushalte (Großeltern – Eltern – Kinder –/bzw. Enkelgeneration) mit 7,6%. Dieser nicht unbedingt erwartete niedrige prozentuale Anteil an der Gesamtzahl der Haushalte ist wohl auf die im allgemeinen noch recht geringe Lebenserwartung und das relativ hohe Heiratsalter zurückzuführen.

Zahlreicher sind dagegen die Haushalte, in denen neben Großeltern – und/oder Eltern – und/oder Kindergeneration noch familienfremde Personen leben (71 – 20,9%), d. h. ¹/₅ der Nordhorner Haushalte ist dem Haushaltstyp C zuzurechnen. Zum überwiegenden Teil handelt es sich bei diesem »familienfremden« Personenkreis um dienstrechtlich an den Haushalt gebundene Personen, die im Haushalt oder im Gewerbebetrieb des Haushaltsvorstandes beschäftigt sind. Nur für 6 Personen kann gezeigt werden, daß sie nicht als Beschäftigte, sondern als Kostgänger in der Haushaltsgemeinschaft leben. Die übrigen 99 Personen setzen sich zu 19% aus Knechten, zu 8% aus Lehrlingen und zu 10% aus weiteren männlichen Arbeitskräften zusammen. Bei dem weiblichen Dienstpersonal, dessen Anteil von 62,6% den der männlichen Arbeitskräfte deutlich übertrifft, handelt es sich zum größten Teil um Mägde (57%). Bezieht man das familienfremde Dienstpersonal auf die Zahl der Haushalte, so kommen auf 100 Nordhorner Haushalte 29 gewerbliche bzw. häusliche Beschäftigte. Insgesamt beschäftigen 63 Haushalte fremde Arbeitskräfte, davon ist in 42 Haushalten nur jeweils eine Hilfskraft beschäftigt. 11 Haushalte haben 2 Dienstboten, mehr als 3 Dienstboten finden sich in 10 Haushalten.

Die Beschäftigung familienfremder Arbeitskräfte hängt in starkem Maße von der beruflichen Tätigkeit der Haushaltsvorstände ab (vgl. Tab. 9).

Tabelle 9:
Haushalte mit familienfremden Arbeitskräften nach dem Beruf des Haushaltsvorstandes

Gewerbesparte	Anzahl der Haushalte	
	abs.	in % der Haushalte je Gewerbesparte
Produzierendes Gewerbe	22	18,6
Tagelöhner, Handarbeiter	1	1,3
Handel und Verkehr	19	42,2
Öffentlicher Dienst	7	24,1
Private Dienste	10	47,6
Rentenbezieher	4	44,4
	63	18,5

Fast die Hälfte der Haushaltsvorstände aus den Gewerbesparten »Handel und Verkehr« sowie »private Dienste« beschäftigen familienfremde Arbeitskräfte. Hierbei handelt es sich im wesentlichen um Kaufleute, Krämer und Gastwirte, also um recht wohlhabende Berufsgruppen, die sich aufgrund ihrer finanziellen Möglichkeiten die Beschäftigung familienfremder Personen leisten können. Die geringe Anzahl Arbeitskräfte beschäftigender Haushaltsvorstände in der Gewerbesparte »Produzierendes Gewerbe« läßt sich mit dem hohen Anteil der Massenberufe in dieser Sparte erklären. So werden von den Schuhmachern, Schneidern, . . . keine familienfremden Arbeitskräfte beschäftigt; das bedeutet, daß diese Gewerbebetriebe als »Ein-Mann-Betriebe« geführt werden. Demgegenüber sind die »Rentenbezieher« zum größten Teil in der Lage, familienfremde Personen einzustellen. Dazu ist anzumerken, daß es sich bei diesem Personenkreis nicht um Rentenbezieher im heutigen Sinne handelt, sondern um solche Personen, die von ihrem Vermögen leben, und deshalb auch finanziell in der Lage sind, Arbeiten in ihren Privathaushalten von Dienstpersonal ausführen zu lassen.

3. c) Räumliche Strukturen

Die Analyse der räumlichen Verteilung der sozialen Situation der Bevölkerung zielt ab auf Beschreibung und Interpretation von Verbreitungs- und Verknüpfungsmustern z. B. von Individuen und Gruppen. Es ist im Grundsatz eine horizontale Betrachtungsweise, die mit Begriffen wie Distanz, Richtung, Lage, Verknüpfung, Dispersion und Konzentration arbeitet. Es geht darum, die Beziehungen zwischen »der formalen Raumstruktur (der geometrisch-topologischen Struktur) von Phänomenen und den realen Verknüpfungen und Austauschbeziehungen zwischen diesen Phänomenen«[14] aufzudecken. Im Hintergrund diese Distributions- und Verflechtungsanalyse steht mehr oder weniger deutlich letztlich die Frage nach dem optimalen Verbreitungs- und Verknüpfungsraster.

Der Raum, von dem hier die Rede ist, ist zweifelbar nicht ein euklidischer Raum, er ist mit großer Wahrscheinlichkeit weder isotop, sondern besitzt bevorzugte und weniger bevorzugte Richtungen, noch ist er kontinuierlich, sondern besitzt »Unstetigkeitsstellen«, schwer und leicht passierbare Stellen, noch homogen, sondern hat ausgezeichnete und weniger ausgezeichnete Punkte[15].

Verbreitungs- und Verknüpfungsmuster sind Konsequenzen menschlicher Gruppen und Individuen in der Zeit in dem Sinne als nach dem von H. D. de Vries-Reiling[16] erläuterten Prinzip der räumlich-zeitlichen Konsistenz historischer Infrastrukturen, traditionelle Standortgefüge durch ihr Belangungsvermögen und ihren Veränderungswiderstand in erheblichem Maße nachwirken und den Aktivitäten der Gegenwart vorgeprägten Wege und Grenzen setzen.

Topographie, Straßen- und Parzellenraster, ebenso aber auch Nutzungsmuster zeichnen sich durch eine ausgeprägte raum-zeitliche Erhaltensneigung aus. Die Nutzungspersistenz ist bei den Gewerben besonders groß, die auf eine aufwendige betriebstechnische Einrichtung angewiesen sind wie etwa die Bäckereien, die Schmieden, die Gasthäuser oder die Brenner- und Brauereien. Funktionale Standortvoraussetzungen wirken in ähnlicher Weise erhaltend auf das Gefüge der Standorte. Für Färbereibetriebe, für die Wollverarbeitung, für Gerbereien oder Mühlen ist etwa das Vorhandensein von Wasser eine betriebsnotwendige Standortvoraussetzung. Für andere Gewerbe, etwa Kaufleute, Krämer oder Gaststätten und Verkehrsberufe, wirkt die Notwendigkeit einer verkehrszentralen Lage standorteinengend und damit letztlich auch standorterhaltend[17].

Das Flächennutzungs- und Standortgefüge wird von den topographischen Verhältnissen bestimmt, die gerade für Nordhorn große Bedeutung besitzen. Die allseits von der Vechte bzw. von ihren Seitenarmen umflossene Vechteinsel besitzt die Form einer

---

[14] HARD, G., Die Geographie. Eine wissenschaftstheoretische Einführung. Berlin, New York 1973, S. 182.

[15] Vgl. HARD, Geographie, S. 183 und HÖLLHUBER, D., Sozialgruppentypische Wohnstandortpräferenzen und innerstädtische Wohnstandortwahl, in: BAHRENBERG, G. – TAUBMANN, W. (Hrsg.): Quantitative Modelle in der Geographie und Raumplanung. Bremen 1978, S. 95–105, hier S. 97 (= Bremer Beiträge zur Geographie und Raumplanung. Heft 1).

[16] DE VRIES-REILINGH, H. D., Gedanken über die Konsistenz in der Sozialgeographie, in: Münchner Studien zur Sozial- und Wirtschaftsgeographie 4, 1978, S. 109–117.

[17] Zur Topographie der Vechte-Insel vgl. SPECHT, Nordhorn, S. 48 und 239–242, SPECHT weist in diesem Zusammenhang auch auf das Standortmuster der Färbereien in Nordhorn entlang der sog. Binnenvechte hin.

Ellipse mit in Nord-Süd-Richtung verlaufender großer Hauptachse von ungefähr 340 m. In West-Ost-Richtung mißt die Vechteinsel etwa 210 m. Bis in das ausgehende 19. Jahrhundert hinein ist die Bebauung über die Vechtearme noch nicht hinausgewachsen, wenn man einmal von der Kirche und einigen außerhalb liegenden Schmiedegebäuden absieht. Seit der Jahrhundertwende kommt es aber nach und nach zur Anlage von Wohnhäusern außerhalb der Vechteinseln zunächst an den Hauptverkehrsstraßen[18] in unmittelbarer Nähe der beiden einzigen Vechteübergänge, die über die leicht gekrümmt verlaufende, recht breite Hauptstraße miteinander verbunden sind. Über diese Straße läuft der gesamte Verkehr aus südlicher Richtung von Bentheim nach Norden in Richtung Neuenhaus und Lingen.

An die Haupterschließungsachse sind zur Anbindung der rückwärtig gelegenen Parzellen schmale Straßenschleifen angehängt, während es im östlichen Bereich zur Ausbildung eines geschlossenen, parallel zum Vechtearm verlaufenden Straßenzuges, der über die Synagogenstraße zusätzlich noch an die Hauptstraße angebunden ist, gekommen ist, bestehen im südlichen Stadtquartier zwei selbständige Schleifen (Achterstraße, Hinterstraße), die blind endende Ochsenstraße sowie die Verbindungsstraße zur ehemaligen Nordhorner Burg[19]. Diese Ausbildung des Straßennetzes bewirkt eine räumliche Differenzierung hinsichtlich der Anbindung der einzelnen Parzellen an den regionalen und lokalen Verkehr. In der Erreichbarkeit liegt ein deutliches Gefälle von einer zentralen Achse zur Peripherie hin vor. Diese Abstufung spiegelt sich auch im Parzellenraster wider. Entlang der Hauptstraße befinden sich überwiegend sehr große Parzellen, die in ihrer Längsstreckung häufig bis an die Nebenstraßen heranreichen. Demgegenüber sind die Parzellen entlang der Nebenstraßen im allgemeinen recht klein und haben wegen ihrer langgestreckten, schmalen Form einen für eine Bebauung sehr ungünstigen Zuschnitt. Nur noch an der süd-östlichen Peripherie befinden sich noch einige größere Parzellenkomplexe.

Durch das Parzellengefüge ist auch weitgehend die Verteilung der bebauten Flächen und der Freiflächen vorgegeben. Eine geschlossene Bebauung ist entlang der Hauptstraße festzustellen. Die der Straße zugewandten Teile der Parzellen sind bebaut, während die Rückseiten, zu den Nebenstraßen hin, von einer Bebauung frei bleiben und vermutlich als Garten- oder Hofflächen genutzt werden. Auch die Hintergassen sind entlang der Straßenfront in weiten Teilen geschlossen bebaut. Der sehr kleine Parzellenzuschnitt führt hier zu einer sehr dichten Bebauung (vgl. etwa Ochsenstraße oder Hagenstraße).

Ein wesentlicher Ausdruck der sozialen Situation einer Familie, eines Haushaltes, ist der Umfang, die Größe des zur Verfügung stehenden Wohnraumes. Für die Analyse der räumlichen Verbreitung der Wohndichte ergeben sich somit Einsichten in das räumliche Gefüge sozialer Strukturen.

Die vorhandenen Quellen erlauben nicht die Berechnung von Wohneinheitsziffern (Bewohner pro Wohneinheit), die letztlich allein die Möglichkeit zur Beurteilung der Wohnverhältnisse bieten, sondern lediglich die Ermittlung von Behausungsziffern (Bewohner pro Hauseinheit [vgl. Tab. 10 Fig. 3]).

---

[18] Vgl. SPECHT, Nordhorn, S. 174.
[19] Zur Entstehung der Straßenzüge vgl. SPECHT, Nordhorn, S. 45 ff.

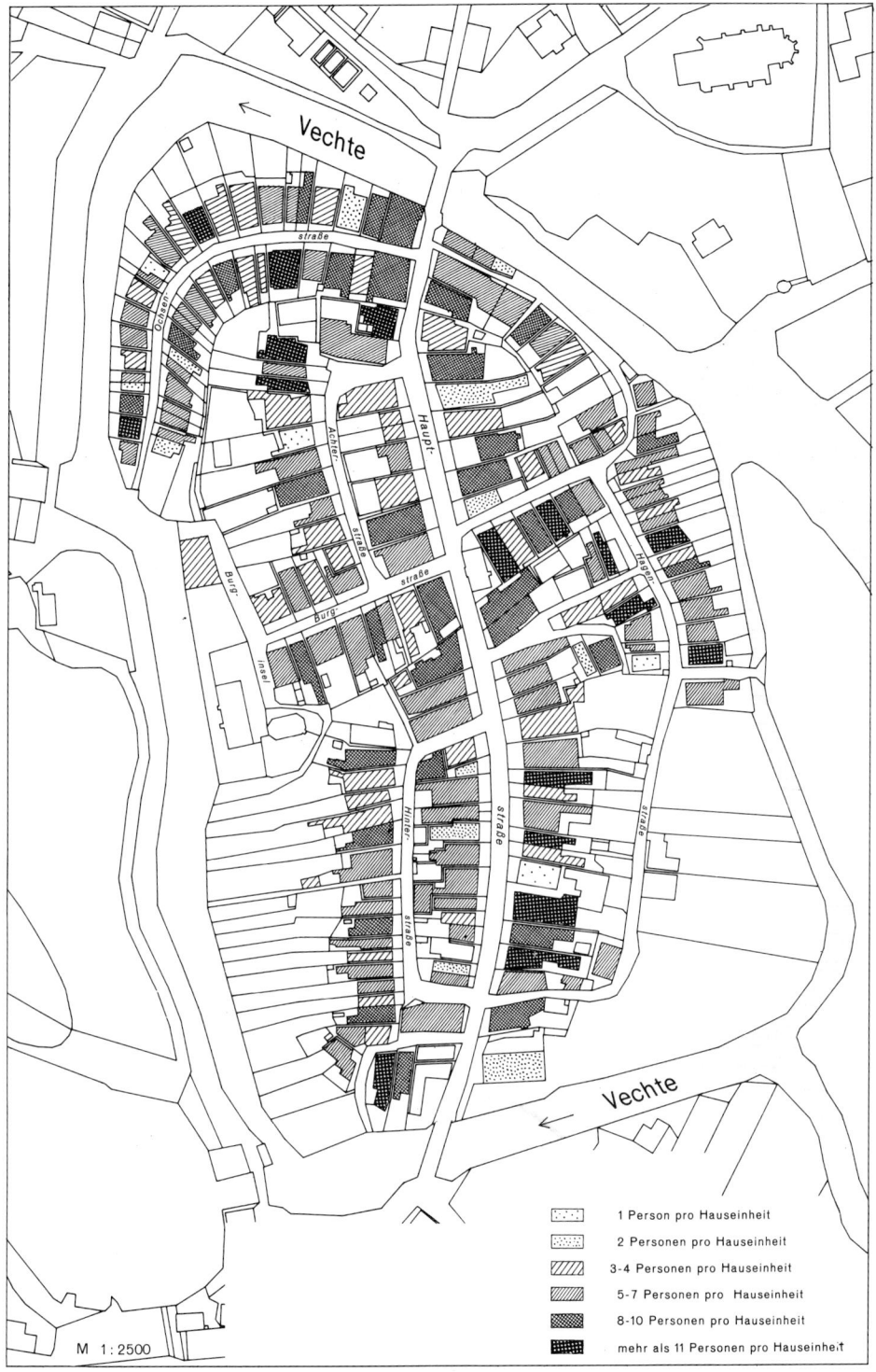

M 1:2500

1 Person pro Hauseinheit
2 Personen pro Hauseinheit
3-4 Personen pro Hauseinheit
5-7 Personen pro Hauseinheit
8-10 Personen pro Hauseinheit
mehr als 11 Personen pro Hauseinheit

Abb. 3

Tabelle 10:   Behausungsdichte in Nordhorn 1864

Anzahl der Personen pro Haus	1	2	3	4	5	6	7	8	9	10	11 und mehr
Anzahl der Gebäude abs.	4	17	30	23	33	31	32	19	13	10	26
%	1,7	7,2	12,7	9,7	13,9	13,1	13,5	8,0	5,5	4,2	12,8

Die Tabelle zeigt, daß geringe und hohe Behausungsdichten (mit Ausnahme der Gruppe 11 und mehr Personen) relativ selten anzutreffen sind, daß die Behausungsdichte beim größten Teil der Gebäude zwischen 3 und 7 Personen liegt und daß es sich dabei um über 60% aller bewohnten Gebäude handelt.

Die kartographische Darstellung der Bahausungsziffern ergibt ein sehr differenziertes Bild mit großen individuellen Unterschieden. Die Differenzierung der Behausungsdichte ist abhängig von der Zahl der Familienmitglieder, der Zahl der zum Haushalt gehörenden Verwandten und familienfremden Arbeitskräfte, die Zahl der Haushalte. Als Erklärungsmöglichkeit für dieses Verteilungsmuster ergeben sich die beiden folgenden Ansätze:

1. Die höchsten Behausungsziffern finden sich in den Wohnquartieren der sozial niedrig eingestuften Bevölkerung in den Nebenstraßen und an der Peripherie mit relativ kleiner Haushaltsgröße und mehreren Haushalten pro Gebäude.
2. Das Verhältnis von Bebauungsdichte und zur Verfügung stehender Wohnfläche ist relativ konstant. Größere Behausungsziffern auf den größeren Hausgrundstücken in zentraler Lage, niedrige Werte auf den kleinen Parzellen an der Peripherie.

In der Übertragung auf die Verhältnisse in Nordhorn zeigt sich, daß die relativ hohen Behausungsziffern in den Nahbereichen der Hauptstraße nicht durch eine große Haushaltsdichte, sondern durch die großen Haushalte der bedeutenden Gewerbetreibenden hervorgerufen werden. Schon die recht großen überbauten Flächen entlang der Hauptstraße legen nahe, daß die real vorhandenen Wohnflächen pro Person entscheidend höher anzusetzen sind als in den Quartieren an den Nebenstraßen, insbesondere an der Ochsenstraße und Hagenstraße, wo bei etwa gleich hoher Behausungsziffer wegen der kleinen überbauten Flächen die Wohnfläche pro Person sehr viel niedriger liegt. Geringe Wohnflächen, dichte Bebauung, geringe Freiflächen lassen annehmen, daß in Teilen der Nebenstraßen schwierige Wohnbedingungen bestehen.

Mit Hilfe einer Berufs- und Gewerbekartierung nach der Volkszählungsliste von 1864 soll versucht werden, die gewerbe- und berufsspezifischen Verteilungsmuster herauszuarbeiten. Nach der Karte (Abbildung 4) werden diese spezifischen Standortmuster deutlich sichtbar.

Linear-zentral angeordnet, orientiert an der Hauptverkehrsachse von Bentheim nach Neuenhaus/Lingen, sind die Kaufleute, Krämer, Gastwirte und andere Berufe, wie z. B. Hutmacher, Uhrmacher, Spediteure, die besonders auf die verkehrsgünstige Lage angewiesen sind, plaziert. Dispers sowohl an Haupt- als auch an Nebenstraßen liegen die Vertreter des Ernährungsgewerbes, die Schlachter und Bäcker. Ein ähnliches Standortmuster findet sich bei den metallverarbeitenden Gewerbezweigen. Fast

Pflanzenbauer, Tierzüchter, Fischereiberufe
Holzaufbereiter, Holzwarenanfertiger und verwandte Berufe
metallverarbeitende Berufe, Mechaniker und edelmetallverarbeitende Berufe
Textil- und Bekleidungsberufe, Lederhersteller und Lederverarbeiter
Schneider und Schuhmacher
Weber

Ernährungsberufe
Bauberufe
Hilfsarbeiter
Techniker, Meister ohne nähere Angabe
Fabrikanten
Warenkaufleute
Verkehrsberufe
Verwaltungs-, Ordnungs- und Sicherheitsberufe
Gesundheits-, Sozial- und Erziehungsberufe
allgemeine Dienstleistungsberufe, Gästebetreuer
Rentenbezieher
ohne Gewerbe, ohne Angaben

M 1 : 2500

Abb. 4

ausschließlich an den Nebenstraßen, ebenfalls disperse Standorte, haben die Vertreter der Massenhandwerke, die Schuhmacher und Schneider ihren Standort. Auch die Bauhandwerker nehmen disperse Standorte an den Nebenstraßen ein. Tagelöhner und Handarbeiter wohnen an deutlich peripheren Standorten. Am südlichen Ende der Ochsenstraße, im Bereich der Hinterstraße und an der Hagenstraße bestimmen Tagelöhner, Schuhmacher, Schneider und Schiffer eindeutig die Struktur der Straßenzüge.

Die Beschreibung der Verbreitungsmuster der Berufe und Gewerbetreibenden zusammenfassend läßt sich – stark vergröbernd – eine von den Kaufleuten, Gastwirten, Spediteuren im Zentrum, entlang der Hauptstraße über die Vertreter des Ernährungsgewerbes, des Bauhandwerkes und der Metallverarbeitung zu den Schuhmachern, Schneidern, Webern und Tagelöhnern zentral (linear) -pheriphere Abfolge der Berufe erkennen. Zum Vergleich der Standortmuster der verschiedenen Gewerbezweige und Berufe wird deutlich, daß funktionale Standortbedingungen die räumliche Gliederung innerhalb der Stadt in einem sehr starken Maße bestimmen. Dies soll an einigen Berufsgruppen gezeigt werden.

Die Gruppe der Kaufleute, Krämer, Schmiede, Gastwirte bedient sowohl die Bevölkerung in der Stadt selbst als auch die Bevölkerung des Umlandes mit Dienstleistungen und Gütern des kurz- bis mittelfristigen Bedarfs, teils des langfristigen Bedarfs. In dieser Situation ist eine relativ starke Häufung der Standorte an den verkehrsgünstigen Plätzen innerhalb der Stadt zu erwarten. Räumliche Inhomogenität in bezug auf die Verkehrsgunst wird zum entscheidenden Faktor im Lokalisationsprozeß.

Von der Struktur des Absatzmarktes her ist auch für das Schuhmacher- und Schneiderhandwerk, auch der Absatzmarkt umfaßt Stadt und flaches Land, eine Verteilung zu erwarten, die von einer regelmäßigen Anordnung in Richtung auf eine stärkere Häufung an erschließungsgünstigen Plätzen abweicht. Die für Nordhorn beobachtete Verteilung läßt jedoch erkennen, daß offenbar andere Standortfaktoren als eine Erreichbarkeitsoptimierung bestimmend sind. Zu beobachten ist nämlich eine Konzentration in den vom Hauptdurchgangsverkehr abgelegenen Quartieren. Die Wohnbereiche des Schuhmacher- und Schneiderhandwerks sind nahezu identisch mit den Vertretern der Tagelöhner, Fabrikarbeiter und Weber. Somit drückt sich in diesen Verteilungsmustern räumliche Inhomogenität etwa bezüglich der sozialen Bewertung von städtischen Quartieren, der unterschiedlichen Wohnqualität aus. Sowohl bei den Schuhmachern und Schneidern als auch bei den Tagelöhnern und Fabrikarbeitern handelt es sich um Berufsgruppen ähnlicher sozialer-ökonomischer Situation. In der Konzentration dieser Gruppen in bestimmten Quartieren (vgl. auch die räumliche Anordnung der Behausungsdichte, des Parzellengefüges) in der sozialen Homogenisierung einzelner Nebenstraßenzüge zeigen sich deutlich erste Ansätze einer räumlichen Separierung von Bevölkerungsteilen.

4. Zusammenfassung

Die Analyse der sozial-ökonomischen Struktur der Stadt Nordhorn in der Mitte des 19. Jahrhunderts hat deutliche Tendenzen in einer sozialen Schichtung der Bevölkerung gezeigt. Als brauchbarer Indikator hinsichtlich der sozialen Stellung hat sich der

Beruf erwiesen. Gleichzeitig ist ein starker Zusammenhang zwischen Beruf, Haushaltsstruktur und Wohnverhältnissen, gemessen über die Behausungsdichte, ermittelt worden. Ferner sind Anzeichen einer räumlichen Trennung der Berufe deutlich geworden, die zum Teil zur Bildung sozial homogener Straßenzüge fortgeschritten ist.

Die vorliegende Untersuchung ist als ein erster Versuch zur Darstellung der Sozialstruktur und ihrer Raumwirksamkeit zu verstehen. Sie bedarf einer weiteren Vertiefung in Richtung auf eine Analyse der Einkommens- und Vermögensverhältnisse, der Größenstruktur der Gewerbebetriebe, der Wohnsituation und der Gebäudestruktur.

Vom Heimgewerbe zur Fabrik

Industrialisierung und Aufstieg der Nordhorner Textilindustrie im 19. und 20. Jahrhundert

CLEMENS WISCHERMANN

I.

Am 22. Januar 1807 antwortete der Nordhorner Magistrat auf eine Anfrage des Provinzialrates bezüglich seiner Industrien: *In dieser Stadt ist keine Manufactur Fabric und würde es auch sehr beschwerlich seyn, selbige anzulegen weil a) kein Particulier Gebrauch von Wasser und Wind, welche dem Landesherrn gehöret, machen kann, b) und ein jeder Bürger Ackerbau habe und dazu ihre Kinder mehrentheils gebrauchen, als wodurch es beschwerlich seyn sollte, um eine so nöthige Spinnfabrik anzulegen, es wäre denn, daß von dem Lande dazu eine ansehnliche Premie dem Fabrikanten jährlichs hergegeben würde* [1].

Das hier so einprägsam skizzierte vorindustrielle Landstädtchen Nordhorn, das um 1807 nicht viel über 1500 Einwohner gehabt haben dürfte, verdankte seine bescheidene Bedeutung der Vechteschiffahrt und dem Handel- und Speditionsgewerbe, das sich, da der Unterlauf der Vechte nur bis Nordhorn schiffbar war, hier niedergelassen hatte. Nordhorns Stellung als Verkehrs- und Handelszentrum war jahrhundertelang auf dem Transithandel zwischen dem deutschen und dem holländischen Wirtschaftsraum aufgebaut. Als nach der Neuordnung des Wiener Kongresses von 1815 viele europäische Länder, unter ihnen die Niederlande, ihre Staatsgebiete wirtschaftlich zu einen trachteten, bedienten sie sich dazu einer Vielfalt wirtschaftspolitischer, vor allem zollpolitischer Maßnahmen, in deren Folge die seit 1648 bestehende deutsch-holländische Staatsgrenze immer stärker auch zu einer Zollgrenze wurde [2]. Zollpolitik wurde im 19. Jahrhundert zum Mittel staatlichen Industrieschutzes und der Gewerbeförderung.

Nimmt man hinzu, daß der traditionell nach Westen orientierte Nordhorner Handel sich nicht auf den weit entfernten hannoverschen Raum umstellen konnte (zu dem die Grafschaft Bentheim seit 1815 gehörte) und daß die Eröffnung neuer Verkehrs-

---

[1] Zit. nach: H. SPECHT, Der Bruch zwischen Belgien und Holland vor hundert Jahren und das Vordringen der Textilindustrie nach Westdeutschland, in: Bentheimer Heimatkalender, Bd. XIII (1938), S. 90–97, hier S. 94.

[2] Vgl. GERHARD ADELMANN, Die Zollgrenze im ostniederländisch-westfälischen Textilgebiet 1815–1850, in: Textielhistorische bijdragen, nr. 10, Stichting Textielgeschiedenis, Hengelo (O) 1969, S. 1–12; ders., Die deutsch-niederländische Grenze als textilindustrieller Standortfaktor, in: G. Droege u. a. (Hg.): Landschaft und Geschichte. Festschrift für Franz Petri zu seinem 65. Geburtstag, Bonn 1970, S. 9–34; vgl. zu diesem Themenkreis auch BRUNO KUSKE, Wirtschaftsentwicklung Westfalens in Leistung und Verflechtung mit den Nachbarländern bis zum 18. Jahrhundert, Münster 1943, 2. Aufl. 1949.

wege in den dreißiger Jahren den Nordhorner Raum nicht berührten, so wird das ganze Ausmaß der Wirtschaftskrise deutlich, in die die Stadt der Wegfall der alten, relativ liberalen Handelsbeziehungen stürzte.

Zu Beginn des 19. Jahrhunderts bestand ein bedeutender Teil des Nordhorner Handels aus dem Leinen- und Garnhandel; im Jahre 1808 gab es allein 14 Garnhändler in der Stadt. Zwar besaß in Nordhorn selbst und in seiner ländlichen Umgebung das Leinengewerbe nicht die Bedeutung wie in anderen Orten der Grafschaft (z.B. Schüttorf), aber hier lag der Leinenhandel zu einem großen Teil zugleich in der Hand der meist holländischen Spediteure, deren gute oft genug verwandtschaftliche Beziehungen zu den Abnehmern in den Niederlanden der Stadt zugute kamen[3]. Exportiert wurden über Nordhorn in erster Linie Leinengarne, nicht nur aus dem Bentheimer, sondern auch aus dem hannoverschen und münsterländischen Raum, großen Flachsanbaugebieten, die dann in Holland weiterverarbeitet wurden[4].

Die niederländischen Textilzölle seit 1816, Schutzzölle zur Ankurbelung der eigenen Wirtschaft, trafen den blühenden Leinenhandel hart und nahmen ihm fast jede Bedeutung. Viele Händler und Spediteure verließen die Stadt – aber nicht nur die Stadt Nordhorn[5], sondern das ganze deutsche Leinengewerbe befand sich im Sog einer seit dem Ende des 18. Jahrhunderts sich abzeichnenden Strukturkrise.

Das vorindustrielle Gewerbe, das neben dem örtlichen auch für den überörtlichen und überregionalen Markt produzierte, war noch in der letzten vorindustriellen Phase weniger in zentralisierten Produktionsstätten (z.B. Manufakturen) zu finden, sondern überwiegend im Verlagswesen[6] organisiert. Nur zum kleineren Teil hatte das Verlagswesen seinen Sitz in den Städten – wenn die Stadt auch zumeist Sitz der Verleger war –, der größere Teil war über das Land, in den Dörfern verteilt. Hier bot gerade die Leinenerzeugung als eine hauptsächlich nebengewerbliche Tätigkeit (d.h. neben der selbständigen oder unselbständigen Tätigkeit in der Landwirtschaft) der ländlichen Bevölkerung zusätzliche Einkommensmöglichkeiten, vor allem in Gegenden ländlichen Kleinbesitzes und starker Verbreitung des Heuerlingswesens[7]. Für die Herstellung von Garnen und Geweben aus Flachs war nur eine relativ kleine Nutzflä-

---

[3] Vgl. IRMA BUTKE, Zur Entwicklung der Textilindustrie in der Grafschaft Bentheim, Nordhorn 1939, S. 13 f.

[4] Zum vorindustriellen Leinengewerbe vgl. HERMANN AUBIN, Das westfälische Leinengewerbe im Rahmen der deutschen und europäischen Leinwanderzeugung bis zum Ausbruch des Industriezeitalters, Dortmund 1964 (Vortragsreihe der Gesellschaft für westfälische Wirtschaftsgeschichte e. V., Heft 11); HEINRICH KÖTTER, Die Textilindustrie der deutsch-niederländischen Grenzgebiete in ihrer wirtschaftsgeographischen Verflechtung, Bonn 1952, S. 6–18.

[5] 1838 war die Vechteschiffahrt, deren Schiffszahl 30 Jahre zuvor noch 1200 betragen hatte, auf 250 gesunken, viele der zentralörtlichen Einrichtungen der Stadt bishin zur Einschränkung der Stadtrechte gingen Nordhorn verloren. Vgl. auch ERNST KÜHLE, Die Stadt Nordhorn zur Zeit des Bürgermeisters von Almelo 1832–43, in: Jb. Gft. Bentheim 1969, S. 74–83.

[6] Der Begriff »Verlagssystem« steht für eine Produktionsweise, bei der ein Verleger eine größere Zahl von Heimwebern oder -spinnern beschäftigt, denen er die Rohstoffe lieferte und die Fertigprodukte abnahm. Rohstoffe und zuweilen auch die Arbeitsgeräte blieben Eigentum des Verlegers, der zugleich auch den Absatz seiner Ware betrieb.

[7] Vgl. FRIEDRICH-WILHELM HENNING, Der Einfluß der Industrialisierung des Textilgewerbes in Deutschland im 19. Jahrhundert auf die Einkommensmöglichkeiten in den ländlichen Gebieten, in: Hermann Kellenbenz (Hg.): Agrarisches Nebengewerbe und Formen der Reagrarisierung im Spätmittelalter und im 19./20. Jahrhundert, Stuttgart 1975, S. 155–173.

che erforderlich, der Flachs stellte geringe Anforderungen an die Bodenqualität und er konnte im Winter versponnen und zu Leinwand verwebt werden. Dieses auch im Bentheimer Raum weit verbreitete ländliche Heimgewerbe – sei es als neben- oder hauptgewerbliche Tätigkeit, sei es im Verlegerauftrag oder als Weiterverarbeitung selbst erzeugten Flachses – durchlief in den zwanziger und dreißiger Jahren des 19. Jahrhunderts eine langanhaltende Rezession: zwischen 1828 und 1837 sank der Wert der deutschen Ausfuhr von Flachsprodukten um mehr als ein Drittel[8]. Die Ursachen lagen einmal in der bereits erwähnten Schutzzollpolitik europäischer Staaten; darüber hinaus aber wurden die traditionellen Absatzmärkte des Leinengewerbes nun durch die Konkurrenz der neuen Baumwollindustrie hart bedrängt. Im 18. Jahrhundert waren in England mit der Erfindung der Spinnmaschine und des mechanischen Webstuhls die notwendigen Inventionen für eine Industrialisierung der Textilerzeugung erfolgt, die sich aufgrund von Materialeigenschaften und einer ganzen Reihe weiterer Gründe am frühesten und erfolgreichsten in der Baumwollverarbeitung vollzog. Immer wieder verbessert, erreichten die englischen Baumwollgewebe bald die Qualität handgewebten indischen Kattuns. Besonders seit dem Ende der Napoleonischen Kriege und der Aufhebung der Kontinentalsperre überschwemmten englische Baumwollwaren Europa. Auch in Deutschland begann nun langsam die Mechanisierung und Industrialisierung der Baumwollverarbeitung, die dem erst sehr viel später industrialisierten Leinengewerbe alle Kostenvorteile einer industriellen Massenproduktion voraushatte.

Verminderte Nachfrage aufgrund mangelnder Konkurrenzfähigkeit gegenüber der Baumwolle und ein Überangebot an Arbeitskräften im Leinengewerbe erzeugten einen Lohndruck, der vielen ländlichen Heimarbeitern ihre Existenzgrundlage entzog[8]. Darüber klagte auch der Amtmann von Neuenhaus 1831 (in dessen Bezirk Nordhorn lag): *Vorzüglich niedrig waren die Preise der Leinwand und des Garns, die einen bedeutenden Erwerbszweig für den hiesigen gemeinen Mann ausmachen. Die Ursachen hiervon sind ohne Zweifel die wohlfeilen Preise derjenigen Baumwollwaren, die als Surrogate der Leinwand dienen können*[10]. Auch der Schüttorfer Bürgermeister erblickte 1834 die Ursache des Niedergangs des Leinengewerbes in der *immer mehr überhand nehmenden Baumwollfabrikation,* er gehörte aber bereits zu denjenigen, die die Überwindung der Krise durch die Übernahme der neuen textilindustriellen Entwicklung propagierten: *Wir können nur hoffen, daß durch Einführung dieses Fabrikzweiges wieder Arbeit und Verdienst geschaffen werden kann. Einige Kaufleute beabsichtigen denn auch, Kattunwebereien anzulegen und wollen damit baldigst den Anfang machen*[11].

---

[8] Vgl. ebd., S. 161.

[9] Der selbstzufriedene Unterton, der aus der anfänglich zitierten Stellungnahme des Magistrats noch herausklingt, wandelte sich vor allem in den dreißiger Jahren in Besorgnis und offene Klagen. In diesen bis zur Jahrhundertmitte andauernden Depressionsjahren bildeten Auswanderung und Hollandgängerei (d.h. die saisonale Arbeit in Ostholland), deren Zahl in der ersten Hälfte des Jahrhunderts auf 20 000–27 000 pro Jahr geschätzt wird, die wichtigsten Ventile der Notlage; größere öffentliche Arbeiten, wie das Emsausbauprogramm Preußens von 1820–1845 oder der Bau des 25 km langen Haneken-Kanals zwischen Lingen und Meppen, brachten für Nordhorn kaum eine Linderung der Lage. Dagegen blühte der Schmuggel mit englischem Garn, das unter Umgehung der hohen holländischen Eingangszölle in die Twente geschafft wurde, wo es so noch billiger war, als in den westholländischen Häfen.

[10] Zit. nach H. SPECHT, Der Bruch zwischen Belgien und Holland . . ., S. 92.

[11] Zit. nach H. SPECHT, Der Bruch zwischen Belgien und Holland . . ., S. 92.

II.

Mit dem Aufstieg der Textilindustrie beginnt in Deutschland das Zeitalter der Industrialisierung; in dem von England ausgehenden Prozeß der sogenannten »Industriellen Revolution« war sie einer der wichtigsten Wirtschaftszweige, in denen sich technische Innovationen und neue Produktionsweisen durchsetzten und die traditionelle Wirtschaft von Grund auf veränderten[12]. Wenn der Textilindustrie insgesamt in Deutschland im Gegensatz zu England auch keine eindeutige Führungsrolle im »take-off«[13] der Industrialisierung zukommt, so bildete doch innerhalb der Textilbranche die Baumwollindustrie den Vorreiter der neuen Entwicklung in den damaligen deutschen Ländern.

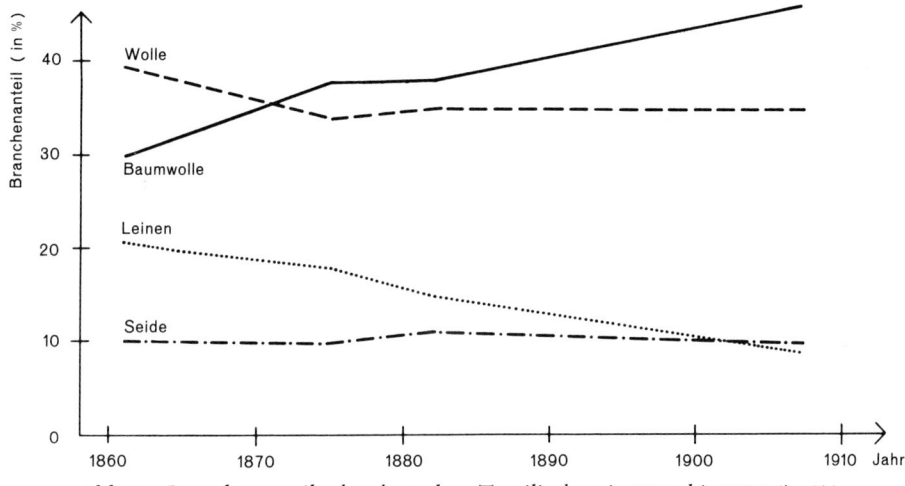

Abb. 1   Branchenanteile der deutschen Textilindustrie 1861 bis 1907 (in %)

Quelle: Handbuch der deutschen Wirtschafts- und Sozialgeschichte, hrsg. von H. Aubin u. W. Zorn, Stuttgart 1976, S. 553.

In den siebziger Jahren des 19. Jahrhunderts löste die Baumwolle die Wollproduktion als führende Branche der Textilindustrie ab; sie vergrößerte ihren Anteil von 29,8 Prozent 1861 auf 46 Prozent im Jahre 1907 auf Kosten der traditionellen Branchen, vor allem der Leinenindustrie. Zwischen 1850 und 1913 verdreißigfachte sich die Produktion der Baumwollspinnerei und verzehnfachte sich die der Baumwollweberei,

---

[12] Vergl. HANS-JÜRGEN TEUTEBERG, Das deutsche und britische Wollgewerbe um die Mitte des 19. Jhs. Ein Beitrag zur quantitativ-komparativen Wirtschaftsgeschichte, in: Vom Kleingewerbe zur Großindustrie. Quantitativ regionale und politisch-rechtliche Aspekte zur Erforschung der Wirtschafts- und Gesellschaftsstruktur im 19. Jahrhundert, hrsg. von Harald Winkel, Berlin 1975, S. 9–103.

[13] Der Begriff »take-off« leitet sich her von der Abhebphase eines Flugzeuges; er wird – vereinfacht gesagt – in der Wirtschaftsgeschichte verwendet für die Anfangsphase der Industrialisierung und die Analyse der hieran beteiligten Kräfte. Vgl. W. W. ROSTOW (ed.), The economics of take-off into sustained growth, London 1963; zur Diskussion um die Rolle der Textilindustrie für den deutschen Industrialisierungsprozeß vgl. u. a. GERHARD ADELMANN, Strukturwandlungen der rheinischen Leinen- und Baumwollgewerbe zu Beginn der Industrialisierung, in: Vierteljahrsschrift für Sozial- und Wirtschaftsgeschichte, Bd. 53 (1966), S. 162–184, bes. S. 183 f.

während die Produktion von Leinengarn um 60 Prozent und die von Leinengeweben um knapp 20 Prozent sank. *In diesen Zahlen drückt sich der bekannte Strukturwandel der industriellen Revolution aus . . .: Mechanische Spindeln und Webstühle in einer neuen Branche verdrängen den Handspinner und -weber in einer traditionellen Branche. Das ist allerdings nur teilweise eine Verdrängung von Handwerk durch Industrie, da Leinengespinste und Gewebe vielfach im Hausgewerbe hergestellt wurden. Diese Entwicklung kennzeichnet daher vor allem eine Ausgliederung von Grundproduktionen aus dem Haushalt und ihre Verlagerung in spezialisierte Produktionsstätten, womit ein universalerer Vorgang im Zuge der Industrialisierung gekennzeichnet ist als die Verdrängung von Handwerk durch Industrie* [14].

Ein wesentlicher Teil dieses Prozesses war durch den Übergang vom Verlagswesen zum Fabrikbetrieb geprägt. Der neue textilindustrielle Großbetrieb fand in den Städten günstigere Standortbedingungen vor als auf dem Lande; er etablierte sich aber häufig an den Orten, die bislang die Sammelfunktion für das Verlagswesen ausgeübt hatten. Mit der Verlagerung der Produktion erfolgte zugleich auch eine Konzentration der Arbeitsplätze in den Städten, in denen sich auch für viele ehemalige Verlags- und Heimarbeiter der Übergang zum Industriearbeiter vollzog [15].

Die Baumwollindustrie [16] benötigte eine relativ qualifizierte und disziplinierte Arbeiterschaft. In ihr wurden erstmals in großem Umfang Arbeiter an Orten zentraler Produktion zusammengefaßt und damit die Voraussetzungen für Arbeitsteilung und erhöhte Produktivität geschaffen. Darüber hinaus bot sie als eine ausgesprochene Wachstumsindustrie den Arbeitern die Möglichkeit einer stetigen Beschäftigungslage und demonstrierte unternehmerischen Persönlichkeiten Chancen gewinnbringender Investitionen.

Die Geschichte der Gründung und Entwicklung der Nordhorner Textilindustrie erweist sich damit zugleich als das bestimmende Element in der neueren Stadtgeschichte Nordhorns. Sie bewirkte den wirtschaftlichen und sozialen Wandel einer der größten deutschen Textilstädte des späten 19. und 20. Jahrhunderts und formte die Geschichte der Stadt bis in die jüngste Zeit.

III.

Die entscheidenden Anstöße zum Aufbau einer fabrikmäßig betriebenen Baumwollindustrie in Nordhorn gingen nicht unmittelbar von England, sondern durch Vermittlung des Nordhorn benachbarten niederländischen Textilgebietes der Twente mit dem Mittelpunkt in Enschede aus. Bei der Teilung Belgiens und der Niederlande im Jahre 1831 war der größte Teil des traditionellen Textilgewerbes zu Belgien gekommen. Als Ersatz dafür wurde die Twente mit erheblicher staatlicher Unterstützung unter der Leitung der staatlichen Außenhandelsgesellschaft (Nederlandsche Handelsmaatschappij) planmäßig zum neuen Zentrum der exportorientierten (Indonesien) hollän-

---

[14] WOLFRAM FISCHER, Bergbau, Industrie und Handwerk, in: Handbuch der deutschen Wirtschafts- und Sozialgeschichte, hrsg. von Hermann Aubin und Wolfgang Zorn, Bd. 2, Stuttgart 1976, S. 553 f.

[15] Vgl. auch HENNING, Der Einfluß der Industrialisierung . . ., S. 157.

[16] Als neueste, in erster Linie statistisch ausgerichtete Arbeit zur Geschichte der Baumwollindustrie vgl. GÜNTER KIRCHHAIN, Das Wachstum der deutschen Baumwollindustrie im 19. Jahrhundert. Eine historische Modellstudie zur empirischen Wachstumsforschung, Diss. Münster 1973, hier S. 253.

dischen Textilindustrie entwickelt[17]. Bezeichnenderweise war es ein Engländer, Thomas Ainsworth, der im Auftrag der Regierung die neuen Methoden der mechanischen Produktion in der Twente einführte. Während man in der Spinnerei unmittelbar zur fabrikmäßig betriebenen mechanischen Produktion überging, errichtete man 1833 in Goor eine Webschule, die das Weben mit dem Schnellschützen, der eine Leistungssteigerung um das Dreifache ermöglichte, lehrte; die Produktion selbst erfolgte zunächst weiterhin in den Häusern der Weber, bis auch hier die technische Entwicklung (Mechanisierung) zum Fabrikbetrieb führte. 1846 entstand in Enschede die erste Dampfweberei, 1861 bestanden in der Twente schon 20 Dampfspinnereien und 13 Dampfwebereien; die Umstellung auf moderne Methoden der Textilproduktion war vollzogen, das Fundament für eine moderne Textilindustrie gelegt[18]. Unter dem Eindruck der Entwicklung in der Twente kam es in der zweiten Hälfte der 30er Jahre im westlichen Münsterland und in der Grafschaft Bentheim zu einem kleinen »Gründungsrausch« von Schnellwebereien.

Das Ende dieses Jahrzehnts, das Jahr 1839[19], kann als das eigentliche Gründungsdatum der Nordhorner Textilindustrie bezeichnet werden. In diesem Jahr gründete der aus Enschede stammende Willem Stroink die erste Schnellweberei in Nordhorn, ganz nach holländischem Vorbild, mit abgeworbenen holländischen, in der Schnellweberei erfahrenen Arbeitern und 20 holländischen Webstühlen[20]. Nach dem Vorbild der Webschule von Goor wurden in der Schnellweberei die einheimischen Arbeiter nur angelernt, während der überwiegende Teil der Produktion in den Wohnungen der Arbeiter selbst erfolgte, denen der Unternehmer die Webstühle stellte. 1845 beschäftigte Stroink bereits etwa 90 Hausweber[21]. Einerseits sicherte er sich so einen ausgebildeten Arbeiterstamm; andererseits aber bedeutete die Einrichtung der Schnellweberei den ersten Schritt auf dem Wege zum Fabrikbetrieb[22].

Neben und in enger Verbindung zu Stroink steht der zweite Gründer der Nordhorner Textilindustrie, der seit 1820 in Nordhorn als Leinenhändler tätige Jan van Del-

---

[17] Vgl. W. VAN DER SLUIS, De Katoennijverheid in Twente, Amsterdam 1927; KÖTTER, S. 18f. und AUGUST KERSTING, Das Textilindustriegebiet des westfälisch-niederländischen Grenzbezirks, Entwicklung und Probleme des »Baumwollgebietes Rhein-Ems«, in: Westfälische Forschungen, Bd. 11 (1958), S. 86–105, bes. S. 93.

[18] Vgl. A. L. VAN SCHELVEN, Literatuur over de textielnijverheid in Twente en de Achterhoek en het aangrenzende Duitse gebied, ed. stichting textielgeschiedenis, Enschede 1978.

[19] In manchen Quellen wird auch das Jahr 1836 und 1838 als Gründungsdatum genannt, doch scheint 1839 in Anlehnung an H. SPECHT, Stadt- und Wirtschaftsgeschichte von Nordhorn, Oldenburg 1941, S. 249 das gesichertste Datum zu sein.

[20] Vgl. die erste systematische Darstellung der Textilindustrie Nordhorns von BERNHARD POVEL, Die Nordhorner Textilindustrie, Diss. Köln 1922, S. 22; Stroink stellte die Webstühle in den wegen des Rückgangs des Handels leerstehenden Pferdestall der Gastwirtschaft van Bentheim an der Nordhorner Hauptstraße auf. Unter Bezugnahme auf diese Zeit sangen die Arbeiter später bei einer Jubiläumsfeier:

En op de Kokemühle   Dar standen ras mehr Stühle,

En in van Benthems Stall   Well twintig int Getal!

Vgl. auch H. SPECHT, Die Grafschafter Textilindustrie und – der Pferdestall, in: Der Grafschafter, 5. Jg. (1924), Nr. 8.

[21] Vgl. StA OS, Rep. 335, Landdrostei Osnabrück, Nr. 5517: Nachweisung sämtlicher im Landdrostei Bezirk befindlichen Fabriken und fabrikähnlichen Anlagen, betr. 1845–1857, hier Nachweisung vom 22. Dezember 1845.

[22] Seit 1846 betrieb W. Stroink daneben in Veldhausen eine Kattunschnellweberei mit 30 Stühlen, die aber nur relativ kurze Zeit bestand.

den, Schwiegervater Stroinks. In Zusammenarbeit mit Stroink gründete er 1846 eine Färberei, 1847 eine Spinnerei, in denen 1850 27 Arbeiter, meist Kinder, beschäftigt waren. Man färbte und appretierte hier die bei Stroink hergestellten Kattune und suchte sich von der Einfuhr fremder Garne, die überwiegend aus England bezogen werden mußten, unabhängig zu machen[23]. Auf diese Weise vereinigten sie die gesamte Produktion in ihrer Hand. Im Gegensatz zum Verlagssystem waren sie nicht mehr nur Kaufleute, Zulieferer und Abnehmer der Ware, sondern sie produzierten auf ihren eigenen Maschinen und unter ihrer Aufsicht.

Das dritte Glied de Gründergeneration bildeten Anton Joseph Povel und Hermann Kistemaker, 1851, dem Jahr der Gründung ihrer gemeinsamen Schnellweberei, 28 bzw. 25 Jahre alt. Schon 1852 wurde ihr eine Baumwollspinnerei nach dem Vorbild von van Delden angegliedert, die an 1500 Spindeln etwa 22 Leute beschäftigte. Für die Weberei arbeiteten etwa 80 bis 100 Hausweber[24].

Wie die Betriebsstruktur der Gründungsfirmen zeigt, stehen in den Anfängen der Nordhorner Baumwollindustrie Verlagssystem und Fabrikbetrieb noch in einer engen Verbindung miteinander: die Textilindustrie entwickelte sich sukzessive aus der vorindustriellen Produktion. Handwebstühle in den Fabriken und in Heimarbeit waren noch für ein bis zwei Jahrzehnte in den Unternehmen nebeneinander tätig. Dies lag einmal daran, daß die Betriebe auf Initiative bereits ansässiger Händler und Verleger (oder diesen Familien entstammender junger Unternehmer) entstanden, für die ein »langsames Hinübergleiten von der vorindustriellen zur industriellen Produktionsweise« große Vorteile bot: es minderte das Risiko, das in der Einführung neuer Techniken lag; es erleichterte die Finanzierung des neu anzuschaffenden Maschinenparks aus den Gewinnen des Verlagswesens, und die traditionellen Beschaffungs- und Absatzwege konnten weiter genutzt und brauchten nicht erst neu entwickelt zu werden[25].

Der zweite Grund für das anfängliche Nebeneinander von Heim- und Fabrikarbeit lag im Facharbeiterproblem, einer der Kardinalfragen für die Entstehung jeder modernen Fabrikindustrie. Denn allein das Vorhandensein einer agrarischen Überschußbevölkerung bedeutete ja keineswegs, daß auch genügend geeignete und qualifizierte Arbeitskräfte vorhanden waren. Im Gegensatz zu vielen anderen Industriezweigen, die ihre Fachkräfte zum Teil aus weit entfernten Gegenden oder aus dem Ausland anwerben mußten, siedelte sich die Baumwollindustrie wie hier in Nordhorn in bereits früher textilverarbeitenden Gegenden an und konnte auf handwerkliche und heimgewerbliche Arbeitskräfte zurückgreifen, die Erfahrungen in den Eigenschaften textiler Rohstoffe mitbrachten, was die Heranbildung der Fabrikarbeiter erheblich erleichterte[26]. Was ihnen aber natürlich fehlte, waren Kenntnisse in der Bedienung der neuen Maschinen. Das Beispiel der Fabrikgründung Willem Stroinks zeigt, auf welche Weise

[23] Vgl. Anm. 21, hier Nachweisung vom 2. April 1850. 1846 hatte die Stadt einen Antrag von van Delden und Stroink auf Anlegung einer Färberei auf dem Schumachershagen aus sanitären Gründen abgelehnt, da die ohnehin schon stark verschmutzte Binnenvechte noch mehr belastet worden wäre. Vgl. StA OS, Rep. 350, Nr. 729: Färberei van Delden und Stroink und Rep. 330, Nr. 95: die von van Delden und Stroink beabsichtigte Anlegung einer Färberei auf dem sog. Schusterhagen zu Nordhorn.

[24] Vgl. StA OS, Rep. 335, Landdrostei Osnabrück, Nr. 5517: Nachweisung sämtlicher im Landdrostei Bezirk befindlichen Fabriken und fabrikähnlichen Anlagen, betr. 1845–1857.

[25] Vgl. HENNING, Der Einfluß der Industrialisierung des Textilgewerbes . . ., S. 167 f.

dieses Problem in Nordhorn gelöst wurde: die Abwerbung von 20 ausgebildeten Arbeitern aus der Twente sicherte dem Unternehmen das technische »Know how« seiner Startphase und ermöglichte das Anlernen der einheimischen Arbeiter. Es waren die ersten der später in die Hunderte gehenden holländischen »Gastarbeiter« in der Nordhorner Textilindustrie.

Schon in den ersten Jahren nach dem Gründungsrausch der dreißiger Jahre gingen viele der neugegründeten kleinen Unternehmen im deutsch-holländischen Grenzgebiet wieder ein. Unternehmerische Unerfahrenheit und die mangelnde Kapitalbasis vieler kleiner Betriebe erkannte der Neuenhauser Amtmann Hoogklimmer schon 1844 als Ursache für ihr Scheitern: *Nicht ohne Grund muß man befürchten, daß die kleineren Fabrikanlagen vor und nach zu Grunde gehen werden, weil sie mit den Betrieben der Großen unmöglich anhaltend konkurrieren können*[27].

Dieser Schrumpfungsprozeß wurde in den fünfziger und sechziger Jahren durch zwei Ereignisse noch beschleunigt. Die weltwirtschaftliche Krise von 1857 bis 1862 traf auch die entstehende Baumwollindustrie. 1861 waren an den 415 Webstühlen im Amt Bentheim nur noch 265 Arbeiter beschäftigt. Noch schwerwiegender aber waren die Folgen des amerikanischen Bürgerkrieges (1861–1865), der Europa zeitweise von der Einfuhr amerikanischer Baumwolle abschnitt. Baumwollmangel und steil steigende Rohstoffpreise führten vielerorts zum Stillstand der Unternehmen[28].

Den Nordhorner Unternehmen gelang es aber, diese Krisen zu überstehen, und in den folgenden Jahren entwickelte sich Nordhorn zum nördlichsten Zentrum des rheinisch-westfälischen Textilgebietes[29].

IV.

Analog der Entwicklung in der Twente, aber mit einer zeitlichen Phasenverschiebung von etwa 20 Jahren, vollzog sich auch in Nordhorn die vollständige Mechanisierung der gesamten Baumwollproduktion durch die Einführung der Dampfmaschine in den Produktionsprozeß. Der Mechanisierungs- und Industrialisierungsvorgang des Textilgewerbes war insgesamt in Deutschland ein sehr langwieriger Prozeß, der sich über das ganze 19. Jahrhundert erstreckte; seinen Ausgangspunkt nahm er von der

---

[26] Vgl. auch BLUMENBERG, HORST: Die deutsche Textilindustrie in der industriellen Revolution, Berlin 1965, S. 53 ff.

[27] Zit. nach H. SPECHT, Nordhorn, S. 257.

[28] Der Bentheimer Amtmann schilderte die Lage am 22. Januar 1864 so: *Infolge des nordamerikanischen Bürgerkrieges und der dadurch erschwerten Ausfuhr der Baumwolle ist die Baumwollfabrik-Industrie des hiesigen Amtes zum Stillstand gebracht. Während in den früheren Zeiten regelmäßig 600 Weber in den Fabriken und etwa 200 Weber in deren Wohnungen durch diese Baumwollindustrie lohnende Beschäftigung gefunden, sind gegenwärtig höchstens noch 60–80 Personen beschäftigt. Einzelne Weber haben sich zwar auf die (Leinen) Weberei gelegt, indess würde der größte Teil der Weber völlig an den Bettelstab gebracht worden sein, wenn nicht die Eisenbahnarbeiten eröffnet und dadurch den arbeitslosen Leuten Beschäftigung geworden wäre*«. StA OS, Rep. 335, Nr. 141 a.

[29] Auf die zum Teil parallele Entwicklung im westlichen Münsterland, die für die Geschichte der Nordhorner Industrie allerdings nur von untergeordneter Bedeutung war, kann an dieser Stelle nicht ausführlich eingegangen werden. Vgl. dazu THEO SIMONETTI, Die Entwicklung der Baumwollindustrie des Münsterlandes im 19. Jahrhundert und in den ersten Jahren des 20. Jahrhunderts, Diss. Münster 1920; FR. WILHELM ROHLING, Die rheinisch-westfälische Baumwollindustrie, ihre Bedeutung und die verschiedenen Einflüsse auf ihre Entwicklung (Diss. Bonn), Hamburg 1921, sowie die angeführten Arbeiten von Kersting und Kötter.

Baumwollspinnerei, da die Baumwolle von allen Textilfasern am leichtesten maschinell versponnen werden konnte. Erst mit einer zeitlichen Verzögerung mit dem Schwerpunkt nach der Mitte des 19. Jahrhunderts folgte die Baumwollweberei nach.

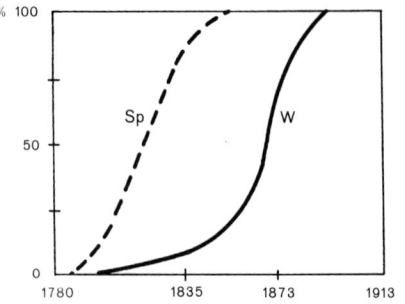

Abb. 2   Die Industrialisierung der deutschen Baumwollspinnerei und -weberei von 1780–1913 (in v. H.)

Quelle: nach Friedrich Wilhelm Henning: Die Industrialisierung in Deutschland 1800–1914, Paderborn 1973, S. 145.

Zwar sind in Deutschland schon Ende des 18. Jahrhunderts die ersten Ansätze zur Mechanisierung durch mit Wasserkraft angetriebene Spinnmaschinen festzustellen, Wasserkraft stand aber nur in wenigen Gebieten als ausreichende Antriebskraft zur Verfügung. Die in dieser Zeit und noch Anfang des 19. Jahrhunderts meist aufgestellten handgetriebenen Maschinen einfacher Konstruktion begannen zwar, die menschliche Arbeitskraft zu entlasten und bewirkten eine Erhöhung der Effizienz der Handarbeit (so ermöglichte die von Holland übernommene Schnellweberei eine Leistungssteigerung um das Dreifache), aber sie waren »sozusagen nur die verlängerte und verbesserte Arbeitshand des Menschen, sind Werkzeug, aber noch nicht Maschine, die mehr oder weniger automatisch produziert und höchstens der Bedienung durch die Menschenhand bedarf«[30].

Ein stärkerer Verbreitungsgrad der Dampfmaschine zeigt sich in der Twente und auch in einigen Teilen des rheinisch-westfälischen Textilgebietes zwar schon am Ende der dreißiger Jahre, verstärkt jedoch erst seit der Mitte des Jahrhunderts setzt sich die moderne, mit Dampfmaschinen betriebene mechanische Baumwollspinnerei und -weberei in diesen Gebieten endgültig durch.

Auch in Nordhorn machte die Spinnerei den Anfang: bereits 1852 gliederten Povel & Kistemaker ihrer Schnellweberei eine kleine mechanische Baumwollspinnerei mit 1500 Spindeln an[31]. In der Weberei vollzog sich die Umstellung auf die Dampfmaschine in den sechziger und zu Anfang der siebziger Jahre. Die zu dieser Zeit gebräuchlichen, sogenannten Kraftstühle hatten eine etwa doppelt so hohe Kapazität wie die Handstühle, was vor allem in Krisenzeiten oder den häufig auftretenden Überproduktionen mit starkem Preisverfall deren Konkurrenzfähigkeit einschränkte.

---

[30] ADELMANN, Strukturwandlungen . . ., S. 181 f.

[31] Trotz gegenteiliger Ansichten in einem Teil der bisherigen Forschung dürfte es sich bei der 1847 gegründeten Spinnerei von van Delden noch nicht um eine mit Dampfkraft betriebene Spinnerei gehandelt haben; darauf verweist allein schon die Angabe, daß die Beschäftigten fast ausschließlich Kinder waren, auch fehlt jede Angabe von Spindelzahlen. Vgl. hingegen StA OS, Rep. 335, Nr. 4417, wo für 1856 nur ein mit einer Dampfmaschine ausgerüsteter Betrieb gezählt wird.

Bereits 1863 zogen Stroink und van Delden die Konsequenz aus dieser Entwicklung. Sie gaben die Spinnerei ganz auf und eröffneten getrennte mechanische Baumwollwebereien: Ernst und Derk van Delden unter dem Namen J. van Delden & Söhne, Mitglieder der Familie Stroink in Nordhorn und Enschede als W. Stroink & Co.

1871 folgte die Trennung der Teilhaber Povel und Kistemaker. Während Anton Povel in Verbindung mit seinem neuen Teilhaber Julius Grüter eine neue, mit einer 50 PS Dampfmaschine ausgerüsteten Weberei eröffnete (nach dem tode Anton Povels 1880 von sein seinem Sohn Ludwig als L. Povel & Co. modernisiert und fortgeführt)[32], betrieben die Brüder Johann Hermann und Friedrich Kistemaker die mechanische Spinnerei weiter.

Anfang der siebziger Jahre, als in ganz Deutschland die Kraftstühle erst ein Drittel der Webstuhlzahl erreicht hatten (1875 57000 zu 125000) und in den Baumwollwebereien erst knapp die Hälfte aller Produkte aus »industrieller«Fertigung kam[33], war damit die Industrialisierung der Nordhorner Textilunternehmen abgeschlossen[34]. Die Hausweberei war völlig zum Erliegen gekommen, die Produktion erfolgte vielmehr ausschließlich in den Fabriken der Stadt, in denen 1872 etwa 180 Arbeiter beschäftigt wurden.

Tabelle 1:

Die Entwicklung der Dampfkraft in der Nordhorner Textilindustrie 1874 bis 1885

Jahr	Betriebe	Kessel	PS
1874	4	5	164
1880	4	5	164
1882	4	6	200
1884	4	6	200
1885	4	7	250

Quelle: Stadtarchiv Nordhorn, C IX d, Nr. 17, Nachweisung der im Bezirk Nordhorn benutzten Dampfkessel 1873–1899.

Trotz der erfolgten Umstellung war aber in den nächsten zwei Jahrzehnten nur ein sehr bescheidenes Wachstum zu verzeichnen, was die Entwicklung der Beschäftigungszahlen veranschaulicht:

---

[32] Vgl. (Klass, Gert von) 80 Jahre Ludw(ig) Povel & Co. (Nordhorn 1872–1952), Nordhorn o. J. (1952), S. 11ff.

[33] Vgl. StA OS, Rep. 350, Nr. 114, Acta betr. Nachrichten über vorhandene Gewerbe und Gewerbetreibende etc. 1832–1874, darin Zusammenstellung der im Amtsbezirke Neuenhaus vorhandenen Dampfkessel und deren Besitzer (um 1870). Beantragung und Genehmigungsverfahren für die Anlage einer Dampfkesselanlage mußten bereits recht strenge Sicherheitsvorschriften erfüllen und konnten daher auch langwierig sein. Vgl. als Beispiel eines solchen Verfahrens Schriftverkehr und Bauskizzen der ersten Dampfkesselanlage bei Povel & Grüter 1871. Vgl. StA OS, Rep. 350, Neuhs., Nr. 731: Acta betreffend Dampfkesselanlage bei L. Povel & Grüter in Nordhorn 1871–1877.

[34] Vgl. FRIEDRICH-WILHELM HENNING, Die Industrialisierung in Deutschland, 1800–1914, Paderborn 1973, S. 140; nach Kirchhain, S. 237 lag der Anteil der Kraftwebstühle in der Baumwollindustrie 1840 bei 1 Prozent, 1860 bei 14, 1872 bei 28 und 1913 bei 65 Prozent. Die Zahl der effektiven Schützenanschläge pro Minute erhöhte sich beim Handstuhl von 1840 bis 1913 von 30 auf 40, beim Kraftstuhl von 80 auf 200.

[35] Vgl. HEINRICH HERKNER, Die oberelsässische Baumwollindustrie, Straßburg 1887.

Tabelle 2: Beschäftigte, Webstühle und Spindeln in den Nordhorner Textilunternehmen 1872–1913

(A Beschäftigte, W Webstühle, S Spindeln)

Jahr	W. Stroink & Co.		J. van Delden & Söhne		Ludwig Povel & Co.			Kistemaker		B. Rawe & Co.			Niehues & Dütting		
	A	W	A	W	A	W	S	A	S	A	W	S	A	W	S
1872	58		78		19	49		28	2500						
1877	68		72		20	49		31	2500						
1884	63	140	120	340	27	80		30	2500						
1887	80	140	150	340	30	100		29	2500						
1895	113	182	178	432	122	160		112	15000						
1900	81	144	194	240	180	240		125	15000	150	210		158	238	
1906	200	290	220	430	300	440	23000	160	24000	250	500		300	450	
1913	250⁴	500	250⁴	500	915	1004	60000	185⁴	28000	550⁴	810	22000	1385	1216	80000

Quelle: Staatsarchiv Osnabrück, Rep. 335, Landdrostei Osnabrück, Nr. 11424: Entwicklung der Industrie 1881–1884 und Nr. 11425: Berichte über die Lage der Industrie 1884–1890; Stadtarchiv Nordhorn C IXd, 18: Berichte über die Lage der Industrie 1896–1906 und H. Specht: Stadt- und Wirtschaftsgeschichte von Nordhorn, Oldenburg 1941, S. 299 ff., 310.

[1] 1872–1880 Povel & Grüter, ab 1882 Ludw. Povel & Co.
[2] bis 1888 Gebr. Kistemaker; 1888–1890 Kistemaker & Rawe; ab 1890 Kistemaker, Rawe & Schlieper.
[3] B. Rawe & Co. (Beteiligung Schnieder) einschließlich Spinnerei Bußmaate (Beteiligung van Delden und Stroink).
[4] geschätzt.

Von den vier Nordhorner Betrieben konnte lediglich van Delden seine Beschäftigtenzahl bis 1887 annähernd verdoppeln, die Kistemakersche Spinnerei stagnierte, und Stroink und Povel & Grüter gelang in den achtziger Jahren immerhin eine allmähliche Produktionsausweitung.

Neben der Konkurrenz, der sich die deutsche Textilindustrie seit der Annexion Elsaß-Lothringens 1871 durch die blühende Textilindustrie des Elsaß ausgesetzt sah und den immer stärker ins Gewicht fallenden Standortnachteilen der Stadt im Vergleich zu den benachbarten bentheimischen und münsterländischen (vgl. Abschnitt V) Konkurrenzstädten, hat v. a. die Beibehaltung der herkömmlichen Vielfalt der erzeugten Baumwollgewebe einer Ausweitung der Produktion[36] im Wege gestanden. In den frühen Schnellwebereien waren Kattun, Pilot, Watertwist und Baumseide hergestellt worden, wozu bald auch Flanelle traten. Pilot und Molton, beides eher kräftige, grobe Gewebe, blieben bei Stroink und Povel die Haupterzeugnisse bis zum Ende der achtziger Jahre, begünstigt durch den Zolltarif von 1879, der den Import von Baumwollstoffen so sehr verteuerte, daß nur noch kleine Mengen bester Qualität lohnend eingeführt werden konnten[37].

Lediglich van Delden & Söhne spezialisierten sich frühzeitig auf die Produktion von Rohnessel (seit 1877 fast ausschließlich). Die Massenproduktion nur eines möglichst billig herzustellenden Artikels sicherte dem Unternehmen eine erhöhte Rentabilität, die sich in einer Verdoppelung der Beschäftigtenzahl bis Ende der achtziger Jahre niederschlug. Der Zuwachs der Nordhorner Textilindustrie ging in diesen Jahren fast ausschließlich auf das Konto dieses Betriebes zurück, der 1888 soviel Beschäftigte wie die drei anderen Betriebe zusammen hatte und zeitweise sogar Lohnaufträge an diese weitervergab (z. B. an Povel). Ähnlich wie die Produktion der Webereien auf relativ grobe Baumwollgewebe eingestellt war, so erzeugte die Spinnerei grobe Einschlaggarne, die sie vornehmlich im bentheimischen und westfälischen Gebiet absetzte, während die feineren Garne aus England bezogen wurden. Mit einer Kapazität von 2500 Spindeln, etwa 30 Arbeitern und einer Produktion von 120 000 kg Garn im Jahr hielt sie mehr als 20 Jahre lang annähernd den gleichen Stand. Nachdem Hannover 1865 und das Reich 1879 zur Förderung der einheimischen Industrie die Einfuhr feinerer (v. a. englischer) Garne mit Zöllen belegt hatte und daraufhin zahlreiche neue moderne Spinnereien wie beispielsweise die der Firma Schlikker & Söhne in Schüttorf 1881 mit 35 000 Spindeln entstanden, sank die Rentabilität des Unternehmens, und seine Anlagen veralteten.

V.

Seit dem Beginn der neunziger Jahre änderte sich das Bild Nordhorns völlig. Die Nordhorner Textilindustrie trat in eine neue Gründungsperiode ein, die sie bis zum Ersten Weltkrieg zu einem der leistungsstärksten deutschen Textilzentren heranwach-

---

[36] Vgl. zu Produktion und Absatz die Quellenangaben zu Tabelle 2.
[37] Seit der Errichtung der Bremer Baumwollbörse 1872 wurde Baumwolle nicht mehr über Rotterdam, sondern günstiger über Bremen bezogen. Vgl. ARNECKE, Die Bremer Baumwollbörse, Bremen 1890; A. W. CRAMER, Bremer Baumwollbörse 1872/1922, Bremen 1922; H. SIEMER, Die Bremer Baumwollbörse als Institution des Baumwollhandels, Diss. Heidelberg 1936. Vgl. zum Wandel der Textilzölle die Arbeit von Gustav Jacobs: Die deutschen Textilzölle im 19. Jh., Diss. Erlangen, Braunschweig 1907, bes. S. 71 ff.

sen ließ. Mehrere Faktoren mußten zusammentreffen, um diesen Aufstieg zu ermöglichen.

Bis zu Beginn der 90er Jahre nahm Nordhorn innerhalb der Textilindustrie der Grafschaft Bentheim keine führende Stellung ein. Die Entwicklung der Stadt in den Jahren zwischen 1872 und 1890 war im Gegenteil langsamer vor sich gegangen als in der Obergrafschaft (v. a. in Schüttorf), obwohl von Nordhorn aus die Mechanisierung ihren Ausgang genommen hatte[38].

Die Gründe, die einem bedeutenderen wirtschaftlichen Aufstieg der Stadt im Wege standen, sind in erster Linie in den Standortnachteilen Nordhorns zu suchen. Seit dem Erliegen der Vechte-Schiffahrt zu Beginn des Jahrhunderts war Nordhorn verkehrsmäßig in eine Randlage geraten, die jeden Austausch von Gütern mit hohen Transportkosten belastete. Kanal- und Eisenbahnanschluß zu erreichen, waren daher Ziele, die von seiten der Stadt und der Nordhorner Textilunternehmer schon seit der Mitte des 19. Jahrhunderts in immer neuen, wenn auch vergeblichen Eingaben und Plänen betrieben worden waren[39].

Seit der Mitte des 19. Jahrhunderts und in verstärktem Maße seit der Industrialisierung der Unternehmen begannen die Verkehrsverbindungen neben dem Vorhandensein einer billigen, möglichst qualifizierten Arbeiterschaft eine immer größere Rolle als Standortfaktor zu spielen. Für den deutschen Grenzraum – jahrhundertelang nach den Niederlanden orientiert – gewann der deutsche Markt (Ruhrgebiet) eine wachsende Bedeutung. Nicht nur als Absatz-, sondern auch als Bezugsgebiet, denn mit der Einführung der Dampfmaschine war zugleich ein neues Element in die Kostenrechnung der Unternehmen eingegangen – die Kraftstoffe. »Damit trat neben die Orientierung nach einer geeigneten Arbeiterschaft die Orientierung nach Energiequellen. Die Folge war, daß sich besonders diejenigen Textilgebiete entwickelten, die günstig zu den Kohlenrevieren lagen«[40]. Je nach Rationalisierungsgrad und hergestellter Garnnummer wurde beispielsweise in der Spinnerei gewichtmäßig zwei- bis viermal soviel Kohle verbraucht wie textile Rohstoffe[41]. Im Gegensatz etwa zum benachbarten Schüttorf, das seit 1865 über Bahnanschluß verfügte, konnte Nordhorner Kohle und Baumwolle per Bahn nur bis Bentheim gelangen, von wo aus sie dann mit Pferdewagen nach Nordhorn geschafft wurde, was die Frachtkosten nicht unerheblich verteuerte.

Erst die 90er Jahre brachten den erhofften Erfolg. 1896 wurde die sog. Bentheimer Kreisbahn, eine Längsbahn durch die Grafschaft bis Nordhorn, fertiggestellt. Zwar hatten die Nordhorner Textilunternehmer (und mit ihnen die Stadt durch Bürgermeister Derk van Delden) aus naheliegenden wirtschaftlichen Gründen eine Querbahn von Lingen mit Anschluß an das holländische Eisenbahnnetz favorisiert, doch gaben letztlich politische Gründe den Ausschlag für den Anschluß an das preußische Schienennetz[42]. Schon in den 80er Jahren hatten Nordhorns Kanalpläne begonnen Gestalt

---

[38] Vgl. BUTKE, S. 48 f.
[39] Vgl. SPECHT, Nordhorn, S. 311–313.
[40] BUTKE, S. 50.
[41] Vgl. KÖTTER, S. 27.
[42] Der Osnabrücker Regierungspräsident am 19. September 1892: *Der letzte Plan verdient vor dem ersteren den Vorzug nicht nur, damit der erhebliche Nordhorner Frachtverkehr den deutschen Bahnen zugeführt wird, sondern weil nur auf diese Weise den wirtschaftlichen Interessen des ganzen Kreises in genügender Weise Rechnung getragen wird.* StA OS, Rep. 335, Nr. 11425.

anzunehmen. Preußen baute seit 1882 den Ems-Vechte-Kanal zu Ende, und am 1.
September 1887 grub man bei Nordhorn das letzte Teilstück bis zur Vechte aus, so daß
die Schiffe von der Ems nunmehr die Nordhorner Werke Povel, van Delden und Rawe
direkt erreichen konnten[43]. Aber erst mit der Fertigstellung des Dortmund-Ems-Ka-
nals 1897/98[44] konnten die Vorteile der neuen Verkehrsader voll genutzt werden, die
in erster Linie in einer erheblichen Verbilligung des Energietransports, d. h. der Ruhrkohle zu den Textilwerken bestanden[41].

Innerhalb weniger Jahre verfügte so Nordhorn in der Verbindung von Eisenbahn-
und Kanalanschluß über eine derart günstige verkehrsmäßige Erschließung, wie sie
kaum eine der westmünsterländischen Konkurrenzstädte aufwies. Sie war eine der
entscheidenden Voraussetzungen für die Entstehung einer Großindustrie, die nicht
nur die bestehenden Unternehmen zu nutzen verstanden, sondern die auch neue Betriebe anzog.

Die schon angesprochene Vielfalt der in den relativ kleinen Betrieben produzierten
Artikeln mit ihrem aufwendigen Produktionsapparat und das Fehlen gewinnbringender und werbewirksamer Spezialerzeugnisse sind als zweite Erklärung für die zeitwei-
lige Stagnation der Textilindustrie heranzuziehen, die zu lange in den traditionellen
Bahnen weitergeführt worden war. Die Ursachen lagen wahrscheinlich darin, daß die
durchweg aus dem Handelsgewerbe hervorgegangenen Fabrikanten, an den direkten
Verkehr mit dem Kleinhändler gewöhnt, diesem zuliebe ihre Produktion zersplitter-
ten und einen zwar umfangreichen, aber nur ungenügend ausgenutzten technischen
Apparat aufrechterhielten[46].

Die entscheidende Initiative zur Neuorientierung der Textilproduktion ging 1889
von Ludwig Povel aus. Er hatte 1880 nach dem Tode seines Vaters das am Boden lie-
gende Unternehmen übernommen und neu aufgebaut. 1889 nun brachte er erstmals
einen völlig neuen Artikel auf den Markt, die bald in ganz Deutschland berühmten
Nordhorner »Waterschürzen«[47]. Diese Schürzenstoffe zeichneten sich durch zwei
Attraktionen aus: zum einen durch die Sorgfältigkeit und Schönheit ihrer Färbung, die
unter Verwendung modernster technischer Verfahren und Farbstoffe (Indanthren)
immer weiterentwickelt wurden, gleichzeitig aber durch einen konkurrenzlos niedrigen Preis.

Die »Waterschürzen« wurden ein durchschlagender Erfolg. Innerhalb weniger
Jahre stieg Povel zur führenden Firma in Schürzenstoffen auf, die Belegschaft des Unternehmens stieg bis 1913 um das Zwanzigfache, die eingesetzte Antriebsenerge von
75 auf 5000 PS, wobei nicht berücksichtigt ist, daß Povel seine 1905 erbaute Spinnerei
als einer der ersten in Deutschland mit elektrischer Energie betrieb, womit sich
gleichmäßigere Garne erzielen ließen.

---

[43] Noch heute ist im Stadtbild das Bestreben, die neuen Produktionsstätten unmittelbar neben den Ver-
kehrsadern anzusiedeln, ablesbar.
[44] 1903 wurde als letztes der Nordhorn-Almelo-Kanals fertiggestellt, so daß Nordhorn nun, im Knoten-
punkt des Nordhorn-Almelo-Kanals und Ems-Vechtekanals – sowohl in das westdeutsche wie das holländische Kanalnetz einbezogen war.
[45] Eine Doppellandung Kohle, die per Frachtwagen 36 Mark kostete, ermäßigte sich auf 6–8 Mark.
[46] Vgl. POVEL, S. 42.
[47] Vgl. 80 Jahre Povel, S. 16 und SPECHT, Nordhorn, S. 306.

Tabelle 3:
Die Entwicklung von Beschäftigtenzahlen und Dampfkraft des Unternehmens
L. Povel & Co. von 1881 bis 1913

Jahr	Beschäftigte	PS
1881	14	50
1885	30	50
1890	45	75
1895	79	120
1901	190	450
1905	250	1800
1911	700	5000
1913	1000	5000

Quelle: H. Specht: Stadt- und Wirtschaftsgeschichte von Nordhorn, Oldenburg 1941, S. 305.

Es konnte nicht ausbleiben, daß der Erfolg des Povelschen Unternehmens bald auch von anderen Betrieben kopiert wurde. Nordhorn wurde zu einer Stadt der Buntweber, vor dem Ersten Weltkrieg liefen zwei Drittel aller Webstühle und drei Viertel aller Spindeln »auf Schürzen«. Zwar produzierte man im Gegensatz zu den meisten Buntwebern in anderen Teilen Deutschlands nur wenige Qualitäten, diese aber zu einem sehr niedrigen Preis. Neben Povel nahmen Niehues & Dütting und später auch W. Stroink & Co. die Schürzenstoffproduktion auf, schon früher hatten sich van Delden und Co. auf Flanelle und Buntwaren umgestellt, lediglich die neue Rawesche Weberei blieb ein Rohnesselbetrieb[48].

Mit der vergrößerten Unternehmenszahl in Nordhorn ist zugleich das dritte Element angesprochen, das Nordhorns Aufstieg kennzeichnet: die Gründung neuer, moderner Textilbetriebe durch junge, z. T. auswärtige Unternehmer – vergleichbar der ersten Gründungsphase zwischen 1839 und 1852. Neben dem erwähnten Ludwig Povel, dessen Betriebsübernahme einer Neugründung gleichkam, und dessen Bruder Carl sind hier Bernhard Rawe, Bernhard Niehues, Friedrich Dütting, Hermann Kistemaker und Kurt Schlieper an erster Stelle zu nennen. Rawe kam 1888 als Teilhaber an der Spinnerei der Gebrüder Kistemaker nach Nordhorn, die jedoch zu klein und veraltet war, um seinen Plänen zu genügen. Aufbauend auf seinen Erfahrungen in der modernen englischen Baumwollspinnerei errichtete er 1890 zusammen mit seinem Schwager Hermann Kistemaker und einem Freund Kurt Schlieper eine neue Spinnerei mit 8000 Spindeln, einen zwar kleinen, aber erfolgreich arbeitenden Betrieb. Schon wenige Jahre später (1896) gründete er zusammen mit einem Elberfelder Onkel, H. Schnieder, die Baumwollweberei B. Rawe & Co., die einzige Rohnesselweberei Nordhorns in dieser Zeit. Nach anfänglichen Schwierigkeiten unter dem Konkurrenzdruck der Firmen in Rheine und den Niederlanden wuchs auch dieser Betrieb bis 1913 auf 810 Webstühle heran.

Noch an einer dritten Unternehmensgründung war Rawe maßgeblich beteiligt: an

---

[48] Rawe führte hier die Massenproduktion von Baumwollsäcken ein, die die gebräuchlichen Jute-Säcke ablösten, bis auch sie durch die Einführung der Papiersäcke abgelöst wurden.

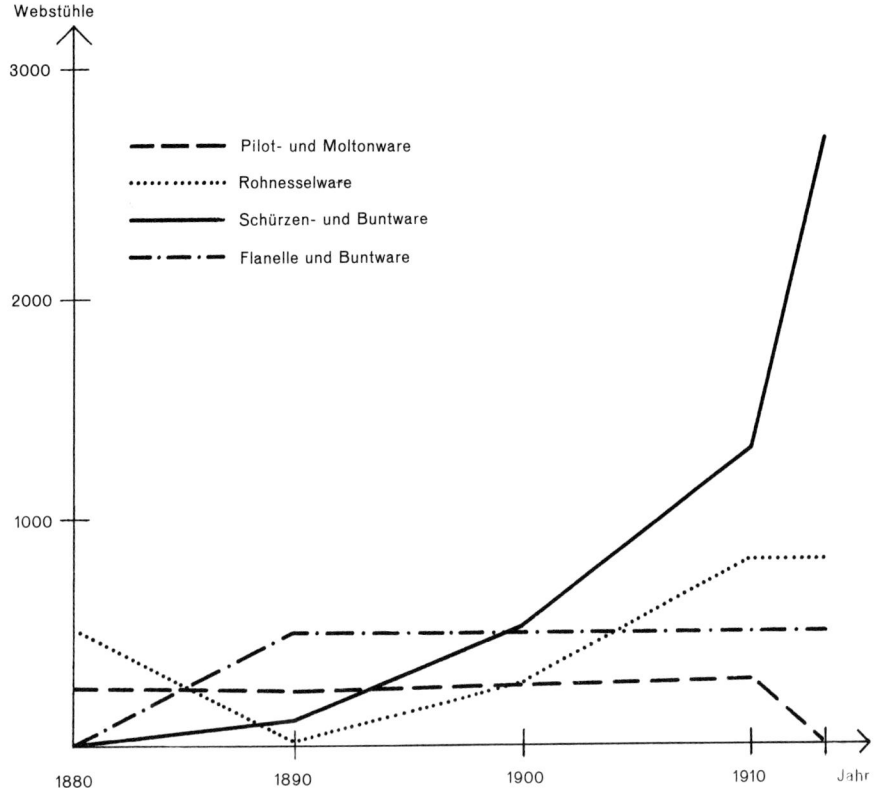

Abb. 3   Die Spezialisierung der Nordhorner Textilproduktion vor dem Ersten Weltkrieg
Quelle: Vgl. Angaben zu Tabelle 2.

der Baumwollspinnerei Bußmaate, die er 1911 mit Willem van Delden und dessen Schwiegersohn Engelbert Stroink ins Leben rief und in der 1913 22 000 Spindeln liefen.

In der Zwischenzeit war 1898 die letzte Neugründung erfolgt: Bernhard Niehues und Friedrich Dütting erbauten am Nordhorner Stadtrand, in unmittelbarer Nähe des auf Frensdorfer Gebiet liegenden Bahnhofs, eine Fabrik mit zunächst 60 Webstühlen und 30 Arbeitern. Dieses jüngste Unternehmen wuchs am schnellsten, bis 1913 hatten sich Niehues & Dütting mit 1385 Beschäftigten an die Spitze der Nordhorner Textilbetriebe gesetzt (vgl. zur Entwicklung der einzelnen Firmen die Angaben in Tabelle 2). Wie Abbildung 4 verdeutlicht, waren es vornehmlich die Jahre seit der Jahrhundertwende, in denen sich der schnelle, in den Augen mancher Zeitgenossen fast an ein Wunder[49] grenzende Aufstieg der Nordhorner Betriebe zur Großindustrie vollzog.

---

[49] Die Begeisterung der Zeitgenossen und den Ton ihrer Bewunderung des industriellen Aufstiegs Nordhorns spiegelt ein Zitat der Fachzeitschrift »Der Confektionär« des Jahres 1913 wider: *Heute liegt dort an der holländischen Grenze wie ein Vorposten des neudeutschen Industriestaates, wie eine Musterausstellung deutscher Industrietechnik die . . . Fabrikstadt mit einem stattlichen Arbeiterheer, mit wundervoll hygienisch eingerichteten Arbeitssälen, in deren Maschinen sich das Sonnenlicht widerspiegelt. Welch eine Wendung durch jenen Fleiß, »den keine Mühe bleichet!«* Zit. nach 80 Jahre Ludw(ig) Povel & Co., S. 21.

Nordhorn im Jahre 1907. Links im Vordergrund noch auf freiem Feld die 1898 gegründete
Fabrik von Niehues & Dütting

Zwischen 1900 und 1913 vervierfachte sich die Zahl der Beschäftigten und der Webstühle und verzwölffachte sich die Zahl der Spindeln. 1913 arbeiteten bei einer Einwohnerzahl von 12390 knapp ein Drittel der Bevölkerung(!) in den Textilfirmen. An
diesem Wachstum waren alle Nordhorner Betriebe beteiligt; am stärksten expandier-
ten Niehues & Dütting, gefolgt von Ludwig Povel & Co. und den unter Führung von
Bernhard Rawe gegründeten Unternehmen. Povel hatte 1905, Niehues & Dütting

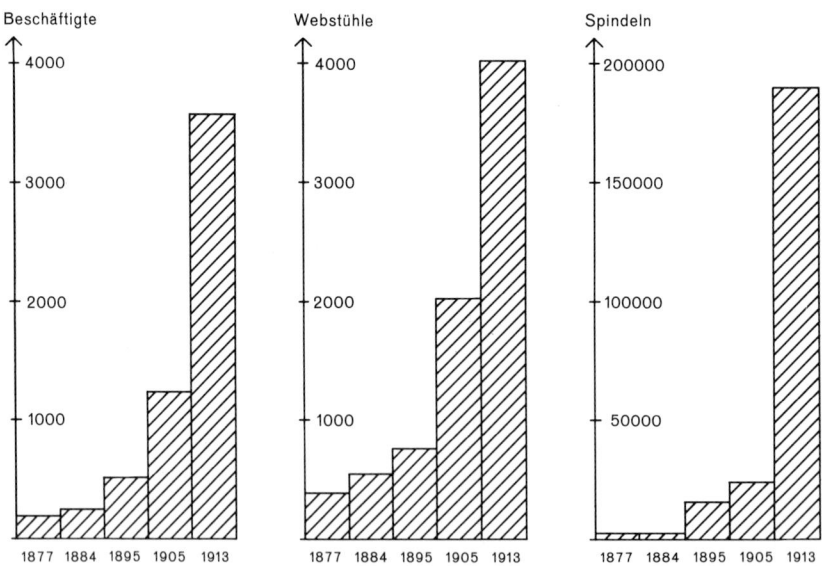

Abb. 4   Die Nordhorner Textilindustrie 1877 bis 1913

Quelle: Vgl. Angaben zu Tabelle 2.

1908 eine Baumwollspinnerei errichtet; Bernhard Rawe, zu dieser Zeit noch beteiligt an der Spinnerei von Kistemaker und Schlieper, folgte 1911 mit der Gründung der Bußmaate. Die in diesen Firmen in den letzten zehn erfolgreichen Jahren vor dem Ersten Weltkrieg entwickelte Betriebsform der Spinnweberei, d. h. der Verbindung von Spinnerei und Weberei einschließlich Färberei und Bleicherei erwies sich langfristig als der geeignetste Produktionstyp in der Baumwollindustrie[50]. Damit hatten sich schon vor dem Weltkrieg die drei Unternehmen an die Spitze gesetzt, die auch nach dem Krieg die Nordhorner Textilindustrie geprägt haben.

VI.

Während im Rheinland und in Westfalen die textilindustriellen Unternehmer des 19. Jahrhunderts ihrer regionalen Herkunft nach überwiegend aus den Orten ihrer Betriebsgründungen bzw. deren näherer Umgebung stammten, kamen die Initiativen für Nordhorns industrielle Entwicklung nicht unmittelbar aus den alten, eingesessenen Kaufmanns- und Spediteurfamilien, die nach dem Niedergang des Nordhorner Handels in der ersten Hälfte des 19. Jahrhunderts vielfach abwanderten, sondern gingen – ähnlich wie in Gronau[51] – auf Zuwanderer zurück. Willem Stroink, den man als den eigentlichen Begründer der Nordhorner Textilindustrie bezeichnen kann, kam aus Enschede, dem Mittelpunkt des Textilgebietes der Twente; sein Schwiegervater Jan van Delden, seit 1820 in Nordhorn als Leinenhändler ansässig, stammte aus Deventer. Kistemaker gehörte zu einer 1740 aus Zwolle eingewanderten Familie, und der in Greven geborene Anton Povel entstammte dem münsterländischen Textilgebiet. Dennoch sollte man die auswärtige Herkunft dieser frühen Unternehmer nicht überbewerten: »Wenn man sich der engen, jahrhundertealten textilwirtschaftlichen Verflechtung des westmünsterländischen und holländischen Grenzraumes bewußt ist, wird man diese Unternehmer kaum als Fremde bezeichnen[52].«

Allerdings stand gerade in dieser frühen Zeit die regionale Herkunft häufig in Verbindung mit einem zweiten Kennzeichen: der Religionszugehörigkeit. Gerade Nordhorn ist in der Literatur ein beliebtes Beispiel für den Einfluß religiöser Bindungen, d. h. hier der Zugehörigkeit zu den Mennoniten[53]. Ohne Zweifel hat die Nordhorner

---

[50] Zu Beschäftigungsstruktur, Arbeitsproduktivität und Kapitaleinsatz im Vergleich zur deutschen Baumwollindustrie vgl. KIRCHHAIN, S. 73, 95, 162 f. und 178; wie leistungsfähig die Nordhorner Betriebe vor dem 1. Weltkrieg waren, zeigt auch, daß 1913 pro 1000 Spindeln noch 6,5 Beschäftigte eingesetzt wurden (im deutschen Durchschnitt noch 8) und pro 100 Webstühle gut 50 Beschäftigte (Durchschnitt noch 83), vgl. die ausführlicheren Angaben zur Betriebsstruktur bei Povel.

[51] Vgl. KARL DÖHRMANN, Entstehung und Entwicklung der Gronauer Textilindustrie, Diss. Münster 1924.

[52] GERHARD ADELMANN, Führende Unternehmer im Rheinland und in Westfalen 1850–1914, in: Rheinische Vierteljahrsblätter, Jg. 35 (1971), S. 335–352, hier S. 347.

[53] Die Mennoniten bildeten eine im 16. Jahrhundert aus der täuferischen Bewegung hervorgegangene Religionsgemeinschaft, die von Menno Simons (Fundamentbuch von dem rechten christlichen Glauben, 1539) geführt wurde. Sie verwarfen jeden staatlichen Zwang in Glaubensfragen, verweigerten Eid und Kriegsdienst und damit auch die Übernahme von Staatsämtern. Arbeit und Gewerbefleiß galten als besondere Pflichten gegenüber Gott. Ausgeschlossen vom politischen Leben, waren die wirtschaftlichen und familiären Beziehungen der Mitglieder untereinander um so enger. Die durch die kaiserlichen Edikte von 1528 und 1529 aus den südlichen Niederlanden vertriebenen Mennoniten fanden Zuflucht in Holland (auch in Nordwestdeutschland), wo sie die Leinenweberei in der Twente heimisch machten.

Textilwirschaft wesentliche Impulse von aus der Twente zuwandernden Mennoniten bezogen. Schon früh war der Leinenhandel Nordhorns zu einem wesentlichen Teil von holländischen Mennoniten getragen, die bald auch in der Textilproduktion Fuß faßten. Willem Stroink und Jan van Delden sind hervorragende Beispiele für den Unternehmungsgeist und die Innovationskraft dieser Unternehmer. Jedoch bildet Nordhorn unter den Textilstädten des deutsch-niederländischen Grenzraumes einen Sonderfall: die Anfänge einer modernen Textilindustrie stehen hier unter dem Einfluß Zugewanderter, unter denen die Mennoniten aus der Twente aufgrund des in der Grafschaft Bentheim geltenden, unter holländischem Einfluß stehenden reformierten Bekenntnisses leichter Fuß fassen als im katholischen Münsterland. Im westlichen Münsterland findet sich im Gegensatz zu Nordhorn eine alte Schicht katholischer Textilunternehmer, so daß es stark überzeichnet wäre, die Anfänge der Textilindustrie hier unter die häufig bemühte These Max Webers über den Zusammenhang zwischen der protestantischen Ethik und dem Geist des Kapitalismus[55] zu setzen. Noch deutlicher wird dies, wenn man in die Betrachtung auch die Unternehmer der zweiten Generation, der achtziger und neunziger Jahre, einschließt.

Neben Ludwig und Carl Povel und Hermann Kistemaker treten Bernard Rawe und Bernhard Niehues aus Münster, Friedrich Dütting aus Osnabrück, Kurt Schlieper und H. Schnieder aus Elberfeld.

Ihrer beruflich-sozialen Herkunft nach gehörten die Nordhorner Unternehmer fast ausschließlich Familien an, die schon in der vor- und frühindustriellen Textilwirtschaft unternehmerisch tätig gewesen waren. Dabei sind in der Hauptsache zwei Gruppen von Fabrikantenfamilien hervorzuheben: zum einen die erwähnten, ursprünglich aus der Twente stammenden Garnhändler und Produzenten des mennonitischen Kreises. Zum anderen die aus dem Münsterland stammenden ehemaligen Verleger-, Baumseidenweber- und Leinenweberfamilien, zu denen in Nordhorn Povel und Rawe gehören. Völlig branchenfremde Unternehmer waren selten; in Nordhorn sind es Bernhard Niehues, dessen Vater Universitätsprofessor in Münster war[56], und Friedrich Dütting aus einer Weingroßhändlerfamilie in Osnabrück. Aus heutiger Sicht ist noch ein weiteres Charakteristikum höchst bemerkenswert: das noch fast jugendliche Alter der meisten dieser Fabrikanten. Stroink begann mit 20 Jahren, der 25jährige Kistemaker schloß sich 1851 mit dem 28 Jahre alten Povel zusammen. Ludwig Povel war 21, als er 1880 den väterlichen Betrieb übernehmen mußte, sein Bruder Carl sechs Jahre jünger. Vierundzwanzigjährig kam Bernhard Rawe 1888 nach Nordhorn, seine anfänglichen Teilhaber Hermann Kistemaker und Kurt Schlieper waren noch zwei bzw. vier Jahre jünger. 1868 war auch das Geburtsjahr von Bernhard Niehues.

Trotz ihrer Jugend besaßen diese Unternehmer etwas, was im eher provinziellen Nordhorn bislang gefehlt hatte: eine hervorragende fachliche Ausbildung zum »Textilunternehmer«, nicht nur am Ort selbst oder als Nachfolger in der väterlichen Firma, sondern in Ausbildungsjahren in den damaligen Zentren der deutschen Textilindustrie

[54] Vgl. beispielsweise BUTKE, S. 42 ff.
[55] Vgl. MAX WEBER, Die protestantische Ethik und der Geist des Kapitalismus, in: Gesammelte Aufsätze zur Religionssoziologie, Bd. 1, Tübingen 1912 (2. Aufl. 1922), S. 17 ff.
[56] Die Nachkommen der Tödden wandten sich – mit Ausnahme der Familie Kümpers in Rheine – nicht der Fabrikation, sondern dem Textilhandel zu.

L. Povel

K. Povel

B. Rawe

K. Schlieper

           B. Niehues   *F. Dütting*

erworben; Aufgeschlossenheit und Interesse für den neuesten technischen Entwicklungsstand, was die zahlreichen Englandreisen widerspiegeln; und – nicht zuletzt – das
notwendige Kapital zum Aufbau neuer, moderner Betriebe.

Ein typisches Beispiel dieses jungen Unternehmers der zweiten Gründergeneration
war Bernhard Rawe[57], geboren am 27. Oktober 1864 in Münster, gestorben am 15.
Februar 1950 in Nordhorn. Rawe entstammte einer Kaufmannsfamilie, die ihm Lehrjahre in Lingen, dann Köln und später sogar Berlin ermöglichte; es schlossen sich ausgedehnte Reisen durch England an, in denen er die modernen britischen Spinnwebereien kennenlernte und Erfahrungen in ihnen sammelte, die sich in seinen Nordhorner
Unternehmenskonzepten wiederfinden: als erster Unternehmer engagierte er sich in
beiden Bereichen Spinnerei und Weberei und bereitet diesem Produktionstyp in
Nordhorn den Boden. Allein schon die Abfolge seiner Unternehmensgründungen
und -beteiligungen zeigt diese Orientierung: 1890 Spinnerei – 1896 Weberei – 1911
Spinnerei – nach dem Weltkrieg Weberei. Im Anschluß an seine Englandreisen hatte
Rawe zunächst einige Zeit als Prokurist in der Textilgroßhandlung seine Onkels H.
Schnieder in Elberfeld, einer der bedeutendsten deutschen Textilstädte dieser Zeit, gearbeitet, bevor er 1888 nach Nordhorn kam. Keineswegs zufällig, aber ebensowenig

---

[57] Es ist an dieser Stelle nicht möglich, den Lebenslauf der Nordhorner Industriellen, ihrer Familien und
verwandtschaftlichen Beziehungen im einzelnen nachzuzeichnen. Ausführliche biographische Hinweise
zu Bernhard Rawe finden sich in der Schrift: Beiträge zur Geschichte der Familien Rawe/Kistemaker,
hrsg. von August Crone-Münzebrock, Osnabrück 1940; vgl. von demselben Autor: Familie Crone-Münzebrock (um 1936); s. daneben die vielfachen Jubiläumsartikel, Ehrenbürgerschaftserklärungen
und Nachrufe in der Nordhorner Presse.

als Folge einer ökonomischen Standortentscheidung für Nordhorn – sondern aufgrund privater Beziehungen zwischen den Familien und der 1890 erfolgten Heirat mit Ella Kistemaker, der Tochter des Gründers.

Verwandtschaftliche Beziehungen[58] treten im 19. Jahrhundert vielerorts als ein deutliches Zeichen der Kontinuität der überwiegend im Besitz einer oder doch weniger Familien befindlichen Textilunternehmen in Erscheinung. Allerdings mit der Ausnahme eines kaum überwindlichen Hindernisses, der unterschiedlichen Konfessionszugehörigkeit, die vor allem bei den twentisch-mennonitischen Familien eine große Rolle spielte. Nach Möglichkeit heiratete man in dieser Zeit in bekannte Fabrikantenkreise der eigenen Branche, nicht nur am selben Ort (in Nordhorn ist hier beispielsweise an die Beziehungen zwischen den Familien van Delden und Stroink oder Rawe und Kistemaker zu denken), sondern es entwickelten sich sehr enge, mitunter mehrfach geknüpfte Verflechtungen innerhalb des ganzen westfälischen Textilgebietes. Nicht zuletzt auf ihnen beruhten die Möglichkeiten der Jungunternehmer zur Kapitalbeschaffung. Wie das Beispiel Rawes wiederum zu zeigen vermag, gewährleisteten in erster Linie finanzkräftige Väter und Schwiegerväter den Start des Unternehmens, hinzu traten Beteiligungen aus Kreisen der engeren Verwandtschaft, zu denen Rawes Elberfelder Onkel Schnieder zu rechnen ist. Es dominierte die Tendenz, die Unternehmen unter allen Umständen im Familienbesitz zu halten, wenn auch Rawe, der sicherlich eine der vielseitigsten, schillernsten Persönlichkeit in der Nordhorner Textilindustrie war, diese Grenzen sprengte und zeitweilig auch Kapital aus anderen Textilbetrieben der Grafschaft Bentheim (Schlikker in Schüttorf) zu Hilfe nahm[59].

VII.

Da die Baumwollindustrie fast ausschließlich mit überseeischen Rohstoffen arbeitet, war sie auch im 19. Jahrhundert schon im Gegensatz zu anderen Textilbranchen kaum ortsgebunden, sondern als wichtigstem Standortfaktor arbeitsorientiert, angewiesen auf eine qualifizierte Arbeiterschaft. Wenn auch die Ansiedlung in einem Gebiet ehemaliger Verlagsproduktion das Arbeitskräfteproblem wesentlich erleichterte, so standen der Nordhorner Industrie in der Stadt und ihrem Umland doch nie in ausreichendem Maße fachlich erfahrene Arbeiter zur Verfügung. Dabei sollte man auch nicht übersehen, daß von seiten der handwerklichen und heimgewerblichen Weber und Spinner zumindest in der ersten Zeit der Industrialisierung eine starke Abneigung gegen eine Aufgabe ihrer Selbständigkeit bestand, so gering diese faktisch auch war, und daß die Abneigung gegen die Fabrik und das reglementierte Fabrikarbeiterdasein mit seinen Anklängen an die alten Armen- und Arbeitshäuser wenn schon nicht in der materiellen Lage, so doch zumindest im Bewußtsein eine scharfe Trennung zwischen

---

[58] Neben Rawe war auch Friedrich Dütting mit der Familie Kistemaker verwandt, ebenso Anton Povel, der als Erbe seines kinderlos verstorbenen Onkels Anton Brück und Teilhaber an der seit Anfang des Jahrhunderts im Speditionshandel tätigen Firma Kistemaker & Brück nach Nordhorn kam.

[59] Auf die politische Tätigkeit der Industriellen und ihren Einfluß auf die städtische Politik kann in diesem Beitrag leider nicht näher eingegangen werden. Hingewiesen sei nur darauf, daß z. B. Jan van Delden 25 Jahre, von 1872 bis 1897, Bürgermeister war, vgl. die Festschrift zu seinem 25. Bürgermeisterjubiläum vom 15. Febr. 1897. Vgl. auch den Beitrag von CH. SCHÜTTE zu Wählergruppen und Wahlverhalten in diesem Band.

einem Fabrikarbeiter und einem (oft noch eigenes Land besitzenden!) Heimarbeiter zog. Die Unternehmer waren daher gezwungen, Arbeiter von außerhalb anzuwerben und diese im Umgang mit den neuen Maschinen zu schulen[60]. Wie am Beispiel der Fabrikgründung Willem Stroinks deutlich wurde, war man in Nordhorn durch die Nähe zur Twente in der glücklichen Lage, die benötigten Facharbeiter aus der bereits weiter fortgeschrittenen Textilindustrie der Twente abwerben zu können. Man errichtete nach holländischem Muster Web- und Spinnhäuser, in denen die Holländer die einheimischen Arbeitskräfte anlernten.

Der fühlbare Mangel an Arbeitskräften wurde zum Teil auch durch die Heranziehung von Kindern gedeckt; Kinderarbeit ist für den Beginn der textilen Fabrikarbeit noch charakteristisch gewesen, sie nahm aber im Fortschreiten der Mechanisierung schnell ab[61].

Bereits im Zeitraum von 1847 bis 1862 bildete Holland und hier vor allem die Twente das Reservoir, aus dem Schnellweber und Fabrikarbeiter für die Nordhorner Industrie gewonnen werden konnten. Sie bildeten den eigentlichen Stamm der Baumwollarbeiterschaft in der ersten Industrialisierungsphase. Mit dem Aufstieg der Baumwollbetriebe zur Großindustrie im späten 19. Jahrhundert nahm der Zustrom holländischer Arbeiter eine neue Dimension an: hatte ihre Zahl noch in den achtziger Jahren bei 50 bis 60 gelegen, so waren es 1900 bereits etwa 500, 1914 insgesamt 800 holländische Arbeiter, fast ein Viertel der Gesamtbeschäftigtenzahl. Der Wanderungsstrom der Menschen dieser Region auf der Suche nach Arbeit, der zu Anfang des Jahrhunderts als »Hollandgängerei« von Osten nach Westen verlaufen war, nahm an seinem Ende die entgegengesetzte Richtung. Annähernd 80 Prozent stammten aus der benachbarten Provinz Overijssel, zu der auch Twente gehörte. Etwas zwei Drittel zogen unmittelbar aus ihren Heimatorten in die Nordhorner Industrie, d. h. es handelte sich nicht um eine zufällige, sondern um eine zielgerichtete, regionale Mobilität auf eine bestimmte Stadt hin. Die Neuankömmlinge, unter denen so gut wie keine Frauen waren, waren noch in den achtziger und neunziger Jahren zu annähernd 60 Prozent schon bei ihrem Zuzug verheiratet und brachten vielfach ihre Familien mit; in den Jahren nach 1900 überwog der Zuzug Lediger mit nun über 60 Prozent[62]. In Übereinstimmung mit dem Familienstand änderte sich auch die Altersstruktur der Zuwanderer (siehe Tabelle 4).

1883–85 stellen die 26–30jährigen die mit Abstand stärkste Gruppe. Zehn Jahre später steht dieselbe Gruppe nun zusammen mit den 36–40jährigen an der Spitze: die Arbeiterzahl hat sich in dieser Zeit kaum erhöht, aber eine Reihe der Arbeiter ist in

---

[60] Ein zweiter Weg zur Überwindung der Arbeitskräfteknappheit in der Gründungszeit war die Anlegung von Zweigbetrieben in den Dörfern der Niedergrafschaft. Dieses System von Filialbetrieben hielt sich teilweise bis in die siebziger Jahre, als die Mechanisierung ihnen ein Ende bereitete.

[61] In der ersten Spinnerei von van Delden 1847 waren die Beschäftigten noch fast ausnahmslos Kinder gewesen, so wie man es aus der Heimarbeit gewöhnt war, in der das Problem der Kinderarbeit eigentlich seine Wurzeln hatte. Die mechanisierte Spinnerei mit ihren fachlichen Anforderungen hatte hingegen für Kinder kaum noch Verwendung. Neben der Mechanisierung bildeten die von Preußen ausgehenden Kinderschutzgesetze den zweiten Grund für den Rückgang der Kinderarbeit. 1891 wurden in den Nordhorner Textilbetrieben noch 22 Kinder im Alter von 12–14 Jahren und 39 Kinder im Alter von 14–16 Jahren beschäftigt, was 4,8% bzw. 8,5% der Arbeiter ausmachte. Vgl. Stadtarchiv Nordhorn C IX d, Nr. 16: Gewerbe und Industrie, Textilindustrie Arbeitskräfte 1853–91.

[62] Berechnet nach den in Tabelle 4 angegebenen Quellen.

Tabelle 4:

Altersstruktur holländischer Fabrikarbeiter in Nordhorn 1883–1905 (in v. H.)

Alter im Jahr der Zuwanderung	Zählung		
	1883–85	1892	1900–05
bis 20	4	15	17
21–25	17	13	29
26–30	31	26	15
31–35	16	3	10
36–40	11	26	11
über 40	21	17	18
zusammen	100	100	100

Quelle: Stadtarchiv Nordhorn C I i 23, Verzeichnis der im Bezirke Amt Neuenhaus lebenden Holländer vom 10. März 1883, fortgeführt bis 1885; Ausländerliste (Holländer) vom 10. März 1892; C I i 24, Acta betr. Verzeichnis der Ausländer 1900–1905.

Nordhorn seßhaft geworden. Vergleicht man damit nun noch den Zeitraum von 1900–1905, so wird das bereits beschriebene Anschwellen der Beschäftigtenzahlen auch in der Altersstruktur sichtbar: 46 Prozent der Arbeiter sind jünger als 25 Jahre: sie stellen das Gros der benötigten Arbeitskräfte im industriellen Aufstieg.

Ein genaues Bild der Gebürtigkeit aller Haushaltungsvorstände vermittelt erst eine Zählung von 1936, auf die hier im Vorgriff auf den folgenden Abschnitt bereits verwiesen sei:

Tabelle 5:

Geburtsort der Nordhorner Haushaltungsvorstände nach der Aufnahme vom
10. Oktober 1936

Geburtsort oder -gebiet	Haushaltungsvorstände	
	Anzahl	in v. H.
Nordhorn	1452	29,2
Niedergrafschaft Bentheim	708	14,3
Obergrafschaft Bentheim	256	5,2
Kreis Lingen	282	5,7
Aschendorf, Meppen und Hümmling	156	3,1
Übrige Kreise des Regierungsbezirks Osnabrück	166	3,4
Hannoversche Regierungsbezirke und Braunschweig	199	4,0
Nordwestfalen	280	5,7
Übrige Provinz Westfalen	482	9,7
Rheinland	99	2,0
Übriges Deutsches Reich	470	9,6
Niederlande	251	5,1
Übriges Europa	121	2,5
Unbekannt	32	0,7
	4960	100

Quelle: nach H. Specht: Stadt- und Wirtschaftsgeschichte von Nordhorn, Oldenburg 1941, S. 330.

Auffallend ist in erster Linie die für eine Stadt dieser Größe extrem niedrige Ortsge-
bürtigkeit mit knapp 30 Prozent, die sich durch den Wanderungsgewinn auch nach
dem Ersten Weltkrieg aus fast allen Teilen des Deutschen Reiches erklärt. Die Nah-
wanderer aus der Nieder- und Obergrafschaft Bentheim machen hiervon lediglich
zwei Siebtel, knapp 20 Prozent aus. Auch nach dem durch die Weltwirtschaftskrise
bedingten starken Rückgang der holländischen Arbeiter (vgl. Abschnitt VIII) stellen
die Niederländer immer noch 5 Prozent der Haushaltungsvorstände[63].

4 km hinter der Grenze, 8,5 km von Nordhorn entfernt, entwickelte sich das holländische Denekamp schon vor dem Ersten Weltkrieg zu einem bevorzugten Wohnort
der holländischen Textilarbeiter. 1914 wohnten 300, 1928 600 dort, gefördert durch
Ansiedlungsmaßnahmen der Unternehmen. Durch die niedrigeren Lebenshaltungskosten in Holland lagen ihre Reallöhne über denen der deutschen Arbeitnehmer; was
aber nicht nur ihnen nützte, sondern ebenso den Nordhorner Arbeitgebern, die mit
Hilfe der holländischen Arbeiter einen gewissen Druck auf das Lohnniveau ausüben
konnten.

In den für die Nordhorner Textilindustrie zum Teil sehr schwierigen Zeiten seit der
Mitte des 19. Jahrhunderts bis in die achtziger Jahre hatten die Nordhorner Betriebe
vielfach nur deshalb überleben können, weil ihnen in diesem nördlichsten Zipfel des
rheinisch-westfälischen Textilgebietes immer Arbeiter zur Verfügung standen, die aus
Mangel an anderen Erwerbsmöglichkeiten auch niedrigste Löhne akzeptieren mußten[64]. Von 1852 bis 1886 stieg der durchschnittliche Wochenlohn eines Webers lediglich von 6 auf 9–10 Mark und wurde zudem noch bei schlechter Wirtschaftslage reduziert, wie zuletzt 1881 um 10 Prozent[65]. Noch 1886 waren die Verdienstmöglichkei-
ten so schlecht, daß der Osnabrücker Regierungspräsident in seinem Bericht zur Lage
der Industrie vermerkte, daß der Verdienst der Nordhorner Arbeiter kaum zur Be-
streitung der notwendigsten Ausgaben ausreiche und die Unternehmer gezwungen
gewesen seien, die Mieten ihrer Arbeiterwohnungen um die Hälfte zu ermäßigen und
Steinkohle und Kartoffeln zum Selbstkostenpreis abzugeben[66].

Mit dem raschen Aufstieg der Textilindustrie seit Beginn der neunziger Jahre und
der damit verbundenen Nachfrage nach Arbeitskräften besserte sich auch die Lage der
Arbeiter. Die durchschnittliche wöchentliche Arbeitszeit, die zuvor bei etwa 70 Stunden gelegen hatte, sank 1895 auf 67,5, 1901 auf 63,5 und bis 1913 auf 54 Stunden. Vergleicht man diese Daten mit der Entwicklung in der übrigen deutschen Baumwollindustrie, so zeigt sich, daß bis in die neunziger Jahre die Arbeitszeit (Bruttoarbeitszeit)
über dem deutschen Durchschnitt lag, 1901 diesen erreichte und bis 1913 unter das
Niveau vergleichbarer Betriebe sank.

Ähnliches läßt sich über das Wachstum der Löhne feststellen: die Wochenlöhne in
der Weberei stiegen von 1886 bis 1905 von 9 bis 10 Mark auf 16 Mark, in der aufblü-
henden Spinnerei lagen sie noch etwa zwei Mark höher. Die Entlohnung der weibli-

[63] Vgl. auch H. SPECHT, Woher holt die Nordhorner Textilindustrie ihre Arbeitskräfte und woher stammt
die Nordhorner Bevölkerung? in: Bentheimer Heimatbote (3 Hefte, hrsg. vom Heimatverein der Grafschaft Bentheim, Nordhorn 1935–37), S. 142 ff.
[64] Höher qualifizierte Arbeiter wanderten in diesen Jahren nach Schüttorf, Gronau und Rheine ab, wo sehr
viel bessere Löhne gezahlt wurden, vgl. Povel, S. 27.
[65] Vgl. StA OS, Rep. 335, Nr. 11424: Entwicklung der Industrien 1881–1884.
[66] Vgl. StA OS, Rep. 335, Nr. 11425: Berichte über die Lage der Industrie 1884–1890.

Tabelle 6:
Die durchschnittliche Arbeitszeit in der deutschen Baumwollindustrie 1842–1913

Periode	Arbeitszeit inkl. Pausen (Bruttoarbeitszeit)			effektive Nettoarbeitszeit		
	pro Tag	Samstag	pro Woche	pro Tag	Samstag	pro Woche
1842–64	13		78	11,5		69
1865–70	12,5		75	11		66
1870–80	12		72	10,5		63
1881–90	11,5		69	10		60
1891–95	11	10	65	9,5	8,5	56
1896–1900	11	9,5	64,5	9,5	8	55,5
1901–05	11	8,5	63,5	9,5	7,5	55
1905–09	10,5	8	60,5	9	7,5	52,5
1909–13	10	7,5	57,5	8,5	7	49,5

Quelle: nach Günter Kirchhain: Das Wachstum der deutschen Baumwollindustrie im 19. Jahrhundert, Diss. Münster 1973, S. 86.

chen Arbeitskräfte lag – ein gerade in der Textilindustrie bis heute bekannter Zustand – um etwa ein Drittel niedriger[67]. Spitzenlöhne qualifizierter Arbeiter übertrafen besonders seit der Einführung von Akkord- und Prämiensystemen diese Sätze bei weitem: im Povelschen Betrieb verdiente ein Dreistuhlweber 1895 bei siebzigstündiger Arbeitszeit 18,54 Mark, 1900 bei siebenundsechzigeinhalbstündiger Arbeitszeit 21,89 Mark und 1905 bei einer Arbeitszeit von dreiundsechzigeinhalb Stunden 25,30 Mark[68]. Damit lag Nordhorn vor dem Ersten Weltkrieg über dem Lohnniveau im Rheinland und in Westfalen[69].

---

[67] Vgl. Anm. 63 und 65 und StA N, C IX d, Nr. 18: Berichte über die Lage der Industrie 1896–1906. Der Prozentsatz der Frauen lag mit rund einem Drittel der Beschäftigten weit unter der Reichsquote von 50 Prozent, was sich aus dem Fehlen der überwiegend Frauen beschäftigenden Zweige wie Wirkerei und Strickerei erklärte.

[68] Vgl. POVEL, S. 27 ff. Angestellte verdienten zwischen 1200 und 3000 Mark pro Jahr.

[69] Vgl. KIRCHHAIN, S. 161; B. Rawe & Co. warb schon 1896 damit, daß die Arbeitszeit um eine Stunde unter der vergleichbarer Betriebe liege, vgl. Arbeits-Ordnung für die Fabrik der Firma B. Rawe & Co. in Nordhorn vom 15. Nov. 1896, im Archiv des Unternehmens. Arbeitsordnungen vermitteln zugleich einen kleinen Einblick in die Situation am Arbeitsplatz des Textilarbeiters. Sie regelten Einstellung und Kündigungsverfahren, die Arbeitszeit, die Löhne und enthielten vor allem eine Vielzahl detaillierter Bestimmungen für das Verhalten am Arbeitsplatz selbst. Nach der erhaltenen ersten Fabrikordnung der Weberei B. Rawe & Co. war nach Ablauf einer zweiwöchigen Probezeit eine vierzehntägige Kündigungsfrist üblich. Beim Austritt aus der Firma wurde auf Verlangen ein Zeugnis ausgestellt. Die tägliche Arbeitszeit dauerte im Winter von morgens 7 Uhr bis abends 7 Uhr, im Sommer von morgens 6 Uhr bis abends 6 Uhr mit einer Mittagspause von 12 bis 1 Uhr. Morgens von 8 $^3/_4$ bis 9 Uhr und nachmittags von 4 bis 4 $^1/_4$ Uhr konnte während der Arbeit Kaffee getrunken werden, doch durfte dadurch der Gang der Maschinen nicht unterbrochen werden und niemand seinen Arbeitsplatz verlassen. Die Auszahlung der Löhne erfolgte wöchentlich, jeweils am Samstag. Innerhalb der Fabrik war das Trinken von Alkohol und das Rauchen einschließlich des Tragens eines Feuerzeuges strengstens verboten. Pfeifen konnten am Eingang deponiert werden. Jeder Arbeiter mußte im Bedarfsfall auch weniger qualifizierte Arbeiten ausführen, jedoch ohne daß ihm Lohnminderungen entstanden. Alle Arbeiter waren in der Fabrik-Krankenkasse versichert, an die auch die Strafen bei Übertretung der Fabrikordnung (normalerweise in Höhe eines halben Tagesverdienstes) flossen; in ihr sind zugleich die bescheidenen Anfänge einer betrieblichen Sozialpolitik zu erblicken.

Vor dem Werkstor (1912)

Das Hereinströmen all dieser neuen Arbeiter, so vorteilhaft es in wirtschaftlicher Hinsicht für die Stadt auch war, stellte das kleine Nordhorn vor vielfältige Probleme, unter denen die Wohnungsversorgung die größten Schwierigkeiten bereitete.

In den Berichten über die neunziger Jahre wird wiederholt die große Wohnungsnot in der Stadt hervorgehoben, die der »Zug in die Stadt« als Folgeerscheinung der Industrialisierung hervorrief und die eines der größten sozialen Probleme des späten 19. Jahrhunderts darstellten. Nur sehr langsam scheint sich die örtliche Bauwirtschaft auf den neuen Bedarf umgestellt zu können haben, denn wenn auch seit der Jahrhundertwende von einer Behebung des Wohnungsmangels gesprochen wurde, so gab es noch 1904 in der Stadt keine einzige leerstehende Arbeiterwohnung[70]. Bedenkt man, daß die offizielle Statistik der Zeit eine Leerwohnungsziffer von drei Prozent für das Minimum ansah, so wird die überaus gespannte Lage auf dem Wohnungsmarkt vor allem der kleinen und billigen Wohnungen deutlich. Etwa ein Fünftel bis ein Viertel seines Lohnes mußte ein durchschnittlich verdienender Arbeiter für seine Wohnbedürfnisse aufwenden, was neben den Kosten für Ernährung den größten Posten in seinem Haushaltungsbudget ausmachte[71].

Nur einen Teil der wachsenden Bevölkerung konnte das alte Stadtgebiet aufnehmen, die umliegenden Gemeinden wuchsen in raschem Tempo, in erster Linie Frensdorf, das bis 1910 die Altstadt sogar in der Einwohnerschaft überflügelte[72]. Die Ausbreitung der Bebauung orientierte sich an den billigsten Bodenpreisen, d. h. es wurden in erster Linie landwirtschaftlich wenig nutzbare Heideböden in Bauplätze umgewandelt. Da es zudem noch an einem einheitlichen Bebauungsplan mangelte und die organisatorischen Voraussetzungen hierfür vor der Eingemeinung der Nachbargemeinden kaum bestanden, wucherte die Stadt vor allem in den letzten Jahren vor dem Ersten Weltkrieg nach allen Richtungen hin aus.

Schon in den achtziger Jahren hatten die Fabrikanten mit dem Bau von Werkswohnungen begonnen. Ihre Zahl blieb jedoch bis zur Jahrhundertwende sehr klein, und sie dienten in erster Linie zur Unterbringung qualifizierten Stammpersonals der Firmen, das man auf diese Weise eng an den Betrieb zu binden versuchte, denn die Mietverträge waren fast immer mit der Tätigkeit im Unternehmen gekoppelt. Wechselte man seine Arbeitsstelle, ging die Wohnung verloren. Erst nach 1900 veranlaßte der Arbeitskräftebedarf die Unternehmen zum verstärkten Bau von Werkswohnungen, die nach der

---

[70] Vgl. StA N, C IX d, Nr. 18: Bericht über die Lage der Industrie 1904.

[71] Im allgemeinen läßt sich feststellen, daß die Wohnungsverhältnisse der Textilarbeiterschaft in Nordhorn trotz aller Klagen um vieles besser waren als in den ländlichen Gebieten der Grafschaft Bentheim. In der Stadt gab es zwar häufig Wohnungsmangel aus Wohnungsmangel, auf dem Land aber hatte sich noch in den 30er Jahren des 20. Jhs. an der heute kaum mehr vorstellbaren Primitivität der Unterkünfte und ihrer hygienischen Gefährdung wenig geändert. Vgl. die detaillierten Schilderungen bei ANNEMARIE MOELLER, Sozialhygienische Strukturanalyse des Kreises Grafsch. Bentheim in den letzten 30 Jahren (1930–1960), in: Der Grafschafter, Jg. 1962, Folge 112 ff., bes. Folge 113, S. 909–911.

[72] Vgl. die Karte der Eingemeindungen bei SPECHT, Nordhorn, S. 351. Von den umliegenden Gemeinden wurde in erster Linie Frensdorf zum Nutznießer des wirtschaftlichen Wachstum, in verstärktem Maße seit der Ansiedlung von Niehues und Dütting. Die Einwohnerzahl vermehrte sich in weit stärkerem Maße als im nicht mehr aufnahmefähigen kleinen Nordhorner Stadtgebiet; Frensdorf konnte jedoch erst 1921 nach langem Widerstand eingemeindet werden.
Vgl. ERNST KÜHLE, Frensdorf, in: Jb. Gft. Bentheim, 1971, S. 121 ff.; vgl. auch GERHARD KLOPMEYER, Nordhorner Entwicklung von einer Kleinsiedlung zur Mittelstadt, in: Jb. Gft. Bentheim, 1958, S. 50–62.

Erschöpfung des örtlichen Wohnungsmarktes die Voraussetzung für die Anwerbung
weiterer auswärtiger Arbeitskräfte waren. Dem diente auch die Gründung einer Bau-
genossenschaft am 13. November 1901, an der sämtliche Nordhorner Fabrikbesitzer
beteiligt waren[73]. Um den Weltkrieg umfaßten die Werkswohnungen bereits einen
erheblichen Teil aller Wohnungen der Stadt:

Tabelle 7:
Die Entwicklung des Werkswohnungsbaus in Nordhorn zwischen 1900 und 1921

Jahr	Niehues & Dütting	L. Povel & Co.	B. Rawe & Co.
1900	15	12	19
1910	35	20	27
1913	78	75	176
1921	150	175	191

Quelle: H. Specht: Stadt- und Wirtschaftsgeschichte von Nordhorn, Oldenburg 1941, S. 325.

Zwar waren die Wohnungen nach heutigen Begriffen sehr klein, doch boten sie in
vielen Fällen eine bessere und preiswertere Unterkunft, als die Arbeiter sie sich sonst
hätten leisten können[74]. Sie mußten dafür allerdings eine größere Abhängigkeit von
den Arbeitgebern in Kauf nehmen.

Erst spät, mit dem Anwachsen der Industriearbeiterschaft, begannen in Nordhorn
auch die ersten Versuche einer gewerkschaftlichen Organisation der Arbeiterschaft.
1899 trat der unter der Führung Friedrich Naumanns stehende nationalsoziale Arbeiterverein in Erscheinung, ohne aber größere Bedeutung gewinnen zu können. Erst ein
Streik bei der Firma van Delden 1902 bildete den Anlaß zur Bildung eines Zweiges des
deutschen Textilarbeiterverbandes und einer Ortsgruppe des Zentralverbandes christlicher Textilarbeiter Deutschlands. Auf die Ankündigung einer Herabsetzung der
Akkordlohnsätze bei van Delden und die Entlassung der Anführer der hiergegen op-
ponierenden Arbeiter reagierte die Belegschaft des Unternehmens mit einem Streik
vom 20. bis 22. August 1902, sie mußte dann aber ihre Arbeit wieder aufnehmen, ohne
ihre Streikziele erreicht zu haben[75]. Ohne jede Organisation und Erfahrung und gegen
eine übermächtige Unternehmerschaft war schon aus Mangel an finanziellen Mitteln
kein längerer und erfolgreicher Streik durchzuhalten. Wenn die einige Tage später gegründeten Arbeiterorganisationen auch anfangs regen Zulauf hatten, so blieb ihr Einfluß gegenüber den Unternehmern äußerst schwach, die Zahl ihrer organisierten Mitglieder nur gering.

Die Unternehmer, die – soweit sie sich für die sozialen Belange ihrer Betriebsange-
hörigen einsetzten – an einem patriarchalischen Führungsstil festhielten, suchten jeden

---

[73] Vgl. StA N, C IX d, Nr. 18: Bericht über die Lage der Industrie 1901.
[74] Meist wurden die Werkswohnungen in kleinen Gruppen angelegt, die schnell individuelle Namen wie
Ludwigsburg, Zehngebote, Kluckertsburg oder Balkan erhielten. Die Tätigkeit einer in erster Linie für
den Unternehmensbedarf konzipierten Baugesellschaft wurde in der Zwischenkriegszeit wieder aufgenommen; nach dem Zweiten Weltkrieg gingen die Werke zur Förderung des Eigenheimbaus über, ihre
Werkswohnungen wurden privatisiert.
[75] Vgl. 25 Jahre christliche Gewerkschaftsarbeit Nordhorn 1902–1927, Nordhorn o. J. (1927), S. 13 ff.

Versuch einer eigenständigen Interessensvertretung ihrer Arbeiter von vornherein zu unterbinden, indem sie »mißliebige« Arbeiter kurzerhand entließen und Absprachen trafen, sie in keinem ihrer Betriebe wieder einzustellen. Dabei ging es sicherlich nur zum Teil und vordergründig um politische Motive, sondern – wie es das Beispiel der ebenfalls von den Unternehmern bekämpften christlichen Gewerkschaft zeigt – im Kern um die Wahrung ihrer innerbetrieblichen Interessen und Entscheidungsfreiheit.

Aufgrund der massiven Einschüchterungsversuche der Unternehmer[76] und der von ihnen beherrschten städtischen Organe, die den ungeliebten neuen Arbeitervereinigungen viele Hindernisse, angefangen von dem Versammlungsmöglichkeiten, in den Weg legten, konnten die Gewerkschaften in Nordhorn nur sehr langsam Fuß fassen. 1910 zählte die größte Nordhorner Gewerkschaft, der christliche Textilarbeiterverband, 343 Mitglieder, was etwa einem Zehntel der in der Textilindustrie Beschäftigten entsprach. Als 1911 der Verband der münsterländischen Textilindustriellen als Reaktion auf einen Weberstreik in Coesfeld alle organisierten Arbeiter aussperrte, schlossen sich diesem Vorgehen auch die Nordhorner Betriebe an und sperrten 447 überwiegend in den christlichen Gewerkschaften organisierte Arbeiter aus. Erst nach dem Ersten Weltkrieg mußten die gewerkschaftlichen Organisationen von den Arbeitgebern anerkannt werden, und die vor dem Krieg entlassenen Verbandsmitglieder wurden wieder eingestellt. Während in den unruhigen Nachkriegsjahren die sozialistischen Gewerkschaften zunächst den Ton angaben, hatte bis 1927 der christliche Verband mit 1400 Mitgliedern wieder die führende Stellung erreicht.

Überblickt man vor dem Ersten Weltkrieg die Industrialisierung der Nordhorner Textilindustrie, so zeichnen sich in ihrer Entwicklung 4 Phasen ab:
1. Die erste Gründerphase seit 1839, in der unter dem Einfluß holländischer Zuwanderer in der in einer strukturellen Krise steckenden Stadt mit Hilfe des von England über Holland in den deutschen Grenzraum gelangenden Technologietransfers die Grundlagen der Baumwollverarbeitung gelegt werden.
2. Die vollständige Mechanisierung der Produktion und der Übergang zum ausschließlichen Fabrikbetrieb in den sechziger und frühen siebziger Jahren.
3. Es schloß sich eine Phase relativer Stagnation bis Ende der achtziger Jahre an, die ihre Ursachen im unternehmerischen Entscheidungsverhalten und in den nicht überwundenen Standortnachteilen hatte.
4. Die zweite Gründungsphase seit 1888, zugleich die Phase eines außergewöhnlich schnellen industriellen Aufschwungs, der nach Abbau der Standortnachteile und der damit verbundenen Attraktivität für auswärtiges Kapital die Stadt zu einem der bedeutendsten Zentren der deutschen Textilindustrie werden ließ.

Diese Entwicklung bestimmte auch die Lage der Arbeiter. Der Übergang von heimgewerblichen oder auch handwerklichen Spinner und Weber zum Fabrikarbeiter, der sich nur allmählich vollzog, brachte zwar viele Härten gerade im politischen Bereich

---

[76] Als Druckmittel diente Entlassung, Kündigung der Werkswohnung und Nichtbeförderung. Ein bekanntes Beispiel war die Entlassung des Vorsitzenden des christlichen Textilarbeiterverbandes, Hermann Sparenberg, im Juni 1907, der keine neue Anstellung mehr fand und schließlich als Gewerkschaftssekretär in Gronau unterkam. Vgl. ebd., S. 16.

mit sich, insgesamt gesehen läßt sich aber eine deutliche Erhöhung des Lebensstandards konstatieren, den die neuen stetigen Erwerbschancen in der Industrie erst ermöglichten[77].

Die Folge der Industrialisierung war eine tiefgreifende Veränderung der Stadtstruktur unter dem Einfluß einer quantitativ die gewachsenen städtischen Dimensionen sprengenden holländischen und deutschen Zuwanderung, die in der Schnelligkeit ihres Wachstumsprozesses und ihrem Ausmaß unter den deutschen Textilstädten des 19. Jahrhunderts eine Ausnahme bildet.

VIII.

Der Ausbruch des Ersten Weltkrieges führte in Nordhorn zu einschneidenden Beschränkungen der Textilwirtschaft. Im Juni 1914 liefen im Stadtgebiet rund 4000 Webstühle und 200000 Spindeln. Dennoch mußten die Betriebe zunächst ihre Produktion nur in geringem Umfang drosseln, da in erster Linie über Holland weiterhin Baumwolle nach Deutschland gelangte. Dies änderte sich jedoch schlagartig, als England am 22. August 1916 Baumwolle zur Bannware erklärte. Da keine Möglichkeit bestand, den Ausfall der Baumwollimporte zu kompensieren, griff der Staat zur Zwangsbewirtschaftung aller Textilrohstoffe und legte einen Teil der Textilbetriebe still. In Nordhorn sank die Produktion der Webereien auf ein Zwanzigstel, die der Spinnereien auf ein Sechstel des Vorkriegsstands; lediglich die Werke von L. Povel und Niehues & Dütting konnten, mit starken Einschränkungen, weiterarbeiten, während den übrigen Betrieben begrenzte Entschädigungen gezahlt wurden[78]. Schon kurz nach Kriegsbeginn war indes die Spinnerei von Kistemaker und Schlieper den Schwierigkeiten nicht mehr gewachsen. Vergleichsverfahren und schließlich Konkurs mußten eröffnet werden; beim Zwangsverkauf ging die Spinnerei in den Besitz des ehemaligen Teilhabers Bernhard Rawe über.

Rawe blieb auch während und nach dem Weltkrieg die zentrale Nordhorner Unternehmerfigur überall da, wo es um Veränderungen in der Unternehmenslandschaft ging. Als 1916 der Teilhabervertrag der Firma B. Rawe & Co. erlosch, trat Rawe aus dem Unternehmen aus, das nun von Heinrich Schnieder gemeinsam mit seinen Söhnen Karl und Fritz als H. Schnieder & Co. weitergeführt wurde. Rawe selbst gründete mit seinen bisherigen Prokuristen Schäfer und Fastenrath eine neue Firma, welche wieder als B. Rawe & Co. firmierte. Einige Jahre nach dem Krieg wurde auch der Betrieb Bußmaate mit dieser Firma vereinigt.

Die deutschen Arbeiter der Nordhorner Textilfirmen wurden von der Einschränkung der Produktion nur indirekt betroffen, da die Einberufungen zum Heer die notwendigen Entlassungen weitgehend kompensierten. Härter traf es die in Nordhorn arbeitenden Holländer, sowohl die dort lebenden wie auch die Grenzgänger. Sie wur-

---

[77] Zum neuesten Forschungsstand zur sozialen Lage und Mobilität der Textilarbeiterschaft im 19. Jahrhundert vergl. die Arbeit von PETER BORSCHEID, Textilarbeiterschaft in der Industrialisierung, Stuttgart 1978, über Württemberg: Vergleichbares existiert für die hier behandelte Region leider noch nicht.
[78] Vgl. SPECHT, Nordhorn, S. 319 ff.

den zum größten Teil arbeitslos, und viele kehrten nach Holland zurück. Doch auch die verbliebenen Textilarbeiter hatten bei verringerten Arbeitszeiten mit sinkenden Löhnen und kriegsbedingt steigenden Lebenshaltungskosten zu kämpfen.

Auch nach dem Ende des Ersten Weltkrieges dauerte es noch mehrere Jahre, bis in allen Nordhorner Betrieben die Produktion wieder aufgenommen werden konnte. Streiks und Lohnkürzungen lähmten anfangs die Produktion[79]. Die deutsche Textilindustrie hatte unter den unsicheren Währungsverhältnissen zu leiden, die die Kapitalbeschaffung für die Rohstoffkäufe erschwerte. Erst 1923 wurde in allen Betrieben wieder gearbeitet. Infolge der Anleihepolitik der deutschen Reichsregierung floß auch der Textilindustrie wieder Kapital zu; während jedoch in den meisten deutschen Textilgebieten nur ein langsamer, unregelmäßiger Wiederaufschwung einsetzte, hatte die Nordhorner Industrie schon Mitte der zwanziger Jahre den Vorkriegsstand wieder erreicht und vollzog nun die stärkste Expansionsphase ihrer Geschichte, die der Stadt den Beinamen eines »Klein Amerika«[80] eintrug. Zwischen 1924[81] und 1928 modernisierten und erweiterten die Nordhorner Unternehmer ihre Betriebe in einem an die Vorkriegszeit anknüpfenden Ausmaß (siehe Tabelle 8).

Dieser ungewöhnliche Aufstieg wurde jedoch fast ausschließlich von den drei Unternehmen L. Povel & Co., B. Rawe & Co. und Niehues & Dütting getragen[82]. Die alten Unternehmen von van Delden und Stroink und die Schniedersche Weberei blieben von dieser Entwicklung fast unberührt oder fielen sogar hinter den Vorkriegsstand zurück (was zum Teil auf die persönlichen Verhältnisse in den Inhaberfamilien zurückzuführen war).

Dieser neuerliche Aufstieg wurde abrupt durch die Weltwirtschaftskrise beendet, der die kleineren stagnierenden Nordhorner Textilunternehmen infolge ihrer technischen Unterlegenheit nicht mehr gewachsen waren. 1929 mußten die ersten Arbeiter entlassen werden, bald darauf führten Zahlungsschwierigkeiten zur Stillegung und dem Ende der Betriebe, unter ihnen die beiden ältesten und lange Zeit führenden Unternehmen der Stadt (1930 H. Schnieder & Co., 1931 Jan van Delden & Söhne, 1932 W. Stroink & Co.).

Wenn dennoch die Weltwirtschaftskrise in der Stadt bei den verbleibenden Unternehmen und vor allem der betroffenen Arbeiterschaft nur in begrenztem Maße fühlbar wurde, so gab es hierfür im wesentlichen zwei Gründe: wie in allen Krisenzeiten trafen

---

[79] So mußte beispielsweise bei der Firma Povel 1920 Kurzarbeit eingeführt werden, was für die betroffenen Arbeiter eine Reduzierung des normalen Verdienstes auf ein Drittel, einschließlich des öffentlichen Unterstützungsbeitrages auf etwa 60 Prozent bedeutete, vgl. StA N, C IX d, Nr. 5, Lohnkürzungen bei der Firma Povel 1920.

[80] »Jeder fortschrittlich gesonnene Bürger erneuerte seine Anlagen, vergrößerte sie, baute neu, ersann sich Aufgaben, trug sich mit großen Plänen und schritt als bejahender Optimist nach Krieg und Inflation durch diese Jahre eines beglückenden Rausches. Aus einem unsichtbaren, gnadenbringenden Füllhorn regnete es täglich für ihn Gold und Manna. Aus allen Teilen des Vaterlands und Hollands erscheinen Zuzügler mit kühnsten Hoffnungen in Massen. Nordhorn galt als Glücksland, als kleines Amerika«. H. SPECHT, Nordhorn, S. 328 f.

[81] Ein deutliches Indiz für die Aufnahmefähigkeit des Nordhorner Arbeitsmarktes in dieser Zeit war, daß ab 1924 die Niedersächsische Heimstätte mit der Umsiedlung von Bergleuten aus dem Ruhrgebiet begann, die in den Nordhorner Betrieben neue Arbeit fanden. Dies erklärt u. a. den hohen Anteil von Westfalen an der Stadtbevölkerung, vgl. Tabelle 5, Anm. 56.

[82] Nach dem Tode von Friedrich Dütting seit 1925 im Alleinbesitz von Niehues. 1960 in NINO GmbH & Co. umbenannt.

Tabelle 8:   Beschäftigte, Webstühle und Spindeln in den Nordhorner Textilunternehmen 1913–1937

(A Beschäftigte, W Webstühle, S Spindeln)

Jahr	W. Stroink & Co.		J. van Delden & Söhne		Ludwig Povel & Co.			H. Schnieder & Co.		B. Rawe & Co.[2]			Niehues & Dütting		
	A	W	A	W	A	W	S	A	W	A	W	S	A	W	S
1913	250[3]	500	250[3]	500	915	1004	60000	400[3]	810	150[3]		22000	1385	1216	80000
1918		0[1]		0[1]	353				0[1]		0[1]		1320		
1924		500		500			60000		464		220	47920		1216	80000
1927	341	567	170	404	1612	1500	82412	224	528	521	474	53644	2835	2725	159312
1930	218	470[1]	164	375[1]	1510	1454	96104	185	400[1]	573	534	48260	2948	3003	167364
1933	–	–	–	–	1488	800[1]	103340	–	–	1234	1194	67660	2876	2433[1]	172808
1937	–	–	–	–	2336	1160	84322	–	–	1570	1194	67660	4003	2470	160000

Quelle: vgl. Angaben zu Tabelle 2; Stadtarchiv Nordhorn, C XI g, Nr.374: Aufstellung über die Entwicklung der Gewerbeerträge und der Arbeitslöhne in der Nordhorner Textilindustrie in den Jahren 1928–1936; H. Specht: Stadt- und Wirtschaftsgeschichte von Nordhorn, Oldenburg 1941, S.329f., 373.

[1] in Betrieb.
[2] einschließlich Spinnerei Bußmaate; 1913 ohne die später von Schnieder allein übernommene Weberei.
[3] geschätzt.

die Entlassungen als erstes die holländischen Arbeiter und Grenzgänger. Abbildung 5 veranschaulicht den Zusammenhang zwischen der Höhe der Arbeitslosigkeit und der Beschäftigung von holländischen »Gastarbeitern«.

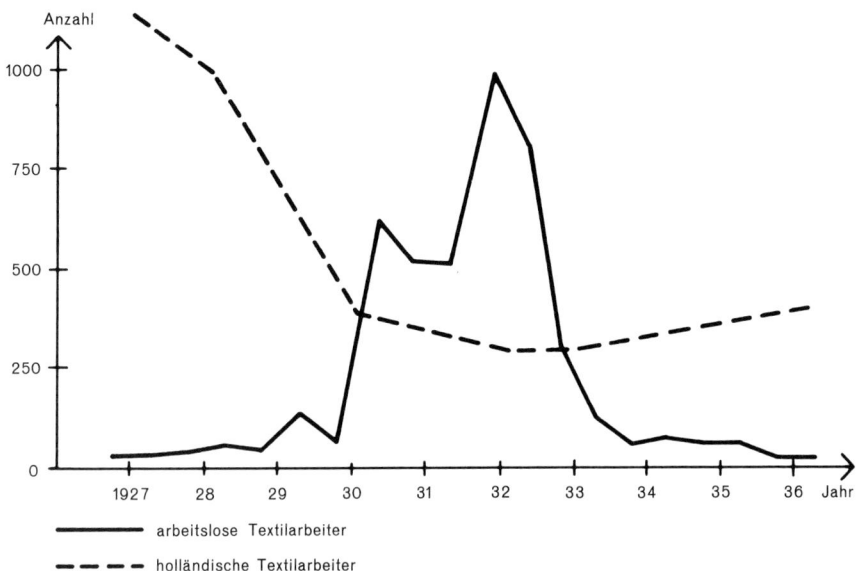

Abb. 5   Arbeitsmarkt der Nordhorner Textilindustrie in der Weltwirtschaftskrise

Quelle: Nach H. Specht, Stadt- und Wirtschaftsgeschichte von Nordhorn, Oldenburg 1941, S. 301, 368.

Erst als dieses Mittel fast ausgeschöpft war, stieg die Zahl der arbeitslosen Textilarbeiter im Zusammenhang mit der Aufgabe der kleineren Betriebe kurzfristig steil an.

Bezeichnenderweise führte die Weltwirtschaftskrise in Nordhorn erst zu Arbeitskämpfen, als nach der Entlassung von fast eintausend Holländern auch die Arbeitslosenziffer der einheimischen Textilarbeiter (in die die zurückwandernden Holländer natürlich nicht eingingen) 1929 und 1930 rapide in die Höhe schnellte, obwohl Povel, Stroink und Rawe kurzarbeiten ließen.

Zum 26. Oktober 1930 kündigte der Verband münsterländischer Textilindustrieller[83] die Akkord-Stücklohnsätze mit dem Ziel, eine Reduzierung der Gesamtlohnsumme um 6 Prozent durchzusetzen[84]. Sowohl der Verband christlicher Textilarbei-

---

[83] Trotz der Landesgrenzen war die Nordhorner Textilindustrie organisatorisch immer nach dem Münsterland orientiert. Am 23. Mai 1925 war mit der Gründung der Ortsgruppe Nordhorn e. V. der Anschluß an den Verband Münsterländischer Textil-Industrieller vollzogen worden. Das Stimmrecht richtete sich nach der Bruttolohnsumme des jeweiligen Betriebes. Am 6. Dezember 1933 wurde die Ortsgruppe unter dem Druck der neuen politischen Verhältnisse praktisch liquidiert (das Vereinsvermögen, Haus Carlstr. 4, defacto dem Rechtsanwalt Ludger Möcklinghoff übereignet, um es anderem Zugriff zu entziehen). Nach 1945 wurde sie im Verband der Münsterländischen Textil-Industriellen neu gegründet. Daneben besteht der Fachverband der Nordhorner Textilindustrie als eigenständiges Sprachrohr der Stadt gegenüber. Vgl. Satzung der Ortsgruppe Nordhorn e. V. im Verband Münsterländischer Textil-Industrieller vom 23. Mai 1925 und Protokoll über die Mitgliederversammlung des Verbandes Münsterländischer Textil-Industrieller, Ortsgruppe Nordhorn e. V., am 6. Dezember 1933.

[84] Vgl. Nordhorner Tageblatt vom 26. 9. 1930.

ter als auch der Deutsche Textilarbeiterverband griffen dieses Vorgehen scharf an, nicht weil sie unter den gegebenen wirtschaftlichen Umständen nicht die Notwendigkeit einer Lohnsenkung gesehen hätten, sondern weil der Arbeitgeberanschlag einseitig ohne die Betriebsräte vorgenommen worden sei und weit über das erforderliche Maß hinausgehe. In der Urabstimmung vom 30. Oktober 1930 stimmten zwischen 77 und 88 Prozent der Mitglieder in den Betrieben für eine Ablehnung der Arbeitgebervorschläge und für Kampfmaßnahmen[85]. Der Streik, der am 3. November begann, legte die Produktion in allen Firmen still (mit Ausnahme der Weberei Rawe, in der anscheinend schon früher die Löhne abgebaut worden waren), da mit den wenigen nicht organisierten Arbeitern die Produktion nicht aufrechterhalten werden konnte.

Die unmittelbaren Folgen zeigten sich bereits einige Tage später: nachdem im August bereits H. Schnieder & Co. die Weberei stillgelegt hatten, schlossen am 8. November auch J. van Delden & Söhne ihre Tore und entließen alle Arbeiter, wozu der Streik sicherlich mehr der Anlaß als die Ursache war[86]. In der von beiden Seiten mit steigender Verbitterung geführten Auseinandersetzung konnte erst ein Schlichter aus Dortmund vermitteln: je nach der Wirtschafts- und Auftragslage der Betriebe wurden Lohnkürzungen zwischen 1,65 und 3,67 Prozent vereinbart – die allerdings in der Lohnperiode ab dem 1. Februar 1931 noch einmal um die gleichen Sätze wiederholt wurden[87]. Am 24. November 1930 wurde die Arbeit wieder aufgenommen.

Es war den Arbeitern letztlich nicht möglich gewesen, ihre Forderungen durchzusetzen, schon gar nicht, das erreichte Lohnniveau zu wahren; die Vereinbarung brachte lediglich einen kurzfristigen Aufschub. Die Nordhorner Textilarbeiter, die

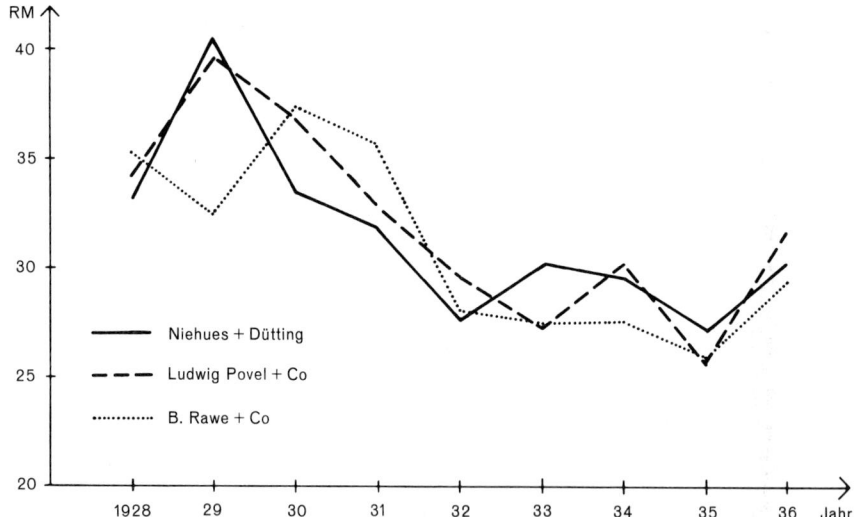

Abb. 6   Durchschnittlicher Wochenlohn in der Nordhorner Textilindustrie 1928–1936

Quelle: Stadtarchiv Nordhorn, C XI g, Nr. 374: Aufstellung über die Entwicklung der Gewerbeerträge und der Arbeitslöhne in der Nordhorner Textilindustrie in den Jahren 1928–1936.

---

[85] Für die Einzelergebnisse vgl. Nordhorner Tageblatt vom 31.10.1930.
[86] Vgl. Nordhorner Nachrichten und Nordhorner Tageblatt vom 8.11.1930.
[87] Vgl. Nordhorner Tageblatt vom 18.11.1930 und StA N, C IX d, Nr.7: Lohnkampf in Nordhorn.

noch Anfang der dreißiger Jahre über das höchste Lohnniveau im münsterländischen Textilgebiet verfügten[88], konnten auch in den auf die Krise folgenden Jahren diesen hohen Stand nicht wieder erreichen. Die Löhne pendelten sich vielmehr auf einem neuen, sehr viel niedrigeren Niveau als Ende der zwanziger Jahre ein.

So berechtigt die wiederholten Klagen aus der Arbeiterschaft und auch von seiten der Stadt[89] über die ungenügenden Löhne und das extrem hohe Mitpreisniveau auch waren, so sollte man dabei nicht übersehen, daß nicht nur für die Unternehmer[90], sondern auch für die Arbeiter die Weltwirtschaftskrise und ihre Folgen schneller überwunden waren als in anderen Gegenden und Industriezweigen Deutschlands.

Lediglich 1932 gab die Zahl der Beschäftigten insgesamt schwach nach (vgl. Tabelle 8), ein deutliches Indiz dafür, daß die großen außerordentlich leistungsstarken Nordhorner Betriebe selbst in dieser Krisenzeit noch in der Lage waren, freigesetzte, fachlich qualifizierte Arbeiter zu übernehmen, letztlich sogar Teile der zusammengebrochenen Betriebe ihren Unternehmen einzugliedern (B. Rawe & Co. mit H. Schnieder & Co. und W. Stroink & Co.; L. Povel & Co. mit Jan van Delden und Söhne). Wesentlichen Anteil daran hatte die Einführung des Dreischichtensystems, d.h. man begann in drei Schichten rund um die Uhr zu arbeiten. Die Folge war neben einer erhöhten Rentabilität auch ein erhöhter Arbeitskräftebedarf, der nicht nur die Folgen der Wirtschaftskrise schnell überwinden ließ, sondern dazu führte, daß in Nordhorn 1937 fast ein Drittel mehr Arbeiter in der Textilindustrie beschäftigt wurden, als zu Beginn des Jahrzehnts, trotz weitergehender technischer Rationalisierungsmaßnah-

---

[88] 1929 lagen im Gebiet des Verbandes Münsterländischer Textil-Industrieller allein Niehues & Dütting und Povel über einem durchschnittlichen Jahresverdienst pro Arbeiter von 2000 RM. 1929/30 lagen die drei großen Betriebe Niehues & Dütting, Povel und Rawe (einschließlich Bussmaate) alle über einer Lohnsumme von 1 Million RM; Niehues & Dütting standen sowohl von der Arbeiterzahl wie der Lohnsumme im ganzen Verbandsgebiet an der Spitze; von den 20 größten Betrieben der Branche lagen allein 3 in Nordhorn. Vgl. StA N, CXI g, Nr. 374: darin Aufstellung der Textilfirmen des Verbandes Münsterl. Textil-Industrieller mit über 1 Million RM Lohnsumme.

[89] Die Klagen etwa über den erneuten Wohnungsmangel in den dreißiger Jahren (1937 schätzte die Stadt den Bedarf immer noch auf etwa 500 Wohnungen) waren weniger ein Indiz für die Lage der Industrie, als vielmehr Ausdruck der permanenten Schwierigkeiten der Stadt, mit dem Wachstum der Industrie in den städtischen Folgeleistungen und dem Infrastrukturbedarf Schritt zu halten, was ihre Finanzmittel häufig überschritt. 1934 war die Stadt mit 5,1 Mill., 1937 immer noch mit 3,7 Mill. RM verschuldet, wovon annähernd 300 000 RM auf Wohnungsbauförderungsmaßnahmen, die Schaffung von Notwohnungen für Ausgeräumte und Mietrückstände entfielen. Vgl. StA N, CXI g, Nr. 374: darin Bericht des Bürgermeisters über die Finanz- und Wirtschaftslage der Stadt vom 23. April 1937. Schon früher wurden von seiten der Stadt Klagen gegen die industrielle Monostruktur geführt, durch die der städtische Haushalt in starkem Maße von der Wirtschaftslage der Unternehmen abhängig war. Die absolute Dominanz der Textilunternehmen im Wirtschaftsleben der Stadt demonstrieren u. a. die Gewerbeertragssteuern, von deren Aufkommen sie 1925 74,8 Prozent und 1926 77,8 Prozent bestritten. Vgl. StA N CXI g, Nr. 103: Gewerbeertragssteuer 1925 und 1926; vgl. auch CXI g, Nr. 97: Gewerbesteuer 1910 (ohne Niehues & Dütting, da Frensdorf noch nicht eingemeindet war).

[90] Die steuerpflichtigen Einkünfte der Eigentümer der großen Unternehmen (die Betriebe wurden inzwischen überwiegend als Familiengesellschaften geführt) wiesen selbst in der Weltwirtschaftskrise noch hohe Gewinne aus, vgl. StA N, C XI g, Nr. 374: darin Aufstellung des Finanzamtes über die Höhe des veranlagten Einkommens der Nordhorner Unternehmer 1928–1935 vom 13. April 1937.
Erst in der zweiten Hälfte der dreißiger Jahre ging man aber wieder in verstärktem Maße zu Neuinvestitionen über. Ein großer Teil des Kapitals wurde allerdings auch zur Abfindung von Familienmitgliedern in den Erwerb von Betrieben an anderen Orten investiert, bevorzugt Konfektionsunternehmen, die – begünstigt durch die Judenverfolgungen in der nationalsozialistischen Zeit – vielfach aus ehemals jüdischem Besitz erworben werden konnten.

men und obwohl der Ausbau der Betriebe, gemessen an Webstuhl- und Spindelzahlen, zum Stillstand gekommen war (vgl. Tabelle 8). Mann kann daher kaum davon sprechen, daß die Entwicklung der Textilindustrie in den 30er Jahren »an innerer Dynamik« verloren habe[91].

Ein Vergleich der Entwicklung der Textilindustrie in Nordhorn mit der übrigen deutschen Textilindustrie anhand der Beschäftigtenzahlen zwischen den Weltkriegen zeigt vielmehr, daß die Nordhorner Industrie, gemessen am Stand von 1913, mit ihren modernen Großbetrieben nicht nur in der Weltwirtschaftskrise einen sehr viel geringeren Einbruch als der Gesamtdurchschnitt zu verzeichnen hatte und zu keinem Zeitpunkt hinter den Stand von 1913 zurückfiel, sondern daß sie mit ihren Wachstumsraten in den späteren dreißiger Jahren wieder an die erfolgreiche Zeit vor dem Ersten Weltkrieg anknüpfen konnte.

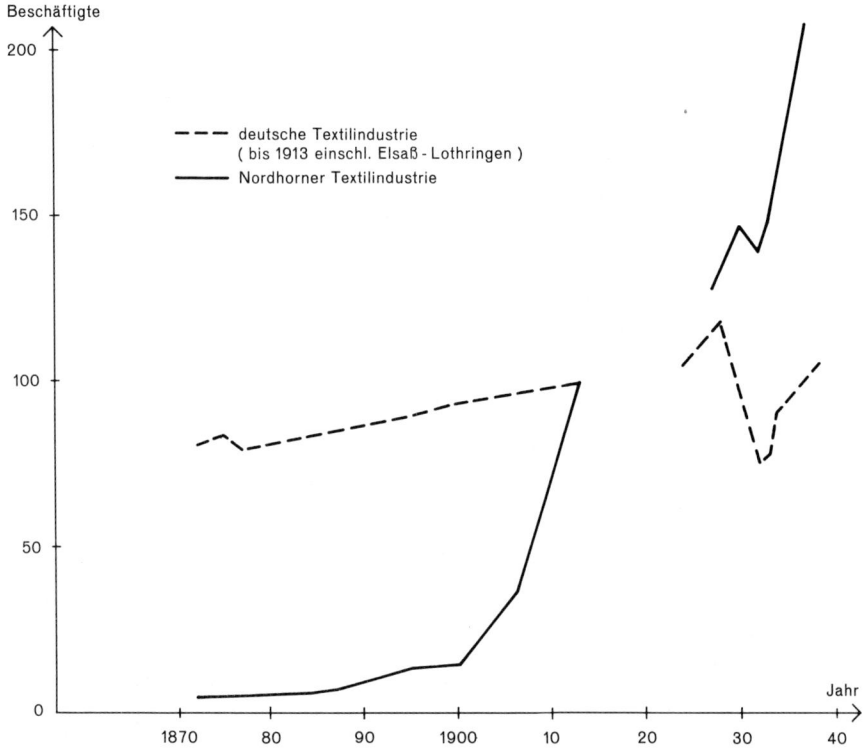

*Abb. 7   Vergleich der Entwicklung der Nordhorner und der deutschen Textilindustrie
1872–1938 (Beschäftigte 1913 = 100)*

Quelle: Vgl. Angaben zu Tabelle 2,8 und Walther G. Hoffmann: Das Wachstum der deutschen Wirtschaft seit der Mitte des 19. Jahrhunderts, Berlin/Heidelberg/New York 1965, S. 196 ff.

---

[91] So SPECHT, Nordhorn, S. 373. 1938 stellte die Nordhorner Industrie 15 Prozent der Spindeln und 12 Prozent der Webstühle des Münsterländischen Bezirks; das waren 3,2 Prozent der deutschen Baumwollspindeln und 2,7 Prozent der deutschen Baumwollwebstühle, vgl. IRMGARD BARLAGE, Die Wirtschaftsstruktur der Stadt Nordhorn, o. O., o. J. (Nordhorn um 1950), S. 12 f.

IX.

Infolge der Autarkiebestrebungen seit 1933 und der beginnenden Entwicklung synthetischer Faserstoffe machte sich im Zweiten Weltkrieg die Drosselung der Baumwollimporte nicht im gleichen Maße wie 1914–1918 bemerkbar; zudem konnte ägyptische Baumwolle anfangs noch über Italien bezogen werden. Die Zerstörungen des Zweiten Weltkrieges trafen die Textilstädte des deutschen Grenzgebietes sehr unterschiedlich: während vielfach bis zu 80 Prozent der Städte und ihrer industriellen Kapazitäten noch in den letzten Kriegswochen vernichtet wurden, blieb Nordhorn fast völ-

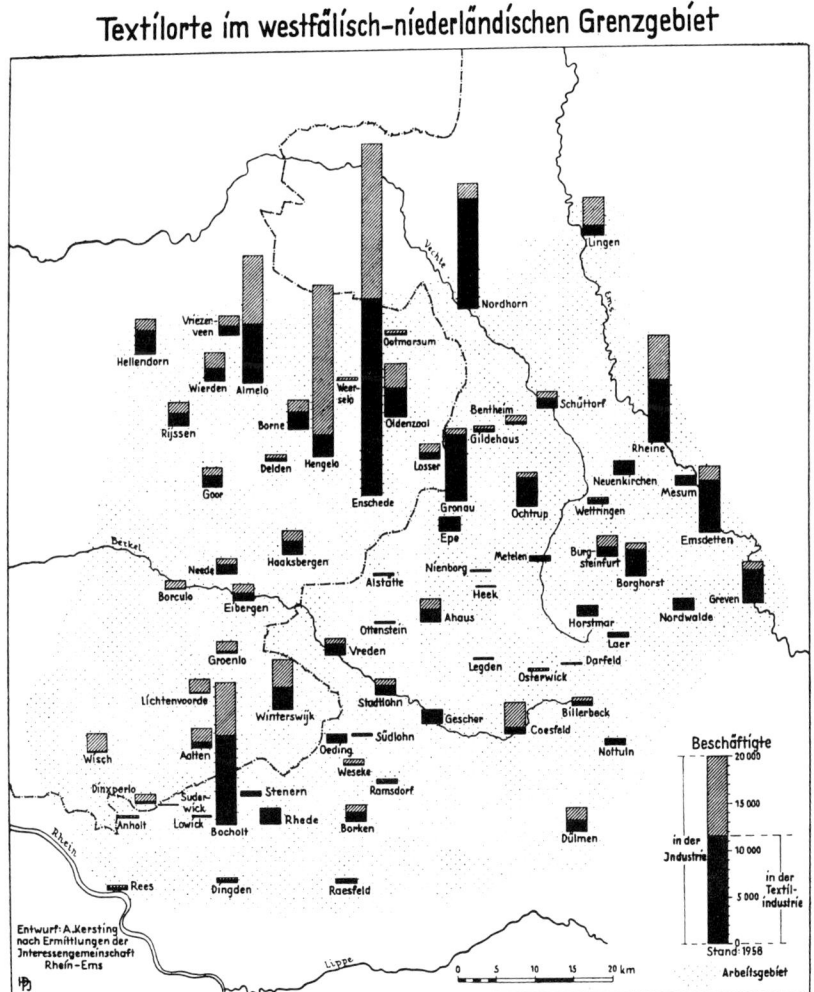

Abb. 8   Größe und Beschäftigungsstruktur der Textilorte im westfälisch-niederländischen Grenzgebiet im Jahre 1958

Quelle: August Kersting: Das Textilindustriegebiet des westfälisch-niederländischen Grenzbezirks, Entwicklung und Probleme des »Baumwollgebietes Rhein-Ems«, in: Westfälische Forschungen, Bd. 11 (1958), S. 86–105, hier S. 101.

lig unversehrt, und die Nordhorner Industrie konnte sich durch die baldige Wieder-
aufnahme der Produktion einen günstigen Start sichern und die dringend benötigten
Facharbeiter halten. Die Zwangsbewirtschaftung der Rohstoffe in der Besatzungszeit
und das Fehlen einer festen Währung verzögerten zwar den Wiederaufschwung, aber
bereits 1950 herrschte in der Textilindustrie wieder Hochkonjunktur[92].

Die alle bereits im 19. Jahrhundert gegründeten großen Nordhorner Textilunternehmen behaupteten auch in der Nachkriegszeit im Zeichen eines raschen technischen
Fortschritts, einer teilweisen Umstellung auf synthetische Fasern, der Wandlung von
einer arbeits- zu einer kapitalintensiven Industrie und einer zunehmenden internationalen Verflechtung und Konkurrenz[93] ihre Struktur als Familiengesellschaften. Abbildung 8 ermöglicht einen Vergleich Nordhorns mit den übrigen Städten des
deutsch-niederländischen Textilgebietes nach einem Jahrzehnt Bundesrepublik.

Nächst dem holländischen Enschede ist Nordhorn wieder der größte textilindustrielle Standort des Grenzgebietes, das sich vor allem seit Gründung der Europäischen Wirtschaftsgemeinschaft (1958) wieder zu einem staatenübergreifenden Zentrum der europäischen Textilindustrie entwickelt (EUREGIO).

Darüber hinaus aber verdeutlicht die Graphik einen Grundzug der neueren Nordhorner Geschichte, den sie in dieser extremen Weise nur mit wenigen anderen Städten
teilt: 1940 hatte die Industrie- und Handelskammer Osnabrück den Anteil der Textilindustrie an der Gesamtwirtschaft Nordhorns auf 90 Prozent geschätzt[94]; dieser
Stand war auch nach dem Kriege bald wieder erreicht: in den fünfziger und sechziger
Jahren arbeiteten rund 80 Prozent der Erwerbstätigen in den drei großen Textilunternehmen.

Wer Nordhorn sagt, muß auch Textilindustrie sagen[95], dieses Faktum hat die Nordhorner Geschichte der letzten einhundertvierzig Jahre bis in die jüngsten Tage geprägt.

---

[92] Zur Wirtschaftsentwicklung nach 1945 vgl. den Beitrag von TONI PIERENKEMPER, Die Entwicklung des
Wirtschaftsraumes Nordhorn von Ende des 2. Weltkrieges bis in die 70er Jahre, in diesem Band.
[93] Vgl. JOACHIM LEMELSEN, Bemerkungen zum Strukturwandel in der Textilindustrie mit besonderer Berücksichtigung Niedersachsens, in: Neues Archiv für Niedersachsen, Bd. 15 (1966), S. 117–121.
[94] Vgl. BARLAGE, S. 10.
[95] KLAUS WIBORG, »Ein Verhältnis, das Ehe werden kann«. Die Nordhorner Textilindustrie, in: Frankfur-
ter Allgemeine Zeitung vom 14. 7. 1965, S. 19.

Nordhorn – Wandel von Stadt und Umland als Folge der Industrialisierung

HARTMUT KLEIN

Das 19. und 20. Jahrhundert bringen auch für den Raum Nordhorn viele zumeist durch die Industrialisierung bedingte Veränderungen. Der industriellen Ausweitung der Textilproduktion liegen verschiedene Faktoren zugrunde[1]. Bedeutsam ist die jahrhundertealte Tradition des Raumes im Webereihandwerk, das die in der Nähe produzierten Rohstoffe hauptsächlich zu Leinen verarbeitet.

Die Verarmung dieser Handwerker infolge der nach den Befreiungskriegen 1813–1815 immer stärker den Markt beherrschenden Baumwolle in Nordhorn, mehr noch die Verarmung weiter Teile der Bevölkerung auf Grund des Rückgangs, schließlich des Verlustes der Vechteschiffahrt um die Mitte des 19. Jahrhunderts zwingen nicht nur viele Menschen zur Auswanderung, sondern schaffen auch eine Menschengruppe, die um des Überlebens willen bereit ist, für niedrigste Löhne härteste Arbeit zu verrichten. Die Grundlegung der Nordhorner Industrie erfolgt bis etwa 1880 auf dem Rücken dieser Menschen, darunter vieler Kinder unter 16 Jahren[2].

Die Industrie war durch niederländische und deutsche Kaufleute nach Nordhorn gekommen, die ihr im Textilgroßhandel gewonnenes Kapital seit etwa 1840 in dieser und benachbarten Städten angelegt hatten. Die Nachbarstädte jedoch befanden sich in einer wesentlich günstigeren Situation. Rheine, Lingen und Schüttorf lagen seit den 50er oder 60er Jahren des 19. Jahrhunderts an bedeutenden Eisenbahnlinien (s. Abb. 2), die Textilfabriken hatten daher nur relativ geringe Transportkosten für Rohstoffe und Energieträger (vor allem Kohle aus Ibbenbüren).

Besonders zwei Faktoren begünstigten von etwa 1880 an die Entwicklung Nordhorns: Junge Unternehmer brachten neue technische Ideen und kaufmännische Impulse mit, die Norhorner (Spinn-)Webereien errangen eine Vorrangstellung auf dem Gebiet der Buntweberei. Sehr wichtig war auch der Ausbau der damals modernsten Verkehrswege bis Nordhorn: So der Anschluß der Stadt an das Bahnnetz durch die Linie (Gronau–)Bentheim–Neuenhaus (1896)–Coevorden (1910). Zur selben Zeit, nämlich 1899, wurde der Dortmund-Ems-Kanal eröffnet, der über den schon 1879/82 fertiggestellten Ems-Vechte-Kanal die Verbindung der Stadt mit dem Ruhrgebiet schuf. Seit 1903 war auch ein Anschluß an das niederländische Kanalnetz über den Nordhorn-Almelo-Kanal geschaffen. Zum Nachbarland hin gab es vor dem Ersten Weltkrieg kaum Schranken auf wirtschaftlichem oder kulturellem Gebiet, so daß enge

---

[1] Grundsätzliche Information zur Geschichte der Industrialisierung von Nordhorn: H. SPECHT, Nordhorn. Geschichte einer Grenzstadt, Nordhorn 1941, bes. S. 294 ff.; B. SCHOMAKERS, Die Wirtschaftsstruktur des Kreises Grafschaft Bentheim, (Diss.) Köln 1950, bes. S. 107 ff.; B. POVEL, Die Nordhorner Textilindustrie, (Diss.) Köln 1922.

[2] H. SPECHT, Nordhorn, S. 299 f.

Verflechtungen bestanden, z.B. in der Beschaffung von Rohstoffen oder Teilfertig-
produkten oder auch im Absatz der Webprodukte.

Diese schlagartige Verbesserung der Situation bescherte der Stadt einen ersten steilen Aufstieg der Industrie etwa in der Zeit von 1880 bis 1913 (s. Abb.1 c). Weitere besonders starke Expansionen erfolgten jeweils nach den Kriegen und wirtschaftlichen
Depressionen, und zwar von 1925 bis 1930 und von etwa 1950 bis 1965. Die Löhne der
Nordhorner Arbeiterschaft gehören seit dem Beginn des 20. Jahrhunderts zu den
höchsten im südniedersächsisch-nordwestfälischen Textilgebiet.

Die Stadt erlebte in dieser Zeit viele Veränderungen, deren Darstellung nur zum Teil
Aufgabe der »Raumwissenschaft« Geographie sein kann. Die – auch im Vergleich zu
Nachbarstädten – explosive Bevölkerungsentwicklung ist graphisch (Abb. 1 a + c)
wiedergegeben. Die soziale Umschichtung und Umorientierung der Einwohnerschaft
von der durch Handwerk, Handel und Vechteschiffahrt geprägten Kleinstadt des
19. Jahrhunderts auf die heutige Stadt der Industrie und der Dienstleistungen kann
hier nicht näher untersucht werden[3]. Zwei geographisch bedeutsame Aspekte seien
dagegen besonders herausgestellt:

Im ersten Problembereich soll der Wandel der funktionalen Verflechtung zwischen
der Stadt Nordhorn und ihrem Umland in drei – vorwiegend von der Quellenlage her
bestimmten – Zeitschnitten (1878, 1928–37 [50], 1969–75) analysiert werden. Dabei
geht es um die Art der Verflechtungen und um deren räumliche Ausdehnung. Diese
Verflechtungen zeigen sich am deutlichsten in den zentralörtlichen Aufgaben der
Stadt, in ihrer Bedeutung als Mittelpunkt des Umlandes und als Anziehungspunkt für
die umliegend wohnende Bevölkerung.

Zum anderen soll die Stadt in ihrer landschaftsprägenden Funktion gezeigt werden,
soll dargestellt werden, wie sich ihre bevölkerungs- und siedlungsgeographische, wirt-
schafts- und verkehrsgeographische Entwicklung in ihrer Umgebung niederschlägt.
Dies läßt sich am besten anhand von Ausschnitten aus topographischen Karten verschiedener Zeitabschnitte nachweisen.

I. Der Wandel der zentralörtlichen Bedeutung der Stadt in den letzten hundert Jahren

1. Nordhorn als Unterzentrum im Jahre 1878 (s. Abb. 2)

a) Die verkehrsgeographische Lage und Bedeutung der Stadt

Nordhorn hatte seit den politisch-territorialen Veränderungen infolge des Wiener
Kongresses 1815 (die Grafschaft Bentheim gehörte nun endgültig zum Königreich
Hannover, die südlich davon gelegenen Gebiete jetzt zum Königreich Preußen) nach
und nach die Bedeutung als Umschlagplatz für die Vechteschiffahrt und den Handel
zwischen Münster und den Ijsselmeerhäfen verloren. Der 1846 bis Rheine abgeschlos-
sene Emsausbau, stärker noch die Führung der Eisenbahnlinien parallel zum Emstal
über Rheine–Lingen zur Nordsee einerseits, durch die Obergrafschaft (Bent-

---

[3] Vgl. Beitrag von C. WISCHERMANN in diesem Band.

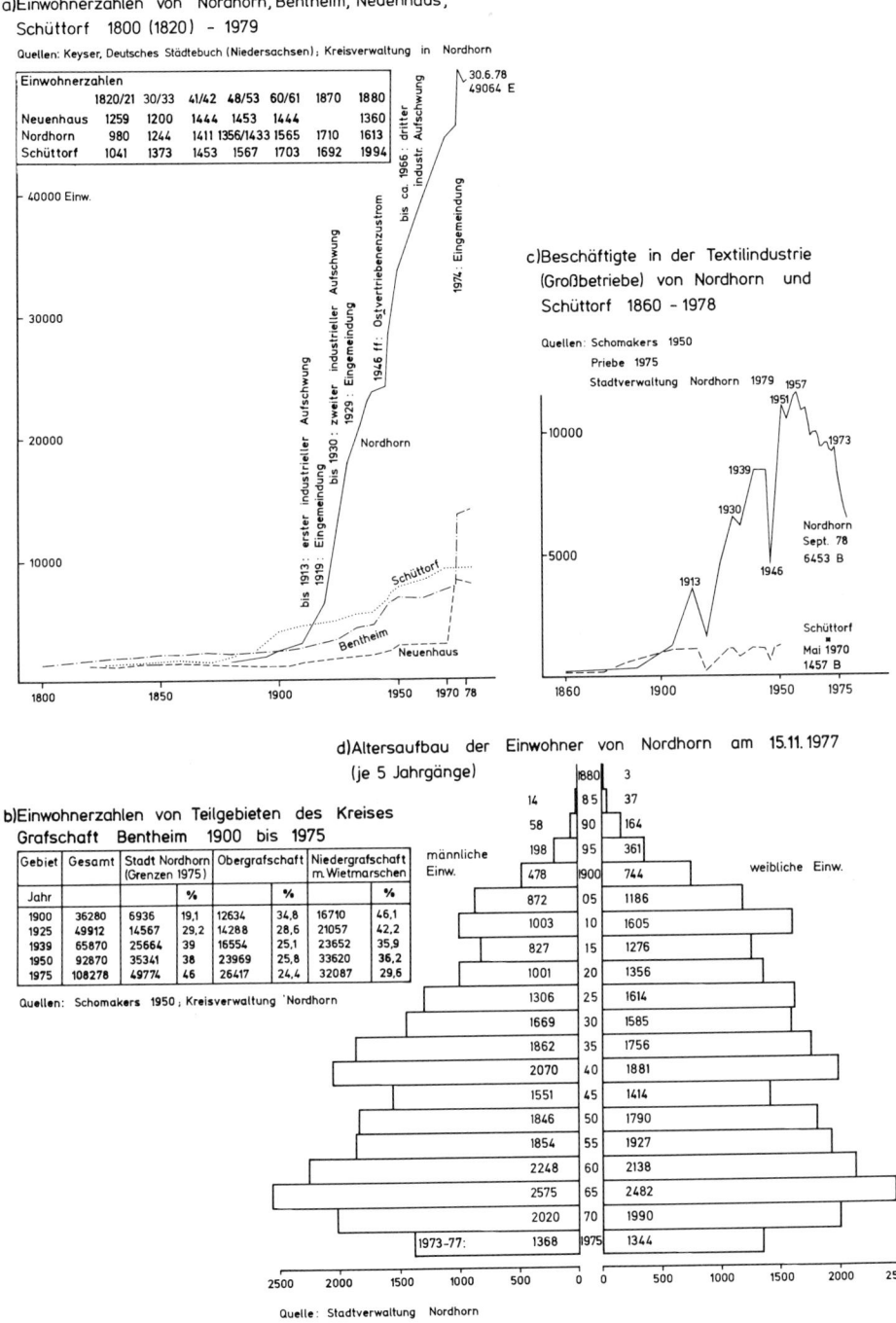

a) Einwohnerzahlen von Nordhorn, Bentheim, Neuenhaus,
Schüttorf 1800 (1820) – 1979

Quellen: Keyser, Deutsches Städtebuch (Niedersachsen); Kreisverwaltung in Nordhorn

Einwohnerzahlen

	1820/21	30/33	41/42	48/53	60/61	1870	1880
Neuenhaus	1259	1200	1444	1453	1444		1360
Nordhorn	980	1244	1411	1356/1433	1565	1710	1613
Schüttorf	1041	1373	1453	1567	1703	1692	1994

c) Beschäftigte in der Textilindustrie
(Großbetriebe) von Nordhorn und
Schüttorf 1860 – 1978

Quellen: Schomakers 1950
Priebe 1975
Stadtverwaltung Nordhorn 1979

b) Einwohnerzahlen von Teilgebieten des Kreises
Grafschaft Bentheim 1900 bis 1975

Gebiet	Gesamt	Stadt Nordhorn (Grenzen 1975)		Obergrafschaft		Niedergrafschaft m. Wietmarschen	
Jahr			%		%		%
1900	36280	6936	19,1	12634	34,8	16710	46,1
1925	49912	14567	29,2	14288	28,6	21057	42,2
1939	65870	25664	39	16554	25,1	23652	35,9
1950	92870	35341	38	23969	25,8	33620	36,2
1975	108278	49774	46	26417	24,4	32087	29,6

Quellen: Schomakers 1950; Kreisverwaltung Nordhorn

d) Altersaufbau der Einwohner von Nordhorn am 15.11.1977
(je 5 Jahrgänge)

Quelle: Stadtverwaltung Nordhorn

Abb. 1

heim–Schüttorf) andererseits, benachteiligte die Stadt gegenüber fast allen Nachbarstädten[4]. Auch der bis 1882 fertiggestellte Ems-Vechte-Kanal konnte so lange keine
Besserung bringen, wie er keine Schiffahrtsverbindung zum Ruhrgebiet brachte. Gegenüber Eisenbahn und Kanalschiffahrt hatte der Land-Verkehr über die seit Mitte des
19. Jahrhunderts errichteten befestigten Straßen zwar an überregionaler Bedeutung
verloren, immerhin erschlossen diese Straßen aber das Umland von Nordhorn entlang
des relativ dicht besiedelten Vechtetals und verbesserten die Verbindungen nach Neuenhaus, Lingen, Bentheim und den niederländischen Nachbarorten Denekamp und
Oldenzaal.

b) Die zentralörtliche Verflechtung der Stadt und ihre räumliche Ausdehnung

Auch durch die Wahl der Standorte der Behörden war Nordhorn benachteiligt
worden. Die Amtsverwaltungen der Grafschaft waren nach Bentheim (Obergrafschaft) und Neuenhaus (Niedergrafschaft, wozu Nordhorn gehörte) gelegt worden.
Dort blieben sie auch nach der Einverleibung dieses Gebietes in den von 1867 bis 1885
bestehenden Großkreis Lingen[5]. Den Behörden folgten andere Träger wichtiger zen-
tral-örtlicher Funktionen.

Die Bedeutung und Ausstrahlung der Orte dieses Großkreises sind mit Hilfe eines
1878 erschienenen Adreßbuches festzustellen, in dem alle Handels-, Gewerbe- und
Dienstleistungsbetriebe verzeichnet sind[6]. Mit quantitativen Methoden kann auf der
Grundlage dieser Angaben der Bedeutungsüberschuß, rechnerisch ein Modell der
räumlichen Ausstrahlung der einzelnen Orte festgestellt werden. Auf diese Weise ent-
steht ein Überblick über die zentralen Orte der Grafschaft Bentheim und benachbarter
Gebiete (s. Abb. 2)[7].

Nordhorn besitzt zu dieser Zeit – ebenso wie die drei anderen Städte der Grafschaft:
Schüttorf, Bentheim und Neuenhaus – die Bedeutung eines Unterzentrums, seine
Ausstrahlung ist mit der der drei genannten Städte zu vergleichen, die Stadt rangiert
quantitativ gemessen aber hinter den drei Städten. Dies ist mit den schon genannten
Benachteiligungen und der Lageungunst der Stadt vor allem zu den Hauptverkehrs-
adern zu erklären. Der Verflechtungsbereich der Stadt reicht 1878 demnach – begrenzt
auf die dicht besiedelten Gebiete in der Vechtetalung – kaum über das heutige Stadtgebiet heraus. Vermutlich bestehen zu Neuenhaus als nächstgelegener Stadt und Vorort
des Amtes enge wechselseitige Verflechtungen. Deutlich ist aber, daß Neuenhaus für
die mit Unterzentren niedriger Stufe durchsetzte Niedergrafschaft größere Bedeutung
hat.

Demgegenüber haben die drei Orte in der Obergrafschaft – wohl aufgrund der günstigeren Verkehrssituation – stärkere Verflechtungen untereinander und erreichen zusammengefaßt sicher die Bedeutung eines Mittelzentrums, das die gesamte Obergraf-

---

[4] Zum Ausbau der Verkehrswege in diesem Raum: H. Specht, Nordhorn, S. 311–314; H. Klein, Beiträge zur geographischen Entwicklung des Lingener Raumes im 19. und 20. Jh., in: W. Ehbrecht (Hg.),
Lingen 975–1975 . . ., Lingen (Ems) 1975, S. 160–168.
[5] Vgl. H. Höing, in: W. Ehbrecht (Hg.), Lingen, S. 261.
[6] J. L. v. d. Velde-Veldmann (Hg.), Adreßbuch für die Stadt und den Kreis Lingen auf das Jahr 1877–78,
Lingen 1877 (vorhanden im Stadtarchiv Lingen).
[7] Methodisch im einzelnen: H. Klein, Beiträge, S. 168–174.

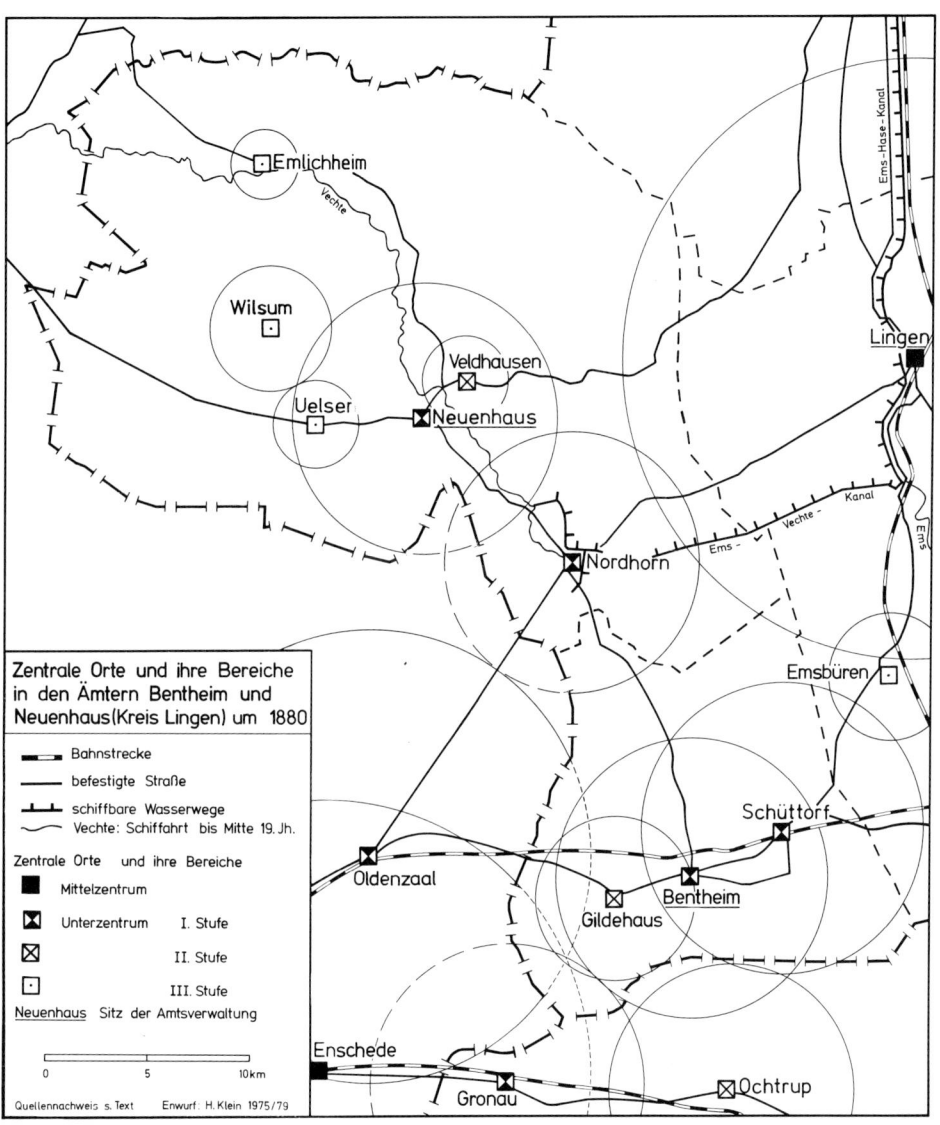

Zentrale Orte und ihre Bereiche
in den Ämtern Bentheim und
Neuenhaus(Kreis Lingen) um 1880

- Bahnstrecke
- befestigte Straße
- schiffbare Wasserwege
- Vechte: Schiffahrt bis Mitte 19. Jh.

Zentrale Orte   und ihre Bereiche

- Mittelzentrum
- Unterzentrum   I. Stufe
-                 II. Stufe
-                 III. Stufe

Neuenhaus Sitz der Amtsverwaltung

0   5   10km

Quellennachweis s. Text   Enwurf: H. Klein 1975/79

Abb. 2

schaft versorgen kann. Solche Mittelzentren sind neben den an der »Hannoverschen Westbahn« gelegenen Städte Rheine, Lingen und Meppen auch die benachbarten niederländischen Orte Enschede und Oldenzaal.

Für die Unterzentren – also auch für Nordhorn – sind zu dieser Zeit folgende Einrichtungen typisch: Gendamerie, Postamt, Standesamt, Volksschule, Kirche, Arzt und Apotheke, an besonderen Handels- und Dienstleistungsangeboten Gold- und Silberschmiede, spezielle Nahrungsmittelhandlungen (Metzger, Bäcker), als Anziehungspunkt für die bäuerliche Umgebung: Mühlen. Eine Buchhandlung, ein Fotograf und Geldinstitute im privaten Bereich, Amts- oder gar Kreisverwaltung, Bahnanschluß und ein Gymnasium charakterisieren die Mittelzentren dieser Zeit, z. B. Lingen und Rheine. Die Menschen des Umlandes mußten sich also durch dieses Dienstleistungsangebot veranlaßt fühlen, gelegentlich in die zenralen Orte zu kommen.

Darüber hinaus hat es Pendler nach Nordhorn gegeben, wenn auch in sehr geringem Ausmaß. Öffentliche Verkehrmittel gab es zu dieser Zeit hier praktisch nicht, das Fahrrad als Volksverkehrsmittel wurde erst um die Jahrhundertwende eingeführt. Die überschüssigen Arbeitskräfte aus dem Umland, besonders die Weber aus Neuenhaus, Veldhausen, Lage und Uelsen[8], mußten in stundenlangen Fußmärschen die Nordhorner Fabriken erreichen. Ein Umzug nach Nordhorn kam des traditionsorientierten Beharrungsvermögens, des Haus- und Gartenbesitzes als Nahrungsgrundlage und des Mangels an Wohnungen in Nordhorn wegen kaum in Frage.

Die Bedeutung der Stadt Nordhorn für ihr Umland war also 1878 auf Grund des geringen Angebots an Dienstleistungen und Arbeitsplätzen nach Intensität und räumlicher Ausdehnung der Verflechtung sehr gering.

2. Nordhorn als textilindustriell geprägtes Mittelzentrum in der ersten Hälfte des 20. Jahrhunderts

a) Die verkehrsgeographische Lage und Bedeutung der Stadt (s. Abb. 3)

Nordhorn hatte bis 1903 Anschluß an alle modernen Verkehrsträger gewonnen. Der 1899 in Betrieb genommene Dortmund-Ems-Kanal brachte über den Ems-Vechte-Kanal die bedeutsame Verbindung zum Ruhrgebiet, der Nordhorn-Almelo-Kanal (1903 eröffnet) den Anschluß an das niederländische Wasserstraßennetz. Demgegenüber blieben die nach Norden führenden Kanäle von untergeordneter verkehrsgeographischer Bedeutung. Für den Personentransport besonders wichtig und damit die zentralörtliche Anziehungskraft der Stadt Nordhorn stark bestimmend ist die 1896 von Bentheim bis Neuenhaus, 1910 bis Coevorden fertiggestellte Linie der privaten Bentheimer Eisenbahn.

Wichtig für den zu dieser Zeit noch stark am Zweirad orientierten Individualverkehr, bedeutsamer aber für den Ausbau eines in Nordhorn zusammenlaufenden öffentlichen Busverkehrs ist der Anschluß der Niedergrafschafter Gemeinden Wilsum,

[8] H. Specht, Nordhorn, S. 294.
[9] S. Anm. 4, weiter: B. Schomakers, Wirtschaftsstruktur, S. 152–161.

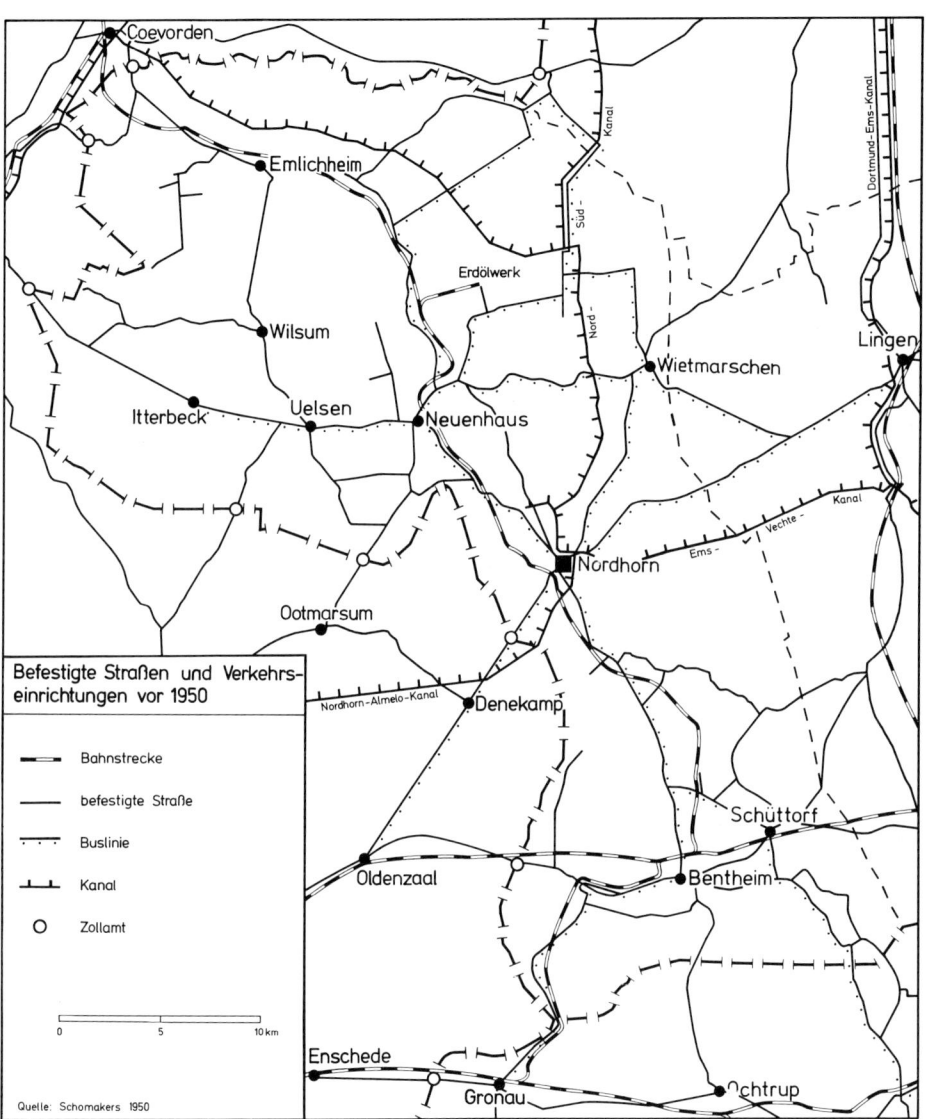

Abb. 3

Georgsdorf und Wietmarschen an das Netz befestigter Straßen im ersten Drittel des 20. Jahrhunderts. Auch dadurch wird die Verflechtung Nordhorns mit dem Umland intensiviert und ausgeweitet.

b) Die zentralörtliche Verflechtung der Stadt und ihre räumliche Ausdehnung

Behörden, Schulen, soziale Einrichtungen

Gegenüber dem steilen industriellen Aufstieg von Nordhorn bis etwa 1930 waren die alten Verwaltungssitze Bentheim (Kreisstadt seit 1880) und Neuenhaus (Amtssitz im 19. Jahrhundert, später Standort untergeordneter Kreisbehörden) stark zurückgeblieben (s. Abb. 1). Es war daher sinnvoll, neue Einrichtungen des Kreises, des Staates und anderer Körperschaften nach Nordhorn zu legen. Dies geschah seit den 20er Jahren unseres Jahrhunderts[10].

Als Kreisbehörden kamen 1928 das Gesundheitsamt und das Bauamt, der Kreisschulrat bekam von diesem Jahr an seinen Wohnsitz in Nordhorn zugewiesen. Auch das Arbeitsamt als neue soziale Einrichtung des Reiches wurde 1928 in die Stadt mit den meisten Industriebeschäftigten gelegt. Dieses Amt ist bis heute nicht nur für den Kreis Grafschaft Bentheim, sondern auch für das Gebiet des bis 1978 bestehenden Kreises Lingen zuständig.

Neben dem für damalige Zeit hochmodernen Neubau des Kreiskrankenhauses Nordhorn (1926) bestand seit 1927 auch das katholische Marienkrankenhaus in Frensdorf. Zentralörtlich sehr bedeutsam waren zudem die Schulgründungen dieser Zeit. 1925 wurde die erste höhere Schule des Kreises als Oberrealschule in der Stadt eingerichtet. Die in Vorläufern seit Beginn des Jahrhunderts existierende Berufsschule wurde in den 20er und 30er Jahren erheblich ausgeweitet und gewann Bedeutung für das ganze Kreisgebiet. Auch ohne Auswertung statistischer Materialien läßt uns diese beschreibende Aneinanderreihung die wachsende Bedeutung der Stadt Nordhorn als Mittelpunkt des Kreises Grafschaft Bentheim erkennen.

Pendler

Anhand der Einpendler nach Nordhorn lassen sich dagegen auch quantitative und somit exaktere Angaben über den Verflechtungsbereich der Stadt machen. Die Zahl der Arbeitsplätze in der Textilindustrie war von 1877 bis 1937, dem Stichjahr dieser Untersuchung, um das etwa 48-fache von 191 auf 9163 gestiegen[11]. Demgegenüber stand die nur 13,5-fache Steigerung der Einwohnerzahl (1875: 1710, 1939: 23457)[12]. Zudem war durch die Sozialgesetzgebung der dazwischenliegenden Jahrzehnte die Kinderarbeit eingeschränkt, die Wochen- und Lebensarbeitszeit verkürzt worden. Daher konnte die Industrie ihren Arbeitskräftebedarf nicht mehr nur in Nordhorn decken, sondern mußte auch auf Arbeiter aus anderen Orten zurückgreifen: Die Trennung von Wohn- und Arbeitsplatz mit der Folge des täglichen Pendelns ist eine allgemein festzustellende Konsequenz der Industrialisierung. Von den 9163 im Jahre

---

[10] Dazu H. Specht, Nordhorn, S. 348–350, 359f., 362–364.
[11] Zahlen nach H. Specht, Nordhorn, S. 300–343.

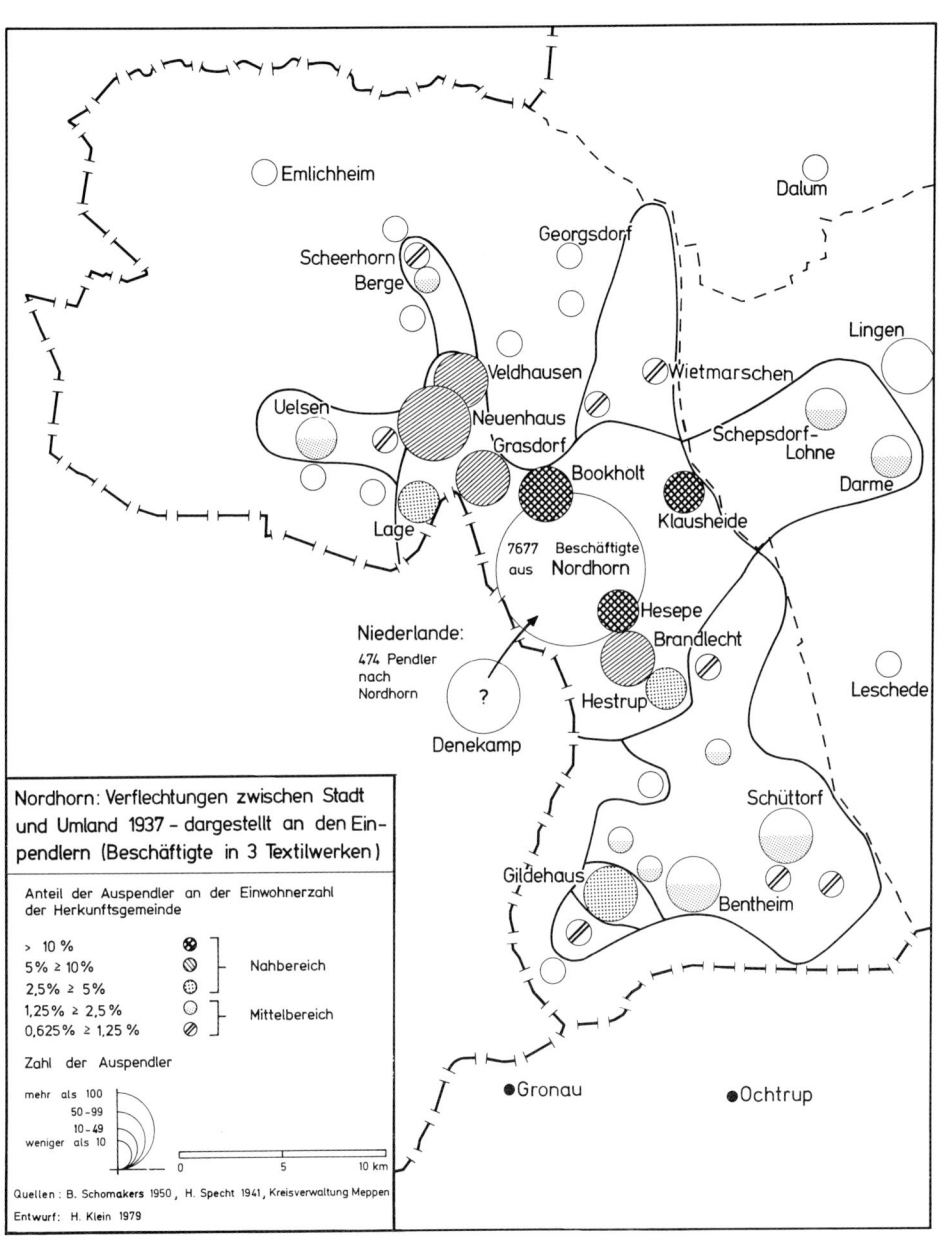

Emlichheim

Dalum

Scheerhorn
Berge

Georgsdorf

Lingen

Veldhausen

Wietmarschen

Uelsen

Neuenhaus
Grasdorf

Schepsdorf-
Lohne

Bookholt

Darme

Klausheide

Lage

7677   Beschäftigte
aus   Nordhorn

Niederlande:

Hesepe

474 Pendler
nach
Nordhorn

Brandlecht

Leschede

?

Denekamp

Hestrup

Nordhorn: Verflechtungen zwischen Stadt
und Umland 1937 – dargestellt an den Einpendlern (Beschäftigte in 3 Textilwerken)

Schüttorf

Anteil der Auspendler an der Einwohnerzahl
der Herkunftsgemeinde

Gildehaus

> 10 %
5% ≥ 10%
2,5% ≥ 5%
1,25% ≥ 2,5%
0,625% ≥ 1,25%

} Nahbereich

} Mittelbereich

Bentheim

Zahl der Auspendler

mehr als 100
50 - 99
10 - 49
weniger als 10

0   5   10 km

Quellen: B. Schomakers 1950, H. Specht 1941, Kreisverwaltung Meppen

Entwurf: H. Klein 1979

●Gronau

●Ochtrup

Abb. 4

1937 in der Textilindustrie von Nordhorn Beschäftigten kamen 1486 (16,2%) aus dem Umland.

Die Kartierung (Abb. 4) zeigt uns einmal, wieviel Pendler aus den einzelnen Orten kommen, darüber hinaus deren Anteil an der gesamten Einwohnerschaft. Dies läßt Schlüsse auf die wirtschaftliche Bedeutung der Stadt Nordhorn für die Bewohner der Orte des Umlandes zu, dient somit als Gradmesser für die Einteilung der Verflechtungsbereiche.

Ohne hierfür nähere empirische Belege zu haben, wird hier angenommen, daß zum Nahbereich alle Gemeinden gehören, deren Bewohner zu mehr als 2,5%, zum Mittelbereich die, deren Bewohner zu mehr als 0,625% in der Nordhorner Textilindustrie arbeiten. Ausgehend davon, daß etwa ein Drittel der Bevölkerung erwerbstätig ist, bedeutet dies: Etwa 7,5% der Bevölkerung im Nahbereich, knapp 2% der Bevölkerung im Mittelbereich finden ihre Erwerbsquelle hauptsächlich in der Nordhorner Textilindustrie. Dies wiederum muß an der Tatsache gemessen werden, daß (1939) 63,6% der außerhalb der Städte Nordhorn, Bentheim und Schüttorf lebenden Bevölkerung des Kreises ihren Unterhalt in der Land- und Forstwirtschaft finden[13].

Aus der Karte ist abzulesen, daß die Intensität der Verflechtung der Stadt mit ihrem Umland von der räumlichen und zeitlichen Distanz der umliegend wohnenden Menschen zu Nordhorn abhängig ist. So zählen die angrenzenden Gemeinden Grasdorf, Bookholt, Klausheide, Hesepe, Brandlecht und Hestrup zum Nahbereich, darüber hinaus die noch in einer 10-Kilometer-Zone liegenden Orte Lage, Neuenhaus und Veldhausen, die zudem besonders gute Verkehrsverbindungen nach Nordhorn haben. Der Mittelbereich zeigt deutlich die Orientierung an den vorhandenen öffentlichen Verkehrsmitteln: Entlang der Eisenbahnlinie ist er im Süden bis über Gildehaus hinaus, im Norden bis Berge ausgedehnt. Den Omnibuslinien entsprechend (s. Abb. 3), dehnt er sich im Nordwesten bis Uelsen und im Nordosten bis Wietmarschen, im Osten bis Schepsdorf bei Lingen, im Süden bis über Schüttorf hinaus und im Westen bis in die Niederlande hinein aus. Dagegen weisen die verkehrsungünstig gelegenen Gemeinden kaum Pendler auf, sie können auch nicht zum Verflechtungsgebiet der Stadt Nordhorn gerechnet werden. Zusammengefaßt heißt dies, daß der Bezug der im Umland wohnenden Menschen zum zentralen Ort Nordhorn von dessen Erreichbarkeit abhängt. Dieser Satz kann als allgemeingültig angesehen werden.

Dienstleistung und Handel

Die Bedeutung der Stadt Nordhorn in diesen Bereichen läßt sich aus statistischem Material der Zeit unmittelbar nach dem Zweiten Weltkrieg ablesen[14]. Die Auswertung dieses Materials erfolgt in der Annahme, daß sich seit den Vorkriegsjahren – besonders was die Verteilung der Einrichtungen über das Kreisgebiet angeht – wenig geändert hat. Auch die Bevölkerungsverteilung ist – bei einer Zunahme von 20,3% (1939 bis 1950) infolge des Vertriebenenzustroms – etwa gleich geblieben (s. Abb. 1 b).

Die Bevölkerung der Mittelgrafschaft – dieses Gebiet kann man größtenteils zum

---

[12] Zahlen nach E. Keyser, Deutsches Städtebuch III, 1, Stuttgart 1952, S. 256 (e).
[13] Auswertung nach B. Schomakers, Wirtschaftsstruktur, S. 47 (Tabelle).
[14] Zahlen zusammengestellt in: B. Schomakers, Wirtschaftsstruktur, S. 137–147.

Nahbereich der Stadt Nordhorn rechnen – macht 1950 etwa 40% der Einwohnerzahl des Kreises Grafschaft Bentheim aus. Dagegen stellt die Stadt im selben Jahr nur etwa 32,3% aller Handwerksbetriebe und (1947) 34,4% aller Einzelhandlungen des Kreises. Dementsprechend würde die Stadt also keine Bedeutung für das weitere Umland haben.

Bei einer Aufgliederung in einzelne Handwerks- und Handelszweige sieht das Bild aber anders aus. Viele Spezialhandwerke sind überrepräsentativ in Nordhorn vertreten: Unter den textilverarbeitenden Berufen die Sattler (44%), Kürschner (100%) und Putzmacher (54,5%), unter den metallorientierten Berufen die Schlosser (50%), besonders die Kraftfahrzeugschlosser (61,5%). Aus dem Baugewerbe konzentrieren sich Dachdecker (60%) und Stukkateure (66,7%) in Nordhorn, ebenfalls Fotografen (62,5%) sowie Radio- und Elektrohandwerker (46,7%). Besonders aber heben sich die beiden Optiker, der Goldschmied und der Bandagist (Orthopäde) heraus, die außer in Nordhorn in keinem anderen Ort des Kreises zu finden sind.

Ähnliches zeigt sich bei den Einzelhändlern. In Nordhorn sind vor allem die Warengruppen des gehobenen Bedarfs der damaligen Zeit konzentriert. So sind Möbel- (57,1%), Rundfunk- und Elektroläden (58,3%) sowie der Kraftfahrzeughandel (60,-%) in Nordhorn überrepräsentiert. Typisch ist, daß die beiden einzigen Läden für sanitäre Artikel und Buchhandel des Kreises sich in der Stadt befinden. Ländlich dezentralisierte Läden sind dagegen vor allem nicht spezialisierte Lebensmittel- oder Gemischtwarenhandlungen, Läden für Eisenwaren, Hausgeräte und Fahrräder, dem gängigen Individualverkehrsmittel jener Zeit. Besonders deutlich stellt sich aber die zentralörtliche Bedeutung Nordhorns für den Kreis im Bereich des Großhandels dar. In der Stadt sind im Jahre 1950 104 (= 77,6%) der 134 im Kreis vorhandenen Großhandlungen ansässig. Versorgungsgebiet ist vor allem die Niedergrafschaft, wo nur 4,8% der Großhändler angesiedelt sind. In 10 von 30 Sparten besitzt Nordhorn sogar das Großhandelsmonopol.

Der Bedeutungsüberschuß der Stadt für den Kreis, besonders für die Niedergrafschaft, ist also im Bereich der nichtbehördlichen Dienstleistungen eindeutig nachzuweisen, wenn er auch räumlich nicht so exakt faßbar ist wie bei den Pendlern.

3.) Nordhorn heute: Mittelzentrum für den Kreis Grafschaft Bentheim

a) Die verkehrsgeographische Lage und Bedeutung der Stadt

Bei einer Fußgängerbefragung in der Innenstadt von Nordhorn am 11. Juni 1970 stellte sich heraus, daß ein prozentual nicht genau festgestellter, aber weit überwiegender Teil der auswärtigen Besucher private Kraftfahrzeuge für den Weg nach Nordhorn benutzt[15]. Darin zeigt sich der grundsätzliche verkehrsgeographische Wandel der Nachkriegszeit. Durch den steigenden Anteil des motorisierten Individualverkehrs ist die Mobilität der Bevölkerung bedeutend angewachsen.

In Wechselbeziehung zur steigenden Motorisierung hat sich auch die Straßensituation des Kreises Grafschaft Bentheim entscheidend verbessert. Alle Gemeinden, ja fast

---

[15] Generalverkehrsplan Stadt Nordhorn, o.O. 1971/72, S. 80 ff.

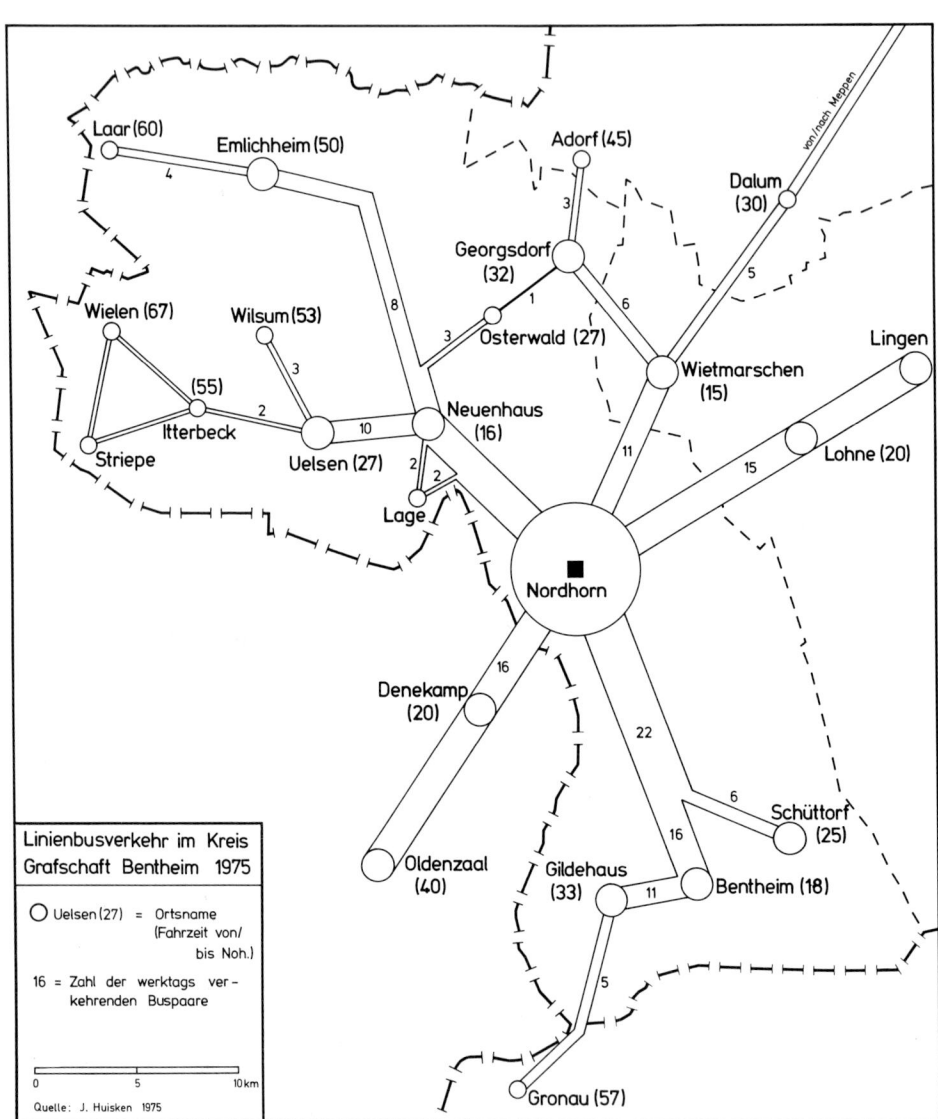

Laar (60)
Emlichheim (50)
Adorf (45)
Dalum (30)
von/nach Meppen
Georgsdorf (32)
Wielen (67)
Wilsum (53)
Osterwald (27)
Wietmarschen (15)
Lingen
(55)
Itterbeck
Neuenhaus (16)
Striepe
Uelsen (27)
Lohne (20)
Lage
Nordhorn
Denekamp (20)
Schüttorf (25)
Oldenzaal (40)
Gildehaus (33)
Bentheim (18)
Gronau (57)

Linienbusverkehr im Kreis
Grafschaft Bentheim 1975

◯ Uelsen (27) = Ortsname
                  (Fahrzeit von/
                          bis Noh.)

16 = Zahl der werktags ver-
     kehrenden Buspaare

0   5   10 km

Quelle: J. Huisken 1975

Abb. 5

alle Wohnstätten des Kreises, selbst in entlegenen Gebieten der Niedergrafschaft, sind über befestigte Straßen erreichbar[16]. In Nordhorn laufen zwei Bundesstraßen (B 213: Lingen-Denekamp-Oldenzaal, auch Europastraße 72), B 403: Bentheim-Neuenhaus-Coevorden) und sechs Landes- und Kreisstraßen (von Veldhausen, Georgsdorf und Wietmarschen im Norden, Hestrup, (Emsbüren-) Engden im Südosten, Gildehaus im Süden) zusammen[17]. Die Straßensituation erleichtert den Besuch der Stadt, unterstützt somit die zentralörtlichen Funktionen von Nordhorn.

Den Süden des Kreises durchquert in West-Ost-Richtung die Bundesstraße 65 (Europastraße 8), die ein schnelles Erreichen des nur 17 Kilometer östlich von Schüttorf gelegenen Mittelzentrums Rheine ermöglicht. Gute Straßenverbindungen bestehen auch von Gildehaus nach Gronau/Westfalen und von Bentheim nach Ochtrup (jeweils 13 Kilometer), was besonders Einkaufsfahrten der in der Obergrafschaft wohnenden Bevölkerung in die genannten westfälischen Orte gegenüber der Fahrt in die weiter entfernte Kreisstadt Nordhorn anziehender macht. Auch die zur Bundesstraße 65 parallel verlaufende internationale Bahnstrecke von (Utrecht-) Hengelo über Bentheim und Schüttorf nach Rheine (-Osnabrück) schafft sehr gute Verbindungen zu dem benachbarten westfälischen Mittelzentrum. Von Bentheim und Schüttorf aus erreichen täglich 14 Eil- und Nahverkehrszug- sowie Buspaare in schnellstens etwa 15 (Bentheim) bzw. 12 Minuten (Schüttorf) die Stadt Rheine[18]. Daher ist erklärlich, daß gerade Schüttorf auch hierdurch sehr viel stärker auf Rheine als auf Nordhorn hin orientiert ist[19].

Der öffentliche Nahverkehr des nördlichen Kreisgebietes ist nach der Stillegung der Personenbeförderung auf der Bahnstrecke Gronau-Bentheim-Nordhorn-Neuenhaus-Laarwald (endgültig 1974) auf Omnibusse umgestellt. Die Abb. 5 zeigt, daß das Bussystem ganz auf Nordhorn hin orientiert ist, dabei die größten Orte des nördlichen Kreisgebietes, Neuenhaus, Emlichheim und Uelsen, weiter die erst 1974 zum damaligen Kreis Lingen gekommene Gemeinde Wietmarschen besonders berücksichtigt werden. Sehr gute Verbindungen bestehen von Nordhorn aus auch nach Bentheim, in die benachbarte ehemalige Kreisstadt Lingen sowie in die niederländische Stadt Oldenzaal (über Denekamp). Es zeigt sich deutlich, daß die Bewohner der Niedergrafschaft – zumal wenn sie kein eigenes Kraftfahrzeug besitzen – trotz großer zeitlicher Distanz ganz auf die Kreisstadt Nordhorn angewiesen sind.

Das öffentliche Nahverkehrsnetz für den regionalen Bereich wird durch ein tagsüber stündlich befahrenes Stadtbusnetz ergänzt, das das Stadtgebiet in seinen neuen Grenzen von 1974 – abgesehen von den Ortsteilen Oorde (2,5 Kilometer südöstlich des Stadtkerns) und Hohenkörben (8 Kilometer nördlich des Kerns) – erschließt[20].

Das System der Straßen und des öffentlichen Nahverkehrs gibt erste Hinweise auf Intensität und Erstreckung der zentralörtlichen Verflechtungen der Stadt Nordhorn.

---

[16] Vgl. z.B. den Ausschnitt der Topographischen Karte 1:100000 (Abb. 18).

[17] Generalverkehrsplan Stadt Nordhorn, Nachtrag 1976/77, Karte von S. 5.

[18] Kursbuch der Deutschen Bundesbahn 1978/79 (Winter), Linie 270.

[19] Dies wird durch 1977/78 von Schülern des Kopernikus-Gymnasiums Rheine unter Leitung von U. und V. SCHNEIDER und D. UTHMANN gemachten Untersuchungen bestätigt.

[20] J. HUISKEN, Nordhorn und sein Umland, (Examensarbeit Univ. Osnabrück) 1975 (Kopie in der Stadt- und Kreisbücherei Nordhorn), S. 29 ff.; Generalverkehrsplan (wie Anm. 15) 1971/72, S. 67 ff.; Stadtplan Nordhorn, Dreieich o. J. (1978).

Die Stadt besitzt über das die Mittelgrafschaft umfassende Stadtgebiet hinaus heraus-
ragende Bedeutung für die Niedergrafschaft, ihr Einflußgebiet erstreckt sich bis in die
Niederlande (Oldenzaal) hinein, auch mit Lingen und Bentheim bestehen offenbar
Verflechtungen.

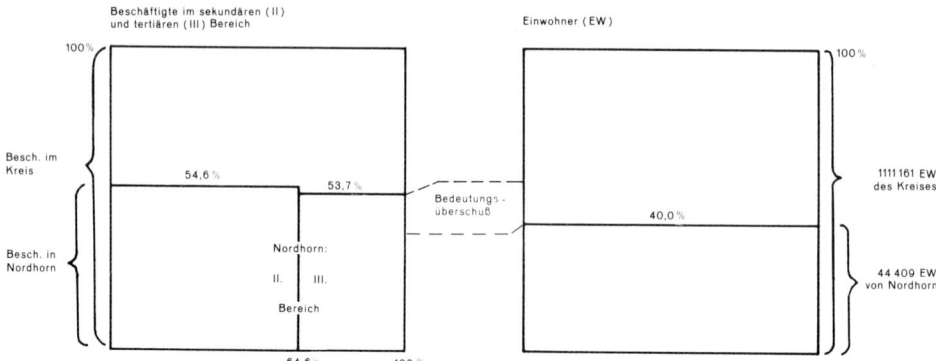

Sekundärer Bereich (II): Energiewirtschaft, Wasserversorgung, Produzierende Gewerbe, Baugewerbe
Tertiärer Bereich (III): Handel, Verkehr, Finanz- und Versicherungsinstitute, Dienstleistungen, Verwal-
tung
Quelle: Kreisverwaltung in Nordhorn

Abb. 6   Bedeutungsüberschuß der Stadt Nordhorn in bezug auf den Kreis Grafschaft Bentheim (1970)

b) Die zentralörtlichen Verflechtungen der Stadt und ihre räumliche Ausdehnung

Nach den bisher vorliegenden, überregional bezogenen Forschungsergebnissen ist
davon auszugehen, daß sich die zentralörtlichen Verflechtungen Nordhorns im wesentlichen auf das Gebiet des Kreises Grafschaft Bentheim (einschließlich der Gemeinde Wietmarschen) erstrecken[21]. Der Bedeutungsüberschuß kann sich – soweit er
statistisch faßbar ist – also hierauf beziehen. Für die neueste Zeit ist neben (unten zu-
sammengestellten, zeit- und arbeitsaufwendigen) Einzeluntersuchungen grundlegen-
des statistisches Material den Volkszählungen der letzten Jahrzehnte (zuletzt Mai
1970) zu entnehmen[22]. Hieraus sind vor allem die Arbeitsstätten- und Beschäftigtenzahlen interessant. Einmal wird auf diese Weise das Überangebot an Arbeitsplätzen in
einzelnen Orten nachgewiesen, was zum Einpendeln von im Umland wohnenden
Menschen führt, vor allem aber ist die Zahl der Beschäftigten im Dienstleistungssektor
ein Indikator für den Bedeutungsüberschuß eines Ortes in diesem Bereich. Diese beiden Faktoren geben Aufschluß über die Zentralität eines Ortes.

---

[21] G. KLUCZKA, Zentrale Orte und zentralörtliche Bereiche mittlerer und höherer Stufe in der Bundesrepublik Deutschland, Bonn-Bad Godesberg 1970 (= Forschungen zur deutschen Landeskunde 194), S. 33
und beiliegende Karte (Freie Planungsgruppe Berlin); Strukturgutachten Kreis Grafschaft Bentheim, Berlin 1972, S. 4 und 154 ff.; vgl. auch: J. RECHTMANN, Zentralörtliche Bereiche und zentrale
Orte in Nord- und Westniedersachsen, Bonn-Bad Godesberg 1970 (= Forschungen zur deutschen Landeskunde 197).

[22] Ergebnisse der Volks- und Berufszählung 1970 zum großen Teil nicht gedruckt, aber greifbar in der
Kreisverwaltung in Nordhorn; Einzeluntersuchungen: Strukturgutachten (wie Anm. 21); Generalverkehrsplan (wie Anm. 15); J. HUISKEN (wie Anm. 20); G. PRIEBE, Nordhorn, eine geographische Analyse der jüngsten Entwicklung, (Examensarbeit TU Hannover) 1975.

Graphisch dargestellt (s. Abb. 6) sind horizontal die Werte für die Anzahl der Beschäftigten in verschiedenen Sektoren, vertikal die Anzahl der Beschäftigten in verschiedenen Räumen, hier in der Stadt Nordhorn und im Kreis Grafschaft Bentheim. Vergleichbar abzulesen ist der Anteil der Bevölkerungszahl der Kreisstadt an der des Gesamtkreises.

Auf diese Weise ergibt sich ein erster Nachweis für den Bedeutungsüberschuß der Stadt. Deutlich wird aber auch, daß der Überschuß stärker im Angebot von Arbeitsplätzen vor allem im produzierenden Sektor als im Angebot an Dienstleistungen liegt. In den nachfolgenden Einzeluntersuchungen soll versucht werden, diesen Nachweis zu konkretisieren.

Nordhorn als Behördenstandort

Aufgrund der überragenden wirtschaftlichen Bedeutung wurde der Sitz der Kreisverwaltung unter Zustimmung des (wieder frei gewählten) Kreistages von den alliierten Militärbehörden 1945 nach Nordhorn verlegt. Dem folgte das einer Landesbehörden unterstehende Katasteramt, während das Finanzamt bis heute in der alten Kreisstadt Bentheim geblieben ist. Schließlich hat das Amtsgericht heute seinen Sitz in Nordhorn. Alle diese Institutionen sind für den Bereich des Kreises Grafschaft Bentheim zuständig. Dagegen reichen die Zuständigkeitsbereiche der von Bundesbehörden abhängigen Ämter über die Kreisgrenzen hinaus. Das schon oben erwähnte Arbeitsamt ist auch für den Bereich des bis 1978 bestehenden Kreises Lingen zuständig. Der Bezirk des Hauptzollamtes Nordhorn reicht von der Landesgrenze bei Gronau bis neun Kilometer nördlich von Rütenbrock und umfaßt neben der Grafschaft Bentheim die Altkreise Lingen und Meppen.

Zweifellos haben all diese Behörden zentralörtliche Bedeutung, und zwar als Arbeitsstätten wie als Dienstleistungsbetriebe. Andererseits muß eingeräumt werden, daß ihre zentralitätsbildenden Funktionen dadurch eingeschränkt sind, daß nur ein begrenzter Kreis von Menschen aus unterschiedlichen Motiven, oft unter dem Druck der Notwendigkeit, die Dienste dieser Ämter in Anspruch nimmt. Zu bemerken ist aber auch, daß ein Behördenbesuch oft mit einer Einkaufsfahrt nach Nordhorn verbunden wird (s. u.).

Schuleinzugsbereiche

Auf der Karte (Abb. 7) lassen sich zwei Nahbereiche, von denen einer mit dem Einzugsgebiet der Grund- und Hauptschulen (etwa gleich dem heutigen Stadtgebiet), ein zweiter mit dem Einzugsgebiet der Gymnasien, der Realschulen sowie der Sonderschule identisch ist, unterscheiden. Dieser zweite Bereich schließt im Nordosten die Gemeinde Wietmarschen, im Südosten die Orte Engden und Drievorden mit ein. Im Bereich der Berufs-, Berufsfach-, Fach- und Fachoberschulen besitzt die Stadt Nordhorn (außer für die landwirtschaftliche Ausbildung) das Monopol im Bereich des Kreises Grafschaft Bentheim. Zu Beginn des Schuljahres 1978/79 pendelten 2872 Schüler aus dem außerhalb der heutigen Stadtgrenzen gelegenen Kreisgebiet allein zu den berufsbildenden Schulen der Kreisstadt[23]. Im Bereich der Sekundarstufe II, wo die

---

[23] Mitteilung des Schulamtes des Kreises Grafschaft Bentheim vom Dez. 1978.

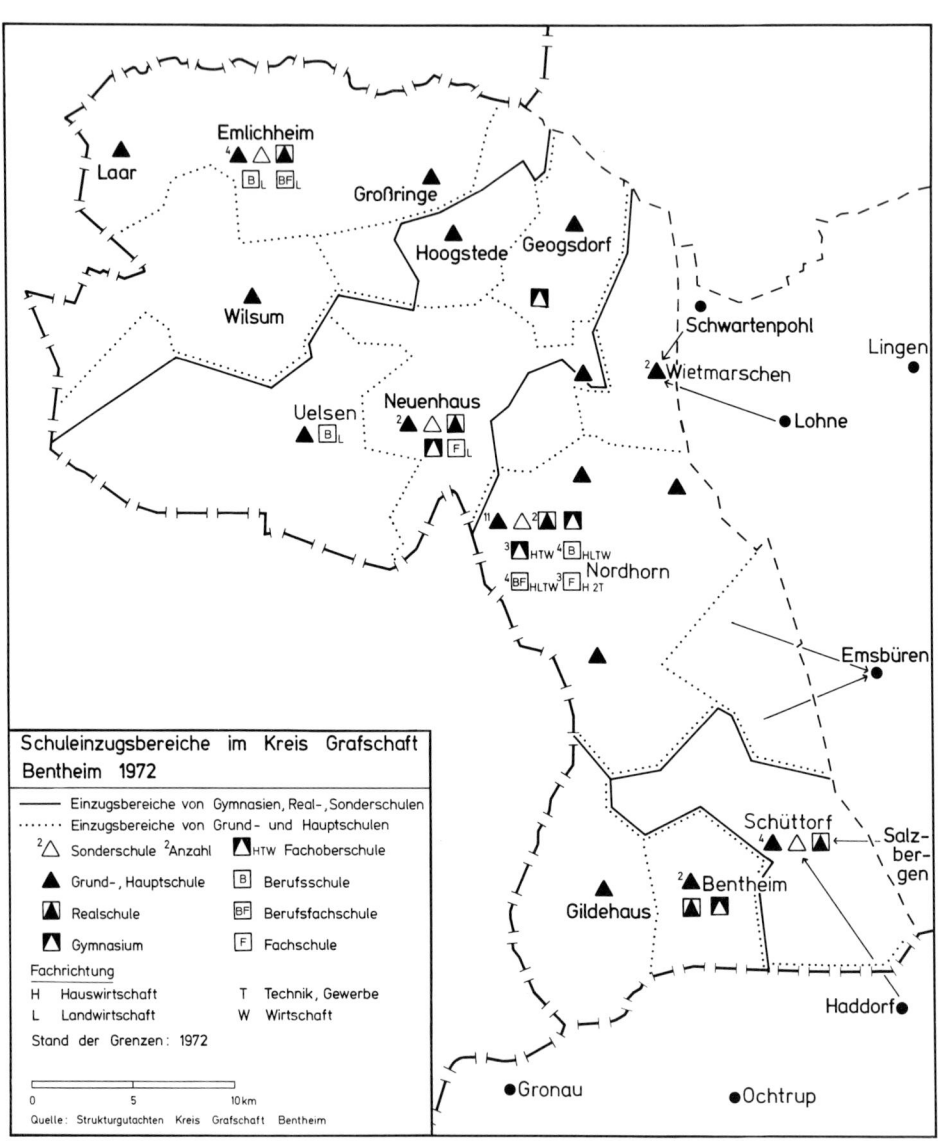

Abb. 7

Schulwahl nicht nur an Verwaltungsgrenzen gebunden ist, ziehen die Fachgymnasien der Stadt zudem Schüler aus dem Emslandkreis (ehemals Kreise Lingen und Meppen) an (1975: 8 Schüler)[24]. Aufgrund der Schulsituation besitzt die Stadt zweifellos zentralörtliche Funktionen vor allem für das Gebiet des Kreises Grafschaft Bentheim.

Pendler

Größere Bedeutung für die Zentralität Nordhorns hat das Überangebot an Arbeitsplätzen. 1970 werden 4071 Berufseinpendler nach Nordhorn gezogen, während 1093 Auspendler außerhalb der Stadt ihrem Beruf nachgehen, so daß ein positiver Pendlersaldo von 2978 besteht[25]. Die Pendlerzahl gibt indirekt auch Aufschluß über die Einkaufszentralität, da der Arbeitsort – aus emotionalen wie aus praktischen Gründen – oft mit dem Einkaufsort identisch ist[26]. Eine genaue Analyse der Pendlerzahlen kann also auch die wirtschaftlichen Verflechtungen zwischen dem zentralen Ort Nordhorn und den Umlandgemeinden widerspiegeln.

Die Karte der Einpendler nach Nordhorn zeigt die Verflechtungsintensität in drei Abstufungen (Abb. 8). Auch hier wird deutlich, daß der zentralörtliche Einfluß der Stadt mit wachsender räumlicher und zeitlicher Distanz abnimmt, aber zur Niedergrafschaft hin wesentlich stärker ist als zur Obergrafschaft. Der Bereich der engsten Verflechtung reicht im Süden bis zum neun Kilometer entfernten Engden, während er nach Norden die fast doppelt so weit entfernte Ortschaft Kalle einschließt. Die am 1. März 1974 nach Nordhorn eingemeindeten Orte Bimolten, Bookholt, Klausheide, Hesepe, Brandlecht und Hestrup gehören ausnahmslos zum engsten Verflechtungs- oder Nahbereich. Auch der Bereich der mittleren Verflechtung, der als Zwischenstufe zwischen Nah- und Mittelbereich angesehen werden kann, reicht im Norden viel weiter, nämlich bis zur niederländischen Grenze bei Itterbeck und Laar, wohingegen im Süden die wohl z.T. auf Nordhorn, z.T. auf Bentheim und Schüttorf hin orientierten Bauernschaften Holt und Haar, Wengsel, Neerlage und Drievorden zu dieser Zone gehören[27].

Die weite Ausstrahlung der Stadt Nordhorn in die Niedergrafschaft hinein ist einmal durch die günstigen Verbindungen der Bentheimer Eisenbahn zu erklären, die ihre Personenbeförderung bis 1974 schienengebunden entlang der Linie Neuenhaus-Veldhausen-Esche-Berge-Kalle-Emlichheim-Vorwald-Laar betrieb (s. o.). Außerdem fehlt im Norden die Konkurrenz eines entsprechenden Mittelzentrums. Schließlich ist – bei sinkendem Angebot von Arbeitsplätzen in der Landwirtschaft – die steigende Zahl der Arbeitsuchenden in der Niedergrafschaft sehr stark auf die in Nordhorn zur Verfügung gestellten Arbeitsplätze angewiesen. Im Süden bilden die Orte Schüttorf, Bentheim und Gildehaus mit ihrem Arbeitsplatzangebot eine Konkurrenz, die Bevölkerung der Obergrafschaft ist zudem wegen der guten Verkehrsverbindungen auch auf die westfälischen Städte Rheine, Ochtrup und Gronau hin orientiert (s. o.).

---

[24] J. HUISKEN, Nordhorn und sein Umland, S. 20 ff.

[25] Pendler – Berufseinpendler und Berufsauspendler . . . – Ergebnisse der Volks- und Berufszählung 1970. Kernprogramm – Sachgebiet IV. Heft 5: Regierungsbezirk Osnabrück, Hannover 1974 (= Statistik von Niedersachsen 222), S. 46 ff. und S. 154 ff.

[26] Strukturgutachten (Berlin 1972), S. 153–155.

[27] Vgl. Strukturgutachten (Berlin 1972), S. 147.

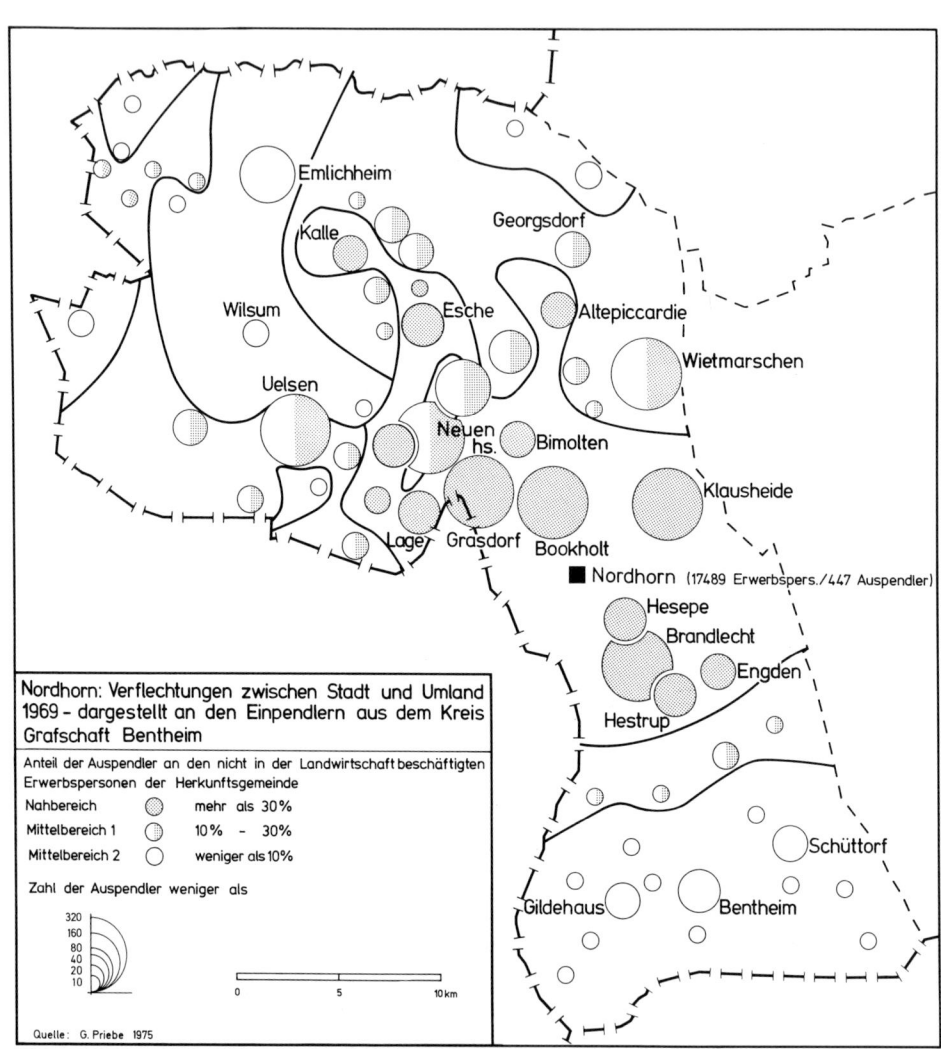

Nordhorn: Verflechtungen zwischen Stadt und Umland 1969 - dargestellt an den Einpendlern aus dem Kreis Grafschaft Bentheim

Anteil der Auspendler an den nicht in der Landwirtschaft beschäftigten Erwerbspersonen der Herkunftsgemeinde

Nahbereich — mehr als 30%
Mittelbereich 1 — 10% – 30%
Mittelbereich 2 — weniger als 10%

Zahl der Auspendler weniger als

320
160
80
40
20
10

0 5 10 km

Quelle: G. Priebe 1975

Abb. 8

Vergleichsweise gering ist auch die Pendlerverflechtung mit den Niederlanden. 1974 standen 120 Einpendlern nach Nordhorn 39 Auspendler gegenüber[28]. Der Grund ist in den ausgeglichenen Verdienstverhältnissen, aber auch in den großen Hindernissen im Pflichtversicherungsbereich zu suchen. Zu erwähnen ist schließlich, daß der Pendlersaldo gegenüber Lingen negativ (1970: 119 Einpendler nach Nordhorn gegenüber 179 Auspendlern nach Lingen) und gegenüber Bentheim fast ausgeglichen ist (1970: 139 Einpendler nach Nordhorn, 130 Auspendler)[29]. Dabei spielen die traditionell in diesen Städten besseren Arbeitsmöglichkeiten für die Verwaltungs-, Dienstleistungs- und kaufmännischen Berufe (tertiärer Sektor) eine Rolle, während die Einpendler nach Nordhorn zu über 60% (1969) in der Textilindustrie (sekundärer Sektor) arbeiten[30].

Abschließend ist zu betonen, daß die Analyse der Pendlerzahlen einen besseren Einblick in die zentralörtliche Verflechtung der Stadt Nordhorn gibt als die Erläuterung der Behördenstandorte und Schuleinzugsbereiche, da die Wahl des Arbeitsplatzes eher individuell und frei von staatlichen Einflüssen geschieht[31].

Private Dienstleistungen, Einzelhandel

Im Rahmen der Analyse der Verkehrssituation Nordhorns wurden am 11. Juni 1970 von 7 bis 19 Uhr 514 Parkplatzbenutzer und 1274 Fußgänger in der Innenstadt von Nordhorn befragt. Das Ergebnis (Abb. 9) läßt folgende Tendenzen erkennen:[32]
1. Mit der Distanz zwischen Nordhorn und der Wohngemeinde der Besucher steigt die Anzahl derer, die aus beruflichen Gründen in die Stadt kommen.
2. Der Besuch von Behörden und Banken tritt hinter die Anspruchnahme nichtbehördlicher Dienstleistungen (Arzt, Rechtsanwalt, Gaststätte u. a.) deutlich zurück.
3. Der Einkauf spielt als Grund bei auswärtigen Besuchern eine geringere Rolle als bei Nordhorner Bürgern, die in der Innenstadt befragt wurden. Die Erfüllung »aperiodischen und normal gehobenen Bedarfs« (Möbel, Hausrat, Textilien), dem ein mittlerer Einzugsbereich zugeordnet werden kann, hat bei auswärtigen Besuchern eine größere Bedeutung als der Einkauf etwa von Lebensmitteln[33].
4. Die Fahrt nach Nordhorn der Arbeit, eines Arzt- oder Behördenbesuches wegen wird oft mit einem Einkauf verbunden. (Zum folgenden Abschnitt: Abb. 10.)
Die Kartierung der Herkunft der auswärtigen Kraftfahrzeugbesitzer kann nur einen relativ groben Überblick bieten: Deutlich ist das Übergewicht der Niedergrafschaft (63,4%) gegenüber dem Nahbereich, den heute zur Stadt gehörenden Gemeinden

---

[28] J. HUISKEN, Nordhorn und sein Umland, S. 17.
[29] Pendler – Berufspendler-Statistik.
[30] Strukturgutachten (Berlin 1972), S. 147–150, G. PRIEBE, Nordhorn, eine geographische Analyse, S. 85 u. 88.
[31] Infolge des Strukturwandels in der Nordhorner Textilindustrie hat sich der Pendlersaldo faktisch, infolge der Eingemeindungen 1974 statistisch, also scheinbar verschoben. Jedenfalls stehen im Jahre 1976 nur noch 2750 Einpendlern schon 1650 Auspendlern gegenüber. Eine genaue, räumlich bezogene Untersuchung steht allerdings noch aus (Zahlen nach: Generalverkehrsplan der Stadt Nordhorn, Nachtrag 1976/77, S. 12).
[32] Generalverkehrsplan der Stadt Nordhorn, S. 70 ff.
[33] Vgl. auch Strukturgutachten (Berlin 1972), S. 153–155.

Anziehungskraft der Stadt Nordhorn

(Auswertung einer Befragung in der Innenstadt am 11.6.1970)

Quelle: Generalverkehrsplan Nordhorn

1) Besuchszweck der Innenstadt
Parkplatzbefragung (Prozentangaben)

Erläuterungen:

zu 1) Besuchszweck

- privat
- beruflich
- beruflich und privat

zu 2) Aktivitäten (Erledigungen)

- Einzelhandel (undifferenziert)
- Lebensmittel
- Kleidung
- Möbel, Hausrat
- Sonstiges
- Gaststätte
- Behörde, Bank, Post
- Arzt, Rechtsanwalt
- Sonstiges

85,1   76,8   44,3   74,5

53,6

12,9   2,0   20,7   2,4   2,1   20,3   2,2

Herkunft der Besucher   Gesamt:
aus Nordhorn   von außerhalb   ca. 330
           bis 15 km   >15 km   Auswert-
(ca. 45 %)   (ca. 35 %)   (ca. 20 %)   tungen

2) Einbindung des Stadtbesuches in verschiedene Aktivitäten
Erledigungen in Prozentangaben   b. Fußgängerbefragung

a. Parkplatzbefragung

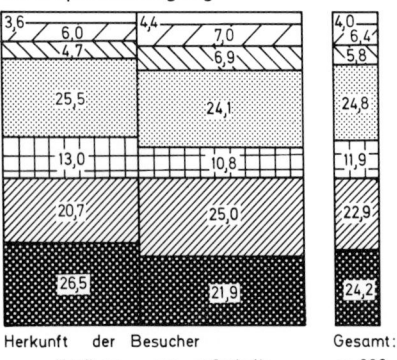

3,6   6,0   4,7   4,4   7,0   6,9   4,0   6,4   5,8

25,5   24,1   24,8

13,0   10,8   11,9

20,7   25,0   22,9

26,5   21,9   24,2

21,5   28,4   24,4

4,6   6,6

6,8   9,4   6,4

12,7   5,4

20,6   15,9

54,4

36,1   46,9

Herkunft der Besucher   Gesamt: Herkunft der Besucher   Gesamt:
aus Nordhorn   von außerhalb   ca. 330   aus Nordhorn   von außerhalb   514
(ca. 45 %)   (ca. 55 %)   Auswert.   (65 %)   (35 %)   Auswert.

Abb. 9

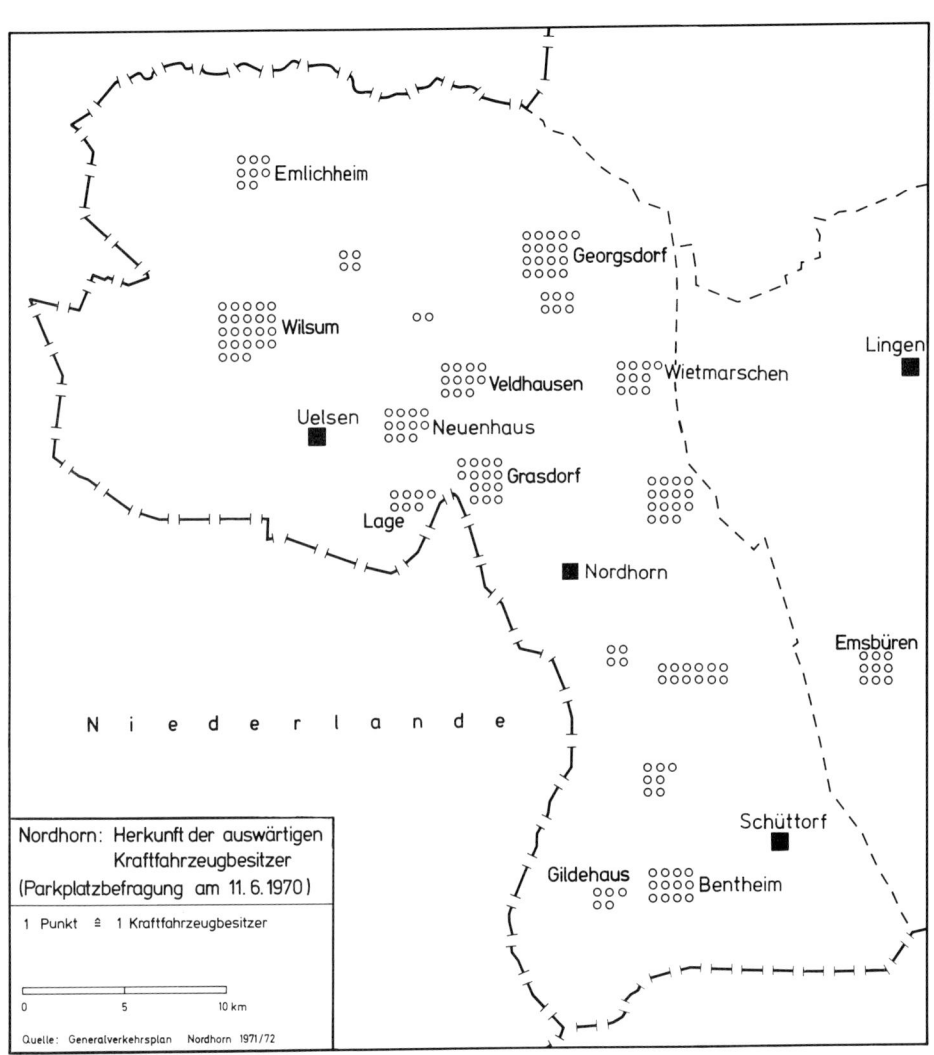

Emlichheim

Georgsdorf

Lingen

Wilsum

Wietmarschen

Veldhausen

Uelsen

Neuenhaus

Grasdorf

Lage

Nordhorn

Emsbüren

N i e d e r l a n d e

Schüttorf

Gildehaus   Bentheim

Nordhorn: Herkunft der auswärtigen
Kraftfahrzeugbesitzer
(Parkplatzbefragung am 11. 6. 1970)

1 Punkt ≙ 1 Kraftfahrzeugbesitzer

0   5   10 km

Quelle: Generalverkehrsplan Nordhorn 1971/72

Abb. 10

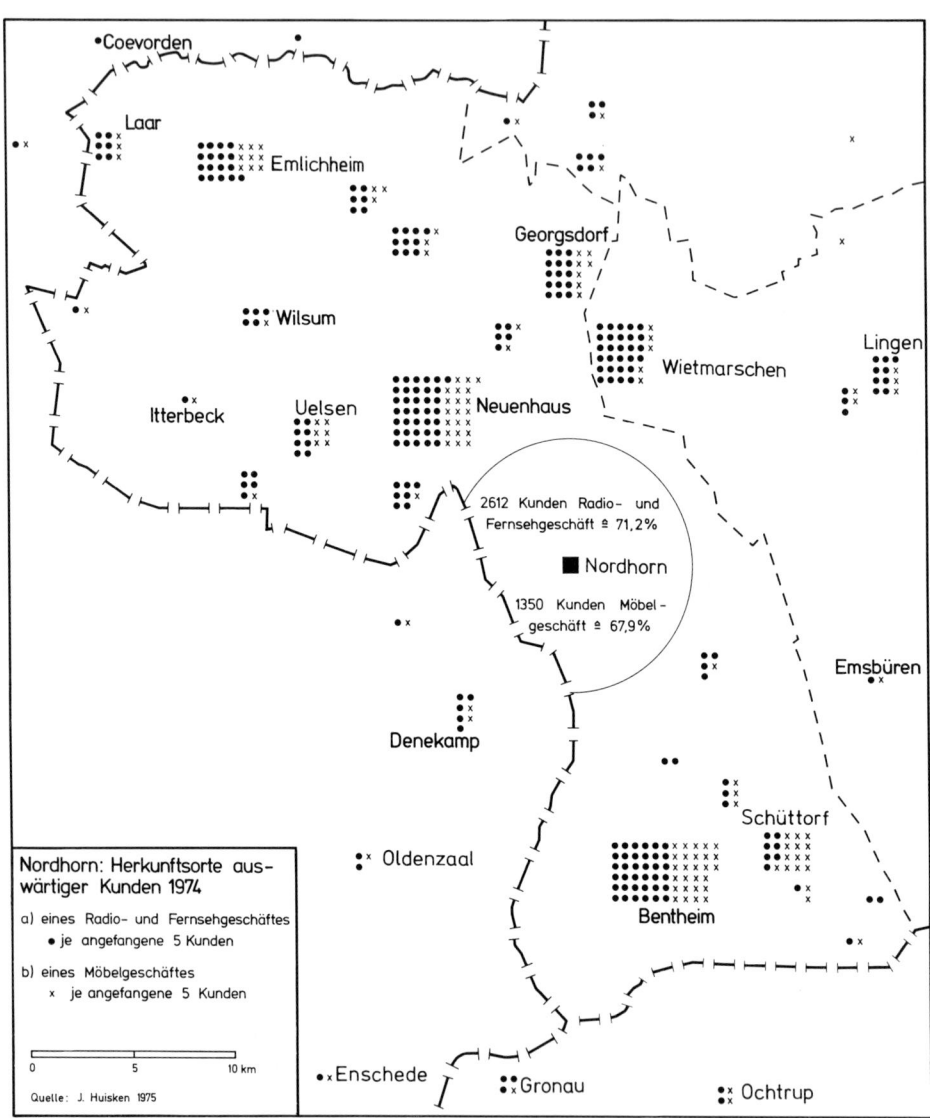

Abb. 11

(17,2%), der Obergrafschaft (13,3%) und dem Kreis Lingen (6,1% der auswärtigen Kraftfahrzeugbesitzer)[34]. Ferner erkennt man, daß gerade die Orte stark vertreten sind, zu denen die Nahverkehrsverbindungen vergleichsweise schlecht sind, so Wilsum, Georgsdorf und Emlichheim. Typisch ist wohl auch, daß keine Fahrzeuge aus den Grenzgemeinden der Niedergrafschaft sowie Schüttorf mit den südlichen Randgemeinden des Kreises festgestellt werden. Hier wirkt sich wohl die große Distanz (Niedergrafschaft) bzw. die Konkurrenz des westfälischen Mittelzentrums Rheine (Einfluß auf den südöstlichen Teil der Obergrafschaft um Schüttorf) aus.

Dieses Ergebnis wird durch die Auswertung der Auftrags- und Lieferlisten von 1974 eines Möbel- sowie eines Radio- und Fernsehgeschäftes, beide im Innenstadtbereich von Nordhorn gelegen, zum größten Teil bestätigt (Abb. 11). Einzukalkulieren ist hierbei allerdings das traditionsgebundene Käuferverhalten der überwiegend ländlich geprägten Bewohner der Niedergrafschaft, die zwar hochwertige technische Geräte vorwiegend in Nordhorn kaufen, ihre Möbel aber oft über das alteingesessene Geschäft am Heimatort beziehen[35].

So zeigt sich, daß der zentralörtliche Mittelbereich der Stadt in bezug auf Dienstleistungen und Einzelhandel im Norden weitgehend mit den Kreisgrenzen (von vor 1974) übereinstimmt. Mit größerer Distanz wird der Einfluß der Kreisstadt allerdings deutlich kleiner. Die Anziehungskraft von Nordhorn ist bei der Bevölkerung der Obergrafschaft wesentlich geringer ausgeprägt als bei den Einwohnern der Niedergrafschaft, vor allem bei den Schüttorfer Bürgern, wie aus den o. a. Gründen hervorgeht. Dagegen zieht Nordhorn als Einkaufsstadt viele Besucher aus den Niederlanden, besonders aus dem benachbarten Denekamp an.

Kultur

Eine der kulturell wichtigsten Einrichtungen der Stadt Nordhorn ist der Theater- und Konzertsaal, in dem im Winterhalbjahr ständig Gastspiele bedeutender Schauspiel- und Musikgruppen stattfinden. Die Auswertung der Liste der Theaterabonnenten der Spielzeit 1974/75 zeigt die zentralörtliche Ausstrahlung dieser Kultureinrichtung (Abb. 12). Abweichend von den bisher gefundenen Ergebnissen wird hier Anziehungskraft auf die für dieses Angebot eher aufgeschlossene Bevölkerung der Obergrafschaft deutlich. Entsprechend sind auch die größeren Orte insgesamt relativ stärker vertreten als die bis heute ländlich geprägten Gemeinden. Der Anteil der 1974/75 noch zahlreichen Abonnenten aus dem Raum Lingen ist allerdings in den letzten Jahren zurückgegangen, da in Lingen selbst die Möglichkeit, gute Theaterstücke aufzuführen, geschaffen wurde. Aus sprachlichen Gründen bildet die deutsch-niederländische Grenze eine kulturelle Barriere.

Die Zugehörigkeit zu einem bestimmten Raum, auch zu dessen Mittelpunkt, drückt sich oft im Bezug einer Tageszeitung mit entsprechendem Lokalteil aus. Die einzige Zeitung mit in Nordhorn ansässiger Lokalredaktion – die »Grafschafter Nachrichten« – ist im gesamten Kreisgebiet, darüber hinaus in der bis 1974 zum Kreis Grafschaft Bentheim gehörenden Gemeinde Wietmarschen verbreitet (Abb. 12). Hier zeigt sich

---

[34] Auswertung nach Generalverkehrsplan der Stadt Nordhorn, Abb. 45 (vor S. 76).
[35] J. Huisken, S. 38–41; Strukturgutachten (Berlin 1972), S. 153f.

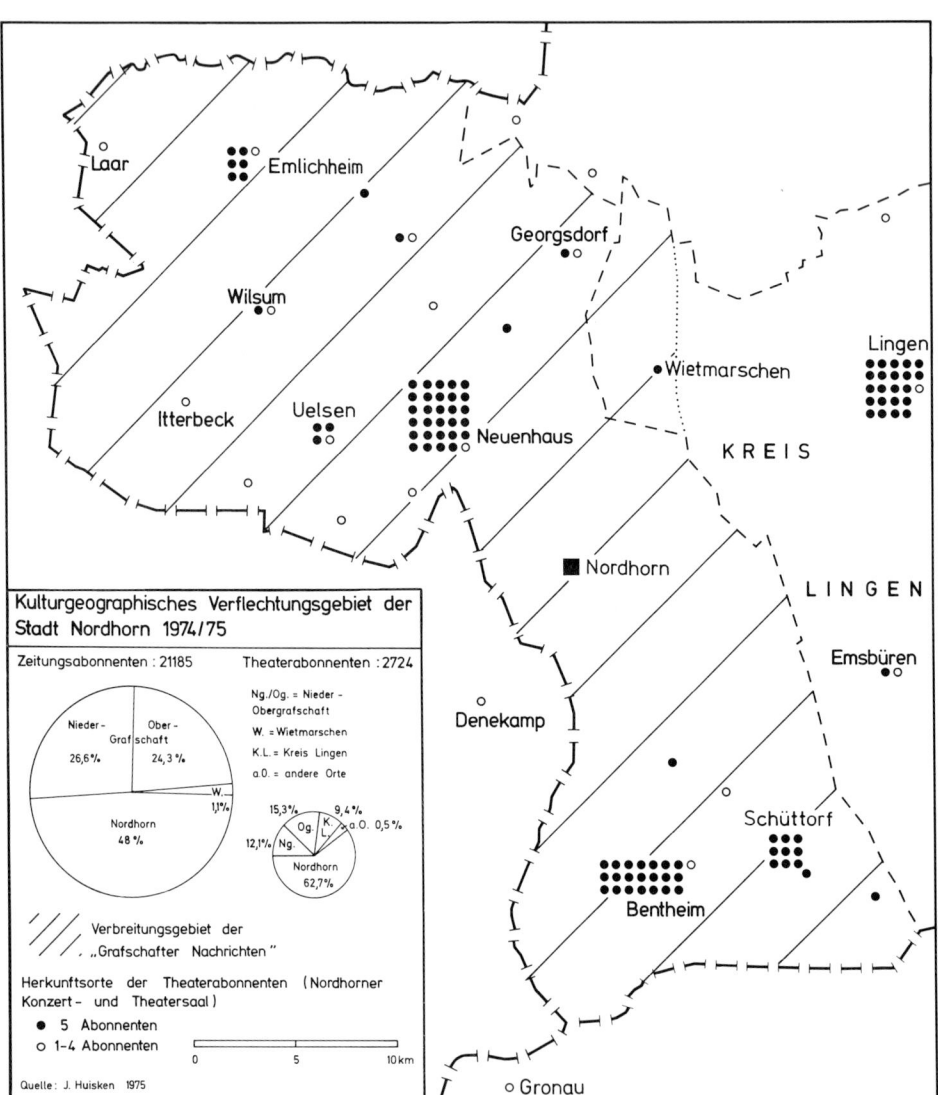

Abb. 12

deutlich das historisch-kulturell bedingte Zusammengehörigkeitsgefühl der Kreisbe-
völkerung sowie in Wietmarschen der Beharrungswille einer fast 100 Jahre zum Kreisgebiet gehörenden Bevölkerung, der durch eine Änderung von Verwaltungsgrenzen
nicht aufzuheben ist.

4. Zusammenfassung und Ausblick.

Die Stadt Nordhorn ist vom kleinen, wirtschaftlich schwachen Landstädtchen um
1880, dessen geringe zentralörtliche Ausstrahlung nur einen kleinen Nahbereich
(Durchmesser ca. 12 km) umfaßte, innerhalb von 50 Jahren zu einem regional bedeut-
samen Mittelzentrum geworden, das seinen Aufstieg und seine Funktion vor allem der
enorm angewachsenen Textilindustrie verdankt.

Die Anziehungskraft der Stadt ist um 1930 vor allem auf das Überangebot an Arbeitsplätzen in dem genannten Wirtschaftszweig zurückzuführen. Über den gegenüber 1880 ausgeweiteten Nahbereich hinaus ist zu dieser Zeit auch ein Gebiet mittlerer
Verflechtung festzustellen, das nicht nur große Teile des Kreises Grafschaft Bentheim
umfaßt, sondern darüber hinaus auf Gebiete der Niederlande und des Kreises Lingen
übergreift. Die Entwicklung des Bedeutungsüberschusses im Bereich privater Dienstleistungen, des spezialisierten Einzel-, besonders aber des Großhandels ist schon vor
1950 weit fortgeschritten. Nach vereinzelten Anfängen in den zwanziger Jahren
kommen die traditionell mit viel Beharrungsvermögen ausgestatteten Behörden der
übrigen Zentralitätsentwicklung nach. Im Anschluß an den Zweiten Weltkrieg werden alle für den Kreis Grafschaft Bentheim zuständigen Behörden in die wirtschaftlich
und zentralörtlich bedeutsamste Stadt des Kreises, Nordhorn, verlegt.

Nordhorn hat sich bis heute zu einem Mittelzentrum entwickelt, dessen Einfluß
stärker und weiter in die Niedergrafschaft als in die Obergrafschaft hineinreicht. Das
liegt daran, daß die Orte Schüttorf, Bentheim und Gildehaus zusammen fast die Funktionen eines Mittelzentrums übernehmen können[36], zudem die südlich und östlich gelegenen Städte Gronau und Ochtrup, besonders aber Rheine sehr starken Einfluß in
die Obergrafschaft hinein ausüben. Demgegenüber besteht im Norden des Kreises ein
Mangel an zentralörtlichen Funktionen. Nordhorn muß hier selbst für weit abgele-
gene Bevölkerungsteile die Versorgung übernehmen, auf Grund der großen Distanz
kann man Teile der Niedergrafschaft sogar als unterversorgt bezeichnen. Die Verflechtungen der Stadt Nordhorn mit den benachbarten niederländischen Gemeinden
sind heute geringer als vor etwa 50 Jahren, vor allem weil der Bedarf und die Zahl der
niederländischen Arbeitskräfte in der Nordhorner Textilindustrie kleiner geworden
sind. Die Einkaufsfahrten der niederländischen Bürger nach Nordhorn können dies
noch nicht ausgleichen. Die Funktion der Grenze als kulturelle und wirtschaftliche
Barriere ist im letzten Jahrhundert eher verstärkt worden.

Die Intensivierung der zentralörtlichen Ausstrahlung der Stadt Nordhorn im Bereich des Kreises Grafschaft Bentheim in den letzten hundert Jahren ist darauf zurückzuführen, daß die Verkehrsverflechtungen immer enger wurden. Gab es im 19. Jahrhundert für den größten Teil der Bevölkerung nur die Möglichkeit, sich auf zumeist

---

[36] Vgl. Strukturgutachten (Berlin 1972), S. 146 ff.

unausgebauten Wegen zu Fuß fortzubewegen, so wurde seit Beginn des 20. Jahrhunderts der öffentliche Nahverkehr zunächst durch die Bahnlinie Bentheim–Nordhorn–Neuenhaus–Emlichheim–Laarwald, später auch durch einige Buslinien ausgebaut. Dazu kam das Fahrrad als individuelles Verkehrsmittel im Nahbereich.

Erst seit Beginn der zweiten Hälfte des 20. Jahrhunderts jedoch wurde das Netz der
ausgebauten Straßen so verdichtet, daß nahezu alle Bewohner an ihm angeschlossen
sind. Dies erfolgte in wechselseitiger Bedingtheit mit dem Siegeszug des Kraftfahrzeugs als Verkehrsträger. In diesem Zusammenhang haben sich die zentralörtlichen
Verflechtungen in den letzten zwanzig Jahren vervielfacht. Gerade die Landbevölkerung kann mit dem Kraftfahrzeug schneller und öfter den zentralen Ort Nordhorn
aufsuchen. Für die benachteiligte, weil nicht motorisierte Bevölkerung ist die Aufrechterhaltung eines flächendeckenden Bussystems wegen der in einem Sozialstaat gebotenen Chancengleichheit notwendig.

Die räumliche Ausweitung des zentralörtlichen Einflusses der Stadt Nordhorn in
den letzten hundert Jahren ist besonders auf das Angebot von Arbeitsplätzen in der
Textilindustrie zurückzuführen. Da dieses Angebot im Zuge der weltweiten Umorientierung der Textilwirtschaft, die für die Wirtschaft der Bundesrepublik Deutschland die Notwendigkeit zu Rationalisierung und Spezialisierung auf hohem Niveau
mit sich bringt, mit Sicherheit in den nächsten Jahren zurückgeht, muß für einen Ausbau des in vergleichbaren Städten stärker vertretenen Bereichs der Dienstleistungen,
der Verwaltung und des Handels gesorgt werden. Dies kann erreicht werden, wenn
die Stadt als Einzelhandels- und Dienstleistungszentrum attraktivere Züge gewinnt,
z. B. durch Ausbau einer Fußgängerzone im Innenstadtbereich[37]. Für den Aufbau
krisenfester Industrie- und Gewerbebetriebe müssen entsprechende Flächen mit günstigen Verkehrs- und Infrastrukturanschlüssen zur Verfügung gestellt werden, wie
dies in jüngster Zeit geschehen ist. Nur so kann die Stadt Nordhorn die ihr von der
Landesplanung zugewiesenen Aufgaben als Mittelzentrum und Schwerpunkt in der
Bereitstellung von Arbeitsplätzen und Wohnungen erfüllen[38].

II. Die Umgestaltung des Raumes Nordhorn 1804–1979

Die Umgestaltung der Stadt Nordhorn und ihres Umlandes in den letzten 175, vor allem von der Industrialisierung geprägten Jahren soll an dem Vergleich topographischer Karten verschiedener Zeitschichten dargestellt werden[39]. Dazu sind folgende
Karten ausgewählt:

[37] Generalverkehrsplan der Stadt Nordhorn, S. 103; Flächennutzungsplan Stadt Nordhorn 1974.
[38] Landesentwicklungsprogramm Niedersachsen 1985, Hannover 1973 (Anlage); Regionales Raumordnungsprogramm für den Regierungsbezirk Osnabrück, Osnabrück 1976 (= Amtsblatt für den Reg. Bez.
Osnabrück gA/1976), S. 14f., S. 19ff.; Landesplanerisches Rahmenprogramm für die Stadt Nordhorn
dem § 16 NROG, o. O. o. J. (1976), S. 9f.
[39] Methodisch dazu: H. KLEIN, Ein Vergleich der topographischen Landesaufnahmen von 1841 und 1963
am Beispiel des Blattes Münster/Westf., in: Westfälische Forschungen 16/1963; A. BECKMANN, Münster um 1830 und heute, in: Topographischer Atlas Nordrhein-Westfalen, Bonn 1968, Nr. 108, S. 252f.;
W. KOST, Das Landschaftsbild in amtlichen Karten Niedersachsens im Wandel der Zeit, in: E. SCHRA
DER, Die Landschaften Niedersachsens, S. 144ff.; vgl. auch: H. KLEIN, Beiträge, S. 174–180.

1. LE COQ, Topographische Karte von Westfalen, 1804/1805, ursprünglicher Maßstab 1 : 86 400, neu herausgegeben von der Historischen Kommission für Westfalen, Münster o. J., Section 8. Die erste den gesamten nordwestdeutschen Raum in hinlänglicher Genauigkeit darstellende Karte wurde unter der Leitung des preußischen Offiziers Le Coq zum großen Teil nach vorhandenen Unterlagen zusammengestellt. Sie diente trotz topographischer und geodätischer Ungenauigkeiten den Planern lange Zeit als Unterlage und wurde im Hannoverschen Emsland erst durch die Gauß-Müllersche Aufnahme ersetzt. Die Le Coqsche Karte ist ein treffendes Beispiel für den Stand der Kartographie um 1800. Während die Signaturen den Übergang zur modernen Kartographie weisen, zeigen die Darstellung der Siedlungssituation sowie des Reliefs, daß der Kartenautor noch der »alten« Kartographenschule des 18. Jahrhunderts angehört. Die Situation insgesamt, vor allem die Flußläufe sowie die Wege sind aber genau dargestellt; daher ist die Karte noch heute zur Veranschaulichung des vorindustriellen Siedlungszustands unentbehrlich[40].

2. C. F. GAUSS (Trigonometrie), G. W. MÜLLER (Topographie), Topographische Karte der Grafschaften Lingen, Bentheim und des Herzogtums Arenberg-Meppen, 1842–1861 (Nordhorn: 1854), Maßstab 1 : 21 333 $^1/_3$, Blattschnitt 33 auf 33 cm, im Schwarz-Weiß-Druck herausgegeben von der Historischen Kommission für Niedersachsen und Bremen und vom Niedersächsischen Landesverwaltungsamt – Landesvermessung –, Blatt 41: Nordhorn, Hannover 1977, Maßstab 1 : 25 000[41].

   Diese Aufnahme der 1815 neu hinzugewonnenen Gebiete diente der hannoverschen Regierung auch als Grundlage für Militär, Verwaltung und Planung in Ergänzung der Kurhannoverschen Landesaufnahme von 1764 bis 1786. Die Karte liegt original in Schwarzdruck mit Handkolierung vor[42]. Das Relief wird auf der Karte gestuft in Schraffen dargestellt, die Gewässer erscheinen in der farbigen Ausgabe in Blautönung. Die Bodenbedeckung wird deutlich nach Signaturen unterschieden. »Gebäude erscheinen als rechteckige Signaturen, ihre Lage ist in dichten Siedlungen vorsichtig zu interpretieren.« Das Flur- und Siedlungsnamenbild ist reichhaltig. Die Karte ist leicht lesbar. Sie »darf als eine der hervorragendsten Landesaufnahmen des 19. Jahrhunderts angesprochen werden.«

3. Fast ein halbes Jahrhundert später erscheint für unser Gebiet im Jahre 1897 (Aufnahme 1895) die Topographische Karte von Preußen 1 : 25 000, die vom Preußischen Generalstab aufgenommen und in Lithographie veröffentlicht wurde. Diese Aufnahme ist noch heute Grundlage für alle topographischen Karten[43].

   Die Karte ist exakt und gegenüber den vorangegangenen Werken verbessert, vor allem was die Höhensituation angeht. Die Signaturen entsprechen denen der heutigen Zeit. »Das Kartenwerk stellt einen großen Wert dar als Zwischenstufe gegenüber den ersten Aufnahmen und der Jetztzeit«[44].

---

[40] Vgl. H. KLEIN, Nordwestdeutschland in der exakten Kartographie der letzten 250 Jahre, in: Westfälische Forschungen 17/1964 und 18/1965.
[41] Im folgenden (auch Zitate): H. KLEIN, Nordwestdeutschland (17/1964), S. 73 f. (Nr. 35).
[42] Original: Hauptstaatsarchiv Hannover, Mappe 130.
[43] H. KLEIN, Nordwestdeutschland (17/1964), S. 74 f. (Nr. 36).
[44] H. KLEIN, Nordwestdeutschland (17/1964), S. 75 (Nr. 36 a).

4. Eine berichtigte Fassung der Topographischen Karte erschien 1950, zeigt aber den Zustand von 1939, wie auch der Vergleich mit einer Karte aus diesem Jahr zeigt[45]. Das aufgedruckte Gauß-Krügersche Gitternetz deutet darauf hin, daß diese Karte als militärische Unterlage gebraucht wurde. An Signaturen bringt sie nichts Neues.

5. Die neueste Ausgabe der Topographischen Karte 1 : 25 000 datiert aus dem Jahre 1971 und ist als dreifarbiger Druck erschienen. Sie zeigt uns die städtische Entwicklung der Nachkriegszeit, allerdings nicht die wesentlichen Veränderungen in den 70er Jahren. Diese werden aber im erläuternden Text ergänzt.

6. Zum abschließenden Vergleich wird die in Ausschnitt und Maßstab mit der Le Coq-Karte von 1804 vergleichbare Topographische Karte 1 : 100 000 herangezogen, auf der auch die Vergrößerung des Stadtgebietes durch Eingemeindungen im Laufe dieses Jahrhunderts festgehalten ist. Die für den Zusammendruck verwandten Karten sind 1975 (Blatt Nordhorn) und 1972 (Blatt Gronau/Westfalen) erschienen, letzte Nachträge datieren von 1972/74[46]. Die Karte zeigt die Siedlungen des kleinen Maßstabes wegen stark reduziert und generalisiert, einzelne innerstädtische Entwicklungen können schwerlich abgelesen werden. Dagegen vermittelt sie einen guten Überblick über großräumige Zusammenhänge und Entwicklungen im Umlandbereich.

Die Vechtetalung bei Nordhorn um 1800, natur- und kulturgeographische Faktoren (zur Karte von LE COQ von 1804, Abb. 13)

Der Kartenauschnitt zeigt die Städte Nordhorn und Neuenhaus in der Umgebung zahlreicher Landschaftselemente[47]. Im Süden reichen die nördlichsten Ausläufer der deutschen Mittelgebirge mit dem saxonisch gefalteten Kreidesandsteinkegel des Isterberges in die Karte hinein. Im Osten des Ausschnittes liegen die z. T. verheideten Niedermoore (*Engder Wöste*). Nördlich des *Stiffts Wietmerschen* ist das 80 Kilometer nach Norden reichende, in der Nacheiszeit gewachsene Bourtanger (Hoch-)moor erkennbar, dessen Entstehung an das ozeanische Klima dieses Raumes gebunden ist: In Nordhorn fallen – über das ganze Jahr verteilt – 760 mm Niederschlag[48]. Im Westen begrenzt die nördlich von Coesfeld entspringende, bei Gronau auf niederländisches Gebiet wechselnde, schließlich bei Neuenhaus in die Vechte mündende Dinkel das Kartenbild. Die nur Leitlinien aufzeigende Kartierung des niederländischen Staatsgebietes weist auf den militärischen Hintergrund der Kartenentstehung hin: Der preußische Generalmajor Le Coq durfte die seit 1794 französisch besetzte »Batavische Republik« nicht betreten. Nach Osten ist die Grafschaft Bentheim – deutlich sichtbar – vom Fürstentum Reina-Wolbeck und vom Herzogtum Meppen-Arenberg begrenzt, die

---

[45] Topographische Karte 1:25 000 von 1939, vorhanden bei der Stadtverwaltung Nordhorn, Stadtplanungsamt (als Bauleitplan umgestaltet).

[46] Die Topographischen Karten 1:25 000 (1971) und 1:100 000 (1975) sind mehrfarbig gedruckt erschienen und über den Buchhandel zu beziehen. Hier konnte der Druck aus technischen Gründen nur einfarbig erfolgen.

[47] Grundsätzlich zu diesem Teilthema: E. SCHRADER, Die Landschaften Niedersachsens. Ein topographischer Atlas, Neumünster 1970; vgl. auch: E. KEMPER, Geologischer Führer durch die Grafschaft Bentheim und die angrenzenden Gebiete, Bentheim 1964; das entsprechende Kapitel, in: H. SPECHT, Nordhorn.

[48] G. PRIEBE, Nordhorn, eine geographische Analyse, S. 12 (Messungen 1931–1960).

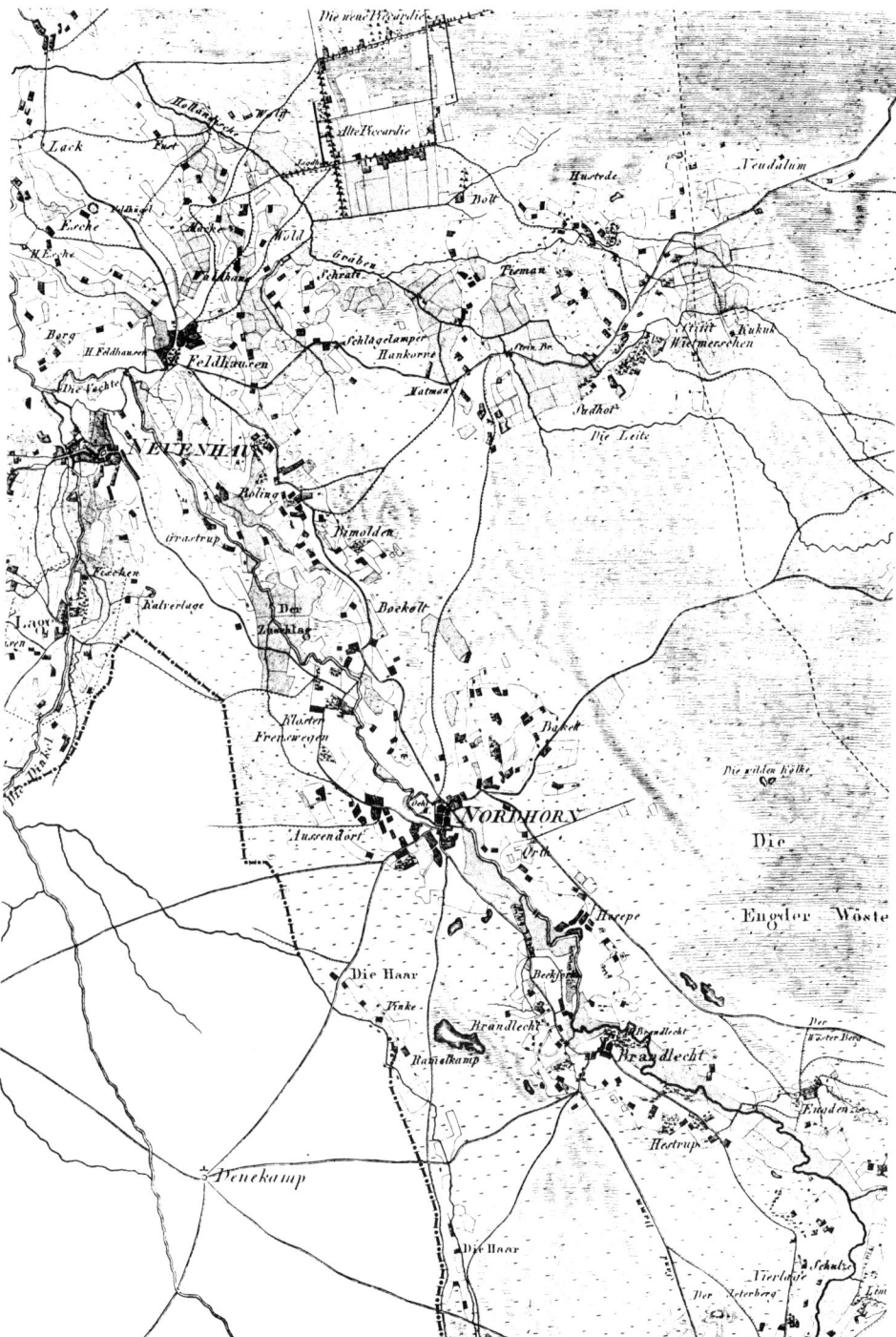

Abb. 13   Ausschnitt aus der topographischen Karte von 1804/05, 1:100 000 (verkl.)

beide erst 1803 im Zuge des Reichsdeputationshauptschluß durch Aufteilung des Fürstbistums Münster entstanden waren. Im Westen ist – als Enklave im Grafschafter Gebiet – die seit dem Mittelalter bis 1803 selbständige Herrschaft Lage erkennbar.

Die Grafschaft Bentheim wird von Südsüdost nach Nordnordwest von der in den Baumbergen nördlich Billerbeck entspringenden Vechte als siedlungsgeographischer Leitlinie durchzogen. Auf der von ihr und anderen kleinen Fließgewässern in der Spät- und Nacheiszeit z.T. terrassenförmig abgelagerten, dann teilweise nach Osten als Dünen verwehten Talsanden sind schon im Früh- und Hochmittelalter bäuerliche Siedlungen entstanden, zumeist in Streulage (z. B. *Bakelt* nordöstlich von Nordhorn), seltener als locker gefügte Drubbel (z. B. *Hesepe* südöstlich von Nordhorn) oder um eine Kirche herum (z. B. *Brandlecht* südlich von Hesepe). Weiter sind als nichtstädtische Siedlungsansätze die Klöster *Frenswegen* (nordwestlich von Nordhorn) und *Wietmerschen* erwähnenswert, die im Spätmittelalter und der frühen Neuzeit bedeutsam waren, letztgenanntes auch als Mittelpunkt der ältesten Siedlungen am Rande des Bourtanger Moores. Die am Nordrand der Karte sichbare *Alte Piccardie,* 1663 von dem Pfarrer und Arzt Johan Picardt gegründet, und die nach Norden seit 1725 anschließende Neue Piccardie (heute Georgsdorf) leiteten die Moorkultivierungen von seiten der Grafschaft Bentheim ein[49].

Auch die Orte *Feldhausen, Neuenhaus* und *Nordhorn* finden ihren Ursprung in der Initiative der Grafen von Bentheim, die an den bedeutenden Brücken bzw. Furten über Vechte und Dinkel im 14. Jahrhundert befestigte Häuser anlegen ließen, in deren Schutz sich größere, z.T. städtische (Neuenhaus: Stadtrecht 1369, Nordhorn: 1379) Siedlungen entwickelten[50]. Alle bedeutenden Verkehrswege der Mittel- und Niedergrafschaft laufen durch diese Orte. Die Landwege sind den natürlichen Voraussetzungen angepaßt: Sie verbinden, meist den Talsandebenen der Vechte folgend, Ober- und Niedergrafschaft. Die rechtwinklig dazu verlaufende, die norddeutschen Hansestädte über Lingen, Nordhorn und Denekamp mit den niederländischen und flämischen Handelsplätzen verbindende Straße sowie der von Wietmarschen nach Nordosten auf Meppen zuführende Weg durchqueren die Niederungsmoore an deren schmalsten Stellen. Erste Straßenausbauversuche zeigt ein *Sand-Damm* zwischen Brandlecht und dem Isterberg an. Der Weg von Nordhorn nach Bentheim wird auf diese Weise verkürzt. Alle Straßen waren jedoch noch zu dieser Zeit wegen der ständig hohen Niederschläge (s. o.) nur begrenzt benutzbar.

Der Kartograph deutet uns durch die Signatur an, daß die Vechte knapp südlich von Nordhorn zu einem breiteren, schiffbaren Fluß wird. Die Stadt erlebt zu dieser Zeit ihre Blüte als Umschlagplatz zwischen Straße und Schiff im Zuge der bedeutenden Verkehrslinie Münster (Max-Clemens-Kanal)–Wettringen–Schüttorf–Nordhorn–Ijsselmeerstädte (Zwolle–Kampen), über die auch der Bentheimer Sandstein abgesetzt wurde.

---

[49] HILLENBRAND in: K. BRÜNING und H. SCHMIDT (Hg.) Niedersachsen und Bremen, Stuttgart 1969 (= Handbuch der historischen Stätten Deutschlands 2), S.10.

[50] Zu Nordhorn: H. SPECHT, Nordhorn, Kurzfassungen und weitere Hinweise zur Geschichte der Städte in: K. BRÜNING und H. SCHMIDT, Niedersachsen und Bremen, S. 340 und 351 f.; auch in: E. KEYSER, Deutsches Städtebuch III, 1, S.245 f. und 256 f.; vgl. auch die Beiträge von EHBRECHT und SCHMITT in diesem Band.

Der Raum um Nordhorn kann um 1800 nur noch zu einem kleinen Teil als »Natur-landschaft« angesehen werden. Von menschlichen Einflüssen unberührt geblieben sind fast nur die inneren Niedermoorgebiete, z. B. die *Engder Wöste*. Die ursprüngli-chen Auenwälder, meist durch Eichen und Erlen geprägt, sind bis auf kleine Ausnah-men (*der Zuschlag* fünf Kilometer flußabwärts von Nordhorn) gerodet und in Grün-landnutzung übergegangen; die auf den Talsandebenen stehenden Eichen-Birken- bzw. in lehmigen Lagen (z. B. bei Brandlecht und Hesepe) vorkommenden Eichen-Buchen-Wälder wurden flußnah schon im Früh- und Hochmittelalter gerodet, die Flächen bei ständiger Plaggendüngung zum Ackerbau verwandt. Die weiten Heideflä-chen beiderseits des Vechtetals sind durch Plaggenabstich, Viehtrift und weitere Ver-nichtung des Waldes bis ins 18. Jahrhundert entstanden[51], wobei die humushaltigen Teile des Bodens vom Menschen abgetragen oder – ungeschützt den ständigen Regen-fällen ausgesetzt – bald ausgewaschen wurden. Dies führte zur Ausbleichung, somit zur vollkommenen Wertminderung des Bodens. Nur alte Flurnamen (*die Haar* süd-lich von Nordhorn an der niederländischen Grenze) lassen die ehemalige von Wald geprägte Naturlandschaft vermuten.

Die Bürger der Stadt Nordhorn können zu dieser Zeit ihr wirtschaftliches Leben nicht nur auf der durch schlechte Voraussetzungen beeinträchtigten Landwirtschaft des näheren Umlandes aufbauen, sie sind auf die Umschlagsfunktion der Stadt im Fernhandel angewiesen.

Nordhorn vor der Industrialisierung – Brückenort und Umschlagplatz (zur Karte GAUSS / MÜLLER von 1854, Abb. 14)

Auf der Karte ist das nähere Umland von Nordhorn in Einzelheiten zu erkennen. Das diesen Raum durchziehende Vechtetal besitzt – infolge des Staus an den Nord-horner Mühlen (die Kolke sind im Westen der Altstadt zu sehen) – oberhalb der Stadt eine deutlich breitere Aue, die als Weideland genutzt wird. Der wegen des geringen Gefälles stark mäandrierende Fluß hat mehrmals sein Bett gewechselt und hinterläßt zahlreiche Altarme. Besonders auffällig ist eine Flußverlagerung um fast einen Kilo-meter nach Osten in der Nähe von Hesepe (Südrand der Karte). Die auf beiden Seiten des Flusses aufgeschütteten sandigen bis (etwa bei Hesepe) lehmigen Terrassenflächen ermöglichen durch Plaggendüngung intensivierte ackerbauliche Nutzung (s. o.), die auf *Esch* oder *Kamp* endenden Flurnamen deuten die mittelalterliche Rodung und In-wertsetzung an. Östlich des Flusses erkennen wir in der vegetationslosen Nacheiszeit von Westwinden aufgewehte Dünenfelder, deutlich vor allem südöstlich von *Ohrt*. Drubbel (Frensdorf, Hesepe, *Ohrt*) und Siedlungen in Streulage (Bakelde, Altendorf) sind sehr deutlich auszumachen (s. o.).

Die beiderseits des Flusses sich ausdehnenden Moor- und Heideflächen sind durch flache abflußlose Seen (*gr.* und *kl. Blanke*) und durch Dünenfelder (*die weissen Bülte* zwei Kilometer südwestlich von Nordhorn) gekennzeichnet. Sie sind siedlungsfeind-lich, werden aber zur Viehtrift, zum Torfabstich (südlich der *weissen Bülte*) und zum Abbau von Sand (unmittelbar südlich der Straße nach Denekamp am Kartenrand) ge-nutzt.

---

[51] Vgl. D. OVERHAGEBÖCK in W. EHBRECHT (Hg.), Lingen, S. 12 f.

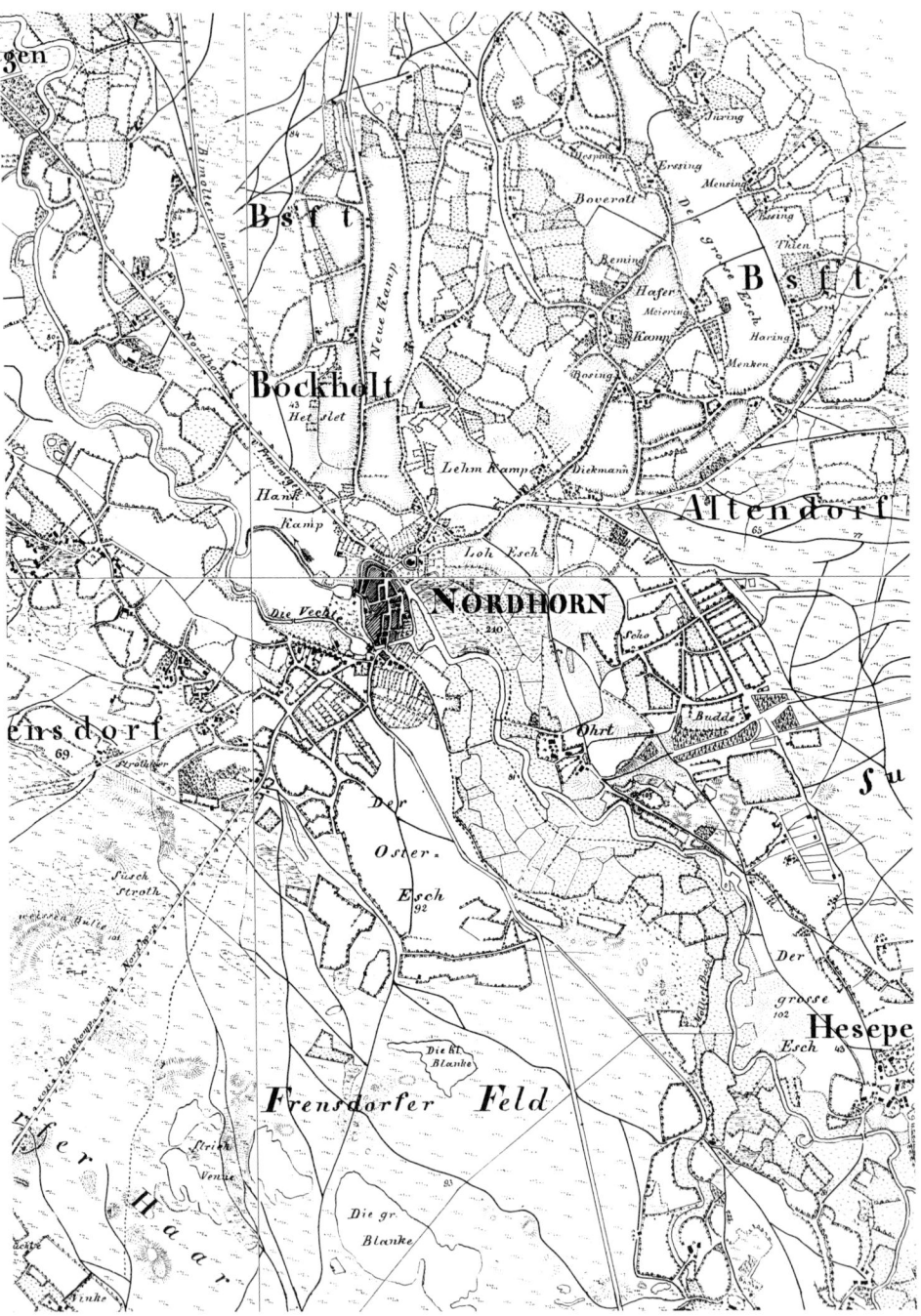

Abb. 14   Ausschnitt aus der topographischen Karte von 1854, 1: 25 000 (verkl.)

Die günstige Lage Nordhorns wird auf dieser Karte besonders deutlich: Die Stadt entstand an der Stelle, wo nahe an die Flußaue grenzende, hochwasserfreie Esche den Übergang der bedeutenden Straße von Lingen nach Oldenzaal (s. o.) besonders begünstigten, wo andererseits – vielleicht durch vorhandene Altarme erleichtert – die Anlage der vom Wasser geschützten Burg und Stadt gut möglich erschien.

Die Stadt ist 1854 kaum aus der so geschaffenen Isolation herausgekommen. Die alte Umschlagstelle für die Vechteschiffahrt ist westlich des Kolks am südlichen Vechtearm zu erkennen. Daher gibt es seit dem Beginn des 19. Jahrhunderts hier eine stärkere Ansiedlung vor den Stadttoren als im Norden. Nordhorns Zeit als Umschlagplatz an der Vechte geht jedoch dem Ende zu: Die zu dieser Zeit bestehenden Zollgrenzen zwischen dem Königreich Hannover und den benachbarten Königreichen Preußen und Niederlande haben die alten Handelsbeziehugen (s. o.) vorerst zerstört[52].

Nordhorn durchläuft wirtschaftlich einen Tiefpunkt, die beiden schon existierenden Spinnwebereien Stroink & van Delden (seit 1846) und Kistemaker & Povel (seit 1851) mit zusammen 138 Beschäftigten sind kartographisch nicht besonders dargestellt. Sie liegen außerhalb der Innenstadt unmittelbar westlich des südlichen Mühlenkolks und, etwas abseits der Straße nach Neuenhaus (Richtung Nordwesten), direkt am *Hankkamp*.

Ein größerer Fortschritt ist im Ausbau der Landwege erkennbar[53]. Noch vor 1815 wurde die für die napoleonische Kriegsführung wichtige Verbindung von Zwolle über Hardenberg, Neuenhaus (und Frenswegen), Nordhorn nach Lingen gebaut. Auch die Chausseeverbindung nach Bentheim war 1815 trassiert, aber erst um 1850 befestigt; die im ersten Drittel des Jahrhunderts fertiggestellte Kunststraße nach Denekamp brachte einen weiteren Anschluß an das niederländische Straßensystem. Regional bedeutsame, meist zwar aufgeschüttete, aber nicht befestigte und daher oft kaum passierbare Wege führten nach Ootmarsum (Niederlande) im Westen, Bimolten und Hohenkörben im Norden. Die im 19. Jahrhundert geschaffenen Trassen bilden zwar bis in unsere Zeit das Rückgrat des Straßensystems im Umland von Nordhorn, sie konnten damals aber nicht das für den Aufschwung der Industrie so wichtige Problem des Massengütertransports lösen, wie dies etwa mit der Eisenbahn in den benachbarten Städten Rheine, Lingen, bald auch Schüttorf gelang (s. o.). Die in dieser Hinsicht so bedeutsame, von der Stadt stark propagierte Kanalverbindung zwischen Ems und Vechte steckte gerade in den Anfängen, wie am Ostrand der Karte (zwei Kilometer östlich von *Ohrt*) zu erkennen ist, die Vollendung ließ aber noch ein Vierteljahrhundert auf sich warten.

Nordhorn als Textilstadt am Beginn des industriellen Aufstiegs (zur Topographischen Karte 1 : 25 000 von 1895/97, Abb. 15)

Nordhorn durchläuft zum Zeitpunkt der Herausgabe dieser Karte eine erste stürmische Entwicklungsphase (s. auch Abb. 1)[54]. Das kleine städtische Gebiet bietet nur geringe Entwicklungsmöglichkeiten; daher gruppieren sich die Fabriken um den Alt-

[52] Hierzu und zum folgenden vor allem H. SPECHT, Nordhorn.
[53] Vgl. H. KLEIN in: W. EHRECHT, Lingen, S. 160–168.
[54] Zum folgenden: H. SPECHT, Nordhorn; B. SCHOMAKERS, Wirtschaftsstruktur; B. POVEL, Textilindustrie.

Abb. 15   Ausschnitt aus der topographischen Karte von 1895/97, 1: 25 000 (mit einem Profil) (verkl.)

stadtkern herum, und zwar wegen der günstigen Entwässerungsmöglichkeiten an den Armen der Vechte: Im Norden der Betrieb von Kistemaker, Rawe und Schlieper, im Südwesten die Weberei von Stroink & Co. (diese beiden Fabriken waren im Ansatz ja schon 1854 erkennbar), im Südosten der Betrieb Povel & Co., der mit der zu dieser Zeit eingeführten Buntweberei eine der Grundlagen für den raschen Aufstieg der Stadt legte. Unter den vielen Faktoren für die Industrialisierung fällt im Kartenbild der Ausbau des Verkehrswesens ins Auge: Für die Verbilligung der Transportkosten bei der Heranschaffung von Rohstoffen und Energieträgern (Ibbenbürener Kohle) und beim Absatz der Fertigprodukte war die während der Kartenaufnahme (1896) fertiggestellte Eisenbahnverbindung mit der Hauptstrecke bei Bentheim besonders wichtig. Der Ems-Vechte-Kanal, nach jahrzehntelangen Arbeiten mit Erbauung der *Kupfer-* (richtig: Koppel-)Schleuse an der Vechte 1882 fertiggestellt, bekam mit dem Anschluß an den 1899 fertiggestellten Dortmund-Ems-Kanal erhöhte Bedeutung für die Heranschaffung von Ruhrkohle. Die Führung des Kanals unmittelbar an der Altstadt vorbei geht auf das ausdrückliche Verlangen der »Stadtväter« zurück, auf diese Weise konnte auch der Hafen, der nördlich der Einmündung des Verbindungskanals zur Vechte (1887 fertiggestellt) an der Straße nach Lingen lag, noch auf städtischem Gebiet errichtet werden. Der im Bau befindliche Süd-Nord-Kanal dagegen hatte weniger Bedeutung für die Verkehrserschließung als vielmehr für die Meliorationsarbeiten im Bourtanger Moor. Die in der Karte erkennbaren, in die Kanaltrassen eingezeichneten Pfeile verdeutlichen, daß die Kanäle nicht – wie üblich – strömungsfrei sind, sondern ein Gefälle von der Ems zur Vechte hin besitzen. Das Straßen- und Wegenetz hat sich im Gegensatz zum Ausbau der Wasserwege seit 1854 weder der Qualität noch der Quantität nach nennenswert verändert.

Die siedlungsgeographischen Folgen der Industrialisierung sind dagegen auf der Karte kaum sichtbar. Noch befindet sich der größte Teil der Wohnhäuser im mittelalterlichen Oval der Innenstadt. Nur in den alten Gartengebieten nördlich und südlich des Kerns entstehen in günstiger Lage zu den Fabriken, vor allem entlang der (befestigten) Hauptausfallstraßen neue Siedlungsansätze. An der Neuenhauser Straße im Norden und der Bentheimer Straße im Süden sind – erkennbar an der teilweise geschlossen, gleichmäßigen Bauweise – die ersten Werkswohnungen errichtet worden. Die Ausweisung eines neuen Friedhofes etwa 500 Meter nördlich der Altstadt weist auf die steigende Bevölkerungszahl hin. Ein »Begräbnisplatz« an der Straße nach Bentheim, etwa 1,3 Kilometer von der Innenstadt entfernt, zeigt die wachsende Bedeutung des jüdischen Bevölkerungsteils auf.

Im Umland macht sich – abgesehen von der Ausweitung der Verkehrsflächen – die Industrialisierung noch nicht bemerkbar. In den mit relativ guten Eschböden ausgestatteten Bauerschaften Bakelde und Altendorf im Nordosten, Oorde und Hesepe im Südosten behielten der Beharrungswille und das Mißtrauen gegenüber der aufstrebenden Industriestadt noch Jahrzehnte die Oberhand und verhinderten – neben den vergleichsweise sehr hohen Bodenpreisen – eine großzügige, planvolle Siedlungsausweitung. Aber auch die naturgeographisch benachteiligten Ortschaften Bookholt im Norden und Frensdorf im Westen zeigen noch keine erkennbaren Siedlungsausweitungen, da die von Bahnbau und Industrialisierung gesetzten Impulse noch nicht greifen konnten. Die im 19. Jahrhundert in anderen Gebieten großzügig einsetzenden

Aufforstungsmaßnahmen sind hier nur vereinzelt – wohl in Zusammenhang mit dem Kanalbau stehend – erkennbar. Neben einzelnen Nadelwaldflächen in der Nähe des Ems-Vechte-Kanals bestehen diese Pflanzungen in der Nähe der Straße nach Denekamp und in den Heidegebieten der Frensdorfer Haar. Der dort auch sichtbare Sandabbau steht wohl im Zusammenhang mit der Errichtung von Dammbauten für die neue Bahnlinie.

Die erstmals exakte Höhenaufnahme dieser Karte ermöglicht die Anlage eines Querschnittes durch das Vechtetal bei Frensdorf und Oorde (s. Abb. unter der Karte). Die neben der auch von Altarmen durchzogenen Flußaue steil aufsteigenden, ackerbaulich genutzten Esche sind geologisch als Uferwälle zu verstehen, die in der Weichselkaltzeit bei Hochwasser entstanden sind, »wenn das Wasser über die Ufer der damaligen Stromrinne trat und flächenhaft verbreitet dahinfloß[55]«. Demgegenüber sind die im Westen meist verheideten, im Osten des Flusses oft mit Dünen oder Flugsand überzogenen Niederterrassen Ablagerungen der weit über die jetzige Stromrinne ausufernden, kaum durch Vegetation gehemmten Vechte in der frühen Weichselkaltzeit. Dieses Profil ist für die Vechte – und in größeren Dimensionen – auch für die Emstalung typisch.

Das Kartenbild dieser Zeit zeigt eine aufstrebende Industriestadt mit einer gegenüber den verkehrsgeographisch günstig gelegenen Nachbarstädten Lingen und Rheine vergleichsweise geringen Siedlungsentwicklung. Der Ausbau der Verkehrswege signalisiert den Aufschwung, deren ausdrücklich gewünschte Heranführung an das Stadtgebiet aber, wie auch die Einengung durch die umliegenden Bauerschaften schaffen – den »Stadtvätern« wohl damals gar nicht bewußte – Probleme für die weitere Entwicklung. Unter der Zerschneidung des Stadtgebietes durch Vechtetalung, Kanäle und Eisenbahn und der daraus folgenden auswuchernden, oft unstrukturierten Siedlungsausweitung leidet die Stadt noch heute.

Die Siedlungsausweitung ins Umland – Nordhorn am Ende der Zwischenkriegszeit (zur Topographischen Karte 1 : 25 000 von 1939/50, Abb. 16)

Die Karte zeigt Stadt und Umland am Ende zweier stürmischer Entwicklungsphasen zwischen 1885 und 1913 sowie 1924 und 1930[56]. Deutlich zeigt die vergrößerte Industriefläche den Aufschwung an. Neue Betriebe sind nordwestlich des Kerns auf der Bußmaate am Zusammenfluß der Vechtearme (seit 1911, erst Spinnerei, später Spinnweberei, Gesellschafter: Rawe, van Delden, Stroink) sowie im Süden der Stadt in verkehrsgeographisch besonders günstiger Lage zwischen Bahn und Kanal auf dem ehemaligen Osteresch (1898, Spinnweberei Niehues & Dütting) entstanden. Alle anderen Betriebe sind wesentlich vergrößert worden. Nur die schon fast ein Jahrhundert alte Fabrik von Stroink unmittelbar südwestlich des südlichen Mühlenkolks hat – nach vorhergehendem Tod des letzten Inhabers – die Weltwirtschaftskrise von 1930 nicht überstanden: Sie ist zum Teil schon abgebrochen. Die Standortfaktoren der Betriebe

---

[55] A. Thiermann u. a., Geologische Karte von Nordrhein-Westfalen 1:25 000. Erläuterungen zu Blatt 3710 Rheine, Krefeld 1973, S. 77; vgl. auch A. Thiermann (wie oben), Erläuterungen zu den Bll. 3707 Glanerbrücke, 3708 Gronau, 3709 Ochtrup, Krefeld 1968 (zum Oberlauf der Vechte).
[56] Zum folgenden vor allem H. Specht, Nordhorn; B. Schomakers, Wirtschaftsstruktur.

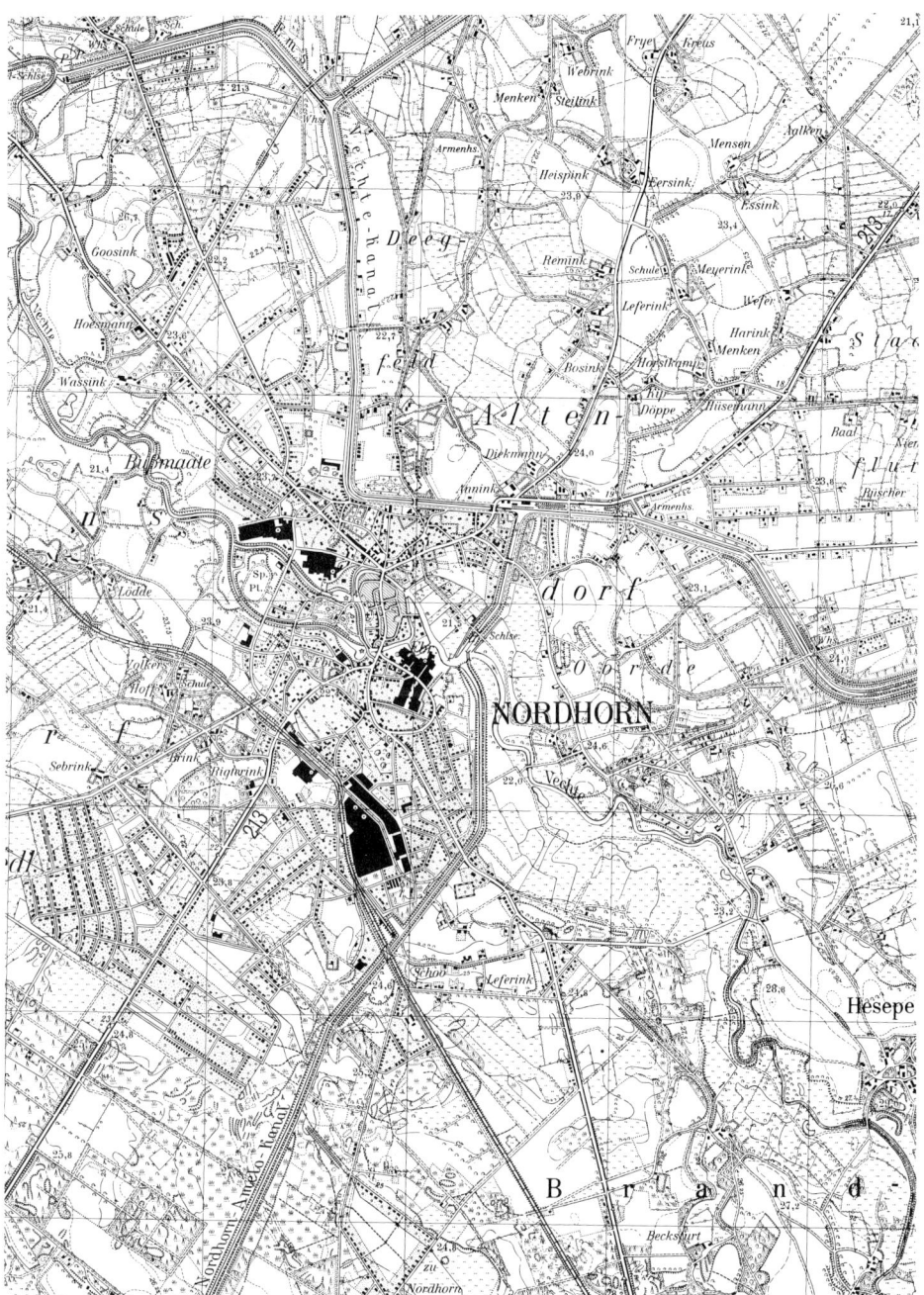

Abb. 16 Ausschnitt aus der topographischen Karte von 1939/50, 1: 25000 (verkl.)

sind mit Anlehnung an die Verkehrswege (Niehues & Dütting), Lage an den Wasserläufen zur günstigen Ver- und Entsorgung und mit dem Beharrungsbestreben der älteren Unternehmen recht einfach zu erklären.

Die Analyse der Siedlungsentwicklung ist dagegen weitaus komplexer. Dies hängt
mit den o. a. Schwierigkeiten – der Zerteilung des Stadtgebietes durch die Wasserläufe
und Verkehrswege, langwährende räumliche Einengung der Stadt durch Nachbargemeinden – zusammen. Schon die nach 1895 errichteten Werke mußten außerhalb des
städtischen Bereiches auf Bookholter und Frensdorfer Gebiet angelegt werden. Eine
Siedlungsausweitung und -verdichtung erfolgte erst auf den Gartenflächen der Stadt
(s. o.), bald schon mußten die Häuser jedoch jenseits der engen städtischen Grenzen
errichtet werden. Die Ausdehnung erfolgte zunächst auf Frensdorfer Gebiet. Die zu-
ziehenden Arbeiter konnten sich den Baulanderwerb auf teuren Eschböden nicht leisten und besiedelten die Heideflächen. Lediglich der Oteresch östlich der Fabrik von
Niehues & Dütting wurde im Jahre 1900 planmäßig aufgeteilt und bebaut. Erste größere Werkssiedlungen entstanden hier und nördlich der Fabrik auf der Bußmaate,
auch auf Bookholter Gebiet. Schließlich sind aus der Zeit vor dem Ersten Weltkrieg
noch die polypenhaften Siedlungsausweitungen entlang der Hauptausfallstraßen zu
erwähnen.

In der Gemeinde Frensdorf wohnten entsprechend dieser Entwicklung im Jahre
1913 mehr Menschen als in Nordhorn (Frensdorf: 4630 Einwohner; Nordhorn: 3329
Einwohner)! Diese Gemeinde entschloß sich daher 1920 als erste zu einem kommunalen Zusammenschluß mit der Stadt. Nun konnten die Wohnungsprobleme großzügig
und planmäßig angegangen werden. Mit Unterstützung der Niedersächsischen Heimstätte wurden hier 1927 bis 1929 über 600 Wohnungen in zwei Siedlungen (Neu-Berlin
südöstlich, Blumensiedlung nordwestlich der Straße nach Denekamp) errichtet, die
u. a. 150 aus dem damals schon von starker Arbeitslosigkeit betroffenen Ruhrgebiet
ausgesiedelte Bergleute mit ihren Familien aufnahmen[57]. Nach Trockenlegung der
Blanke-Seen südöstlich des Nordhorn-Almelo-Kanals sind in den dreißiger Jahren
hier auch erste Siedlungsansätze entstanden.

Erst nach Gesetzesänderungen im Jahre 1929 konnten weitere für die Lösung der
drängenden Probleme notwendige Eingemeindungen z. T. zwangsweise vorgenommen werden. Das Nordhorner Stadtgebiet dehnte sich nun weit über den gezeigten
Kartenausschnitt aus, lediglich im Südosten konnten die Gemeinden Hesepe und
Brandlecht nach Abgabe einiger Flächen an die Stadt selbständig bleiben. Es ist bezeichnend, daß aus dieser Zeit der erste Bauzonenplan (1931) überliefert ist. Aber die
nun einsetzenden Vorhaben vor allem im sozialen Wohnungsbau, etwa südlich der
Stadtflur (im Osten) oder zwischen Vechte und Ems-Vechte-Kanal (im Norden), fallen der Weltwirtschaftskrise und der darauf folgenden Finanzschwäche der öffentlichen Hand zum Opfer.

Dagegen beweist die Karte, daß eine Reihe infrastruktureller und Versorgungsprobleme gelöst worden sind[58]. Schon 1898 war unmittelbar östlich des Friedhofs am
»Kanalwinkel« ein Gaswerk entstanden, seit 1906 versorgte das südlich der Fabrik

---

[57] Die Stadtteilnamen sind hier vom Volksmund nach den vorgegebenen Straßennamen geprägt worden.
[58] Zu diesem Abschnitt besonders H. SPECHT, Nordhorn.

Niehues & Dütting im nördlichen Winkel zwischen Kanal und Bahn gelegene Wasserwerk zunächst Frensdorf, später Nordhorn. Im südlichen Winkel dieser Verkehrswege wurde 1925 ein Umspannwerk errichtet, erkennbar an der Umzäunung des entsprechenden Grundstücks, so daß die Bevölkerung der Stadt mit elektrischem Strom versorgt werden konnte. Erste Straßenverkehrsprobleme traten offenbar schon zu dieser Zeit auf, denn zwischen den Straßen nach Denekamp und Neuenhaus wurde eine Verbindung (heute »Stadtring«) geschaffen – die entsprechenden Brücken über beide Vechtearme wurden zwischen 1925 und 1930 errichtet. In der Nähe dieser Brücke über den südlichen Vechtearm entstand – als Großgebäude deutlich erkennbar – seit 1926 die erste höhere Schule der Grafschaft in Nachbarschaft zu dem auch damals angelegten Sportplatz – für diese Zeit eine vorbildliche Konzeption. Das Großgebäude westlich des »Kanalwinkels« ist an der umgebenden Parkanlage als das 1929 fertiggestellte (evangelisch-reformierte) Kreis-Krankenhaus zu erkennen, das 1927 eingeweihte katholische Marienkrankenhaus liegt ähnlich sichtbar im Stadtteil Frensdorf, etwa 1,5 km südwestlich des Stadtkerns an der Reichsstraße 213.

Der Gewässerausbau ist gegenüber den beschriebenen Entwicklungen wenig vorangeschritten: 1903 wurde der die Stadt mit dem niederländischen Wasserstraßensystem verbindende Nordhorn-Almelo-Kanal fertiggestellt. Er wurde allerdings in der Zeit nach dem Ersten Weltkrieg aus politischen Gründen kaum noch genutzt. Die Vechte als ständig hochwassergefährdeter Fluß ist auf dieser Karte erst im Bereich von Hesepe als reguliert erkennbar.

Das Kartenbild zeigt deutlich, wie staatliche und kommunale Behörden versucht haben, die infolge der starken industriellen Entwicklung auftretenden Probleme zu lösen. Besonders auf dem Gebiet des sozialen Wohnungsbaus, der Infrastruktur und der kommunalen Versorgungseinrichtungen sind weitreichende Leistungen in der Zeit der Weimarer Republik vollbracht worden. Demgegenüber fallen die Taten des NS-Regime für Nordhorn bescheiden aus. In benachbarten Städten (Rheine, Lingen) wurden zu dieser Zeit viele Kasernen gebaut, Nordhorn war wegen der vielen niederländischen Einpendler eine im militärischen Bereich wohl zu risikobehaftete Stadt.

Auffüllung, Verdichtung und Ausdehnung – die Nachkriegsentwicklung der Stadt
(zur Topographischen Karte 1 : 25000 von 1971, Abb. 17)

Nach dem Zweiten Weltkrieg hat Nordhorn die größte Erweiterung in seiner 600-jährigen Geschichte erfahren: 60,4% aller Wohngebäude und 58,9% aller Wohnungen sind zwischen 1948 und 1968 entstanden[59]. Dies läßt auf die »Bevölkerungsexplosion« zu dieser Zeit schließen, bedingt durch die Zuwanderung der aus den ehemaligen deutschen Ostgebieten Vertriebenen[60] und durch die bis Mitte der 60er Jahre steigenden Geburtenüberschüsse. Entscheidend für die weiträumige Ausdehnung ist auch die Tatsache, daß – entsprechend den Wohnvorstellungen der Bevölkerung – 92,2% aller Wohngebäude nur eine oder zwei Wohnungen haben[61].

Die Siedlungsentwicklung vollzog sich auf zweifache Weise: Einmal wurden die ja

[59] G. PRIEBE, Nordhorn, eine geographische Analyse.
[60] B. SCHOMAKERS, Wirtschaftsstruktur, S. 33 f.
[61] G. PRIEBE, Nordhorn, eine geographische Analyse.

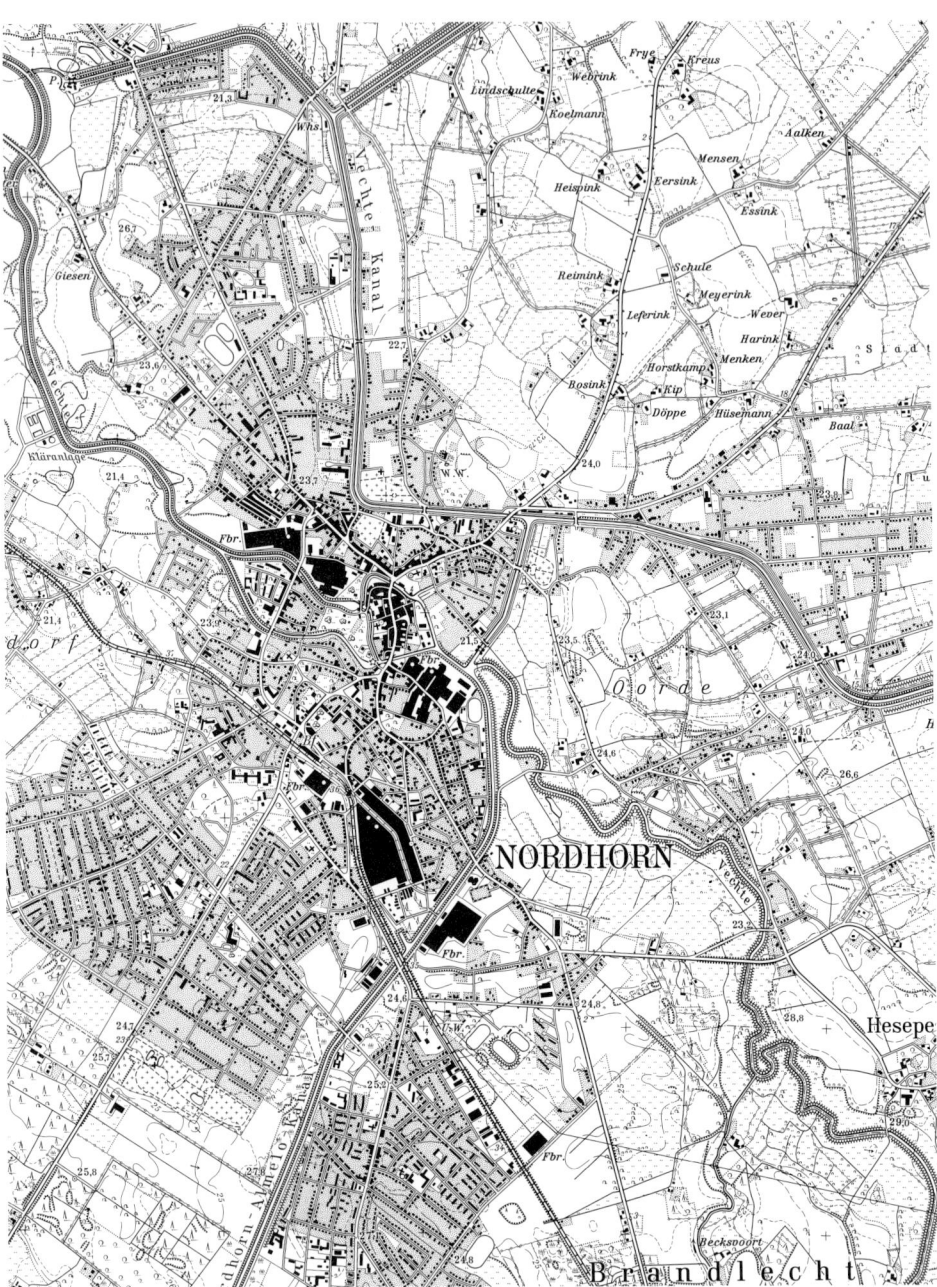

Abb. 17   Ausschnitt aus der topographischen Karte von 1971, 1: 25 000 (verkl.)

schon meist in den zwanziger Jahren angelegten weiträumigen Wohngebiete – vor allem im Ortsteil Frensdorf – aufgefüllt. Dort sind deutlich die erst seit Ende der fünziger Jahre errichteten großen Mehrfamilienhäuser (vor allem westlich der Fabrik Nino [ehemals Niehues & Dütting] zwischen B 213 und Kanal) von den vorwiegend errichteten Ein- und Zweifamilienhäusern zu unterscheiden. Im Bereich der Stadtflur, etwa zwei Kilometer östlich des Stadtkerns, wurden vorhandene Siedlungsansätze genutzt. Hier sind ausschließlich Einfamilienhäuser mit z. T. sehr großen Gärten errichtet, kurz nach dem Krieg hatte die Nebenerwerbslandwirtschaft größere Bedeutung als in unserer meist fremdversorgten Gesellschaft. In der Mitte des ebenfalls aufgefüllten Stadtteils zwischen Ems-Vechte-Kanal und Vechte (Bookholt) fällt eine in der Nachkriegszeit erbaute militärische Großanlage auf. Eine Verdichtung erfolgte im Innenstadtbereich, deutlicher sichtbar noch an den Hauptausfallstraßen nach Lingen und Neuenhaus im Norden, Bentheim im Süden, wo die offene einer geschlossenen Bauweise gewichen ist, so daß – auch ohne Funktionskartierung – eine Ausweitung des Stadtkerns in diese Richtung zu erkennen ist. Unmittelbar westlich und südwestlich der Altstadt sind nach dem Kriege viele Großgebäude entstanden, die Kreisverwaltung und die nachfolgenden Behörden haben dieses Viertel geprägt. Dieser Lagefaktor, die günstige Verbindung zur Altstadt, die gute Bebaubarkeit (alter Eschboden) und die klimatisch günstige Lage zur Industrie (bei vorherrschenden Westwinden) haben dazu beigetragen, daß westlich im Anschluß an das »Verwaltungsviertel« zwischen südlichem Vechtearm und Eisenbahn ein Wohnviertel für die gut gestellten Bürger entstanden ist.

Ein anders geprägter Stadtteil ist im südlich gelegenen Winkel zwischen Bahn und Nordhorn-Almelo-Kanal aufgebaut worden: die Blanke. Dieser Stadtteil ist heute der größte mit (1971) etwa 11 000 Einwohnern, was etwa 24 % der Gesamteinwohnerzahl ausmacht[62]. Der Stadtteil ist vorwiegend von Vertriebenen besiedelt worden und bis heute davon geprägt, wie auch Straßennamen etwa im südlichen Teil zeigen. Im Stadtteil Blanke sind besonders viele – zum großen Teil zur Behebung der Wohnungsnot Anfang der 50 er Jahre errichtete – Reihen- und Mehrfamilienhäuser gebaut worden. Hier läßt sich auch das in anderen Stadtteilen vorkommende Zentrum besonders gut auf der Karte ausmachen: Zwischen den beiden (kreuzförmig angelegten) Kirchen ist an der zur Innenstadt führenden Straße – an der Verdichtung erkennbar – ein Geschäftszentrum zur Erfüllung des täglichen Bedarfs entstanden. Die naheliegenden Grund- und Hauptschulen sind an der verwinkelten Bauweise auszumachen. Ein Sportstadion in unmittelbarer Nähe vervollständigt dieses Nebenzentrum. Solch eine Ansammlung von Einrichtungen zur Versorgung der Menschen mit Gütern des täglichen Bedarfs (vor allem Lebensmitteln), grundständiger Bildung und zur Ermöglichung von Freizeitaktivitäten ist ähnlich im südwestlich gelegenen Stadtteil Blumensiedlung zu finden.

Im Osten des Stadtteils Blanke an der Bahn und im Süden am Kanal sind kleinere Gewerbebetriebe daran zu erkennen, daß sie – im Gegensatz zu den Wohngebäuden – nicht von Gärten umgeben sind. Die Industrie hat sich im übrigen räumlich nur wenig erweitert, nur die Firma Nino hat südlich des Nordhorn-Almelo-Kanals schon zu Be-

---

[62] G. Priebe, Nordhorn, eine geographische Analyse.

ginn der fünfziger Jahre ein neues Werk errichtet. Hier wird das Versäumnis deutlich, rechtzeitig vor der Strukturkrise der 60er und 70er Jahre auch außertextile, vor allem Wachstumsindustrien nach Nordhorn zu ziehen und so die Arbeitsmarktsituation insgesamt stabiler zu gestalten. Dieses Problem ist inzwischen durch Ausweisung und beginnender Bebauung des Gewerbegebietes beiderseits der B 213 im Südwesten der Stadt in etwa 600 Meter Abstand von den Wohngebieten angegangen worden[63].

Auf der Karte von 1971 erscheint auch die Verkehrssituation prekär. Zwar sind nach 1950 alle Wege innerhalb des dicht besiedelten Stadtgebietes befestigt worden, aber das seit dem 19. Jahrhundert überkommene Straßensystem trägt auch im Jahre 1971 den Verkehr; die die Innenstadt durchquerende Hauptstraße muß noch fast den gesamten Durchgangsverkehr aufnehmen, womit sie zu 50% überlastet ist und ihre Funktion als Einkaufszentrum für Stadt und Umland so schwerlich erfüllen kann[64]. Auch hier hat sich die Lage bis 1979 gebessert: Der westlich gelegene Stadtring ist im Norden entlang der Kanaltrasse über die Neuenhauser Straße hinaus zur Lingener Straße, im Süden am Bahnhof und dem großen Fabrikgebäude von Nino vorbei bis zur Straße nach Bentheim erweitert worden. Diesen Ring wird die Bentheimer Straße und Lingener Straße verbindende, den Stadtteil Oorde durchquerende Osttangente zu Beginn der 80er Jahre schließen, die im Süden um den Stadtteil Blanke herum als Südtangente bis zum Grenzübergang Frensdorfer Haar geführt wird[65].

Die Regulierung und Eindeichung der Vechte ist 1971 bis auf den Lauf zwischen Hesepe und der Innenstadt abgeschlossen. Eine städtische Kläranlage ist am westlichen Kartenrand erkennbar, sie liegt auf dem Gelände einer ehemaligen Erdgassonde[66]. Auch hier hat sich das Bild bis 1979 vervollständigt. Zwischen dem Nordhorn-Almelo-Kanal und dem Ortsteil Oorde ist inzwischen der als Sandfang für die obere Vechte wie als Mittelpunkt eines Erholungsgebietes geplante Vechtesee in einer Länge von etwa 750 Meter und einer Breite von etwa 200 Meter entstanden[67].

Ähnlich wie im ersten Drittel des Jahrhunderts hat es also in den letzten 30 Jahren zwei Phasen gegeben: Die erste war geprägt von einem industriellen Wiederaufstieg und der Erfüllung der Wohnbedürfnisse bei stark ansteigender Bevölkerung, die zweite Phase – etwa 1965 beginnend – bringt zwar konjunkturell wie strukturell bedingte Wirtschaftsprobleme, weitreichende Planungen aber, die die Infrastruktur und die Wirtschaftskraft der Stadt betreffen, werden vor allem in den letzten Jahren angegangen und verwirklicht.

Vom bäuerlich zum industriell geprägten Raum – das Umland von Nordhorn von 1804 bis heute (zur Topographischen Karte 1 : 100 000 von 1972/75, Abb. 18)

Die Analyse dieser Karte ermöglicht uns den Vergleich mit der in Maßstab und Ausschnitt identischen Karte von Le Coq von 1804 sowie eine auf einer Zusammenfassung aufbauende, abschließende Wertung der Entwicklung. Besonderer Raum wird hierbei den in der Ausweitung der Wirtschafts-, Siedlungs- und Verkehrsflächen sichtbaren Veränderungen des Nordhorner Umlandes gewährt. Zwar hatten die Menschen schon

---

[63] Vgl. Flächennutzungsplan der Stadt Nordhorn 1974.
[64] Generalverkehrsplan der Stadt Nordhorn, Nachtrag 1976/77, S. 16.
[66] Topographische Karte 1:25 000 Nordhorn (3508), 1960.
[67] Vgl. Flächennutzungsplan 1974.

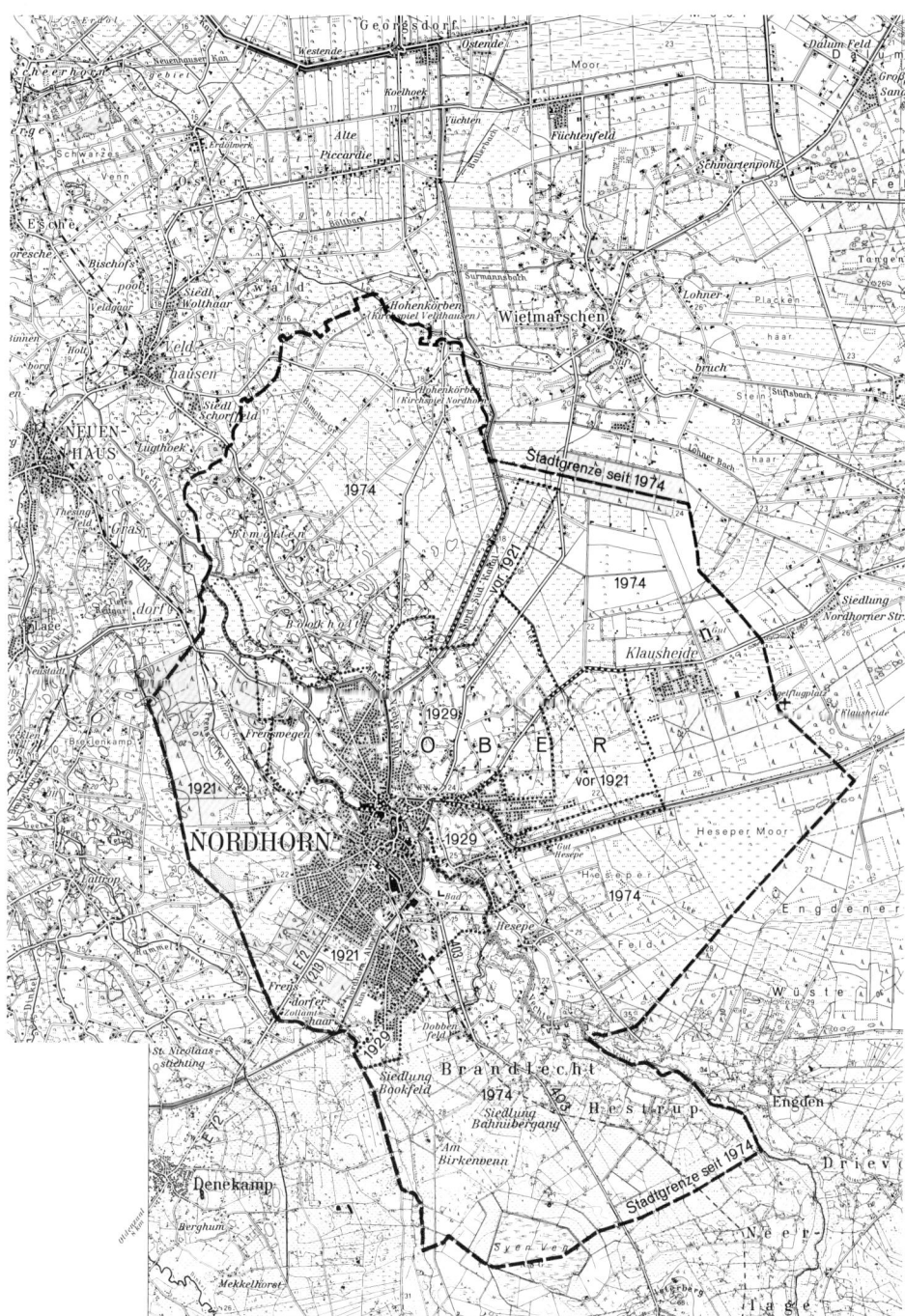

*Abb. 18   Ausschnitt aus der topographischen Karte von 1972/75, 1:100000 (mit Einge-
meindungen der Stadt Nordhorn im 20. Jahrhundert) (verkl.)*

vor der Industrialisierung den Naturraum stark verändert, aber die Eingriffe in den letzten 175 Jahren haben dieses Gebiet so weit umgestaltet, daß die wenigen überwiegend von Naturfaktoren geprägten Kleinräume als »Naturschutzgebiete« konserviert werden müssen (z. B. das Syenvenn, ein Hochmoorgebiet am Südrand der Karte). Ansonsten ist das Nordhorner Umland einschließlich des größten Teils der Moorflächen im Norden und Osten der Karte von den Menschen genutzt und beeinflußt.

Forstwirtschaftlich ist ein Zuwachs der Waldflächen in den früheren Heide- und Niederungsmoorgebieten, z. B. im Osten zwischen Engden und Klausheide, zu verzeichnen. Positiv hervorzuheben ist das Bestreben der Forstbehörden, damit den Naturhaushalt zu verbessern, etwa den Boden vor weiterer Abtragung und Ausbleichung zu schützen und seine Waserrückhaltefunktionen zu erhöhen. Als schlecht zu bewerten ist die Tatsache, daß dies fast ausschließlich mit Nadelhölzern geschah, was zwar schnellen Gewinn verspricht, aber dem Wiederaufbau des Bodens fast gar nichts nützt, da bei der chemischen Zersetzung der Nadeln kaum humose Bestandteile abfallen. Zudem sind diese Wälder extrem brandgefährdet, wie die große Katastrophe im Sommer 1975 gezeigt hat.

Die Landwirtschaft hat ebenfalls große Flächen hinzugewonnen, besonders durch Entwässerung und Aufwertung vieler Moorgebiete zu Weiden, wie im östlichen Umland zu erkennen ist (z. B. zwischen Hesepe, Klausheide und Wietmarschen). Auf der Karte nicht sichtbar ist die Intensivierung des Anbaus vor allem durch den Einsatz von Düngemitteln und Maschinen. Beide Arten der landwirtschaftlichen Produktionserhöhung wären nicht möglich gewesen ohne den Ausbau des Gewässernetzes im Raume Nordhorn. Die bis zum Beginn des 19. Jahrhunderts ausgebauten Kanäle sind als Vorfluter der älteren, aber heute kanalisierten, die Moore durchziehenden Bäche (z. B. Lee zwischen Nordhorn und Klausheide) und der vielen, nicht namentlich bezeichneten Entwässerungsgräben bedeutsam. Auch der Vechteausbau dient diesem Ziel, daneben dem Schutz vor Hochwasser. Der Ausbau der Vechte ist im Bereich der Karte (im Gegensatz zur Darstellung, Stand: 1974) einschließlich der Errichtung des Vechtesees südöstlich von Nordhorn inzwischen abgeschlossen. Ob die genannten positiven Ziele die Nachteile, die besonders im Verlust des Lebensraumes für viele Pflanzen und Tiere liegen, aufwiegen, kann heute nicht abschließend beurteilt werden.

Vor allem der Ems-Vechte-Kanal ist bis zur Verdrängung der Kohle durch Erdölprodukte vor etwa 20 Jahren eine bedeutsame Verkehrslinie für den Massentransport, somit ein für die Industrialisierung der Stadt Nordhorn entscheidender Faktor gewesen.

Mindestens ebenso wichtig war die 1895 fertiggestellte, die Grafschaft in Nord-Süd-Richtung durchlaufende Eisenbahn, die nicht nur fast 80 Jahre lang Personen beförderte und somit das Erreichen der Arbeits- und Einkaufsstätten in Nordhorn den weiter entfernt wohnenden Menschen überhaupt ermöglichte, sondern die vor allem in der Frühzeit das Problem des günstigen Warenabsatzes zu regeln half. Weniger bedeutend waren anfangs die seit der Mitte des 19. Jahrhunderts entlang der alten Handelsstraßen errichteten Landwege. Erst mit dem massenhaften Aufkommen motorisierter Individualverkehrsmittel und der Befestigung fast aller Straßen, an denen Wohnhäuser gelegen sind, verlor die Bahn zunehmend an Bedeutung. Heute wird nur noch ein geringer Teil des in Nordhorn anfallenden Güterverkehrs über die Bahn erledigt. Mit dem 1977 fertiggestellten Bau des Anschlußgleises zum südwestlich gelegenen Gewerbe- und Industriepark wird die Bahn wieder wachsende Bedeutung für den Güterverkehr erhalten.

Die Impulse für den dynamischen Aufstieg der Nordhorner Industrie gingen also zu Anfang des Jahrhunderts in starkem Maße von den neuen Verkehrsträgern Kanal und Eisenbahn aus. Die Industrieanlagen selbst machen auf unserer Karte nur einen sehr kleinen Teil der Siedlungsfläche aus. Auffällig ist, daß sie – anfangs in Stadtrandlage gegründet – heute inmitten der Wohnsiedlungen von Nordhorn liegen, daher keine Erweiterungen mehr möglich sind, schließlich auch starke Umweltbelastungen anfallen. Dieses Problem wird mit der Anlage neuer Gewerbeflächen an der B 213 (E 72) in der Nähe der deutsch-niederländischen Grenze gelöst.

Für die Siedlungsentwicklung dagegen hatte die Zerschneidung des Stadtgebietes durch das Vechtetal, vor allem aber durch Kanäle und Eisenbahn nachteilige Folgen. Eine großzügige Planung war dadurch von vornherein erschwert. Dazu kam, daß die Besiedlung sehr stark den Bodenpreisen folgte, die Stadt wucherte weit in die landwirtschaftlich wenig nutzbaren Heideflächen im Norden und Osten, besonders im Südwesten hinein. Dagegen blieben die alten Esche vor allem im Nord- und Südosten (Bakelde, Hesepe, Oorde) bis heute der Landwirtschaft vorbehalten. Dies hat jetzt den Vorteil, daß heute für weitere Planungen stadtnahe Flächen zur Verfügung stehen. Für die Erfüllung weitsichtiger Infrastruktur- und Vorsorge-Planungen ist die Ausdehnung der Gemeindehoheit auf diese Gebiete nötig gewesen, daraus erklären sich die Eingemeindungen 1920 (Frensdorf), 1929 (Frenswegen, Bakelde, Altendorf, Teile von Bookholt, Hesepe und Brandlecht) und 1974 (Hohenkörben, Bimolten, Klausheide, Hesepe, Hestrup und Brandlecht). Auch waren die meisten dieser Ortschaften schon vorher wirtschaftlich sehr stark mit der Stadt Nordhorn verflochten, genossen also viele Vorteile der städtischen Entwicklung, ohne die nachteiligen Folgen voll mitzutragen.

Diese wirtschaftlichen Verflechtungen zeigten sich besonders in den verkehrsgünstig gelegenen, aber natürlich schlecht ausgestatteten Bauerschaften, beispielsweise Klausheide (1931 gegründet)[68] oder Brandlecht (mittelalterliches Kirchdorf). Diese Orte sind durch einen relativ geringen Anteil der Erwerbstätigen in der Landwirtschaft, durch hohe Auspendlerzahlen nach Nordhorn und durch einen sehr starken Anstieg der Bevölkerungszahlen nach 1950 gekennzeichnet. Demgegenüber ist der Anteil der landwirtschaftlich Erwerbstätigen in der seit dem Mittelalter bestehenden Eschbauerschaft Hesepe noch heute erheblich höher, die Zahl der Auspendler nach Nordhorn geringer und die Einwohnerzahl seit 1939 fast konstant geblieben[69].

---

[68] B. SCHOMAKERS, Wirtschaftsstruktur, S. 62.
[69] Einwohnerzahlen: Brandlecht 1854: ca. 300 E., 1900: 397 E., 1925: 439 E., 1939: 637 E., 1950: 885 E. (davon 191 Vertriebene), 1961: 1040 E., 1970: 1155 E., 1975: 1182 E.; Klausheide (seit 1931) 1939: 249 E., 1950: 422 E. (davon 78 Vertriebene), 1961: 725 E., 1970: 1328 E., 1973: 1506 E.; Hesepe: 1854: ca. 250 E., 1900: 235 E., 1925: 333 E., 1939: 297 E., 1950: 359 E. (davon 74 Vertriebene), 1961: 302 E., 1970: 344 E., 1975: 362 E. – Zusammensetzung der Erwerbstätigen 1970: Brandlecht: I (Landwirtschaft usw.) 22 %, II (Industrie, Baugewerbe) 57 %, III (Dienstleistungen, Handel usw.) 21 %; Klausheide I 11,7 %, II 65,4 %, III 22,9 %; Hesepe I 49 %, II 38 %, III 13 %; Auspendler 1970: Brandlecht 294 (248 nach Nordhorn); Klausheide 271 (223 nach Nordhorn); Hesepe 75 (72 nach Nordhorn). Quellen GAUSS und MÜLLER, Karte 1854; B. SCHOMAKERS, Wirtschaftsstruktur, S. 62 (Einwohnerzahlen 1900–1950); Statistisches Material der Kreisverwaltung in Nordhorn.

Die Bedeutung der Grenze für den Nordhorner Raum ist aus der Karte deutlich abzulesen. Hier trennen sich nicht nur Sprache, Kultur und Verwaltungshoheit, die Landschaft ist sehr verschieden ausgeprägt worden, wie z. B. im Gebiet westlich von Nordhorn zu erkennen ist: Auf niederländischer Seite wurden die alten Heide-, Weide- und Moorflächen wenig verändert, während man auf deutscher Seite ein umfassendes Aufforstungs- und Entwässerungsprogramm verfolgte. Wie stark die Grenze im Zeitalter der Nationalstaaten die menschlichen Bindungen zerrissen hat, mag man an der Unterbrechung vieler Wege z. B. zwischen Lage (im Nordwesten), Ootmarsum (etwa sechs Kilometer westlich von Lattrop) und Nordhorn oder zwischen Denekamp und Brandlecht erkennen, aber auch daran, daß es in diesem Kartenausschnitt nur einen Grenzübergang gibt. Diese Grenze war bis zum Ersten Weltkrieg von vergleichsweise geringem Einfluß, wie an den engen Wirtschaftsverflechtungen leicht nachgewiesen werden kann. Bis in die zwanziger Jahre hinein wurden auf niederländischer Seite sogar Werkssiedlungen für die in der Nordhorner Textilindustrie Beschäftigten errichtet (nördlich der Kreuzung Nordhorn-Almelo-Kanal – Straße nach Denekamp)[70].

Die wirtschaftlichen Barrieren und die politischen Gegensätze wurden aber bis zum Zweiten Weltkrieg immer größer, die Beziehungen erreichten um 1950 einen Tiefpunkt: Zu dieser Zeit waren sogar die alten Pendlerstöme über die Grenze hinweg ganz abgebrochen. Die Verflechtungen sind bis heute trotz großen politischen Anspruchs noch nicht entscheidend vertieft worden. Für breite Kreise der Bevölkerung gibt es immer noch Zollschranken, die Verständigungsschwierigkeiten werden infolge des Zurückdrängens der die Nationalsprachen verbindenden Dialekte eher größer, die Kontrollen der Grenzbehörden aus einsichtigen Gründen strenger. Immerhin sind mit dem Stichwort EUREGIO die Bestrebungen zu umschreiben, auf unterer und mittlerer Ebene die Verflechtungen intensiver zu gestalten und so zum Bedeutungsrückgang der Grenzen beizutragen[71].

---

[70] H. SPECHT, Nordhorn, S. 343 f.
[71] Strukturgutachten Twente, Oostgelderland, Westmünsterland, Grafschaft Bentheim, hrsg. von der Gesellschaft für Regionale Strukturentwicklung e. V. und Stichting Het Nederlands Instituut, Bonn und Rotterdam 1971.

Parteien und Wahlen in Nordhorn

CHRISTOPH SCHÜTTE

Deutschland wird oft als »verspätete Nation« mit einer nur kurzen demokratischen Tradition gekennzeichnet. Denn erst mit der Gründung des Deutschen Reiches im Jahre 1871 löst das allgemeine, direkte und geheime (Männer-)Wahlrecht die verschiedenen Wahlrechte ab. Ein demokratisches Bewußtsein der Deutschen kann sich dann während des Kaiserreichs nur sehr zögernd entwickeln, woran letztlich die sich anschließende »Weimarer Republik« scheitert. Diese antidemokratischen Tendenzen lassen das Entstehen des totalitär-faschistischen III. Reiches zu. Erst nach 1945 kann in Deutschland ein funktionierendes demokratisch-parlamentarisches System aufgebaut werden.

Als Leitfragen der Behandlung von Parteien und Wahlen in Nordhorn stehen im Vordergrund:
1. Wie entwickelte sich das Parteiwesen?
2. Welches Wahlverhalten zeigen seine Bürger?
3. Welche Gründe liegen für das politische Verhalten der Einwohner vor?
4. Welche allgemeingeschichtlichen politischen Verhältnisse bilden den Rahmen?

Bevor jedoch im näheren auf den Gang der Ereignisse seit 1871 eingegangen wird, soll eine kurze Übersicht über Wahlen und Stadtverfassung vor der Reichsgründung in Nordhorn gegeben werden[1].

1. Der Zusammenhang zwischen Stadtverfassung und Wahlrecht

Wie der größte Teil der Städte im Königreich Hannover hat auch Nordhorn um 1809 mit der napoleonischen Besetzung eine neue Stadtverfassung erhalten, denn zum letztenmal wählen die Nordhorner Bürger 1809 ein Magistratskollegium, welches sich aus vier Personen zusammensetzt[2].

Die Magistratsordnung geht verloren und an ihre Stelle tritt die nach französischem Muster sich richtende Mairie-Verfassung, die den Stadtverband auflöst und eine kantonale Gliederung wählt, der ein Maire und 16 von der Regierung ernannte Munizipalräte vorstehen[3].

---

[1] An Quellen wurden die im Stadtarchiv Nordhorn aufbewahrten Unterlagen sowie die im Archiv der Grafschafter Nachrichten vorhandenen Zeitungen benutzt. – Die Bestände des Stadtarchivs sind zum einen sehr unvollständig, zum anderen durch Wassereinfluß für das 19. Jahrhundert und den Beginn des 20. Jahrhunderts nur teilweise lesbar. Der Zeitungsbestand hat bis 1918 größere Lücken. Die für die Untersuchung wesentlichen Wahlergebnisse sind in der Regel für das 19. Jahrhundert nicht für Nordhorn, sondern auf die Grafschaft Bentheim bezogen angegeben. – Nachforschungen im Staatsarchiv Osnabrück führten zu keinem Ergebnis. Die Untersuchungen mußten daher in weiten Teilen lückenhaft oder statistisch bleiben.
[2] H. SPECHT, Nordhorn. Geschichte einer Grenzstadt, Nordhorn 1941, S. 148.
[3] E. KÜHLE, Die Stadt Nordhorn zur Zeit des Bürgermeisters Vincke 1821–32, in: Jb. Gft. Bentheim, 1968, S. 107.

Diese Einrichtungen werden 1824, nachdem Nordhorn durch ein russisches Kosa-
kenregiment befreit worden ist, fortgeführt, ehe 1824 der große Kantonalverband[4]
wieder aufgelöst wird. Nordhorn erhält erneut eine gewisse Selbständigkeit, ohne daß
jedoch das sowohl bei höheren Verwaltungsstellen als auch den Nordhorner Bürgermeistern wenig geliebte alte Privilegienstatut wieder in Kraft gesetzt wird. Bürgermeister und Gemeinderäte sind bis 1832 durch die Landesregierung eingesetzt. Dieser
provisorische Verfassungszustand erfährt erst 1832 eine Änderung, als durch die
Landdrostei Osnabrück eine Stadtverfassung verordnet wird, die als Magistrat einen
Bürgermeister und zwei Senatoren vorsieht, denen sechs von der Bürgerschaft gewählte Bürgerdeputierte[5] beigeordnet sind.

In bestimmten Bereichen, die nicht von der laufenden Verwaltung betroffen sind,
hat das Bürgervorsteherkollegium ein Mitspracherecht, so bei Abänderungen der Verfassung der Stadt, bei der Aufstellung des Haushaltsplanes und der Kontrolle der städtischen Finanzen sowie bei der Festsetzung kommunaler Abgaben und der Verfügung
über städtische Grundstücke. Bei den dazu notwendigen Beratungen von Magistrat
und Kollegium geben diese ein getrenntes Votum ab.

Wahlrecht setzte Bürgerrecht voraus, welches vom Bürgermeister mit Zustimmung
des Magistrats verliehen wurde. Hauskauf und Ausübung eines Gewerbes verpflichte-
ten zum Erwerb des Bürgerrechts, wobei das Weberhandwerk nicht zu den bürgerlichen Gewerben zählte. Das Stimmrecht bei Wahlen erhielten nur Bürger[6], die jährlich
eine gewisse Steuerhöhe erreichten.

Als Beispiel für eine Wahl im frühen 19. Jahrhundert soll die zweite, wieder mit
Bürgerbeteiligung vorgenommene Wahl eines Deputierten der Stadt Nordhorn zur
zweiten Cammer der allgemeinen Ständeversammlung des Königreichs Hannover
1832[7] dienen, die kurz nach den ersten Bürgerdeputiertenwahlen stattfindet.

Diese bei noch unklaren Verfassungsverhältnissen durchzuführende Wahl – die
neue Stadtverfassung ist noch nicht in Kraft – schafft beim zuständigen Bürgermeister
Vincke Fragen, die erst in einer Reihe von Schreiben mit der Landdrostei geklärt werden müssen.

Vinckes erster Vorschlag ist, Bürgermeister und Stadtempfänger sowie zwei von
den jetzt noch hier fungierenden durch Los zu bestimmenden Gemeinderäten als
Wahlgremium einzusetzen. Von der Bürgerschaft werden weiter zwei Wahlmänner zu
wählen sein, *wodurch also das Wahlkollegium von sechs Personen zusammengesetzt
wäre*. Bürgermeister Vincke bemerkte dazu in einem Schreiben an den Gemeinderat,
daß wir auf diese Art auch sicher sind, daß der Herr Amtsassessor A. Berning gewählt

---

[4] Zum Kantonalverband gehörten Bakelde, Brandlecht, Hesepe, Hestrup, Frensdorf.

[5] Zu den genaueren Bestimmungen der Stadtverfassung vom 20. 1. 1832 sowie den Änderungen in den Statuten vom 9. 8. 1852 und 4. 2. 1861, s. SPECHT, Nordhorn, S. 165–170. Die Gruppe der Bürger teilte sich
noch in Alt- oder Kuhbürger und Neubürger, *das frömde Volk,* denen das Recht auf Benutzung des städtischen Grundbesitzes (Kuhweide, Anteil an Stadt- und Feldflur) nicht zustand (vgl. SPECHT, Nordhorn,
S. 168 und 264 f.

[6] Genauere Auskunft, welche Qualifikationen ein Bürgerdeputierter haben muß, gibt uns eine Verlautba-
rung aus dem Jahre 1835: *Jeder burger, die de vereischten (?) in § 39 van het stad Regelement omschreven
bezit, kan burgerdeputeerte worden, namelyk die een burgerhuis bezit, tot de christelyke geloofsbelydenis
behoord, in geen crimineele onderzoeking is, nog crimineele Straf ondergaan heeft, of in en concurs be-
greepen is.*

[7] StA N, CI q 5.

wird, weil doch vier Stimmen immer für ihn ausfallen . . . Glaubt derselbe auch, daß die Wahl sich so dirigieren läßt, so können wir zur Wahl schreiten[8]. Das Wahlgremium soll, um der eventuell drohenden Gefahr der Wahl mißliebiger Bürger vorzubeugen, so klein wie möglich gehalten werden.

Mit diesem Verfahren ist nun die Landdrostei nicht einverstanden und schlägt vor, das Wahlkollegium zu vergrößern in der Form, daß *der bisherige Magistrat, nämlich der Bürgermeister, der Stadtempfänger und die vier Gemeinderäte das eine Drittel des Wahlcollegii bilden, die bereits erwählten sechs Bürgerdeputierten das zweite Drittel, endlich sechs von der Bürgerschaft zu erwählende Wahlmänner das letzte Drittel, und dieses solchergestalt aus 18 Personen zusammengesetzte Wahlkollegium gemeinschaftlich den Deputierten zur allgemeinen Ständeversammlung nach absoluter Mehrheit zu erwählen habe*[9].

Zusätzlich zum alten Magistrat und den neu gewählten Deputierten[10] entsenden die Bürger L. Brentjen, G. van Slooten, A. Koning, J. Büma, W. Steen, J. Potgieter in das Wahlkollegium, über dessen Beschluß keine Nachricht vorliegt[11].

Mit der Hannoverschen Städteordnung von 1851, die Nordhorn aus der Liste der selbständigen Städte im Königreich Hannover streicht[12], und dem Inkrafttreten der Landgemeindeordnung beginnt von den Rechtsnormen her ein neuer Abschnitt in der kommunalen Selbstverwaltung der Stadt.

Ausschlaggebender Grund für die Aberkennung der Stadtqualität ist neben der geringen Einwohnerzahl (1551 Einwohner) die finanzielle Situation der Stadt, die es nicht zuläßt, daß ein rechtskundiger, hauptamtlich arbeitender Bürgermeister bezahlt werden kann. Die Landgemeindeordnung macht den Magistrat der Stadt – er besteht weiterhin aus Bürgermeister und zwei Senatoren, ergänzt durch ein Bürgervorsteherkollegium – zu einer dem Amt Neuenhaus nachgeordneten Einrichtung. Nicht zu Unrecht klagt der von 1843 bis 1872 im Amt befindliche Bürgermeister, Apotheker E. Firnhaber bei seinem Rücktrittsgesuch: *Auch muß ich offen gestehen, daß mir die untergeordnete Stellung eines Bürgermeisters stets fühlbarer und unangenehmer wird*[13].

Nordhorn, welches sich weiter Stadt nennen durfte, verliert eine Reihe seiner Privilegien und finanziellen Einnahmequellen; das Wahlrecht für den Magistrat und die Bürgerdeputierten bleibt jedoch wie in den folgenden Jahrzehnten weitgehend unverändert.

2) Zur Herkunft der Mitglieder in den Selbstverwaltungsorganen zwischen 1832 und 1918

Sämtliche Ratsherren stammen aus der wohlhabenden Kaufmannschaft und der kleinen Fabrikantengruppe. Bei den 55 namentlich nennbaren Bürgerdeputierten sind

---

[8] Wie Anm. 7.
[9] Wie Anm. 7.
[10] Siehe Anhang I a, b und c.
[11] Es ist anzunehmen, daß die Vertretung in der Ständeversammlung in Hannover aus Kostengründen durch einen außerstädtischen Delegierten wahrgenommen wurde, s. SPECHT, Nordhorn, 262.
[12] Siehe dazu E. SIEBERT, Die hannoversche Städteordnung von 1851/58 und die Städte im Königreich Hannover, Hannover 1975.
[13] SPECHT, Nordhorn, S. 277.

in 45 Fällen die Berufe bekannt; es sind 11 selbständige Handwerksmeister, 5 Fabrikanten, 16 Kaufleute, 7 mit einer akademischen Vorbildung[14]. Handel und Gewerbe dominieren also eindeutig in der Zusammensetzung des Kollegiums, wobei das Handwerk, gemessen an seiner Zahl, schwächer vertreten ist. Die Fluktuation ist gering und nimmt erst nach der Jahrhundertwende etwas zu. Ein langsam sich vollziehender sozialer Wandel in der Zusammensetzung des Kollegiums deutet sich seit 1890 mit der vermehrten Wahl von Ärzten, Lehrern[15] und Handwerkern an.

Eine ähnliche Kontinuität läßt sich auch für den Magistrat der Stadt feststellen, in dem seit Beginn der Industrialisierungsphase die wenigen Fabrikantenfamilien vorherrschen.

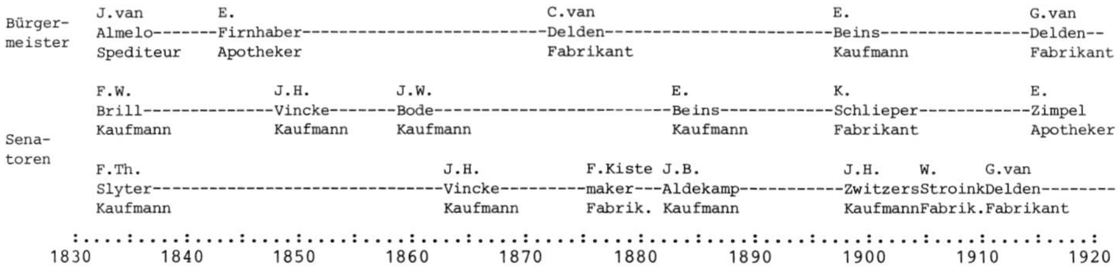

```
             J.van         E.                                      C.van                            E.                 G.van
Bürger-      Almelo------- Firnhaber-----------------------------  Delden-------------------------  Beins-----------   Delden--
meister      Spediteur     Apotheker                               Fabrikant                        Kaufmann           Fabrikant

             F.W.                     J.H.          J.W.                             E.               K.                 E.
             Brill-------------------  Vincke------- Bode------------------------    Beins----------  Schlieper-------   Zimpel
             Kaufmann                 Kaufmann      Kaufmann                         Kaufmann         Fabrikant          Apotheker
Sena-
toren        F.Th.                                  J.H.          F.Kiste J.B.                        J.H.     W.   G.van
             Slyter--------------------------------  Vincke------- maker---Aldekamp-----------        ZwitzersStroinkDelden--------
             Kaufmann                               Kaufmann      Fabrik. Kaufmann                    KaufmannFabrik.Fabrikant
            :....:....:....:....:....:....:....:....:....:....:....:....:....:....:....:....:....:....:
            1830     1840      1850      1860      1870      1880      1890      1900      1910      1920
```

Abb. 1   Namen und Amtszeiten der Bürgermeister und Senatoren zwischen 1832 und 1920

Da jeder Bürger im Besitz des passiven Wahlrechts war, enthalten die Abstimmungslisten der Bürgervorsteherwahlen bis zu 20 Namen, für die Stimmen abgegeben werden. Die Wahlergebnisse in der Spitze sind jedoch in der Regel eindeutig, auch wenn ein um die Jahrhundertwende bestehender Bürgerverein eine Opposition zum Magistrat darzustellen scheint[16].

Die vom Bürger- und damit vom Wahlrecht ausschließenden Bestimmungen bleiben auf kommunaler Ebene bis 1919 bestehen. Im Gegensatz zu den Wahlen für Preußen und das Reich gilt der Grundsatz, daß niemand wählen kann oder wählbar ist, der in »Kost und Logis eines anderen steht«.

Die Selbstverwaltungsorgane sind bis zum Ende des Kaiserreichs fest in der Hand der wirtschaftlich und gesellschaftlich führenden Schichten der Stadt.

B. Reichstags- und Landtagswahlen und die Parteiungen im Kaiserreich

In der Zeit zwischen 1871 und 1918 muß der Nordhorner Bürger in drei unterschiedlichen Wahlkreisen und nach drei verschiedenen Wahlrechten seine Stimme abgeben.

---

[14] Siehe Anhang Ia, b und c sowie SPECHT, S. 278. Zur genaueren Orientierung über Bürgermeister und Magistrat wird auf die Aufsatzserie von E. KÜHLE über Nordhorn zur Zeit der einzelnen Bürgermeister zwischen 1832 und 1945 in den Jb. Gft. Bentheim 1968–77 verwiesen.

[15] Zu nennen sind hier Apotheker E. Zimpel, die Doktoren Niemann, Collmann von Schatteburg, Weddige, in der Stroth und die Hauptlehrer Barlage und Klopmeyer.

[16] StA N, CIV e 9.

(1) Bei Reichstagswahlen gehört die Stadt Nordhorn zum dritten von insgesamt 19 Wahlkreisen in der Provinz Hannover, der die Kreise Meppen, Aschendorf-Hümmling, Lingen und Grafschaft Bentheim umfaßt. Gewählt ist, wer die absolute Stimmenmehrheit erreicht, die nach allgemeinem, gleichem, geheimem und direktem Wahlrecht (für Männer über 25 Jahren) ermittelt wird[17].

(2) Einwohner der Kreise Bentheim und Lingen sind für die Wahlen zum preußischen Abgeordnetenhaus zu einem Stimmbezirk zusammengeschlossen. Gewählt wird nach dem Dreiklassenwahlrecht, welches die Urwähler auf Gemeindeebene in drei Abteilungen mit gleichem Steueraufkommen einteilt; in diese werden jeweils soviele Wahlberechtigte aufgenommen, bis ein Drittel der Jahressteuersumme im Wahlbezirk erreicht ist. Jede Abteilung bestellt die gleiche Anzahl Wahlmänner, die dann in gemeinsamer Abstimmung öffentlich den Namen des von ihnen gewünschten Kandidaten zu Protokoll geben[18].

(3) Die Magistratswahlen für den Stadtbezirk sind an Bürgerrecht und Zensus gebunden.

Im besonderen die Einführung des allgemeinen Wahlrechts zum Reichstag gibt ab 1871 den Anstoß für die Bildung politischer Parteien in Deutschland mit einer zunehmenden organisatorischen Verfestigung[19]. Die Wahlkandidaten mußten sich nun direkt an alle Wähler wenden, während sie sich vorher, etwa bei Landtagswahlen nach dem preußischen Dreiklassenwahlrecht (s. unten), zumeist darauf beschränken konnten, den kleinen Kreis der in Urwahlen gewählten Wahlmänner anzusprechen. Der § 17 des Wahlgesetzes für die Reichstagswahlen bestimmte: »Die Wahlberechtigten haben das Recht, zum Betrieb der den Reichstag betreffenden Wahlangelegenheiten Vereine zu bilden«[20]. Diese Wahlvereine, die sich in ihrer ersten Phase lokal und zeitlich beschränkt zusammenfinden, geben den Anstoß zur Ausbildung des Parteiensystems im 20. Jahrhundert[21], sind jedoch für Nordhorn nur andeutungsweise zu fassen[22].

a) Zentrum

Aus welchen Gründen eine Versammlung im Jahre 1867, die den Katholiken und Welfen Ludwig Windthorst für die Wahlen zum Norddeutschen Bund nominiert, in Nordhorn und nicht in der Hochburg des Zentrums, Lingen, stattfindet[23], ist unklar. Denn um diese Zeit ist Nordhorn mit einem Anteil von weit über 80 Prozent Reformierten und Lutheranern evangelisch orientiert, ebenso wie die umgebende Grafschaft Bentheim. Die weiteren zum dritten hannoverschen Wahlkreis gehörenden Kreise Meppen, Aschendorf-Hümmling und Lingen sind dagegen rein katholisch.

---

[17] G. FRANZ, Die politischen Wahlen in Niedersachsen 1867 bis 1949, 3. erg. Aufl., Bremen 1957.

[18] Diejenigen, die keine Steuern zahlen, wählen in der III. Klasse.

[19] TH. NIPPERDEY, Die Organisation der deutschen Parteien vor 1918, Düsseldorf 1961.

[20] Zitiert nach W. TORMIN, Geschichte der deutschen Parteien seit 1848, Stuttgart 1966, S. 71.

[21] Vgl. zum Gesamtproblem TORMIN, Parteien, und NIPPERDEY, Organisation.

[22] Inserate, Wahlaufrufe, Berichte über Wahlversammlungen sind mit einigen Ausnahmen bis 1918 in den vorhandenen Zeitungen selten.

[23] Nach W.-M. CATTENHUSEN, Parteien und Wahlen in Lingen 1871–1933, in: W. EHBRECHT (Hg), Lingen 975–1975, Lingen 1975, S. 214. Die im Aufsatz von Catenhusen dargestellten Lingener Verhältnisse sind des öfteren zum Vergleich heranzuziehen.

Von daher erklärt sich, daß Windthorst, der sich als Kandidat der welfischen Partei im Reichstage dem Zentrum anschließt, generell deutliche Wahlsiege erreicht und den Wahlkreis bis zu seinem Tode 1891 unangefochten behaupten kann[24].

Ein Wahlverein der katholischen Bürger dürfte zu dieser Zeit, in der Nordhorn als Landgemeinde bestand, kaum existiert haben. Nachzuweisen ist allein ein katholischer Gesellenverein Ende des 19. Jahrhunderts[25].

b) National-Sozialer Verein

Ähnliches gilt für den als »Vorbereitung zu einer Partei« 1896 gegründeten National-Sozialen Verein. Auch hier ist ein eigener Ortsverein für Nordhorn nicht nachzuweisen, doch sind die beiden führenden Köpfe des Vereins, der von der konservativen christlich-sozialen Bewegung des Hofpredigers Stoecker herkommende Friedrich Naumann[27] und der Schriftsteller und Redakteur Hellmut von Gerlach in Nordhorn an den Wahlkämpfen in Nordhorn beteiligt[28].

Von Gerlach tritt sowohl bei den Reichstagswahlen 1898 und 1903 im dritten Hannoverschen Wahlkreis an und steht auch bei den zeitlich benachbarten Landtagswahlen für das preußische Abgeordnetenhaus zur Kandidatur. In beiden Wahljahren findet eine rege Auseinandersetzung in den Zeitungen statt. Zentrum, National-Liberale und National-Soziale treten mit Kandidaten an, die bei der Berücksichtigung verschiedener möglicher Wahlverbindungen durchaus eine berechtigte Chance für eine Vertretung im Landtag haben. Von Gerlach hält eine ausgedehnte Vortragsreise im Wahlkreis Bentheim-Lingen und berichtet, daß in Nordhorn *der Beifall, den die nationalsozialen Ausführungen fanden, . . . so überaus lebhaft, wie ich ihn bei der allgemein recht ruhigen Bevölkerung Hannovers noch selten gehört habe, war. Hier wie fast überall zeichneten sich besonders die Lehrer durch große Anteilnahme an unserer Bewegung aus*[29].

Friedrich Naumanns »Agitationsreden« geben den Anlaß, daß in Nordhorn, Schüttorf und Gildehaus 1899 national-soziale Arbeitervereine gegründet werden, deren Bestehen man aber kaum über das Jahr 1905 hinaus veranschlagen darf[30].

c) Arbeiterzusammenschlüsse und Sozialdemokratie

Die in den Jahren zwischen 1880 und 1912 sprunghaft ansteigenden Arbeiterzahlen in der Nordhorner Textilindustrie geben der Stadt Nordhorn mehr und mehr den Charakter einer Arbeiterstadt. Doch relativ spät lassen sich erste Zusammenschlüsse feststellen; für 1897 ist der Sankt Josephs-Arbeiterunterstützungsverein erwähnt, in dem sich die katholische Arbeiterschaft eine Selbsthilfeorganisation schafft[31]. 1899 tritt der oben genannte national-soziale Arbeiterverein in Nordhorn auf. Nach Lohnkür-

---

[24] Vgl. TORMIN, Parteien, S. 62 ff., 84 ff. sowie CATENHUSEN, Parteien, S. 215.

[25] Ein katholischer Gesellenverein existiert zwar Ende des 19. Jahrhunderts, er dürfte jedoch in unserem Zusammenhang kaum interessant sein.

[27] Vgl. TORMIN, Parteien, S. 113 f. und CATENHUSEN, Parteien, S. 216.

[28] Besonders Kreisblatt vom 11. 10. 1898, 15. 10. 1898, 3. 11. 1898, 17. 1. 1903, 20. 1. 1903.

[29] Kreisblatt vom 3. 11. 1898, 21. 1. 1903, 27. 1. 1903.

[30] SPECHT, Nordhorn, S. 317. Der National-Soziale Verein löst sich 1903 auf. Seine Anhänger treten weitgehend der Freisinnigen Vereinigung bei.

[31] Vgl. LThK

zungen, Kündigungen und Streik wird 1902 in Nordhorn eine Filiale des Deutschen Textilarbeiterverbandes gegründet, die den freien, sozial-demokratisch orientierten Gewerkschaften zuzurechnen ist. Eine vier Tage später erfolgte Gegengründung wird von den katholisch orientierten christlichen Gewerkschaften durchgeführt.

Die Mitgliedschaften in diesen Organisationen schwanken stark. Zwar lassen sich 184 Arbeiter in der freien Gewerkschaft einschreiben, doch läßt die Beteiligung in den folgenden Jahren stark nach, so daß man von einer durchschnittlichen Mitgliederzahl von 20 ausgehen kann. Die christlichen Gewerkschaften haben um 1910 eine Mitgliederzahl von 300 bis 400 Arbeitern[32].

Entsprechend ist die Beteiligung der sozialdemokratischen Partei an Reichstags- und Landtagswahlen. Zwar beteiligen sich die Sozialdemokraten seit 1871 bei den Reichstagswahlen, doch im dritten hannoverschen Wahlkreis kandidiert die SPD erst ab 1881 und erhält 1903 immerhin in Nordhorn 8 Prozent der abgegebenen Stimmen. Eine Beteiligung an den Landtagswahlen in Preußen wird im Jahre 1903 aufgenommen. Wenn die Bentheimer Zeitung hier schreibt, daß sich die Sozialdemokratie in dieser Zeit bis 1914 eigene Kandidaten im Wahlkreis Lingen-Bentheim *geleistet* habe[33], ist dies zumindest eine richtige Einschätzung der Erfolgschancen der SPD. Das Dreiklassenwahlrecht, welches für die katholischen, bürgerlichen und konservativen Parteien in etwa vergleichbare Ausgangspositionen schafft, wirkt sich für die Vertreter der Arbeiterbewegung als Instrument der Verdrängung aus.

2. Reichstagswahlergebnisse in Nordhorn bis 1918

Zu den Reichstagswahlen finden sich erste Berichte in der örtlichen Presse – in Nordhorn wird seit 1878 die Bentheimer Zeitung gelesen – im Jahre 1887.

Als Kandidat des Zentrums ist, wie immer seit 1867/71, Ludwig Windthorst aufgestellt. Als früherer Minister des Königs von Hannover war er einer der führenden Köpfe der welfischen Bewegung, die die Annexion von 1866 nicht anerkannte, gehörte 1871 zu den Gründern der Zentrumspartei und wurde zu ihrem politischen Führer[34]. Seine Wahl steht auch 1887, wie in den sechs Wahlperioden zuvor, außer Frage.

Die Ablehnung einer von Bismarck vorgeschlagenen Heeresverstärkung im Reichstag durch das Zentrum bestimmt den Wahlkampf. Die Bentheimer Zeitung berichtet[35] *aus dem Wahlkreise Windthorst's* über das Ergebnis einer Delegiertenkonferenz nationalliberaler und konservativer Wähler, auf der Obergerichtsrat a. D. Henschen, Osnabrück, als Gegenkandidat zu Windthorst nominiert wird. Ein Wahlkomitee inseriert und begründet dessen Kandidatur. Sieben Nordhorner Bürger[36] unterschreiben unter anderem folgenden Text: *Wir bitten darum, um des Friedens in unserem Vaterlande, um der Größe und Festigkeit unserer Armee, um der herrlichen Aufgabe des*

---

[32] SPECHT, Nordhorn, S. 318.
[33] Bentheimer Zeitung vom 20. 12. 1911.
[34] Siehe TORMIN, Parteien, S. 65.
[35] Bentheimer Zeitung vom 12. 2. 1887.
[36] Bentheimer Zeitung vom 16. 2. 1887. Es sind J. B. Aldekamp, Beins, Collmann von Schatteburg, van Delden, Schmidt, Zwitzers, Wolterink. Bis auf Schmidt finden wir die Unterzeichnenden in der Spitze der städtischen Selbstverwaltung oder als Wahlmänner bei Landtagswahlen (vgl. Anhang I und II) wieder.

Deutschen Reiches willen, der Ort des Friedens für die Staaten Europas zu sein, gebt nicht dem Staatsminister Windthorst, sondern einem Manne die Stimme, von dem wir alle wissen, daß er treu zur Regierung unseres Kaisers und Königs steht, wählt den Obergerichtsrat a.D. Henschen.

Das Wahlergebnis zeigt die konfessionellen Gegensätze im dritten Hannoverschen Wahlkreis auf: obwohl Nordhorn mit 217 zu 55 Stimmen und die Grafschaft mit 4920 zu 899 Stimmen für Henschen votiert, zieht Windthorst mit großem Abstand erneut in den Reichstag ein[37].

Wie Henschen befinden sich sämtliche gegen den Vertreter des Zentrums antretenden Kandidaten bis 1914 in der Position von reinen Zählkandidaten. Dies trifft auf den Lingener Amtsrichter Tholen, der von den vereinigten liberalen und konservativen Parteirichtungen aufgestellt wurde, ebenso zu wie auf Hellmut von Gerlach, der für die National-Sozialen kandidiert. Beide bewerben sich bei den Wahlen im Januar und Juni 1903 zusammen mit dem Sozialdemokraten Brüggemann gegen den Zentrumsvertreter Engelen und erzielen in Nordhorn und im Kreis Grafschaft Bentheim u.a. folgende Ergebnisse[38]:

	Tholen (Vereinigte nat. Parteien)		Gerlach (National-Sozialisten)		Engelen (Zentrum)		Brüggemann/ Schumann (Sozialdemokrat.)		Wahl-beteili-gung
	Stimmen	%	Stimmen	%	Stimmen	%	Stimmen	%	%
Stadt Nordhorn									
Januar	unbekannt		unbekannt		unbekannt		unbekannt		
Juni	55	22,8	92	38,2	72	29,9	22	9,1	
Frensdorf									
Januar	17	10,2	106	63,5	32	19,2	12	7,2	59,6
Juni	20	13,3	62	41,3	46	30,7	22	14,7	60,0
Schüttorf									
Januar	unbekannt		unbekannt		unbekannt		unbekannt		
Juni	75	16,1	323	69,5	61	13,1	6	1,3	
Kreis Grafschaft Bentheim									
Januar	unbekannt		unbekannt		unbekannt		unbekannt		
Juni	1729	44,1	1184	30,2	920	23,4	80	2,0	
Stadt Lingen									
Januar	104	11,1	433	46,4	394	42,2	2	0,2	67,7
Juni	216	21,4	253	25,0	522	51,7	19	1,9	73,3
Gesamtwahl-kreis Meppen-Lingen-Bentheim									
Januar	2205	10,2	1979	9,1	17279	79,9	170	0,8	
Juni	2147	9,8	1492	6,8	18134	82,8	157	0,8	

[37] Bentheimer Zeitung vom 23.2.1887. 1 Stimme entfällt in der Grafschaft auf den Kandidaten der Sozialdemokratie E. Richter. Die konfessionell nahezu ausgeglichene Stadt Lingen wählt Windthorst mit 53,8% und Henschen mit 46,1%.

[38] Kreisblatt vom 17.1.1903, 27.1.1903, 20.6.1903, 26.10.1907.

Die National-Sozialen können besonders bei den Ersatzwahlen im Januar und mit Abschwächung im Juni 1903 erhebliche Erfolge in den Städten erringen, die sich in den evangelischen Landgebieten der Grafschaft Bentheim fortsetzen. Der *für die damalige Zeit so unerhörte* Gedanke eines Ausgleichs zwischen Nationalismus und Sozialismus, zwischen Arbeiterschaft und Monarchie[39] erzielt einen breiten Widerhall bei Arbeiterschaft und fortschrittlichem Bürgertum.

Die Bentheimer Zeitung schrieb als Resümee über einen Bericht zu den Wahlversammlungen im Kreise zutreffend: *Wir haben also zur Zeit ein so reges politisches Leben in unserer Gegend, wie es noch nie der Fall gewesen ist; hoffentlich jährt die Gegnerschaft in keinem Fall zu persönlicher Feindschaft, wohl aber darf man erwarten, daß jeder Wahlberechtigte am 16. Juni von seinem Wahlrecht Gebrauch macht; bedeutet doch jede Abgabe eines Stimmzettels zugleich seinen Widerspruch gegenüber seinem Gegner. Praktisch ist es gleichgültig, ob man für den National-Sozialen oder den Kompromißkandidaten stimmt, denn das Zentrum hat im Wahlkreis Meppen, Lingen, Bentheim stets einen Vorsprung von mindestens 8000 Stimmen*[40].

Mit dieser Schätzung trifft der Redakteur die Überlegenheit der Katholischen Sammlungspartei noch nicht einmal richtig, denn im Endergebnis erzielt Engelen einen Vorsprung von mehr als 14000 Stimmen und wird mit einer 80prozentigen Stimmenmajorität in den Reichstag gewählt.

Deutlich ist jedoch, daß sich das politische Leben mehr und mehr entfaltet. Zwar lassen sich in Nordhorn noch keine organisierten Parteigründungen feststellen, doch haben sowohl konservativ/national-liberale wie national-soziale Wahlversammlungen regen Zulauf.

Aufgrund der Frontstellung der beiden großen Konfessionen ist es fast selbstverständlich, daß in oft scharfer Form agitiert wird. So begründet im Jahre 1907 *das in der Vertrauensmänner-Versammlung in Nordhorn gewählte Komitee*, daß der als Gegenkandidat gegen Engelen angetretene Erste Staatssekretär des Reichskolonialamtes Dernburg der Mann sei, *der es zuerst gewagt hat, dem Zentrum die Stirn zu bieten. Darum am Tage der Wahl auf zum Kampf gegen das Zentrum! Unser Kampf geht aber nicht gegen die katholische Religion und Kirche, er hat andere nationale Beweggründe*[41].

Bei den Reichstagswahlen von 1907 können folgende Wahlergebnisse[42] festgestellt werden:

	Engelen (Zentrum)		Dernburg (Reichsverein)		Tewes (SPD)	
	Stimmen	%	Stimmen	%	Stimmen	%
Nordhorn	75	25,4	208	70,8	11	3,7
Grafschaft Bentheim	1092	14,7	5609	83,4	26	0,4
Wahlkreis Meppen, Aschendorf, Lingen, Bentheim	20137	75,0	6452	24,5	212	0,8

---

[39] Vgl. TORMIN, Parteien, S. 113.
[40] Bentheimer Zeitung vom Juni 1903.

Engelen und Dernburg treten auch 1912 wieder zur Wahl an, wobei Dernburg auf einer Nordhorner Delegiertenkonferenz als Kandidat der Nicht-Zentrumsparteien aufgestellt wird. Die Bentheimer Zeitung schreibt zur Beteiligung der SPD: *Auch die Sozialdemokraten haben sich, wie in allen übrigen 296 Wahlkreisen, auch hier wieder einen eigenen Kandidaten geleistet, in der Person des Gemeindevertreters Heitland in Hilsch, der bei unserer Bevölkerung aber wenig Entgegenkommen finden dürfte*[43].

3. Landtagswahlen bis 1918

Im Gegensatz zu den im katholisch dominierten Reichstagswahlkreis Lingen, Bentheim, Meppen, Aschendorf-Hümmling recht einseitigen Wahlkämpfen, in denen es den Nordhorner Bürgern und generell den Wahlberechtigten im Kreise Grafschaft Bentheim nur möglich war, durch Stimmabgabe den Gegensatz zum Zentrum zu artikulieren oder auch, wie 1884 und 1890 geschehen, zum Wahlboykott aufzurufen[44], haben die Landtagswahlen ein anderes Gesicht. Mit dem Landtagswahlkreis Lingen/Bentheim sind zwei konfessionell gegensätzlich geprägte Landkreise zusammengebunden; wegen des dadurch entstehenden fast ausgeglichenen Kräfteverhältnisses und des indirekten Wahlmodus über Wahlmänner[45] bestehen größere Möglichkeiten zur Koalitionsbildung zwischen den nationalen bürgerlichen Parteien (Konservativen, Freikonservativen, Nationalliberalen) der Grafschaft und dem Lingener Zentrum, wobei das Dreiklassenwahlrecht bis 1913 eine ernsthafte Chance für Kandidaten aus dem Arbeiter- oder Handwerkerstand verhindert[46].

Im Gegensatz zu den durch die Vorherrschaft des Zentrums bestimmten Reichstagswahlen kommen bei Landtagswahlen andere bürgerliche Parteien zum Zug. Während 1876 ein nationalliberaler Vertreter durchgesetzt werden kann, der 1879 durch einen konservativen Abgeordneten abgelöst wird, gehen 1882 und 1888 freikonservative Männer als Sieger aus der Wahlmännerabstimmung hervor[47]. 1893 wird als Kandidat der Konservativen der katholische Hofbesitzer Damink aus Wilsum gewählt, der

---

[41] Bentheimer Zeitung vom 19.1.1907. Bei der Kandidatenauswahl waren auch Amtsrichter Tholen, Lingen, und Landrat Kriege, Bentheim, im Gespräch, die jedoch zugunsten des wesentlich prominenteren Fachmanns für Kolonialfragen Dernburg zurückzogen. Die Regierung Bülow hatte 1906 wegen Ablehnung eines Antrages zur Finanzierung der Kolonien durch das Zentrum den Reichstag aufgelöst, so daß das Zentrum notwendig als *national unzuverlässig* von konservativer Seite dargestellt werden mußte (vgl. TORMIN, wie Anm. 20, S. 107).

[42] Bentheimer Zeitung vom 26.1.1907.

[43] Bentheimer Zeitung vom 20.12.1911.

[44] Nach CATENHUSEN, Parteien, S. 218.

[45] Als Anhang II ist eine Liste der feststellbaren Wahlmänner angefügt. Fundorte: 1879 Neuenhauser Zeitung vom 2.10.1879, 1885 Bentheimer Zeitung vom 3.11.1885, 1888 Bentheimer Zeitung vom 3.11.1888, 1898 Kreisblatt vom 1.11.1898, 1903 Kreisblatt vom 15.11.1903, 1913 Bentheimer Zeitung vom 16.5.1913.

[46] Über die psychologische und atmosphärische Situation bei der öffentlichen Abgabe der Stimmen für die Wahlmänner sowie bei der in Lingen stattfindenden Abstimmung der Wahlmänner zur Wahl des Landtagsabgeordneten gibt ein Augenzeuge einen eindringenden und anschaulichen Bericht. L. SAGER, Geschichte der Menschheit – Geschichte der Freiheit. Wahlen unter preußischem Dreiklassenwahlrecht, in: Jb. Gft. Bentheim 1968, S. 556 f.

[47] Siehe FRANZ, Wahlen, S. 77, 93.

auch 1898 wieder antritt[48], diesmal u. a. gegen Hellmut von Gerlach[49] und den für den Kreis Bentheim zuständigen Landrat Kriege[50].

In der Wahlberichterstattung heißt es noch kurz vor der Urwahl: *Das hiesige Zentrum scheint sich in eine agrarische, für den alten Kandidaten Damink eintretende Richtung und eine für von Gerlach zu teilen*[51]. Von Gerlach hatte sich im Wahlkampf entschieden gegen sozialdemokratische und konservative Positionen abgegrenzt[52]. Kurz vor der Wahl entscheidet sich das Zentrum für einen eigenen Kandidaten, den Hofbesitzer Degen aus Bawinkel (Kreis Lingen), für den wohl im Gegensatz zu von Gerlach die Unterstützung eines Teils der Nationalliberalen hatte gewonnen werden können[53]. Die Ablehnung von Gerlachs wird bei der Bevölkerung auch mit dem Argument begründet, daß nicht einzusehen sei, *einen Landfremden, einen Mann aus dem fernen Osten*[54] zu wählen. Die Mittelgrafschaft tritt zwar mit Mehrheit für Landrat Kriege ein, kann aber die angestrebte Ablehnung des aus dem Lingener Landbezirk stammenden Zentrumskandidaten nicht erreichen.

In Nordhorn bestimmen die Bürger Wahlmänner, von denen sich fünf auf Landrat Kriege als freikonservativ-nationalliberalen Kandidaten und drei auf Hellmut von Gerlach (National-Soziale Partei) festlegen. Die Wahlmänner sind im Wahlbezirk 14: Fabrikant B. Rawe, Fabrikant H. Stroink, Dr. med. Collmann von Schatteburg, Auctionator B. Diek; im Wahlbezirk 15: Bürgermeister E. Beins, Kaufmann G. Krieter, Kaufmann U. Weustmann, Dr. med. in der Stroth[55].

Die Wahlmännerabstimmung im Wahlkreis bringt den Sieg des Zentrumskandidaten[56]:

Hofbesitzer Degen, Bawinkel (Zentrum)	131 Stimmen
Landrat Kriege, Bentheim (Freikonservativ)	67 Stimmen
Hofbesitzer Damink, Wilsum (Konservativ)	22 Stimmen
Redakteur von Gerlach, Berlin (National-Sozial)	14 Stimmen

Das konfessionelle Spannungsverhältnis im Kreise Bentheim-Lingen bestimmt ebenso die Landtagswahl 1903, über deren Ausgang große Unsicherheit herrscht.

Die Bentheimer Zeitung schreibt, daß *in unserem Wahlkreise . . . die Verhältnisse ganz eigentümlich liegen, das Ergebnis läßt sich noch nicht annähernd bestimmt voraussagen. Sicher ist, daß etwa 110 katholische Wahlmänner ungefähr 120 nichtkatholischen gegenüberstehen. Bestände das umgekehrte Verhältnis, dann wäre der Sieg der Zentrumspartei sicher; ihre Gegner würden nicht einmal gefragt werden, welcher Kandidat auch für sie in Betracht kommen könnte. Bedauerlicherweise sind bei den*

---

[48] Damink hat 1893 erklärt, er wolle sich der freikonservativen Partei anschließen, ist dann aber den Konservativen beigetreten. Kreisblatt vom 29. 10. 1898.

[49] Kreisblatt vom 22. 10. und 3. 11. 1898. Die National-Sozialen haben ihren »feurigsten Vertreter, den schlagfertigen und uns besonders sympathischen von Gerlach aufgestellt«.

[50] Kriege wird als Kompromißkandidat der bürgerlichen Parteien in die Diskussion gebracht und kandidiert letztlich für die Freikonservativen.

[51] Kreisblatt vom 22. und 25. 10. 1898.

[52] Von Gerlach spricht vor allem über die Änderung des Wahlverfahrens, Sozialreformen und die nationale Zuverlässigkeit der National-Sozialen im Hinblick auf Kaiser und Heer.

[53] Kreisblatt vom 25. und 30. 10. 1898.

[54] Kreisblatt vom 15. 10. 1898.

[55] Kreisblatt vom 1. 11. 1898.

[56] Kreisblatt vom 5. 11. 1898.

letzten Wahlen die Protestanten sich nicht einig gewesen, so daß das Zentrum ein Wört-
lein mitsprach, das es selbst, wenn es die Übermacht hätte, den anderen nicht vergönnt
hätte[57].

Der Artikelschreiber drückt weiter die Hoffnung aus, daß die bereits 1898 mit Beteiligung von Gerlachs geführte Diskussion um die Abschaffung des Dreiklassenwahlrechts beendet und das Wahlgesetz nachhaltig geändert werde.

Zur Wahl stehen der Verlierer von 1898, Landrat Kriege, der sich wesentliche Ver-
dienste für die Wirtschaftsförderung in Eisenbahn- und Kanalbau erworben hat[58]. Für
das Zentrum wird Amtsgerichtsrat Tholen nominiert, der bei den Wahlen im Januar
und Juni noch für die Konservativen angetreten war. Die National-Sozialen stellen
nach den großen Erfolgen bei den Reichstagswahlen des Jahres erneut den Redakteur
von Gerlach auf. In Nordhorn wirbt der »Vorstand des liberalen Kreisvereins für Bentheim-Lingen« für den Besuch einer national-sozialen Wahlveranstaltung[59]. Für den
Landrat Kriege erscheinen mehrere Anzeigen, die von Nordhorner Kaufleuten und
Fabrikanten wie Karl Schlieper, Faber, G. Krieter und J. H. Zwitzers unterzeichnet
sind[60]. Im Bentheimer Landkreisteil weist man auf die Abneigung gegen den Kandidaten des Zentrums Tholen hin und begründet dies mit dem nicht nur religiösen, sondern
allgemeinen Gegensatz zwischen Bentheim und Lingen. Eine protestantische Koalition mit von Gerlach als Kandidaten wird erwogen, jedoch als unrealistisch verwor-
fen[61]. Die Aussagen im Wahlkampf werden differenzierter; Person und Sachpro-
gramme der Kandidaten werden diskutiert. In Kriege weiß man einen sicheren Verfechter für den wirtschaftlichen Aufbau im Kreise.

In Nordhorn werden als Wahlmänner in der I. Klasse der Fabrikant H. Stroink sowie Bürgermeister E. Beins, in der II. Klasse Dr. Collmann von Schatteburg, Fabrikant K. Schlieper und Kaufmann H. Beins und in der III. Klasse der Malermeister A.
Lambers, der Bäcker L. Frentjen und der Bautechniker G. Tempel gewählt[62].

Ein Zwischenergebnis[63] (77 Stimmen für Kriege, 42 Stimmen für Tholen und 15
Stimmen für von Gerlach) weist darauf hin, daß sich der Bentheimer Landrat diesmal
durchsetzen kann.

Ebenso 1908 wie 1913 wiederholt Kriege seinen Wahlerfolg. Er besitzt eine wesentliche Unterstützung bei der den Wahlausgang in Nordhorn bestimmenden Honora-
tiorenschicht. Karl Schlieper, Dr. Collmann, Dr. in der Stroth, von Bentheim, C. Sa-
gert, Rave, B. Niehues, Ludwig Povel, Dütting und Herms unterzeichnen einen entsprechenden Wahlaufruf. Eine Gegenüberstellung der Resultate der Urwahlen 1913[64]
zeigt für die Kreise Lingen und Bentheim folgendes Bild:

	Engelen (Zentrum)	Kriege (Freikonservat.)	Unbestimmt
Bentheim	4 Wahlmänner	153 Wahlmänner	17 Wahlmänner
Lingen	120 Wahlmänner	12 Wahlmänner	– Wahlmänner

[57] Kreisblatt vom 31.10.1903.
[58] Vgl. SPECHT, Nordhorn, S. 311 ff.
[59] Kreisblatt vom 24.10.1903.
[60] Kreisblatt vom 1.11.1903.
[61] Kreisblatt vom 31.10.1903.
[62] Kreisblatt vom 8.11.1903.

Das endgültige Wahlergebnis bei der gemeinsamen Abstimmung für den Gesamt-
wahlkreis lautet: 158 Stimmen für den Landrat Kriege, 127 Stimmen für Engelen, 9
Stimmen für Iemhoff (Deutsch-Konservativ)[65].

Die beigegebene Liste der Wahlmänner bei den Landtagswahlen 1873, 1879, 1885,
1888, 1898, 1903 und 1913 (Anhang II) läßt keine Zuordnung der einzelnen zu den politisch relevanten Richtungen zu. Sie macht jedoch deutlich, daß die Wahlmänner aufgrund des Dreiklassenwahlrechts bis 1903 ausschließlich aus dem besitzenden Bürgertum, den Bereichen Handel/Gewerbe und der Akademikerschaft kommen. Eine soziale Abstufung ist insoweit festzustellen, als der Bürgermeister und die gesellschaftlich führende Gruppe der Fabrikanten und Kaufleute durchweg die Wahlmänner in
der I. Klasse stellen, während in Klasse III Handwerksmeister (Bäcker, Maurer, auch
Schlosser und Bautechniker) vorherrschen.

4. Zusammenfassung

Für die Zeit des 2. Kaiserreichs kann zum Wahlverhalten bei Reichs- und Landtagswahlen für Nordhorn festgehalten werden:
(1) Die dominierende Stellung der konservativ/nationalliberalen Parteien wird durch
den überwiegend protestantischen Bevölkerungsteil sowie den Einfluß des städtischen
Honoratiorentums bis 1914 gesichert. Der zwischen 1895 und 1910 stattfindende Be-
völkerungsanstieg von 2000 auf 3000 Einwohner hat kaum Einfluß auf die Wahlergebnisse.

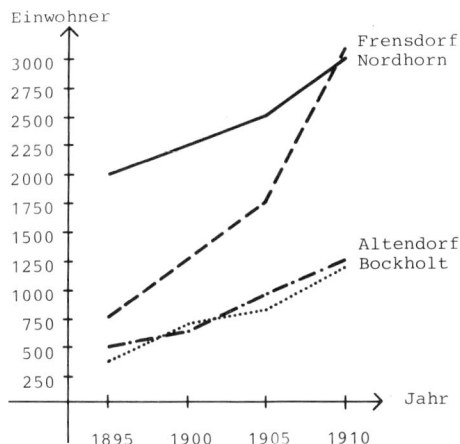

Abb. 2 Einwohnerzahlen zwischen 1895 und 1910 (nach Specht, S.317)

(2) Dem katholischen Bevölkerungsteil entsprechend erzielt das Zentrum Stimmanteile zwischen 20 und 30 Prozent.

---

[63] Kreisblatt vom 21.11.1903.
[64] Die Aufstellung richtet sich nach von seiten der Presse vermutetem Wahlverhalten der Wahlmänner.
      Bentheimer Zeitung vom 17.5.1913.
[65] Vgl. Anm. 46. L. SAGER macht in seinem Aufsatz deutlich, wie schwierig bei der ständisch geprägten Zu-
      sammensetzung des von den Honoratioren bestimmten Wahlmännerkollegiums ein von den Mehrheits-
      meinungen abweichendes Wahlverhalten war.

(3) Die Stimmanteile der National-Sozialen sowie der Sozialdemokraten sind weitgehend auf soziale Konflikte in den Webereien (Lohnreduzierungen) in Nordhorn zurückzuführen[66].

(4) Die Sozialdemokratie spielt trotz sprunghaft wachsender Industrialisierung keine Rolle, während im Reich der Anteil der Sozialdemokratie zwischen 1887 und 1912 von 10 auf 30 Prozent steigt. Gründe dafür sind:

a) Die zeitgemäß geringe Wahlbeteiligung[67] dürfte auf Wahlverzicht eines Teils der Arbeiterschaft zurückgehen, da der SPD-Kandidat bei Reichstagswahlen in aussichtsloser Position, bei Landtagswahlen gar nicht aufgestellt war.

b) Gegenwirkungen gingen sicherlich von »den Unternehmern und dem konservativ eingespielten Behördenapparat« aus[68].

c) Wesentlich wird weiter das Selbstverständnis der Arbeiter selbst sein, die zwar, rein äußerlich betrachtet, zu den Lohnempfängern gehörten, sich aber *als Bauern oder Handwerker, als Mitglieder jener Gesellschaftsschicht fühlten, aus der sie kamen.* Von 1901 ab – in diesem Jahr stellt der Landrat fest, daß »Sozialdemokraten . . . unter den Arbeitern keinen Boden«[69] finden – bis zum Ende des kaiserlichen Deutschlands hat eine gewisse Aufwärtsentwicklung stattgefunden, die jedoch die traditionellen Bindungen kaum überdeckt.

C. Politische Parteien und Wahlen in der Weimarer Republik

Mit der Kapitulation der Deutschen Wehrmacht, den revolutionären Ereignissen im November 1918 und der Abdankung des Kaisers bricht das monarchische System in den deutschen Staaten in sich zusammen. Der Rat der Volksbeauftragten nimmt, getragen von den überall gegründeten Arbeiter- und Soldatenräten, Regierungsfunktionen zur Bewältigung des entstandenen Chaos wahr. Am 30. November 1918 verfügt der Rat der Volksbeauftragten die Wahl einer verfassungsgebenden Nationalversammlung. Als Wahlsystem wird das allgemeine, unmittelbare und geheime Verhältniswahlrecht nach von Parteien aufgestellten Kandidatenlisten eingeführt. Erstmals wahlberechtigt sind Soldaten und Frauen. Das Wahlalter wird auf 20 Jahre heruntergesetzt.

Dies ist die Grundlage für eine sich rasch entwickelnde Parteienorganisation in Nordhorn. Die vor dem Kriege als Interessengruppen oder Wahlvereine nur schwer faßbaren politischen Gruppierungen sind Ende 1918/Anfang 1919 als selbständige Ortsgruppen festzumachen. Bei den Wahlen zur Nationalversammlung am 19. 1. 1919 sind Zentrum, DDP und DVP[70] als eigenständige Ortsgruppe vertreten. In diesen

---

[66] Vgl. SPECHT, Nordhorn, S. 317.
[67] Bentheimer Zeitung vom 9. 1. 1907. Die Wahlbeteiligung wird für die letzten Jahre mit: Kreis Grafschaft Bentheim 59%, Kreis Aschendorf-Hümmling 92%, Meppen 87%, Kreis Lingen 86% angegeben. Vgl. auch CATENHUSEN, Wahlen, S. 222.
[68] SPECHT, Nordhorn, S. 317.
[69] Nach SPECHT, Nordhorn, S. 317.
[70] Die DVP ruft am 4. 1. 1919 zur Gründung einer Ortsgruppe Nordhorn »als Hort gegen den sozialdemokratischen Ansturm« auf.

Zeitraum dürfte mit Sicherheit auch die Gründung einer Parteiorganisation der SPD für Nordhorn fallen, die bereits im Dezember erste Wahlkundgebungen abgehalten hatte[71].

Auffallend ist, daß in den 1919 publizierten Wahlaufrufen und bei der Gründung der einzelnen Parteien die bis 1918 als Magistrat oder als Mitglieder des Bürgervorsteherkollegiums beteiligten Personen sich aus der politischen Arbeit zurückziehen. Es treten neue Kräfte in den Vordergrund, die vermehrt aus der Gruppe der Beamten und öffentlich Bediensteten stammen[72]. Doch ist auch weiterhin mit einem wesentlichen Anteil das eingesessene Handwerk vertreten.

1. Reichstagswahlen von 1919 bis 1930 in Nordhorn[73]

Ende 1918 beginnen die Wahlkämpfe für die Abstimmung zur verfassungsgebenden Deutschen (19.1.) und Preußischen (26.1.) Nationalversammlung. Mit erheblichem Aufwand wird der Wahlkampf sowohl in Wahlveranstaltungen als auch in der bürgerlichen Presse geführt[74]. Besonders die DVP und die DDP sind in der Lage, mit seitenfüllenden Großanzeigen auf ihre Wahlprogramme hinzuweisen. Mit einer Wahlveranstaltung des späteren Außenministers Stresemann (DVP) am 15.1.1919 in der Kriegerhalle in Nordhorn, die in tumultarischem Chaos endet, ist der Höhepunkt der Auseinandersetzungen erreicht[75].

Das Ergebnis beider Wahlen gibt einen Einblick in die von Nordhorner Wählern gewünschte Kräfteverteilung im Reich. Bezeichnend für die Stadt ist, daß sich vier ähnlich starke Kräftegruppen gebildet haben. DNVP und DVP, als monarchisch orientierte Parteien, erreichen einen Stimmenanteil von ca. 20 Prozent. DDP, Zentrum und SPD liegen bei den Reichswahlen bei 26 bis 27 Prozent und erzielen bei den für Preußen bestimmenden Wahlen zur verfassungsgebenden Versammlung Stimmenergebnisse von 22,7 (SPD), 27,0 (DDP) und 30,3 (Zentrum) Prozent[77].

---

[71] Siehe Zeitungsberichte dieser Monate. Mit Zentrum, SPD, DVP und DNVP organisieren sich die alten Parteien des Kaiserreichs. Nur die DDP ist als Neugründung zu bezeichnen, in der sich liberaldemokratische Gruppen zusammenschlossen. Eine Ortsgruppe existiert am 8.1.1919.

[72] Ein Wahlaufruf der DDP ist unterzeichnet von A. Bremer, Kaufmann, A. Körber, Lehrer, C. Wolf, Kontorist, Niemeyer, Zollsekretär, Bosse, Wachtmeister, Loheide, Bahnhofswirt, O. Theuerkauf, Maschinenmeister, Frl. G. Schlieper, Frl. G. Heuer, Lehrerin, J. G. Stemberg, Bäcker, Frl. Tweer, Kontoristin, Frau J. Portheine, A. Kohnhorst, Obermeister, F. J. Röhler, Stukkateur, L. Frentjen, Bäckermeister, Kallenbach, Oberpostassistent, im Kreisblatt vom 18.1.1919. Zum erstenmal nehmen auch Frauen am öffentlichen politischen Leben teil.

[73] Eine Berücksichtigung der Landtagswahlen erübrigt sich weitgehend, da sie gleichzeitig mit den Reichstagswahlen stattfinden. Die Ergebnisse sind in der Regel ähnlich. Für die Zeit der Weimarer Republik liegt für Niedersachsen die statistisch angelegte Arbeit von Franz, wie Anm. 17, vor. Für den Kreis hat J. Munsberg zu »Partei- und Wahlverhalten in der Grafschaft Bentheim von 1918 bis 1933« eine sich über 13 Folgen ziehende gründliche und inhaltsreiche Arbeit in: Zwischen Burg und Bohrturm. Beilage zu den »Grafschafter Nachrichten«, 1975, Nr. 1–12 und 1976, Nr. 1 vorgelegt, so daß der Verfasser sich hier auf das Notwendigste beschränken kann.

[74] Vgl. CH. SCHMIECHEN, Partei- und Wahlkämpfe in Schüttorf zur Zeit der Vorbereitung der Wahl zur Nationalversammlung am 19.1.1919 im Spiegel der Presse, in: Bentheimer Jb. 1973, S. 144 ff.

[75] Stresemann versuchte, auf einer am 15.1.1919 von Rektor Specht (DVP) geleiteten Wahlveranstaltung zu sprechen. Es kam zu Tumulten und körperlicher Bedrohung Stresemanns, der sich nur durch eine abenteuerliche Flucht retten konnte. Zum gerichtlichen Nachspiel, siehe Kreisblatt vom 26.7.1919.

[77] Vgl. FRANZ, Parteien, S. 216–222.

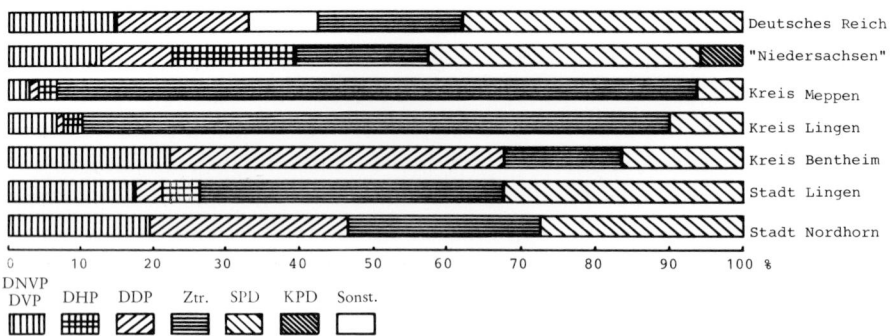

Abb. 3   Ergebnisse der Wahlen zur verfassunggebenden Deutschen Nationalversammlung
am 19. 1. 1919

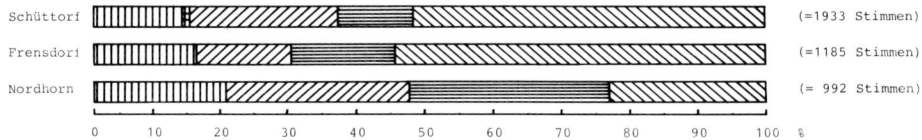

Abb. 4   Ergebnisse der Wahlen zur verfassunggebenden Preußischen Nationalversammlung
am 26. 1. 1919[76]

Die Reichstagswahlen vom Juni 1920 deuten schon Tendenzen an, die sich in den folgenden Jahren fortsetzen sollen. Die Rechtsparteien können Stimmengewinne erzielen, während die linksliberale DDP zum Teil erhebliche Verluste hinnehmen muß.

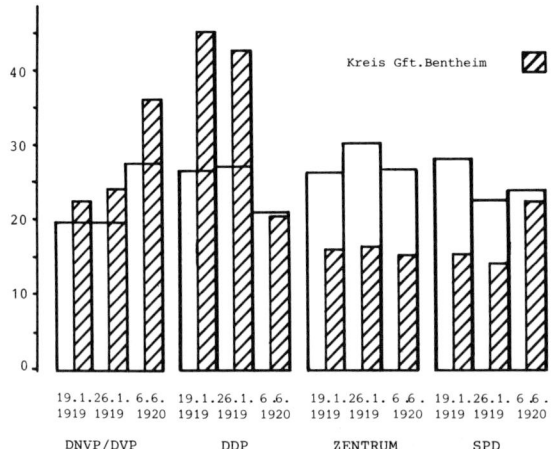

Abb. 5   Ergebnisse der Wahlen in den Jahren 1919 und 1920 für Nordhorn
und den Kreis Gft. Bentheim

---

[76] Zu sämtlichen als Wahlergebnisse aufgenommenen Zahlen ist zu bemerken, daß es sich in der Regel um inoffizielle, aus den Zeitungen ermittelte Zahlen handelt; oft sind ungültige sowie für Splitterparteien abgegebene Stimmen nicht abgedruckt. Die errechneten Prozentwerte können also geringfügig von den offiziellen Zahlen abweichen.

[77] Die Wahlergebnisse finden sich für das Reich in der bekannten Standardliteratur; für Niedersachsen, siehe FRANZ, wie Anm. 17, für die Grafschaft Bentheim, siehe MUNSBERG, wie Anm. 73. Die Zahlen für Nordhorn stammen sämtlich aus Kreisblatt und Nordhorner Nachrichten. Auf Einzelangaben wird deshalb verzichtet.

Während der Rückgang in Nordhorn nur 5 Prozent ausmacht, geht der Anteil im Kreis Bentheim von 45,0 auf 20,4 Prozent zurück. Die DDP, die im Januar 1919 Auffangbecken für die Stimmen derjenigen war, die gegen die Monarchie und nicht katholisch waren, aber auch nicht SPD wählen wollten, muß über 60 Prozent ihrer Wähler an die DNVP abgeben[78].

Auch das Zentrum, das sich in Nordhorn in beiden Jahren gut behaupten kann, erleidet geringe Verluste.

Auf Reichsebene sind während der gesamten Zeit der Weimarer Republik instabile wechselnde Koalitionen an der Tagesordnung. Hinzuweisen ist auf das Mitte-Links-Bündnis, die sogenannte Weimarer Koalition zwischen SPD, DDP und Zentrum, die unter zeitweiser Einbeziehung der DVP die Anfangsjahre der Republik bis 1923 bestimmt. Zwischen 1924 und 1930 herrschen bürgerliche Rechtskoalitionen zwischen DNVP, DVP und Zentrum vor.

Die DDP ist in Nordhorn von 1924 an zu einer unbedeutenden Splittergruppe geworden, so daß man nun von einer strukturellen Dreiteilung des Wahlverhaltens der Nordhorner Bürgerschaft sprechen kann. Einem evangelisch national-bürgerlichen Block steht das Zentrum als katholische Sammlungspartei sowie SPD und KPD gegenüber.

Jahr	national-sozialistisch/völkisch	evangelisch-nationaler Block	katholische Sammlungs-Partei	sozialistisch/kommunistische Parteien
	%	%	%	%
1919		46,3	26,3	27,0
1920		48,4	26,9	23,6
1924 I	2,7	34,3	22,3	33,6
1924 II	2,8	39,4	14,1	42,3
1928	2,1	32,3	26,3	37,3
1930	15,4	28,4	24,2	27,9

Abb. 6   Wahlergebnisse nach Parteigruppen zwischen 1919 und 1930

Drei Ergebnisse lassen sich aus den aufgeführten Zahlen erkennen: a) Die bürgerlichen Parteien nehmen zwischen 1920 und 1928 in Nordhorn von nahezu 50 auf etwas mehr als 30 Prozent ab, um mit dem Aufkommen der NSDAP 1930 unter 30 Prozent zu rutschen. b) Die katholische Wählerschaft hält ihren Stimmanteil konstant zwischen 22 und 27 Prozent, mit Ausnahme des Jahres 1924. c) Die sozialistischen Parteien nehmen zeitweise auf über 42 Prozent zu, ehe mit den Eingemeindungen von 1929, die das Nordhorner Landgebiet wesentlich erweitern, auf unter 30 Prozent zu fallen.

Ein Vergleich der Wahlergebnisse von Nordhorn mit den Zahlen des Gesamtkreises Grafschaft Bentheim sowie den Ergebnissen im Deutschen Reich sind für die SPD ein Spiegelbild der industriellen Entwicklung; während 1919 und 1920 der sozialdemo-

---

[78] Siehe Munsberg, Partei- und Wahlverhalten, Folge II.

kratische Anteil in Nordhorn im Vergleich zum Reich mit 27 bzw. 23,6 Prozent (Reich 43,9 bzw. 39,6 Prozent für SPD und USPD) über 15 Prozent niedriger liegt, können für die Wahlen im Jahre 1924 für Nordhorn 28,0 bzw. 37,4 Prozent festgestellt werden, während im Reich der Anteil der Sozialdemokratie auf 21,3 bzw. 26,3 Prozent absinkt, wobei jedoch ein 7 bzw. 4prozentiger Mehranteil der KPD festzustellen ist.

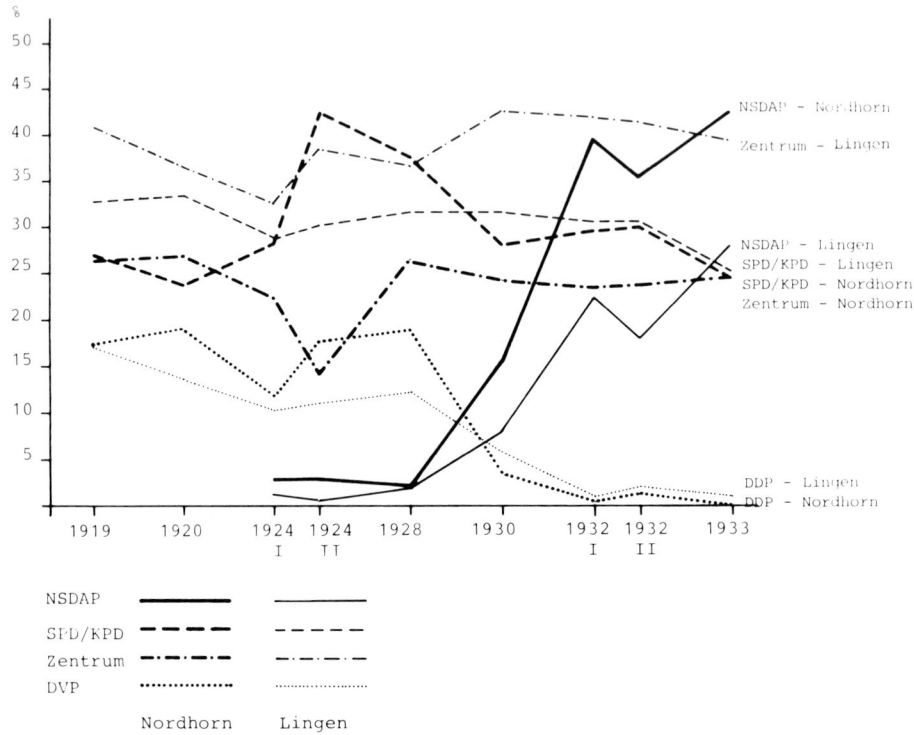

Abb.7   Der Zusammenhang zwischen Konfessionszugehörigkeit und Wahlverhalten im Vergleich der Städte Nordhorn und Lingen

Für Nordhorn, den Kreis Bentheim und das Reich bemerkenswert bleibt die Konstanz des Zentrums. Überproportional nehmen im Vergleich die bürgerlichen Parteien in Nordhorn ab, die sich um 1930 im Reich noch bei 16 Prozent halten können, während in Nordhorn das Wahlergebnis 7,8 Prozent beträgt. Der Grund dafür liegt in der Aufstellung von Kandidaten des christlich-sozialen Volksdienstes, der einen Teil der evangelischen bürgerlichen Wähler abzieht und mit 20,6 Prozent in Nordhorn und 24,2 Prozent in der Grafschaft Bentheim ein erstaunliches Ergebnis erzielt. Im Kreis übernimmt er die Wähler des Landvolkes, in Nordhorn kann er jedoch auf breiter Basis Wählerschichten aus Handel und Gewerbe ansprechen.

2. Reichspräsidentenwahlen

Die Reichspräsidentenwahlen 1925 bringen im ersten Wahlgang die für Nordhorn typische Dreiteilung der Stimmen. Der SPD-Kandidat Braun erhält 36,8, Jarres als Vertreter von DNVP und DVP 32,0 und der Zentrumskandidat Marx 23,0 Prozent.

Erstaunlich ist der Ausgang des zweiten Wahlgangs. Der katholische Zentrumskandidat kann seinen Stimmanteil in Nordhorn auf 53,3 Prozent mehr als verdoppeln, während Hindenburg nur 44,6 Prozent erhält. Das Wahlergebnis im Wahlkreis lautet dagegen: Hindenburg 67,8 und Marx 30,8 Prozent. Im Reich wird wie folgt gewählt:
Hindenburg 48,3, Marx 45,3 Prozent. Offensichtlich erhält der Zentrumskandidat
den weitaus größten Teil der sozialdemokratischen Stimmen.

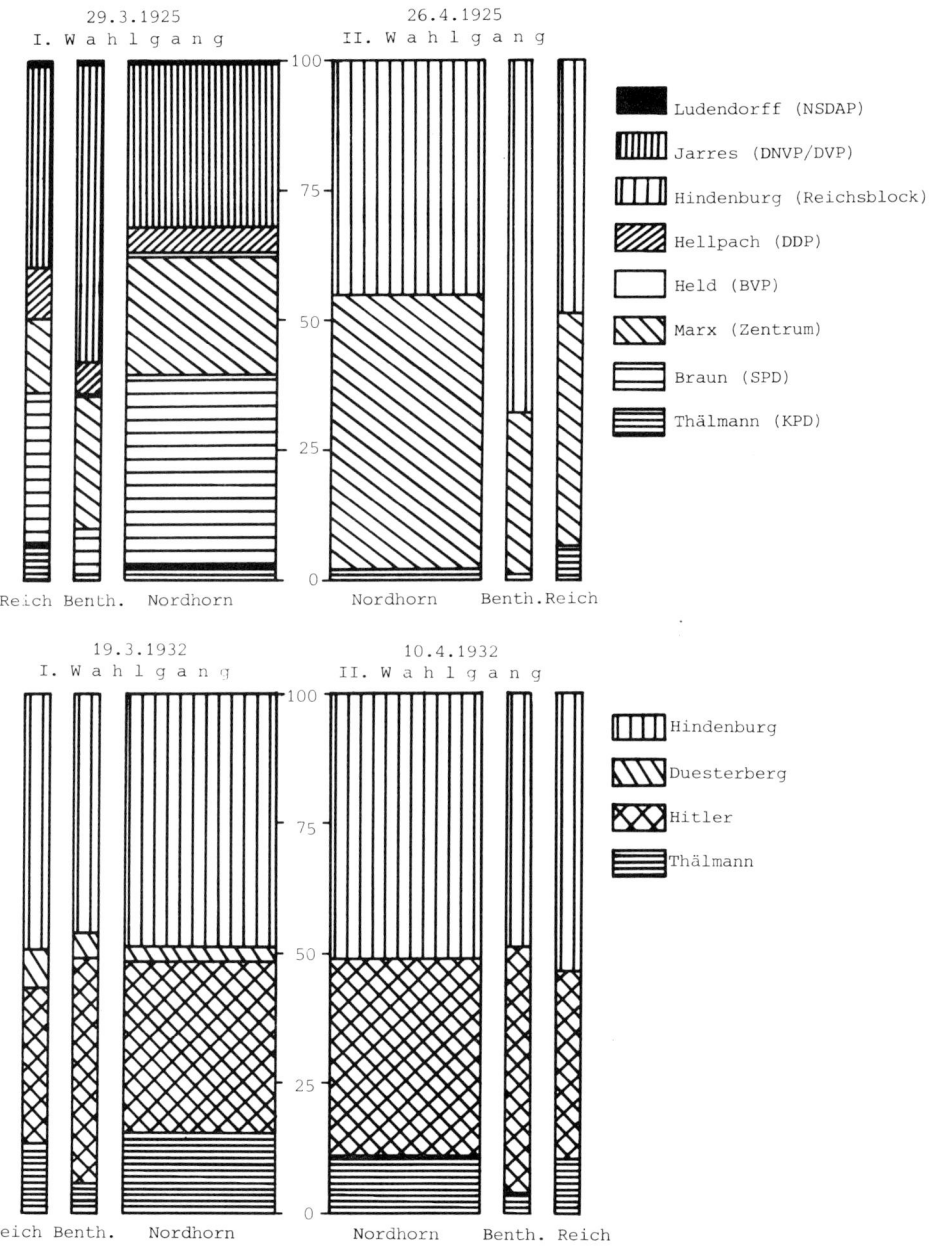

Abb. 8   Reichspräsidentenwahlen 1925 und 1932

Bei den Reichspräsidentenwahlen 1932 ergibt sich, wie die Übersicht zeigt, ein zwischen den Ergebnissen im Reich und in der Grafschaft Bentheim liegendes Wahlresultat: Hindenburg erhält in Nordhorn die absolute Mehrheit.

3. Zur Bewertung der Parteien, Wahlkämpfe und Wahlverfahren durch die Wählerschaft

Die Vielzahl der auf den Nordhorner Bürger zukommenden Wahlen seit 1919 (Reichstag, Preußischer Landtag, Provinziallandtag, Kreistag, Rat, Reichspräsidentenwahlen und verschiedene Volksabstimmungen) scheint manchen überfordert zu haben. Mit demokratischen Verfahren in der Kaiserzeit kaum vertraut gemacht und verwirrt durch das Vielparteiensystem der Weimarer Republik, äußert sich schon im Juni 1920 der durch die Wahlkämpfe unsicher gewordener Heimatdichter van der Linde in einem Gedicht, welches das Kreisblatt abdruckt[79] (siehe Abb. 9).

Die Republik befindet sich zwar zu dieser Zeit noch im Aufbau, doch werden Grundeinstellungen deutlich, die sich auch in den folgenden Jahren bis 1933 kaum ändern. Das tiefe Mißtrauen gegenüber dem republikanischen Parteiensystem, verstärkt durch das Auftreten von bis zu 31 politischen Gruppen und Grüppchen, ruft bei dem Normalwähler erhebliche Unsicherheiten gegenüber den Aussagen der verschiedenen Parteien hervor. Das Wahlkampfgezänk und der fortwährende Parteienzwist, der es in dieser Republik nie zu klaren Mehrheiten kommen ließ, macht verständlich, daß sich der Ruf nach einer starken Hand und einem dem deutschen Volk wieder eine klare Richtung gebenden Führer von der Mitte der 20er Jahre ab erheblich verstärkt.

4. Der Arbeiter- und Soldatenrat in Groß-Nordhorn[80].

Die Räte-Bewegung nach dem Zusammenbruch läßt in Nordhorn Anfang November 1918 einen Soldatenrat und eine Woche später einen Arbeiterrat entstehen, die in Abstimmung mit dem noch im Amt befindlichen Magistrat der Stadt im wesentlichen die Versorgung der Bevölkerung mit Nahrung und Heizmaterial organisieren. In der Presse geäußerte Befürchtungen, daß nun die Revolution auch in Nordhorn einziehen werde, finden keine Bestätigung[81]. Nachdem sich die Verhältnisse wieder normalisiert haben, lösen sich die Räte in Nordhorn Anfang Mai 1919 wieder auf[82].

---

[79] Kreisblatt vom 9.6.1920.
[80] Verwiesen wird auf TH. JAUER, Der Arbeiter- und Soldatenrat Groß-Nordhorn 1918: 19, o.O., o.J. (Stadtbibliothek Nordhorn).
[81] Als Mitglieder des Arbeiter- und Soldatenrats sind zu nennen: Prokurist Quaink, Rektor Specht, J. Möllmeyer, H. ten Brink, B. Janssen, G. Wehner, A. Hermelink, F. Knüver, G. Heils, B. Diek, H. Schoo, B. Karvink, Kreisblatt vom 13., 23. und 30.11.1918.
[82] In Kreisen der SPD und USPD wird ohne erkennbaren Erfolg noch einige Monate bis zur Verabschiedung der Weimarer Verfassung am 11.8.1919 im Zusammenhang mit der Diskussion, ob das Deutsche Reich als Rätestaat oder parlamentarische Demokratie entwickelt werden soll, beraten, ob eine Neugründung der Arbeiter- und Soldatenräte erfolgen soll.

De Reichstagswahl.

Gott Dank! Nu is de Wahl vörby!
Was dat ne grote Wöhlery!
Was dat en Lopen un Rumoren!
Et klingt uns nu noch in de Ohren
Van all de Flugbläa, all de Reden —
Uns' Nerven hebbt derunder leden.

De erste Redner spröck nich slecht,
Foort sän de Lö: „De Mann heff Recht!"
Dor kwamp nen andern Rechtsverfechter,
Dor sä'n se all: „De heff noch rechter!" —
Men aß sick nu nen Redner fünd,
De't Schmeicheln better noch verstünd
En sä: „Landlö sind noit de slecht'sten!"
Sä wy: „De Mann heff noch am recht'sten!"

Men dorby blew't nich! Kott derup
Tredd' wer nen andern Redner up,
De sä: „Wy sitt ja deep in'n Kolk,
Schuld heff dran met dat Judenvolk,
Drüm mörr y wählen de Partei,
De christlich is en judenfrei!"
Aß nu de nöächste Redner kwamp,
Mök de van anner Siet den Damp,
Sä: „De Partei vull Judenhaß,
Sölvs heel versippt, verjudet was!"

My dücht, dat't altied wall soa bliff,
Dat't slecht' un gude Juden giff;
Maria, Josef en telest:
D'Apostel sind ok Juden west.

Dann höllen Reden Sozialisten,
En „Frei-Hannover"-Separisten;
De hebbt ne Masse Stimmen kregen,
Men völle waßen ok dortegen:
Wenn Dütschland utenander fallt,
De Feinde uns noch slimmer krallt,
Dann könnt's uns noch heel anners ducken,
Uns enkelt better noch verslucken!

Et was en Glück, dat endliks dann,
De sesde Juni kwamp heran.
Ne Masse gafft, de't noch nich wüssen:
Nemm ick den Zettel nu, of düssen? — — —
Nu is et ut, dat slimme Fechten! —
Men wählden wy nu wall den Rechten?

v. d. L.

Abb. 9 Gedicht zur Reichstagswahl 1920

5. Bürgervorsteherwahlen in Nordhorn in der Weimarer Republik

a) Bürgervorsteherwahlen am 2. März 1919

Die ersten Bürgervorsteherwahlen in Nordhorn nach dem Kriege werden am 2. März 1919 abgehalten. Hinter den Nordhorner Bürgern liegen die Wahlen zur verfassungsgebenden deutschen Nationalversammlung am 19.1. sowie eine Woche später für den verfassungsgebenden preußischen Landtag. Auch für Kommunalwahlen gilt nun das an Listen gebundene Verhältniswahlrecht in allgemeiner, direkter und geheimer Abstimmung von Männern und Frauen. Damit ist jeder Nordhorner Einwohner, der im Besitz der bürgerlichen Ehrenrechte ist, wahlberechtigt.

Der Redakteur des Kreisblattes hofft, daß nun *nach den heftigen Wahlkämpfen, die Nordhorn anläßlich der politischen Wahlen erlebt hat, . . . bei den bevorstehenden Bürgervorsteherwahlen nach Möglichkeit jeder Kampf ausgeschlossen sei*[83]. Mit der Bezeichnung »politische Wahlen« drückt er die im 19. Jahrhundert vorherrschende Ansicht aus, daß kommunale Selbstverwaltung eine mehr unpolitische Sachverwaltung darstelle, die nicht in den Parteienstreit gezogen werden dürfe[84].

Nachdem man anfänglich bei der SPD einer möglichen Einheitsliste nicht abgeneigt zu sein scheint – ein auch von ihr getragener Beschluß wird gefaßt, daß die einzelnen politischen Parteien aus ihren Reihen geeignete Kandidaten auswählen sollten, die sämtliche Berufsstände berücksichtigen –, lehnt die SPD letztlich jedes Zusammengehen mit den Bürgerlichen ab[85]; denn eine nach ständischen Gesichtspunkten zusammengestellte Einheitsliste hätte der von der SPD seit langem geforderten und nun erreichten Einführung eines neuen Kommunalwahlrechts völlig widersprochen.

Die DDP, angeführt von ihrem Vorsitzenden Kaufmann A. Bremer, und das Zentrum, vertreten durch den Fabrikanten B. Niehues, können sich auf eine gemeinsame Liste einigen, nachdem die Kuhbürger von ihrer Forderung, drei Kandidaten aufstellen zu können, abgegangen sind[86]. Die Abstimmung bringt ein fast einstimmiges Ergebnis. Eine am folgenden Tage nachfolgende vertrauliche Besprechung der Eingesessenen will diese Liste jedoch nicht akzeptieren, so daß überraschend der geschaffene Bürgerblock wieder auseinanderfällt, obwohl argumentiert wird, daß das Bürgertum nur dann, *wenn es geschlossen vorgehe und durch keine Sondergelüste Zersplitterungen in seine Reihen trage, Aussicht habe, den Ansturm der Sozialdemokratie zu bestehen*[87].

Damit stehen in Nordhorn drei Listen zur Wahl, die in ihrer Aufteilung den Ergebnissen der 14 Tage vorher ausgetragenen Reichswahl entsprechen. DDP/DVP, Zentrum und SPD sind die tragenden politischen Kräfte auch innerhalb der Kommunalpolitik[88].

---

[83] Kreisblatt vom 26.2.1919.

[84] Vgl. CATENHUSEN, Wahlen, S.223 und 230.

[85] Wie Anm.83.

[86] B. Moorwessel, Arbeiter, A. Bremer, Kaufmann, W. Portheine, Bauunternehmer, B. Niehues, Fabrikant, G. Boomhuis, Arbeiter, C. Lorey, Obermeister, J. Büter, Landwirt, G. Deiting, Kaufmann, J. Stemberg, Bäckermeister, C. Duhn, Klempnermeister, H. Wieking, Lehrer, A. Kohnhorst sen., Obermeister, Kreisblatt vom 26.2.1919.

[87] Wie Anm.83. Der Beamtenverein nimmt sich am 12.12.1919 vor, Einfluß auf die Gemeindewahlen zu nehmen, Kreisblatt vom 19.2.1919.

Das Ergebnis der ersten Bürgervorsteherwahlen weicht erheblich von den Zahlen im Januar ab[89].

Reichstag/ Landtag	Gemeinde-wahlen	Reichswahlen 19. 1. 1919		Landeswahlen 26. 1. 1919		Bürgervorsteher-wahlen 2.3.1919	
		Stimmen	%	Stimmen	%	Stimmen	%
DVP/DDP	Büter	512	43,5	427	42,9	545	54,5
Zentrum	Moorwessel	310	26,3	300	30,3	280	29,6
SPD	Striedelmeyer	317	27,0	226	22,7	120	12,7

Die Gründe für den Zuwachs der bürgerlichen Liste und die Halbierung der Prozentzahlen für die SPD sind in der Tatsache zu suchen, daß die Wahlbeteiligung von 1176 auf 945 Personen zurückgegangen ist. Während die evangelisch bürgerliche Liste einen Stimmenzuwachs von 6 Prozent erzielt, geht für das Zentrum die Wahlbeteiligung um 10 und für die SPD um mehr als 60 Prozent zurück. Für die Verteilung der Sitze im Magistrat der Stadt ergibt sich ein Verhältnis von 7 zu 4 zu 1[90].

G. van Delden gibt im August des Jahres das seit 1915 kommissarisch verwaltete Amt des Bürgermeisters an den ersten Berufsbürgermeister der Stadt, F. Fahlsing, ab, steht aber zusammen mit Hauptlehrer Barlage weiterhin als Senator zur Verfügung[91].

b) Bürgervorsteherwahl am 7. August 1921

Nach einer Reihe von Widerständen erfolgt zum 1.4.1921 die Eingemeindung von Frensdorf, auf dessen Gebiet der Bahnhof und die Fabrik von Niehues & Dütting errichtet worden waren. Mit Frensdorf, das mit seinen großen Arbeitersiedlungen Nordhorn einwohnermäßig bereits seit 1910 überflügelt hat, steigen die Einwohnerzahlen auf über 7000 an[92].

Zwischen 1919 und 1921 hat der Organisationsgrad der Arbeiterschaft erheblich zugenommen. Die Mitgliederzahlen der nach dem Kriege sich neu organisierenden

---

[88] Als Beispiel für die berufsmäßige Zusammensetzung von Wahlvorschlägen sind die drei Listen des Jahres 1919 hier angegeben. Ansonsten siehe Anhang IIIc.
1. Wahlvorschlag Striedelmeyer (SPD): H. Striedelmeyer, Weber, J. Gierveld, Weber, J. Ottemann, Tischler, J.H. Frantzen, Arbeiter, B. Janßen, Weber, W. Niehaus, Weber, H. Ottink, Weber, G. Frantzen, Weber, A. Ottemann, Arbeiterin, G. Adrians, Weber, J. Schomakers, Weber, F. van der Kamp, Zimmermann, 2. Wahlvorschlag Büter (Bürgerblock): J. Büter, Arbeiter, A. Bremer, Kaufmann, W. Portheine, Bauunternehmer, J.H. Kattert, Ackerbürger, G. Boomhuis, Fabrikarbeiter, C. Lorey, Schneidermeister, J. Stemberg, Bäckermeister, H. Wieking, Lehrer, A. Kohnhorst, Obermeister, L. Salomonsen, Schlachtermeister, J.H. Hütte, Arbeiter, L. Kösters, Fabrikarbeiter. 3. Wahlvorschlag Moorwessel (Zentrum): B. Moorwessel, Arbeiter, B. Niehues, Fabrikant, G. Deiting, Kaufmann, K. Duhn, Klempnermeister, H. Quaink, Prokurist, H. Brinkers, Landwirt, J. Möllmeier, Lagerarbeiter.
[89] Kreisblatt vom 5.3.1919.
[90] Siehe Anhang IIIc.
[91] Dazu E. KÜHLE, Nordhorn zur Zeit des stellvertretenden Bürgermeisters Gerh. v. Delden 1915–19 und des ersten Berufsbürgermeisters Fahlsing 1916–26, in: Jb. Gft. Bentheim 1975, S. 171 ff.
[92] Vgl. SPECHT, Nordhorn, S. 317.

freien Textilarbeitergewerkschaft steigen bis Januar 1920 auf 1400 an. Die christlichen Gewerkschaften bemühen sich um die katholische Arbeiterschaft[93].

Den gestiegenen Einwohnerzahlen entsprechend ist das Bürgervorsteherkollegium auf 24 Mitglieder erweitert worden. Die bürgerliche Liste wird angeführt durch den langjährigen Gemeindevorsteher von Frensdorf Hoff, die ihren Rückhalt sowohl im Frensdorfer Landbezirk als auch in der alteingesessenen Handwerker- und Kaufmannschaft von Nordhorn findet. Eine selbständige Liste des Zentrums wird nicht aufgestellt[94]. Listen der Christlichen Gewerkschaft und der SPD sowie erstmals der Kommunistischen Partei bemühen sich um die Stimmen der Lohn- und Gehaltsempfänger. Die Wahl ergibt eine Parität der Sitze zwischen den bürgerlichen und den gewerkschaftlich orientierten politischen Gruppen.

Liste 1 »Hoff«		Liste 2 »Bürger und Bauer«		Liste 3 »Christliche Gewerkschaft«		Liste 4 SPD		Liste 5 Vereinigte Kommun. Parteien	
Sitze	%	Sitze	%	Sitze	%	Sitze	%	Sitze	%
11	45,8	1	4,2	3	12,5	8	33,3	1	4,2

Dem Kommunalparlament gehören nun 2 Landwirte, 9 Vertreter von Handel und Gewerbe, 10 Arbeiter, 2 Angestellte und 1 Beamter an. Sicherlich dürften Teile der Zentrumsstimmen von 1919 der Liste der Christlichen Gewerkschaft zugeflossen sein. Die Eingemeindung von Frensdorf hat zur Folge, daß die SPD und erstmals die Kommunisten – und nun fast gleichgewichtig – im Rat vertreten sind[95].

c) Bürgervorsteherwahlen am 4. Mai 1924

Für die 1924 anstehenden Bürgervorsteherwahlen wird, wie bereits 1921, ein Bürgerblock gebildet. Auch SPD und KPD treten mit eigenen Listen an. Als neue Gruppierung löst ein Zusammenschluß der »Lohn- und Gehaltsempfänger« als Vertretung der Beamten und Angestellten die Liste der Christlichen Gewerkschaft ab[96]. Die Wahlen[97] bringen der

Liste 1 »Bürgerblock«		Liste 2 SPD		Liste 3 »Lohn- und Gehaltsempfänger«		Liste 4 Kommunisten	
Stimmen	%	Stimmen	%	Stimmen	%	Stimmen	%
1013	40,6	685	27,4	668	26,7	132	5,3

---

[93] Vgl. SPECHT, Nordhorn, S. 325. Ebenfalls bilden die Metall- und Bauarbeiter, Handlungsgehilfen, Angestellten und Beamten Ortsverbände ihrer Gewerkschaften, Kreisblatt 4. 8. 1919 und 7. 6. 1920. »Wehrmann B. Kipker, der schon früher an der Spitze der gewerkschaftlichen Bewegung gestanden hat« (Kreisblatt vom 21. 12. 1918) führt die freien Gewerkschaften in Nordhorn an. Er nimmt 1921 den 1. Listenplatz des Wahlvorschlages der SPD zu den Bürgervorsteherwahlen ein.

[94] Die bürgerliche Liste kommt nach *größten Widerständen* mit wesentlicher Beteiligung des Buchdruckereibesitzers Pötters zustande; so derselbe in den Nordhorner Nachrichten vom 10. 3. 1933.

[95] Kreisblatt vom 8. 8. 1921. Genaue Stimmzahlen liegen nicht vor. Die Prozentzahlen errechnen sich aus der Sitzverteilung.

[96] Nordhorner Nachrichten vom 17. 4. 1924.

[97] Nordhorner Nachrichten vom 5. 5. 1924.

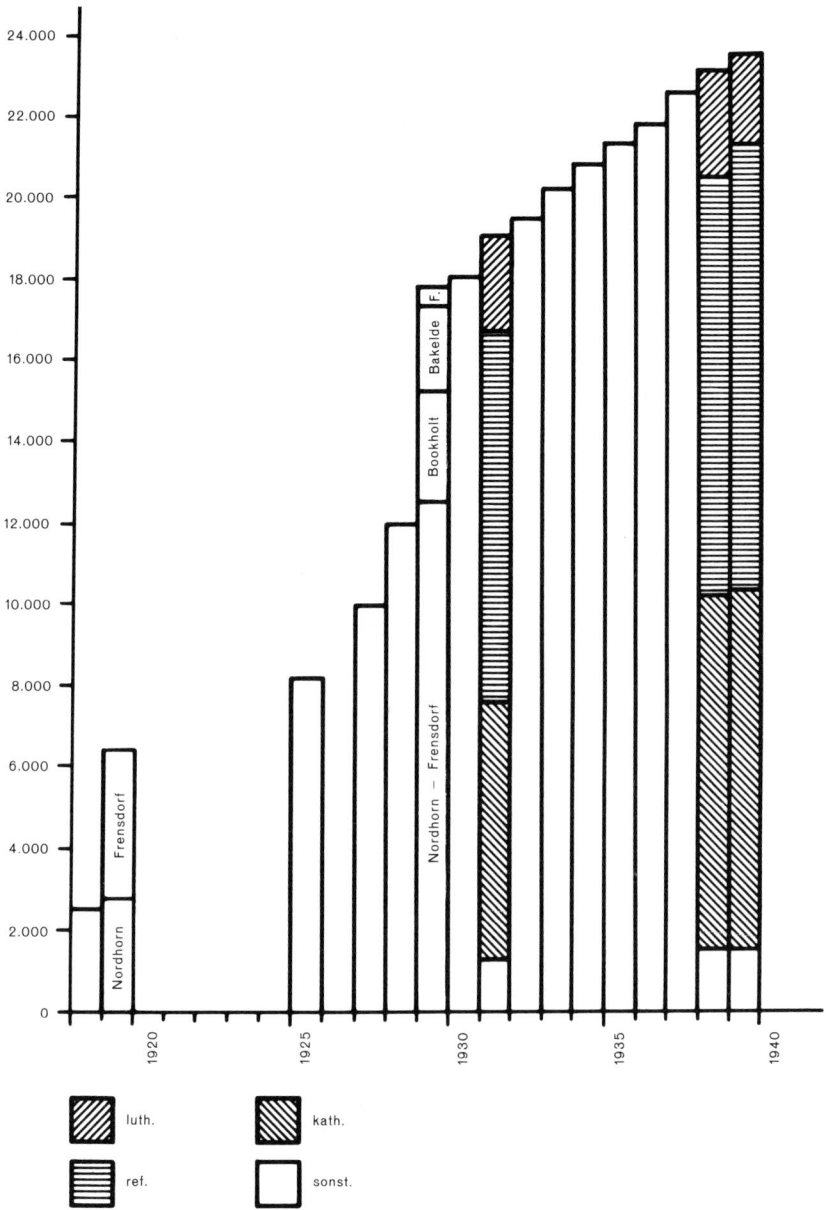

Abb. 10 Einwohnerzahlen 1919–1939

Bei nur 17 Sitzen ergibt sich folgende Verteilung im Rat: Bürgerblock 7 Sitze, Lohn- und Gehaltsempfänger 5 Sitze, SPD 5 Sitze. Ein heftiger Wahlkampf ist vorausgegangen. Artikel und Leserbriefe in den heimischen Zeitungen mit Überschriften wie »Ich klage an«, »Was ist Wahrheit?« verbunden mit persönlichen Verunglimpfungen kennzeichnen den Stil der Auseinandersetzung.

Die am 21. Juli 1924 stattfindende Neuwahl der vier Senatoren wird nach zwei die Machtverhältnisse kennzeichnenden Listen vorgenommen. Der Bürgerblock stellt

Rechtsanwalt Müller und Landwirt Hillen auf. Von seiten der beiden anderen Gruppen stehen auf einer Liste Gewerkschaftssekretär Lütkenhues, Gewerkschaftssekretär Köhler und Bahnhofsvorsteher Hobbie zur Wahl[98].

Die Abstimmung hat das Ergebnis von 7 Stimmen für den Bürgerblock und 10 Stimmen für den Vorschlag der SPD/Lohn- und Gehaltsempfänger. Da die Sitzverteilung nach dem relativen Verhältnis der Stimmen vorgenommen wird, entfallen auf beide Gruppen je zwei Senatorensitze[99].

d) Bürgervorsteherwahlen am 18. August 1929

Die Bürgervorsteherwahlen im August 1929 sind durch die soeben vorgenommenen Eingemeindungen von Bakelde, Bookholt, Frenswegen sowie Teilen von Altendorf und Hesepe geprägt. Nordhorn ist nun die in ihrer Flächenausdehnung größte Stadtgemeinde im Regierungsbezirk und übertrifft an Fläche selbst Osnabrück[100]. Der Anteil der Landbevölkerung hat sich wesentlich erhöht (siehe Abb. 10).

Es gelingt, eine gesamtevangelische Liste für Stadt und Land aufzustellen, die auf den ersten 15 Plätzen folgende Berufsverteilung zeigt: 1 Fabrikant, 1 Kaufmann, 3 Landwirte, 3 Handwerksmeister, 2 Angestellte und 5 Arbeiter[101]. Dazu tritt neben Listen der SPD und der Kommunisten erstmals seit 1919 wieder ein eigener Wahlvorschlag des Zentrums.

Die Liste der »evangelischen Wähler in Stadt und Land« erhält 50,4 %, das Zentrum 23 %, die SPD 19,9 %, die Kommunisten erhalten 3,7 % und eine Wirtschafts- und Arbeitsgemeinschaft Stadt und Umsiedlung 2,9 %. Die Sitzverteilung im Rat ergibt entsprechend eine Majorität für die evangelische Liste; sie erhält 15 der 28 Sitze. Doch bleibt mit Lütkenhues (Zentrum) und Köhler (SPD) die gewerkschaftliche Vertretung im Senatorengremium erhalten, verstärkt durch den Gewerkschaftskassierer Hoesmann von der evangelischen Liste, die mit ihrem Spitzenkandidaten Kaufmann A. Huizinga sowie Kaufmann D. Ribbink und dem Landwirt Lödden die weiteren Senatoren[102] stellt.

e) Bürgervorsteherwahlen am 12. März 1933

Mit den Bürgervorsteherwahlergebnissen von 1929 haben wir die letzte freie, nicht unter Druck und Terror stehende Meinungsäußerung der Nordhorner Bürgerschaft zur Zusammensetzung ihres Rates. Denn die am 12.3.1933 stattfindenden, immer noch nach demokratischen Prinzipien durchgeführten Vorsteherwahlen stehen ganz unter dem Eindruck der großen Wahlerfolge der Nationalsozialisten im Jahre 1932, der Ernennung Hitlers zum Reichskanzler Ende Januar, dem Reichstagsbrand Ende Februar 1933 und finden nur eine Woche nach den Reichstagswahlen vom 5.3.1933 statt, die in Nordhorn ein Wahlergebnis von 42,2 Prozent für die NSDAP bringen.

---

[98] StA N, CI q 28. Eine erste Abstimmung am 30.5.1924 hatte den Syndikus G. Pastors als Senator vorgesehen, gegen den jedoch ein Strafverfahren im Gange war. Ebenso wird die Wahl von P. Köhler am 21.7.1924 nicht bestätigt, da gegen diesen wegen Widerstands gegen die Staatsgewalt ermittelt wurde. Sein Nachfolger wird Oberbahnhofsvorsteher Hobbie.

[99] Siehe Anhang III b.

[100] Vgl. SPECHT, Nordhorn, S. 350.

[101] Siehe Anhang III c.

[102] Nordhorner Nachrichten vom 5.9.1929.

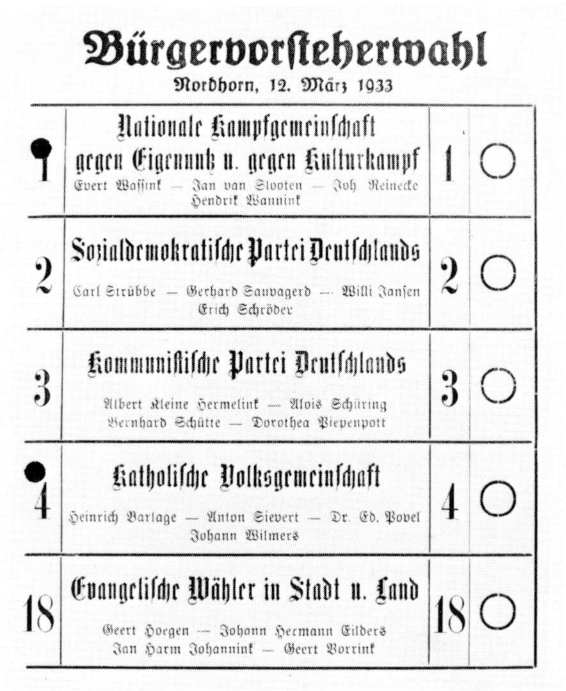

Bürgervorsteherwahl

Nordhorn, 12. März 1933

1	**Nationale Kampfgemeinschaft gegen Eigennutz u. gegen Kulturkampf** Evert Wassink — Jan van Slooten — Joh. Reinecke Hendrik Wannink	1	○
2	**Sozialdemokratische Partei Deutschlands** Carl Strübbe — Gerhard Sauvagerd — Willi Jansen Erich Schröder	2	○
3	**Kommunistische Partei Deutschlands** Albert Kleine Hermelink — Alois Schüring Bernhard Schütte — Dorothea Piepenpott	3	○
4	**Katholische Volksgemeinschaft** Heinrich Barlage — Anton Sievert — Dr. Ed. Povel Johann Wilmers	4	○
18	**Evangelische Wähler in Stadt u. Land** Geert Hoegen — Johann Hermann Eilders Jan Harm Johannink — Geert Vorrink	18	○

Abb. 11 Stimmzettel zur Bürgervorsteherwahl 1933

Im Vorfelde dieser Wahlen sind folgende innerstädtische Ereignisse wesentlich:
(1) Der Nordhorner »Stadtskandal«, der sich mit Veruntreuung von Geldern der Stadtkasse im September/Oktober 1932 abgespielt hat, bewegt die Gemüter[103].
(2) Gegen 31 Unterzeichner eines Wahlaufrufs für die katholische Volksgemeinschaft wird eine einstweilige Verfügung erwirkt, die es untersagt, im Wahlkampf folgende Behauptungen zu veröffentlichen oder sonst wie zu verbreiten: *Schärfster Radikalismus bedroht unsere heiligsten Güter: Religion und Kultur. Soll der unchristliche Radikalismus auch in unserer kommunalen Verwaltung zur Herrschaft kommen. Nein und abermals nein!* Das Nordhorner Tageblatt, das diese Annonce veröffentlicht, wird beschlagnahmt und erhält zusätzlich ein 14tägiges Erscheinungsverbot[104].
(3) Lange haben sich der Nordhorner Magistrat und die Nordhorner Verwaltung erfolgreich gegen das Aufziehen der nationalsozialistischen Symbole auf Rathaus und Arbeitsamt gewehrt. Bei den Wahlen selbst ist dies, nachdem die vorangegangenen Reichstagswahlen zwar nicht der NSDAP die absolute Mehrheit, aber doch einen erheblichen Stimmenzuwachs gebracht haben, nicht mehr zu verhindern. Bei einer Kundgebung der NSDAP, die durch den Ortsgruppenleiter eingeleitet wird, fordert der Gauleiter und Landtagsabgeordnete Gronewald, Osnabrück: *Der neue Geist, dessen Symbole bereits auf den Rathäusern und Behördengebäuden flattern, müsse auch*

---

[103] Vgl. E. KÜHLE, Nordhorn zur Zeit des Bürgermeisters Henn, 1927–33, in Jb. Gft. Bentheim 1976, S. 134.
[104] Nordhorner Nachrichten vom 10. und 14. 3. 1933.

in den Behördenzimmern Einzug halten. Das Argument der Gegner, die nationalso-
zialistischen Kandidaten seien namenlos, sei sehr wenig überzeugend[105].

(4) Vor den Wahlen hatte die NSDAP versucht, eine gemeinsame Liste mit der evangelischen Wählergemeinschaft aufzustellen. W. Schievink als Vorsitzender des evangelischen Wahlvereins betont, daß *die Einigungsverhandlungen nicht an diesem ge-*
scheitert seien, sondern daß die Schuld doch wohl bei den anderen zu suchen sei[106].
Festzustellen ist, daß der evangelische Wahlverein erhebliche Abgänge zur NSDAP zu
verzeichnen hatte.

(5) Die durch die Weltwirtschaftskrise bewirkten Arbeitslosenzahlen haben in Nordhorn 1932 die erhebliche Höhe von ca. 1000 erwerbslosen Textilarbeitern erreicht.

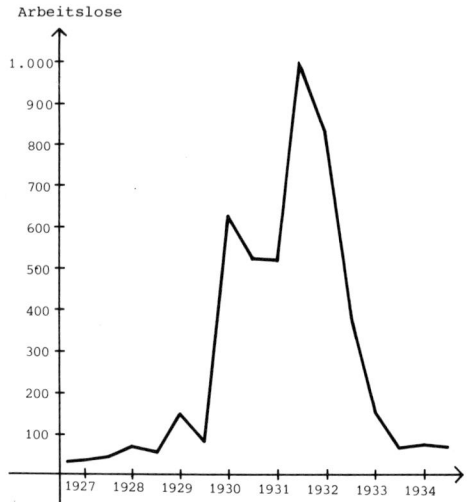

Abb. 12   Anstieg der Arbeitslosenzahlen in der Weltwirtschaftskrise (nach Specht, S. 368)

Die Wahlen bringen der Nationalen Kampfgemeinschaft gegen Eigennutz und gegen Kulturkampf – unter diesem Namen kandidierte die NSDAP – 39,7 %, der katholischen Wählergemeinschaft 27,4 %, der SPD 9,6 %, den Kommunisten 8,6 % und der
evangelischen Wählergemeinschaft 14,7 % der Stimmen.

Mit 16 Sitzen von insgesamt 28 besteht also auch noch nach der nationalsozialistischen »Machtergreifung« eine evangelisch/katholisch/sozialistische Mehrheit im Magistrat[107].

6. NSDAP und Reichstagswahlen zwischen 1930 und 1933

Der Ausgang der Nationalsozialistischen »Bewegung« in Nordhorn scheint ein
Ende 1923 in Bentheim gegründeter »Völkisch-sozialer Block« zu sein, der damals bereits ca. 60 Mitglieder zählte. Bei den Reichstagswahlen Ende 1924 nimmt eine »Na-

[105] Ebda.
[106] Ebda.
[107] Nordhorner Nachrichten vom 12.3.1933; siehe Anhang III c.

tionalsozialistische Freiheitsbewegung, Ortsgruppe Nordhorn« teil, die für die »Deutsch-völkische Freiheitsbewegung« Propaganda treibt.

Als eine Partei, die *gegen die Zinsknechtschaft des internationalen jüdischen Groß-kapitals* angetreten ist, läßt sie einen jüdischen Mitbürger auf einer ihrer Wahlveran-staltungen nicht zu Wort kommen. In zwei Zeitungsannoncen, die für sich sprechen, wird der Vorfall in die Öffentlichkeit getragen[108].

Mitbürger!

Da bei der am Dienstagabend in der völkischen Versammlung in Nordhorn einem unser Mitglieder, welches sich in der freien Aussprache zum Wort gemeldet hatte, dieses aus Feigheit nicht erteilt worden ist, sehen wir uns veranlaßt, hiermit an die Oeffentlichkeit zu treten.

Wir ergreifen das Wort, um vor aller Oeffentlichkeit gegen die Hetze Verwahrung einzulegen, die man gegen uns jüdische Deutsche unter dem Deckmantel der „nationalen" Gesinnung ins Werk gesetzt hat.

Deutschvölkische und Deutschnationale schämen sich nicht, den Massen der Wähler uns als die Prügelknaben hinzustellen, die man für Alles verantwortlich macht.

Aber noch nie hat eine politische Partei dem Vaterlande gedient, wenn sie mit den vergifteten Waffen der Lüge und des Hasses gekämpft hat.

Das bedenke jeder, der zur Wahlurne schreitet

Zentral-Verein deutscher Staatsbürger jüdischen Glaubens.
Ortsgruppe Nordhorn.

Deutsche Volksgenossen!

Der Zentralverein Deutscher Staatsbürger, jüdischen Glaubens Ortsgruppe Nordhorn, bezichtigt uns in der vorletzten Nummer df. Ztg. wir hätten aus Feigheit den Diskussionsredner Hopfeld nicht sprechen lassen. Bekanntlich lassen wir in unsern Versammlungen nur Deutsche, d. h. solche germanischer Abstammung zu Worte kommen Juden haben noch nie in diesen das Wort erhalten. Wir betrachten die Juden als Gäste in unserm Vaterlande, und als solche sollen sie sich benehmen.

Hören wir doch einmal einige jüdische Reichstagsabgeordnete. Einer von ihnen, Crispien, hat durch seine bekannte Bemerkung, er kenne kein deutsches Vaterland, doch wohl genügend bewiesen, daß er vom Wesen des Nationalen und damit vom Wesen der Politik keine Ahnung hat Ferner der Jude Hilferding, der sich der Vater der Rentenmark nennt, d. h. den Anspruch auf die Urheberschaft erhebt. Man verzeihe es ihm. Es ist die Eigentümlichkeit seiner Rasse, sich die Frucht des Genies anderer anzueignen.

Ist es ein Wunder, daß sich das Volk dagegen wehrt! Das Deutsche Volk erwacht zu völkischem Bewußtsein Das Deutsche Volk will nicht weiter hinein in die Zinsknechtschaft des internationalen jüdischen Großkapitals. —

Deutscher, es gilt am 7. Dezember zu zeigen, daß Deutschland einen Willen hat.

Wählt völkisch, die schwarz-weiß-rote Liste 6

National-sozialistische Freiheitsbewegung.
Ortsgruppe Nordhorn.

Abb. 13   Anzeigen vom 4. und 6. 12. 1924 in Zeitung und Anzeigenblatt Nordhorn

Bis 1929 völlig unbedeutend (1924 I 69 Stimmen; 1924 II 70 Stimmen; 1928 113 Stimmen) kann die NSDAP erstmals 1930 – es stehen die entsprechenden Finanzquel-len zur Verfügung – in den Wahlkampf eingreifen und wird in Nordhorn, wie nahezu überall im Reich, ein wesentlicher Machtfaktor.

---

[108] Inhaltlich nach A. PIECHOROWSKI, Der Untergang der jüdischen Gemeinde Nordhorn, hrsg. von der Stadt Nordhorn, Nordhorn ²1975, S. 28f. Über die Probleme Antisemitismus und Judenverfolgungen in Nordhorn informiert diese Arbeit eindrücklich, umfassend und differenziert.

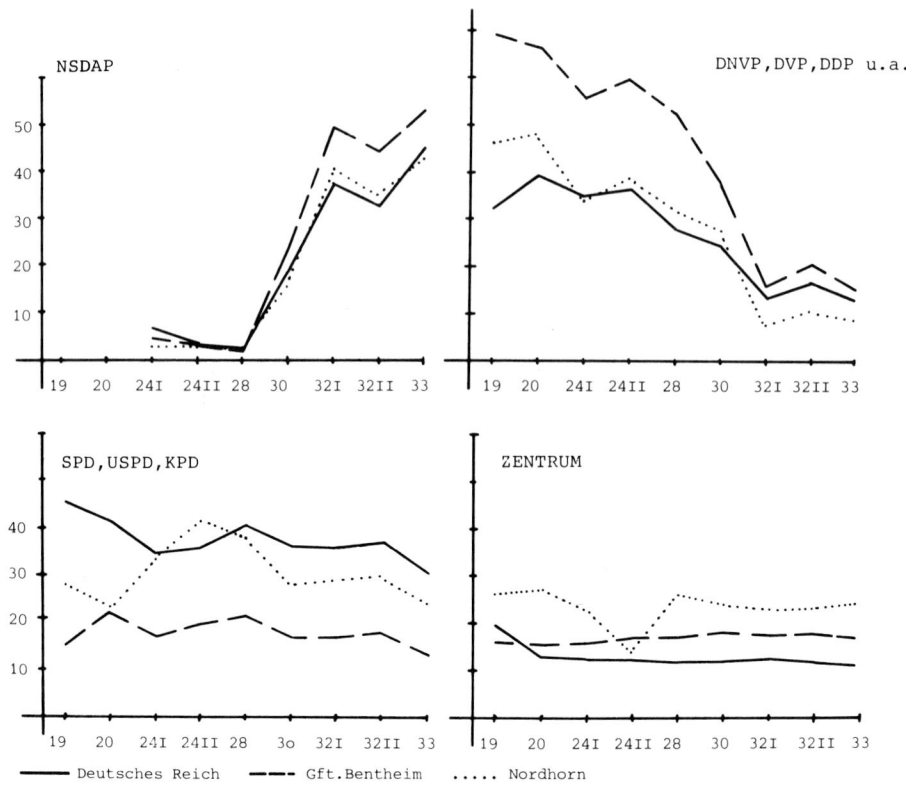

Abb. 14   Vergleich der Reichstagswahlergebnisse zwischen 1919 und 1933 nach Parteien und Parteigruppen

7. Zum Wahlverhalten der Nordhorner Bürger in einzelnen Stimmbezirken bei den Reichstagswahlen am 6.11.1932

Mit den Eingemeindungen von 1929 hat sich, wie bereits erwähnt, das Ausdehnungsgebiet der Stadt vervielfacht. Die Strukturunterschiede, die seit der Industrialisierung die Bürgerschaft prägen, sind in ihrer Dreiteilung in Handel und Gewerbe, kirchlich gebundene Gruppen und Arbeiterschaft prägend für den vielfältigen Charakter des Nordhorner Stadtprofils. Der Einfluß dieser Tatsachen auf das Wählerverhalten soll anhand einer räumlichen Darstellung der Reichstagswahlergebnisse vom November 1932 verdeutlicht werden (siehe Beikarte).

a) Der Wahlbezirk I, der das Stadtgebiet von 1919 (vor der Eingemeindung Frensdorfs) umfaßt, weist folgende Kennzeichen auf: KPD und SPD haben mit zusammen 13,2 Prozent ein um die Hälfte niedrigeres Ergebnis im Vergleich zum Gesamtergebnis. DNVP und DVP erzielen zusammen 9,3 Prozent der Stimmen und damit das beste Wahlergebnis in der Stadt. Die NSDAP liegt mit 44,5 Prozent um 10 Prozent über dem Durchschnitt und findet ihre Wähler bei den Angehörigen mittelständischer Berufe (Handwerker, Kleinhändler, Beamte, Angestellte), die 1932 besonders stark unter der Weltwirtschaftskrise leiden. Letztlich bleibt der innerstädtische Wahlbezirk jedoch in gewisser Nähe zum Gesamtwahlergebnis.

b) Gravierende Abweichungen zeigt ein Vergleich der Wahlbezirke VI und IX. Im ländlich geprägten Bakelde (IX) ist »der idealtypische Wähler der Nationalsozialistischen Partei« wohnhaft; dieser wird definiert als »selbständiger protestantischer Angehöriger des Mittelstandes, der entweder auf einem Hof oder in einer kleinen Ortschaft lebt und früher für eine Partei der bürgerlichen Mitte (DNVP, DVP, DDP) oder für eine regionale Partei gestimmt« hat[109].

Die NSDAP erzielt mit 76 Prozent ein absolutes Spitzenergebnis für Nordhorn, zu dem die DNVP mit 8,9 Prozent hinzuzurechnen ist. Das Zentrum ist mit 3,2 Prozent weit unterrepräsentiert. Sozialdemokratische und kommunistische Stimmen sind mit 4,5 Prozent zu verzeichnen.

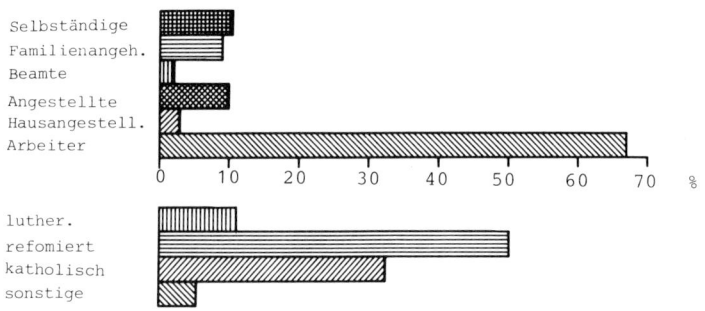

Abb. 15   Sozialgefüge der Stadt 1933 und Religionszugehörigkeit 1931 (nach Specht, S. 338)

c) Das andere Extrem findet sich in dem Teil von Frensdorf, der die mit dem enormen Wachstum der Stadt entstandenen großen Arbeitersiedlungen und Mietskasernen aufweist. Der geschlossene Komplex zwischen Denekampstraße und Lindenallee wählt mit fast 60 Prozent sozialdemokratisch und kommunistisch, wobei die KPD mit 44,4 Prozent einen Stimmenanteil erreicht, der viermal so hoch wie in der Gesamtstadt ist. Das Zentrum erzielt mit 29,2 Prozent ein über dem Durchschnitt liegendes Ergebnis, so daß für die NSDAP knapp 10 Prozent der Stimmen bleiben.

d) Generell ist festzustellen, daß das Zentrum mit wenigen Ausnahmen (Wahlbezirk IX) überall einen gleichmäßigen Stimmenanteil zwischen 17,8 und 29,2 Prozent erreicht; dies macht die gleichmäßige Verteilung der Katholiken über das gesamte Stadtgebiet deutlich. Überall da, wo sich geschlossene Arbeitersiedlungen finden, ist mit weit überproportionalen Ergebnissen zumindest der KPD zu rechnen.

Der Zusammenhang zwischen Sozialstruktur, Baukörper und Wahlverhalten wird an dem Beispiel Nordhorn besonders deutlich. Die Industrialisierungsschübe um die Jahrhundertwende und zwischen 1918 und 1928 haben ein in viele höchst verschiedene Einzelteile zerfallendes Stadtbild entstehen lassen. Die Wahlergebnisse in ihrer räumlichen Verteilung sind ein Hinweis zu dieser feststehenden Tatsache mehr.

---

[109] Zitiert nach B. VOGEL, D. NOHLEN, R.-O. SCHULTZE, Wahlen in Deutschland, Berlin 1971, S. 168.

8. Zum Vergleich der Wahlen im März 1933

Der Ergebnisvergleich der Reichstags-, Provinziallandtags-, Kreistags- und Bürgervorsteherwahlen vom 5. und 12.3.1933 macht deutlich:

	NSDAP Stimm. %	Bürgerl. Part. (DNVP, DVP, VD, SWR) Stimm. %	Zentrum Stimm. %	SPD Stimm. %	KPD Stimm. %	abgegeb. Stimmen
Reichstag 5.3.1933	4198 42,2	901 9,0	2421 24,4	1131 11,4	1290 13,0	9941
Prov. Landtag 12.3.1933	3778 44,8	968 9,0	2331 26,8	860 9,9	744 8,6	8681
Kreistag 12.3.1933	3638 41,9	1143 13,2	2330 26,8	838 9,7	733 8,4	8682
Rat 12.3.1933	3376 39,7	1252 14,7	2330 27,4	814 9,6	734 8,6	8506

a) Die Wahlbeteiligung geht am 12.3.1933 von 9941 abgegebenen Stimmen auf 8681 (Provinz- und Kreiswahlen) bzw. 8506 Stimmen (Ratswahlen) zurück.

b) Dies wirkt sich für die NSDAP im Vergleich der Reichs- und Stadtratswahlen relativ nur mit 2,5 Prozent aus; gemessen an der Stimmenzahl verliert sie jedoch 20 Prozent. Denkbar scheint, daß der Bürger eine Machtübernahme der NSDAP für seinen eigenen Lebens- und Erfahrungsbereich (Stadt und Kreis) weniger stark wünscht – das Auftreten der Partei, insbesondere der SA, ist ihm aus eigener Anschauung bekannt – als auf übergeordneter Ebene im Reichstag.

c) SPD und KPD haben ebenfalls erhebliche Verluste hinzunehmen; die KPD verliert 42 Prozent ihrer Stimmen.

d) Kaum betroffen ist das Zentrum mit einem Wahlverlust von nur 80 Stimmen, so daß die Partei sogar relativ um 3 Prozent zunimmt.

e) Der evangelisch bürgerlichen Mitte verbleiben bei Kreis- und Ratswahl einige hundert Wähler zusätzlich, die bei Reichstags- und Provinziallandtagswahlen wohl für die NSDAP gestimmt haben.

Auf allen Ebenen hat die NSDAP bei den Wahlen im März 1933 Erfolge erzielt. Mit dem seit Januar als Reichskanzler amtierenden Hitler und der Übernahme der Regierung in Preußen findet nun in kürzester Frist die Gleichschaltung der Bürgervertretung, der städtischen Verwaltung und des gesamten öffentlichen Lebens in Nordhorn statt.

Ein arglos befürwortender Kommentar aus der bürgerlichen Tagespresse[110] zu den Wahlergebnissen des März 1933, der sicherlich in weiten Kreisen verbreitete Erwartungen und Hoffnungen für die nahe Zukunft wiedergibt, zeigt, daß Einsichten in den

---

[110] Nordhorner Nachrichten vom 13.3.1933.

wahren Charakter des nationalsozialistischen Regimes trotz warnender Anzeichen noch nicht gewonnen sind:

Auch in die Gemeindeparlamente sind in der Hauptsache die Vertreter des nationalen Bürgertums eingezogen. Frühere Koalitionen, ähnlich denen im Reich und in den Ländern, wird es fortan nicht mehr geben. Die Regierung und die hinter der Regierung des Reichs stehenden Parteien haben erreicht, daß auch die kommunalen Vertretungen so besetzt sind, daß ein Arbeiten innerhalb der von der Reichs- und der Staatsregierung herausgegebenen Richtlinien durchaus möglich ist; die angestrebte Gleichschaltung ist restlos erreicht.

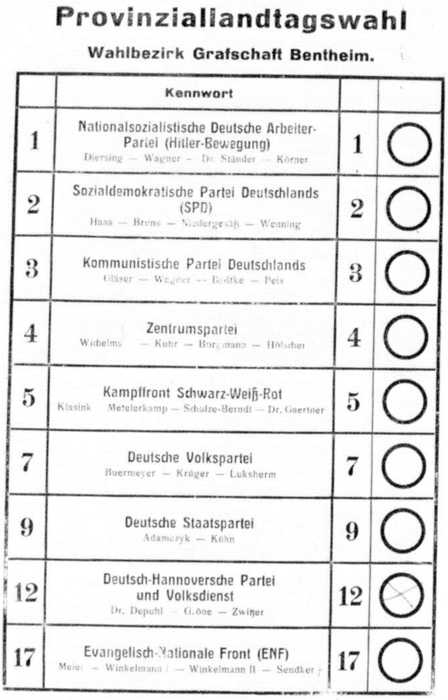

Provinziallandtagswahl

Wahlbezirk Grafschaft Bentheim.

	Kennwort		
1	Nationalsozialistische Deutsche Arbeiter-Partei (Hitler-Bewegung) Diersing — Wagner — Dr. Ständer — Körner	1	◯
2	Sozialdemokratische Partei Deutschlands (SPD) Haas — Brens — Niedergesäß — Wenning	2	◯
3	Kommunistische Partei Deutschlands Gläser — Wagner — Badtke — Peix	3	◯
4	Zentrumspartei Wilhelms — Kuhr — Borgmann — Hölscher	4	◯
5	Kampffront Schwarz-Weiß-Rot Klasink — Metelerkamp — Schulze-Berndt — Dr. Gaertner	5	◯
7	Deutsche Volkspartei Buermeyer — Krüger — Luksherm	7	◯
9	Deutsche Staatspartei Adamczyk — Kühn	9	◯
12	Deutsch-Hannoversche Partei und Volksdienst Dr. Depuhl — Göne — Zwitzer	12	⊗
17	Evangelisch-Nationale Front (ENF) Meier — Winkelmann I — Winkelmann II — Sendker	17	◯

Abb. 16 Stimmzettel zur Provinziallandtagswahl 1933

Nach diesen Wahlen vom gestrigen Sonntag soll's für lange Zeit keine Wahlen wiedergeben, und es wäre keiner in Stadt und Land, der sich über diese Tatsache nicht freuen würde. Die Zeit der ernsten, stetigen Arbeit an dem Wiederaufbau unseres Vaterlandes an Haupt und Gliedern ist gekommen. Daß sie genutzt wird, des dürfen wir gewiß sein. Wenn alle den guten Willen haben, jeder zu seinem Teil an dieser Aufbauarbeit teilzunehmen und mit fester Hand mitanzupacken, dann wird auch die Krise überwunden, dann wird Deutschland wieder groß und stark.

Es scheint, daß Begriffe wie »Gleichschaltung« und die Feststellung, daß es »für lange Zeit keine Wahlen wiedergeben« solle, in ihren totalitären Konsequenzen nicht begriffen werden. Deutlich ist die Ablehnung der seit 1919 bestehenden republikanischen Verhältnisse mit Parlament und Parteien.

D. Zur kommunalen Verwaltung zwischen 1933 und 1945

Die Nordhorner Wahlkämpfe zu Beginn der dreißiger Jahre liefen, wenn man von einer blutigen Schlägerei zwischen NSDAP und Kommunisten absieht – die beteiligten Linken wurden mit Gefängnisstrafen bis zu 15 Jahren belegt–, letztlich recht ruhig ab. Machtübernahme und Gleichschaltung in Nordhorn scheinen davon zumindest äußerlich nicht wesentlich abzuweichen. Der größte Teil der konfessionell gebundenen Bürgervorsteher läßt sich unter den bestehenden Verhältnissen auf eine Zusammenarbeit mit der NSDAP ein.

So nimmt der am 12.3.1933 gewählte Stadtrat in seiner Aufteilung von 12 Sitzen für die NSDAP, 8 Sitzen für die katholische und 4 für die evangelische sowie je 2 Sitzen für SPD und KPD seine Verwaltungsarbeit auf. Er fungiert bis zur Einführung der neuen Gemeindeverfassung am 15.12.1933 als kommissarischer Gemeinderat[111]. Zu dessen erster Sitzung sind die vier sozialdemokratischen und kommunistischen Bürgervorsteher schon nicht mehr eingeladen; bei den KPD-Vertretern wäre das auch zwecklos gewesen, denn diese *befinden sich zur Zeit auch in Schutzhaft*[112]. Inzwischen war das »Gesetz zur Behebung der Not von Volk und Reich«, das sogenannte Ermächtigungsgesetz, erlassen worden; SPD und KPD, ebenso wie die Gewerkschaften, wurden verboten. Die anderen Parteien lösten sich unter dem Druck der herrschenden Kräfte auf, das Zentrum erklärt sich als letzte Partei am 5.7. des Jahres, nachdem der Papst Ende März den Weg zur Zusammenarbeit mit der NSDAP freigegeben hatte[113], für aufgelöst.

Zu Senatoren werden drei Mitglieder der NSDAP, ein Vertreter der evangelischen Wähler und zwei der Katholischen Volksgemeinschaft gewählt. Die erste Amtshandlung des Senats besteht in der Änderung von drei Straßennamen: die Friedrich-Ebert-Straße wird zur Adolf-Hitler-Straße, die Rosenstraße erhält den Namen Horst Wessels, und die Synagogenstraße wird mit dem Namen des Herausgebers des Nazikampfblattes »Der Stürmer« Julius Streicher belegt[114].

Eine neue Ortssatzung, nach der 1 Bürgermeister, 3 Beigeordnete und 10 Gemeinderäte vorgesehen sind, tritt am 1.4.1934 in Kraft. Der Gemeinderat wird nicht mehr gewählt, sondern durch den Kreisbeauftragten der NSDAP berufen. Die Nordhorner Nachrichten heben mit aller Klarheit den grundlegenden Unterschied zu den früheren Verhältnissen hervor: *Die Gemeinderäte sind nicht Inhaber eines Mandats, das ihnen eine politische Partei und die Wahl der Bürgerschaft verlieh, sondern aufgrund des besonderen Berufungsverfahrens ausgewählte Ehrenbeamte der Gemeinde . . . Sie sind nicht mehr Gegenspieler der Gemeindeverwaltung. Sie bilden kein Beschlußkollegium, das mit anonymer Mehrheit Beschlüsse faßt und die Verwaltung kontrolliert«, sondern haben allein eine den Bürgermeister und die Senatoren beratende Funktion*[115].

---

[111] StA N, CI h 7, 23 , 28.
[112] Wie Anm. 111. Vermerk auf einem Telegramm der Regierung in Osnabrück, welches das Teilnahmeverbot für Sozialdemokraten und Kommunisten an Ratssitzungen übermittelt.
[113] Vgl. TORMIN, Parteien, S.194.
[114] StA N, CI h 7, 12, 13, 28.
[115] StA N, CI h 28; Nordhorner Nachrichten vom 8.10.1935.

Die Machtergreifung geht in Nordhorn nach überall geübtem Schema vor sich. Kommunisten und Sozialdemokraten werden verhaftet; SPD-Abgeordnete erhalten den Hinweis, *zur Aufrechterhaltung von Ruhe und Ordnung* an Ratssitzungen nicht mehr teilzunehmen. Das Gewerkschaftshaus wird von der SA besetzt, sozialistische und christliche Gewerkschaft mit Verbot belegt.

Für einen Vormittag werden Ende März 1933 die jüdischen Läden polizeilich geschlossen, *da die nationale Bürgerschaft Nordhorn so erbost sei, daß mit Gewaltmaßnahmen gegen die hiesigen jüdischen Geschäfte gerechnet werden müsse.* Die Bürger, die weiterhin bei Juden kaufen, werden photographisch festgehalten[116].

E. Volksabstimmungen im Dritten Reich

Näher auf die Volksabstimmungen in der Zeit zwischen 1933 und 1940 einzugehen, erübrigt sich, da sich die Nordhorner Ergebnisse in nichts von denen im Reich unterscheiden (siehe Anhang XIII). Streng vertraulich werden im Oktober 1933 Regelungen erlassen, die Stimmlisten zu bereinigen, da diese *noch zahlreiche Juden oder nicht wahlberechtigte jüdische Mischlinge enthalten*[117]. Ein im Zusammenhang mit Abstimmungen zur Zeit der nationalsozialistischen Herrschaft symptomatischer Vorgang soll festgehalten werden, auch wenn er sicherlich nur ein Randereignis darstellt: In einer im August 1934 zur Feststellung der Wahlkosten aufgestellten Kalkulation muß die Neuanschaffung von Wahlzellen begründet werden, da *diese nach der letzten Wahl anderweitig verbraucht worden seien, und zwar deshalb, weil angenommen wurde, daß weitere Wahlen nicht stattfinden würden«*[118]. Dieser nicht überzubewertende Vorgang macht deutlich, daß selbst auf unterster Verwaltungsebene Dinge, die an die zurückliegende republikanisch-demokratische Staatsordnung erinnern, als unnötig und überflüssig empfunden und beseitigt werden. Krise und Zusammenbruch der institutionellen Autorität der Demokratie in der Weimarer Republik, hervorgerufen durch Fehlen einer prinzipiellen Bejahung der Verfasung durch die überwiegende Mehrheit des Deutschen Volkes[119], führen dazu, daß obrigkeitsstaatliche Traditionen in totalitärer Ausprägung die freiheitlich, verfassungsstaatlich festgelegte Ordnung der 20er Jahre verdrängen. 1936 stellt der auf einer Nordhorner Großveranstaltung sprechende Gauleiter fest: *Nordhorn ist voll gleichgeschaltet*[120].

F. Zusammenfassung der Kommunalwahlergebnisse nach 1945

Mit erstaunlicher Schnelligkeit haben sich die traditionellen Parteien nach der Kapitulation wieder zusammengefunden. Mit Billigung der britischen Besatzung sind SPD, Zentrum und KPD in der Lage, bereits 1945/46 wieder eine auf Ortsgruppen ba-

---

[116] Nordhorner Nachrichten vom 28.3. und 8.4.1933.
[117] Siehe Anhang; StA N, CI q 43, 44.
[118] Ebda.
[119] TH. ESCHENBURG, Über Autorität, Frankfurt 1965, S. 168.
[120] Wie Anm. 117.

sierende Organisation im Lande Niedersachsen aufzubauen. Fast gleichzeitig jedoch treten mit der CDU, der FDP sowie einer Reihe weiterer Gruppierungen wie z. B. die Niedersächsische Landespartei als Verfechter einer föderalen Lösung sowie die rechts stehende als Deutsche Rechtspartei gegründete DRP auf den Plan.

Für die kommunalpolitische Entwicklung Nordhorns ist die Schaffung einer über- konfessionellen evangelisch-katholischen Wählergemeinschaft bemerkenswert, die 1946 auf Anhieb über 60 Prozent der Wählerstimmen auf sich vereinigen kann und dank des nach britischem Muster eingeführten absoluten Mehrheitswahlrechts auf Stadtbezirksebene 20 der 24 Ratssitze einnimmt. Das vor dem Kriege sich auf eine aus der katholischen Arbeiterschaft kommende Stammwählerschaft von 25 Prozent stüt- zende Zentrum kann in Nordhorn wie in der Grafschaft Bentheim in Gegensatz zum

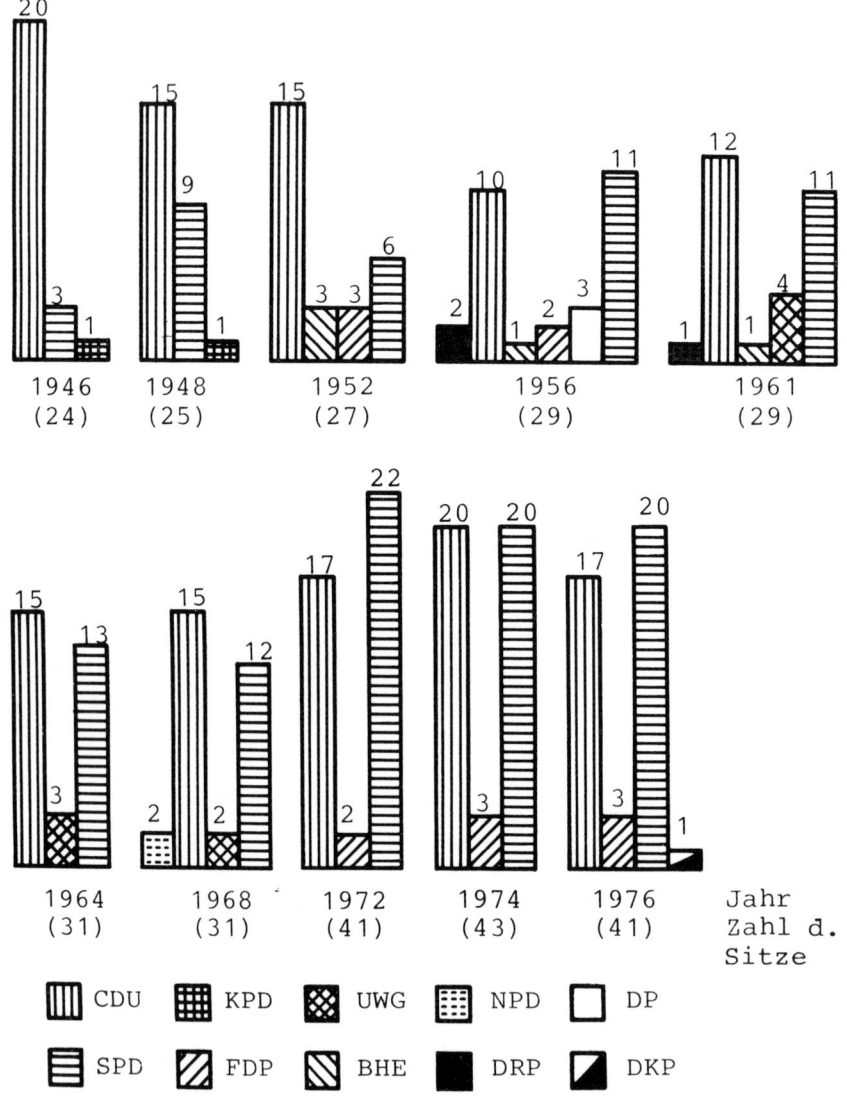

Abb. 17   Verteilung der Sitze im Stadtrat zwischen 1946 und 1976 nach Parteien

Wahlkreis Lingen (um 45 Prozent) nicht wieder Fuß fassen. Diese in der Weimarer Zeit auf kommunaler Ebene immer angestrebte und mehrfach durchgeführte Schaffung eines »Bürgerblocks« gelingt auch 1948 erneut und bringt der Listenverbindung die Fortsetzung absoluter Mehrheitsverhältnisse im Nordhorner Stadtrat.

Das eigenständige Auftreten der FDP und des BHE 1952 sowie ab 1956 der UWG und DRP lassen jedoch zwei Fünftel der Wähler abwandern. Der Stimmenanteil der CDU sinkt auf 32,9 Prozent. Sie wird 1956 erstmals an Stimmen und Ratssitzen durch die SPD übertroffen. Die daraufhin gebildete »große Koalition« wählt B. Opolony (SPD) zum Bürgermeister – als Nachfolger von H. Barlage (1948–1952) und G. Brinkmann (1952–1956).

Die Sozialdemokratie kann zwischen 1946 und 1968 Stimmanteile zwischen 35 und 40 Prozent erreichen. Eine Ausnahme bildet hier das Jahr 1952, in dem wohl wesentlich durch das Auftreten des BHE (11,6 Prozent) – in Nordhorn beträgt der Anteil der Vertriebenen an der Gesamtbevölkerung ca. 24 Prozent – ein Stimmenrückgang auf 22,3 Prozent zu verzeichnen ist.

Die konservativ-liberale Mitte stellt sich in Nordhorn in unterschiedlichen Konstellationen vor. Listenverbindungen von DP, FDP, BHE und DRP finden sich wiederholt zwischen 1952 und 1964. Nach enttäuschenden Wahlergebnissen bei den Landtagswahlen 1955 mit 3,7 Prozent und den Kommunalwahlen 1956 mit 6,6 Prozent beteiligt sich die FDP nicht mehr als eigenständige Partei, sondern im Rahmen einer UWG. Mit E. Liese stellt die UWG 1961–1964 den Bürgermeister. Dessen Nachfolger W. Buddenberg (CDU) und C. Gemmeker (SPD) kandidieren zur Mitte der 60er Jahre ebenfalls aus Listen der UWG. Der bundespolitische Umschwung der sozialdemokratisch-liberalen Koalition schaffen der FDP die Möglichkeit, auch auf kommunaler Ebene mit selbständigen Listen seit 1972 wieder zu kandidieren. Auch das Wahlergebnis von 1972 mit 53,3 Prozent für die SPD ist sicherlich zum großen Teil auf die bundespolitische Konstellation zurückzuführen [121].

G. Schlußbemerkung

Die Bewertung der Wahlergebnisse zur Zeit der Weimarer Republik stellt sich für Nordhorn als sehr schwierig heraus. Die beiden in ihren Konsequenzen für das Sozialgefüge der Stadt völlig unterschiedlichen und ebenso gravierenden Eingemeindungen der Arbeitersiedlung Frensdorf 1921 und weiterer ländlich geprägter Gebiete 1928, verbunden mit der raschen industriellen Entwicklung in den 20er Jahren und der Verdoppelung der Einwohnerzahl in dieser Zeit, setzen gründliche Analysen der verschiedensten historischen Phänomene voraus. Einzeluntersuchungen zur Bewertung der Wahlergebnisse und des Wahlverhaltens wären über das Sozialgefüge, die konfessionelle Zugehörigkeit der Einwohner und deren traditionelle Bindungen, die wirtschaftliche Situation der Stadt, die Personen der Kandidaten und hinter ihnen stehende Interessengruppen wie Vereine, Parteien und Gewerkschaften, anzustellen und die Ergebnisse in ein Beziehungsgeflecht einzubringen. Eine wichtige Interpretationshilfe

---

[121] Wesentliche Hinweise verdankt der Verfasser dem ehemaligen Bürgermeister Herrn E. Liese.

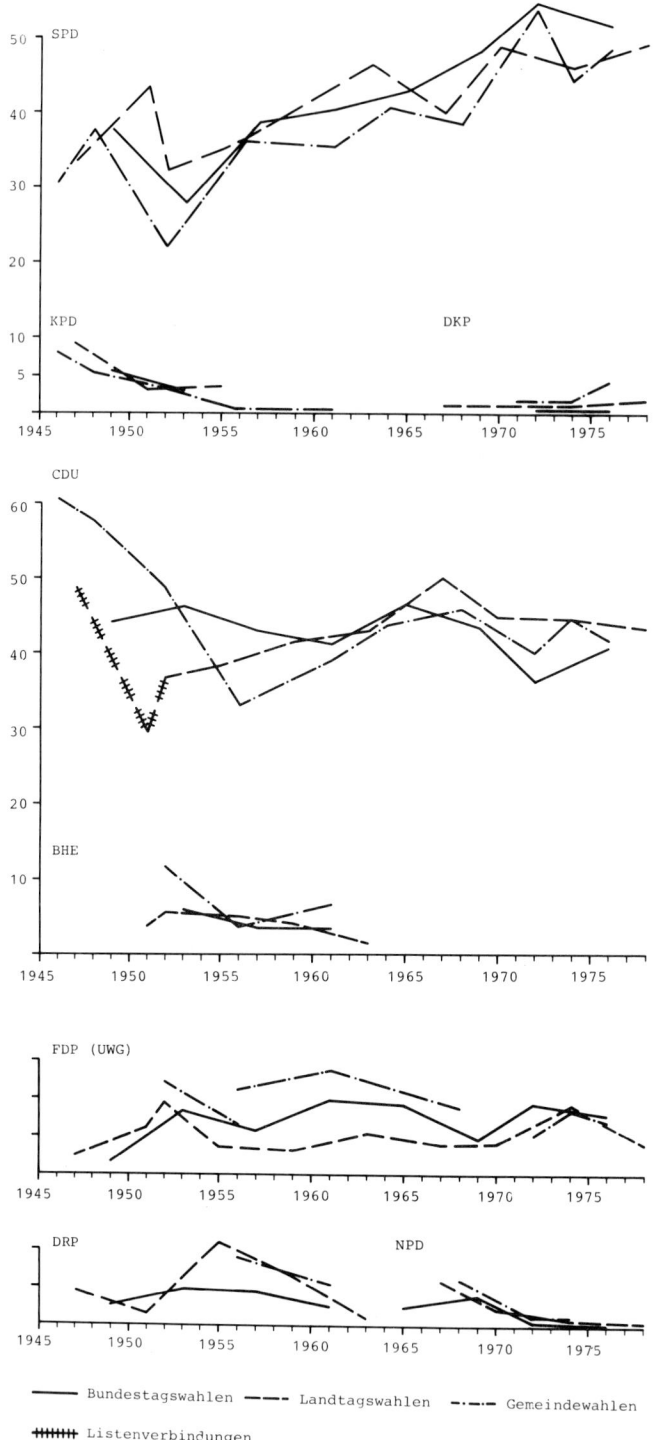

*Abb. 18   Nordhorner Wahlergebnisse bei Bundestags-, Landtags- und Gemeindewahlen
im Vergleich*

bieten räumliche Verteilungsbilder von Wahlergebnissen, also das Hineinstellen wertbestimmter Größenzeichen und Schaubilder in die geographische Situation, wie sie in diesem Beitrag für die Novemberwahl 1932 angefertigt wurden.

Die vorliegende Untersuchung kann diesen Anforderungen nur in Ansätzen gerecht werden.

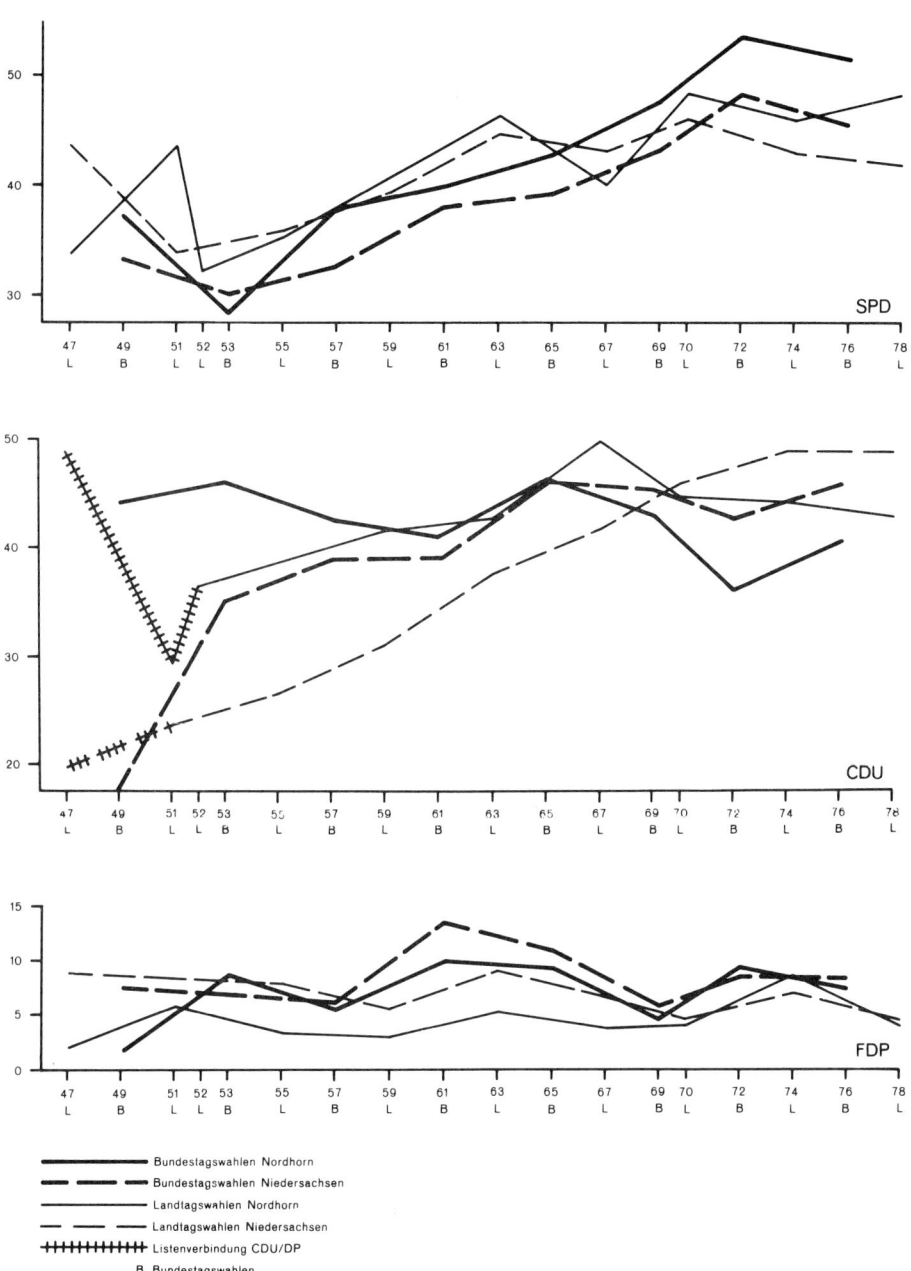

Abb. 19   Vergleich von Bundes- und Landtagswahlen aufgrund der Ergebnisse in Nordhorn und Niedersachsen

Für die Landtags- und Bundestagswahlen nach dem Zweiten Weltkrieg konnte nur eine Aufbereitung des statistischen Materials erfolgen.

Eine historische Analyse dieser Zeit muß der nächsten Jubiläumsfestschrift der Stadt Nordhorn vorbehalten bleiben.

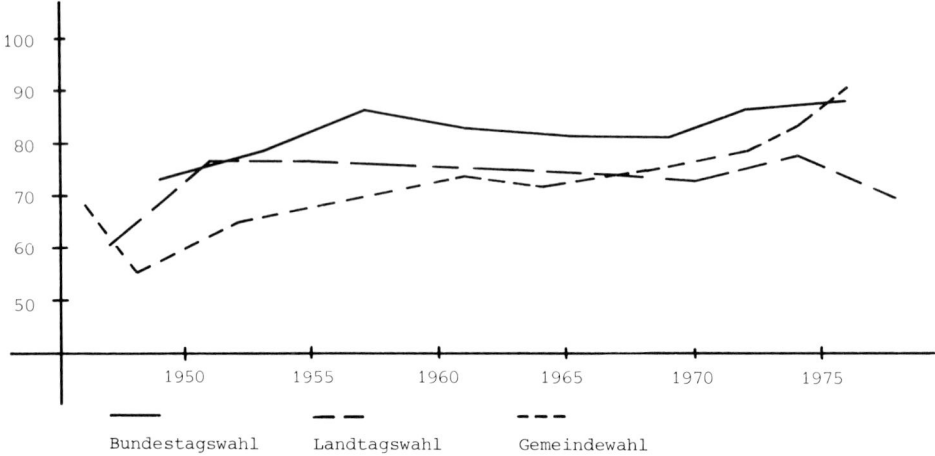

Bundestagswahl   Landtagswahl   Gemeindewahl

Abb. 20   Wahlbeteiligung in Nordhorn zwischen 1947 und 1978

I. Mitglieder der städtischen Selbstverwaltung von 1809–1918

a) *Bürgermeister*

1809–1812	P. Boer
1812–1821	A. Weber, Richter
1821–1832	E. J. C. Vincke, Oberkirchen- rats- und Friedensaktuar
1832–1843	J. van Almelo, Spediteur
1843–1872	E. Firnhaber, Apotheker
1872–1897	C. van Delden, Fabrikant
1897–1915	E. Beins, Kaufmann
1915–1919	G. van Delden, Fabrikant (kommissarisch)

b) *Mitglieder des Magistrats*

stellvertretende Bürgermeister:

1809	H. Averes, Kaufmann
	F. Slyter, Kommunalempfän- ger
	E. Meulmann, Kaufmann

Beigeordnete:

1809–1814	F. A. Mähler, Kaufmann
	J. A. Brück, Kaufmann

Munizipalräte:

1809–1814	H. Engelberts
	F. Th. Slyter, Kommunal- empfänger

E. Firnhaber, Apotheker
N. Diekmann, Kaufmann

Gemeinderäte:

1814–1832	P. Dannenbergh, Kaufmann
	F. A. Mähler, Kaufmann
	A. Brück, Kaufmann
	H. P. Averes, Kaufmann
	N. Diekmann, Kaufmann
	F. Th. Slyter, Kommunal- empfänger
	E. Firnhaber, Apotheker

Senatoren/Ratsherren:

1832–1848	F. W. Brill, Weinhändler
1832–1863	F. Th. Slyter, Kaufmann
1859–1883	J. W. Bode, Kaufmann
1853–1876	J. H. Vincke, Kaufmann
1876–1882	F. Kistemaker, Fabrikant
1882–1898	J. B. Aldekamp, Kaufmann
1883–1897	E. Beins, Kaufmann
1897–1914	K. Schlieper, Fabrikant
1898–1905	J. H. Zwitzers, Kaufmann
1905–1910	W. Stroink, Fabrikant
1910–1918	G. van Delden, Fabrikant
1915–1918	E. Zimpel, Apotheker

c) *Bürgervorsteher und -deputierte*

G. van Wyhe	1832
J. H. van Engelen, Bäcker	1832, 41
E. Meulmann, Kaufmann	1832, 35, 40
J. van Delden, Kaufmann	1832
A. van Bentheim, Gastwirt	1832–41
J. Averes, Kaufmann	1832–38
P. Dannenbergh, Kaufmann	1832, 33
E. Firnhaber, Apotheker	1832–43
N. Diekmann, Kaufmann	1833
H. P. Averes, Kaufmann	1835–41
W. Wolterinck, Uhrmacher	1835–41
A. Koning	1835–53
F. van Almelo, Spediteur	1841
G. Koke, Schenkwirt	1846
H. Steen	1846, 47
J. Büma, Hutmacher	1846–53
J. Niehoff, Maurermeister	1846, 47
H. G. Aldekamp	1846–53
J. H. Vincke, Kaufmann	1847
H. Buitkamp, Zimmermann	1853
J. Aldekamp	1853
H. Kistemaker, Fabrikant	1863, 64
W. Stroink, Fabrikant	1863, 64
J. K. Schultz, Kramer	1863, 64
G. Weustmann, Kaufmann	1863, 64, 73
J. G. Aldekamp, Kaufmann	1863, 64
W. Wolterink, Posthalter	1863, 73
Dr. Niemann, Arzt	1864, 73
B. Loh, Schuster	1873
H. Zierleyn, Fabrikant	1873
J. ten Welberg, Kaufmann	1873
E. H. Beins, Kaufmann	1883
H. Weermeyer	1883
F. Kistemaker, Fabrikant	1883
H. Rakers, Schenkwirt	1883
J. Vernim	1883, 93
H. Portheine, Bauunternehmer	1883
H. Deiting, Gastwirt	1893
A. Lambers, Anstreicher	1893
Dr. Collmann von Schatteburg, Arzt	1893
H. H. Aldekamp, Zimmermann	1893
Dr. Weddige, Arzt	1893
B. Diek, Auktionator	1900–08, 1911–12
B. Barlage, Hauptlehrer	1900–15
H. Klopmeyer, Hauptlehrer	1900–15
W. Portheine, Bauunternehmer	1900–19
E. Krieter, Kaufmann	1900–19
C. Brinkmann, Kaufmann	1900
C. Lorey, Schneidermeister	1900–03, 15–17
G. Deiting, Kaufmann	1902–07, 10–12
H. Räkers, Zimmermann	1908, 10
J. Stemberg, Bäckermeister	1913–19
E. Zimpel, Apotheker	1915, 17
A. Bremer, Kontorist	1913–19
B. Niehues, Fabrikant	1918

II. Wahlmänner zur Wahl der Landtagsabgeordneten 1867–1918 (in Klammern Angabe der Steuerklasse)

1867	–
1870	–
1873	Graßhoff, Oberzollinspektor (I)
	W. N. Wolterink jr., Kaufmann (I)
	D. van Delden, Fabrikant (II)
	E. Firnhaber, Apotheker (II)
	J. P. Heemann, Bäcker (III)
	G. B. Stroer, Bäcker (III)
1876	–
1879	H. Stroink, Fabrikant (I)
	van Delden, Fabrikant (I)
	J. H. Zwitzers, Kaufmann (II)
	A. Cösters, Kaufmann (II)
	W. Pauling, Auctionator (III)
	J. Niehoff, Maurermeister (III)
1882	–
1885	J. H. Zwitzers, Kaufmann
	A. Zierleyn, Holzhändler
	van Delden, Fabrikant
	E. Firnhaber, Apotheker
	W. N. Wolterink, Posthalter
	H. Stroink, Fabrikant
1888	E. Firnhaber, Bürgermeister a. D.
	Dr. Collmann von Schatteburg, Arzt
	L. van Bentheim, Gastwirt
	J. H. Zwitzers, Kaufmann
	W. N. Wolterink, Posthalter
	E. H. Beins, Kaufmann
	G. Frentjen, Bäcker
1893	–
1898	B. Rawe, Fabrikant (I)
	H. Stroink, Fabrikant (II)
	Dr. Collmann von Schatteburg, Arzt (II)

B. Diek, Auktionator (III)
E. Beins, Bürgermeister (I)
G. Krieter, Kaufmann (II)
A. Weustmann, Kaufmann (III)
Dr. in der Stroth, Arzt (III)
1903   H. Stroink, Fabrikant (I)
K. Schlieper, Ratsherr (II)
Dr. C. Collmann von Schatteburg,
Arzt (II)
A. Lambers, Malermeister (III)
E. Beins, Bürgermeister (I)
G. Krieter, Kaufmann (I)
H. Beins, Kaufmann (II)
G. Tempel, Bautechniker (III)
L. Frentjen, Bäcker (III)

1908   –
1913   B. Rawe, Fabrikant (I)
B. Niehues, Fabrikant (I)
K. Schlieper, Fabrikant (II)
J. van Delden, Fabrikant (II)
Dr. C. Collmann von Schatteburg,
Arzt (III)
C. H. Brinkmann, Seilermeister (III)
G. Krieter, Kaufmann (I)
W. Portheine, Bauunternehmer (I)
E. Beins, Bürgermeister (II)
H. Beins, Kaufmann (II)
G. Tempel, Bautechniker (III)
W. Schievink, Schlosser (III)

III. Mitglieder der städtischen Selbstverwaltung von 1919–1933

a) Bürgermeister

1919   G. van Delden, Fabrikant
(kommissarisch)
1919–1927   F. Fahlsing, Berufsbürgermeister
1927–1933   K. F. W. Henn, Berufsbürgermeister

b) Senatoren

1919–1921   G. van Delden, Fabrikant
B. Barlage, Hauptlehrer
1921–1924   J. H. Aldekamp, Kaufmann
H. Hoff, Landwirt
F. Lütkenhues, Gewerk-
schaftssekretär
P. Köhler, Gewerkschaftsse-
kretär

1924–1929   F. Lütkenhues, Gewerk-
schaftssekretär
J. Hobbie, Bahnhofsvorsteher
Dr. Müller, Rechtsanwalt,
Nachfolger Brinker, Friseur-
meister
H. J. Hillen, Landwirt
1929–1933   F. Lütkenhues, Gewerk-
schaftssekretär
Nachfolger 1932
C. Strübbe, Weber
A. Huizinga, Kaufmann
E. Hoesmann, Gewerk-
schaftskassierer
P. Köhler, Gewerkschaftsse-
kretär, Nachfolger 1932

H. Barlage, Kaufmann
L. Lödden, Landwirt
D. Ribbink, Kaufmann

c) Bürgervorsteher

Wahlperiode 1919–1921 (12 Mitglieder)

Bürgerblock / 7 Sitze

J. Büter, Arbeiter
A. Bremer, Kaufmann
W. Portheine, Bauunternehmer
J. H. Kattert, Ackerbürger
G. Boomhuis, Fabrikarbeiter
C. Lorey, Schneidermeister
J. Stemberg, Bäckermeister

Liste Moorwessel / Zentrum / 4 Sitze

B. Moorwessel, Arbeiter
B. Niehues, Fabrikant
G. Deiting, Kaufmann
K. Duhn, Klempnermeister

Liste Striedelmeyer / SPD / 1

H. Striedelmeyer, Weber

Wahlperiode 1921–1924 (24 Mitglieder)

Liste Hoff / 11 Sitze

H. Hoff, Landwirt, Nachfolger L. Kleine
Lögte
J. v. Slooten, Malermeister
B. Niehues, Fabrikant
A. Huizinga, Lehrer
J. H. Aldekamp, Kaufmann, Nachfolger J.

Hobbie, Bahnhofsvorsteher
A. Bremer, Handlungsgehilfe
H. J. Hillen, Landwirt
K. Duhn, Klempnermeister
E. Pötters, Buchdruckereibesitzer
B. v. Uelsen, Fuhrmann
A. Kohnhorst, Obermeister

Liste Bürger und Bauer / 1 Sitz

J. Weuste, Fabrikarbeiter

Christliche Gewerkschaft / 3 Sitze

J. Schlüter, Fabrikarbeiter
J. Möllmeier, Fabrikarbeiter
H. Hoesmann, Kleingewerbetreibender

Liste der SPD / 8 Sitze

B. Kipker, Weber
K. Hagenow, Lagerhalter
O. Scheele, Buchdrucker
F. Wehmer, Weber
P. Köhler, Gewerkschaftssekretär, Nachfolger H. Kesekamp, Weber
H. Reinders, Weber
J. Kraß, Händler
W. Beckmann, Weber

Liste der Vereinigten Kommunistischen Parteien / 1 Sitz

H. Egbert, Weber

Wahlperiode 1924–1929 (17 Mitglieder)

Bürgerblock / 7 Sitze

H. H. Aarninck, Kolon
Dr. A. Müller, Rechtsanwalt, Nachfolger G. Kwade, Lehrer
J. v. Slooten, Malermeister
B. Niehues, Fabrikant
A. Bremer, Kaufmann, Nachfolger G. Geesen, Fuhrmann
A. Kohnhorst, Werkmeister
H. J. Hillen, Landwirt, Nachfolger B. Teismann, Schlachtermeister

Lohn- und Gehaltsempfänger / 5 Sitze

J. Schlüter, Weber
J. Quiel, Werkmeister
G. Klopmeyer, Oberstadtsekretär
A. v. Slooten, Neubauer
J. Möllmeier, Arbeiter

SPD / 5 Sitze

F. Rabe, Genossenschaftsangestellter
B. Kipker, Gewerkschaftsangestellter
F. Wehmer, Weber

H. Reinders, Weber
W. Beckmann, Weber, Nachfolger F. Zwitzers, Werkmeister, Nachfolger O. Scheele, Buchdrucker

Wahlperiode 1929–1933 (28 Mitglieder)

Kommunisten / 1 Sitz

B. Karvink, Weber

Zentrumspartei / 6 Sitze

B. Moorwessel, Werkmeister
J. Schönefeld, Lehrer
A. Sievert, Arbeiter
B. Niehues, Fabrikant
H. Barlage, Kaufmann
F. Kiepe, Tischlermeister

Sozialdemokraten / 6 Sitze

M. Schenkendorf, Lehrer
C. Strubbe, Weber
J. Termeer, Weber
B. Kipker, Kassierer
G. Sauvagerd, Weber
F. Wehmer, Weber

Evangelische Wähler in Stadt und Land / 15 Sitze

A. Huizinga, Kaufmann
H. Steffens, Arbeiter
G. Hoegen, Landwirt
J. v. Slooten, Malermeister
J. H. Büma, Webmeister
E. Morche, Zoll-Assistent
J. Büter, Arbeiter
L. Boermann, Handlungs-Gehilfe
J. Unland, Arbeiter
K. Bartel, Landwirt
H. Stroink jr., Fabrikant
J. H. Johannink, Landwirt
G. Aldekamp, Schlossermeister
J. Mülstegen, Weber
H. Balder, Arbeiter

Wahl 1933 (28 Mitglieder)

Nationale Kampfgemeinschaft gegen Eigennutz und gegen Kulturkampf / 12 Sitze

E. Wassink, Landwirt
J. v. Slooten, Malermeister
J. Reinecke, Arbeiter, Nachfolger F. Schulz, Spinnmeister
H. Wannink, Kontorist
K. Schrödter, Zollpraktikant, Nachfolger G.

Behrens, Kaufmann
H.H. Buitkamp, Tischler
L. Lödden, Landwirt, Nachfolger A. Hohnroth, kaufm. Angest.
P. Boldt, Bauarbeiter, Nachfolger J.H. Morsink, Bauer
G. Wagenaar, Heuermann
H.H. Rigterink, Kaufmann
G. Lübbers, Weber
O. Pfeifer, Lehrer

*Sozialdemokratische Partei Deutschlands /
2 Sitze*
K. Strübbe, Weber
G. Sauvagerd, Weber

*Kommunistische Partei Deutschlands /
2 Sitze*
A. Kl. Hermelink, Weber
A. Schüring, Öler

Katholische Volksgemeinschaft / 8 Sitze
H. Barlage, Kaufmann, Nachfolger H. Jannemann, Landwirt
A. Sievert, Invalide
Dr. E. Povel, Fabrikant, Nachfolger G. Mebius, Werkmeister
J. Wilmers, Weber
L. Eckhard, Handlungsgehilfe
D. Teismann, Schlachtermeister
H. Rawers, Eisenbahner
A. Dobbelhoff, Konrektor

*Evangelische Wähler in Stadt und Land/
4 Sitze*
G. Hoegen, Landwirt, Nachfolger W. Schievink, Schlosser
J.H. Eilders, Weber
J.H. Johannink, Landwirt, Nachfolger J.H. Büma, Stuhlmeister
G. Vorrink, Stukkateur, Nachfolger L. Boermann II., Kaufmannsgehilfe

IV. Mitglieder der städtischen Verwaltung von 1933–1945

a) Bürgermeister
1933–1934 Dr.H.Korte, Berufsbürgermeister
1934–1945 P. Gerhardt, Berufsbürgermeister

b) Beigeordnete (ab 1936)
J. v. Slooten, Malermeister
H.H. Buitkamp (bis ca. 1940), Tischler
L. Lödden, Landwirt

c) Gemeinderäte
1934–1936 Dr. E. Povel, Fabrikant
H. Lödden, Landwirt
J. v. Slooten, Malermeister
J. Reinecke, Arbeiter

J.H. Johannink, Landwirt, Nachfolger G. Vorrink, Stukkateur
H. Barlage, Kaufmann

ab 1936 J. Reinecke, Arbeiter
Dr. E. Povel, Fabrikant
J.H. Morsink, Bauer
J. ten Brink, kaufmännischer Angestellter
G. Behrens, Händler
E. Tallen, Weber
H. Lübbers, Arbeiter
J. Steinbach, Sattlermeister
G. Lübbers, Weber
C. Krieter, Kaufmann

V. Mitglieder der städtischen Verwaltung von 1945–1978

a) Bürgermeister
1948–1952 H. Barlage,
1952–1956 G. Brinkmann,
1956–1961 B. Opolony,
1961–1964 E. Liese,
1964–1968 W. Buddenberg,
1968–1972 W. Buddenberg,

1972–1976 C. Gemmeker
1976– C. Gemmeker

b) Senatoren
1949–1950 G. Brinkmann, stellvertr. Bürgermeister
1950–1952 G. Bürger, stellvertr. Bürgermeister

1952–1953   M. Niebrügge, stellvertr.
            Bürgermeister
1953–1956   F. Brüger, stellvertr. Bürger-
            meister
1956–1968   F. Schoo, 1. Senator, stell-
            vertr. Ratsvorsitzender
1968–1972   H. Freytag, Senator, 1. stell-
            vertr. Bürgermeister
1968–1972   G. Kehrel, Senator, 2. stell-
            vertr. Bürgermeister
1972   F. Witte, 1. stellvertr.
            Bürgermeister
1972   V. Ebel, 2. stellvertr. Bürger-
            meister

c) Ratsmitglieder
Ratswahl 13. 10. 1946 (24 Mitglieder)

CDU / 20 Sitze

F. Balder, kaufm. Angest.
J. H. Budde, Bauer
G. Brinkmann, Kaufmann
G. Aldekamp, kaufm. Ang.
Ch. Aldekamp, Werkmeister
B. Brüggemann, Tischlermeister
G. Ottink, Schmiedemeister
Dr. P. Drewer, Rechtsanwalt
H. Hemme, Fabrikarbeiter
Dr. B. Povel, Fabrikant
H. Assink, Müller
G. Husmann, Elektromeister
H. Köllmann, Fabrikarbeiter
M. Dobbelhoff, Hausfrau
F. Lütkenhues, Malermeister
F. Schoo, Fabrikarbeiter
B. Knüver, Beerd. L.
W. Mers, Stuhlmacher
R. Zahn, Fotograf
Else Jahn

SPD / 3 Sitze

F. Brüger, Buchdrucker
H. Unland, Kaufmann
E. Klomparend, Lagerarbeiter

KPD / 1 Sitz

A. Biernath, Schleifer

Ratswahl 28. 11. 1948 (25 Mitglieder)

CDU / 15 Sitze

H. Barlage
G. Brinkmann
G. Aldekamp
O. Anneken

F. Balder
J. H. Budde
A. Holthuis
J. Hüsemann
M. Klein
B. Knüver
F. Lütkenhues
G. Ottink
H. Povel
F. Würz
R. Zahn

SPD / 9 Sitze

F. Brüger
B. Bartels
H. Barschdorf (bis Februar 52)
B. Elfers (ab April 52)
R. Hermann (bis April 50)
F. Wehmer (ab August 50)
K. Kränzel
F. Kröner
J. Meendermann (bis Februar 51)
Th. Brinkmann (ab März 51)
B. Opolony
H. Unland

KPD / 1 Sitz

F. Voß

Ratswahl 9. 11. 1952 (27 Mitglieder)

CDU / 15 Sitze

H. Brinkmann
O. Anneken
F. Balders
H. Barlage
Wilhelmine Bäumer
E. Fuhry
F. Lütkenhues
L. Boermann II
J. Reimink
J. Wolters
M. Niebrügge
G. Ottink
F. Redeker
A. Kröner
T. Oskamp

SPD / 6 Sitze

F. Brüger
P. Köhler
F. Kröner

H. Brinkmann
M. Luther
F. Witte

FDP/DP / 3 Sitze
D. v. Remmerden
H. Röttgers
G. Aarnink

BHE / 3 Sitze
W. Glaß
O. Kunert
H. Händel

Ratswahl 28.10.1956 (29 Mitglieder)

SPD / 11 Sitze
Dr. J. Seiffert
H. Freytag
H. Groteboer
Hunger
Köhler
B. Opolony
Schultz
W. Böing
Mölder
F. Kröner
H. Brinkmann

CDU / 10 Sitze
H. Barlage
G. Aldekamp
F. Schoo
H. Brinkmann
E. Fuhry
R. Zahn
W. Bäumer
Mack
J. Porsche
H. Wessling

DP / 3 Sitze
L. Boermann
J. Reimink
F. Redeker

BHE / 1 Sitz
H. Thiel oder Schönfeld

FDP / 2 Sitze
Wolf
E. Liese

DRP / 2 Sitze
Steinbach
W. Glaß

Kommunalwahl 19.3.1961 (29 Mitglieder)

SPD / 11 Sitze
B. Alferink
H. Brinkmann
H. Freytag
H. Grooteboer
P. Heinrichs
F. Kröner
B. Opolony
F. Switzer
G. Stenneken
H. Vernim
F. Witte

CDU / 12 Sitze
W. Bäumer
F. Cassellius
Dr. P. Drewer
G. Kehrel
F. Lütkenhues
Dr. H. Nutzhorn
H. Pikkemaat
J. Porsche
R. Sentker
F. Schoo
H. Weßling
R. Zahn

UWG / 4 Sitze
L. Boermann
E. Liese
J. Reimink
G. Schievink

BHE / 1 Sitz
H. Bremer

DRP / 1 Sitz
E. Trendel (zur SPD übergewechselt)

Kommunalwahl 27.9.1964 (31 Mitglieder)

SPD / 13 Sitze
B. Alferink
H. Brinkmann
W. Böing (bis April 66)
D. Kipker (ab April 66)
Th. Foppe
H. Freytag
H. Grooteboer
P. Heinrichs
F. Kröner
B. Opolony (bis Mai 65)
G. Mölder (Mai bis Juli 65)

H. Heils (ab Juli 65)
G. Sauvagerd
E. Trendel
H. Vernim
F. Witte

CDU / 15 Sitze

W. Bäumer
W. Buddenberg
G. Büscher
F. Cassellius (bis Sept. 66)
H. Pikkemaat (ab Sept. 66)
G. Kehrel
K.-H. van Kooten
J. Kutz
Dr. H. Nutzhorn
J. Porsche
R. Sentker
F. Schoo
H. Thiel
R. Volken
H. Weßling
R. Zahn

UWG / 3 Sitze

L. Boermann
E. Liese
G. Schievink

Kommunalwahl 29.9.1968 (31 Mitglieder)

CDU / 15 Sitze

W. Bäumer
G. Brünink
W. Buddenberg
G. Büscher
F. Glüsenkamp
G. Kehrel
K.-H. van Kooten
J. Kutz
Dr. R. Paas
J. Porsche
F. Schoo (bis Juni 70)
A. Barlage (ab Juni 70)
R. Sentker
G. Timmer (bis Juli 71)
G. Prahl (ab Juli 71)
R. Volken
R. Zahn

SPD / 12 Sitze

W. de Blecourt
H. Brinkmann
Th. Foppe (ab Oktober 70 CDU)
H. Freytag
C. Gemmeker

P. Heinrichs
H. Hey
E. Pabst
G. Röttgers
G. Sauvagerd
E. Trendel
F. Witte

UWG / DP 2 Sitze

L. Boermann
E. Liese

NPD / 2 Sitze

J. Große Somberg
H.-W. Lengen

Kommunalwahl 22.10.1972 (43 Mitglieder)

SPD / 20 Sitze

B. Alferink
W. de Blecourt
K.-H. Brockmann
K. Eberhard
H. Freytag
C. Gemmeker
P. Heinrichs
H. Hey
P.-O. Janssen
H. Joostberends
H. Lamb
K.-H. Luchs
H. Mansbrügge
H. Olbrich
E. Pabst
G. Röttgers
H. Vernim
T. de Vries
E. Wilmink
F. Witte

CDU / 20 Sitze

W. Bäumer
G. Boermann
W. Brinkmann
W. Buddenberg
G. Büscher
K.-H. Duhn
H. Foppe
Th. Foppe
F. Glüsenkamp
B. Gussek
H. Harmsen
G. Hoogstraat
W. Horstmeyer
D.-U. Kothe
J. Kutz

G. Meyners
Dr. R.-B. Paas
R. Schiebener
H.-U. Stürmann
R. Volken

FDP / 3 Sitze
V. Ebel
L. Fischer
J. Groß

Kommunalwahl 9.6.1974 (43 Mitglieder)

SPD / 20 Sitze
C. Gemmeker
P. Heinrichs
H. Mansbrügge
H. Joostberends
B. Alferink
K.-H. Luchs
H. Freytag
G. Röttgers
E. Pabst
K. Eberhard
F. Witte
H. Olbrich
H. Hey
T. de Vries
E. Wilmink
W. de Blecourt
H. Vernim
K.-H. Brockmann
P.-O. Janssen
H. Lamb

CDU / 20 Sitze
H. Kutz
B. Gussek
H. Harmsen
G. Meyners
H.-U. Stürmann
W. Buddenberg
G. Büscher
K.-H. Duhn
R. Schiebener
F. Glüsenkamp
H. Foppe
W. Brinkmann
W. Horstmeyer
R. Volken
W. Bäumer
T. Foppe
G. Boermann
G. Hoogstraat
Dr. R.-B. Paas

D.-U. Kothe

FDP / 3 Sitze
V. Ebel
L. Fischer
J. Groß

Kommunalwahl 3.10.1976 (41 Mitglieder)

SPD / 20 Sitze
C. Gemmeker
H. Büscher
H. Mansbrügge
H. Joostberends
B. Alferink
K.-H. Luchs
H. Freytag
G. Röttgers
E. Pabst
K. Eberhard
F. Witte
H. Olbrich
M. Arens
H. Lamb
L. Floreck
H. Hey
T. de Vries
E. Wilmink
W. de Blecourt
H. Vernim

CDU / 17 Sitze
H. Kuth
B. Gussek
H. Harmsen
G. Meyners
H.-U. Stürmann
W. Buddenberg
G. Büscher
K.-H. Duhn
R. Schiebener
F. Glüsenkamp
H. Foppe
W. Brinkmann
W. Horstmeyer
R. Volken
W. Bäumer
T. Foppe
J. Kriese

FDP / 3 Sitze
V. Ebel
L. Fischer
J. Groß

DKP / 1 Sitz
H. Deymann

VI. Kreistagsmitglieder aus Nordhorn 1952–1978

Kreistagswahlen 13.10.1946

CDU
H. Nijhuis
R. Beckmann
J. Brüning
G. Sauermost
H. Steffens
J. Schmelnik
F. Adriaans
J. Bölt
B. Krens
B. Vosmann
G. Midden
B. Schomakers

Kreistagswahlen 9.11.1952 (37 Mitglieder)

Ev./kath. Wählergem. (insgesamt 23 Sitze)
R. Zahn
H. Barlage
J. Schmelnik
H. Busch
Dr. B. Schomakers
M. Dobbelhoff

FDP/DP (insgesamt 3 Sitze)
H. Röttgers

SPD (insgesamt 7 Sitze)
Dr. J. Seiffert
J. Kreimeyer
E. Klomparend
G. Sauvagerd

BHE (insgesamt 4 Sitze)
H. Händel
O. Kunert

Kreistagswahlen 28.10.1956 (37 Mitglieder)

SPD (insgesamt 10 Sitze)
Dr. J. Seifert
R. Hunger, Lehrer
G. Sauvagerd, Weber
E. Klomparend, Lagerarbeiter
B. Opolony, Gewerkschaftssekretär
H. Freytag, kaufm. Angestellter
(H. Brinkmann) Klempner
F. Schultz

CDU (insgesamt 15 Sitze)
R. Zahn, Fotograf
J. Schmelnik, Fabrikarbeiter
B. Möllers, Gastwirt
G. Brinkmann, Seilermeister

M. Dobbelhoff, Hausfrau
B. Barlage

DP (insgesamt 6 Sitze)
A. Huizinga, Kaufmann

GB/BHE (insgesamt 1 Sitz)

FDP (insgesamt 2 Sitze)
A. Wolf, Mühlenbetr. Inh.

DRP (insgesamt 3 Sitze)
J. Steinbach, Sattlermeister
E. Trendel, Vers. Vertreter

Kreistagswahlen 19.3.1961 (37 Mitglieder)

CDU (insgesamt 18 Sitze)
B. Barlage, Kaufmann
G. Brinkmann, Seilermeister
M. Dobbelhoff, Hausfrau
Porsche, Schlosser
Schmelnik, Fabrikarbeiter
Zahn, Fotograf

SPD (insgesamt 10 Sitze)
H. Brinkmann, Klempner
Freytag, kaufm. Angestellter
Klomparend, Lagerarbeiter
Heinrichs, Techn. Angestellter
Sauvagerd, Weber
Vernim, Spinner

UWG (insgesamt 6 Sitze)
Redeker, Oberförster

BHE (insgesamt 2 Sitze)
Kollwer, Rektor

DRP (insgesamt 1 Sitz)

Kreistagswahlen 27.9.1964 (39 Mitglieder)

CDU (insgesamt 19 Sitze)
Moss, kaufm. Angestellter
Müller, Rechtsanwalt
Porsche, Schlosser
Rothweiler, Gewerkschaftssekretär
Schmelnik, Fabrikarbeiter
Timmer, Baumeister
Zahn, Fotograf

SPD (insgesamt 12 Sitze)
Brinkmann, Klempner
Foppe, techn. Fernmeldesekr.
Freytag, kaufm. Angestellter
Heinrichs, techn. Angestellter

Klomparend, Lagerarbeiter
Sauvagerd, Weber
Vernim, Spinner

UWG (insgesamt 6 Sitze)
Boermann, Steuerbevollm.

NWG (insgesamt 2 Sitze)

Kreistagswahlen 29.9.1968 (39 Mitglieder)

CDU (insgesamt 20 Sitze)
W. Buddenberg, Rektor
W. Horstmeyer, Berufsschuldirektor
G. Kehrel, Maschinenbauingenieur
J. Moss, kaufm. Angestellter
J. Rothweiler, Geschäftsführer
G. Timmer, Baumeister
G. Wassink, Bauer
R. Zahn, Fotograf

SPD (insgesamt 12 Sitze)
W. Arens, Jur. sekr.
H. Freytag, Geschäftsführer
C. Gemmeker, Rektor
P. Heinrichs, techn. Angestellter
D. Raben, Verw.-Angestellte
F. Witte, Webmeister

UWG (insgesamt 5 Sitze)
L. Boermann, Steuerbevollmächtigter

NPD (insgesamt 2 Sitze)

Kreistagswahlen 9.6.1974 (39 Mitglieder)

CDU (insgesamt 21 Sitze)
H. Assink, Einzelhandelskaufmann
W. Bäumer, Hausfrau
G. Brünink, Maschinenschlosser
W. Buddenberg, Rektor a.D.
W. Horstmeyer, Landwirtschaftsdirektor
M. Koers, Verwaltungsangestellte
D. Oldekamp, Landwirt
G. Wassink, Landwirt

SPD (insgesamt 15 Sitze)
H. Alferink, Textilmeister
C. Gemmeker, Rektor
L. Jost, Bauingenieur
B. Küpers, Industriemeister
H. Momann, Verwaltungsangest.
G. Röttgers, Postbeamter
H. Vernim, Spinner
F. Witte, Werkstattleiter

UWG (insgesamt 1 Sitz)

FDP (insgesamt 2 Sitze)
V. Ebel, Dipl.-Psychologe
L. Fischer, Fahrlehrer

Kreistagswahlen 3.10.1976 (39 Mitglieder)

CDU (insgesamt 20 Sitze)
H. Assink, Einzelhandelskaufmann
W. Bäumer, Hausfrau
W. Buddenberg, Rektor a.D.
W. Horstmeyer, Landwirtschaftsdirektor
M. Koers, Verwaltungsangestellte
D. Oldekamp, Landwirt
G. Wassink, Landwirt

SPD (insgesamt 17 Sitze)
H. Alferink, Textilmeister
C. Gemmeker, Rektor
H. Hey, Sonderschulrektor
B. Küpers, Industriemeister
H. Momann, Verwaltungsangestellter
G. Röttgers, Postbeamter
J. Schürmann, Textilarbeiter
F. Witte, Werkstattleiter

FDP (insgesamt 2 Sitze)
V. Ebel, Dipl.-Psychologe
L. Fischer, Fahrlehrer

Kreistagswahlen 23.10.1977 (47 Mitglieder)

CDU (insgesamt 26 Sitze)
H. Assink, Einzelhandelskaufmann
W. Bäumer, Hausfrau
W. Buddenberg, Rektor a.D.
F. Glüsenkamp, Polizeibeamter
W. Horstmeyer, Studiendirektor
M. Koers, Verwaltungsangestellte
J. Moß, Büroangestellter

SPD (insgesamt 18 Sitze)
H. Alferink, Textilmeister
C. Gemmeker, Rektor a.D.
H. Hey, Sonderschulrektor
K.H. Luchs, Angestellter
H. Oldekamp, Sozialarbeiter
G. Röttgers, Postbeamter
H. Vernim, Textilarbeiter
F. Witte, Werkstattleiter

FDP (insgesamt 2 Sitze)
L. Fischer, Fahrlehrer

DKP (insgesamt 1 Sitz)
H. Deymann, Elektriker

VII. a. Reichstagswahlen in Nordhorn 1887, 1903 und 1907

	Zentrum Stimm. %	Verein. nat. Parteien Stimm. %	Nat.-Soziale Stimm. %	SPD Stimm. %	abgegebene Stimmen	Wahl- beteiligung %
21.2.1887	55 20,2	217 79,8			272	
16.6.1903	72 30,3	55 23,1	92 38,7	19 8,0	238	
25.1.1907	75 25,4	209 70,8		11 3,7	295	63,9

(Für die Wahlen zum Norddeutschen Bund am 12.2. und 31.8.1867 sowie für die Reichstagswahlen am 3.3.1871, 10.1.1874, 10.1.1877, 30.6.1878, 27.10.1881, 28.10.1884, 20.2.1890, 15.6.1893, 16.6.1898, 17.1.1903 und 12.1.1912 sind im Nordhorner Stadtarchiv sowie im Zeitungsarchiv keine Angaben vorhanden)

VII. b. Landtagswahlen in Nordhorn 1898

	Freikonservative Wahlmänner	National-Soziale Wahlmänner
26.1.1898	5	3

(Für die Wahlen 1870 (6 Wahlmänner), 1873, 1876, 1879 (6 Wahlmänner), 1882, 1885, 1888, 1893, 1903 (9 Wahlmänner), 1908 und 1913 (12 Wahlmänner) liegen uns keine Wahlergebnisse vor)

VIII. Reichstagswahlen 1919–1933

	NSDAP[1] Stimmen absolut %	DNVP[2] Stimmen absolut %	DVP Stimmen absolut %	DDP[3] Stimmen absolut %	Zentrum Stimmen absolut %	CSVD Stimmen absolut %	SPD Stimmen absolut %	KPD Stimmen absolut %	Sonstige Stimmen absolut %	abgegebene gültige Stimmen %
19. 1.19		33 2,8	199 16,9	313 26,6	310 26,3		317 27,0		4 0,4	1176
6. 6.20		83 8,4	188 19,0	207 21,0	265 26,9		233 23,6		11 1,1	987
4. 5.24	69 2,7	444 17,2	304 11,8	137 5,3	577 22,3		725 28,0	146 5,6	183 7,1	2585
7.12.24	70 2,8	419 16,5	446 17,6	133 5,3	358 14,1		948 37,4	123 4,9	36 1,4	2533
20. 5.28	113 2,1	505 9,2	1032 18,7	195 3,5	1453 26,3	49 0,9	1615 29,3	442 8,0	108 2,0	5512
14. 9.30	1296 15,4	229 2,7	279 3,3	152 1,8	2041 24,2	1736 20,6	1398 16,6	949 11,3	344 4,1	8431 84,4
31. 7.32	3550 39,2	239 2,6	41 0,5	22 0,2	2086 23,3	444 4,9	1231 13,6	1430 15,8	12 0,1	9055 84,8
6.11.32	3123 35,1	365 4,1	129 1,4	19 0,2	2115 23,7	472 5,3	1153 12,9	1518 17,0	12 0,1	8906 81,6
5. 3.33	4198 42,2	386 3,9	40 0,4		2421 24,4	475 4,8	1131 11,4	1290 13,0		9932 89,0

[1] 1924 Deutsch-völkische Freiheitsbewegung im lockeren Verband zur NSDAP.
[2] Kampffront Schwarz-Weiß-Rot (1930), eine Gründung der DNVP.
[3] Ab 1930 Deutsche Staatspartei.

IX. Reichspräsidentenwahlen 1925 und 1932

I. Wahlgang 29.3.1925

	Wahlbezirk I Stimmen	Wahlbezirk II Stimmen	Wahlbezirk III Stimmen	gesamt Stimmen	%
Braun (SPD)	184	437	263	844	36,8
Hellpach (DDP)	63	32	19	114	4,8
Held (BVP)	7	6	2	15	0,6
Jarres (DNVP/DVP)	386	225	158	769	32,0
Ludendorff (NSDAP)	2	3	1	6	0,3
Marx (Zentrum)	287	179	85	551	23,0
Thälmann (KPD)	7	21	33	61	2,5
				2400	

II. Wahlgang 26.4.1925

	Wahlbezirk I Stimmen	Wahlbezirk II Stimmen	Wahlbezirk III Stimmen	gesamt Stimmen	%
Hindenburg	670	463	264	1397	44,6
Marx	540	646	482	1668	53,3
Thälmann	6	24	35	65	2,1
				3130	

	I. Wahlgang 13. 3. 1932 Stimmen	%	II. Wahlgang 10. 4. 1932 Stimmen	%
Hindenburg (Reichsblock)	4415	48,7	4376	50,4
Duesterburg (DNVP)	290	3,2		
Hitler (NSDAP)	2984	32,9	3333	38,4
Thälmann (KPD) ·	1380	15,2	976	11,2
Winter (Splittergruppen)	—	—	—	—
	9069		8685	

X. Wahlen zum Provinziallandtag 1929 und 1933

	NSDAP		DNVP[1]		DVP		DDP[2]		DHP		Zentrum		Christl.-Soz. VD		SPD		KPD		Sonstige		gültig abgegebene	
	Stimmen	%	Stimmen	%	Stimmen	%	Stimmen	%	Stimmen	%	Stimmen	%	Stimmen	%	Stimmen	%	Stimmen	%	Stimmen	%	Stimmen	%
Prov. Landtag der Provinz Hannover 17.11.1929	101	2,0	159	3,1	1444	28,0	66	1,3	22	0,4	1498	29,1	49	1,0	834	16,2	171	3,3	808[3]	15,7	5152	ca. 60
Prov. Landtag der Provinz Hannover 12. 3.1933	3778	43,5	360	4,1	168	1,9	12	0,1			2331	26,8	261	3,0	860	9,9	744	8,6	167[4]	1,9	8681	77,5

[1] 1933 Kampffront Schwarz-Weiß-Rot.
[2] Ab 1930 Deutsche Staatspartei.
[3] Davon 775 Mittelstandsblock (Handwerk und Hausbesitz).
[4] Evangelisch Nationale Front.

XI. Kreistagswahlen 1929 und 1933

	NSDAP		Kampffront Schwarz-Weiß-Rot (DNVP)		SPD		Zentrum		KPD		Evang. Wähler der Mittelgrafschaft		Kriegsopfer		Sonstige		gültig abgegebene	
	Stimmen	%	Stimmen	%	Stimmen	%	Stimmen	%	Stimmen	%	Stimmen	%	Stimmen	%	Stimmen	%	Stimmen	%
17.11.1929					798	14,8	1511	28,1	172	3,2	2477	46,0	313	5,8	109	2,0	5380	59,1
12. 3.1933	3638	41,9	112	1,3	838	9,7	2330	26,8	733	8,4	922	10,6			105	1,2	8678	77,4

XII. Bürgervorsteherwahlen 1919 bis 1933 [1]

Datum						gültige abgegebene Stimmen	Sitze	Wahlbeteiligung %
2. 3. 1919	Liste »Büter« Stimmen 545 · Sitze 7 · % 54,5	»Moorwessel« (Zentrum) Stimmen 280 · Sitze 4 · % 29,6	»Striedelmeyer« (SPD) Stimmen 120 · Sitze 1 · % 12,7			945	12	
7. 8. 1921	Liste »Hoff« Stimmen ? · Sitze 11 · % (45,8)	Christliche Gewerkschaft Stimmen ? · Sitze 3 · % (12,5)	SPD Stimmen ? · Sitze 8 · % (33,3)	Vereinigte kommun. Parteien Stimmen ? · Sitze 1 · % (4,2)	Liste »Bürger und Bauer« Stimmen ? · Sitze 1 · % (4,2)		24	
4. 5. 1924	Bürgerblock Stimmen 1013 · Sitze 7 · % 40,6	Lohn- und Gehaltsempfänger Stimmen 668 · Sitze 5 · % 26,7	SPD Stimmen 685 · Sitze 5 · % 27,4	Kommunisten Stimmen 132 · Sitze – · % 5,3		2498	17	
18. 8. 1929	Evang. Wähler in Stadt und Land Stimmen 3346 · Sitze 15 · % 50,4	Zentrum Stimmen 1529 · Sitze 6 · % 23,0	SPD Stimmen 1322 · Sitze 6 · % 19,9	Kommunisten Stimmen 247 · Sitze 1 · % 3,7	Wirtsch.- u. Arbeit.-Gem. Stadt u. Umsiedlung Stimmen 192 · Sitze – · % 2,9	6636	28	73,3
12. 3. 1933	Evang. Wählergemeinschaft Stimmen 1252 · Sitze 4 · % 14,7	Kath. Wählergemeinschaft Stimmen 2330 · Sitze 8 · % 27,4	SPD Stimmen 814 · Sitze 2 · % 9,6	Kommunisten Stimmen 734 · Sitze 2 · % 8,6	Nationale Kampfgemeinschaft Stimmen 3376 · Sitze 12 · % 39,7	8506	28	76,0

[1] Die Prozentangabe bei den Wahlen 1921 bezieht sich auf die Verteilung der Sitze und nicht auf die abgegebenen Stimmen.

XIII. Wahlen im Dritten Reich

	Ja Stimmen	%	Nein Stimmen	%	Ungültig Stimmen	%	Wahlbeteiligung Stimmen	%
Volksabstimmung 12.11.1933	9933	89,2	943	8,5	252	2,3	11128	93,9
Volksabstimmung über das Staatsoberhaupt des Dritten Reiches 19.8.1934	9669	84,3	1572	13,7	224	2,0	11465	94,3
Volksabstimmung 29.3.1936	12173	99,3	89	0,7	—	—	12262	99,0
Volksabstimmung und Wahl zum Großdeutschen Reichstag 10.4.1938	12439	98,1	237	1,9	6	0,0	12682	98,2

Anmerkungen zu Übersicht XIV.

[1] 1946 als NLP, zeitweise Verbindung BHE/DP, 1951 Listenverbindung DP/CDU als Niederdeutsche Union.
[2] RSF.
[3] DSP, Deutsche Soziale Partei.
[4] KPA und Unabhängig.
[5] GVP.
[6] BdD.
[7] BdD 17, DG 2, Mittelstand 34.
[8] DFU 644, DG 8, Listenverbindung BHE/OP = GDP.
[9] DFU.
[10] AUD 25, DFU 386, FSU 11.
[11] ADF 94, EP 13, FSU 4, GPD 14.
[12] EFP.
[13] EAP 2, Neugründung der KPD 16, KBW 8.
[14] KBW 27, GLU 628.
[15] Verboten 23.10.1952.
[16] 1958 Einführung der 5%-Klausel.
[17] Verboten 1956.
[18] DRP 1946–49 Deutsche Rechtspartei, ab 1950 Deutsche Reichspartei, ab 1964 NPD.

XIV. Bundestags- und Landtagswahlen 1946–1978 in Nordhorn

	SPD Stimmen	%	BHE Stimmen	%	DP[1] Stimmen	%	CDU Stimmen	%	FDP Stimmen	%	DZP Stimmen	%	DRP/NPD[18] Stimmen	%	SRP[15] Stimmen	%	KPD/DKP[17] Stimmen	%	Sonstige Stimmen	%	abgegeb. Stimmen	Wahlbeteil. %
LTW 20. 4.1947	3 351	33,6					4 761	49,1	224	2,3			433	4,5			922	9,5			9 691	61,8
BTW 14. 8.1949	5 035	37,3			1 062	7,9	5 929	44,0	224	1,7	146	1,1	320	2,4			706	5,2	59[2]	0,4	13 481	73,1
LTW 6. 5.1951	6 743	43,0	589	3,8			4 602	29,3	965	6,1	402	2,6	231	1,5	1 454	9,3	457	2,9	256[3]	1,6	15 699	76,3
Nachwahl 31. 8.1952	4 036	32,1	717	5,7			4 605	36,6							1 856	14,7	488	3,8	886[4]	7,9	12 588	56,9
BTW 6. 9.1953	5 142	28,2	1 047	5,7	339	1,9	8 353	45,8	1 548	8,5			854	4,7			420	2,3	529[5]	2,9	18 232	78,1
LTW 24. 4.1955	6 338	34,8	958	5,3	627	3,4	6 978	38,3	623	3,4	132	0,7	1 959	10,8			560	3,1	44[6]	0,2	18 219	77,1
BTW 15. 9.1957	7 836	38,3	742	3,6	1 058	5,2	8 740	42,7	1 169	5,7	32	0,1	911	4,4					53[7]	0,3	20 480	86,2
LTW[16] 19. 4.1959	7 701	40,4	807	4,2	621	3,3	7 909	41,5	577	3,0			1 231	6,5					210	1,1	19 056	75,8
BTW 17. 9.1961	8 631	40,2	775	3,6			8 788	40,9	2 110	9,8			531	2,5					652[8]	3,0	21 487	82,8
LTW 19. 5.1963	9 353	46,3	295	1,5	154	0,8	8 609	42,6	1 068	5,3			382	1,9					345[9]	1,7	20 206	75,1
BTW 19. 9.1965	9 420	42,8					9 929	45,8	2 001	9,1			501	2,3					422[10]	1,9	22 024	81,6
LTW 4. 6.1967	8 041	39,4					10 032	49,2	765	3,8			1 237	6,1			90	0,4			20 394	74,4
BTW 28. 9.1969	10 760	47,9					9 668	43,0	1 059	4,7			863	3,8					125[11]	0,6	22 475	81,3
LTW 14. 6.1970	10 419	48,5					9 517	44,3	896	4,2			564	2,6			90	0,4			21 486	73,0
BTW 19.11.1972	13 765	54,1					9 152	36,0	2 357	9,3			121	0,5			44	0,2	4[12]	0,0	25 443	86,3
LTW 9. 6.1974	11 627	45,9					11 175	44,1	2 191	8,6			200	0,8			157	0,6			25 350	77,4
BTW 3.10.1976	13 977	51,6					10 926	40,3	2 008	7,4			67	0,2			108	0,4	26[13]	0,1	27 112	83,8
LTW 4. 6.1978	11 434	48,6					10 071	42,8	949	4,0			109	0,5			295	1,3	655[14]	2,8	23 513	70,2

Anmerkungen: auf Seite 329

XV. Gemeindewahlen 1946–1976

	SPD			CDU[1]			KPD/DKP[2]			FDP[3]			DRP[4] bzw. NPD			BHE[5]			DP/UWG[3]			Sonstige			gültig abgegeb.		
	Stimmen	Sitze	%	Stimmen	Sitze	%	Stimmen	Sitze	%	Stimmen	Sitze	%	Stimmen	Sitze	%	Stimmen	Sitze	%	Stimmen	Sitze	%	Stimmen	Sitze	%	Stimmen	Sitze	%
15. 9.46	16 056	3	31,6	30 705	20	60,4	4 080	1	8,0																50 841[10]	24[9]	67,2
28.11.48	10 412	9	37,2	16 116	15	57,5	1 489	1	5,3																28 017	27[5]	55,7
9.11.52	8 861	6	22,3	19 253	15	48,5	1 252		3,2	4 833	3	12,2				4 601	3	11,6				879[6]		2,2	39 679	27	65,1
28.10.56	18 292	11	36,0	16 719	10	32,9	226		0,4	3 333	2	6,6	4 579	2	9,0	1 926	1	3,8	5 640	3	11,2	87[7]		0,0	50 802	30	73,1
19. 3.61	6 732	11	35,6	7 289	12	38,6	90		0,5				1 019	1	5,4	1 169	1	6,2	2 589	4	13,7				19 507	29	71,9
27. 9.64	7 828	13	40,4	8 457	15	43,6										545		2,8	2 251	3	11,6	304[11]		1,6	19 385	31	74,4
29. 9.68	7 748	12	38,4	9 205	15	45,6							1 259	2	6,2				1 772	2	8,8	208[8]		1,0	20 192	31	
22.10.72	12 251	22	53,3	9 111	17	39,7	193		0,8	1 182	2	5,1	231		1,0										22 968	41	78,1
9. 6.74	12 273	20	45,2	11 986	20	44,2	341		1,3	2 314	3	8,5	233		0,9										27 147	43	82,9
3.10.76	14 044	20	47,2	12 419	17	41,7	1 169	1	3,9	2 118	3	7,1													29 750	41	90,0

1 Bis 1952 als evangelisch-katholische Wählergemeinschaft oder als Listenverbindung NLP/CDU.
2 Nach dem KPD-Verbot vom 17.10.1956 bis in die 60er Jahre als Liste »Deymann«.
3 Keine Wahlbeteiligung der FDP zwischen 1961–68 an den Gemeindewahlen.
4 1956 Listenverbindung DRP/BHE.
5 NWG (DRP und BHE) im Jahre 1964.
6 DSB.
7 Liste »Salzig«.
8 DFU.
9 Sitzverteilung nach dem absoluten Mehrheitswahlrecht in den einzelnen Stimmbezirken.
10 In den Jahren 1946, 48, 52 und 56 mehrere Stimmen pro Wahlberechtigtem.
11 DFU.

ABKÜRZUNGEN

ADF	Aktion Demokratischer Fortschritt	GLU	Grüne Liste Umweltschutz
AUD	Aktionsgemeinschaft Unabhängiger Deutscher	GVP	Gesamtdeutsche Volkspartei
BdD	Bund der Deutschen	KBW	Kommunistischer Bund Westdeutschland
BdL	Bund der Landwirte	KPD	Kommunistische (Arbeiter-) Partei Deutschlands
BHE	Bund der Heimatvertriebenen und Entrechteten	LDP	Liberal-Demokratische Partei
CDU	Christlich-Demokratische Union	LRP	Liberale Reichspartei
CSVD	Christlich Sozialer Volksdienst	NLP	Niedersächsische Landespartei
DDP	Deutsche Demokratische Partei	NPD	Nationaldemokratische Partei Deutschlands
DFU	Deutsche Friedensunion	NSDAP	Nationalsozialistische Deutsche Arbeiterpartei
DG	Deutsche Gemeinschaft		
DNVP	Deutschnationale Volkspartei	NWG	Niedersächsische Wählergemeinschaft
DP	Deutsche Partei		
DRP	Deutsche Reichspartei	RSF	Radikalsoziale Freiheitspartei
DSB	Deutscher Sozialistischer Bund	SAP	Sozialistische Arbeiterpartei
DSP	Deutsche Soziale Partei	SFAP	Sozialdemokratische Arbeiterpartei
DStP	Deutsche Staatspartei		
EAP	Europäische Arbeiter-Partei	SPD	Sozialdemokratische Partei Deutschlands
EFP	Europäische Föderalistische Partei		
		SRP	Sozialistische Reichspartei
FDP	Freie Demokratische Partei	USPD	Unabhängige Sozialdemokratische Partei Deutschlands
FSU	Freisoziale Union		
GB	Gesamtdeutscher Block		
GdP	Gesamtdeutsche Partei	UWG	Unabhängige Wählergemeinschaft

Die Entwicklung des Wirtschaftsraumes Nordhorn vom Ende des 2. Weltkrieges bis in die 1970er Jahre

TONI PIERENKEMPER

Die Beschäftigung mit der ökonomischen Entwicklung kleinerer Regionen gewinnt in den letzten Jahren zunehmend das Interesse auch von Wirtschaftswissenschaftlern. Diese Hinwendung zu einer kleinräumlichen Perspektive in bezug auf das wirtschaftliche Wachstum läuft synchron mit zwei Forschungsintentionen, deren auch praktische Relevanz immer deutlicher wird. Dabei handelt es sich einmal im Bereich der ökonomischen Theorie um die Erkenntnis, daß ökonomisches Wachstum nicht nur, wie bislang üblich, als ein Prozeß betrachtet wird, der in der Zeit differenziert erscheint und die einzelnen Branchen unterschiedlich betrifft. Vielmehr hat ökonomisches Wachstum auch eine räumliche Dimension, d. h. es erfolgt in Wachstumszentren mit umliegenden rückständigen Regionen[1]. Mit diese Einsicht einhergehend, vollzieht sich andererseits in der Wirtschaftspolitik ein Orientierungswechsel von der globalen zur sektoralen, in diesem Falle genauer: der regionalen Wirtschaftsförderung[2].

Diese Verschiebung der Perspektive in Theorie und Politik hat eine Reihe neuerer Arbeiten angeregt, deren erste Ergebnisse im nationalen und internationalen Bereich die Probleme regionaler ökonomischer Differenzen anschaulich belegen[3]. Bei allen Untersuchungen dieses Forschungsgebietes zeigen sich immer wieder zwei allgemeine Forschungsprobleme, nämlich die sachgerechte Abgrenzung einer Wirtschaftsregion und die Bestimmung eines gültigen Indikators für die Messung des Entwicklungsstandes einer Region[4].

Prinzipiell gibt es jeweils eine Vielzahl von Kategorien, nach denen sich Regionen ausgrenzen lassen, und die sich in Hinblick auf eine spezifische Fragestellung zu legitimieren vermögen. Bei empirischen Untersuchungen werden aus Gründen der Einfachheit und wegen der Verfügbarkeit entsprechender Daten zumeist Verwaltungsregionen gewählt. Diese Vorgehensweise ist jedoch nicht ganz unproblematisch, da sich Verwaltungsregionen nur sehr selten mit den Grenzen von Wirtschaftsräumen decken. Der Gefahr, damit eine ökonomisch uneinheitliche Region als Wirtschaftsraum zu definieren, kann man am besten dadurch ausweichen, daß man Regionen so klein wie möglich wählt, um so ein Höchstmaß an Homogenität zu erreichen[5]. Aus diesen

---

[1] Den Ausgangspunkt dieser Forschungsrichtung stellt die Arbeit von J. H. V. THÜNEN, Isolierter Staat, dar, die jedoch erst neuerdings einigen Einfluß im Bereich der Entwicklungs- und Wachstumstheorie gefunden hat. Vgl. J. G. WILLIAMSON, Regional Inequality, und H. HESSE, Regionale Einkommensdifferenzen.

[2] So z.B. bei G. FISCHER, Regionalforschung, und H. SIEBERT, Wirtschaftswachstum.

[3] Dazu ausführlich R. FREMDLING u. a., Regionale Differenzierung, für die Arbeiten über Deutschland.

[4] R. FREMDLING, u. a. Regionale Differenzierung, 1979.

[5] O. BONSTEDT, Regionalforschung, S. 19.

kleinen Regionen lassen sich dann größere Wirtschaftsräume unabhängig von den Verwaltungsgrenzen konstruieren. Als kleinste Verwaltungsregion mit entsprechenden Daten für empirische Untersuchungen bietet sich danach in Deutschland der Kreis an.

Auch zur Bestimmung des ökonomischen Entwicklungsniveaus einer Region lassen sich vielfältige Indikatoren verwenden. In der Ökonomie dient dazu allgemein die Höhe des Einkommens bzw. des Pro-Kopf-Einkommens[6]. Für kleinere Verwaltungsbezirke läßt sich das regionale Pro-Kopf-Einkommen in der Regel jedoch nicht ermitteln, so daß man auf die Verwendung von Hilfsgrößen verwiesen ist. In vielen empirischen Untersuchungen wird deshalb häufig die Anzahl und die Struktur der Beschäftigten als Indikator für den regionalen Entwicklungsstand gewählt[7]. Diese Meßgröße für das regionale Entwicklungsniveau hat gegenüber dem Einkommen zudem den Vorteil, daß damit zugleich der Beschäftigungsstand als eine wesentliche Zielgröße der Wirtschaftspolitik erfaßt ist.

Die folgende Darstellung der Entwicklung des Wirtschaftsraumes Nordhorn orientiert sich sehr eng an den dargestellten Kategorien einer Theorie der regionalen Differenzierung, auch wenn der Vergleich zu anderen Regionen nur implizit erfolgt. Als Wirtschaftsraum Nordhorn wird der Kreis Grafschaft Bentheim definiert, dessen ökonomische Entwicklung anhand der Veränderungen innerhalb der Struktur der Beschäftigten beschrieben werden soll. Daran anschließend werden einige Erörterungen über den Wandel der Sozialstruktur der Region im Untersuchungszeitraum angefügt. Die Schilderung beginnt mit dem Wiederaufbau nach dem 2. Weltkrieg und endet zu Beginn der 1970er Jahre.

1. Die Wirtschaft des Raumes Nordhorn seit 1945

Mit dem Ende des 2. Weltkrieges war auch das Ende einer funktionierenden deutschen Wirtschaft gekommen. Die ersten Nachkriegsjahre waren in Deutschland durch Versorgungsprobleme und Bevölkerungsverschiebungen gekennzeichnet. Die Zerstörung eines Großteils der industriellen Kapazitäten und des Verkehrssystems machten eine ausreichende Versorgung der Bevölkerung mit Nahrungsmitteln und gewerblichen Produkten sehr schwierig; der Austausch zwischen Stadt und Land, zwischen Industrie und Landwirtschaft war gestört[8].

Nach der Neuregelung der politischen Verhältnisse in Deutschland konnte auch im Wirtschaftsraum Nordhorn ein neuer Anfang gemacht werden[9]. Der 2. Weltkrieg hatte hier kaum zu Zerstörungen geführt. Für die Versorgungslage der Bevölkerung erwies es sich nun als vorteilhaft, daß die Industrie Nordhorns in ein ländliches Umfeld eingebettet war, so daß die Versorgungsprobleme hier niemals jene Schärfe er-

---

[6] Zu den Problemen dieses Entwicklungsindikators vgl. H. HESSE u. H. SAUTER, Entwicklungstheorie, S. 7ff.

[7] So z. B. bei Th. J. OSRAGH, Geographical Distribution, und Frank B. TIPTON, Regional Variations.

[8] Ausführlich dazu: G. STOLPER, Deutsche Wirtschaft, S. 203ff., und H. LILGE, Deutschland 1945–1963.

[9] Der Kreis Grafschaft Bentheim wurde dem durch Verordnung der britischen Militärregierung vom 1.11.1946 gegründeten Land Niedersachsen zugeschrieben und der Kreissitz von Bentheim nach Nordhorn verlegt. Vgl. G. STEIGERWALD, Nordhorn, S. 219.

reichten wie z. B. in den industriellen Ballungszentren an Rhein und Ruhr. Vorteilhaft wirkte auch die überdurchschnittliche landwirtschaftliche Produktivität Niedersachsens gegenüber dem Bundesdurchschnitt: 1949 32,5 dz Weizen gegenüber 26,8 dz pro Hektar und 247,5 dz Spätkartoffeln gegenüber 189,5 dz pro Hektar im Bundesgebiet[10]. Ein gewaltiges Problem für die Wirtschaft Niedersachsens und auch der Grafschaft Bentheim bildete jedoch der große Zustrom von Heimatvertriebenen und Flüchtlingen aus Ost- und Mitteldeutschland. Am 1. Januar 1950 betrug der Anteil der Heimatvertriebenen und Flüchtlingen an der Gesamtbevölkerung des Kreises Grafschaft Bentheim 20,4 %[11]. Diese enorme Zuwanderung verstärkte die schon vorhandenen Probleme der Arbeitslosigkeit im Wirtschaftsraum Nordhorn zusätzlich, so daß die Wirtschaftslage dieser Region zwischen 1945 und 1950 allgemein als schwierig und vergleichbar der anderen Regionen Deutschlands angesehen werden muß. Die wirtschaftliche Entwicklung der Grafschaft Bentheim seit 1950 läßt sich durch die Veränderungen in Anzahl und Struktur der Beschäftigten darstellen.

Tabelle 1:

Erwerbspersonen in der Grafschaft Bentheim nach Wirtschaftsbereichen, 1946–1970

Jahr	Land- und Forstwirtschaft	%	produzierendes Gewerbe	%	Dienstleistungen	%	Erwerbspersonen insgesamt
1946	16 560	45,2	12 497	34,1	7 541	20,1	36 598
1950	16 259	35,0	21 280	45,8	8 916	19,2	46 511*
1961	12 300	26,1	23 340	49,5	11 504	24,4	47 144
1970	7 634	16,5	24 204	52,3	14 439	31,2	46 277

* 56 Personen ohne Angaben des Wirtschaftsbereichs.

Quelle: 1946: Statistisches Handbuch Niedersachsen (St. Hb. NS.) 1950, S. 40/41, 1950: Statistisches Jahrbuch für Niedersachsen (St. Jb. NS.) 1952, S. 52/53, 1961: St. Jb. NS. 1964, S. 93, 1970: St. JB. NS. 1973, S. 91.

Die Zahlen der Tabelle 1 zeigen, daß von 1946 bis 1950 die Anzahl der Erwerbspersonen (Erwerbstätige und Arbeitslose) im Kreis Grafschaft Bentheim um ca. 10 000 Personen (27 %) zugenommen hat. Dieser Zuwachs läßt sich fast vollständig auf eine Erhöhung der Erwerbspersonen im Bereich des produzierenden Gewerbes (Handwerk und Industrie) zurückführen. Die Erwerbspersonen fanden in diesem Beschäftigungszweig jedoch nicht alle Arbeit: Bei einer generellen Arbeitslosenquote in Niedersachsen zwischen 19,8 % (März 1950) und 14 % (September 1950) lassen sich in der Grafschaft Bentheim etwa 7500 Erwerbspersonen ohne Beschäftigung vermuten, so daß nahezu 3/4 der neu zugewachsenen Erwerbsbevölkerung nicht in den Arbeitspro-

---

[10] St. Hb. NS 1950, S. 80.
[11] Dieser Anteil betrug für Niedersachsen insgesamt 26,6%. Vgl. St. Hb. NS. 1950, S. 20. In der Stadt Nordhorn setzte sich die Bevölkerung aus 70,7% Einheimischen, 24% Flüchtlingen, 3,8% Ausländern und 1,5% Evakuierten zusammen. Vgl. Verwaltungsbericht 1948–53, S. 47.

zeß eingegliedert werden konnten. Die Arbeitslosen konzentrierten sich vor allem auf das produzierende Gewerbe, in dem sich die Anzahl der Erwerbspersonen seit 1946 nahezu verdoppelt hatte. Die Eingliederung dieses Bevölkerungsteils bildete das Hauptproblem der folgenden Jahre. Zur Lösung dieses Problems trug ganz entscheidend der wirtschaftliche Aufschwung der fünfziger Jahre bei, der sich nach der ordnungspolitischen Entscheidung für die Marktwirtschaft in ganz Westdeutschland durchsetzte und häufig als »Wirtschaftswunder« apostrophiert wird und wurde[12]. Wie erfolgreich dieser Aufschwung auch im Wirtschaftsraum Nordhorn war, veranschaulicht das Sinken der Anzahl der Arbeitslosen bis 1958 auf 2475[13].

In den Zahlenangaben der Tabelle 1 wird auch deutlich, daß in der Zeit bis 1950 von einer Abwanderung der Erwerbspersonen aus der Landwirtschaft nicht gesprochen werden kann: die Anzahl der Erwerbspersonen bleibt dort nahezu konstant. Eine geringe absolute Ausdehnung des Dienstleistungssektors ist ebenfalls zu konstatieren. Insgesamt läßt sich für die Wirtschaft des Raumes Nordhorn in den ersten Nachkriegsjahren feststellen, daß die Anzahl der Erwerbspersonen enorm ausgedehnt wurde. Die Expansion findet ihre Ursache im Zustrom der Flüchtlinge, die jedoch zunächst nur teilweise in das Erwerbsleben eingegliedert werden konnten, deshalb häufig arbeitslos blieben und auf eine Erwerbstätigkeit im produzierenden Gewerbe hofften.

Die fünfziger Jahre stehen in Deutschland ganz im Zeichen des Wiederaufbaus[14]. Dies gilt auch für den Raum Nordhorn, obwohl die Kriegszerstörungen hier gering gewesen waren. Trotzdem stellte sich das Problem der Beschaffung von Wohnraum und Arbeitsplätzen für die zugewanderte Bevölkerung. In den drei Jahren 1949, 1950 und 1951 wurden in der Stadt Nordhorn insgesamt 1635 neue Wohnungen errichtet[15]. Die Arbeitslosenquote sinkt im Laufe der 50er Jahre ebenfalls sehr stark, so daß etwa Ende der fünfziger Jahre Vollbeschäftigung erreicht ist[16]. Diese Entwicklung betrifft auch die Beschäftigtenstruktur des Raumes Nordhorn und spiegelt sich in den Daten der Tabelle 1. Die absolute Zahl der Erwerbspersonen erfährt nach 1950, entgegen dem vorausgehenden Zuwachs, keine wesentliche Erhöhung mehr. Da die Bevölkerung weiter steigt, sinkt demnach die Erwerbsquote[17]. Das vorhandene Arbeitspotential (Anzahl der Erwerbspersonen) wird nun besser ausgeschöpft und die größte Zahl der Arbeitslosen in das Erwerbsleben eingegliedert. Dabei erfährt die Struktur der Beschäftigten einige markante Veränderungen. In der Landwirtschaft gehen bis 1961 nahezu 4000 Arbeitsplätze verloren, während in den beiden übrigen Wirtschaftszweigen, dem produzierenden Gewerbe und dem Dienstleistungssektor, über 4500 Arbeitsplätze neu geschaffen werden. Hier zeigt sich nach der Eingliederung der Flüchtlinge das zweite arbeitsmarktpolitische Hauptproblem des Wirtschaftsraumes

---

[12] G. AMBROSIUS, Marktwirtschaft, zur arbeitsmarktpolitischen Entwicklung vgl. H.-H. NOLL, Arbeitsmarkt, S. 227–235.

[13] St. Jb. NS. 1958, S. 90.

[14] G. STOLPER u. a., Deutsche Wirtschaft, S. 253 ff.

[15] Verwaltungsbericht 1948–53, S. 162, und G. STEIGERWALD, Nordhorn, S. 219.

[16] Die Arbeitslosenquote sank in der BRD von 1950, 7,3 % kontinuierlich auf 0,9 % im Jahre 1960. Vgl. Sachverständigenrat (1967), S. 242.

[17] Diese sinkt von 49,3 % (1950) auf 47,1 % (1961) und dann noch weiter auf 41,6 % (1970). Errechnet aus den Angaben der Tabelle 1 und 2.

Nordhorn nach 1945: die Freisetzung von Erwerbstätigen in der Landwirtschaft. Auch dieses Problem resultiert aus Entwicklungen der Gesamtwirtschaft[18] und bildet deshalb kein Spezifikum dieser Region. Es tritt jedoch hier wiederum besonders scharf hervor, weil der Kreis Grafschaft Bentheim 1950 mit 35% einen weit über dem Bundesdurchschnitt liegenden Anteil der Beschäftigten in der Landwirtschaft hatte.

Die Hauptlast der Anpassung der Beschäftigtenstruktur an die veränderten ökonomischen Bedingungen hatte im gewerblichen Sektor die Textilindustrie zu tragen. Dies gilt insbesondere für die Stadt Nordhorn, in der 1965 fast 80% aller Erwerbstätigen sogar in nur drei großen Textilunternehmen tätig waren[19]. Noch Anfang der 70er Jahre belief sich die Anzahl aller in den 91 Industriebetrieben des Kreises Grafschaft Bentheim Beschäftigten auf 15 887 Personen[20], während die drei großen Nordhorner Textilbetriebe, die Firmen Nino GmbH & Co., L. Povel & Co. und B. Rawe & Co., knapp 10 000 Beschäftigte hatten. Diese Zahlen belegen die industrielle Monokultur der Wirtschaftsregion Nordhorn, die zudem noch von drei Großbetrieben dominiert wurde.

Damit war das wirtschaftliche Wohlergehen dieser Region sehr eng an die Textilkonjunktur gebunden. In den 1950er Jahren profitierte deshalb der Kreis Grafschaft Bentheim von einer günstigen Absatzlage der Textilindustrie. Nicht zuletzt dadurch gelang die Eingliederung der zugezogenen Erwerbsbevölkerung relativ gut. Mit dem Nachlassen der Textilkonjunktur Mitte der 60er Jahre begann für die Wirtschaft des Raumes Nordhorn eine Periode wirtschaftlicher Schwierigkeiten, die bis in die 70er Jahre andauerte. Die Ursachen der Strukturkrise der Textilindustrie sind vielfältig und führten zu einer Schwächung der internationalen Konkurrenzfähigkeit der deutschen Unternehmen[21]. Eine Ausweitung der Beschäftigten im produzierenden Gewerbe zwischen 1961 und 1970 war deshalb, wie Tabelle 1 zeigt, in der Grafschaft Bentheim kaum möglich. Vielmehr verringerte sich die Anzahl der Beschäftigten in der Landwirtschaft weiterhin rapide, so daß allein die Ausdehnung der Beschäftigungsmöglichkeiten im Dienstleistungssektor Entlastung für den Arbeitsmarkt bringen konnte.

Da auch hier nur ein sehr unvollkommener Ausgleich für die Schwierigkeiten in der Textilindustrie geschaffen werden konnte, wurde ein gezieltes Eingreifen der wirtschaftspolitisch verantwortlichen Instanzen nötig[22]. Die Gutachten über die Probleme und Möglichkeiten der Förderung der regionalen Wirtschaftsstruktur des Raumes Nordhorn von 1971 und 1972 stellten übereinstimmend die Probleme der einseitigen Industriestruktur in den Vordergrund[23], erschwert durch eine geographisch-verkehrstechnische Randlage[24] und die weiterhin überdurchschnittlich landwirtschaftliche Prägung des Raumes. Trotz der Nachteile dieser einseitigen Wirtschaftsstruktur

[18] Zu den Zielen der europäischen Agrarpolitik: W. HARBRECHT, Europäische Gemeinschaft, S. 150 ff.
[19] J. LEMELSEN, Textilindustrie, S. 119.
[20] St. M. NS. 1971, S. 81.
[21] Jahresbericht 1964 und 1965, J. LEMELSEN, Textilindustrie, S. 117. Für die Entstehung und Entwicklung der Textilindustrie vor 1945 vgl. den Beitrag von C. WISCHERMANN in diesem Band.
[22] Zu den Aufgaben und Möglichkeiten der Strukturpolitik im Überblick bei O. GRAF LAMBSDORFF, Strukturwandel.
[23] Strukturuntersuchung Bentheim (1972), Strukturuntersuchung (1971) und Technisch-ökonomische Standortuntersuchung (1972).
[24] LAUENSTEIN, Grenzland, S. 7.

konnte in der Region der Industriebesatz bis 1972 zwar durch die Ansiedlung wachstumsintensiver Betriebe der Bekleidungs- und Nahrungsmittelindustrie konstant gehalten werden[25]. Diese Maßnahmen reichten allerdings nicht aus, um die wirtschaftliche Stabilität auch für die Zukunft zu sichern[26]. Hier waren vielmehr gezielte Vorhaben zur Industrie- und Gewerbeansiedlung vonnöten, zu der auch mit dem neuen Gewerbe- und Industriepark in Nordhorn ein erster Ansatz gemacht worden ist[27]. Die Reduzierung der hohen Arbeitslosigkeit durch gezielte Verbesserung der regionalen Wirtschaftsstruktur bleibt eine Aufgabe für die achtziger Jahre im Wirtschaftsraum Nordhorn[28].

Das Schaubild 1 veranschaulicht zusammenfassend die geschilderten Tendenzen innerhalb der Beschäftigtenstruktur. Der hohe Anteil der Landwirtschaft zu Beginn des Untersuchungszeitraumes reduziert sich deutlich, verharrt aber auf einem relativ hohen Niveau[29]. Der Anteil der Beschäftigten im produzierenden Gewerbe erhöhte sich ebenso wie der im Dienstleistungssektor. Damit folgt die Veränderung der Beschäftigtenstruktur im Wirtschaftsraum Nordhorn einem Schema, das für alle modernen industriellen Regionen typisch ist[30].

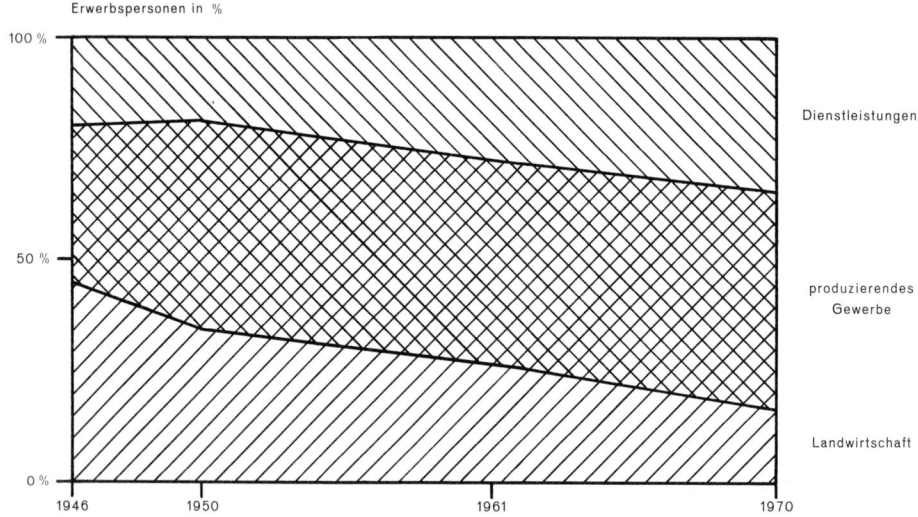

Abb. 1   Veränderungen des Anteils der Erwerbspersonen in den Wirtschaftsbereichen der Grafschaft Bentheim, 1946–1970

Quelle: Zahlen der Tabelle 1.

---

[25] Strukturuntersuchung Bentheim (1972), S. 73.

[26] Für das Jahr 1982 wird das Arbeitsplatzdefizit auf ca. 6000 Arbeitsplätze geschätzt. Vgl. H. LAMB, Arbeitsmarktstruktur, S. 47.

[27] Vgl. Gewerbe- und Industriepark (1972), Gewerbe- und Industriepark (1975) und Gewerbe- und Industriepark (1976).

[28] Die Arbeitslosenquote betrug im November 1976 im Landkreis Bentheim immerhin 5,1 %. Vgl. H. LAMB, Arbeitsmarktstruktur, S. 48.

[29] 1970 waren im Landkreis Nordhorn noch 16,5 % aller Erwerbstätigen in der Landwirtschaft tätig, während es im gesamten Bundesgebiet nur noch 8,5 % waren.

[30] Vgl. M. JUNGBLUT, Rebellion, und U. ENGELEN-KEFER, Beschäftigungspolitik.

2. Soziale Entwicklungen im Raum Nordhorn seit 1945

Zwischen der wirtschaftlichen Entwicklung im Raume Nordhorn und der sozialen Situation seiner Bevölkerung bestehen wie überall enge Beziehungen. So wie die Zuwanderung einer großen Zahl von Flüchtlingen nach 1945 die ansässige Wirtschaft vor große Probleme gestellt hatte, so wirkte sich umgekehrt der wirtschaftliche Aufschwung der fünfziger und sechziger Jahre sehr positiv auf die Lebensumstände der Bevölkerung aus.

Schwerer jedoch als die ökonomische Entwicklungssituation einer Region zu bestimmen, fällt es, dort die Lebenssituation der Menschen zu charakterisieren. Gleichgültig, ob man sich dabei an der »Sozialstruktur«[31] oder »Lebenslage«[32] als theoretischem Konstrukt orientiert, läuft die konkrete Bestimmung der Lebensumstände der Bevölkerung auf eine Beschreibung der sozialen Situation anhand einiger ausgewählter Indikatoren hinaus. Dabei bildet sowohl die Auswahl als auch die Gültigkeit der verwandten Indikatoren ein methodisches Problem[33]. Für eine Darstellung der sozialen Entwicklung im Raume Nordhorn stellt sich das Problem der Auswahl der Indikatoren weniger unter theoretischen als unter pragmatischen Gesichtspunkten: nur wenige Angaben sind verfügbar.

Die Basis der sozialen Entwicklung, quasi ihr Subjekt, bildet die Bevölkerung. Das Wachstum der Bevölkerung im Raum Nordhorn vollzog sich in der 2. Hälfte des 19. Jahrhunderts entgegen der Entwicklung in anderen deutschen Regionen sehr gemäßigt mit einer durchschnittlichen jährlichen Wachstumsrate zwischen 0,1 und 0,3‰[34]. Erst nach der Jahrhundertwende beschleunigte sich das Wachstum der Be-

Tabelle 2: Bevölkerungsentwicklung im Raume Nordhorn 1848–1970

| Jahr | Grafschaft Bentheim | | Stadt Nordhorn | |
	Anzahl	durchschn. jährl. Wachstumsrate	Anzahl	Anteil an der Gesamtbevölkerung
um 1848	28 240	0,3 %		
1871	30 123	0,3 %		
1885	31 266	0,1 %		
1905	38 375	1,0 %		
1925	49 912	2,4 %		
1939	66 911	3,3 %	23 479	35 %
1946	82 309	3,7 %	28 539	35 %
1950	94 339	0,3 %	33 244	36 %
1956	96 513	0,9 %	38 403	39 %
1961	100 615	1,2 %	39 426	39 %
1970	111 161	1,2 %	44 409	40 %

Quelle: 1848 bis 1950: Statistisches Handbuch Niedersachsen (St. Hb. NS.), 1950, S. 9, 10; 1956: Statistisches Jahrbuch für Niedersachsen (St. Jb. NS.) 1958, S. 11, 14; 1961 und 1970: St. Jb. NS 1973, S. 10, 15.

---

[31] F. Fürstenberg, Sozialstruktur, und F. Fürstenberg, Bundesrepublik Deutschland (1972), S. 10 ff.
[32] R. Möller, Lebenslage.
[33] W. Zapf, Lebensbedingungen, S. 11–27.
[34] Die Bevölkerung z. B. des Ruhrgebiets wuchs über 0,5 % jährlich von 1848 bis 1905 wesentlich schneller, vgl. W. Dege, Ruhrgebiet, S. 60.

völkerung deutlich und erreichte zwischen 1946 und 1950 mit 3,7% jährlichem Zuwachs ein Maximum. In der frühen Wiederaufbauphase erfolgte ein Einbruch gegenüber der vorausgehenden Bevölkerungszunahme, und nach 1956 stabilisierte sich das Bevölkerungswachstum bei einem Wert von etwa 1% jährlicher Zunahme. Die Tabelle 2 enthält die Zahlen, die diese Entwicklung kennzeichnen.

Die skizzierte Entwicklung der Bevölkerungszahl läßt Rückschlüsse auf die ökonomische Entwicklung der Region zu, die langfristig durch folgende Phasen gekennzeichnet ist:
- eine rückständige, ländliche Wirtschaft im 19. Jahrhundert
- eine deutliche gewerbliche Expansion seit dem Beginn des 20. Jahrhunderts
- eine krisenhafte Bevölkerungszuwanderung in der Kriegs- und Nachkriegszeit
- eine Normalisierung der Lage seit Mitte der 1950er Jahre.

Die Entwicklung von Wirtschaft und Bevölkerung blieb nicht ohne Auswirkung auf die soziale Lage der Menschen der Region.

Eine wesentliche Bestimmungsgröße der sozialen Lage in einer Marktwirtschaft ist die Höhe des Arbeitseinkommens. Direkte Informationen über das Pro-Kopf-Einkommen im Wirtschaftsraum Nordhorn stehen nicht zur Verfügung, deshalb sind wir auf die Verwendung von Hilfsgrößen zur Bestimmung der Kaufkraft der Bevölkerung verwiesen. Der Raum Nordhorn und insbesondere die Stadt Nordhorn zeichnen sich ja bekanntlich durch eine industrielle Monokultur aus. Die Lohnhöhe dieses Industriezweiges[35] kann deshalb als Indikator der Einkommenshöhe dienen, wobei dabei zu bedenken bleibt, daß damit hauptsächlich die Gruppe der Industriearbeiterschaft dieser Region erfaßt ist.

Die Zahlen der Tabelle 3 verdeutlichen, daß die Löhne in der niedersächsischen Textilindustrie dauernd um etwa $1/5$ bis $1/4$ unter dem Durchschnitt der Industriebeschäftigten in Niedersachsen lagen. Dies bedeutet für den Raum Nordhorn, daß die Indu-

Tabelle 3:   Stunden- und Wochenlöhne der Textilarbeiter
und der gesamten Industriearbeiterschaft in Niedersachsen 1948–1972

Jahr	Stundenlöhne in DM			Wochenlöhne in DM		
	Textil-industrie	An-teil	Durchschnitt aller Industrien	Textil-industrie	An-teil	Durchschnitt aller Industrien
1948	0,76	73%	1,04	33,56	75%	44,92
1949	0,91	79%	1,15	42,45	81%	52,46
1950	0,94	76%	1,23	44,98	75%	59,74
1951	1,16	79%	1,46	51,99	76%	68,68
1957	1,65	79%	2,09	73,61	76%	97,37
1963	2,97	84%	3,53	126,00	79%	159,00
1972	6,29	83%	7,60	267,00	82%	325,00

Quelle: 1948 und 1949: Statistisches Handbuch Niedersachsen (St. Hb. NS.) 1950, S. 142/43; 1950 und 1951: Statistisches Jahrbuch für Niedersachsen (St. Jb. NS.) 1952, S. 182/83; 1957: St. Jb. NS. 1958, S. 254/55; 1963: St. Jb. NS 1964, S. 300/01; 1972: St. Jb. NS. 1973, S. 284/85.

---

[35] Insbesondere wenn man berücksichtigt, daß $1/4$ aller Beschäftigten der niedersächsischen Textilindustrie auf die drei Nordhorner Großbetriebe entfallen. Vgl. J. LEMELSEN, Strukturwandel, S. 119.

striearbeiterschaft, d. h. die Gruppe der Arbeiterschaft mit den tendenziell höchsten Einkommen, hier im Vergleich zu den anderen Industrien, einen deutlich geringeren Lohn bezog. Die Einkommenssituation der Bevölkerung des Wirtschaftsraumes Nordhorn blieb somit während der gesamten Untersuchungsperiode relativ ungünstig, wenn auch im Verlauf des Wiederaufbaus und des wirtschaftlichen Aufschwungs eine deutliche Verbesserung der absoluten Einkommensverhältnisse nicht geleugnet werden kann[36].

Aber nicht nur die Kaufkraft der Bevölkerung, bedingt durch ihre Einkommensverhältnisse, sondern auch das Angebot an Gütern und Diensten hat einen wesentlichen Einfluß auf die soziale Situation. Für die besonderen Lebenschancen der Bewohner einer bestimmten Region spielt dabei vor allem das Angebot von Leistungen des Bildungs- und Gesundheitssystems eine große Rolle. Die Bedeutung gerade dieses Angebots beruht einmal auf der Eigenschaft dieser Leistungen, i. d. R. nur am Orte selbst in Anspruch genommen werden zu können, zum anderen am Basischarakter der Ausstattung mit Bildung und Gesundheit für die Bevölkerung innerhalb der Leistungsgesellschaft[37]. Bildungschancen werden ganz erheblich durch das örtliche Angebot, vor allem durch die Ausstattung mit Schulen, bestimmt. Für den Bereich der Volksschulen ergibt sich im Wirtschaftsraum Nordhorn folgendes Bild:

Tabelle 4:
Volksschulen in der Grafschaft Bentheim und in Niedersachsen 1949–1972

Jahr	Zahl der Schulen	Zahl der Klassen	Zahl der Schüler	Zahl der hauptamtl. Lehrer	Schüler pro Klasse	Schüler pro Lehrer
Landkreis Grafschaft Bentheim						
1949	78	333	15 801	253	47,5	62,5
1951	79	336	14 516	294	43,2	49,4
1957	85	316	10 625	227	33,6	38,4
1963	80	404	13 331	375	33,0	35,5
1972	75	572	15 993	522	28,0	31,0
Niedersachsen						
1949	4630	22 308	1 033 607	16 982	46,3	60,6
1951	4732	23 306	956 506	19 701	41,0	48,6
1957	4836	19 674	642 001	18 653	32,0	34,4
1963	4630	22 739	730 208	21 826	32,1	33,5
1972	3150	31 104	868 710	31 444	28,0	28,0

Quelle: 1949: Statistisches Handbuch Niedersachsen (St. Hb. NS.) 1950, S. 179; 1951: Statistisches Jahrbuch für Niedersachsen (St. Jb. NS.) 1952, S. 231; 1957: St. Jb. NS. 1958, S. 54/55; 1963: St. Jb. NS. 1964, S. 60/61; 1972: St. Jb. NS. 1973, S. 60/61.

---

[36] Die relativ ungünstige Einkommenssituation wird im Vergleich mit den durchschnittlichen Industrielöhnen im gesamten Bundesgebiet noch deutlicher: schon 1950 lag diese mit wöchentlich DM 48,- fast 10 % über denen Niedersachsens. Vgl. St. Jb. BRD 1959, S. 445.

[37] Zum Konzept der Leistungsgesellschaft vgl. D. MC. CELLAND, Leistungsgesellschaft, und kritisch H.-D. SIEBEL, Leistungskonflikt.

Die Zahlen der Tabelle 4 zeigen eine deutliche Verbesserung der schulischen Situation im Basisbereich des Bildungssystems seit 1949 sowohl für den Kreis Grafschaft Bentheim als auch für das Land Niedersachsen. Besuchten im Raum Nordhorn 1949 noch durchschnittlich fast 50 Kinder eine einzige Volksschulklasse, so verringerte sich dieser Quotient bis 1972 auf 28. Ebenso stieg die relative Ausstattung mit Lehrern: mußte 1949 ein Lehrer noch über 60 Kinder betreuen, so halbierte sich die Kinderzahl pro Lehrer bis 1972 auf 31. Diese deutliche Verbesserung des Bildungsangebots in der Untersuchungsregion kann jedoch nicht darüber hinwegtäuschen, daß gegenüber dem Land Niedersachsen insgesamt von Anfang an ein deutlicher Rückstand vorhanden war, der auch heute noch besteht. Allein bei der Maßgröße »Anzahl der Schüler pro Klasse« konnte 1972 erstmals der Landesdurchschnitt erreicht werden.

Neben dem Angebot an »Bildung« ist auch das Angebot »Gesundheit« von ausschlaggebender Bedeutung für die Lebenschancen und darüber hinaus für das persönliche Wohlergehen der Bevölkerung[38]. Diese Form der »Lebensqualität« läßt sich durch statistische Angaben nur sehr unvollkommen beschreiben; einige »Gesundheitsindikatoren« – genauer: Indikatoren für das Angebot an Leistungen des Gesundheitssystems – sind in Tabelle 5 angeführt.

Tabelle 5:
Soziale Infrastruktur in der Grafschaft Bentheim und in Niedersachsen
1953–1972*

	Krankenhäuser Anzahl	Betten	Apotheken	Ärzte	Zahnärzte und Dentisten	Hebammen
Landkreis Grafschaft Bentheim						
1953	7	701	8	80	38	24
(pro 10 000 Einwohn.)		(74)	(0,85)	(9,5)	(4,0)	(2,5)
1963	9	788	15	93	40	18
(pro 10 000 Einwohn.)		(78)	(1,5)	(9,2)	(4,0)	(1,8)
1972	7	854	20	139	35	17
(pro 10 000 Einwohn.)		(77)	(1,8)	(12,5)	(3,1)	(1,5)
Niedersachsen						
1953	429	59 469	684	7943	3247	1 422
(pro 10 000 Einwohn.)		(87)	(1,0)	(11,5)	(4,8)	(2,1)
1963	439	65 518	1114	8399	3457	1 035
(pro 10 000 Einwohn.)		(98)	(1,7)	(12,6)	(5,2)	(1,6)
1972	385	72 299	1 315	10 642	3 247	581
(pro 10 000 Einwohn.)		(102)	(1,9)	(15,0)	(4,6)	(0,8)

* die Einwohnerzahlen beziehen sich für die Grafschaft Bentheim und das Land Niedersachsen auf die Jahre 1950, 1961 und 1970.

Quelle: 1953: Statistisches Jahrbuch für Niedersachsen (St. Jb. NS.) 1954, S. 183; 1963: St. Jb. NS. 1964, S. 54/55; 1972: St. Jb. NS. 1973, S. 60/61.

---

[38] Zur Operationalisierung des Gesundheitsangebots vgl. CH. HELBERGER, Gesundheitspolitik.

Die verschiedenen Indikatoren für das Angebot an Gesundheitsleistungen folgen keiner eindeutigen Tendenz. Die allgemeine ärztliche Versorgung und die Versorgung mit Apotheken hat sich im Kreis Grafschaft Bentheim deutlich verbessert, die Versorgung mit Krankenhausbetten ist in etwa konstant geblieben, während sich das zahnärztliche Dienstleistungsangebot und die Verfügbarkeit von Hebammen vermindert hat. Zur Erklärung dieser Tendenzen müßten überregionale Ursachen mit herangezogen werden (Ärztemangel, Rückgang der Geburtenrate etc.), weshalb eine Erörterung dieser Art unterbleiben soll. Wichtig bleibt jedoch festzuhalten, daß das Angebot an Gesundheitsdienstleistungen im Raume Nordhorn in den zentralen Bereichen der ärztlichen Versorgung sowie bei Krankenhäusern und Apotheken seit dem Kriege tendenziell verbessert wurde. Auffällig ist jedoch auch hier wieder das relativ deutliche Zurückbleiben dieser Region in allen Zeitpunkten und auf allen wesentlichen Ebenen gegenüber dem Landesdurchschnitt Niedersachsens.

Neben den Lebensbedingungen der Einwohnerschaft des Raumes Nordhorn, gemessen durch Einkommen, Bildungschancen und Gesundheitsangebot, soll abschließend noch die Manifestation des politischen Handelns zur Skizzierung der sozialen Verhältnisse dieser Region herangezogen werden: das Wahlverhalten[39]. Dies scheint vor allem deshalb notwendig, weil die Gestaltung der sozialen Lebensverhältnisse auch eine politische Aufgabe ist, so daß zwischen Wahlverhalten und Lebensbedingungen vielfältige Einflußbedingungen bestehen. Die Tabelle 6 zeigt die Wahlergebnisse der drei heute dominierenden Parteien für eine Reihe von Bundestags- und Landtagswahlen im Wahlkreis Bentheim und im Land Niedersachsen seit 1947. Dabei ist vorauszuschicken, daß sich das heute etablierte Parteiensystem in Niedersachsen nur

Tabelle 6:

Landtags- und Bundestags-Wahlergebnisse der CDU, SPD, FDP im Wahlkreis Bentheim und Land Niedersachsen 1947–1972 (in %)

Jahr	Wahlkreis Bentheim			Land Niedersachsen		
	SPD	CDU	FDP	SPD	CDU	FDP
1947 (LT)	30,5	(53,0)*	6,1	43,4	(37,8)*	8,8
1949 (BT)	30,1	48,6	3,6	33,4	17,6	7,5
1951 (LT)	35,6	34,9	7,5	33,7	23,7	8,3
1955 (LT)	27,4	44,4	4,2	35,2	26,6	7,9
1957 (BT)	28,4	47,8	5,3	32,8	39,1	5,9
1961 (BT)	31,3	46,7	10,9	38,7	39,0	13,2
1963 (LT)	37,0	48,3	6,6	44,9	37,7	8,8
1970 (LT)	48,7	44,2	4,0	46,3	45,7	4,4
1972 (BT)	50,5	40,1	8,7	48,1	42,7	8,5

* Bei der Landtagswahl 1947 hatte die CDU eine gemeinsame Liste mit der DP.

Quelle: Landtagswahl und Bundestagswahl 1949: Statistisches Handbuch Niedersachsen (St. Hb. NS.) 1950, S. 192; LT 1951: Statistisches Jahrbuch für Niedersachsen (St. Jb. NS.) 1952, S. 246/47; LT 1955 und BT 1957: St. Jb. NS. 1958, S. 82/83; BT 1961 und LT 1963: St. Jb. NS. 1964, S. 82/83; LT 1970 und BT 1972: St. Jb. NS. 1973, S. 78/79.

[39] Dazu genauer der Beitrag von CH. SCHÜTTE in diesem Band.

sehr zögernd herausgebildet hat. Zunächst einmal behauptete in den überwiegend katholischen Gebieten lange Zeit das Zentrum eine bedeutende Position, dann gewannen auch die sogenannten »Vertriebenenparteien« durch den starken Zuzug von Heimatvertriebenen und Flüchtlingen nach Niedersachsen großen Einfluß[40].

Die angeführten Wahlergebnisse lassen bei Kenntnis der jeweils typischen Wählergruppen der drei Parteien ebenfalls einige Rückschlüsse auf die Sozialstruktur der untersuchten Region zu. Im Wahlkreis Bentheim belief sich demnach das Wählerreservoir der SPD bis zu den 60er Jahren lediglich auf ca. 30%. Man geht sicher nicht fehl in der Annahme, daß die Anhängerschaft dieser Partei im wesentlichen innerhalb der industriellen Arbeiterschaft zu suchen ist. Erst mit der Ausdehnung der Beschäftigten im produzierenden Gewerbe auf über 50% (vgl. Tabelle 1) und der Öffnung der Partei gegenüber bürgerlichen Gruppen (1959: Godesberger Programm) wurde im Wahlkreis Bentheim die traditionelle Vorherrschaft der CDU gebrochen. Diese ursprüngliche Dominanz der CDU in der Region beruhte wesentlich auf der zunächst noch deutlichen traditionell-ländlichen Prägung der Region Nordhorn. Durch diese eindeutige Vorherrschaft der CDU unterschied sich der Kreis Grafschaft Bentheim auch von Anfang an vom Durchschnitt des Landes Niedersachsen, in dem ein Gleichgewicht zwischen den beiden Parteien herrschte, zunächst sogar wegen einiger parteipolitischer Eigenarten mit einem Übergewicht der SPD.

3. Zusammenfassung und Ausblick

Die Entwicklung der Wirtschafts- und Sozialstruktur des Raumes Nordhorn seit 1945 wurde geprägt durch die Überwindung einer Reihe struktureller Probleme. Stand zunächst die Eingliederung des als Kriegsfolge aufgetretenen Bevölkerungszuwachses in Wirtschaft und Gesellschaft der Region im Vordergrund, so folgte darauf die Aufgabe der Lösung der Strukturprobleme in Landwirtschaft und Textilindustrie. Diese problembelastete Entwicklung der Wirtschaft blieb nicht ohne Konsequenzen für die Lage der Bevölkerung. Obwohl im Rahmen des allgemeinen Wirtschaftsaufschwungs sich auch hier die Lage grundlegend verbesserte, blieben doch relative Defizite bei den Einkommensverhältnissen und in der sozialen Infrastruktur bestehen. Die Aufgabe der 80er Jahre bleibt es, die Strukturschwächen des Wirtschaftsraumes durch gezielte Strukturpolitik zu beheben und die Lebensbedingungen für die Bevölkerung weiterhin zu verbessern.

Statistiken und Tabellen zur Nachkriegsentwicklung der Stadt Nordhorn
(zusammengestellt von GÜNTER HOFFMANN)

Der Übersicht lagen die Verwaltungsberichte der Stadt Nordhorn aus den Jahren 1948 bis 1974 und das von der EUREGIO 1978 herausgegebene statistische Taschenbuch (statistisch zakboek) zugrunde. Die Statistiken und Tabellen sollen die im Beitrag von T. PIERENKEMPER wiedergegebenen Übersichten im Hinblick auf die Stadt

---

[40] Zum Parteisystem allgemein vgl. H. KAACK, Parteiensystem, insbesondere S. 155 ff.

Nordhorn ergänzen. Eine Tabelle über die Aufteilung der Erwerbstätigen nach Berufsgruppen ließ sich nicht erstellen, da die vorhandenen Angaben für die einzelnen Jahre nicht vergleichbar sind. Für die Ergebnisse der Wahlen in der Stadt Nordhorn wird auf die ausführliche Darstellung von CH. SCHÜTTE in diesem Bande verwiesen.

Bevölkerungsentwicklung der Stadt Nordhorn:

Die Tabelle 2 des Beitrages von T. PIERENKEMPER zeigt deutlich das enorme Anwachsen der Einwohnerzahl der Stadt Nordhorn seit 1925. Sehr stark war der Zuwachs im Zeitraum 1927–1929: 9486 Einwohner – 17350 Einwohner. Ursache hierfür waren Eingemeindungen, die Ausweitung der Textilindustrie und die Umsiedlung von Bergleuten aus dem Ruhrgebiet nach Nordhorn, verbunden mit dem gleichzeitigen Wohnungsbau (Blumensiedlung). Nach dem Zweiten Weltkrieg stieg die Einwohnerzahl, bedingt durch die Ansiedlung von Vertriebenen, Flüchtlingen und Evakuierten, erneut stark an.

Tabelle 1:
Zusammensetzung der Bevölkerung der Stadt Nordhorn nach Einheimischen, Vertriebenen usw.[2]

Jahr	Einw. insges.	Einheimische	Vertriebene	Evakuierte	Ausländer
1950	33 943	24 250 (71,4 %)	7 719 (22,7 %)	548 (1,6 %)	1 426 (4,2 %)
1953	37 092	26 150 (70,5 %)	8 976 (24,2 %)	548 (1,5 %)	1 418 (3,8 %)

Anmerkung: 86 % der Ausländer sind Niederländer (1953)[3]

Tabelle 2:   Herkunft der Vertriebenen (1954)[4]

Herkunft	Personenanzahl	Anteil an der Gesamtzahl
Gesamtzahl der Vertriebenen davon stammen aus:	8 983	100 %
Ost-Brandenburg	728	8,1 %
Ost-Pommern	2 908	32,4 %
Ostpreußen	932	10,4 %
Schlesien	4 114	45,8 %
sonstige Gebiete	301	3,4 %

---

[1] Verwaltungsbericht der Stadt Nordhorn 1948–1953 S. 38.
[2] VB 1948–1953 S. 47.
[3] VB 1948–1953 S. 49.
[4] VB 1948–1953 S. 48.

Tabelle 3: Aufteilung der Bevölkerung nach ihrer Religionszugehörigkeit[5]

Jahr	Einw. insges.	röm.-kath.	ev.-ref.	ev.-luth.	ev.	Sonstige
1950	33943	12174 (35,9%)	9819 (29%)	7523 (22,2%)	2634 (7,8%)	1793 (5,3%)
1974	49968	17769 (35,6%)	15976 (32%)	12200 (24,4%)		
		ev.-altref.	neu-apost.	ev.-freik.	Sonstige	
		918 (1,8%)	491 (0,9%)	630 (1,3%)	1984 (4,0%)	

Die Allgemeinbildenden Schulen der Stadt Nordhorn:

Tabelle 4:   Volksschulen und Sonderschulen 1949–1974[6]

Jahr	Zahl der Schulen	Zahl der Klassen	Zahl der Schüler	Zahl der hauptamtl. Lehrer	Schüler pro Klasse	Schüler pro Lehrer
1949	9	113	5574	90	49,3	61,9
1951	9	116	5214	106	45,0	49,2
1961	12	124	4261	103	34,4	41,4
1963	12	142	4849	134	34,2	36,2
1967	11	167	5141	149	30,8	34,5
1972	12	214	6102	203	28,5	30,0
1974	17	223	6552	239	29,4	27,4

Die Übersicht zeigt die positive Entwicklung der Schulsituation im Gebiet der Stadt Nordhorn. Vor allem das Lehrer-Schüler-Verhältnis und die Anzahl der Schüler pro Klasse haben sich seit dem Ende der 40er Jahre stetig verbessert. Vgl. hierzu die Tabelle 4 des Beitrages von T. PIERENKEMPER.

Tabelle 5:   Realschulen (Mittelschulen) 1949–1974[7]

Jahr	Zahl der Schulen	Zahl der Klassen	Zahl der Schüler	Zahl der hauptamtl. Lehrer	Schüler pro Klasse	Schüler pro Lehrer
1949	1	11	450	12	41,0	37,5
1951	1	11	367	16	33,4	23,0
1953	1	13	445	14	34,2	32,0
1961	1	17	586	21	34,5	28,0
1963	1	18	617	23	34,3	27,0
1967	2	31	985	34	31,7	29,0
1972	2	48	1383	57	28,8	24,3
1974	3	66	1897	82	28,7	23,1

[5] VB 1948–1953 S. 52; 1973–1974 S. 34.
[6] VB 1948–1953 S. 114 ff.; 1961–1964 S. 31; 1965–1968 S. 31; 1969–1972 S. 30; 1973–1974 S. 40.
[7] VB 1948–1953 S. 124; 1961–1964 S. 31; 1965–1968 S. 31; 1969–1972 S. 30; 1973–1974 S. 40.

Trotz der stark ansteigenden Schülerzahlen vor allem zu Beginn der 70er Jahre gelang es, die Klassen zu verkleinern und die Zahl der Schüler pro Lehrer noch weiter zu verringern.

Tabelle 6: Gymnasium 1949–1974[8]

Jahr	Zahl der Schulen	Zahl der Klassen	Zahl der Schüler	Zahl der Lehrer (Planstellen)	Schüler pro Klasse	Schüler pro Lehrer
1949	1		529			
1961	1	30	861	41	28,7	21,0
1963	1	30	833	39	27,8	21,4
1967	1	39	1066	47	27,3	22,7
1972	1	38	1010	36	26,6	28,0
1974	1	40	1106	50	27,7	22,1

Aus der Zeit vor 1961 lagen keine weiteren Zahlen vor. Es muß jedoch angemerkt werden, daß etwa 50% der Schüler, die in den 50er Jahren das Gymnasium in Nordhorn besuchten, nicht aus der Stadt Nordhorn stammten, sondern aus den umliegenden Gemeinden.

Durch die Gründung des Gymnasiums in Bentheim (Frühjahr 1962) ging die Zahl der Schüler am Gymnasium in Nordhorn in den Jahren 1963/64 leicht zurück.

In der Tabelle werden die Fachgymnasien nicht berücksichtigt!

[8] VB 1948–1953 S. 109; 1961–1964 S. 31; 1965–1968 S. 31; 1969–1972 S. 30; 1973–1974 S. 40.

Alte Bauten und Kunstdenkmäler in Nordhorn

Ulrich Reinke

Von der Jahrtausende umfassenden Besiedlung der Gegend und der sechshundert-jährigen Geschichte des Stadtkerns auf der Vechteinsel sind nur ganz wenige bauliche Zeugen erhalten geblieben. Das alte Stadtbild und die meisten Dorfkerne im heutigen Stadtgebiet hat die rege Neubautätigkeit der letzten Jahrzehnte beseitigt.

Die vereinzelten vorwiegend kirchlichen Kunstdenkmäler sind jedoch so kostbar und exemplarisch für den Bereich der Grafschaft, daß sie uns erlauben, den Entwick-lungsgang der Kunst vom 12. bis zum 18. Jahrhundert zu verfolgen[1].

1. Romanik und Gotik

Kern der späteren Entwicklung ist das im neunten Jahrhundert gegründete Kirch-spiel Nordhorn, welches die Bauernschaften Frensdorf, Bookholt, Bimolten, Bakel-de, Hohenkörben und Hesepe umfaßte. Später, als die neugegründete Stadt den Ge-meinschaftsnamen übernahm, wurde der Kirchort dann als Altendorf bezeichnet. Schon im 12. oder 13. Jahrhundert wurde von der Mittelpunktskirche wohl wegen der großen Entfernung Brandlecht abgepfarrt. Engden gehörte nicht zu Nordhorn, es war ein Teil des Kirchspiels von Emsbüren.

Von den ersten Kirchenbauten blieb hier nichts erhalten. Aber wie fast alle Kirchen hier, waren sie wohl um 1200 in der ersten großen Blütezeit der Gegend neu errichtet worden als einschiffige Kirchen aus Bentheimer Stein. Ihre Vorbilder waren die spät-romanischen Kirchen im benachbarten Westfalen, wie die noch erhaltenen Kirchen in Ohne und auf dem Schloß Bentheim zeigen. Eine stolze romanische dreischiffige Kir-chenanlage wie im benachbarten Oldenzaal oder Ootmarsum ist hier unwahrschein-lich, man hätte sie im 15. Jahrhundert sicherlich bestehen lassen oder passend erwei-tert und nicht neu gebaut.

Hier blieb ein einziges Kunstwerk aus dieser Zeit erhalten: *Der Brandlechter Tauf-stein*[2]. Seinen Stilformen nach ist er um 1200 zu datieren, erst nach der Erhebung zur

---

[1] Dem Aufsatz zugrundeliegende Literatur:
   a) Die Kunstdenkmäler der Provinz Hannover, Heft 14, IV, 4, Die Kreise Lingen und Grafschaft Bent-
      heim, bearb. v. Arnold Nöldeke, Hannover, 1919.
   b) Heinrich Specht, Stadt- und Wirtschaftsgeschichte von Nordhorn, Oldenburg 1941.
   c) Georg Dehio, Handbuch der Deutschen Kunstdenkmäler, Neubearbeitete Folge,
      Westfalen, bearb. v. Dorothea Kluge u. Wilfried Hansmann, 1969,
      Bremen, Niedersachsen, bearb. v. Gottfried Kiesow u. a., 1977.
   d) G. Plasger, Zur Geschichte der Evangelisch-reformierten Kirche in Nordhorn, Nordhorn (o. J.).
[2] Hermann Hagels, Die Anfänge der Bentheimer Sandsteinplastik im 12. u. 13. Jahrhundert, in: Jahrbuch des Heimatvereins der Grafschaft Bentheim (Das Bentheimer Land, Bd. 48,) Bentheim 1958,
   S. 23–37.

selbständigen Pfarrkirche dürfte er angeschafft worden sein. Heute dient er wieder seinem ursprünglichen Zweck in der reformierten Dorfkirche.

Auf einer quadratischen Platte erhebt sich ein zylindrischer Schaft, dem an den vier Ecken sitzende stark stilisierte Männer vorgesetzt sind. Sie scheinen das ausladende zylindrische Becken zu tragen, das mit einem umlaufenden Rundbogenarkadenfries gegliedert ist. Die Säulchen sind ohne Basis und Kapitell dargestellt, die Bögen zu Hufeisenbögen ausgeweitet. Darüber verläuft knapp unter dem glatten, etwas beschädigten Rand eine Banddekoration aus zwei gegenläufig gedrehten Seilen. Der alte Deckelabschluß blieb nicht erhalten.

Abb. 1
Brandlecht, Ref. Kirche, Taufstein

Abb. 2
Brandlecht, Ref. Kirche, Taufstein, Detail

Der Taufstein gehört als einer der frühesten zu der großen Taufsteingruppe aus Bentheimer Stein (Zentrum wohl Gildehaus), die bis zum Niederrhein und Friesland hin exportiert wurden. Trotz ihrer eindrucksvollen, klaren und harmonischen Abmessungen sind die Taufsteine verhältnismäßig einfach gestaltet, und, nach ihrer heutigen Verbreitung zu urteilen, für kleinere ländliche Pfarrkirchen bestimmt gewesen. Die Herstellung von Taufsteinen steht am Anfang des auch später blühenden Steinhandels, als dessen Hauptumschlagplatz man Nordhorn ansehen kann.

Aus dem 13. und 14. Jahrhundert ist in Nordhorn nichts bewahrt geblieben, dafür hat das 15. Jahrhundert die meisten Kunstwerke in Nordhorn hinterlassen. In diesem spätgotischen Stil wird zum ersten Mal der starke niederländische Einfluß, der bis heute das Gebiet der alten Grafschaft Bentheim prägt, sichtbar.

Die Nordhorner reformierte Kirche

Der Neubau der heutigen alten reformierten Kirche am Markt ist urkundlich durch zwei Daten bestimmbar. Das erste bezieht sich auf die Weihe des Kirchenschiffs und des Friedhofs[3] 1445 durch den Weihbischof Johannes Fabri von Münster, der am gleichen Tage auch die Frenswegener Klosterkirche weiht. Das zweite Datum überliefert die Urkunde von 1489, in der Graf Everwyn von Bentheim den Bürgern und Kirchspielleuten gestattet, an die Kirche einen steinernen Glockenturm zu bauen, mit der Auflage, diesen in Fehdezeiten zu bewachen.

Die Annahme, aus der Neuweihe 1445 auf eine Verlegung der Kirche zu schließen[4], ist aus zwei Gründen unwahrscheinlich. Eine Verlegung der Kirche wäre nur sinnvoll gewesen, wenn diese in die neue Stadt versetzt worden wäre. Aus Gründen der Verteidigung hat man ungern die ältere Pfarrkirche außerhalb der Stadtmauern bestehen lassen. Ein Beispiel dafür ist im Gebiet der alten Grafschaft Burgsteinfurt, dessen Große Kirche außerhalb der alten Mauern liegt, hier allerdings mit einer zusätzlichen Kapelle in der Stadt (Kleine Kirche).

Der Grund zur Neuweihe 1445 lag damit wohl in dem völligen Neubau und der Vergrößerung der Kirche, die auch die Neuerrichtung des Hochaltars und die Erweiterung des Friedhofs bedingte. In dieser Zeit bedeutete eine feierliche Neuweihe nicht,

Abb. 3   Nordhorn, Ref. Kirche von Südosten

---

[3] Der ursprünglich um die reformierte Kirche gelegene Friedhof wurde 1875 auf den Gildkamp verlegt.
[4] SPECHT, Nordhorn, S. 120–121.

daß die Kirche völlig vollendet, sondern benutzbar war. Sehr sorgfältig und nach einheitlichem Plan ist der Kirchenbau ausgeführt worden, nur in der Mauerfuge zwischen Kirchenschiff und Turm wird seine spätere Entstehung sichtbar.

Bei dem westlichen Gewölbe des Chores setzen die Rippen etwas unorganisch am Triumphbogen an, ein Indiz für den schrittweisen Ausbau des Chores, des Langhauses und schließlich des Turmes.

Abb. 4   Nordhorn, Ref. Kirche, Inneres nach Westen

Damit können wir eine Gesamtbauzeit von etwa drei Generationen für die Kirche annehmen; der übliche Zeitaufwand für eine Pfarrkirche dieser Größe im 15. Jahrhundert. Der Bau ist ganz mit den großen dunkelgrauen Quadern aus Bentheimer Sandstein verblendet. Die Gewölbe sind aus Backstein gemauert, ihre tragenden Rippen sind aus Naturstein gehauen. Sie ist eine dreischiffige Hallenkirche von drei Jochen mit einem Chor aus einem Joch und Polygonschluß von fünf Seiten eines Achtecks, der an der Nordseite von einer niedrigeren zweijochigen Sakristei flankiert wird. Der vorgesetzte Westturm öffnet seine Turmhalle in Höhe und Breite des Mittelschiffs nach Osten. Auf der Südseite springt ein Treppenturm vor.

Das Kircheninnere ist einheitlich kreuzrippengewölbt mit dünnen Wanddiensten, die Freipfeiler sind als glatte Rundstützen gebildet. Außen verläuft einheitlich um

Schiff, Strebepfeiler und Chor in Höhe der Fenstersohlbänke das Kaffgesims. Im 19. Jahrhundert sind die Strebepfeilerabdeckungen etwas abweichend nach Form und Neigung erneuert worden. Das Mauerwerk insgesamt mußte häufiger instandgesetzt werden (Inschriften, Vermauerungen und Abbruchspuren einer Außentreppe zur Empore).

Die einzige wesentliche Veränderung des mittelalterlichen Baus (neben der teilweisen Veränderung der Portale) ist die Entfernung des steinernen zweiteiligen Maßwerks aus den Fenstern um 1860 und das Einsetzen der weißen Gußeisenfensterrahmen. Das ursprüngliche Aussehen der Gliederung ist an den Turmfenstern abzulesen[5].

Mit dem steilen Satteldach über den drei Schiffen und dem hohen steinernen Ostgiebel und dem niedriger ansetzenden Chordach erhält die Kirche ihre ruhige, blockhafte Erscheinung. Das schiefergedeckte Dach ist genauso hoch wie das Steinwerk der Kirche. In allen Einzelbildungen, auch im Inneren mit den quadratischen Jochen des Mittelschiffs und der dadurch hervorgerufenen weiten Pfeilerstellung folgt das Kirchenschiff dem im Bistum Münster in dieser Zeit fast ausschließlich verwendeten Hallenkirchentypus. Die ruhige Weiträumigkeit wird durch die relativ geringe Höhe der Kirche und die stark gebusten Gewölbekappen unterstrichen, der Lichteinfall erfolgt dazu gleichmäßig von allen Seiten. Durch die größere Breite des Mittelschiffs mit dem tiefen, nur durch einen schmalen Triumphbogen angedeuteten Chorraum dominiert die Längsachse über die Querachse des fast quadratischen Raumes.

Der vorgesetzte dreigeschossige Westturm folgt niederländischen Vorbildern[6] mit seiner voll ins Langhaus geöffneten Turmhalle und den Obergeschossen, die durch steile Blendfenster mit Maßwerkfüllung gegliedert sind (im Westen drei, sonst je zwei). Sie sind teilweise als Schallfenster geöffnet. Ursprünglich war der 1748 durch den heutigen ersetzte Turmhelm spitz und aus Holz gezimmert. Er ging vom Quadrat des Steinturms ins Achteck über. Seine in den Urkunden erwähnte Höhe soll 200 Fuß (ca. 65 m) betragen haben. Da diese Angabe nach der Zerstörung gemacht wurde, liegt ihr sicherlich keine genaue Messung zugrunde[7] und ist damit ziemlich unzuverlässig.

Bei dieser Turmform ist die Proportionierung von Turmrumpf (32,60 m) und Helm oft 1 : 1,2 – 1,5; die Höhe von fast 70 m, die der Turm damit hätte, ist jedoch auch schon recht bedeutend. Der in den großen Handelsstädten der Niederlande im 14. Jahrhundert entwickelte Turmtypus (Kampen, Utrecht) wird im 15. Jahrhundert das Kennzeichen der Kirchenbauten des niederländischen Kunstraumes, bis zu den Dorfkirchen hin. Auch im gesamten Bereich der Grafschaft (Schüttorf, Brandlecht und Veldhausen) und in einigen Beispielen östlich bis Rheine und Lengerich, sind Kirchen, die stilistisch eng mit der Nordhorner zusammenhängen, zu finden.

Dem formalen Zusammenhang dieser spätgotischen Türme läßt sich auch ein innerer zuweisen. Die Türme sind, soweit nachweisbar, fast ausnahmslos von den bürgerlich-weltlichen Gemeinden erbaut und unterhalten worden, sie hatten neben ihrer

---

[5] Den Zustand vor den Restaurierungen hält der Stahlstich fest, Abb. bei SPECHT, Nordhorn, Tafelanhang; vgl. auch S. 96.

[6] ULRICH REINKE, Spätgotische Kirchen am Niederrhein im Gebiet von Rur, Maas und Issel zwischen 1340 und 1540, Dissertation Münster 1975.

[7] Das Schlachtenbild von 1674 stellt die Nordhorner Kirche ohne jegliche Detailtreue dar, Abb. bei WOLFGANG ZANDER, Überblick über die Geschichte der Grafschaft Bentheim, Bentheim 1969.

kirchlich-liturgischen Funktion weltliche Aufgaben wie Verteidigung, Brandwache und allgemeine Ordnungsfunktionen (weltliche Glockensignale, Stadtuhr). Sicherlich haben die Türme auch zuweilen als Versammlungsort gedient. In der Summe aller dieser Funktionen hat man sie zu einem profan-städtischen Symbol überhöht.

Die gotische Kirchenausmalung

Bei der letzten gründlichen Restaurierung der alten reformierten Kirche 1967 stellte sich heraus, daß auf den Gewölben der originale spätgotische Putz und mit ihm die Rankenmalerei erhalten geblieben sind[8]. Sie wurden freigelegt und restauriert. Um die Schlußsteine herum sind die Rippen ein Stück ornamental bemalt; aus ihnen scheinen

Abb. 5
Nordhorn, Ref. Kirche, Mittelschiffsgewölbe

kleine, wohl mit Hilfe von Schablonen gemalte Blüten auf dünnen Stengeln herauszuwachsen. Vom Schlußstein ausgehend breiten sich in den Gewölbekappen zarte ornamentale Ranken aus, die mit zierlichen Blättern und Blüten dicht besetzt sind. Sie bilden in den vier Gewölbekappen um die Schlußsteine herum jeweils eine große Rosette. In Verbindung von Kreuz- und Rankenform wird auf das oft in der Gotik gestaltete Motiv vom Kreuze Christi hingewiesen, welches als Baum des neuen Lebens verstanden wird.

---

[8] Angaben zu den Restaurierungen, Berichte zu dem »Bilderstreit« sind im ev.-ref. Gemeindearchiv in Nordhorn gesammelt.

Aus stilistischen Gründen lassen sich die Malereien in die 2. Hälfte des 15. Jahrhunderts datieren, denn die ganz ähnlichen, allerdings etwas reicheren und im Detail auch entwickelteren, in der Dionysiuskirche in Rheine sind kurz nach 1484 entstanden[9].

Das rot bemalte Feld am nördlichen Triumphbogenpfeiler diente mit seiner fein abgesetzten Rahmung wohl als Hintergrund einer plastischen Figur, das restaurierte Datum hier nennt das Jahr 1445(?). Um die im Chor aufgefundenen Wandmalereien hat

Abb. 6   Nordhorn, Ref. Kirche, Westfälisches Mittelschiffsgewölbe

sich die große Kontroverse um Sichtbarbelassung oder um Wiederübertünchung ergeben[10]. Die Kirchengemeinde hat sich nach reiflicher Überlegung entschlossen, diese Malereien sorgfältig zu konservieren und wieder abzudecken. Zum einen hätten die nur fragmentarisch erhaltenen Malereien kein Gesamtbild mehr ergeben, zum anderen lassen sich figürliche Malereien im Kirchenraum nur schwer mit dem ausgeprägten Bildverzicht des reformierten Bekenntnisses in Einklang bringen. In Nordhorn ist die Entscheidung strenger ausgefallen als sonst heute üblich, sie hat aber die Substanz der Malereien nicht beschädigt, so daß diese jederzeit freigelegt werden könnten.

Die Ausmalung der Chorwände ist in Abschnitten entstanden, aus den teilweisen Überschneidungen kann man schließen, daß die ältere Malerei auf der nördlichen Chorwand bei der Anlage des großen Apostel- und Heiligenzyklus schon übertüncht wurde. Sie zeigt eine Christusdarstellung als Salvator Mundi (Heiland der Welt), eine Burg und eine Heiligenfigur in gemalter Rechtecknische. Auffällig an der Ausmalung ist die kräftige schwarz gezeichnete Kontur; sie ist wahrscheinlich gleichzeitig mit den Gewölbemalereien entstanden.

Viel größer und von monumentaler Wirkung war dann die zweite Ausmalung, die in Höhe der Fenster einen Zyklus von Aposteln und Heiligen darstellte. Jede der insge-

---

[9] DEHIO, Handbuch, Westfalen, S. 484–485.
[10] Siehe Anm. 8.

Abb. 7   Rheine, Kath. Pfarrkirche St. Dionysius, Gewölbe

Abb. 8   Nordhorn, Ref. Kirche, Chorsüdwand, Aufgedeckte Malereien

Abb. 9   Nordhorn, Ref. Kirche, Chornordwand, Aufgedeckte Malereien

samt wohl 15 Figuren stand auf einer eigenen gemalten Konsole, den Eindruck einer plastischen Figur erweckend. Die Konsolen trugen die Namen der Dargestellten. An der Nordwand sind östlich unter den Konsolen noch Reste eines gemalten textilen Wandbehanges freigelegt worden.

Der größte Teil des Bildfrieses ist nur noch in Stücken der Umrisse erhalten geblieben. Nur insgesamt fünf Figuren sind leidlich erhalten, allerdings sind große Teile der Farbe vergangen, nur die erdrote und die grüne Farbe haben sich als sehr beständig erwiesen.

Auf der Nordseite lassen sich an ihren Attributen (von Westen beginnend) noch die vier östlichsten Figuren bestimmen: an dem Diagonalbalkenkreuz der Apostel Andreas, am Kelch Johannes der Evangelist, am Stab und wohl dem Christuskind auf dem Arm Christophorus und an Messer und Buch der Apostel Bartholomäus.

Wegen der Fenster hatten auf der Südseite nur 6 Figuren Platz, davon lassen sich (von Westen) der erste an der Hellebarde als Matthias, der mit dem Stab als Jakobus der Ältere und der übernächste mit geschultertem Beil als Matthäus erkennen. Das Weihekreuz hier gehört zur ersten Ausmalung. Apostel- und Heiligenzyklen wurden häufig in gotischen Kirchen gemalt, aus der Umgebung seien die in Borne (Twente)[11], Schöppingen und Mettingen[12] genannt.

Ungewöhnlich ist in Nordhorn der Verzicht auf Baldachine oder Rahmungen über

[11] De Nederlandsche Monumenten von Geschiedenis en Kunst, Deel IV, De Provincie Overijsel, E. H.
     Ter Kuile, Twente (Eerste Stuk), 's-Gravenhage, 1934, S. 19, Taf. VIII–X.
[12] Westfalen, Sonderheft 12, Dorothea Kluge, Gotische Wandmalerei in Westfalen 1290–1530, Münster
     1959, S. 183, 184, 174.

den Figuren, was jedoch im 16. Jahrhundert häufiger anzutreffen ist, wie bei dem
Apostelzyklus von Kipshoven 1522 (bei Erkelenz/Niederrhein)[13]. Ebenfalls weisen
die flachen Konsolen auf diese Entstehungszeit hin. Die relative Massigkeit und Weite
der Gewänder ist den Bildern in Schöppingen sehr ähnlich, diese sind 1512 zu datieren.

So läßt sich, trotz der im einzelnen stilistisch kaum noch untersuchbaren Bildreihe,
eine Entstehung ganz kurz vor der Reformation annehmen. Sicherlich sind die Bilder
1588 oder wenig später überdeckt worden, als sich die Gemeinde dem calvinistischen
Bekenntnis zuwandte.

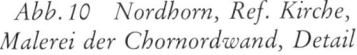

Abb. 10   Nordhorn, Ref. Kirche,
Malerei der Chornordwand, Detail

Abb. 11   Nordhorn, Ref. Kirche,
Malerei der Chorsüdwand, Detail

In künstlerischer Hinsicht folgen diese Malereien dem Stil und der Secco-Technik
nach (Malerei auf Kalkputz) den Kunstgewohnheiten der Gegend. Sie sind, wie die
Architektur auch, eigenständige Varianten einer im ganzen aber einheitlichen Stil-
gruppe.

Die reformierte Kirche in Brandlecht

Die einschiffige zweijochige Kirchenanlage mit Chor aus einem Joch mit $^5/_8$ Polygonschluß und vorgesetztem Westturm ist eng mit der von Nordhorn verwandt. Nach
Bestimmung ihrer Stilformen wurde die Kirche um 1450 in drei Bauphasen sicherlich

---

[13] Rheinische Kunststätten – 5/1972, CARL-WILHELM CLASEN, Die Heiligkreuzkapelle in Kipshoven bei
Erkelenz, Neuss 1971.

um die ältere Kirche herum neu errichtet. Zuerst die beiden Joche des Langhauses, dann der Chor, dessen Gesimsbänder leicht gegen die des Langhauses verspringen, zuletzt der Turm, der vor die bis dahin freistehende Westwand mit ihren Eckstrebepfei-

Abb. 12   Brandlecht, Ref. Kirche von Südwesten

lern gesetzt wurde. Er ist durch die Inschrift neben dem Westportal auf 1505 datiert. Durch das Datum einer Glocke 1458 hat man auf die Vollendung der Kirche geschlossen.

Der niedrige Eindruck der sorgfältig ausgeführten Sandsteinkirche ist durch die Proportionierung hervorgerufen: Höhe zu Breite des Schiffes fast 1:1 (Mittelschiff in Nordhorn dagegen 2:1). In Brandlecht hat sich das Maßwerk der Fenster erhalten mit vorwiegend Fischblasen im Bogenzwickel.

Der Turm hat nur zwei Geschosse. Im Obergeschoß ist er mit je einer schlanken

Spitzbogenblende gegliedert, die z. T. als Schalloch geöffnet ist (Nordseite ohne Gliederung). An den Schallöchern ist das Maßwerk nachträglich herausgebrochen. Das
niedrig abschließende Pyramidendach mit dem hübschen Uhrgiebel und dem Glok-
kendach ist nicht zum ursprünglichen Plan zu rechnen, auch zu dieser Turmform gehört ein spitzer Helm.

Die Zusammenfassung von Rechteckportal und Fenster in einer Spitzbogennische
(Fensternischenportal) folgt den niederländischen Vorbildern, die spitzbogigen Portale der Nordhorner Kirche weisen mehr auf westfälische Baugewohnheiten hin.

Abb. 13   Brandlecht, Ref. Kirche, Inneres von der Empore

Im Innern ist die Kirche auf Diensten kreuzrippengewölbt. Sie zeigt im Chor ein
echtes Sterngewölbe, eine Bereicherung der Rippenkonstruktion, die sich ganz ähnlich auch in Emlichheim, Schüttorf und Gildehaus findet.

Die Klosterkirche in Frenswegen

Der dritte, von den Abmessungen her bedeutendste der drei spätgotischen Kirchen in Nordhorn ist der nur als Ruine erhaltene Kirchbau des Klosters in Frenswegen[14]. Er ersetzte die Holzkirche des 1394 gegründeten Augustiner-Chorherrenstifts St. Marienwolde. 1435 wurde die steinerne Klosterkirche begonnen und 1445, am gleichen Tage wie die Nordhorner Kirche, geweiht.

Abb. 14   Frenswegen, Rekonstruktionsskizze der Klosterkirche

Die Kirche, die im 17./18. Jahrhundert neu ausgestattet worden war und einen neuen Dachreiter erhalten hatte, wurde nach der Auflösung des Klosters 1809 nicht mehr genutzt. Durch die allmähliche Verwahrlosung der gesamten Anlage wirkte sich der Blitzschlag 1881 in den Dachreiter so verheerend aus, daß die Kirche brennend einstürzte. 1910/11 wurden die freistehenden Wände der Kirche bis zum Fundament hin abgetragen; nur die Nordseite, mit der die Kirche an die Klostergebäude stößt, ist bis zum Ansatz der Gewölbe erhalten geblieben.

Der Kirchenbau folgte den typischen gotischen Bettelordensgewohnheiten als einschiffige, langgestreckte Anlage mit Polygonchorschluß aus 5 Seiten eines Achtecks. Sein Laienteil umfaßte 5 Joche, der Chorteil 3 Joche. Betont schlicht war das aus Back-

---

[14] BURKARD SAUERMOST, Das Augustiner Chorherrenstift Sankt Marienwolde in Frenswegen (Das Bentheimer Land, Bd. 74), Nordhorn 1971.

stein unter reichlicher Verwendung von Bentheimer Stein errichtete Äußere der Kirche gestaltet. Den einzigen formalen Reichtum besaßen die hohen Spitzbogenfenster mit ihrem dreiteiligen Fischblasenmaßwerk. Sie wiesen zumindest im Chorteil auf halber Höhe eine horizontale Maßwerkbrücke auf. Die Maßwerkformen und die z. T. erhaltenen Flachbogennischen innen unter den Fenstern und der Materialwechsel des Äußeren sind Elemente der niederländischen späten Gotik.

Auf Konsolen ruhten die verhältnismäßig tief ansetzenden Kreuzrippengewölbe. Sie waren ebenfalls für diesen Kirchentypus üblich, wie die Anlage des Dachreiters auf dem Chordach, die schmucklose Westfassade und der erhaltene seitliche Treppenturm am Chor.

Ungewöhnlich ist die Konzeption des Langhauses dadurch, daß die Strebepfeiler zur Hälfte nach innen gezogen waren, so daß innen die Fenster in schmalen, hohen Spitzbogennischen lagen. Der Raumgewinn war nur gering, im optischen Eindruck aber wurde die Kirche stark geweitet. Vereinzelte Parallelen finden sich dazu in Heinsberg am Niederrhein (im 14.–16. Jahrhundert künstlerisch ganz eng mit Holland verbunden), aber auch in Westfalen, wie Bielefeld (St. Jodokus) und Dalheim (bei Paderborn)[15]. Nach den stilistischen Details sind das Kreuzherrenkloster Ter Apel (bei Groningen) und das Augustinerchorherrenkloster Gaesdonk (bei Kleve) am ähnlichsten.

Mittelalterliche Klosterbauten

Die mittelalterlichen Klosterbauten in Frenswegen sind im 17. Jahrhundert erneuert worden (siehe unten), nur im Südflügel steckt noch aufrechtstehende spätmittelalterliche Substanz, die allerdings im 18. Jahrhundert so an die Neubauten angeglichen wurde, daß man nur noch einige Vermutungen zu der älteren Bausituation machen kann[16]. Aus der urkundlichen Überlieferung wissen wir, daß die ersten Klosterbauten aus Holz wohl als Fachwerkkonstruktionen errichtet worden waren. 1415 ist der Bau eines steinernen Hauses überliefert, der später als Krankenhaus diente. Der Kirche entsprechend war mit Sicherheit an der Südseite ein dazu passendes Kloster geplant, quadratisch um den Kreuzganghof, wohl etwas kleiner als das heutige. Weitere, zu dem Klosterleben zugehörige Wirtschafts- und Bauernhäuser lagen im Abstand um dieses feste Klosterzentrum. Der ganz mit Bentheimer Stein verkleidete Südflügel ist zweigeschossig und nimmt nach innen im Erdgeschoß einen Arm des Kreuzganges auf, große dreiteilige verglaste Maßwerkfenster erleuchten ihn. Die Maßwerke liegen ohne Gewände in der Außenmauer, eine Baueigentümlichkeit, die erst um 1500 (abgeleitet von der Versetzung des profanen Kreuzstockfensters) in die kirchliche Kunst Eingang findet, die Lanzettformen und die schweren liegenden Fischblasen weisen auch auf die allerspäteste Gotik. Ein vergleichbarer Kreuzgang ist der Pürting am Paderborner Dom, der am Anfang des 16. Jahrhunderts aus einem offenen Arkadenhof in die heutige Form gebracht wurde.

---

[15] DIETHER WILDEMAN, Zur Rettung der ehem. Augustinerchorherrenkirche in Dalheim in ihrer Nutzung zur Dokumentation westfälischer Plastik, in: Zschrf. Westfalen 53, 1975, S.130–141.

[16] Westfalen, Sonderheft 15, KARL E. MUMMENHOFF, Die Profanbaukunst im Oberstift Münster von 1450 bis 1650, Münster 1961, S.167–168.

Abb. 15   Frenswegen, Kreuzgang nach Nordwesten

Zwei Giebelaussparungen des die beiden Geschosse trennenden Gesimses über dem Kreuzgang lassen sich nicht widerspruchsfrei klären. Bei der östlichen Aussparung sitzt das Fenster so darunter, daß hier der ursprüngliche Anschluß des Kreuzgangostarms vermutet werden kann, innen ist ein Rest eines Gewölbe- oder Bogenansatzes erhalten, der dazu passen kann. Beim westlichen Ansatz überschneidet sich die Fensterachse so sehr mit dem Giebel, daß hier kein Bau angeschlossen sein konnte. Am besten läßt sich der Giebel so verstehen, daß man hier während des Baus z. B. eine Kapelle anbauen wollte, mit nachträglichem Umbau des Erdgeschosses, was beides dann unterblieb. Die Außenseite des mit einem Walmdach gedeckten Baus ist durch die doppelte Reihe rechteckiger Kreuzstockfenster gegliedert.

Ungewöhnlich ist der Verzicht auf Gewölbe im Kreuzgang, lediglich die Keller und ein einziges kleines Gemach sind in diesem Teil steinern gewölbt, in Formen, die im 16. Jahrhundert möglich sind.

2. Renaissance und Barock

Neubau der Klosterbauten in Frenswegen

Der Neubau der Klosteranlage ist ein Zeichen des Wiederaufschwungs für das durch die Reformationszeit fast zum Erliegen gekommene Klosterleben, welches im 17./18. Jahrhundert noch einmal zur Blüte kommt.

Unter Prior Hermann Wilhelm Lagemann (1688 – 1704) beginnt man die Klosteranlage zu erneuern, unter Beibehaltung der Kirche und des Südflügels (siehe oben).

Die neuen Bauten sind, wie der Südflügel, zweigeschossig gegliedert, nach innen liegt im Erdgeschoß ein ungefähr quadratischer Innenhof mit flachgedecktem Kreuzgang, darüber ein entsprechender Gang im Obergeschoß als Flur zu den Zellen und anderen Räumen. Außen (nur zum Teil erhalten) greifen der West- und der Südflügel stark über den Kernbau aus. Außen sind die Bauten schlicht gehalten mit der doppelten Reihung von Kreuzstockfenstern, aber Gesimse und Fenstergewände sind im einzelnen sorgfältig proportioniert und bearbeitet.

Im Kreuzgang weisen die verglasten Spitzbogenfenster mit zweiteiligem gotisierendem Gabelmaßwerk (in jedem Flügel leicht abweichende Gabelform) auf die sakrale Bedeutung des Ganges hin. Die Rechteckportale in den Flügelmitten sind nur in der Breite der Fenster angelegt, die Rahmung aus Rustikquadern greift ein wenig darüber hinaus, ihre Oberlichter übernehmen die Fensterform, so daß sie nicht die gleichmäßige Reihung der engen Fensterachsen unterbrechen. Auf ihren Türstürzen sind Jahreszahlen eingemeißelt, die das Entstehungsdatum der einzelnen Flügel verraten. Der Westflügel entstand 1692, der an die Kirche stoßende Nordflügel 1695 und der Ostflügel 1697. Der ältere Südflügel erhielt 1724 eine entsprechende Tür, der Spitzbogen über der Tür verrät noch die Form des ursprünglich breiteren Spitzbogenfensters. In Anlehnung an den älteren Südflügel wurde das Äußere des Ostflügels ganz aus Bentheimer Stein errichtet, alle anderen Wände zeigen den dekorativen Gegensatz von Backsteinwänden und den Natursteindetails.

Der strenge, der Gotik verpflichtete Stil der Gebäude steht nicht vereinzelt da, weite Teile der Niederlande, wie auch Westfalen, hielten im 16. bis ins späte 17. Jahrhundert an den Maßwerkfenstern bei Kirchen und an den ebenfalls aus der Gotik stammenden

Abb. 16   Frenswegen, Westseite der Klostergebäude

Kreuzstockfenstern fest. Die strenge Reihengliederung läßt sich im 17. Jahrhundert sowohl beim Schloß- wie beim Klosterbau als häufiges Gliederungsprinzip finden, ein Indiz für den Übergang zum Frühbarock[17].

In diesem Landschaftsraum ändern sich erst nach 1700 die Stilvorstellungen zum eigentlichen Barockstil hin, was sich besonders exemplarisch an den Fassaden des Frensweger Klosters zeigen läßt. Nach Vollendung der Flügel wurden die Fassaden umgestaltet, der Umbau der Westseite ist 1742 geschehen. In der Mitte der Westfassade, zwischen den beiden schlichten Rechteckportalen, deren Oberlichter einen Renaissancevolutengiebel tragen, ist ein flacher Mauervorsprung der alten Wand vorgeblendet, ein Risalit. Er ist durch glatte Pilaster gegliedert, die die Fenster beider Geschosse in senkrechte Achsen zusammenfassen. Die Fenster zeigen nun die neue Form ohne die steinernen Pfosten, die Fensteröffnungen sind mit weißgestrichenen Holzrahmen gefüllt. Die Kreuzstockfenster waren dagegen ursprünglich bleiverglast wie am Südflügel, die heutige Verglasung ist eine Änderung wohl des späteren 18. Jahrhunderts. Über dem breiten Abschlußgesims mit der Jahreszahl schließt der Giebel mit einem großen Segmentbogen. Die Uhr in der Giebelfläche besaß bis zur letzten Restaurierung nur einen Stundenzeiger. Ähnlich ist der Risalit am Schloß zu Rheda gestaltet, die Pilasterordnung, die die Geschosse zusammenfaßt (Große Ordnung) ist ein Leitmotiv aller barocker Architektur.

Da mit dieser Änderung kein Raumgewinn erzielt wurde, war diese Neugestaltung eine rein künstlerische Bereicherung. Entsprechend wurde der Platz auf dieser Seite symmetrisch mit der Brücke und ihrer steinernen Balusterbrüstung konzipiert, seitlich nimmt das Brunnenhäuschen die Formen auf, der Glockendachreiter auf dem Südflügel mit seinen doppelten barock gestuften Laternen entsprach seitlich (etwas versetzt: also nicht streng symmetrisch) dem barocken Dachreiter der Klosterkirche, womit dieser Fassadenseite eine ausgewogene formale Gestaltung gegeben wurde.

Entsprechendes nahm man dann auf der Ostseite vor, wo auch mit Hilfe eines Risalits der bis dahin unregelmäßig wirkende Baukörper einen Mittelakzent erhielt (die beiden wie Hufeisenflügel wirkenden Teile, Kirche und Südflügelarm, sind verschwunden, der räumliche Platzcharakter ging hier damit verloren)[18]. Deutlich hebt sich der aus rustizierten Quadern errichtete Mittelrisalit mit dem strengen Dreiecksgiebel von den älteren Bauformen ab. Seine sparsam-schlichten Formen mit dem zarten Übergang vom Portal zu der Halbkreisnische weisen schon auf den beginnenden Klassizismus nach dem Spätbarock um 1770. Etwas irreführend ist hier die Madonna, deren Inschrift im Sockel das Datum 1641 nennt, sie ist entweder von einem anderen Bauteil übertragen worden oder war hier an dem Vorgängerportal angebracht.

Im Inneren ist ein feines doppelläufiges Treppenhaus zu finden, das sich zum Kreuzgang mit einer dreiteiligen Arkade mit rundem Mittelbogen (Palladiomotiv) öffnet. Von der Ausstattung des Inneren ist bis auf einen Kamin und einige Ofennischen nichts geblieben. Soweit nachweisbar, sind sie sehr gut ausgeführte Sandsteinarbeiten, in jenen feinen Barockformen, die auch die Ausstattung der Kirche geprägt hatten[19].

---

[17] Z.B. am von Ambrosius von Oelde 1689–1697 errichteten Schloß in Ahaus/Westf..
[18] Pläne, Verzeichnisse und Abb. bei Anm. 14.
[19] Verzeichnis bei A. NÖLDEKE, Kunstdenkmäler (Lingen u. Gft. Bentheim) und Anm. 14.

Abb. 17   Frenswegen, Südseite der Klostergebäude

Trotz der Teilzerstörung und Verwahrlosung des Inneren nach der Auflösung 1809 gehört das Kloster zu den eindrucksvollsten Klosteranlagen in Nordwestdeutschland.

Reformierte Kirchenausstattungen

Bei der Reformation, die sich hier allmählich im 16. Jahrhundert vom Luthertum zum Calvinismus vollzog, wurden die mittelalterlichen Kirchenbauten in Nordhorn und Brandlecht für die Erfordernisse des reformierten Gottesdienstes umgestaltet[20]. Obwohl sich nur wenig originale Ausstattung in den Kirchen erhalten hat, von dem kostbaren Abendmahlssilber abgesehen, verraten die heutigen Einrichtungen noch viel von den Umgestaltungen der Renaissance und des Barocks.

Wohl erst mit der Annahme der calvinistischen Kirchenordnung wurde die gotische Ausstattung aus der Nordhorner Kirche geräumt und die Wandmalereien übertüncht. Nach der neuen Abendmahlsauffassung wurde der steinerne Altar durch einen hölzernen Tisch ersetzt. Der in der Kirche erhaltene stammt, zwar ergänzt, noch aus der Zeit um 1700. Er stand im Chor, um ihn war für die Abendmahlsfeier das Gestühl angeordnet. An dem bei der letzten Restaurierung verlorenen Eichenpaneel, mit dem der Sockel des Chores verkleidet war, stand die Jahreszahl 1653.

---

[20] Allgemein zum prot. Kirchenbau, K. E. O. FRITSCH und Vereinigung der Berliner Architekten, Der Kirchenbau des Protestantismus von der Reformation bis zur Gegenwart, Berlin 1893.

1657 ist die Kanzel datiert, ihr ursprünglicher Platz war der südöstliche Freipfeiler im Langhaus. Um sie war, als Herzstück des reformierten Gottesdienstes, das Gestühl nach drei Seiten angeordnet, um möglichst viele gute Sitzplätze zum Hören und Sehen zu bieten. Der Kanzelplatz ist sicherlich noch der des späten Mittelalters, nur kannte man zu jener Zeit noch keine Bänke oder Stühle für die Gemeinde. Durch die Stellung der Bänke wurde die Kirche umorientiert, die neue Kirche hatte nicht in ihrem Zentrum den Chor, sondern die Kanzel.

Die Bestuhlung ist immer wieder erneuert worden, der Platzmangel der damals von den Familien gemieteten Plätze, hat immer wieder Anlaß zu Beschwerden gegeben, das heutige Gestühl von 1967 ersetzt das 1879 angeschaffte.

Die Kanzel, 1657 von Evert ten Busche geschaffen, deren zugehöriger Schalldeckel bei der Neuaufstellung am Choreingang nicht wieder angebracht wurde, hält bewußt in ihrer Gestaltung am neuen Geist der Gemeinde des 17. Jahrhunderts fest. Sie ist polygonal, aus Sandstein gemeißelt und sorgsam farbig behandelt. Der kurze Säulenfuß und die von Puttenköpfen getragenen Dreiviertelsäulen an den Ecken des Kanzelkorbes zeigen die sorgfältig ausgeführten Formen der späten Renaissance. Die Felder dazwischen, bei Katholiken und Lutheranern meist mit den Evangelistendarstellungen geschmückt, werden im reformierten Gotteshaus lediglich sparsam ornamental gegliedert. Hier ist aber das Bild durch die Schrift ersetzt, die fünf Seiten nennen Psalm 51, V. 17; 1. Kor. 3, V. 6; Röm. 10, V. 17; 1. Kor. 1, V. 21 und 2. Tim. 4, V. 2.

Dem Raummangel der Kirche ist in Nordhorn, wie im protestantischen Kirchenbau üblich, durch die Einziehung der dreiseitig umlaufenden Empore abgeholfen worden mit der eleganten Halbkreisführung im Westen, ihre ältesten Teile auf der Nordseite

Abb. 18 Nordhorn, Ref. Kirche,
Kanzel

Abb. 19 Nordhorn, Ref. Kirche,
Turm von Westen

sind an der Brüstung auf 1680 datiert. Diese farbig gefaßten Renaissance-Flachschnitt-formen wirken wie bäuerliche Möbelschnitzerei und sind von Handwerkern in Nord-horn gearbeitet worden. Die Konstruktion der Empore mußte im 19. Jahrhundert und bei der letzten Restaurierung völlig erneuert werden, wobei die Brüstungsfelder passend zu den ältesten ergänzt wurden.

Zur Antwort der Gemeinde auf die Predigt gehört die Orgel. Eine alte Orgel hat sich in Nordhorn nicht erhalten, die neue ersetzt eine des vorigen Jahrhunderts[21].

Durch den Gebrauch von Bibeln und Gesangbüchern im Gottesdienst wurde helle-res Licht gebraucht. Dem entsprechen die drei großen barocken Kronleuchter, die ei-nen festlichen Eindruck in die strenge einheitliche Kirche bringen. Einer der zusam-mengehörigen Messingleuchter ist bezeichnet: Gegeven door de Familie Hubert 1760.

Während der Restaurierung 1967 hat man bei der Neuaufstellung des Gestühls und der Kanzel einen Kompromiß zwischen der gotischen Raumachse der Kirche und der Nutzung als reformiertes Gotteshaus gefunden.

In Brandlecht ist die Kirche ebenfalls in den 60er Jahren neu eingerichtet worden, die dreiseitige alte Ordnung der Bänke um die gottesdienstlichen Hauptstücke ist hier aber noch ablesbar, auch hier blieb der Altartisch erhalten (2. H. 17. Jahrh.).

Der Turmhelm in Nordhorn

Eine Mischung aus kirchlicher und profaner Unterhaltspflicht war die Instandhal-tung des Turmes der reformierten Kirche. 1747 wurde der schon vorher mehrfach re-parierte Turmhelm bei einem Sturm am 12. Dezember abgeweht. Im folgenden Jahr wurde von dem Ingenieur Schrader aus Gildehaus der heutige feine Turmhelm im Stil der holländischen Turmhelme errichtet (vgl. den der reformierten Kirche in Almelo).

Mit einer weichen Kehlung wird vom Turmrumpf der Übergang zu der achteckigen offenen Laterne vermittelt, die ein zierliches Dach mit mehreren »Zwiebeln« krönt. Die Anbringung des mehrfach renovierten Zifferblatts der Uhr offen in der Laterne weist ebenfalls auf holländische Vorbilder. Maße und Umrisse dieses Helms ergänzen sehr glücklich die Formen der Kirche und des Turms in das Zierlich-Elegante des Ba-rocks. Ursprünglich war der Helm, wie die Kirche, schiefergedeckt, 1929 wurde die Kupferdeckung aufgebracht.

Profanbau in Nordhorn

Von den weltlichen Bauten in Nordhorn haben nur das katholische Pfarrhaus in Brandlecht und die Adlerapotheke in Nordhorn (Hauptstraße 46) ihren ursprüngli-chen alten Charakter bewahrt. Die Apotheke zeigt einfache, aber vornehme klassizi-stische Formen, an dem Dreiecksgiebel ist sie auf 1802 datiert. Sie bietet die letzte Er-innerung an die im 18. Jahrhundert gestaltete Hauptstraße mit dem hübschen Rathaus, welches 1912 abbrannte. Rathaus und Hauptstraße in Neuenhaus haben den Eindruck bewahrt, den das alte Nordhorn bot.

Die reiche Neubautätigkeit des späteren 19. und 20. Jahrhunderts hat trotz vieler schöner Straßenwinkel der Stadt nicht mehr so künstlerisch durchgeformte und cha-rakteristische Bauten geschenkt.

---

[21] Das Datum am Schlußstein des Westjoches 1695 mag sich auf die Aufstellung einer Orgel beziehen.

Daten und Fakten zur Geschichte Nordhorns

STEPHAN WOUTERS

Die nachfolgende Übersicht beruht im wesentlichen auf den in den Einzelbeiträgen gemachten Angaben und soll die Benutzung des Bandes erleichtern. Darüber hinaus gibt sie einen kurzgefaßten Überblick über die historische Entwicklung der Stadt Nordhorn und ermöglicht somit eine schnelle Orientierung. Das Datengerüst muß sich auf eine Auswahl von Ereignissen beschränken und erhebt keinen Anspruch auf Vollständigkeit.

um 900		Erste Erwähnung Nordhorns in den Werdener Heberegistern.
um 1200		Schaffung des Brandlechter Taufsteins.
1252		Der Bischof von Münster erwirbt Teile des Ravensberger Erbes mit den Stützpunkten Vechta, Haselünne und Emden.
1295	6.11.	Graf Ekbert (1270–1304, † um 1319) privilegiert Schüttorf mit Stadtrechten.
1319	21.12.	Graf Johann zu Bentheim wird von Bischof Ludwig von Münster mit den Gerichten Büren und Nordhorn belehnt.
1336		Bischof Ludwig von Münster erbaut gegen Bentheim, Tecklenburg und Ottenstein die Burg »tor Slypse« südlich von Lingen, um das Emsland schützen zu können.
1360		Adolf von der Mark zerstört die Vechteburg Brandlecht südlich von Nordhorn.
1365–1421		Bernhard I., der Berühmte (* um 1330, † 2.11.1421).
1369	29.9.	Neuenhaus erhält vom Grafen von Bentheim Stadtrechte.
1379	2.6.	Der Bentheimer Graf Bernhard I. privilegiert Nordhorn und verleiht dem Ort die Rechte der Stadt Schüttorf.
1386		Bündnis des Grafen Bernhard I. mit Tecklenburg und Mark.
1394	17.1.	Graf Bernhard I. verkauft ein Grundstück im Kirchspiel Nordhorn, auf dem das Kloster Frenswegen errichtet werden soll.
1394	1.5.	Der Bischof von Münster, Otto von Hoya (1392–1424), stimmt der Gründung des Klosters Marienwalde in Frenswegen zu.
1394	21.12.	Der münstersche Weihbischof Wennemar von Stade weiht einen Altar zu Ehren der hl. Maria in Frenswegen.
1396		In Nordhorn wird ein Bürgerbuch angelegt.
1400		Die Bistümer Münster und Osnabrück beenden den Kampf gegen Tecklenburg, der die mit Tecklenburg verbündeten Bentheimer von der Ems verdrängt.
1402		Graf Bernhard I. gibt die Erlaubnis zur Errichtung einer Wassermühle in Frenswegen.

1416	2.2.	Ein Privileg der Grafen von Bentheim erlaubt den Nordhorner Bürgern, ein Wegegeld zu erheben.
1416	11.12.	Festsetzung der der Stadt Nordhorn in der Mark Frensdorf zustehenden Befugnisse.
1417		Bestätigung der Nordhorner Privilegien durch Graf Bernhard I.
1420	22.7.	Der Streit zwischen der Stadt Nordhorn und den Gründern des Klosters Frenswegen um die Stadtseelsorge wird durch Vertrag geschlichtet.
1421–1454		Everwin I. (*1397, † 4.3.1454). Er erbt die Grafschaft von seinem Großonkel und begründet die Linie Götterswick. Nach dem Tod seiner ersten Frau Mechthild v. Steinfurt (1420) wird er auch Graf von Steinfurt.
1422		Papst Martin V. gestattet dem Kloster Frenswegen die Annahme von Reliquien sowie die Erteilung von Ablässen.
1435		Baubeginn der steinernen Klosterkirche in Frenswegen.
1445		Weihbischof Johannes Fabri von Münster weiht das Kirchenschiff und den Friedhof der Nordhorner Pfarrkirche.
1445	6.7.	Das Kloster Frenswegen feiert die Weihe des ersten Kirchenneubaus.
1451		Visitation des Klosters Frenswegen durch Kardinal Nikolaus von Kues.
1454–1473		Graf Bernhard II. von Bentheim. Er ist verheiratet mit Anna von Egmond.
1457		Bestätigung der Stadtprivilegien von Neuenhaus.
1465	6.3.	Bestätigung der Rechte der Bürger von Schüttorf.
1473		Bestätigung der Privilegien von Neuenhaus durch Ritter Gerd v. Keppel als Vormund Everwins.
1473–1530		Everwin II (*1461, † 13.12.1530).
1478	24.2.	Bestätigung der Privilegien von Nordhorn und Neuenhaus.
1481		Die Stadt übernimmt eine Bürgschaft für den Grafen in Höhe von 30 Goldgulden, worauf dieser der Stadt Einkünfte aus der Akzise verpfändet.
1486	7.2.	Graf Everwin von Bentheim wird von Kaiser Friedrich III. in aller Form mit der Obergrafschaft belehnt. Damit ist Bentheim unbestritten Reichsstand.
1487		Ältestes überliefertes Siegel Nordhorns. Umschrift: »Sigilum opidi Northorne«.
1487	19.3.	Erbvertrag zwischen Everwin II. von Bentheim und dem Grafen Everwin von Steinfurt.
1488	20.8.	Kaiser Friedrich III. verleiht dem Grafen Everwin II. das Recht zur Einrichtung von Jahrmärkten in der Grafschaft Bentheim.
1489		Graf Everwin von Bentheim gestattet den Bürgern und Kirchspielsleuten, einen Glockenturm an die Pfarrkirche von Nordhorn zu bauen, mit der Auflage, diesen in Fehdezeiten zu bewachen.
1498		Everwin II. übernimmt die Regentschaft in Steinfurt.

1498		Die Chorherren des Klosters Frenswegen überlassen der Stadt Nordhorn zum Bau eines Kirchturms Geld auf Rentenbasis.
1519	12.3.	Graf Everwin von Bentheim und Steinfurt verleiht den Städten Nordhorn und Neuenhaus die gleichen Privilegien wie Schüttorf. Allen drei Städten verleiht er die Rechte der Stadt Münster.
1530		Arnold von Steinfurt (*1497, † 1553) übernimmt die Grafschaft Bentheim. Arnold ist verheiratet mit 1. Maria von Bentheim, 2. Walburga von Brederode.
1531	12./ 13.10.	Bestätigung der Privilegien von Nordhorn und Neuenhaus durch Graf Arnold I.
1540	29.7.	Vertrag zwischen der Stadt Nordhorn und der Bauerschaft Bakelde wegen der Bakelder Mark.
1544		Übertritt des Grafen von Bentheim zur lutherischen Konfession und offizielle Einführung der Reformation in der Grafschaft.
1548	25.8.	Erteilung eines Gildebriefes an die Schuster und Schneider in Nordhorn (Erneuerung 1629 u. 1644).
1553–1562		Everwin III. von Bentheim und Steinfurt (*1536, † 19.2.1562), verh. mit Anna von Tecklenburg-Lingen. Durch diese Heirat kommt er 1557 in den Besitz der Grafschaft Tecklenburg und der Herrschaft Rheda.
1560		Bestätigung der Privilegien von Neuenhaus durch Everwin III.
1560		Verbot des Grafen Everwin, neue Mitglieder in den Konvent des Klosters Marienwalde in Frenswegen aufzunehmen.
1562–1606		Arnold III. (* 2.10.1554, † 11.1.1606), verh. seit 1573 mit Magdalena von Neuenahr. Bis 1572 führte seine Mutter Anna die Regentschaft.
1568–1648		Spanisch-niederländischer Krieg. Die Grafschaft Bentheim und mit ihr die Stadt Nordhorn werden stark in Mitleidenschaft gezogen.
1575		Die Familie des Grafen von Bentheim bekennt sich öffentlich zum reformierten Glauben.
1578		Die Nordhorner Burg wird erstmals urkundlich erwähnt, als Graf Arnold II. von Bentheim sie an das Kloster Frenswegen verkauft. Die Chorherren von Frenswegen ziehen in die Nordhorner Burg um.
1582	16.2.	Bestätigung der Privilegien von Neuenhaus.
1585	15.2.	Bestätigung der Privilegien von Nordhorn.
1587/88		Graf Arnold führt den Calvinismus in seiner Grafschaft ein und erläßt eine reformierte Kirchenordnung.
1588		Die Nordhorner Kirche wird nach calvinistischen Vorstellungen umgestaltet.
1588		Arnold II. gründet die nach ihm benannte hohe Schule in Schüttorf, 1591 Verlegung nach Burgsteinfurt.
1590–1629		Johann Pickardt ist Pastor von Bentheim.
1604	Dez.	Graf Arnold II. hält eine Generalsynode in Schüttorf ab. Die für

die Grafschaft Bentheim geltende Kirchenordnung wird erweitert und präzisiert.

1606–1610		Die vier Söhne Arnolds II. verwalten die Grafschaften Bentheim, Steinfurt, Tecklenburg, Rheda und Lingen gemeinsam, teilen sie aber 1610 unter sich auf. Die Grafschaft Bentheim fällt an Arnold Jobst.
1606	17.4.	Bestätigung der Privilegien von Nordhorn durch die Söhne Arnolds II.
1610–1643		Arnold Jobst von Bentheim (* 4.4.1580, † 26.8.1643), verh. mit Amalie von Isenburg.
1611		Der letzte katholische Prior des Klosters Frenswegen verstirbt.
1613	19.2.	Bestätigung des Rechtes der Stadt Nordhorn zur Erhebung eines Brückengeldes.
1613	13.10.	Einrichtung eines Oberkirchenrates als geistliche Aufsichtsbehörde in Bentheim.
1618–1648		Im Dreißigjährigen Krieg wird die Grafschaft durch Einquartierungen und verschiedene Kampfhandlungen geschädigt.
1628	20.12.	Graf Arnold erneuert die Privilegien der Stadt Nordhorn, nachdem er ihr zunächst alle Rechte und Einkünfte aberkannt hatte. Bei der Wahl des Nordhorner Rates muß der landesherrliche Richter anwesend sein.
1629	19.12.	Bestätigung des Gildebriefes der Nordhorner Schuster und Schneider.
1636		Ein großer Teil der Nordhorner Bevölkerung stirbt an der Pest.
1637		Ein Großbrand in Nordhorn zerstört etwa 120 Häuser.
1643–1639		Ernst Wilhelm von Bentheim (* 6.12.1623, † 26.8.1693), verh. mit 1. Gertrud von Zelst, 2. Anna Isabella von Limburg-Stirum.
1643	15./25.9.	Bestätigung der Privilegien von Nordhorn durch Ernst Wilhelm von Bentheim.
1654	1.3.	Gildebrief für die Bentheimische Glasmachergilde.
1654		Nordhorn protestiert gegen die Fräuleinsteuer, die von den Landständen bewilligt worden war.
1655	29.11.	Ernst Wilhelm droht, die vom Landtag bewilligten Gelder für Verwaltungsausgaben von den Städten mit Gewalt eintreiben zu lassen.
1655		Auf Betreiben des münsterschen Bischofs Christoph Bernhard von Galen werden die Chorherren von Marienwalde wieder in ihrem Kloster in Frenswegen untergebracht, mit dessen Renovierung schon 1641 begonnen worden war.
1655		Erlaubnis für die Stadt Nordhorn, von durchgeführtem Holz und Torf Wegegeld zu nehmen.
1656	9.10.	Nordhorn, Neuenhaus und Schüttorf klagen gegen den Grafen beim Reichskammergericht.
1657		Evert ten Busche errichtet die Kanzel in der Nordhorner reformierten Kirche.

1663	7.5.	Bestätigung des der Stadt Nordhorn verliehenen Wegegeldes.
1663	22.12.	Erteilung eines Gildebriefes für die Nordhorner Kaufleute.
1664		Bei einem Stadtbrand in Nordhorn werden 64 Häuser zerstört.
1665	20.5.	Die Stadt Nordhorn erhält in der Frensdorfer Bauerschaft ein Gebiet zum Torfstechen zugesprochen.
1666	Juli	Im Frieden von Nordhorn verständigen sich die Generalstaaten mit dem Bischof von Münster.
1668		Graf Ernst Wilhelm konvertiert unter dem Einfluß des Bischofs Christoph Bernhard von Galen zum Katholizismus.
1672–1674		Die Stadt Nordhorn wird erneut bei Auseinandersetzungen zwischen den Niederlanden und dem Bischof von Münster in Mitleidenschaft gezogen.
1682	6.8.	Gildebrief des Grafen von Bentheim für die Silber-, Kupfer- und Eisenschmiede in der Grafschaft.
1683	4.5.	Gildebrief des Grafen von Bentheim für die Leineweber der Stadt Neuenhaus.
1684	28.1.	Gildebrief für die Nordhorner Weber.
1688–1704		Hermann Wilhelm Lagemann ist Prior des Klosters Frenswegen.
1688		Arnold Moritz Wilhelm von Steinfurt konvertiert zum katholischen Glauben.
1690	23.11.	Verabschiedung der Bentheimischen Gerichts- und Landesordnung.
1691	28.4. u. 8.5.	Bielefelder Vergleich über die Nachfolge in Bentheim und Steinfurt.
1693		Arnold Moritz Wilhelm von Steinfurt (*1668, † 1701) wird nach einem Erbtausch Graf von Bentheim. Er ist verheiratet mit Johannette Franziska von Manderscheid-Blankenstein.
1695	25.12.	Gräfliches Zollreglement für Nordhorn (galt nur für die Jahre 1696–1698).
1701–1731		Hermann Friedrich von Bentheim (* 19.9.1693, † 19.11.1731), verh. mit Eleonore von Hessen.
1701	1.11.	Durch das »Laudum regium« werden die Erb- und Religionsstreitigkeiten in der Grafschaft beigelegt.
1711/12		Unter dem Prior Jodokus Hermann Dam (1706–1720) wird das Residenzhaus des Klosters Frenswegen neu errichtet.
1713	28.2.	Aufhebung des Abzugsgeldes zwischen den Städten Amsterdam und Nordhorn.
1723	27.1.	Der Kurfürst von Köln, Clemens August, übernimmt wegen der Gemütskrankheit des Grafen die Verwaltung der Grafschaft Bentheim und setzt eine kölnische Subdelegation in Bentheim ein. Diese bleibt bis 1747 bestehen.
1731–1803		Friedrich Carl Philipp von Bentheim (* 17.3.1725, † 19.2.1803), verh. mit Marie Louise de Bournonville.
1752		Bau des Nordhorner Rathauses.

1752	22.5.	Durch einen Pfandschaftskontrakt fällt die Grafschaft Bentheim mit allen Herrschaftsrechten und Einkünften vom 1.1.1753 an für 30 Jahre an das Kurfürstentum Braunschweig-Lüneburg (Hannover).
1753	7.9.	Bürgermeister und Rat der Stadt Nordhorn bitten den Kurfürsten von Hannover um Bestätigung ihrer Privilegien. Eine Privilegienbestätigung erfolgt nicht.
1757–1759		Friedrich Karl Philipp von Bentheim gelangt während des Siebenjährigen Krieges (1756–1763) mit Hilfe der Franzosen wieder in den Besitz der Grafschaft.
1761	5.5.	Erlaubnis für die Stadt Nordhorn, neue Jahrmärkte in den Monaten März und August abzuhalten.
1767	5.5.	Neureglung der Grenzen zwischen den Bauerschaften Bookholt, Bakelde und der Stadt Nordhorn.
1774	5.8.	Plan der Bentheimschen »Brandassecurationssocietät«.
1780	8.9.	Vergleich zwischen der Landesherrschaft und der Stadt Nordhorn über die Erhebung eines Abzugsgeldes.
1783		Der Pfandschaftsvertrag von 1752 wird automatisch auf weitere 30 Jahre verlängert, da Friedrich Karl Philipp von Bentheim die Einlösesumme nicht aufbringen kann.
1792	23.6.	Erlaubnis für die Stadt Nordhorn zur Abhaltung von vier neuen Jahrmärkten.
1795		Die Grafschaft Bentheim wird von französischen Truppen besetzt.
1803–1817		Graf Ludwig Wilhelm I. (* 17.10.1756, † 20.8.1817).
1804	16.7.	Ludwig Wilhelm I. tritt unter der Protektion der Franzosen die Regierung in Bentheim wieder an.
1806	1.8.	Die Grafschaft Bentheim wird dem Großherzogtum Berg unter J. Murat einverleibt.
1806		Aufhebung aller Gilden und Zünfte der Grafschaft durch die Franzosen.
1808	15.7.	Napoleon I. übernimmt selbst die Regierung im Großherzogtum Berg, zu dem die Grafschaft Bentheim gehört.
1808	15.11.	Einteilung des Großherzogtums Berg in Departements. Die Grafschaft Bentheim wird dem Emsdepartement zugeschlagen. Ein Teil mit dem Kanton Bentheim gehört nun zum Arrondissement Coesfeld, ein anderer Teil mit den Kantonen Nordhorn und Emlichheim zum Arrondissement Lingen.
1809	20.5.	Die bisherige Stadtverfassung wird aufgehoben und durch das französische Munizipalsystem ersetzt.
1810		Das Großherzogtum Berg wird dem französischen Kaiserreich eingegliedert.
1810		Antrag der Nordhorner Juden auf Erlaubnis zum Bau einer Synagoge in der Hagenstraße (Erbauung ca. 1814).
1811		Auflösung des Klosters Frenswegen.
1811	28.4.	Die gesamte Grafschaft wird im Zuge einer neuen Umverteilung

		im Arrondissement Neuenhaus vereinigt und dem Lippe-Departement zugeordnet.
1813	17.12.	Nach der Niederlage Napoleons bei Leipzig hebt die braunschweig-lüneburgische Regierung alle französischen Gesetze auf und setzt die Bentheimische Gerichts- und Landesordnung wieder in Kraft.
1815		Durch den Wiener Kongreß wird die Deutsch-Niederländische Staatsgrenze gleichzeitig zu einer Zollgrenze.
1815		Nordhorn zählt 980 Einwohner.
1815		Der Wiener Kongress erkennt das Pfandschaftsverhältnis der Grafschaft Bentheim zum Königreich Hannover an, spricht diesem aber die Landeshoheit endgültig zu.
1816		Die Niederlande erheben Schutzzölle auf fremde Textilien zur Stützung der eigenen Wirtschaft.
1817–1866		Alexis Friedrich (* 20.1.1781, † 3.9.1866), verh. mit Wilhelmine von Solms.
1817	17.1.	Die Grafen von Bentheim werden vom preußischen König in den Fürstenstand erhoben.
1821	23.8.	Einseitige Aufkündigung der Pfandschaft durch Hannover.
1823	16.3.	In einem Vergleich werden dem fürstlichen Haus Bentheim einige Herrschafts- und Gerichtsrechte zugesprochen (Mediatregierung), wofür der Fürst von Bentheim die Landeshoheit Hannovers anerkennt. Ende der Grafschaft Bentheim als eigenes Territorium.
seit 1823		Die hannoversche Landdrostei in Osnabrück überwacht die Verwaltung in Bentheim.
1824		Erwerb der Nordhorner Burg durch die katholische Kirchengemeinde in Nordhorn für 6200 Gulden. Umbau des Residenzhauses zu einer Kirche.
1832	11.2.	Die Stadt Nordhorn erhält, wie alle Bentheimer Städte, eine neue Stadtverfassung.
1833		Nordhorn zählt 1244 Einwohner.
1839		Der aus Enschede stammende Willem Stroink errichtet die erste Schnellweberei in Nordhorn.
1846		Entstehung der ersten Dampfweberei in Enschede.
1846		Jan van Delden gründet eine Färberei in Nordhorn.
1847		Jan van Delden gründet eine Spinnerei in Nordhorn.
1848	10.7.	Der Fürst von Bentheim verzichtet auf die standesherrlichen Regierungsrechte.
1851	17.5.	Hannover führt eine allgemeine Städteordnung ein. Nordhorn kann die mit dem Stadtrecht verbundenen finanziellen Belastungen nicht tragen und wird ab 1852 nach den Bestimmungen der Landgemeindeordnung verwaltet.
1851		Nordhorn zählt 1356 Einwohner.
1851		Anton Joseph Povel und Hermann Kistemaker gründen gemeinsam eine Schnellweberei.

1852	Povel und Kistemaker gliedern ihrer Schnellweberei eine mechanische Baumwollspinnerei an.
1855	Ein Brand vernichtet wesentliche Teile der Klosterbibliothek in Frenswegen.
1856	Verfügung des Magistrats, die Binnenvechten zuzudämmen.
1856	Beschluß, das Lingener Tor in Nordhorn abzureißen.
1857–1862	Die Wirtschaftskrise wirkt sich auch in Nordhorn aus. Viele Kleinunternehmer müssen Konkurs anmelden.
1858	Genehmigung der Landdrostei, das Bentheimer Tor abzubrechen.
1861–1865	Durch den Amerikanischen Bürgerkrieg wird zeitweise die Baumwolleinfuhr gestoppt.
1864	Nordhorn hat 1500 Einwohner.
1865	Hannover belegt die englischen Garne mit Zöllen, um die einheimische Wirtschaft zu fördern.
1866	Das Königreich Hannover wird Preußen einverleibt.
1867 1.10.	In Bentheim tritt die preußische Verfassung in Kraft.
1873	Einrichtung einer öffentlichen Bücherei (ab 1930 als Stadtbücherei).
1879	Das deutsche Reich führt Zölle auf ausländische Textilien ein.
1879/82	Der fertiggestellte Ems-Vechte-Kanal verbindet Nordhorn mit dem Ruhrgebiet.
1881	Brand der Klosterkirche in Frenswegen.
1885	Gründung der städtischen Feuerwehr.
1887 1.9.	Das letzte Teilstück des Ems-Vechte-Kanals wird bis Nordhorn fertiggestellt.
1887	Errichtung des Hafens nördlich der Einmündung der Vechte in den Dortmund-Ems-Kanal.
1880	Bentheim wird Kreisstadt.
1889	Ludwig Povel bringt erstmals die berühmten »Waterschürzen« auf den Markt.
1889	Bernhard Niehues und Friedrich Dütting gründen gemeinsam einen Textilbetrieb.
1890	Bernhard Rawe errichtet zusammen mit Hermann Kistemaker und Kurt Schlieper eine neue Spinnerei.
1891	In Fortführung bestehender Privatschulen (vor 1850) wird die städtische Rektorsschule gegründet, aus der die heutige Frh. v. Stein-Realschule hervorgegangen ist.
1895	Das Nordhorner reformierte Krankenhaus wird erbaut.
1895	Nordhorn zählt 2041 Einwohner.
1896	Bernhard Rawe gründet die einzige Rohnesselweberei Nordhorns.
1896	Nordhorn wird an das Bahnnetz Bentheim–Neuenhaus angeschlossen. Der Bahnhof wird errichtet.
1898	Errichtung einer Gasanstalt.
1899	Der Dortmund-Ems-Kanal wird eröffnet.

1901	13.11.	Gründung einer Baugenossenschaft durch die Nordhorner Fabrikbesitzer.
1901	20. bis 22.8.	Ein Streik bei der Firma van Delden führt zur Gründung eines Zweiges des deutschen Textilarbeiterverbandes und einer Ortsgruppe des Zentralverbandes Christlicher Textilarbeiter.
1903		Durch den Nordhorn-Almelo-Kanal wird Nordhorn an das niederländische Kanalnetz angeschlossen.
1905		Ludwig Povel errichtet eine Baumwollspinnerei.
1906		Bau des Wasserwerkes und Versorgung der Stadt mit fließendem Wasser.
1908		Niehues und Dütting gründen eine Baumwollspinnerei.
1911		Bernhard Rawe gründet zusammen mit Wilhelm van Delden und Engelbert Stroink die Baumwollspinnerei Bußmaate.
1911		Die aus der Nordhorner Burg entstandene katholische Kirche wird abgerissen und durch den Neubau der heutigen katholischen St. Augustinus-Kirche ersetzt.
1912		Das 1752 erbaute Rathaus in Nordhorn wird nach einem Stadtbrand, der das Haus beschädigte, abgerissen.
1913/14		Rathausneubau an der Lingener Straße.
1915	22.8.	England erklärt die Baumwolle zur Bannware, so daß teilweise Papier versponnen werden mußte.
1918/19		Bürgerwehr, Arbeiter- und Soldatenrat übernehmen nach dem Ende des Ersten Weltkrieges den Schutz und die Versorgung der Bevölkerung.
1921	1.4.	Nach Verhandlungen in den Jahren 1919 und 1920 wird Frensdorf mit Wirkung vom 25.6.1921 nach Nordhorn eingemeindet.
1922	19.9.	Nordhorn erhält eine städtische Verfassung.
1925		Das erste Gymnasium des Kreises wird als Staatliche Oberrealschule in Nordhorn eingerichtet.
1925		Beginn der Elektrifizierung in Nordhorn.
1926/28		Das reformierte Krankenhaus wird ausgebaut und als Kreiskrankenhaus fortgeführt. Das Marienkrankenhaus wird 1927 eingeweiht.
1927	10.5.	Nordhorn erhält einen Berufsbürgermeister.
1927		Beginn der Kanalisationsarbeiten in der Stadt.
1928		Das Gesundheitsamt, das Bauamt, der Kreisschulrat und das Arbeitsamt des Kreises werden nach Nordhorn verlegt.
1929	1.7.	Frenswegen (1.4.1929), Bakelde, Altendorf, Teile von Bookholt, Hesepe und Brandlecht werden Nordhorn eingemeindet. Das Stadtgebiet erweitert sich um das Zehnfache. Die Einwohnerzahlen steigen von 13000 auf 18000.
1930	20.10.	Der Verband Münsterländischer Textilindustrieller kündigt die Akkordlohnsätze mit dem Ziel, die Gesamtlohnsumme zu reduzieren.

1930	30.10.	Etwa 80% der Arbeiter in Nordhorn stimmen für eine Ablehnung der Arbeitgebervorschläge und für Kampfmaßnahmen.
1930	3.11./ 24.11.	Durch einen Streik wird in Nordhorn die Produktion in fast allen Firmen stillgelegt.
1930		Anlage und Ausbau der »Blumensiedlung«. Beginn der Aufsiedlung in der »Blanke« mit Kleinsiedlerstellen.
1931		Schließung der Firma Jan van Delden & Söhne.
1932		Schließung der Firma W. Stroink & Co.
1933		Nordhorn zählt um 20 000 Einwohner.
1934	1.4.	Mit Inkrafttreten einer neuen Ortssatzung wird der Gemeinderat nicht mehr gewählt, sondern von der NSDAP-Kreisleitung bestimmt.
1938	10.11	Plünderung und Zerstörung der Synagoge in Nordhorn.
1940	10.5.	Mit dem Einmarsch deutscher Truppen nach Holland wird die Stadt vorübergehend Aufmarschgebiet.
1945	2.4.	Kanadische Truppen besetzen kampflos die Stadt.
1945		Nach Beendigung des Zweiten Weltkrieges wird mit Zustimmung des Kreistages von den alliierten Militärbehörden der Sitz der Kreisverwaltung von Bentheim nach Nordhorn verlegt.
1946	1.11.	Der Kreis Grafschaft Bentheim wird Teil des neugeschaffenen Landes Niedersachsen.
1952		Der Anteil der Heimatvertriebenen an der Gesamtbevölkerung beträgt ca. 24% = 8900 Personen.
1967		Die alte reformierte Kirche wird restauriert. Auf den Gewölben wird die originale spätgotische Bemalung entdeckt.
1967		Beginn der Errichtung eines Berufsschulzentrums.
1970/72		Beginn der konkreten Planungsphase zur Altstadtsanierung.
1971		Erarbeitung einer Standortanalyse im Rahmen der Bemühungen zur Lockerung der industriellen Monostruktur der Stadt.
1971		Erwerb des Forstgutes Povel durch die Stadt zur Verwendung als Industriegelände.
1973		Planung zur Errichtung eines Gewerbe- und Industrieparks.
1974	1.3.	Die Orte Bimolten, Bookholt, Brandlecht, Hesepe, Hestrup, Hohenkörben-N und Klausheide werden im Rahmen der kommunalen Neugliederung der Grafschaft Bentheim nach Nordhorn eingemeindet.
1974	21.5.	Gründung der Stiftung Kloster Frenswegen. Das ehem. Kloster soll zu einer ökumenischen Begegnungsstätte ausgebaut werden.
1974	1.8.	Einweihung des Schulzentrums Deegfeld.
1975	1.1.	Nach langjährigen Bemühungen wird Nordhorn als übergeordneter Schwerpunktort mit einer Präferenz von 20% eingestuft.

Abkürzungsverzeichnis

A	Archiv
Abh	Abhandlungen
BAM	Bistumsarchiv Münster
Ber.	Bericht
Bt	Bistum
DG	Der Grafschafter
Diss	Dissertation
FBA	Fürstlich-Bentheimisches Archiv
Geol. Jb	Geologisches Jahrbuch
Gft	Grafschaft
GQBt Münster	Geschichtsquellen des Bistums Münster
Hans UB	Hansisches Urkundenbuch
HG	Herausgeber
HS	Handschrift
HZ	Historische Zeitschrift
INA	Inventare nichtstaatlicher Archive
Inv.	Inventare
Jb.	Jahrbuch
Jb. Gft. Bentheim	Jahrbuch des Heimatvereins der Grafschaft Bentheim
KA	Katasteramt
KO	Kirchenordnung
LThK	Lexikon für Theologie und Kirche
Mitt.	Mitteilungen
NF	Neue Folge
o. J.	Ohne Jahresangabe
OlUB	Oldenburger Urkundenbuch
o. O.	Ohne Ortsangabe
OsnMitt	Osnabrücker Mitteilungen
Osn UB	Osnabrücker Urkundenbuch
R	Reihe
Rep.	Repertorium, Repositur
RhVjbll	Rheinische Vierteljahresblätter
RM	Reichsmark
Rthlr	Reichsthaler
StA	Stadtarchiv, Staatsarchiv
StHb	Statistisches Handbuch
StJbNS	Statistisches Jahrbuch von Niedersachsen
Tab.	Tabelle
UB	Urkundenbuch
Urk.	Urkunde
V	Verein
Veröff. d. Prov. Inst.	Veröffentlichung des Provinzialinstituts
VSWG	Vierteljahresschriften für Sozial- und Wirtschaftsgeschichte
West. F.	Westfälische Forschungen
Westf.	Westfalen
ZRGK	Zeitschrift der Savingny Stiftung für Rechtsgeschichte, Kanonistische Abteilung

Benutzte Archive

Burgsteinfurt
    Fürstliche Bentheim-Steinfurtsches Archiv (FBA)
Hannover
    Hauptstaatsarchiv Hannover
Münster
    Bistumsarchiv   (BAM)
    Staatsarchiv   (StA Münster)
Nordhorn
    Stadtarchiv   (StAN)
    Archiv der Firma Rawe & Co.
    Archiv der Evangelisch-Reformierten Gemeinde
Osnabrück
    Staatsarchiv   (StAOS)
Rheine
    Stadtarchiv   (StA Rheine)

Verzeichnis der gedruckten Quellen und Literatur

bearbeitet von J. HENDRIK SONNTAG

Das Verzeichnis enthält die von den Bearbeitern benutzten gedruckten Quellen, Literaturtitel sowie Kartenwerke.

Acquoy, J. G. R.: Het Klooster te Windesheim en zijn invloed, 3 Bde., Utrecht 1875–1880.

Adelmann, Gerhard: Führende Unternehmer im Rheinland und in Westfalen 1850–1914, *in:* Rhein. Vjbll., Jg. 35, 1971, S. 335–352.

– Strukturwandlungen der rheinischen Leinen- und Baumwollgewerbe zu Beginn der Industrialisierung, *in:* VSWG, Bd. 53, 1966.

– Die deutsch-niederländische Grenze als textilindustrieller Standortfaktor, *in: Droege, G.* u. a. (Hg): Landschaft und Geschichte, Festschrift F. Petri, Bonn 1970, S. 9–34.

– Die Zollgrenze im ostniederländisch-westfälischen Textilgebiet 1815–1850, *in:* Textielhistorische Bijdragen, nr. 10, Stichting Textielgeschiedenis, Hengelo (0) 1969.

Alberts, W. Jappe und *A. L. Huishoff* (Hg.): Het Frensweger Handschrift betreffende de geschiedenis van de Moderne Devotie, Utrecht 1958.

Ambrosius, Gerold: Die Durchsetzung der sozialen Marktwirtschaft in Westdeutschland 1945–1949, Stuttgart 1977.

Ammann, A. M.: Die Gottesschau im palamitischen Hesychasmus, *in:* Handbuch der spätbyzantischen Mystik, Würzburg 1938.

Anderson, W. F., H. Krul und *J. H. Römer:* Geologie van Twente. Nederlandse Geologische Vereniging, 1961.

Arnecke: Die Bremer Baumwollbörse, Bremen 1890.

Aubin, Hermann: Das westfälische Leinengewerbe im Rahmen der deutschen und europäischen Leinwanderzeugung bis zum Ausbruch des Industriezeitalters (Vortragsreihe der Gesellschaft für westfälische Wirtschaftsgeschichte e. V., Heft 11), Dortmund 1964.

– (Hg): Der Raum Westfalen II, 1, Münster 1955.

Bär, Max: Abriß einer Verwaltungsgeschichte des

Regierungsbezirks Osnabrück (Quellen und Darstellungen zur Geschichte Niedersachsens, Bd. V), Hannover / Leipzig 1901.

Barlage, Irmgard: Die Wirtschaftsstruktur der Stadt Nordhorn, o. O., o. J. (Nordhorn um 1950).

Barnikol, Ernst: Studien zur Geschichte der Brüder vom gemeinsamen Leben (Ergänzungsschrift zur Zeitschrift für Theologie und Kirche), 1917.

Beckmann, A.: Münster um 1830 und heute, *in*: Topographischer Atlas Nordrhein-Westfalen, Nr. 108, Bonn 1968.

Behme, Friedrich: Geologischer Führer durch die Grafschaft Bentheim – Lagerstätten von Salz, Erdöl, Asphalt, 2. verm. Auflage, Hannover 1926.

Behnes, Cl. A.: Beiträge zur Geschichte und Verfassung des ehemaligen Niederstifts Münster, Emden 1830.

Behr, Hans-Joachim: Politisches Ständetum und landschaftliche Selbstverwaltung, Geschichte der Osnabrücker Landschaft im 19. Jahrhundert (Osnabrücker Geschichtsquellen und Forschungen XII), Osnabrück 1970.

Bemolt van Loghum Slaterus, Adrianus Jan: Het Klooster Frenswegen, Arnheim 1938.

Bentz, Alfred: Tertiär und Diluvium im westfälisch-holländischen Grenzgebiet, *in*: Zschr. deutsch. geol. Ges., Bd 82, 1930, S. 291–317.

Blumberg, Horst: Die deutsche Textilindustrie in der industriellen Revolution, Berlin 1965.

Boigk, Heinz und Dietz, C.: Zur Geologie des Emslandes. Beihefte zum Geologischen Jahrbuch, H. 37, Hannover 1960.

Bronstedt, Olaf: Grundriß der empirischen Regionalforschung, Teil I: Raumstrukturen, Hannover 1975.

Bruns, Alfred: Beiträge zur Geschichte der Stadt Neuenhaus, *in*: Festschrift zum 600jährigen Stadtjubiläum der Stadt Neuenhaus am 29. 9. 1969, Neuenhaus 1969.

– (Bearb.): s. Inventare des Stadtarchivs Neuenhaus.

– (Bearb.): s. Inventare des fürstlichen Archivs zu Burgsteinfurt.

Bruns, Friedrich und *Hugo Weczerka:* Hansische Handelsstraßen, Quellen und Darstellungen zur hansischen Geschichte NF. Bd. 13 T. 1.2.3., Köln/Graz 1962–67.

Bürgerbücher der Stadt Nordhorn von 1396–1913, (Das Bentheimer Land 8), Nordhorn 1939.

Büttner, Ernst: Geschichte Niedersachsens, 1931.

Butke, Irma: Zur Entwicklung der Textilindustrie in der Grafschaft Bentheim, Nordhorn 1939.

Catenhusen, Wolf-Michael: Parteien und Wahlen in Lingen 1871–1933, *in*: W. Ehbrecht (Hg.): Lingen 975 – 1975. Zur Genese eines Stadtprofils, Lingen 1975, S. 214–249.

Clasen, Carl-Wilhelm: Die Heiligenkreuzkapelle in Kipshoven Erkelenz, *in*: Rheinische Kunststätten 5, 1972.

Cramer, A. W.: Bremer Baumwollbörse 1872/1922, Bremen 1922.

Crone-Münzebrock, August (Hg.): Familie Crone-Münzebrock, o. O., o. J. (um 1936).

– (Hg.): Beiträge zur Geschichte der Familien Rawe/Kistemaker, Osnabrück 1940.

Crusius, I.: Die Brüder vom gemeinsamen Leben in Deutschland. Zur rechtlichen Entwicklung religiösen Gemeinschaftswesens im späten Mittelalter, Diss. Göttingen 1961.

Cuno, Fr. W.: Gedächtnisbuch deutscher Fürsten und Fürstinnen reformierten Bekenntnisses, Erste Lieferung, Barmen o. J.

Dege, Wilhelm: Das Ruhrgebiet, Braunschweig 1976.

Dehio, Georg: Handbuch der Deutschen Kunstdenkmäler. Bremen, Niedersachsen, Darmstadt 1977.

De Vries - Reilingh, H. D.: Gedanken über die Konsistenz in der Sozialgeographie, *in*: Münchner Studien zur Sozial- und Wirtschaftsgeographie 4, 1968.

Diepenbrock, J. B.: Geschichte des vormaligen münsterschen Amtes Meppen, Neudruck der 2. Aufl. von 1885, Münster 1962.

Dietrich, Alfred: Nordhorn. Textilstadt im Grünen, Oldenburg 1966.

Döhmann, Karl Georg: Das Leben des Grafen Arnold von Bentheim 1554–1660. Nach den Handschriften herausgegeben. (Fürstlich Burgsteinfurtsches Gymnasium Arnoldinum zu Burgsteinfurt, Programm 1903), Burgsteinfurt 1903.

Döhrmann, Karl: Entstehung und Entwicklung der Gronauer Textilindustrie, Diss. Münster 1924.

Dols, J. M.: Bibliographie der Moderne Devotie, Nijmwegen 1941.

Edel, Ludwig: Die Stadtrechte der Grafschaft Bentheim, Diss. Leipzig, Borna/Leipzig 1909.

– Neue Bibliographie des landes- und heimatkundlichen Schrifttums über die Grafschaft Bentheim. (Das Bentheimer Land 54) 1962.

– Die Kirchenordnung von 1709, *in*: Der Grafschafter 31, 1955, S. 244f.

– Johann Pickhardt, 1590–1629 Pastor von Bentheim, *in*: Der Grafschafter 24, 1955, S. 190f.

Eggemann, Wilhelm: Zünfte und Zunftrecht in der Grafschaft Bentheim (1341–1810), Diss. Jur. Leipzig, Borna/Leipzig 1912.

Ehbrecht, Wilfried (Hg.): Lingen 975–1975, Zur Genese eines Stadtprofils, Lingen 1975.

– Territorialwirtschaft und städtische Freiheit in der Grafschaft Arnsberg, *in: Meynen, E.* (Hg.): Zentralität als Problem der mittelalterlichen Stadtgeschichtsforschung, Köln/Wien 1979.

– Verhaltensformen der Hanse bei spätmittelalterlichen Bürgerkämpfen in Westfalen, Westf. Forschungen 26, 1974, S. 46–59.

– Hanse und spätmittelalterliche Bürgerkämpfe in

Niedersachsen und Westfalen, Nieders. Jb. 48, 1976, S. 77–105.

– Zur politischen, sozialen und wirtschaftlichen Entwicklung des tecklenburgischen Amtsitzes, *in: Ders.* (Hg.): Lingen 975–1975, Zur Genese eines Stadtprofils, Lingen 1975, S. 42–53.

Engel, Gustav: Die Stadtgründung im Bielefelde und das münstersche Stadtrecht, Bielefeld 1952.

– Politische Geschichte Westfalens, 3. Auflage Köln/Berlin 1968.

Engelen-Kefer, Ursula: Beschäftigungspolitik. Eine problemorientierte Einführung mit einem Kompendium beschäftigungspolitischer Fachbegriffe, Köln 1976.

Ennen, Edith: Die europäische Stadt des Mittelalters, 2. Aufl., Göttingen 1975.

– Die Stadt zwischen Mittelalter und Gegenwart, *in:* RhVjbll. 30, 1965, S. 118–131, wieder abgedruckt *in: Dies.*, Gesammelte Abhandlungen zum europäischen Städtewesen und zur rheinischen Geschichte, Bonn 1977, S. 198–209.

Erbe, J.: Spätglaziale Ablagerungen im Emsland und seinen Nachbargebieten, *in:* Geol. Jb., Bd. 76, 1958, S. 103–128.

Fabian, Hans-Joachim: Ergebnisse der bisherigen Aufschlußtätigkeit im Gebiete Nordhorn (Emsland). *in:* Erdöl und Kohle, Bd. 6, 1953, S. 527–530.

Fangmeyer, Wilhelm: Graf Arnold II. von Bentheim, *in:* Jb. Gft. Bentheim 1979, S. 21–32.

Fischer, Georges: Praxisorientierte Theorie der Regionalforschung. Analyse räumlicher Entwicklungsprozesse als Grundlage einer rationalen Regionalpolitik für die Schweiz, Tübingen 1973.

Fischer, Wolfram: Bergbau, Industrie und Handwerk, *in: H. Aubin* und *W. Zorn:* Handbuch der deutschen Wirtschafts- und Sozialgeschichte, Bd. 2, Stuttgart 1976, S. 796–844.

Finkemeyer, Ernst: Verfassung, Verwaltung und Rechtspflege der Grafschaft Bentheim zur Zeit der hannoverschen Pfandschaft 1753–1804, (= Diss. Jur. Münster 1966), *in:* Osnabrücker Mitteilungen, Bd. 75, 1968.

Fockema Andreae, S. J.: De Republiek der Verenigde Nederlanden en de Gereformeerde Kerken in haar oostelijk grensgebied, *in:* Ecclesia. Een bundel opstellen aangeboden aan Prof. Dr. J. N. Bakhuizen van den Brink, Den Haag 1959.

Franz, Günther: Die politischen Wahlen in Niedersachsen 1867 bis 1949, 3. erg. Aufl., Bremen 1957.

Fremdling, Rainer u. a.: Regionale Differenzierung in Deutschland als Schwerpunkt wirtschaftshistorischer Forschung, *in: R. Fremdling* und *R. Tilly*, Industrialisierung und Raum. Studien zur regionalen Differenzierung in Deutschland im 19. Jahrhundert, Stuttgart 1979.

Friemann, H.: Die Territorialpolitik des münsterschen Bischofs Ludwig von Hessen, Diss. Münster 1937.

Fritsch, K. E. O. und die Vereinigung der Berliner Architekten: Der Kirchenbau des Protestantismus von der Reformation bis zur Gegenwart, Berlin 1893.

Frommeyer, F. und *H. Lötgers:* Erdöl und Erdgas im Emsland, *in:* Jb. Gft. Bentheim, 1960, S. 2–59.

Fürstenberg, Friedrich: Die Soziostruktur der Bundesrepublik Deutschland. Ein soziologischer Überblick, Opladen 1972.

– »Sozialstruktur« als Schlüsselbegriff der Gesellschaftsanalyse, *in:* Kölner Zeitschrift für Soziologie und Sozialpsychologie, 1966.

Funck, H. W.: s. Verordnungen.

Gärtner, U.: Das Gesicht des alten Bürgerhauses im alten Nordhorn, *in:* Jb. Gft. Bentheim 49, 1957.

Geerink, G.: Die Niedergrafschafter Messrute um 1600, *in:* Jb. Gft. Bentheim, 1975, S. 95–103.

Gertzen, Bernhard: Die alte Grafschaft Tecklenburg bis zum Jahre 1400, Diss. Phil. Münster 1939.

Geschichte der Deutschen Länder. Territorien-Ploetz, hrsg. v. *Georg Wilhelm Sante* und A. G. Ploetz-Verlag, Bde. 1–2, Würzburg 1964–1971.

Geschichtlicher Handatlas von Westfalen, 1. Lieferung, Münster 1975.

Gewerbe- und Industriepark Modell Nordhorn, Materialien zur Pressekonferenz am 11. 10. 1972 in Nordhorn, Nordhorn 1972.

Gewerbe- und Industriepark Nordhorn als Modellfall, *in:* Zentralblatt für Industriebau 10/1976.

Gewerbe- und Industriepark Gip – Nordhorn, Bericht über die Grundlagen und ihre Planung, Nordhorn 1975.

Gewerkschaftsarbeit, 25 Jahre christliche Gewerkschaftsarbeit Nordhorn 1902–1927, Nordhorn, o. J. (1927).

Gindele, Egon: Bibliographie zur Geschichte und Theologie des Augustinereremitenordens bis zum Beginn der Reformation, (Spätmittelalter und Reformation, Texte und Untersuchungen, hrsg. von *H. A. Obermann*, Band 17), Berlin/New York 1977.

Goeters, J. F. G.: Die evangelischen Kirchenordnungen Westfalens im Reformationsjahrhundert, *in:* Westfälische Zeitschrift 113, 1963, S. 111–168.

Gradl, H.: Die deutsche Zoll- und Steuerpolitik im Spiegel der Reichsgesetzgebung von 1524–1806, München 1948.

Greiwing, Josef: Der Übergang der Grafschaft Bentheim an Hannover. Die Geschichte einer Pfandschaft, Diss. Phil. Münster 1933 (Münstersche Beiträge zur Geschichtsforschung Heft 57), Münster 1934.

Haase, Carl: Die Entstehung der westfälischen Städte, 2. Auflage Münster 1965.

– Gegenwärtiger Stand und neue Probleme der

Stadtrechtsforschung, *in*: WestF 6, 52/1943, S. 129–144.

– Die Stadt des Mittelalters, 3 Bde. Darmstadt 1969.

Hagels, Hermann: Die Anfänge der Bentheimer Sandsteinplastik im 12. und 13. Jahrhundert, *in*: Jb. Gft. Bentheim, Bd. 48, 1958, S. 23–37.

Hansen, Josef: Westfalen und Rheinland im 15. Jhrh., Bd. 2, *in*: Die Münstersche Stiftsfehde, Leipzig 1890.

Hansisches Urkundenbuch, Bd. 4, bearb. v. *K. Kunze*, Halle 1896.

Harbrecht, Wolfgang: Die Europäische Gemeinschaft, Stuttgart 1978.

Hard, G.: Die Geographie. Eine wissenschaftstheoretische Einführung, Berlin/New York 1973.

Hasselt, W. v.: Geschichte des Königreichs Hannover 1813–1866, 3 Bde. Hannover, 1898/1901.

Heide, F.: Das westliche Emsland. Bedeutung und Auswirkungen von Erdölgewinnung. Marburger Geographische Schriften, H. 22, Diss. Marburg 1965.

Helberger, Christoff: Ziele und Ergebnisse der Gesundheitspolitik, *in*: *W. Zapf*, (Hg.): Lebensbedingungen in der Bundesrepublik Deutschland, Frankfurt/M. 1977.

Henning, Friedrich-Wilhelm: Die Wirtschaftsstruktur mitteleuropäischer Gebiete an der Wende zum 19. Jahrhundert unter besonderer Berücksichtigung des gewerblichen Bereichs, *in*: Beiträge zu Wirtschaftswachstum und Wirtschaftsstruktur im 16. und 19. Jahrhundert (= Schriften des Vereins für Sozialpolitik N. F. Bd. 63), Berlin 1971.

– Die Industrialisierung in Deutschland 1800–1914, Paderborn 1973.

– Der Einfluß der Industrialisierung des Textilgewerbes in Deutschland im 19. Jahrhundert auf die Einkommensmöglichkeiten in den ländlichen Gebieten, *in*: *Hermann Kellenbenz*, (Hg.), Agrarisches Nebengewerbe und Formen der Reagrarisierung im Spätmittelalter und im 19./20. Jahrhundert, Stuttgart 1975.

Herkner, Heinrich: Die oberelsässische Baumwollindustrie, Straßburg 1887.

Hesse, Helmut: Die Entwicklung der regionalen Einkommensdifferenzen im Wachstumsprozeß der deutschen Wirtschaft vor 1913, *in*: Beiträge zu Wirtschaftswachstum und Wirtschaftsstruktur im 16. und 19. Jahrhundert (= Schriften des Vereins für Sozialpolitik N. F. Bd. 63), Berlin 1971.

Hesse, Helmut und *Hermann Sauter:* Entwicklungstheorie und Entwicklungspolitik, Bd. 1, Tübingen 1977.

Hillenbrand, H. und *A. Bruns:* Nordhorn, *in*: *Brüning, Kurt* (Hg.): Niedersachsen und Bremen (= Handbuch der historischen Stätten II, 4. Auflage, Stuttgart 1976).

Hinrichs, H.: Das katholische Emsland im Laufe der Jahrhunderte, Lingen 1949.

Höllhuber, D.: Sozialtypische Wohnstandortpräferenz und innerstädtische Wohnortwahl, *in*: *G. Bahrenberg,* und *G. Taubmann* (Hg.): Quantitative Modelle in der Geographie und Raumplanung (= Bremer Beiträge zur Geographie und Raumplanung, Heft 1), Bremen 1978.

Hoffmeyer, L: Geschichte der Stadt und des Regierungsbezirks Osnabrück in Bildern, 2. verb. Auflage, Osnabrück 1920.

Hofmeister, Ph.: Die Verfassung der Windesheimer Augustinerchorherrenkongregation, *in*: ZRGK 30, 1941, S. 165–270.

Höing, Hubert: Kloster und Stadt. Vergleichende Beiträge zum Verhältnis von Kirche und Stadt im Spätmittelalter, dargestellt am Beispiel der Fraterherren in Münster/Westf., masch. Diss. Phil. Münster 1977.

Hoogeweg, H.: Verzeichnis der Stifte und Klöster Niedersachsens vor der Reformation, Hannover/Leipzig 1908.

Huiskens, J.: Nordhorn und sein Umland (Examensarbeit der Universität Osnabrück), Osnabrück 1975.

Hulshof, H.: Het Klooster Frenswegen gedurende de vijftiende eeuw, Utrecht 1944.

Inventare des fürstlichen Archivs zu Burgsteinfurt. Allgemeine Regierungssachen der Grafschaften Bentheim und Steinfurt, Bestand A, bearb. v. A. Bruns und W. Kohl, hrsg. v. *A. Bruns* (Inventare der nichtstaatlichen Archive Westfalens N. F. 5), Münser 1971.

Inventar des fürstlichen Archivs zu Burgsteinfurt. Regierungssachen der Grafschaften Bentheim und Steinfurt, Bestand A Steinfurt, bearb. v. A. Bruns und H. J. Behr, hrsg. v. *A. Bruns,* (Inventare der nichtstaatlichen Archive Westfalens N. F. 6), Münster 1976.

Inventare der nichtstaatlichen Archive der Kreise Ahaus, Borken, Coesfeld und Steinfurt, bearb. v. L. Schmitz-Kallenberg (Veröffentlichung d. Hist. Komm. d. Provinz Westfalens, Bd. I: Regierungsbezirk Münster), Münster 1899–1908.

Inventar des Stadtarchivs Neuenhaus (Sta Osnabrück, Dep. 6 I a und b), bearb. v. A. Bruns (Jb. Gft. Bentheim, Bd. 67), Nordhorn 1969.

Jannsen, Wilhelm: Stadt und Stadtherr am Niederrhein im späteren Mittelalter, *in*: RhVjbll. 42, 1978, S. 185–208.

Iserloh, Erwin: Die devotio moderna, *in*: *H. Jedin* (Hg.): Handbuch der Kirchengeschichte III,2, Freiburg/Basel/Wien 1968, S. 516–538.

Jacobs, Gustav: Die deutschen Textilzölle im 19. Jahrhundert, Diss. Erlangen, Braunschweig 1907.

Jahresberichte des Gesamtverbandes Textilindustrie, Die Textilindustrie in der Bundesrepublik Deutschland, Frankfurt/M. 1964 und 1965.

Jahresgutachten des Sachverständigenrates zur Begutachtung der gesamtwirtschaftlichen Entwicklung, Bundestagsdrucksache V/2310.

Jauer, Th.: Der Arbeiter- und Soldatenrat, Groß-nordhorn 1918, o. O., o. J.

Jeschke, Jörg: Gewerberecht und Handwerkswirtschaft des Königreichs Hannover im Übergang 1815–1866 (Göttinger Beiträge zur Wirtschafts- und Sozialgeschichte, Bd. 3), Göttingen 1977.

Jungblut, Michael: Die Rebellion der Überflüssigen. Die ungewisse Zukunft der Berufe, Bergisch-Gladbach 1970.

Jungius, Joannes-Henricus: Historia antiquissimae Benthemiesis libri tres, Hannover/Osnabrück 1773.

Kaak, Heino: Geschichte und Struktur des deutschen Parteiensystems, Opladen 1971.

Kaufhold, K. H.: Umfang und Gliederung des deutschen Handwerkes um 1800, *in: W. Abel* und Mitarbeiter (Hg.): Handwerksgeschichte in neuerer Sicht (= Göttinger handwerkswirtschaftlicher Studien, 16), Göttingen 1970.

Kemper, E.: Ein geologischer Führer durch die Grafschaft Bentheim und die angrenzenden Gebiete, Bentheim 1964.

Kennepohl, Karl: Die Münzen der Grafschaft Bentheim und Tecklenburg sowie der Grafschaft Rheda, Frankfurt 1927.

Kerkenordre der Graafschap Bentem, Utrecht 1709.

Kerkenordre der Graafschap Bentem, Lingen 1787.

Kersting, August: Das Textilindustriegebiet des westfälisch-niederländischen Grenzbezirks. Entwicklung und Problem des »Baumwollgebietes Rhein-Ems«, *in:* Westf. Forschungen 11/1958.

Kiesow, Gottfried u. a.: Bremen, Niedersachsen, *in: Georg Dehio:* Handbuch der Deutschen Kunstdenkmäler, NF. Darmstadt 1977.

Kip, Georg: Die Nordhorner Straßennamen, *in:* Grafschafter Nachrichten 1950, Nr. 48, 51, 52.

– Die Wiedertäufer und unsere Grafschaft, *in:* Jb. Gft. Bentheim 1963, S. 5–43, und 1964, S. 5–19.

Kirchmann, Günther: Das Wachstum der deutschen Baumwollindustrie im 19. Jahrhundert. Eine historische Modellstudie zur empirischen Wachstumsforschung, Diss. Münster 1973.

Klass, Gert von: 80 Jahre Ludwig Povel & Co. (Nordhorn 1872–1952), Nordhorn o. J. [1952].

Klein, Hartmut: Beiträge zur geographischen Entwicklung des Lingener Raumes im 19. und 20. Jahrhundert, *in: W. Ehbrecht:* Lingen 975–1975. Zur Genese eines Stadtprofils, Lingen 1975, S. 160–198.

– Ein Vergleich der topographischen Landesaufnahmen von 1841 und 1963 am Beispiel des Blattes Münster/Westf., *in:* Westf. Forschungen 16/1963 S. 102–111.

– Nordwestdeutschland in der exakten Kartographie der letzten 250 Jahre, *in:* Westf. Forschungen 17/1964 und 18/1965, S. 43–74.

Klöpper, R.: Niedersächsische Industriekleinstädte, siedlungsgeographisch betrachtet. (Veröff. d. Prov. Inst. für Landesplanung, Landes- und Volkskunde, R. A I Bd. 14), Oldenburg 1941.

Klopmeyer, Gerhard: Nordhorner Entwicklung von einer Kleinsiedlung zur Mittelstadt, *in:* Jb. Gft. Bentheim Bd. 48/1958.

– Die Löwen vom Bentheimer Tor, *in:* Der Grafschafter Jg. 1956, S. 344.

– Vor den Toren Alt-Nordhorn *in:* Der Grafschafter Jg. 1954, S. 169.

– Die Nordhorner Hauptstraße, *in:* Der Grafschafter Jg. 1956, S. 330.

– Die Nordhorner Binnenvechte, *in:* Der Grafschafter Jg. 1954, S. 45 ff.

– Das Vechte-Ufer an der Hagenstraße, *in:* Der Grafschafter Jg. 1955, S. 237.

Kluczka, Georg: Zentrale Orte und zentralörtliche Bereiche mittlerer und höherer Stufe in der Bundesrepublik Deutschland (= Forschungen zur deutschen Landeskunde 194), Bonn/Bad Godesberg 1970.

Kluge, Dorothea und *Wilfried Hansmann:* Westfalen, *in: Georg Dehio:* Handbuch der Deutschen Kunstdenkmäler, N. F., Darmstadt 1977.

Kluge, Dorothea: Gotische Wandmalereien in Westfalen 1290–1530, *in:* Westfalen, Sonderheft 12, Münster 1959.

Kogel, J.: Nordhorn – eine stadtgeographische Untersuchung unter besonderer Berücksichtigung der Wirtschaft. Staatsexamensarbeit. Hamburg 1967.

Kollai, H. R.: Die Eingliederung der Vertriebenen und Zuwanderer in Niedersachsen, (Untersuchungen zum deutschen Vertriebenen- und Flüchtlingsproblem), (Schriften des Vereins für Sozialpolitik, N. F., Bd. 7, IX), Berlin 1959.

Kötter, Heinrich: Die Textilindustrie der deutsch-niederländischen Grenzgebiete in ihrer wirtschaftsgeographischen Verflechtung, Bonn 1952.

Kohl, Wilhelm: Der Übertritt des Grafen Ernst Wilhelm von Bentheim zur katholischen Kirche (1668), *in:* Jahrbuch des Vereins für westfälische Kirchengeschichte 48, 1958, S. 47–96.

– Christoph Bernhard von Galen. Politische Geschichte des Fürstbistums Münster 1650–1678, (Veröffentlichung d. Hist. Komm. Westfalen XVIII, Westfälische Biographien III), Münster 1964.

– Die Schwesternhäuser nach der Augustinerregel (Germania Sacra N. F. 3: Die Bistümer der Kirchenprovinz Köln, Das Bistum Münster 1), Berlin 1968.

– Die abenteuerliche Reise des Priors Quirinius Steghman von Frenswegen nach Wien 1631–1632, *in:* Jahrbuch des Vereins für Westfälische Kirchengeschichte 62, 1969, S. 141–164.

– Die Klöster der Augustiner-Chorherren (Germania Sacra N. F. 5: Die Bistümer der Kirchenprovinz Köln, Das Bistum Münster 2), Berlin 1971.

– Marienwalde zu Frenswegen (Germania Sacra N. F. 2: Die Bistümer der Kirchenprovinz Köln, Das Bistum Münster 2), Berlin 1971.

– (Bearb.) Regesten aus dem Archiv des Klosters und des Stiftes Wietmarschen (Das Bentheimer Land Nr. 80), Nordhorn 1973.

Kohl, Willy: Die Verwaltung der östlichen Departements des Königreiches Westfalen 1807–1814 (Hist. Studien Heft 323), Berlin 1937.

Kost, W.: Das Landschaftsbild in amtlichen Karten Niedersachsens im Wandel der Zeit, *in:* E. Schraeder: Die Landschaften Niedersachsens, ein topographischer Atlas, Neumünster 1970.

Krabbe: Der Gildehauser Zehnt, *in:* Jb. Gft. Bentheim, 1962, S. 97–104.

Kroeschel, Karl: Deutsche Rechtsgeschichte, Bd. 1, Hamburg 1972.

Krusch, Bruno: Das älteste Stadtbuch von Nordhorn, *in:* Mitteilungen des Vereins für Geschichte und Landeskunde von Osnabrück, Jg. 34, 1909, S. 380–384.

Kühle, Ernst: Hermann Nikolaus Funk. Bentheimer Hofrichter und Regierungsrat während der Zeit der Pfandschaft, *in:* Jb. Gft. Bentheim 1967, S. 64–70.

– Die Dünenlandschaften der Heimat, *in:* Jb. Gft. Bentheim, 1955, S. 92–99.

– Die Talsandlandschaft der Heimat, *in:* Jb. Gft. Bentheim 1957, S. 7–12.

– Engdener Wüste und Heseper Feld, *in:* Jb. Gft. Bentheim, 1960, S. 150–156.

– Kleingewässer der Heimat, *in:* Jb. Gft. Bentheim, 1962, S. 160–166.

– Klausheide – Vom Straßendorf zur Wohnsiedlung, *in:* Jb. Gft. Bentheim, 1964, S. 54–60.

– Die Lee, *in:* Jb. Gft. Bentheim 1965, S. 92–99.

– Oorde, *in:* Jb. Gft. Bentheim, 1965, A, S. 121–130.

– Die Feldsiedlung in der Grafschaft am Beispiel des Hestruper Feldes, *in:* Jb. Gft. Bentheim, 1966, S. 41–48.

– Hohenkörben, *in:* Der Grafschafter, 1967, S. 416, 422, 431.

– Deegfeld, *in:* Jb. Gft. Bentheim, 1969, S. 48–56.

– Zum Flurbild von Hesepe, *in:* Jb. Gft. Bentheim, 1970, S. 92–94.

– Nordhorn, Stadtteil Altendorf, *in:* Jb. Gft. Bentheim, 1972, S. 62–71.

– Bimolten, *in:* Jb. Gft. Bentheim, 1973, S. 61–70.

– Brandlecht, *in:* Jb. Gft. Bentheim, 1976, S. 113–124.

– Die Stadt Nordhorn zur Zeit des Bürgermeisters Vincke (1821–1832), *in:* Jb. Gft. Bentheim, 1968, S. 106–114.

– Nordhorn, Stadtteil Bookholt, *in:* Jb. Gft. Bentheim, 1968, S. 57–64.

– Die Stadt Nordhorn zur Zeit des Bürgermeisters

von Almelo 1832–1843, *in:* Jb. Gft. Bentheim, 1969, S. 74–83.

– Apotheker Firnhaber, Bürgermeister von Nordhorn 1843–1872, *in:* Jb. Gft. Bentheim, 1970, S. 97–105.

– Frensdorf, *in:* Jb. Gft. Bentheim, 1971, S. 74–83.

– Nordhorn zur Zeit des stellvertretenden Bürgermeisters Gerhart von Delden 1915–1919 und des ersten Berufsbürgermeisters Fahlsing 1919–1926, *in:* Jb. Gft. Bentheim, 1975, S. 171–178.

– Bakelde, *in:* Jb. Gft. Bentheim, 1977, S. 161–174.

– Über Nordhorns Straßennamen, *in:* Der Grafschafter Jg. 1961, S. 860 und Jg. 1962, S. 863.

– Zur räumlichen Entwicklung Nordhorns, *in:* Der Grafschafter Jg. 1961, S. 797 ff.

Kuile, E. H. ter: De Nederlandse Monumenten van Geschiedenis en Kunst, Deel IV, De Provincie Overijssel, Twente (Eerste Stuk), 's-Gravenhage 1934.

Kuske, Bruno: Wirtschaftsentwicklung Westfalens in Leistung und Verflechtung mit den Nachbarländern bis zum 18. Jahrhundert, Münster 1943, 2. Auflage 1949.

Lamb, Horst: Arbeitsmarktstruktur und Regionalförderung am Beispiel des Raumes Nordhorn, *in:* Arbeitsmarkt, Strukturwandel und Politik, Frankfurt / M. 1977.

Lambsdorff, Otto Graf: Die Bewältigung des Strukturwandels in der Marktwirtschaft, *in:* Aus Politik und Zeitgeschichte 47/1978, S. 3–13.

Landesbeschwerden der im Niederrhein-Westfälischen Kreise gelegenen Reichsgrafschaft Bentheim, in der gegenwärtigen, den Rechten der Menschlichkeit gewidmeten Epoche . . . von einem Agenten der Landeseinwohner, Carlruhe 1789.

Landesentwicklungsprogramm Niedersachsen 1985, Hannover 1973.

Landesplanerisches Rahmenprogramm für die Stadt Nordhorn nach § 16 NROG, o. O., o. J.

Landwirtschaftskammer Weser-Ems (Landbauaußenstelle Meppen). Agrarstrukturelle Vorplanung, Nordhorn und Umland Landkreis Grafschaft Bentheim. Bearb. von Mickwitz unter Mitw. von Barelmann u. Brinkmann, 1969 (Text-, Tabellen-, Kartenband).:

Laube, Adolf: Die Volksbewegung in Deutschland von 1470–1517, *in:* Hist. Zeitschrift, Beiheft 4, Revolte und Reformation in Europa, München 1975, S. 84–98.

Lauenstein, A.: Grenzland im Umbruch, *in:* Jb. Gft. Bentheim, 1959.

Lemelsen, Joachim: Bemerkungen zum Strukturwandel in der Textilindustrie mit besonderer Berücksichtigung Niedersachsens, *in:* Neues Archiv für Niedersachsen, Band 15, Heft 1, 1966, S. 117–121.

Lillge, Herbert: Deutschland 1945–1963, Hannover 1967.

Löffler, Clemens: Quellen zur Geschichte des Augustinerchorherrenstifts Frenswegen (Windesheimer Kongregation), (Veröffentlichung der Hist. Komm. des Provinzialinstituts für Westfälische Landes- und Volkskunde 16), Münster 1930.

Lübbermann, E. A.: Die Grafen von Bentheim, ihre Territorien und ihre Archive, *in*: Gütersloher Beiträge zur Heimat und Landeskunde des Kreises Wiedenbrück, Heft 12, Juli 1968, S. 243–246; auch *in*: Jb. Gft. Bentheim, 1971, S. 17–20.

Ludorff, A.: Bau- und Kunstdenkmäler Westfalens, Kreis Tecklenburg, Münster 1907.

Machens, Konrad: Beiträge zur Wirtschaftsgeschichte des Osnabrücker Landes im 17. und 18. Jahrhundert, *in*: Osnabrücker Mitteilungen 70. Bd., 1961, S. 86–104.

Mackenroth, G.: Bevölkerungslehre. Theorie, Soziologie und Statistik der Bevölkerung, Berlin/Göttingen/Heidelberg 1953.

Mainzer, Udo: Stadttore im Rheinland, Diss. Phil. Köln 1973 (= Rheinischer Verein für Denkmalschutz und Landschaftspflege e. V., Jb. 1975) Neuss, 1976.

Mauersberg, Hans: Wirtschafts- und Sozialgeschichte zentral-europäischer Städte in neuerer Zeit. Dargestellt am Beispiel von Basel, Frankfurt/M., Hamburg, Hannover und München, Göttingen 1960.

McElland, David: Die Leistungsgesellschaft, Stuttgart 1966.

Meier, E. V.: Hannoversche Verfassungs- und Verwaltungsgeschichte 1680–1880, 2 Bde. 1898/1899.

Meisel, Sofie: Die naturräumlichen Einheiten auf Blatt 70/71 Cloppenburg/Lingen. Geographische Landesaufnahme 1:200000. Naturräumliche Gliederung Deutschlands, Bad Godesberg 1959.

– Die naturräumlichen Einheiten auf Blatt 83/84 Osnabrück – Bentheim. Geographische Landesaufnahme 1:200000. Naturräumliche Gliederung Deutschlands, Bad Godesberg 1961.

Meppener Urkundenbuch, hrsg. v. Hermann Winter. Neudruck der Ausgabe Meppen 1902–1906, Osnabrück 1973.

Metzen, J.: Die ordentlichen direkten Staatssteuern des Mittelalters im Fürstbistum Münster, *in*: Zeitschrift für vaterländische Geschichte und Altertumskunde, Bd. 53, Münster 1895.

Meyer, Philipp: (Hg.): Die Pastoren der Landeskirchen Hannovers und Schaumburg-Lippe seit der Reformation, 1941.

Moeller, Annemarie: Sozialhygienische Strukturanalyse des Kreises Grafschaft Bentheim in den letzten 30 Jahren (1930–1960), *in*: Der Grafschafter, Jg. 1962, Folge 112 ff.

Möller, Johann Caspar: Geschichte der vormaligen Grafschaft Bentheim von den ältesten Zeiten bis auf unsere Tage, Lingen 1879.

Möller, Rudolf: »Lebenslage« als Ziel der Politik, *in*: WSI-Mitteilungen 10/1978, S. 553–565.

Möser, Justus: Ein Bericht von Justus Möser über die öffentlichen Verhältnisse der Grafschaft Bentheim vom Jahre 1750, *in*: Mitteilungen des Historischen Vereins zu Osnabrück, 9. Bd., 1870, S. 356–368.

Mummenhoff, Karl E.: Die Profanbaukunst im Oberstift Münster von 1450–1650, *in*: Westfalen, Sonderheft 15, Münster 1961.

Munsberg, J.: Partei- und Wahlverhalten in der Grafschaft Bentheim von 1918 bis 1933, *in*: Zwischen Burg und Bohrturm, Beilage zu den Grafschafter Nachrichten, Jg. 1975, Nr. 1–12 und Jg. 1976, Nr. 1.

Müller-Wille, Wilhelm: Bodenplastik und Naturräume Westfalens, *in*: Landeskundliche Beiträge u. Berichte Heft 14, Münster 1966.

Münch, Paul: Zucht und Ordnung. Reformierte Kirchenverfassungen im 16. und 17. Jahrhundert (Nassau-Dillenburg, Kurpfalz, Hessen-Kassel), (Spätmittelalter und frühe Neuzeit Bd. 3), Stuttgart 1978.

Nieberding, Karl-Heinrich: Geschichte des ehemaligen Niederstifts Münster und der angrenzenden Grafschaften Diepholz, Wildeshausen etc., Ein Beitrag zur Geschichte und Verfassung Westfalens, Vechta 1840.

Niesel, Wilhelm (Hg.): Bekenntnisschriften und Kirchenordnungen der nach Gottes Wort reformierten Kirche, 2. Aufl., Zollikon-Zürich o. J. (1938).

Nipperdey, Thomas: Die Organisation der deutschen Parteien vor 1918, Düsseldorf 1961.

Nöldecke, Arnold: Die Kreise Lingen und Grafschaft Bentheim, *in*: Die Kunstdenkmäler der Provinz Hannover, Heft 14, IV, 4, Hannover 1919.

Noll, Heinz-Herbert: Soziale Indikatoren für Arbeitsmarkt und Beschäftigungsbedingungen, *in*: W. Zapf (Hg.): Lebensbedingungen in der Bundesrepublik Deutschland, Frankfurt/M. 1977.

Nottarp, Hermann: Die Brüder vom gemeinsamen Leben, *in*: ZRKG 32, 1953.

Oestreich, Gerhard: Verfassungsgeschichte vom Ende des Mittelalters bis zum Ende des alten Reiches, *in*: Handbuch der deutschen Geschichte, Bd. 2, Stuttgart 9. Aufl. 1970, S. 361–436.

Oldenburger Urkundenbuch, Bd. 5, Oldenburg, 1933.

Oppermann, L.: Übersicht über die Abwässerungs-Verhältnisse in dem Herzogthume Arenberg-Meppen und den Grafschaften Bentheim und Lingen, im Jahre 1868, o. J.

Orsagh, Thomas J.: The Probable Geographical Distribution of German Income 1882–1963, *in*: Zeitschrift für die gesamte Staatswissenschaft 1968.

Osnabrücker Urkundenbuch, bearb. und hrsg. v. *F. Philippi* und *M. Bär*, Bd. 4, Osnabrück 1902.

Palamas, Grégoire: Defense des saintes hésychastes, 2 Bde. Louvain 1959, übersetzt und hrsg. v. *J. Meyendorff.*

Patze, Hans (Hg.): Geschichte Niedersachsens, Hildesheim 1977.

Peicher, C. E.: (1966) die Verkehrssiedlungen an der deutsch-niederländischen Grenze zwischen Kaldenkirchen/Venlo und Weener, Diss. Hamburg 1966.

Pendler – Berufseinpendler und Berufsauspendler . . ., Ergebnis der Volks- und Berufszählung 1970, Kernprogramm – Sachgebiet IV, Heft 5: Regierungsbezirk Osnabrück, Hannover 1974.

Penners, Theodor: Die historisch–politischen Grundlagen des Regierungsbezirks Osnabrück, in: *Carl Haase* (Hg.): Niedersachsen. Territorien – Verwaltungseinheiten – geschichtliche Landschaften (= Veröffentlichung der Niedersächsischen Archivverwaltung Heft 31), Göttingen 1971, S. 141–154.

– s. Übersicht

Petri, Franz: Territorialbildung und Territorialstaat des 14. Jahrhunderts im Nordwestraum, Vorträge und Forschungen 13, 1, Lindau/Konstanz 1970, S. 383–483.

Petri, Franz und *W. Jappe Alberts:* Gemeinsame Probleme deutsch-niederländischer Landes- und Volksforschung, Groningen 1962.

Pfeiffer, G.: Die Bündnis- und Landfriedenspolitik der Territorien zwischen Weser und Rhein im späten Mittelalter, in: *Hermann Aubin* (Hg.): Der Raum Westfalen II, 1, Münster 1955, S. 79–140.

Piechorowski, A.: Der Untergang der jüdischen Gemeinde Nordhorn. Hrsg. v. der Stadt Nordhorn, Nordhorn 2. Aufl. 1975.

Planitz, Hans: Die deutsche Stadt im Mittelalter von der Römerzeit bis zu den Zunftkämpfen, Graz/Köln 1954.

Plasger, G.: Zur Geschichte der evangelisch-reformierten Kirche in Nordhorn, Nordhorn o. J.

Post, R. P.: The Modern Devotion, Confrontation with Reformation and Humanism, Leiden 1968.

Povel, Bernhard: Die Nordhorner Textilindustrie, masch. WiSo. Diss., Köln 1922.

Priebe, G.: Nordhorn. Eine geographische Analyse der jüngsten Entwicklung (Examensarbeit der TU Hannover), 1975.

Prinz, Joseph: Das Lehnsregister des Grafen Otto von Bentheim 1346–1364, Osnabrück 1941.

Protokoll über die Mitgliederversammlung des Verbandes Münsterländischer Textilindustrieller, Ortsgruppe Nordhorn e. V., am 6. Dezember 1933.

Pyritz, Ewald: Binnendünen und Flugsandebenen im Niedersächsischen Tiefland, in: Göttinger Geographische Abhandlungen H. 61, Göttingen 1972.

Raet von Bögelscamp, F. F. von: Bentheim-Steinfurtische, Lagische, Oberijsselsche und sonstige Beyträge zur Geschichte Westphalens, zugleich ein Versuch einer Provinzial-Geschichte der merkwürdigen Grafschaft Bentheim, 2 Theile, Burgsteinfurt 1805.

Rausch, Wilhelm (Hg.): Stadt und Stadtherr im 14. Jahrhundert, Linz 1972.

– Die Stadt am Ausgang des Mittelalters, Linz 1974.

Rechtmann, Joachim: Zentralörtliche Bereiche und zentrale Orte in Nord- und Westniedersachsen (= Forschungen zur deutschen Landeskunde 1970), Bonn/Bad Godesberg 1970.

Regionales Raumordnungsprogramm für den Regierungsbezirk Osnabrück, Osnabrück 1976, Amtsblatt für den Reg. Bez. Osnabrück gA/1976.

Reimann, Norbert: Die Grafen von der Mark und die geistlichen Territorien der Kölner Kirchenprovinz (1313–1386), Dortmund 1973.

Reinke, Ulrich: Spätgotische Kirchen am Niederrhein im Gebiet von Rur, Maas und Issel zwischen 1340 und 1540, Diss. Münster 1975.

Richter, J. H.: Geschichte des Augustinerklosters Frenswegen, in: Der Grafschafter 1913.

Richter, Wolfgang, H. Schneider u. R. Wagner: Die saaleeiszeitliche Stauchzone von Itterbeck-Uelsen (Grafschaft Bentheim), in: Zeitschrift der deutschen geologischen Gesellschaft, Bd. 102, 1951, S. 60–75.

Rohde, Paul: Geschichte der Saline Rothenfelde, in: Mitteilungen des Vereins für Geschichte und Landeskunde von Osnabrück 31, 1906, Osnabrück 1907, S. 1–128.

Rohling, Friedrich-Wilhelm: Die rheinisch-westfälische Baumwollindustrie, ihre Bedeutung und die verschiedenen Einflüsse auf ihre Entwicklung (Diss. Bonn), Hamburg 1921.

Rothert, Hermann: Geschichte der Stadt Osnabrück, 2. Teil, in: Mitteilungen des Vereins für Geschichte und Landeskunde von Osnabrück 58, 1938, S. 1–433.

– Westfälische Geschichte, Bd. 1, 4. Auflage, Gütersloh 1976.

Rostow, W. W.: The economic of take-off into stand sustained growth, London 1963.

Rübel, R.: Das Burgsteinfurter Gymnasium Arnoldinum im Wandel der Zeiten, Burgsteinfurt 1953.

Ruschulte, H.: Die Melioration der Vechte im 20. Jahrhundert in der Grafschaft Bentheim und ihre Auswirkungen auf die Kulturlandschaft, Staatsexamensarbeit, Osnabrück 1975.

Sager, Ludwig: Bentheimische Hoff- undt Landgerichts- auch gemeine Ordnungen, in: Jb. Gft. Bentheim 1962, S. 32–39.

– Geschichte der Menschheit – Geschichte der Freiheit. Wahlen unter preußischem Dreiklassenwahlrecht, in: Der Grafschafter 1968.

– Die Grafschaft Bentheim in der Geschichte (Das Bentheimer Land 41).

Satzung der Ortsgruppe Nordhorn e. V. im Verband Münsterländischer Textilindustrieller vom 23. Mai 1925.

Sauer, Hans: Hansestädte und Landesfürsten, (Quellen und Darstellungen zur Hansischen Geschichte, N. F. XVI), Köln/Wien 1971.

Sauermost, Burkard: Das Augustiner-Chorherrenstift Sankt Marienwolde in Frenswegen, (Das Bentheimer Land 74), Nordhorn 1971.

– Kardinal Nikolaus Cusanus' Visitation des Klosters Frenswegen und der Personalbestand des Klosters im Jahre 1451, *in*: Jb. Gft. Bentheim, 1966, S. 96–100.

Schäfer, Heinrich: Das Brandkataster. Ein Beitrag zur Methode stadtgeographischer Untersuchungen, *in*: Berichte zur deutschen Landeskunde, Bd. 37, 1966, S. 98–104.

Schmidt, Hans-Jürgen: Die Classis der Prediger der Grafschaft Bentheim in Vergangenheit und Gegenwart, *in*: Jb. Gft. Bentheim 1979, S. 33–38.

Schnath, G.: Die Geschichtsentwicklung Niedersachsens, Hannover 1929.

– Geschichtlicher Handatlas Niedersachsens, Hannover 1939.

Schneider, Victor: Der Erwerb des Bürgerrechts und seine Bedeutung in den Städten der Grafschaft Bentheim, Diss. Jur. Leipzig, Borna/Leipzig 1914.

Schneider, J. A.: Bentheimer Chronik (Notata den Flecken Bentheim betreffend), (1757–1788), *in*: Jb. Gft. Bentheim 1964, S. 101–160.

Schomakers, B.: Die Wirtschaftsstruktur des Kreises Grafschaft Bentheim, Diss. Köln 1950.

Schräder, Bernhard: Die Besteuerung des Bauerntums in der Grafschaft Bentheim von dem Ausgang des Dreißigjährigen Krieges bis zur napoleonischen Zeit (Schriften der rechtswissenschaftlichen Gesellschaft zum Studium Niedersachsens, Reihe A, Landes- und Volkskunde I, Natur und Wirtschaft Bd. 10), Oldenburg 1941.

Schraeder, Erich: Die Landschaften Niedersachsens. Ein topographischer Atlas, Neumünster 1970.

Schreiber, R.: Die linksemsischen Kanäle, *in*: Jb. Gft. Bentheim 1956, S. 102–108.

Schröer, Alois: Die Legation des Kardinals Nikolaus von Cues in Deutschland und ihre Bedeutung für Westfalen, *in*: Dona Westfalica, Festschrift G. Schreiber, Münster 1963, S. 304–338.

Schröter, Herrmann: Handel, Gewerbe und Industrie im Landdrosteibezirk Osnabrück 1815–1866, *in*: Mitteilungen des Vereins für Geschichte und Landeskunde von Osnabrück 68, 1959, S. 309–358.

Schröter, Hermann und *Heinrich Specht:* Nordhorn, *in*: Erich Keyser, (Hg.): Deutsches Städtebuch III, 1, Stuttgart 1952.

Schultze, R. H. und *R. Holland:* Beiträge zur Landeskunde des hannoverschen Emslandes, insbesondere Erschließungs- und Meliorationsmaßnahmen. Veröff. Wirtschaftswiss. Ges. zum Studium Niedersachsens e. V. und des Niedersächsischen Amtes für Landesplanung und Statistik, Beitr. A 43, Hannover 1942.

Schwarz, K.: Demographische Grundlagen der Raumforschung und Landesplanung (= Veröffentlichung der Akademie für Raumforschung und Landesplanung, Abhandlungen Bd. 64), Hannover 1972.

Schwarz, W. E.: Studien zur Geschichte des Klosters der Augustinerinnen Marienthal, gen. Niesing zu Münster, *in*: Zeitschrift für vaterländische Geschichte und Altertumskunde 72, 1914, S. 47–151.

Siebert, Elisabeth: Die hannoversche Städteordnung von 1851/1858 und die Stadt im Königreich Hannover, Hannover 1975.

Siemer, H.: Die Bremer Baumwollbörse als Institution des Baumwollhandels, Diss. Heidelberg 1936.

Simonetti, Theo: Die Entwicklung der Baumwollindustrie des Münsterlandes im 19. Jahrhundert und in den ersten Jahren des 20. Jahrhunderts, Diss. Münster 1920.

Slicher van Barth, B. H.: Landbouw, Textiel en Turf, *in*: Geschiedenis van Overijssel, Deventer 1970, S. 154–167.

Sluis, W. van der: De Katoennijverheid in Twente, Amsterdam 1927.

Smend, Hans: Die Kirchenverfassung der Grafschaft Bentheim in ihrer geschichtlichen Entwicklung, Diss. Borna/Leipzig 1908.

Specht, Heinrich: Die Grafschafter Textilindustrie und der Pferdestall, *in*: Der Grafschafter Nr. 8, 5. Jg. 1924.

– Heimatkunde eines Grenzkreises (Das Bentheimer Land VIII), Nordhorn 1934.

– Woher holte die Nordhorner Textilindustrie ihre Arbeitskräfte und woher stammt die Nordhorner Bevölkerung?, *in*: Der Heimatbote (3 Hefte), hrsg. v. Heimatverein der Grafschaft Bentheim, Nordhorn 1935–1937.

– Brücken und Tore der Stadt Nordhorn (Das Bentheimer Land XVI), Nordhorn 1938.

– Der Bruch zwischen Belgien und Holland vor hundert Jahren und das Vordringen der Textilindustrie nach Westdeutschland, *in*: Bentheimer Heimatkalender, Bd. XIII, 1938, S. 90–97.

– Bürgerbücher der Stadt Nordhorn von 1396–1913 (Das Bentheimer Land XVIII), Nordhorn 1939.

– Nordhorn. Geschichte einer Grenzstadt (Das Bentheimer Land XXII), Nordhorn 1941.

– Stadt und Wirtschaftsgeschichte von Nordhorn (Schriften der wirtschaftswissenschaftlichen Gesellschaft zum Studium Niedersachsens e. V. N. F., Bd. 7), Oldenburg 1941.

Die beiden letztgenannten Bände von Specht sind bis auf das Vorwort textidentisch. Beide sind in den Anmerkungen als SPECHT, *Nordhorn zitiert.*

– Der Landkreis Grafschaft Bentheim (Die Landkreise in Niedersachsen, Reihe D, Bd. 9), Bremen/Horn 1953.

– Geschichte des Handwerks in der Grafschaft Bentheim, in: Beiträge zur Geschichte des Osnabrücker Handwerks, hrsg. v. d. Handwerkskammer Osnabrück, Osnabrück 1975, S. 241–300.

– Der Heimatboden (Das Bentheimer Land II), Nordhorn 1925.

Stadt Neuenhaus, 600 Jahre Stadt Neuenhaus 1369–1969, Neuenhaus 1969.

Statistisches Bundesamt, Fachserie A: Bevölkerung und Kultur, Mainz 1965.

Statistisches Handbuch für Niedersachsen 1950, 1958, 1964, 1968, 1973, Hannover 1950 ff.

Steigerthal, Georg: Die Stadt Nordhorn, in: Der Landkreis Grafschaft Bentheim, Geschichte – Landschaft – Wirtschaft, Oldenburg 1967.

Siebel, Hans-Dieter: Gesellschaft im Leistungskonflikt, Düsseldorf 1973.

Stiebert, Horst: Regionales Wirtschaftswachstum und interregionale Mobilität, Tübingen 1970.

Stoob, Heinz: Forschungen zum Städtewesen in Europa I, Köln/Wien 1970.

– (Hg.): Altständisches Bürgertum, 2 Bde., Darmstadt 1978.

– Neuwied (Deutscher Städteatlas I, 6), Dortmund 1973.

– Minderstädte. Formen der Städteentstehung im Spätmittelalter, in: Ders.: Forschungen zum Städtewesen in Europa I, S. 225–245.

Stolper, Gustav. u. a.: Deutsche Wirtschaft seit 1870, Tübingen 1966.

Strukturgutachten Twente, Oostgelderland, Westmünsterland, Grafschaft Bentheim, hrsg. v. Gesellschaft für regionale Strukturentwicklung e. V. und Stichting Het Nederlands Institut, Bonn/Rotterdam 1971.

Strukturuntersuchung Twente – Oostgelderland – Westmünsterland – Bentheim, Bonn/Rotterdam 1972.

Strukturgutachten Kreis Grafschaft Bentheim, Berlin 1972.

Strukturuntersuchungen des Kreises Landkreis Bentheim, Berlin 1972.

Technisch-Ökonomische Standortuntersuchung für die Einrichtung von Produktionsbetrieben in der Stadt Nordhorn, Düsseldorf 1972.

Thiermann, A.: Geologische Karte von Nordrhein-Westfalen 1 : 25 000. Erläuterungen zu den Blättern 3707 Glanerbrücke, 3708 Gronau, 3709 Ochtrup, Krefeld 1968.

– Geologische Karte von Nordrhein-Westfalen 1 : 25 000. Erläuterungen zu Blatt 3710 Rheine, Krefeld 1967.

Thimme, Friedrich: Die inneren Zustände des Kurfürstentums Hannover unter der französisch-westfälischen Herrschaft, 2 Bde. Hannover/Leipzig 1893/1894.

Thünen, Johann Heinrich von: Der isolierte Staat in Bezug auf Landwirtschaft und Nationalökonomie, Jena 1930.

Tibus, Adolf: Gründungsgeschichte der Stifter, Pfarrkirchen, Klöster und Kapellen, Münster 1885.

Tibus, Adolf: Geschichtliche Nachrichten über die Weihbischöfe. Ein Beitrag zur Specialgeschichte des Bisthums Münster, Münster 1862.

Tormin, Walter: Die deutschen Parteien seit 1848, Stuttgart 1966.

Tipton, Frank B.: Regional Variations in the Economic Development of Germany during the Nineteenth Century, Middletown/Ca. 1976.

Übersicht über die Bestände des Niedersächsischen Staatsarchivs in Osnabrück, hrsg. v. *Theodor Penners;* (Veröffentlichung der Niedersächsischen Archivverwaltung Heft 36), Göttingen 1978.

Untersuchung der Freien Planungsgruppe Berlin, Stadterneuerung, o. O., o. J.

Veddeler, Peter: Das Testament des Grafen Arnold von Bentheim vom Jahre 1591, in: Jb. Gft. Bentheim 1973, S. 71–88.

– Die territoriale Entwicklung der Grafschaft Bentheim bis zum Ende des Mittelalters (Studien und Vorarbeiten zum Historischen Atlas Niedersachsens, 25. Heft), Göttingen 1970.

– Die Auswirkungen des Siebenjährigen Krieges auf den Pfandschaftsvertrag, in: Jb. Gft. Bentheim 1968, S. 70–79.

Velde-Veldmann, J. L. v. d. (Hg.): Adreßbuch für die Stadt und den Kreis Lingen auf das Jahr 1877–1878, Lingen 1877.

Verordnungen für die Grafschaft Bentheim aus den Jahren 1671–1803, hrsg. v. *H. W. Funck,* Hannover 1838.

Verwaltungsbericht 1948–1953, Nordhorn. Eine Stadt berichtet, hrsg. v. d. Stadt Nordhorn.

Visch, W. F.: Geschiedenis van het Graafschap Bentheim, Zwolle 1820.

Voort, Heinrich: Die gräflich bentheimschen Bergmeister. Ein Beitrag zur Geschichte des Sandsteinbruchs in der Grafschaft Bentheim, in: Jb. Gft. Bentheim 1968, S. 87–106.

– Die Mühlen in Nordhorn, in: Jb. Gft. Bentheim 1974, S. 9–27.

– Zur jüngeren Geschichte der Burg in Nordhorn, in: Jb. Gft. Bentheim 1969, S. 57–73.

– Steuern in der Grafschaft Bentheim bis zum Ende des Dreißigjährigen Krieges, in: Jb. Gft. Bentheim 1977, S. 15–42.

– Das Stadt- und Gogericht in Nordhorn und seine Richter, in: Jb. Gft. Bentheim 1974, S. 28–34.

– Die Steinmaate in Nordhorn, in: Jb. Gft. Bentheim, 1974, S. 35–43.

– Hundebrot und Hundegeld. Merkwürdige Abgabeverpflichtungen Grafschafter Bauernhöfe, *in:* Jb. Gft. Bentheim 1978, S. 86–94.

– Die Getreidemaße in der Grafschaft Bentheim, *in:* Jb. Gft. Bentheim 1978, S. 47–60.

– Die Bauernhöfe des Gerichts Nordhorn nach einem Schatzungsregister des Jahres 1621, *in:* Jb. Gft. Bentheim 1975, S. 165–170.

– Die Holländische Steinhandelsgesellschaften in der Grafschaft Bentheim, *in:* Verslagen en Medelingen Overijsselsche Geschiedenis 85, 1970, S. 164–185.

Weber, Max: Die protestantische Ethik und der Geist des Kapitalismus, *in:* Gesammelte Aufsätze zur Religionssoziologie Bd. 1, Tübingen 1912, 2. Auflage 1922.

Wee, M. T. ter: The Saalian Glaciation in the Netherlands: *in:* Meddelingen van de Geologische Stichting, N.S. No. 15, 1962, S. 57–76.

Wegner, T.: Geologie Westfalens und angrenzender Gebiete, 2. Aufl., Paderborn 1926.

Wehrli, Hans u. H. Schneider: Geologie des Emsbürener Höhenrückens nördlich Rheine, *in:* Neues Jb. für Mineralogie, Abh. Abt. B, 88, 1943, S. 263–292.

Wein, N.: Akkumulations- und Erosionsformen im Tal der mittleren Ems, Diss. Münster 1969.

Wiarda, S.: Die Grafschaft Bentheim, Aufmarschfeld und Kriegsschauplatz 1672–1674, *in:* Jb. Gft. Bentheim 1974, S. 125 f.

Wiese-Schorn, Luise: Von der autonomen zur beauftragten Selbstverwaltung, *in:* Osnabrücker Mitteilungen 82, 1977, S. 29–59.

Wildemann, Diether: Zur Rettung der ehemaligen Augustinerchorherrenkirche in Dahlheim in ihrer Nutzung zur Dokumentation westfälischer Plastik, *in:* Westfalen, Bd. 53, 1975, S. 130–141.

Williamson, Jeffrey G: Regional. Inequality and the Process of National Development: A Description of Patterns, *in:* Economic Development and Cultural Change, Bd. XIII, 1965.

Windus, Th.: Kloster Frenswegen. Die Geschichte des Klosters, *in:* Der Grafschafter 3, 1922, S. 15–21.

Winckelmann, B.: Die Notwendigkeit der Regulierung der Vechte im Kreise Grafschaft Bentheim, 1953.

Winterberg, A.: Das Bourtanger Moor. (Forschungen zur Deutschen Landeskunde; Schriften des Geographischen Instituts der Universität Kiel, Bd. XVII, H. 1) Kiel 1957.

Winterfeld, Luise von: Die stadtrechtlichen Verflechtungen in Westfalen, *in:* Der Raum Westfalen, Bd. II, Münster 1955, S. 171–254.

– Geschichte der freien und Hansestadt Dortmund, 5. Aufl., Dortmund 1968.

Wrede, Günther (Bearb.): Die Westfälischen Länder 1801, Politische Gliederung (Veröffentlichung der Hist. Komm. des Provinzialinstituts für westfälische Landes- und Volkskunde 26, 1), Münster 1953.

Wybrands, C. N.: Het Klooster Frenswegen. Eigen Haard, Amsterdam 1902, Nr. 9–12, dt., *in:* Der Grafschafter 1957, S. 383–435.

Zander, Wolfgang: Überblick über die Geschichte der Grafschaft Bentheim (Das Bentheimer Land 66), Bentheim 1969.

Zapf, Wolfgang (Hg.): Lebensbedingungen in der Bundesrepublik Deutschland. Sozialer Wandel und Wohlfahrtsentwicklung, Frankfurt/M. 1977.

Zijl, O. van: Gerard Groote, Ascetic and Reformer 1340–1384, Washington 1963.

Anhang zum Quellen- und Literaturverzeichnis

Naamregister van alle Predikanten welke sedert de Hervorming, in de onderscheidene gemeenten van het Graafschap Bentheim gediend hebben, voor zoo ver hetselve uit de Overkerkeraads Classis en Kerkeraads Protocollen heeft kunnen opgemaakt worden door W. F. Visch predikante Wilsum, 1833 (Nordhorn, Archiv der Evangelisch-Reformierten Gemeinde R 202; Series Pastorum Benthemensium, Hg. *Th. Stiasny*, 1911).

Das Glaubens-Bekenntnis der reformierten Kirche der Grafschaft Bentheim, wie es im Jahre 1613 lateinisch verfaßt ist, nun mit deutscher Uebersetzung herausgegeben, Neuenhaus und Bentheim 1868.

Heinrich Arnold Rump: Historisch-Geographisch-Genealogische Beschreibung der uhralten des Heil. Röm. Reichs Graffschaft Bentheim und derselben weltberühmbten Hochgebohren Herren Graffen . . ., 1728 (Manuskript, Staatsbibl. Hannover MS XXIII, 1156).

Isenburg, Wilhelm Karl Prinz von: Stammtafeln zur Geschichte der europäischen Staaten, Bd. IV, Bearb. v. Frank Baron Freytag von Loringhoven, Marburg, 2. A. 1961.

Abbildungsnachweis

Allen Stellen, die freundlicherweise Foto-, Karten- und Abbildungsmaterial zur Verfügung gestellt haben, möchten wir für die Erlaubnis zur Wiedergabe bestens danken. Besonders: Staatsarchiv Osnabrück, Stadtarchiv Nordhorn, Landeskonservator Westfalen-Lippe, Niedersächsisches Landesverwaltungsamt – Landesvermessung, ev.-ref. Kirchenamt Nordhorn, Grafschafter Nachrichten, Firma Rawe, Firma Nino, Foto Göhler, Foto Zahn. Außerdem danken wir dem Vorsitzenden des Heimatvereins Bentheim Dr. Heddendorp für die Nachdruckerlaubnis von Abbildungen aus Publikationen des Heimatvereins.

S. 44 (StAN, B 4), S. 87 (Bibliothek des StAOS, Sign. 3206), S. 96 (StAOS, Plansammlung), S. 106 (StAN, Urk.-Nr. 30), S. 145 (StAN, CIf Nr. 95), S. 147 (Entwurf: M. Schmitt; Grafik: W. Kreft), S. 151 (Foto Zahn, Nordhorn), S. 153 (Foto Zahn, Nordhorn), S. 154 (Jb. d. HmV. Gft. Bentheim 1969), S. 155 (Foto Zahn, Nordhorn), S. 156 (Abb. 7: StAOS, Rep. 340, Nr. 367; Abb. 8: StAOS, Plansammlung), S. 157 (Foto Zahn, Nordhorn), S. 158 (StAN, Fotosammlung), S. 159 (Foto H. Deuker), S. 160 (Foto Zahn, Nordhorn) S. 161 (Foto H. Deuker), S. 163 (Foto H. Deuker), S. 165 (StAN, Fotosammlung), S. 206 (Textil Mitt. Nr.1/2, 6. Jg., Düsseldorf 1951), S. 209 (Fa. Rawe; aus: Specht, Nordhorn), S. 210 (Fa. Nino), S. 216 (Fa. Nino), S. 257 (Historische Kommission Westfalen), S. 260 (Grundlage: Topographische Karte von 1854, 1 : 25 000, Druck mit Genehmigung des Niedersächsischen Landesverwaltungsamtes – Landesvermessung – B 5 – 141/79), S. 262 (Grundlage: Topographische Karte von 1895/97, 1 : 25 000, Druck mit Genehmigung des Niedersächsischen Landesvermessung – B 5 – 141/79), S. 265 (Grundlage: Topographische Karte von 1939 u. 1950, 1 : 25 000, Druck mit Genehmigung des Niedersächsischen Landesverwaltungsamtes – Landesvermessung – B 5 – 141/79), S. 268 (Grundlage: Topographische Karte von 1971, 1 : 25 000, Druck mit Genehmigung des Niedersächsischen Landesverwaltungsamtes – Landesvermessung – B 5 – 141/79), S. 271 (Grundlage: Topographische Karten von 1972/75, 1 : 100 000, Druck mit Genehmigung des Niedersächsischen Landesverwaltungsamtes – Landesvermessung – B 5 – 141/79 und des Landesvermessungsamtes Nordrhein-Westfalen für: Ausschnitt aus der Topographischen Karte 1 : 100 000 hg. vom Landesvermessungsamt Nordrhein-Westfalen Blatt C 3906 Gronau, Kontrollnummer D 6024), S. 349 (Foto H. Deuker), S. 350 (Foto H. Deuker), S. 351 (Foto Göhler, Nordhorn), S. 353, S. 354 (Foto U. Reinke), S. 355 (Landeskonservator Westfalen-Lippe), S. 355, S. 356, S. 357 (Ev.-ref. Kirchenamt Nordhorn), S. 358, S. 359, S. 360, S. 362 (Foto U. Reinke), S. 363, S. 365 (Foto H. Deuker), S. 366 (Foto Göhler, Nordhorn), S. 366 (Foto U. Reinke).

Ortsregister

Als Stichwort nicht aufgenommen sind: Stadt Nordhorn und Kreis Grafschaft Bentheim. Straßen, Plätze und öffentliche Einrichtungen in Nordhorn finden sich unter Nordhorn, eingemeindete Vororte und Bauerschaften unter dem Namen des jeweiligen Ortes.

Personenregister

Das Personenregister enthält auch Firmennamen. Träger von Adelsnamen sind in der Regel unter ihrem Vornamen eingeordnet.